Uni-Taschenbücher 1082

Eine Arbeitsgemeinschaft der Verlage

Wilhelm Fink Verlag München
Gustav Fischer Verlag Stuttgart
Francke Verlag München
Harper & Row New York
Paul Haupt Verlag Bern und Stuttgart
Dr. Alfred Hüthig Verlag Heidelberg
Leske Verlag + Budrich GmbH Opladen
J. C. B. Mohr (Paul Siebeck) Tübingen
R. v. Decker & C. F. Müller Verlagsgesellschaft m. b. H. Heidelberg
Quelle & Meyer Heidelberg
Ernst Reinhardt Verlag München und Basel
K. G. Saur München · New York · London · Paris
F. K. Schattauer Verlag Stuttgart · New York
Ferdinand Schöningh Verlag Paderborn · München · Wien · Zürich
Eugen Ulmer Verlag Stuttgart
Vandenhoeck & Ruprecht in Göttingen und Zürich

Grundwissen der Ökonomik

Betriebswirtschaftslehre

Herausgegeben von

F. X. Bea, Tübingen
E. Dichtl, Mannheim
M. Schweitzer, Tübingen

Allgemeine Betriebswirtschaftslehre

Band 1: Grundfragen
Band 2: Führung
Band 3: Leistungsprozeß

Allgemeine Betriebswirtschaftslehre

Herausgegeben von
F. X. Bea, E. Dichtl und M. Schweitzer

Band 2: Führung

Mit Beiträgen von

M. Schweitzer, K. Bleicher, B. Erichson,
P. Hammann, W. Eisele, G. Scherrer, K. Brockhoff,
E. Zahn

3., neubearbeitete und erweiterte Auflage

104 Abbildungen und 8 Tabellen

Gustav Fischer Verlag · Stuttgart · New York

Anschriften der Herausgeber:

Prof. Dr. Franz Xaver Bea
Lehrstuhl für Betriebswirtschaftslehre, insbesondere Planung und Organisation,
Universität Tübingen
Sigwartstraße 18, 7400 Tübingen

Prof. Dr. Erwin Dichtl
Lehrstuhl für Allgemeine Betriebswirtschaftslehre und Absatzwirtschaft I,
Universität Mannheim
L 5, 1 (Schloß), 6800 Mannheim

Prof. Dr. Marcell Schweitzer
Lehrstuhl für Betriebswirtschaftslehre, insbesondere Industriebetriebslehre und
Unternehmensforschung, Universität Tübingen
Mohlstraße 36, 7400 Tübingen

1. Auflage 1983
2. Auflage 1985

CIP-Titelaufnahme der Deutschen Bibliothek

Allgemeine Betriebswirtschaftslehre / hrsg. von F. X. Bea ... –
Stuttgart ; New York : Fischer.
 (Grundwissen der Ökonomik : Betriebswirtschaftslehre)

NE: Bea, Franz Xaver [Hrsg.]

Bd. 2. Führung / mit Beitr. von M. Schweitzer ... – 3.,
neubearb. u. erw. Aufl. – 1987
 (UTB für Wissenschaft : Uni-Taschenbücher ; 1082)
 ISBN 3-437-40193-9
NE: Schweitzer, Marcel [Mitverf.]; UTB für Wissenschaft / Uni-
 Taschenbücher

© Gustav Fischer Verlag · Stuttgart · New York · 1987
Wollgrasweg 49 · 7000 Stuttgart 70
Das Werk einschließlich aller seiner Teile ist urheberrechtlich geschützt. Jede
Verwertung außerhalb der engen Grenzen des Urheberrechtsgesetzes ist ohne
Zustimmung des Verlags unzulässig und strafbar. Das gilt insbesondere für
Vervielfältigungen, Übersetzungen, Mikroverfilmungen und die Einspeicherung
und Verarbeitung in elektronischen Systemen.
Gesamtherstellung: Friedrich Pustet, Regensburg
Umschlaggestaltung: Alfred Krugmann, Stuttgart
Printed in Germany

ISBN 3-437-40193-9

Vorwort der Herausgeber

Der Wissensbereich der Allgemeinen Betriebswirtschaftslehre ist in den letzten Jahren so stark gewachsen, daß es kaum noch Wissenschaftler gibt, die das gesamte Fach überblicken. Ein Lehrbuch zur Allgemeinen Betriebswirtschaftslehre, das den Ansprüchen nach Kompetenz und Gründlichkeit genügen will, läßt sich daher in der Regel nur durch ein Team von Experten bewältigen. Diese Erkenntnis hat uns veranlaßt, solche Wissenschaftler mit der Bearbeitung eines Kapitels zu betrauen, die auf dem entsprechenden Gebiet als Autoren bereits reiche Erfahrung gesammelt haben.

Als Herausgeber haben wir uns von dem Ziel lenken lassen, einen systematischen und umfassenden Überblick über den gegenwärtigen Wissensstand zu vermitteln. Daß diesem Vorhaben vom Umfang selbst eines dreibändigen Werkes her Grenzen gesetzt sind, ist verständlich. Auf einige Randgebiete der Betriebswirtschaftslehre wird deshalb verzichtet.

Band 1 behandelt die wichtigsten **Grundfragen** der Allgemeinen Betriebswirtschaftslehre. Er beginnt mit einer Darstellung von Gegenstand und Wissenschaftsprogrammen der Betriebswirtschaftslehre. Da sich die Betriebswirtschaftslehre hauptsächlich mit den unternehmerischen Entscheidungen beschäftigt, werden im 3. Kapitel zunächst die Rahmenbedingungen und im 4. Kapitel die Grundlagen der Entscheidungen sowie die konstitutiven Entscheidungen erörtert.

Band 2 ist den Instrumenten der **Unternehmensführung** gewidmet, zunächst der Planung und Kontrolle sowie der Organisation. Das 3. Kapitel hat die Information zum Gegenstand, d. h. die Grundlagen der Informationsbeschaffung, das Rechnungswesen (Bilanzen und Kostenrechnung), die Prognosen sowie die Informationstechnologie einschließlich Datenverarbeitung.

Band 3 befaßt sich mit dem **Leistungsprozeß**. Ausgangspunkt ist die Erörterung der Beschaffung. Auf sie folgen Darstellungen der Fertigung, des Marketing, der Investition, der Finanzierung und der Personalwirtschaft.

Für jeden an der Materie Interessierten ist es gewiß eine große Hilfe, wenn ihm der Wissensstoff, der den Kern des Faches ausmacht, in einer überschaubaren, systematischen und prägnanten Weise dargeboten wird. Diesem Ziel fühlten sich alle Autoren verpflichtet. Erfreulicherweise ist es gelungen, für das Vorhaben Hochschullehrer zu gewinnen, die dank der Verschiedenheit von Alter, Herkunft und Wissenschaftsauffassung die Gewähr dafür bieten, daß keine bestimmte Schulrichtung den Charakter der drei Bände prägt, sondern daß diese bei allem Streben nach Einheitlichkeit in der Darstellung ein möglichst getreues Abbild der Wissenschaftsvielfalt vermitteln und damit den pluralistischen Charakter der hierzu entwickelten Auffassungen dokumentieren.

In der vorliegenden 3. Auflage dieses Bandes wurden alle Kapitel gründlich überarbeitet und auf den neuesten Stand gebracht. Hervorgehoben sei das Kapitel über das Rechnungswesen: Die Darstellung der Bilanzen folgt dem neuesten (dem Bilanzrichtlinien-Gesetz entsprechenden) Recht zur Rechnungslegung. Bei der Erörterung der Konzernrechnungslegung wurden sowohl die Bestimmungen nach dem Aktiengesetz 1965 als auch diejenigen nach dem HGB 1985 abgehandelt, da beide Rechtsvorschriften zur Zeit angewendet werden dürfen.

Zahlreiche Hochschullehrer und Studenten, die mit den drei Bänden der Allgemeinen Betriebswirtschaftslehre arbeiten, haben uns vielfältige Ratschläge für Verbesserungen gegeben. Wir konnten sie weitgehend berücksichtigen. Ihnen allen sei an dieser Stelle herzlich gedankt.

Mannheim und Tübingen, Oktober 1987
F. X. Bea
E. Dichtl
M. Schweitzer

Inhaltsverzeichnis

Einleitung: Führung	1
1. Aufgaben der Führung	1
2. Führungskonzeptionen	1
3. Führungsinstrumente	4
Literaturhinweise	7

1. Kapitel
Planung und Kontrolle
(Marcell Schweitzer)

1 Planung als Führungsinstrument	9
1.1 Begriff und Zwecke der Planung	9
1.1.1 Begriff der Planung und des Planes	9
1.1.2 Zwecke der Planung	12
1.2 Teilaufgaben und Phasen des Planungsprozesses	14
1.3 Planung und Information	17
1.3.1 Begriff der Information	17
1.3.2 Planung als informationsverarbeitender Prozeß	18
1.3.3 Planung bei verschiedenen Informationsständen	19
1.4 Grundannahmen der Planung	20
2 Arten der Planung	24
2.1 Arten der Planung nach Bezugsgrößen	24
2.2 Arten der Planung nach Koordinationsarten	26
2.2.1 Kennzeichnung der Koordinationsarten	26
2.2.2 Planungen nach der zeitlichen Koordination	27
2.2.3 Planungen nach der sachlichen Koordination	28
2.2.4 Planungen nach der hierarchischen Koordination	30
2.3 Arten der Planung nach Anpassungsarten	31
2.3.1 Kennnzeichnung der Anpassungsarten	31
2.3.2 Planungen nach dem Anpassungsrhythmus	31
2.3.3 Planungen nach der Verbindlichkeit von Teilplänen	32
3 Teilaufgaben der Planungsphasen	35
3.1 Zielbildung	35
3.2 Problemfeststellung	38

	3.3	Alternativensuche	39
	3.4	Prognose	41
	3.5	Alternativenbewertung und Entscheidung	44
4	**Betriebliche Planungssysteme**	48
	4.1	Bestandteile eines Plans	48
	4.2	Aufbau eines angewandten Planungssystems	51
	4.3	Die Beurteilung von Planungssystemen	54
	4.3.1	Eigenschaften von Planungssystemen	54
	4.3.2	Die Ergiebigkeit von Planungssystemen	57
5	**Kontrolle als Führungsinstrument**	60
	5.1	Begriff und Zweck der Kontrolle	60
	5.2	Phasen und Teilaufgaben der Kontrolle	63
	5.3	Arten der Kontrolle	65
	5.3.1	Arten der Kontrolle nach Bezugsgrößen	65
	5.3.2	Arten der Kontrolle nach Plan- u. Vergleichsgrößen	66
	5.4	Betriebliche Kontrollsysteme	68
	5.4.1	Beispiel einer Planungs- und Kontrollrechnung	68
	5.4.2	Ergiebigkeit von Kontrollsystemen	68

Literaturhinweise 70

---

2. Kapitel
Organisation
(Knut Bleicher)

1	**Ansätze der Organisationstheorie**	73
	1.1 Einzelansätze	74
	1.2 Gesamtansätze	78
2	**Umwelt und Unternehmen als Bedingungsrahmen der Organisation**	82
	2.1 Umwelt des Unternehmens	82
	2.2 Universalistische und instrumentale Organisationsbetrachtung	84
3	**Das Organisationssystem des Unternehmens**	86
	3.1 Organisation als Führungsinstrument	86
	3.2 Struktur und Verhalten	86
	3.3 Organisationsanalyse und Organisationssynthese	87

3.4	Elemente des Organisationssystems	88
3.5	Beziehungen des Organisationssystems	90
3.6	Basis- und Zwischensysteme der Organisation	92
	3.6.1 Basissysteme	92
	3.6.2 Zwischensysteme	94
3.7	Konfiguration: Die Gestalt des Organisationssystems	97

4 Formen und Modelle der Organisation 101
  4.1 Organisationsformen 101
      4.1.1 Typen von Organisationsformen 101
            4.1.1.1 Organisationsformen auf Dauer 103
            4.1.1.2 Organisationsformen auf Zeit 109
      4.1.2 Verhalten unterschiedlicher Organisationsformen . 110
            4.1.2.1 Die Problematik der Harmonisationsfunktion 110
            4.1.2.2 Die Problematik des Harmonisationsprinzips 112
            4.1.2.3 Die Problematik der Harmonisationsdauer 113
      4.1.3 Anwendungsbedingungen unterschiedlicher Organisationsformen 115
  4.2 Organisationsmodelle 116
      4.2.1 Eindimensionale Organisationsmodelle 116
            4.2.1.1 Verrichtungsmodell 117
            4.2.1.2 Objektmodell 123
            4.2.1.3 Regionalmodell 130
      4.2.2 Mehrdimensionale Organisationsmodelle 133
            4.2.2.1 Grundmodelle der Matrixorganisation . . 134
            4.2.2.2 Grundmodell der Tensororganisation . . 136
            4.2.2.3 Das Verhalten mehrdimensionaler Organisationsmodelle 136

5 Die Harmonisation von Strategie, Struktur und Kultur 139

Literaturhinweise 148

---

3. Kapitel
Information

1 Grundlagen der Informationsbeschaffung und -aufbereitung . 153
   (Bernd Erichson und Peter Hammann)
  1.1 Entscheidung und Information 153

      1.1.1 Begriffe 154
      1.1.2 Das Grundmodell der Entscheidungstheorie 157
      1.1.3 Informationen zur Formulierung des Entscheidungsproblems 158
      1.1.4 Informationen zur Lösung des Entscheidungsproblems 160
      1.1.5 Das Problem der Ungewißheit 162
      1.1.6 Das Problem der Unvollständigkeit 163
  1.2 Organisation des betrieblichen Informationswesens . . . 164
  1.3 Informationsentscheidungen 168
      1.3.1 Bedarfsentscheidung 168
      1.3.2 Beschaffungsentscheidung 169
      1.3.3 Budgetentscheidung 171
  1.4 Informationsbeschaffung 172
      1.4.1 Befragung 178
      1.4.2 Beobachtung 179
  1.5 Informationsverarbeitung 180
      1.5.1 Datenreduktion 181
      1.5.2 Datenanalyse (Dependenzanalyse) 183
  1.6 Informationssynthese 187

Literaturhinweise 188

2 Rechnungswesen 189
(Abschnitte 2.1 und 2.2: Wolfgang Eisele,
Abschnitt 2.3: Gerhard Scherrer)

2.1 *Das Rechnungwesen als Informationssystem* 189
(Wolfgang Eisele)
  2.1.1 Die Abbildung des Unternehmensprozesses im betrieblichen Rechnungswesen 189
  2.1.2 Aufbau, Gliederung und Ziele des Rechnungswesens 193
  2.1.3 Die organisatorische Ausgestaltung des Rechnungswesens 196

2.2 *Bilanzen* (Wolfgang Eisele) 199
  2.2.1 Der Bilanzbegriff 199
  2.2.2 Die Bilanzzwecke 203
      2.2.2.1 Rechenschaft und Rechnungslegung . . . 203
      2.2.2.2 Der Informationszweck der Bilanz 205
      2.2.2.3 Der Zahlungsbemessungszweck der Bilanz 210

- 2.2.3 Systematik der Bilanzen (Bilanzarten) 214
  - 2.2.3.1 Bilanzkonzeptionen 214
    - 2.2.3.1.1 Vermögensausweisbilanzen (statische Bilanztheorie) 216
    - 2.2.3.1.2 Erfolgsausweisbilanzen (dynamische Bilanztheorie) 217
    - 2.2.3.1.3 Tageswertbilanzen (organische Bilanztheorie) 219
    - 2.2.3.1.4 Kapitaltheoretische Bilanzen und Antibilanzkonzeptionen . . 220
  - 2.2.3.2 Bilanzierungsanlässe 221
  - 2.2.3.3 Bilanzierungszeiträume 222
  - 2.2.3.4 Bilanzinhalte 223
    - 2.2.3.4.1 Beständebilanzen 224
    - 2.2.3.4.2 Bewegungsbilanzen 225
    - 2.2.3.4.3 Intensitätsrechnungen 230
  - 2.2.3.5 Abrechnungskreise 231
  - 2.2.3.6 Bilanzempfänger 233
- 2.2.4 Die Praxis der Bilanzierung 234
  - 2.2.4.1 Rechtliche Grundlagen der Bilanzierung . 234
    - 2.2.4.1.1 Handelsrechtliche Vorschriften 234
    - 2.2.4.1.2 Steuerrechtliche Vorschriften . 238
    - 2.2.4.1.3 Grundsätze ordnungsmäßiger Buchführung und Bilanzierung (GoB) 239
  - 2.2.4.2 Wertmaßstäbe der Bilanzierung 243
    - 2.2.4.2.1 Anschaffungskosten 243
    - 2.2.4.2.2 Herstellungskosten 244
    - 2.2.4.2.3 Tageswerte 246
    - 2.2.4.2.4 Zukunftswerte 247
    - 2.2.4.2.5 Steuerliche Wertansätze 247
  - 2.2.4.3 Die Bilanz 248
    - 2.2.4.3.1 Formalaufbau der Bilanz 248
    - 2.2.4.3.2 Bilanzierung und Bewertung ausgewählter Bilanzpositionen 249
      - 2.2.4.3.2.1 Aufwendungen für die Ingangsetzung und Erweiterung des Geschäftsbetriebs 249
      - 2.2.4.3.2.2 Anlagevermögen . 251
      - 2.2.4.3.2.3 Umlaufvermögen . 260

	2.2.4.3.2.4 Eigenkapital . . .	267
	2.2.4.3.2.5 Rücklagen	268
	2.2.4.3.2.6 Sonderposten mit Rücklageanteil . .	272
	2.2.4.3.2.7 Verbindlichkeiten .	273
	2.2.4.3.2.8 Rückstellungen . .	276
	2.2.4.3.2.9 Rechnungsabgrenzungsposten . . .	278
	2.2.4.3.2.10 Latente Steuern .	280
2.2.4.4	Die Gewinn- und Verlustrechnung (Erfolgsrechnung)	282
	2.2.4.4.1 Formalaufbau der Erfolgsrechnung.	282
	2.2.4.4.2 Erläuterungen zu ausgewählten Posten der Gewinn- und Verlustrechnung	283
	2.2.4.4.2.1 Ergebnis der gewöhnlichen Geschäftstätigkeit und außerordentliches Ergebnis . . .	283
	2.2.4.4.2.2 Jahresüberschuß .	288
	2.2.4.4.2.3 Bilanzgewinn . . .	289
2.2.4.5	Anhang und Lagebericht	289
2.2.5 Die Praxis der Konzernrechnungslegung		291
2.2.5.1	Rechtliche Grundlagen	291
2.2.5.2	Konsolidierungsgrundsätze	293
2.2.5.3	Konzernrechnungslegung nach dem Aktiengesetz 1965	295
	2.2.5.3.1 Konsolidierungspflicht und Konsolidierungskreis	295
	2.2.5.3.2 Die Konzernbilanz	297
	2.2.5.3.2.1 Kapitalkonsolidierung	297
	2.2.5.3.2.2 Schuldenkonsolidierung	301
	2.2.5.3.2.3 Zwischengewinnkonsolidierung . .	305
	2.2.5.3.3 Die Konzern-Gewinn- und Verlustrechnung	307
	2.2.5.3.3.1 Die vollkonsolidierte Gewinn-	

	und Verlustrechnung	308
	2.2.5.3.3.2 Die teilkonsolidierte Gewinn- und Verlustrechnung	309
	2.2.5.3.3.3 Die vollkonsolidierte Gewinn- und Verlustrechnung in vereinfachter Form	310
2.2.5.3.4 Der Konzerngeschäftsbericht		311
2.2.5.4 Konzernrechnungslegung nach dem Handelsgesetzbuch 1985		311
2.2.5.4.1 Konsolidierungspflicht und Konsolidierungskreis		312
2.2.5.4.2 Der Konzernabschluß		314
2.2.5.4.3 Kapitalkonsolidierung		314
	2.2.5.4.3.1 Vollkonsolidierung mit Minderheitenausweis	315
	2.2.5.4.3.2 Pooling-of-Interests-Methode	321
	2.2.5.4.3.3 Quotenkonsolidierung	321
	2.2.5.4.3.4 Equity-Methode	322
2.2.5.4.4 Schuldenkonsolidierung		325
2.2.5.4.5 Zwischenerfolgskonsolidierung		325
2.2.5.4.6 Latente Steuern im Konzernabschluß		327
2.2.5.4.7 Die Konzern-Gewinn- und Verlustrechnung		328
2.2.5.4.8 Konzernanhang und Konzernlagebericht		328
2.2.6 Prüfung und Offenlegung des Jahresabschlusses		329
2.2.6.1 Prüfung der Rechnungslegung		329
2.2.6.1.1 Gegenstand und Umfang der Prüfung		330
2.2.6.1.2 Prüfungsbericht		331
2.2.6.2 Offenlegung des Jahresabschlusses		332
2.2.7 Internationalisierung der Rechnungslegung		333

Literaturhinweise zu 2.1 und 2.2 336

2.3 *Kostenrechnung* (Gerhard Scherrer) 338
   2.3.1 Aufgaben und Grundbegriffe der Kostenrechnung . 338
      2.3.1.1 Aufgaben der Kostenrechnung 338
      2.3.1.2 Grundbegriffe der Kostenrechnung 339
   2.3.2 Systeme der Kostenrechnung 345
      2.3.2.1 Vergangenheitsorientierte Kostenrechnungssysteme 346
          2.3.2.1.1 Vergangenheitsorientierte Vollkostenrechnungssysteme . . . 346
              2.3.2.1.1.1 Istkostenrechnung auf Vollkostenbasis 346
              2.3.2.1.1.2 Normalkostenrechnung auf Vollkostenbasis 347
          2.3.2.1.2 Vergangenheitsorientierte Teilkostenrechnungssysteme . . 350
              2.3.2.1.2.1 Istkostenrechnung auf Grenzkostenbasis 351
              2.3.2.1.2.2 Stufenweise Fixkostendeckungsrechnung 354
      2.3.2.2 Zukunftsorientierte Kostenrechnungssysteme 356
          2.3.2.2.1 Plankostenrechnung auf Vollkostenbasis 357
              2.3.2.2.1.1 Starre Plankostenrechnung 357
              2.3.2.2.1.2 Flexible Plankostenrechnung . . . 359
          2.3.2.2.2 Plankostenrechnung auf Teilkostenbasis 362
      2.3.2.3 Einzelkosten- und Deckungsbeitragsrechnung 364
   2.3.3 Teilgebiete der Kostenrechnung 366
      2.3.3.1 Kostenartenrechnung 366
          2.3.3.1.1 Prinzipien der Erfassung und Verrechnung von Kosten in der Kostenartenrechnung 367
          2.3.3.1.2 Verfahren der Erfassung und

	Verrechnung einzelner Kostenarten	367
2.3.3.1.3	Planung und Kontrolle der Einzelkosten	372
2.3.3.2	Kostenstellenrechnung	375
2.3.3.2.1	Prinzipien der Kostenstellenbildung und Kostenverteilung	375
2.3.3.2.2	Aufbau des Betriebsabrechnungsbogens (BAB)	378
2.3.3.2.3	Verfahren der Verrechnung primärer und sekundärer Kostenstellenkosten	381
2.3.3.2.4	Planung und Kontrolle der Gemeinkosten	387
2.3.3.3	Kostenträgerrechnung	390
2.3.3.3.1	Zielsetzung der Kostenermittlung für die Leistungseinheit	390
2.3.3.3.2	Kalkulationsverfahren	391
2.3.3.3.2.1	Divisionskalkulation	392
2.3.3.3.2.2	Zuschlagskalkulationen	394
2.3.3.3.3	Planung und Kontrolle der Kostenträgerkosten	398
2.3.3.4	Kurzfristige Erfolgsrechnung	400
2.3.3.4.1	Zielsetzungen der Ermittlung des Periodenerfolgs	400
2.3.3.4.2	Verfahren der kurzfristigen Erfolgsrechnung	401
2.3.3.4.2.1	Betriebserfolg auf Vollkostenbasis	401
2.3.3.4.2.2	Betriebserfolg auf Teilkostenbasis	404
2.3.3.4.3	Planung und Kontrolle des Betriebserfolgs	406
Literaturhinweise		411

3 Prognosen ... 413
(Klaus Brockhoff)

3.1 Begriff und Typen der Prognose ... 413
3.1.1 Begriff ... 413
3.1.2 Typen ... 415

3.2 Prognose und Entscheidung ... 419
3.2.1 Der formale Zusammenhang der Rechenwerke des Unternehmens ... 419
3.2.2 Hauptschritte zur Abwicklung einer Prognose ... 420
3.2.3 Merkmale der Verfahrenswahl ... 422
3.2.3.1 Heuristische Merkmale ... 422
3.2.3.2 Ex post feststellbare statistische Merkmale ... 423
3.2.3.3 Ökonomische Merkmale ... 426
3.3 Ausgewählte Prognoseverfahren ... 430
3.3.1 Vorbemerkung ... 430
3.3.2 Prognosen aus Befragungen ... 431
3.3.2.1 Repräsentativbefragungen ... 431
3.3.2.2 Expertenbefragungen ... 432
3.3.3 Leitindikatoren ... 435
3.3.4 Zeitreihenanalysen ... 438
3.3.5 Regressionsmodelle ... 445
3.3.5.1 Ein-Gleichungs-Modelle ... 445
3.3.5.2 Mehr-Gleichungs-Modelle ... 449
3.4 Prognosen und elektronische Datenverarbeitung ... 450
Literaturhinweise ... 453

4 Informationstechnologie und Informationsmanagement ... 455
(Erich Zahn)
4.1 Überblick ... 455
4.2 Wesen der Informationstechnologie ... 456
4.2.1 Begriff der Informationstechnologie ... 456
4.2.2 Bereiche der Informationstechnologie ... 456
4.2.3 Entwicklung der Informationstechnologie ... 458
4.3 Informationstechnologie und Entscheidungsprozesse ... 461
4.3.1 Bedeutung der Information ... 461
4.3.2 Informations-Entscheidungs-Systeme ... 463
4.3.3 Mensch-Maschine-Systeme ... 465
4.4 Computergestützte Informationssysteme ... 467
4.4.1 Komponenten ... 468
4.4.1.1 Daten und Datenbanken ... 470
4.4.1.2 Modell- und Methodenbanken ... 473
4.4.1.3 Software und Hardware ... 477
4.4.1.4 Benutzer ... 480
4.4.2 Funktionen ... 481
4.4.2.1 Datenerfassung ... 481
4.4.2.2 Datenspeicherung ... 482
4.4.2.3 Datentransformation ... 482

    4.4.2.4 Datenübertragung 483
    4.4.2.5 Datensicherung, Datenschutz und Daten-
       integrität 483
   4.4.3 Anwendungen 484
    4.4.3.1 Evolution 485
    4.4.3.2 Leistungsniveau 487
    4.4.3.3 Leistungspotentiale 490
 4.5 Informationstechnologie und Systemgestaltung 494
   4.5.1 Organisationsproblematik 494
   4.5.2 Gestaltungsaspekte 495
   4.5.3 Implementierungsstrategien 498
 4.6 Ausblick 499
Literaturhinweise 502

Stichwortverzeichnis 505

Allgemeine Betriebswirtschaftslehre

Kurzübersicht über das Gesamtwerk

Band 1: Grundfragen
Einleitung: Grundfragen
1. Kapitel: Gegenstand der Betriebswirtschaftslehre (Schweitzer)
2. Kapitel: Wissenschaftsprogramme der Betriebswirtschaftslehre (Schanz)
3. Kapitel: Rahmenbedingungen unternehmerischen Handelns
   1. Wirtschaftsordnung (Bea)
   2. Steuersystem (Kupsch)
   3. Unternehmensordnung (Steinmann/Gerum)
4. Kapitel: Entscheidungen des Unternehmens
   1. Entscheidungstheoretische Grundlagen (Bea)
   2. Konstitutive Entscheidungen (Bea)

Band 2: Führung
Einleitung: Führung
1. Kapitel: Planung und Kontrolle (Schweitzer)
2. Kapitel: Organisation (Bleicher)
3. Kapitel: Information
   1. Grundlagen der Informationsbeschaffung und -aufbereitung (Erichson/Hammann)
   2. Rechnungswesen
      2.1 Das Rechnungswesen als Informationssystem (Eisele)
      2.2 Bilanzen (Eisele)
      2.3 Kostenrechnung (Scherrer)
   3. Prognosen (Brockhoff)
   4. Informationstechnologie und Informationsmanagement (Zahn)

Band 3: Leistungsprozeß
Einleitung: Leistungsprozeß
1. Kapitel: Beschaffung und Logistik (Berg)
2. Kapitel: Fertigungswirtschaft (Bloech/Lücke)
3. Kapitel: Marketing (Böcker/Dichtl)
4. Kapitel: Investition (Seelbach)
5. Kapitel: Finanzierung (Drukarczyk)
6. Kapitel: Personalwirtschaft (Kossbiel)

Einleitung: Führung

1 Aufgaben der Führung

Wie in Band 1 dargelegt, besteht die Aufgabe eines Unternehmens darin, Güter zu erzeugen, die für die Deckung fremden Bedarfs geeignet sind. Dieser Gütererzeugungsprozeß darf nun nicht dem Zufall überlassen bleiben, sondern muß **zielbezogen gestaltet** werden. Mit dieser Aufgabe sind alle jene Personen befaßt, die initiativ, anordnend, entscheidend, durchsetzend, kontrollierend und mit Verantwortung für andere ausgestattet in Unternehmen tätig sind. Diese Tätigkeit wird (unter funktionalem Aspekt) als Führung bezeichnet.

> **Führung** ist das zielbezogene Gestalten eines Sozialgebildes.
>
> **Unternehmensführung** ist das zielbezogene Gestalten eines Unternehmens.

Jedes Individuum hat erfahrungsgemäß eigene Wertvorstellungen, Einstellungen, Motive und Ziele. Sie äußern sich in bestimmten **Verhaltensweisen** im Unternehmen. Diese wiederum müssen mit den Vorstellungen derjenigen Personen übereinstimmen bzw. in Übereinstimmung gebracht werden, die Führungskompetenzen im Unternehmen haben. Wie diese Verhaltensbeeinflussung vollzogen wird, hängt von der in einem Unternehmen praktizierten Führungskonzeption ab.

2 Führungskonzeptionen

Eine Führungskonzeption wird wesentlich vom grundsätzlichen Verhalten der Führungspersonen, d. h. dem Grad der Einflußnahme auf die Untergebenen bzw. dem Grad der Partizipation der Mitarbeiter an den Maßnahmen der Führungsorgane bestimmt. Die **Verhaltensmuster der**

Führung werden als Führungsstile bezeichnet (Wunderer/Grunwald [Führung] 218 ff.). Grundsätzlich können zwei konträre **Typen von Führungsstilen** unterschieden werden:

– autoritärer Führungsstil,
– demokratischer Führungsstil.

Kennzeichnend für den **autoritären** Führungsstil ist, daß die Führungspersonen anordnen, ohne die Betroffenen zu befragen. Im Gegensatz dazu findet beim **demokratischen** Führungsstil eine Mitwirkung der Geführten (daher auch als partizipativer Führungsstil bezeichnet) in Form von Willensbildungsprozessen und von Entscheidungsdelegation statt.

Die Wahl eines Führungsstils beruht u.a. auf einer Vorstellung darüber, wie effizientes Führen beschaffen sein soll. Dabei kann gegenwärtig noch auf wenig fundierte Erkenntnisse über die Interaktionsprozesse zwischen Führung und Geführten zurückgegriffen werden. Diese Unsicherheit ist darauf zurückzuführen, daß eine allgemeine **Führungstheorie** mit empirischer Geltung bis heute noch nicht gefunden worden ist. Es gibt vielmehr eine Vielzahl vorläufiger Führungstheorien. Zwei sollen genannt werden: Nach der **Eigenschaftstheorie** bestimmen die Führungseigenschaften – wie z.B. der Wille zum Erfolg, der Fleiß, das Einfühlungsvermögen – den Erfolg der Führung. Die **situative Theorie der Führung** geht davon aus, daß der Führungserfolg nicht ausschließlich von den Eigenschaften der Führungspersönlichkeiten abhängt, sondern auch von spezifischen situativen Bedingungen, wie etwa der Art der Aufgaben, die im Unternehmen wahrzunehmen sind, und der Ausbildung der Mitarbeiter.

Führungstheorien sollten die Grundlagen für praktisches Führungsverhalten liefern. Aus der Tatsache, daß eine Vielzahl von vorläufig ungesicherten Führungstheorien existiert, leitet sich die Konsequenz ab, daß es auch viele Vorschläge für **praktisches Führungsverhalten** gibt. Diese Vorschläge werden als Führungskonzeptionen bezeichnet. Sie werden – allerdings in der Literatur nicht einheitlich – auch als Führungssysteme, Führungsmodelle und Managementkonzepte bezeichnet.

Führungskonzeptionen sind Aussagensysteme, die theoretische und instrumentale Aussagen über die Struktur und die Funktion zielorientierter Gestaltungsprozesse enthalten.

Wissenschaft und Praxis haben eine Vielzahl von Führungskonzeptionen entworfen. Es war lange Zeit geradezu Mode, sog. **Management by-Konzeptionen** zu formulieren. Drei sollen im folgenden erörtert werden:

- Management by Objectives,
- Management by Delegation,
- Management by Exception.

Ihre Erörterung wird zeigen, daß sie sich nicht in allen Teilen scharf voneinander trennen lassen.

Management by Objectives (Führung durch Zielvereinbarung)

Die Mitarbeiter werden bei dieser Führungskonzeption anhand von Zielen geführt. Um eine Identifikation der Mitarbeiter mit den vereinbarten Zielen herbeizuführen und damit deren Motivation zur Zielerfüllung zu steigern, werden die Mitarbeiter i. d. R. an der Zielbildung beteiligt. Es finden regelmäßig Leistungsbeurteilungen anhand von Soll-Ist-Vergleichen statt. Führt die Analyse der Zielerreichung zu der Erkenntnis, daß Ziele falsch (etwa zu hoch) gesetzt worden sind, so werden die Ziele revidiert.

Eine wesentliche Voraussetzung für die Funktionsfähigkeit des Management by Objectives ist die Schaffung von Handlungsspielräumen für die Mitarbeiter. Fest vorgegebene Ziele und eingeengte Handlungsspielräume sind widersprüchliche Maßnahmen im Rahmen des Management by Objectives. Die divisionale Organisation bietet i. d. R. günstige Voraussetzungen für eine erfolgreiche Anwendung dieser Konzeption.

Management by Delegation (Führung durch Delegation)

Im Rahmen dieser Führungskonzeption wird Entscheidungskompetenz auf die Instanzen unterhalb der Ebene der Unternehmensleitung delegiert. Die tragende Idee dieser Führungskonzeption besteht darin, daß durch Delegation die Unternehmensleitung entlastet wird, die mittleren und unteren Instanzen mehr Problemnähe aufzuweisen haben und schließlich von der Übertragung von Verantwortung auch eine motivationsfördernde Wirkung ausgeht.

In Deutschland wird das Management by Delegation im sog. **Harzburger Modell** praktiziert: An jeden Mitarbeiter wird ein eigenständiger Aufgaben- und Verantwortungsbereich delegiert.

Management by Exception (Führung durch Kontrolle und Eingriff in Ausnahmesituationen)

Die Gestaltung derjenigen Aufgaben, die überwiegend ausführender Natur sind, wird delegiert, d. h. auf untere Hierarchieebenen übertragen. Es findet eine regelmäßige Kontrolle statt und erst bei Soll-Ist-Abweichungen, die eine bestimmte Größe überschreiten, greift die übergeordnete Instanz korrigierend ein.

3 Führungsinstrumente

Im Rahmen der skizzierten Führungskonzeptionen müssen Techniken zur Erfüllung der Führungsaufgaben eingesetzt werden. Sie werden Führungsinstrumente (gelegentlich auch Führungsmethoden oder Führungstechniken) genannt.

> **Führungsinstrumente** sind Techniken zur Erfüllung von zielbezogenen Gestaltungsaufgaben.

Es gibt eine Reihe von Möglichkeiten, die verschiedenen Führungsinstrumente zu klassifizieren. Wir gehen von folgender **Gliederung** aus:
– Planung und Kontrolle,
– Organisation,
– Information.

Planung und Kontrolle

Die Aufgabe der Planung besteht darin, Entwürfe zu erstellen, durch welche Größen für das Erreichen von Zielen vorausschauend festgelegt werden. Durch diese Entwürfe sollen die Chancen und Risiken der Zielerreichung rechtzeitig erkannt sowie geeignete gestaltende Maßnahmen ergriffen werden können. Die Kontrolle ist auf das engste mit der Planung verbunden. Ihre Aufgabe besteht darin, Abweichungen zwischen Plangrößen und Istgrößen zu ermitteln sowie zu analysieren.

Welche Aufgaben Planung und Kontrolle aufwerfen und wie diese erfüllt werden können, wird im **1. Kapitel** beschrieben.

Organisation

Die Aufgabe der Organisation besteht darin, die Beziehungen zwischen den Aktivitäten im Unternehmen, den Personen und den Sachmitteln eines Unternehmens so zu gestalten, daß eine optimale Zielerfüllung gewährleistet ist. Dafür steht eine Reihe von Gestaltungsalternativen zur Verfügung. Sie werden als Organisationsformen und Organisationsmodelle bezeichnet. Ihre Wahl erfolgt zielorientiert unter Beachtung der jeweiligen Umweltbedingungen.

Das **2. Kapitel** ist der Organisation gewidmet.

Information

Planung und Kontrolle stellen informationsverarbeitende Prozesse dar. Die Organisation befaßt sich mit der Strukturierung von Informationsbeziehungen im Unternehmen. Die betriebliche Informationswirtschaft stellt gleichzeitig das Bindemittel zur Verfügung für die Integration der Führungsinstrumente Planung, Kontrolle und Organisation sowie für die Verkettung des Führungssystems mit dem Ausführungssystem.

Das **3. Kapitel** behandelt die Information. Zunächst werden die Grundlagen der Informationsbeschaffung und -aufbereitung beschrieben. Daran schließt sich die Darstellung des Rechnungswesens (mit Bilanz und Kostenrechnung) an. Im Abschnitt über Prognosen werden Möglichkeiten und Verfahren der Beschaffung von Wissen über die Zukunft diskutiert. Die Umsetzung von umwelt- und unternehmensbezogenen Daten in entscheidungsrelevantes Wissen ist heute ohne Einsatz der elektronischen Datenverarbeitung nicht mehr möglich; dieses Thema bildet daher den Abschluß des 3. Kapitels.

In der folgenden **Abbildung** sind die Führungsinstrumente – so wie sie in diesem Band behandelt werden – skizziert. In den einzelnen

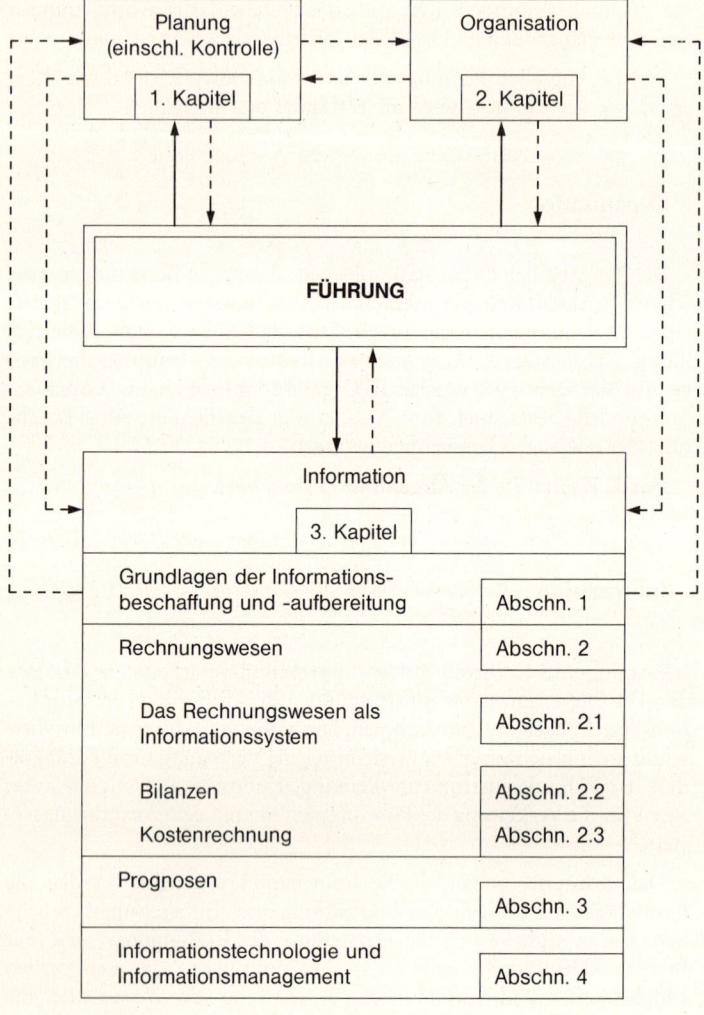

Kästen sind jeweils die Kapitel bzw. Abschnitte angegeben, in denen der entsprechende Stoff bearbeitet ist. Die durchgezogenen Pfeile sollen zum Ausdruck bringen, daß sich die Führung der Planung und Kontrolle, der Organisation und der Information bedient, um ihre Aufgabe zu erfüllen. Die Führung wiederum bedarf der Planung und Kontrolle, sie muß organisiert werden und benötigt Informationen. Diese Beziehungen sollen durch die gestrichelten Pfeile verdeutlicht werden. Die Führungsinstrumente Planung und Kontrolle, Organisation und Informationswirtschaft werden nicht isoliert eingesetzt, sondern stehen in vielfältiger Wechselbeziehung zueinander (vgl. gestrichelte Pfeile).

Literaturhinweise

Bleicher, Knut und Erik Meyer: Führung in der Unternehmung, Reinbek b. Hamburg 1976.
Heinen, Edmund: Betriebswirtschaftliche Führungslehre, 2. Aufl., Wiesbaden 1984.
Kieser, Alfred, Reber, Gerhard und Rolf Wunderer (Hrsg.): Handwörterbuch der Führung, Stuttgart 1987.
Koontz, Harold und Cyril O'Donell: Management, 6. Aufl., New York u. a. 1976.
Rühli, Edwin: Unternehmungsführung und Unternehmungspolitik, Bd. I, Stuttgart 1973, Bd. II, Stuttgart 1978.
Staehle, Wolfgang H.: Management, 2. Aufl., München 1985.
Staehle, Wolfgang H.: Funktionen des Management, Bern u. Stuttgart 1983.
Welge, Martin K.: Unternehmungsführung, Bd. I: Planung, Stuttgart 1985, Bd. II: Organisation, Stuttgart 1987.
Wunderer, Rolf und Wolfgang Grunwald: Führungslehre, Bd. I: Grundlagen der [Führung], Bd. II: Kooperative Führung, Berlin 1980.

1. Kapitel
Planung und Kontrolle

Marcell Schweitzer

1 Planung als Führungsinstrument

1.1 Begriff und Zwecke der Planung

1.1.1 Begriff der Planung und des Planes

In einer Gesellschaft mit hohem technischen, kulturellen und wirtschaftlichen Entwicklungsstand ist heute jenes Instrument, das Planung genannt wird, eine unverzichtbare Gestaltungshilfe. Wachsende Bevölkerungen, der technische Fortschritt sowie eine Fülle in Niveau und Umfang steigender Ansprüche stellen die verantwortlichen Instanzen in Politik, Wirtschaft und Wissenschaft vor Probleme, die nach wirkungsvollen Lösungen für Individuen, Familien, Betriebe, Kommunen, Länder, Staaten sowie für die gesamte Menschheit verlangen. Wohlhabende wie arme Völker erwarten von der Zukunft gute Überlebenschancen, nach Möglichkeit sogar eine Wohlfahrtssteigerung. Es bedarf nach aller Erfahrung menschlicher Denkanstrengung und Gestaltungshandlungen, um die komplizierten Zukunftsprobleme zu meistern. Insbesondere sind ordnende Entwürfe und Konzepte erforderlich, durch welche die gewünschten Ziele und die Maßnahmen zu deren Erreichung rechtzeitig bewußt gemacht und analysiert werden. Je knapper die Mittel der Bedürfnisbefriedigung werden, desto wirkungsvoller müssen die Instrumente sein, mit welchen eine rationale Steuerung der zugehörigen technischen, wirtschaftlichen, sozialen und kulturellen Prozesse beabsichtigt und realisiert wird. Eines der **Instrumente**, an welche diese Erwartung geknüpft wird, ist die **Planung**.

Durch mehrere Sachverhalte wird das Erstellen von ordnenden Entwürfen jedoch erschwert: einmal durch eine **große Zahl von Planungsträgern**, dann durch **erhebliche Freiräume für Aktionen und Reaktionen im System, schließlich durch **unvollkommenes Wissen** über Entwicklungen in der Zukunft, das den Horizont der Vorausschau beträchtlich einengt. Mit zunehmender **Dezentralisierung** der Planungskompetenzen steigt die Zahl der Faktoren, die bei individuellen Planungen berücksichtigt werden müssen, sehr stark an. Berücksichtigt man weiter, daß eine Planung nur dann wirkungsvoll realisiert werden kann, wenn die isolierten und verbundenen **Wirkungen** aller beteiligten Faktoren mit hinreichender Wahrscheinlichkeit abgeschätzt werden können, wird das Ausmaß der prinzipiellen Schwierigkeiten sichtbar, das bei der Planung in Wirtschaftseinheiten bewältigt werden muß.

Sowohl staatliche als auch private Einrichtungen müssen in dieser komplexen Problemsituation ihre Ziele und Aktivitäten planen. So betreibt der **Bund** die verschiedensten Planungen für Maßnahmen der sozialen Sicherung, für die rechtliche Ordnung, für Wirtschaftsförderung, für Verkehrswesen, für Verteidigung, für zwischenstaatliche Beziehungen sowie für Bundessteuern und anteilige Einkommen-, Körperschafts- und Umsatzsteuern. Auf **Landesebene** werden u. a. Schul- und Hochschulstrukturen, teilweise Maßnahmen der Infrastruktur, der gesundheitlichen Versorgung und Maßnahmen der polizeilichen Sicherung geplant. Planungen der **Gemeinden** beziehen sich auf Bauvorhaben, Straßenführung, Nutzungsbestimmungen und öffentliche Versorgung sowie Entsorgung im gemeindlichen Bereich, auf Kindergärten, Schulen, Altenheime usw. In **privaten Unternehmen** werden beispielsweise Planungen für Absatz, Fertigung, Lagerhaltung, Beschaffung, Investition, Finanzierung und Personal durchgeführt. Schließlich kann ein **privater Haushalt** das Einkommen, den Konsum, das Sparen, die Bildung, die Altersvorsorge, das Vermögen, den Hausbau und die Reisen zu Planungsgegenständen wählen.

Planungen, die bisher genannt wurden, können in ihrer zeitlichen Reichweite, Präzision, Revidierbarkeit und Koordination sehr verschieden ausgeprägt sein. Gemeinsam haben sie jedoch folgende Merkmale:

- Sie sind **geordnete Prozesse**.
- Sie sind **informationsverarbeitende Vorgänge**.
- Sie führen zu **Entwürfen**.
- Sie sind auf die **Erreichung von Zielen** gerichtet.
- Sie sind **zukunftsbezogen**.

Mit diesen Merkmalen läßt sich folgende Definition der Planung formulieren:

> **Planung** ist ein geordneter, informationsverarbeitender Prozeß zur Erstellung eines Entwurfs, welcher Größen für das Erreichen von Zielen vorausschauend festlegt.

Das Ergebnis der Planung bzw. des Planens ist ein Plan oder ein System von Plänen. In Entsprechung zur getroffenen Definition der Planung läßt sich der Begriff des **Planes** festlegen:

> Ein **Plan** ist als Ergebnis eines geordneten, informationsverarbeitenden Prozesses ein Entwurf, welcher Größen für das Erreichen von Zielen vorausschauend festlegt.

In der Betriebswirtschaftslehre wird eine Reihe von **Planungsdefinitionen** vorgeschlagen, die von der hier formulierten Definition verschieden stark abweichen, im Kern jedoch sehr ähnlich sind. Einige Beispiele seien dafür genannt:

— Planung ist »gestaltendes Denken für die Zukunft« (Adam [Planung] 11).
— Planung (im weiteren Sinne) »beinhaltet das Fällen von Führungsentscheidungen auf der Basis systematischer Entscheidungsvorbereitung zur Bestimmung künftigen Geschehens« (Hahn [PuK] 29).
— Planung ist »Antizipationsentscheidung«, d. h. »als Planung wird eine Entscheidung dann bezeichnet, wenn diese (nebst dem zugehörigen Entscheidungsinformationsprozeß) zeitlich vor Eintritt jener Datenkonstellation oder jener Periode getroffen wird, auf die sie bezogen ist« (Koch [Unternehmensplanung] 12).
— Planung »ist im Kern als prospektives Denkhandeln aufzufassen, in dem eine geistige Vorwegnahme und Festlegung zukünftigen Tathandelns erfolgt« (Kosiol [Planung] 79).
— »Planung ist ein systematisch-methodischer Prozeß der Erkenntnis und Lösung von Zukunftsproblemen« (Wild [Unternehmungsplanung] 13).
— »Ein Plan ist ein Entwurf für Entscheidungen« (Wittmann [Betriebswirtschaftslehre] 209).

Allein aus Gründen der Zweckmäßigkeit wird nachfolgend von Planung i. S. eines geordneten informationsverarbeitenden Prozesses zur Erstellung eines Entwurfs, welcher Größen für das Erreichen von Zielen vorausschauend festlegt, gesprochen.

1.1.2 Zwecke der Planung

Ein einfaches **Beispiel** aus der Seefahrt möge helfen, die Aufgabenstellungen der Planung besser zu verstehen. Dieses Beispiel soll gleichzeitig verdeutlichen, wie die zukunftsorientierten Fragen der Planung auch auf Sachverhalten der Vergangenheit und Gegenwart aufbauen sowie welchen Rang die Planung beim täglichen Denken, Handeln und Verhalten der Menschen einnimmt:

Ein Kapitän habe vor, eine bestimmte Ladung vom Heimathafen A mit seinem Schiff sicher und pünktlich in einem genau bekannten Zielhafen B anzulanden. Dabei will er alle Kosten für die Besatzung, das Schiff und die Ladung niedrig halten, möglichst den kürzesten Kurs wählen sowie Schäden an Menschen, Schiff, Fracht und Umwelt vermeiden.

Um seine Ziele zu erreichen, muß sich der Kapitän Gedanken darüber machen, welche Problemstellungen durch die beabsichtigte Fahrt aufgeworfen werden. So muß er abschätzen, wie Gestirne, Wind und Meer sich während seiner Fahrt verhalten werden. Er muß wissen, welche Tiefen, Riffe, Klippen und Sandbänke auf seiner Route liegen, ob andere Schiffe seine Route kreuzen können, ob mit Strömungen, Treibholz, Eis oder anderen Behinderungen zu rechnen ist. Er muß sich Gewißheit darüber verschaffen, was Schiff und Mannschaft zu leisten imstande sind. Mit diesem Wissen muß er sodann über eine Reihe von Größen Entscheidungen treffen, von welchen das Gelingen des Unternehmens abhängt. Hierzu sind u. a. zu rechnen: Die Stärke der Mannschaft, der Umfang der Ladung, die Art der Verstauung, die Navigationshilfen, der Zeitpunkt der Abreise, die zweckmäßigste Route, die Zahl der Zwischenlandungen sowie die Versicherungsart.

Der Kapitän muß aber auch Vorkehrungen dafür treffen, daß während der Fahrt neu auftretende Probleme im Zusammenhang mit Schiff, Mannschaft oder Route adäquat gelöst werden können. Dies kann bedeuten, daß bereits getroffene Grundsatzentscheidungen revidiert bzw. modifiziert oder nur grob festgelegte Größen in der fraglichen Situation präzisiert oder angepaßt werden (müssen).

Zu einer adäquaten Lösung aller angesprochenen Aufgaben, die im Zusammenhang mit der beschriebenen Schiffsfahrt auftreten, bedarf es einer hinreichend guten **Planung**.

Überträgt man die Sachverhalte, die im erwähnten Beispiel der Schiffahrt Bezug zur Planung haben, auf ein beliebiges Unternehmen, dann läßt sich für dessen Planung (Planer) generell folgender Hauptzweck formulieren:

> Der oberste **Zweck der Planung** ist es, ein **wirkungsvolles Instrument zur Erreichung von Zielen** zu sein, d. h., die Mittel, die Alternativen sowie die Chancen und Risiken der Zielerreichung rechtzeitig zu erkennen sowie geeignete Maßnahmen zu ergreifen.

Aus diesem Hauptzweck ergibt sich eine Reihe einzelner **Teilzwecke der Planung**. In Anlehnung an *Wild* ([Unternehmungsplanung] 19), der in diesem Zusammenhang von »speziellen Funktionen der Planung« spricht, lassen sich folgende **Zwecke (Wirkungen) der Planung** unterscheiden:

– **Zielausrichtung:** Durch Planung werden Unterziele und Vorgehensweisen von Personen sowie Institutionen auf Oberziele abgestimmt.
– **Frühwarnung:** Planung ermöglicht es, durch das Erkennen prognostizierter Problemlagen rechtzeitig Lösungs- bzw. Gegenmaßnahmen zu ergreifen.
– **Koordination von Teilplänen:** Durch Planung werden Lösungen von Teilproblemen aufeinander abgestimmt, eine unvorhergesehene wechselseitige Beeinträchtigung ihrer Realisierung wird vermieden.
– **Entscheidungsvorbereitung:** Im Planungsprozeß werden die erkannten Probleme analysiert und diejenigen Alternativen untersucht, welche zu einer Problemlösung (Zielerreichung) führen können. Auf diese Weise wird die Entscheidung über eine günstige Alternative zweckmäßig und systematisch vorbereitet. Für alle Folgeentscheidungen wird gleichzeitig ein Entscheidungsrahmen fixiert.
– **Grundlegung der Kontrolle:** Durch Planung wird es möglich, gewollte Soll-Größen sowie getroffene Prognosen (Wird-Größen) mit Ist-Größen (realisierten Größen) zu vergleichen und zugleich Prämissen der Planung zu überwachen. Planung wird somit zur Grundlage einer aussagefähigen Kontrolle.
– **Mitarbeiterinformation:** Die Mitarbeiter können durch Planung über Ziele, Alternativen, Mittelverwendungen, Restriktionen und Termine angemessen unterrichtet werden.
– **Mitarbeitermotivation:** Durch Mitwirkung am Prozeß der Planerstellung sowie durch akzeptierte Planvorgaben können Mitarbeiter zu plankonformer Verhaltensweise, d. h. zur Erreichung der betrieblichen und individuellen Ziele, angeregt werden.

1.2 Teilaufgaben und Phasen des Planungsprozesses

Aus den genannten Zwecken der Planung ergeben sich **Teilaufgaben** für die Planungsträger, die sich wie folgt skizzieren lassen:

- Wer plant, muß Klarheit über seine **Ziele**, d. h. darüber herbeiführen,
  - welche **Ziele** überhaupt verfolgt werden sollen,
  - aus welchen **Unterzielen** sich Oberziele zusammensetzen,
  - welche **Beziehungen** zwischen einzelnen Unterzielen bestehen,
  - insbesondere welchen **Vorrang** einzelne Ziele haben sollen,
  - für welche **Dauer** Ziele gewählt werden,
  - welche **Chancen** und **Risiken** gewählte Ziele für die Erreichung anderer Ziele in sich bergen.

- Wer plant, muß wissen, welche externen **Umweltgrößen,** die er i. d. R. nicht beeinflussen kann (natürliche Gegebenheiten, Gesetze, Marktformen), auf seine Vorgehensweise Einfluß nehmen. Dieser Einfluß liegt darin, daß Umweltdaten den Freiraum der Handlungsmöglichkeiten des Planers i. d. R. beschränken.

- Wer plant, muß sich einen Überblick über alle internen **Daten**, Begrenzungen und Unabänderlichkeiten seines eigenen Betriebes (Standort, Mitarbeiter, Techniken, Maschinenkapazitäten, Marktgrenzen, Vertriebssystem) verschaffen, die während der Planperiode als feste Gegebenheiten zu betrachten sind. Deren Einfluß liegt in gleicher Weise darin, daß sie den Freiraum der Handlungsmöglichkeiten (weiter) einschränken.

- Wer plant, muß möglichst umfassend über alle Größen informiert sein, die innerhalb der Planperiode von ihm verändert werden können. Diese **Entscheidungsvariablen** sind seine zentralen Aktionsgrößen, die er zu unabhängigen Entscheidungsalternativen kombinieren kann. Die Menge der zulässigen Entscheidungsalternativen macht den soeben gekennzeichneten Freiraum der Handlungsmöglichkeiten, den sog. **zulässigen Bereich,** aus.

- Wer plant, muß sich fundiertes Wissen darüber verschaffen, mit welcher Wahrscheinlichkeit welche Entscheidungsalternative welche **Zielwirkungen** hat. Erst wenn absehbar ist, welchen Beitrag Alternativen zum Erreichen von gesetzten Haupt- und Nebenzielen, Ober- und Unterzielen bzw. Anfangs-, Zwischen- und Endzielen erbringen, kann darüber befunden werden, welche Alternative bzw. Alternativenkette als Grundlage für die Planung gewählt werden soll.

– Wer plant, benötigt Informationen über die **Revisionsmöglichkeit** von Entscheidungen. Er muß wissen, in welchem Umfange Entscheidungen, die er in der gegenwärtigen Planperiode trifft, in späteren Planperioden revidiert, modifiziert und präzisiert werden können. Nicht revidierbare Entscheidungen führen häufig zu (langfristigen) Konsequenzen, die bei unsicherer Voraussicht Erfolgsrisiken nach sich ziehen.

Umfassende und systematische Analysen von Zielen, Umweltgrößen, Daten, Entscheidungsvariablen, Zielwirkungen von Alternativen sowie deren Revisionsmöglichkeiten sollen letztlich dazu beitragen, Pläne zu erstellen, die auf der einen Seite Risiken von Fehlentscheidungen senken und auf der anderen Seite die Chancen einer guten Zielerreichung erhöhen.

Betrachtet man den **Ablauf eines Planungsprozesses,** so kann festgestellt werden, daß er sich in abgrenzbaren **Prozeßphasen** vollzieht. Jede dieser Phasen ist durch eine besondere Aufgabenstellung gekennzeichnet und mit anderen Phasen durch Folge- und Informationsbeziehungen systematisch verknüpft. Die Aufgabeninhalte der einzelnen Prozeßphasen lassen sich aus den oben angeführten Teilaufgaben der Planungsträger herleiten. Sie können unterschiedlich detailliert gekennzeichnet werden. In einer ersten Abgrenzung kann gesagt werden, daß Planungs- und Kontrollprozesse die Phasen **Problemformulierung, Problemlösung** und **Durchführung** der Lösung umfassen. Verfeinert man diese Phasen, gelangt man zur Trennung (in Anlehnung an Wild [Unternehmungsplanung] 33 ff.) von:

– Zielbildung,
– Problemfeststellung,
– Alternativensuche,
– Prognose,
– Bewertung und Entscheidung,
– Durchsetzung,
– Realisation,
– Vorgabe von Sollwerten*,
– Ermittlung von Istwerten,
– Soll-Ist-Vergleich (Ermittlung der Soll-Ist-Abweichung),
– Abweichungsanalyse.

Prinzipiell kann davon ausgegangen werden, daß alle Phasen, die auf die Durchsetzung folgen, nicht zum Aufgabenbereich der Planung

---

* Für den Fall des Soll-Ist-Vergleichs

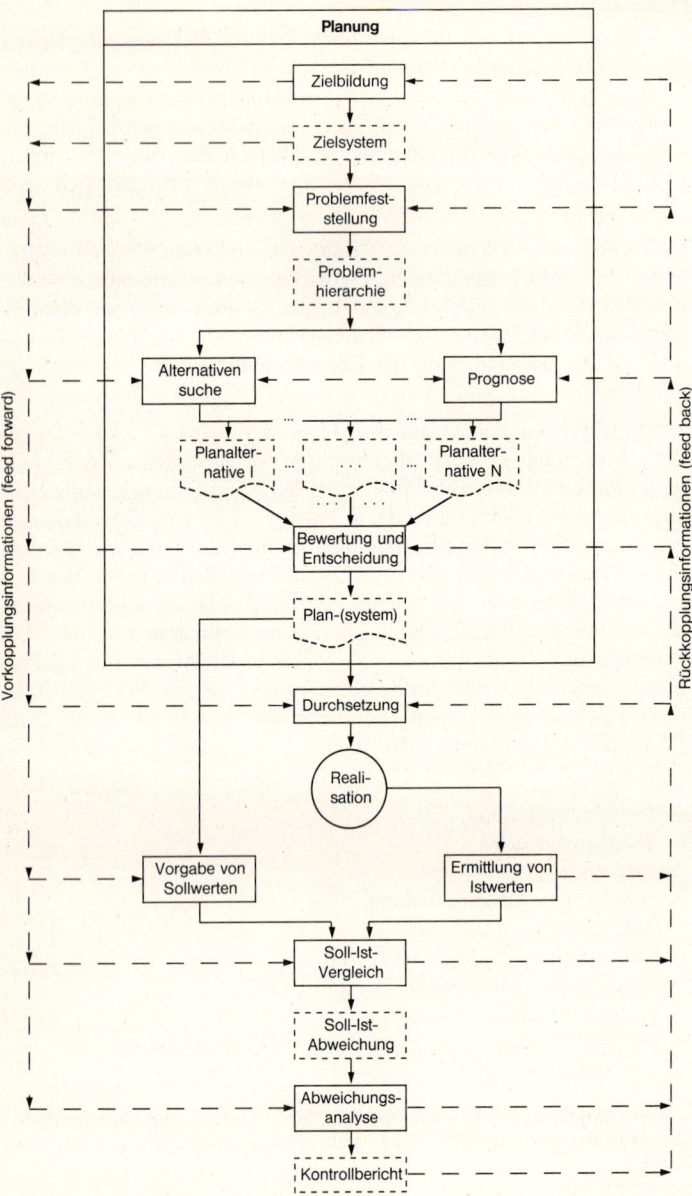

Abb. 1.1: Stellung der Planung im Planungs- und Kontrollprozeß des Unternehmens

gehören. Strittig ist, ob die Phasen der Zielbildung und Entscheidung als Planungsaufgaben anzusehen sind.

Im folgenden wird davon ausgegangen, daß die Prozeßphasen Zielbildung, Problemfeststellung, Alternativensuche, Prognose, Bewertung sowie Entscheidung den Planungsprozeß des Unternehmens bilden. Maßnahmen, die nach der Planauswahl und -vorgabe getroffen werden, werden nicht mehr zur Planung gerechnet. Es ist jedoch zu erwähnen, daß mehrere der besprochenen Phasen innerhalb einer einzigen Prozeßphase erneut auftreten und damit u. a. Vorentscheidungen (niederer Ordnung) in allen Phasen, die der Entscheidungsphase vorgelagert sind, zulassen. Außerdem können einzelne Prozeßphasen in Form von Unterzyklen mehrfach durchlaufen werden und dazu führen, daß bis dahin gefundene Phasenergebnisse revidiert werden (vgl. Abschnitt 3.1). Diese Sachverhalte der **Periodizität** und des **Mehrfachdurchlaufs** von Prozeßphasen wiederholen sich zwischen allen hierarchischen Ebenen eines Unternehmens und machen die Planung sowie die Kontrolle zu wichtigen Instrumenten der Führung. Den Grundaufbau eines Planungs- und Kontrollprozesses unter Berücksichtigung vor- und rückgekoppelter Informationsströme vermittelt Abb. 1.1.

1.3 Planung und Information

1.3.1 Begriff der Information

Für die Planung ist ein umfassendes Wissen unerläßlich. **Wissen** über Gesetzmäßigkeiten, Beziehungen, Ziele, Restriktionen, Märkte, Güter, Handlungsalternativen, Konsequenzen oder Personen kann als eine begründete Erkenntnis über diese Größen verstanden werden. Wissen steht damit im Gegensatz zur bloßen Vermutung oder zur persönlichen Meinung. Das Wissen, das zur Erstellung von Planungen erforderlich ist, muß stets vor der Realisation der Planung verfügbar sein und es ermöglichen, das beabsichtigte Handeln gedanklich vorwegzunehmen sowie vorausschauend vorzubereiten.

> **Information** ist ein Wissen, welches der Vorbereitung zielorientierter Handlungen dient; kurz: Information ist entscheidungsrelevantes Wissen.

In Unternehmen gibt es besondere Bereiche bzw. Abteilungen, welche erforderliche Informationen systematisch bereitstellen. Dazu sind in erster Linie die **Forschung**, die **Dokumentation**, die **Marktforschung** und das **Rechnungswesen** zu zählen. Die durch diese Abteilungen bereitgestellten Informationen werden von anderen Abteilungen nachgefragt und als »Wiedereinsatzgut« u. a. beim Erstellen ihrer Pläne benutzt. Zur Informationsbereitstellung tritt eine Informationsdistribution, eine Informationslagerung (-speicherung) sowie eine Informationsnutzung hinzu.

Als weitere Kriterien zur Artenkennzeichnung von Informationen seien erwähnt: Die Wahrheitsart, der Bestätigungsgrad, die Präzision, die Prüfbarkeit und die Vollständigkeit (vgl. S. 153 ff.).

1.3.2 Planung als informationsverarbeitender Prozeß

Blickt man auf die Phasen des Planungs- und Kontrollprozesses in Abb. 1.1, ist erkennbar, daß sie alle, ausgenommen die Realisationsphase, im Kern **informationsverarbeitende Prozesse** sind. Die ersten vier Prozeßphasen der Planung in Abb. 1.1 kann man als input-output-Prozeß von Informationen interpretieren. Eingangsinformationen (input) werden durch Planer in mehreren Bearbeitungsstufen arbeitsteilig, mittels bestimmter Techniken in Ausgangsinformationen (output), d. h. zu Planalternativen verarbeitet. In diesem Sinne stellt Planung einen Umwandlungsprozeß von Eingangs- in Ausgangsinformationen dar. Zieht man die Kennzeichen aus dem Abschnitt 1.2 hinzu, erweist sich **Planung als ein zyklischer und informationsverarbeitender input-output-Prozeß**. Die strikte Zielorientierung dieses Prozesses wird durch eine umfassende Vor- und Rückkopplung aller Prozeßphasen sichergestellt (vgl. Abb. 1.1).

Der Planungsprozeß, wie er in der Realität abläuft, hat neben der formal-strukturellen Seite, die bisher beschrieben wurde, noch eine **sozial-verhaltensbestimmte** Seite. Gemeint ist damit jener Fragenkreis, der durch den Umstand aufgeworfen wird, daß Planung **arbeitsteilig durch Menschen** vollzogen wird. Menschen als Individuen oder als Mitglieder von Gruppen zeigen bei Prozessen der Informationsverarbeitung und Kommunikation bestimmte **Verhaltensweisen**, durch welche der Planungsprozeß beeinflußt wird. So können unterschiedliche persönliche Wert- und Zielvorstellungen in den Arbeitsprozeß eingebracht werden, soweit ein Freiraum für Interessenpluralismus zugelassen wird. Daneben kann eine gegebene Problemlage von mehreren

Planern durchaus in subjektiver Sicht betrachtet werden und zu einer abweichenden Entscheidung führen (vgl. Pfohl [Planung] 34). Nachwuchskräfte können im Planungsprozeß gezielt Techniken des Verhandelns, der Konsensbildung und der Konfliktlösung einüben. Alle diese Verhaltensweisen können zu Wirkungen führen, die den Planungsprozeß in seiner Rationalität relativieren. Obwohl diese durch menschliches Verhalten bestimmten Fragen Einfluß auf den Planungsprozeß nehmen, wird im weiteren auf sie nicht näher eingegangen, weil das gesicherte Wissen über sie noch relativ lückenhaft ist.

1.3.3 Planung bei verschiedenen Informationsständen

Da Planung ein informationsverarbeitender Prozeß ist, wirkt sich der **Sicherheitsgrad** der verarbeiteten prognostischen Informationen auf den Sicherheitsgrad der Planung aus. Planung kann in diesem Sinne bei vollkommener Information (Sicherheit) oder unvollkommener Information (Ungewißheit) betrieben werden.

— Ein Planer erstellt seine Pläne bei **vollkommener Information** (deterministischer Fall), wenn er davon ausgehen kann, daß sein Wissen über die Planinhalte (Ziele, Problemstellungen, Instrumentalvariablen, Wirkungen, Daten, Träger, Termine) vollständig, sicher und bestimmt ist. Insbesondere über Art und Ausmaß der Wirkungen von Entscheidungsalternativen besteht beim Planer keinerlei Ungewißheit.

— Der erste Fall eines unvollkommenen Informationsstandes ist der bei **Risiko**. Von Planung bei Risiko ist zu sprechen, wenn der Planer damit rechnen muß, daß z. B. für jede realisierbare Alternative mehrere Wirkungen mit jeweils zugehörigen (objektiven oder subjektiven) Wahrscheinlichkeiten eintreten können. Dasselbe gilt für Instrumentalvariablen, Daten, Termine usw.

— Als zweiter Fall eines unvollkommenen Informationsstandes ist der bei **Unsicherheit** zu nennen. Der Planer muß in dieser Situation davon ausgehen, daß z. B. jede realisierbare Alternative zu mehreren Wirkungen führen kann, deren Eintrittswahrscheinlichkeiten unbekannt sind. Über die Umweltzustände, welche eine Alternativenwahl beeinflussen, können keine Wahrscheinlichkeitsaussagen gemacht werden.

Obwohl in der Planungspraxis Risiko- und Unsicherheitssituationen häufiger vorkommen als Situationen bei Sicherheit, kommt der Sicherheitssituation und damit den Planungssystemen und -rechnungen, die mit der Annahme vollkommener Information, d. h. mit sicherer Zukunftserwartung arbeiten, sehr große Bedeutung zu. Die **Gründe** dafür sind darin zu suchen, daß die Planungspraxis

- (stark) vereinfachendem Modelldenken verhaftet ist,
- bereits bei der Informationsgewinnung mehrwertige (ungewisse) Erwartungen durch Risikozuschläge bzw. -abschläge auf einwertige (sichere) zurückführt,
- für verschiedene Zukunftserwartungen Planalternativen durchrechnet sowie
- generell vermutet, die explizite Berücksichtigung aller unvollkommenen Informationen über zukünftige Entwicklungen würde die deterministisch gefundenen Planungsergebnisse nur unwesentlich verbessern.

Unabhängig von diesem Verhalten der Planungspraxis ist das Bemühen der neueren Entscheidungstheorie sowie der Planungslehre auf eine zunehmende explizite Erfassung unvollkommener Informationen gerichtet (vgl. S. 156 ff. und Bd. 1). Zum Zusammenhang von Planung und unvollkommener Information vgl. *Wittmann* ([Betriebswirtschaftslehre] 212 ff. und [Unternehmung]).

1.4 Grundannahmen der Planung

Die Betriebswirtschaftslehre ging bisher bei ihrem Versuch, eine Planungslehre zu konzipieren, von einem Betrachtungsgegenstand aus, der den heutigen Ansprüchen an die Betriebswirtschaftslehre als Realwissenschaft nicht standhalten kann. Dieser ältere Ansatz läßt sich rückblickend durch folgende **Grundannahmen** kennzeichnen:

(1) Träger der Planung (Planer) ist eine einzige Person (der Unternehmer).
(2) Der Planungsprozeß ist in seiner Ausdehnung zeitlos.
(3) Die Planung dient dem Erreichen einer einzigen Zielvorstellung, die eindeutig formuliert ist (meist Gewinnmaximierung).
(4) Dem Planer ist die Menge der realisierbaren Alternativen vollständig bekannt.
(5) Die Prognose der für die Planung erforderlichen Parameter (Daten) kann einwertig (sicher) getroffen werden.

(6) Die Prognose der Zielwirkung jeder Alternative ist einwertig (sicher) möglich.

(7) Alternativen gelten als optimal, wenn sie zu einer extremalen Zielwirkung führen.

(8) Zum Bestimmen der Problemlösung existiert ein effizientes (Rechen-) Verfahren, das zum Optimum führt.

Sehr deutlich spiegelt sich das Unterstellen dieser Annahmen u. a. in einer größeren Zahl von Planungsmodellen (bzw. Entscheidungsmodellen) wider, die für Planungszwecke konzipiert und teilweise auch verwendet werden (vgl. 1. Bd.).

Die gegenwärtigen Bemühungen um die **Weiterentwicklung** der Lehre von der Planung gehen im Gegensatz zum älteren Ansatz davon aus, daß die Grundannahmen der Planung für die überwiegende Zahl der Anwendungsfälle (insbesondere für Unternehmen) lauten müssen:

(1') Träger der Planung ist i. d. R. eine **Personenmehrheit**, die den Planungsprozeß arbeitsteilig und hierarchisch differenziert vollzieht.

(2') Der Planungsprozeß ist eine Abfolge von verschieden strukturierten **Teilprozessen** (Planungsphasen) mit Beanspruchung von Zeit und mit unterschiedlicher zeitlicher Reichweite.

(3') Planung dient dem Erreichen eines **Zielsystems,** das eine geordnete Menge von Einzelzielen mit verschiedener Artenausprägung, mit unterschiedlichem Zeitbezug und Konfliktgehalt sowie mit unterschiedlicher Variablenzahl, Priorität, Präzision, Akzeptanz usw. umfaßt.

(4') Jede realisierbare Alternative zur Problemlösung ist i. d. R. die **Kombination von Entscheidungsvariablen,** deren Anzahl und Beziehungszusammenhänge den Planern nicht immer bekannt sind. Das bedeutet für die Menge der realisierbaren Alternativen (den zulässigen Bereich), daß sie reduziert oder gar offen sein kann.

(5') Die **Prognose der** für die Planung erforderlichen **Parameter** (Daten) kann in vielen Fällen nur mehrwertig (ungewiß) getroffen werden.

(6') Die **Prognose der Zielwirkungen** jeder Alternative ist in vielen Fällen nur mehrwertig (ungewiß) möglich.

(7') Eine Alternative kann als optimal bezeichnet werden, wenn sie nach einer akzeptierten **Entscheidungsregel** (bei Sicherheit, Risiko oder Unsicherheit) gewählt wird, wobei die extremierende Alternative nur in Sonderfällen die optimale ist.

(8') Für bestimmte Problemstellungen existieren effiziente systematische (**Rechen-**)**Verfahren,** die zur optimalen Lösung führen; für andere gibt es keine entsprechenden Algorithmen oder, soweit vorhanden, führen sie nicht zu einer optimalen Lösung. Planung muß sich daher auch vorhandener bzw. neu zu entwickelnder **Heuristiken** bedienen und komplexe Planungsprobleme mit Hilfe von **Simulationen** einer Näherungslösung zuführen.

In der Planungsliteratur werden in bezug auf einige der hier formulierten Grundannahmen der Planung **wohlstrukturierte** und **defekte** Planungsprobleme (Entscheidungsprobleme) unterschieden (vgl. z. B. Adam [Planung] 13 ff.). Dazu werden insbesondere die Annahmen (3), (4), (6) und (8) herangezogen.

Planungsprobleme mit eindeutiger Zielvorstellung, mit bekanntem und geschlossenem Lösungsraum, bekannten Wirkungszusammenhängen der Alternativen sowie einem verfügbaren, effizienten Lösungsalgorithmus gelten als **wohlstrukturiert.**

Alle anderen Planungsprobleme, die in einer oder in mehreren dieser vier Annahmen Strukturmängel aufweisen, gelten als **defekt,** was im allgemeinen für praktische Planungsprobleme zutrifft. Im einzelnen werden dann zielsetzungsdefekte, wirkungsdefekte, bewertungsdefekte und lösungsdefekte Planungsprobleme unterschieden.

Bei einer Orientierung an einer größeren Menge von Grundannahmen der Planung, z. B. an den hier formulierten Grundannahmen (1′) bis (8′), läßt sich ohne Schwierigkeit zeigen, daß praktische Planungsprobleme unter einer noch größeren Zahl von »Defektarten« leiden können. Für die weiteren Überlegungen wird dieser Terminologie nicht gefolgt, jedoch darf nicht übersehen werden, daß bei praktischen Planungsproblemen verschieden große Informationsmängel auftreten können, die bei der Entwicklung von Planungstechniken bzw. -rechnungen und Planungssystemen beachtet werden müssen. Desgleichen müssen die möglichen Informationsmängel bei der Postulierung von Anforderungen an Pläne bzw. Planungssysteme sowie bei der Beurteilung ihrer Wirtschaftlichkeit Berücksichtigung finden.

Von großer Bedeutung ist, daß verwendete **Planungsmodelle** als Abbildungen des zu lösenden Sachproblems die **gleiche Struktur** wie das Sachproblem besitzen sollten, d. h., sie sollten **isomorphe Abbildungen** des zugrunde liegenden Sachproblems sein.

In allen Fällen, in welchen Planungsmodelle nur **ähnliche Strukturen** haben wie das Sachproblem, bezeichnet man sie als **homomorphe Abbildungen**. Faktisch sind die meisten Planungsmodelle nur ähnliche Abbildungen des realen Sachproblems, was die Aussagekraft bzw. die Brauchbarkeit entsprechend hergeleiteter Pläne als Führungsinstrumente mindert.

2 Arten der Planung

2.1 Arten der Planung nach Bezugsgrößen

Arten der Planung lassen sich nach einer Reihe von Merkmalen unterscheiden. Bezugsgrößen der Planung bilden eine erste Möglichkeit zur Klassifikation der Planung. Solche Merkmale sind:

— der Bezugszeitraum,
— der Funktionsbereich,
— die Leitungshierarchie,
— die Planungshierarchie.

(1) Die Zeitdauer, auf die sich Planung (ein Plan) bezieht, heißt der **Bezugszeitraum**. Mit dem Planbeginn fällt der Realisationsbeginn des Planes zusammen. Das Realisationsende des Planes kann auch vor dem Planende liegen. Der **Auswirkungszeitraum** eines Planes ist eine weitere Fristigkeit, die vom Planbeginn (Auswirkungsbeginn) bis zum (subjektiven) Planungshorizont reicht. Das ist i. d. R. der Zeitpunkt, bis zu welchem sich die Prognosereichweite erstreckt. Nach dem **Bezugszeitraum** (B) lassen sich trennen:

— kurzfristige Planung (Pläne)
  (etwa $B \leq 1$ Jahr),
— mittelfristige Planung (Pläne)
  (etwa $1 < B \leq 5$ Jahre),
— langfristige Planung (Pläne)
  (etwa $B > 5$ Jahre).

Diese Abgrenzung der Bezugszeiträume ist von der Qualität der Prognosen, vom Planungsgegenstand, von dem planenden Unternehmen und von der Branche abhängig. Aber auch die Produktlebenszyklen, der Stand von Forschung und Entwicklung sowie mögliche Produktsubstitutionen haben Einfluß auf die Fristigkeit der Pläne (vgl. Kreikebaum/Grimm [Unternehmensplanung] 36).

(2) Nach dem Merkmal des erfaßten **Funktionsbereichs,** auf den sich die Planung bezieht, lassen sich beispielsweise unterscheiden: Absatzplanung, Fertigungsplanung, Lagerhaltungsplanung, Beschaffungsplanung, Finanzplanung, Investitionsplanung.

(3) Das Merkmal der **Leitungshierarchie** führt zur Unterscheidung

von Gesamtplanung, Bereichsplanung, Stellenplanung sowie zu weiteren Unterteilungen nach aufbauorganisatorischen Gesichtspunkten.

(4) Schließlich nimmt das Merkmal der **Planungshierarchie** darauf Bezug, daß einzelne Planungen (Pläne) des Unternehmens in einem Über-/Unterordnungsverhältnis zueinander stehen können. Dabei gilt ein Plan einem anderen als übergeordnet, wenn er den Handlungsrahmen absteckt, in welchem der andere (untergeordnete) Plan formuliert werden muß. In der Lehre von der Planung hat es sich durchgesetzt, nach dem Merkmal der Planungshierarchie drei Ebenen zu unterscheiden:

– die strategische (oberste),
– die taktische (mittlere),
– die operative (unterste) Ebene.

Gelegentlich werden diese drei Hierarchieebenen den drei Planarten nach dem Bezugszeitraum (langfristig, mittelfristig und kurzfristig) gleichgesetzt. Diese Zuordnung ist jedoch bedenklich, weil sich die strategische, taktische und operative Planung jeweils durch mehrere Merkmale kennzeichnen lassen. Neben dem Bezugszeitraum kommen als weitere Merkmale der Differenziertheitsgrad, der Detailliertheitsgrad, die Präzision der verwendeten Informationen sowie die Strukturmängel der Planungsprobleme in Betracht (vgl. Abb. 1.2).

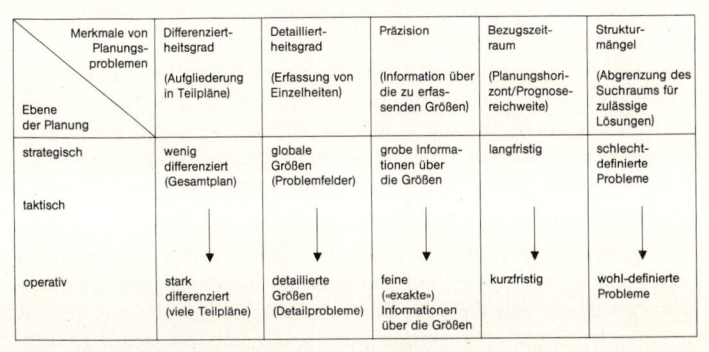

Merkmale von Planungsproblemen / Ebene der Planung	Differenziertheitsgrad (Aufgliederung in Teilpläne)	Detailliertheitsgrad (Erfassung von Einzelheiten)	Präzision (Information über die zu erfassenden Größen)	Bezugszeitraum (Planungshorizont/Prognosereichweite)	Strukturmängel (Abgrenzung des Suchraums für zulässige Lösungen)
strategisch	wenig differenziert (Gesamtplan)	globale Größen (Problemfelder)	grobe Informationen über die Größen	langfristig	schlechtdefinierte Probleme
taktisch	↓	↓	↓	↓	↓
operativ	stark differenziert (viele Teilpläne)	detaillierte Größen (Detailprobleme)	feine («exakte») Informationen über die Größen	kurzfristig	wohl-definierte Probleme

Abb. 1.2: Kennzeichnung strategischer, taktischer und operativer Planung (nach Pfohl [Planung] 123)

In einer Planhierarchie stehen die Pläne abnehmender Ebenen in einem »Ableitungsverhältnis«. Formal wird ein taktischer Plan aus einem strategischen »abgeleitet« und ein operativer Plan aus einem taktischen. Beachtet man, daß über diese drei Hierarchieebenen der

Pläne gleichzeitig eine zunehmende Präzision, Detailliertheit, Differenziertheit usw. auftritt, so ist der Inhalt dieser »Ableitung« als allgemeine **Planverträglichkeit** bzw. als **Plankoordination** zu interpretieren.

2.2 Arten der Planung nach Koordinationsarten

2.2.1 Kennzeichnung der Koordinationsarten

Entschließt sich ein Unternehmen, für einen bestimmten Bezugszeitraum alle seine beabsichtigten Aktivitäten in einem einzigen Gesamtplan festzulegen, so ist dieser Entwurf oder Handlungsrahmen ein sehr komplexes Gebilde. Darin müssen alle Aktivitäten in den Teilperioden des Bezugszeitraums spezifiziert sein; es müssen die Aktivitäten aller betrieblichen Funktionsbereiche (Beschaffung, Lagerung, Fertigung, Absatz, Investition, Finanzierung usw.) bestimmt werden, und schließlich muß der Gesamtplan für alle Leitungsebenen konkretisiert sein. Alle diese Teilperioden, Teilbereiche und Teilhierarchien sind jedoch i. d. R. interdependent. Z. B. sind bei Planungen, die sich auf mehrere Perioden beziehen, folgende **Interdependenzen** zu beachten:

- Eine in Periode 1 getroffene Ausgangsentscheidung engt den Lösungsbereich für spätere Folgeentscheidungen in den Perioden 2, 3 usw. ein.
- Eine für die Periode 1 zu treffende Entscheidung hängt davon ab, welche Folgeentscheidungen in den Perioden 2, 3 usw. geplant sind.
- Die in einer Periode zu wählende Alternative hängt selbst vom Eintreten einer bestimmten Situation (Bedingungskonstellation) ab, deren Prognose nur unsicher getroffen werden kann.

Ein realisierbarer Gesamtplan muß also das gegebene Geflecht von Wechselbeziehungen zwischen allen nach den vier Bezugsgrößenmerkmalen differenzierten Teilplänen möglichst wirklichkeitsgetreu berücksichtigen. D. h., daß die Teilpläne möglichst vollständig und präzise aufeinander abgestimmt werden müssen. Die hier auftretende **Koordinationsproblematik** kann prinzipiell auf zwei Wegen gelöst werden: Entweder plant man die einzelnen Teilperioden, Teilbereiche und Teilhierarchien **schrittweise** und verdichtet die entstehenden Einzelpläne unter Berücksichtigung erforderlicher Abstimmungen zum Gesamtplan des Unternehmens, oder man plant **gleichzeitig** alle Funktionsbereiche in einem einzigen Planungsansatz unter Berücksichtigung aller bestehenden Interdependenzen. Während die erste Art der Planung

sukzessive Planung genannt wird, heißt die zweite Art **simultane Planung**.

Da die Unterscheidung in sukzessive und simultane Planung die Frage betrifft, wie verschiedene Teilpläne miteinander koordiniert werden, können Sukzessivität und Simultaneität als die beiden grundsätzlichen Koordinationsarten bezeichnet werden. Einer genaueren Analyse ist es dienlich, nur jeweils ein einziges dieser Merkmale zur Differenzierung des Planungsbezugs zu betrachten. Dann können drei Ausprägungsarten der beiden Koordinationsarten auseinandergehalten werden:

— Nach dem Merkmal der **zeitlichen Koordination** kann man zeitlich sukzessive und zeitlich simultane Planung unterscheiden.
— Nach dem Merkmal der **sachlichen Koordination** läßt sich sachlich sukzessive und sachlich simultane Planung trennen.
— Nach dem Merkmal der **hierarchischen Koordination** gibt es hierarchisch sukzessive und hierarchisch simultane Planung.

Diese drei Koordinationsarten sollen im folgenden genauer beschrieben werden.

2.2.2 Planungen nach der zeitlichen Koordination

Der Zeitraum, auf den sich die Planung bezieht, wird als Bezugszeitraum bezeichnet. Er kann hier als fest vorgegeben betrachtet werden. Unabhängig von seiner absoluten Länge kann der Bezugszeitraum stets in mehrere Teilperioden unterteilt werden. Wird für die Teilperioden in einer bestimmten Reihenfolge (i. d. R. aufsteigend) nacheinander in der Weise geplant, daß die Planungsresultate schon geplanter Perioden als feste Vorgaben für die noch zu planenden Perioden betrachtet werden, handelt es sich um **zeitlich sukzessive Planung**. Sie liegt beispielsweise dann vor, wenn bei einem Bezugszeitraum von fünf Jahren nacheinander fünf Einjahrespläne erstellt werden, wobei zunächst der Plan für das erste Jahr erstellt wird, auf dessen Ergebnissen und Vorgaben aufbauend der Plan für das zweite Jahr usw.

Werden dagegen in einem umfassenden Planungsansatz alle fünf Perioden gleichzeitig erfaßt und ein Gesamtplan für alle Perioden unter Berücksichtigung der zeitlichen Interdependenzen erstellt, handelt es sich um **zeitlich simultane Planung**. Sie kann auch als simultane Mehrperiodenplanung bezeichnet werden; die zeitlich sukzessive Planung läßt sich demgegenüber als eine Kette von Einperiodenplanungen auffassen. Hieran wird auch deutlich, daß sich das Problem der Koordination bei kleineren Betrachtungseinheiten analog wiederholt: Die Einperiodenplanung kann etwa für die erste Teilperiode bei getrennter Betrachtung der Koordinationsarten z. B. eine sachlich sukzessive oder simultane Planung sein.

2.2.3 Planungen nach der sachlichen Koordination

Die sachliche Koordination der Planung betrifft die Frage, inwieweit in einem geschlossenen Planungsansatz mehrere (im Grenzfall alle) betrieblichen Funktionsbereiche erfaßt und gemeinsam geplant werden. Bei **sachlich sukzessiver Planung** sind i. d. R. mehrere Planungsdurchgänge mit veränderten Teilplanungen für die zuerst geplanten Bereiche erforderlich. Damit wird angestrebt, zielgünstige Gesamtpläne oder überhaupt erst zulässige Pläne zu erhalten.

Um die Zahl der Planungsdurchgänge möglichst klein zu halten, bietet es sich an, für den Funktionsbereich mit dem geringsten Leistungsgrad, dem sog. Leistungsengpaß, mit der Planung zu beginnen und mit einem Teilplan fortzufahren, der sachlich auf dem Engpaßplan aufbaut. Schritt für Schritt plant man auf diese Weise alle Funktionsbereiche und kann dann die entstandenen Teilpläne zu einem Gesamtplan verdichten. Sobald bei sachlich sukzessiver Planung zwei oder mehr Engpässe auftreten, sind Mehrfachdurchgänge der Teilplanung unumgänglich. Die geschilderte Abstimmung der Teilpläne auf einen Engpaß (Minimumsektor) nennt *Gutenberg* das »**Ausgleichsgesetz der Planung**«. Zweckmäßiger wäre es, in diesem Zusammenhang den Ausdruck »Gesetz« zu vermeiden und von einem »Abstimmungsprinzip« der Teilpläne zu sprechen, weil das Streben des Unternehmens mittel- und langfristig dahin gehen wird, den fraglichen Engpaß zu beseitigen.

Bei sachlich sukzessiver Planung sind nach abstimmenden Mehrfachdurchgängen von Teilplanungen i. d. R. die sachliche Koordination und die Realisierbarkeit des Gesamtplanes gewährleistet. Ob jedoch der auf diese Weise entstehende Gesamtplan zu einer optimalen Lösung des Gesamtproblems führt, bleibt offen.

Zweck der **sachlich simultanen Planung** ist das Aufstellen eines Gesamtplans bei gleichzeitiger Erfassung aller Funktionsbereiche mit ihren Interdependenzen über eine oder mehrere Perioden. Die simultane Planung wird meist zentral in einer Planungsabteilung durchgeführt und erfordert ein simultanes Planungsmodell, das alle ökonomischen sowie technischen Daten, Variablen, Restriktionen und Ziele erfaßt.

Dieses Planungsmodell kann ein exaktes **Optimierungsmodell** oder ein **Näherungsmodell** sein. Informationen über auftretende Leistungsengpässe werden hier systematisch zum »zulässigen Bereich« verarbeitet, der die Menge der realisierbaren Alternativen umfaßt. Damit wird vom Ansatz her sichergestellt, daß die unter einer (bzw. mehreren) Zielvorstellung(en) gewählte Alternative tatsächlich realisierbar ist. Das bedeutet gleichzeitig, daß die sachliche Koordination über die abgebildeten Funktionsbereiche umfassend gewährleistet ist.

Der Gesamtplan des Unternehmens, der durch sachlich simultane Planung aufgestellt wird, führt zu einer **optimalen Lösung** des Gesamtproblems. Jedoch ist dieser Planungsweg außerordentlich aufwendig, was die Informationsbereitstellung und -verarbeitung betrifft. Andererseits sind die erforderlichen **Planungsmodelle** noch nicht so weit entwickelt, daß ihre Anwendung für viele Unternehmen mittlerer und kleinerer Größe unter wirtschaftlichen Gesichtspunkten angebracht erscheint. Tatsächlich wenden nur wenige der größeren Unternehmen verschiedener Branchen in der Bundesrepublik simultane Planungsmodelle an. Die übrigen Unternehmen bedienen sich aus Tradition bzw. notgedrungen sukzessiver Planungsansätze. Gegenwärtig sind insbes. lineare Planungsmodelle entwickelt, welche den Investitions-, Finanzierungs-, Produktions-, Beschaffungs-, Absatz- und den Personalbereich in Ausschnitten simultan über eine oder mehrere Perioden erfassen können. Auch bei simultaner Planung sind Mehrfachdurchrechnungen dann erforderlich, wenn einzelne Parameter geändert werden und festgestellt werden soll, wie diese Änderungen auf die optimale(n) Planalternative(n) wirken. Zweckmäßig bedient man sich in diesem Falle der **parametrischen Planungsrechnung,** die dieser Aufgabenstellung besonders entspricht.

Die Unterscheidung von zeitlich sukzessiver und zeitlich simultaner Planung ist unabhängig davon, auf welchen sachlichen Umfang, auf wie viele und welche Hierarchie-Ebenen sich die Planung inhaltlich bezieht. So kann z. B. sowohl ein Beschaffungsplan (sachlich sukzessive Planung) als auch ein Plan über alle betrieblichen Funktionsbereiche (sachlich simultane Planung) in den beiden Versionen der zeitlichen Sukzessivplanung und der zeitlichen Simultanplanung erstellt werden (vgl. Abb. 1.3).

sachlich \ zeitlich Koordination	sukzessiv	simultan
sukzessiv	einperiodige Beschaffungsplanung für das erste Jahr im Rahmen einer gesamtbetrieblichen Fünfjahresplanung	simultane mehrperiodige Beschaffungsplanung für alle fünf Jahre im Rahmen einer gesamtbetrieblichen Fünfjahresplanung
simultan	einperiodige Gesamtplanung des Betriebs für das erste Jahr im Rahmen einer gesamtbetrieblichen Fünfjahresplanung	simultane mehrperiodige Gesamtplanung des Betriebes für alle fünf Jahre im Rahmen einer gesamtbetrieblichen Fünfjahresplanung

Abb. 1.3: Beispiele zum Zusammenhang zwischen zeitlicher und sachlicher Koordination

2.2.4 Planungen nach der hierarchischen Koordination

Für die hierarchische Koordination von Plänen gibt es drei Verfahren:

— das **retrograde** Verfahren (auch retrograde Planung oder **Top-Down-Planung** genannt),
— das **progressive** Verfahren (auch progressive Planung oder **Bottom-Up-Planung** genannt),
— das **zirkuläre** Verfahren (auch Gegenstromverfahren oder kombiniertes Top-Down-Vorlauf- und Bottom-Up-Rücklauf-Verfahren genannt).

Im Kern stellen alle drei Koordinationsverfahren eine **sukzessive** Abstimmung hierarchisch differenzierter Pläne eines Unternehmens dar. Während das **retrograde** Verfahren vom Gesamtplan des Unternehmens ausgeht und daraus die Bereichs- und Stellenpläne herleitet, geht das **progressive** Verfahren umgekehrt von den Stellenplänen aus und aggregiert diese schrittweise zu den übergeordneten Bereichsplänen sowie zum Gesamtplan des Unternehmens. Das **zirkuläre** Verfahren verbindet das retrograde und das progressive Verfahren mit dem Zweck, die Vorteile beider Verfahren dem gesamten Planungsprozeß dienstbar zu machen. Ein simultanes Verfahren ist denkbar, existiert jedoch bisher nur für Anwendungsfälle geringen hierarchischen Umfangs.

2.3 Arten der Planung nach Anpassungsarten

2.3.1 Kennzeichnung der Anpassungsarten

Da die Umwelt des Unternehmens veränderlich ist und auch das eigene Aktionsfeld im Zeitablauf umgestaltet wird, müssen die Pläne des Unternehmens an zukünftige Änderungen verschiedenster Art anpassungsfähig, d. h. **elastisch** sein. Mögliche Anpassungsmaßnahmen hängen weitgehend von Informationen über die Zukunft ab, deren Unvollkommenheit bereits beschrieben wurde. Sicherlich hätte ein Planer den besten Informationsstand, wenn er mit seiner Planerstellung bzw. Plananpassung bis kurz vor Beginn der Planperiode warten würde. Da jedoch jede Planung einen zeitlichen Vorlauf erfordert, muß der Planer stets mit unvollkommenen Informationen arbeiten. Sicherlich würde ein Planer auch gern seinen Plan sofort anpassen, wenn er eine vollkommenere Information über einen Planinhalt erhält. Dies ist jedoch kaum möglich, weil eine kontinuierliche Planrevision sehr unergiebig wäre.

Von den möglichen Wegen zu einer elastischen Planung werden nachfolgend einige beschrieben, die in Wissenschaft und Wirtschaftspraxis Bedeutung bzw. eine gewisse Bewährung erfahren haben. Anknüpfungspunkte für diese Erörterung der Planungselastizität sind der **Anpassungsrhythmus** und die **Verbindlichkeit** von Teilplänen (bzw. die Bedingtheit nachfolgender Teilpläne bei zeitlichen Planungsketten).

2.3.2 Planungen nach dem Anpassungsrhythmus

Das Merkmal des **Anpassungsrhythmus** bezieht sich auf die Art und Weise der Planfortschreibung von zeitlich aufeinander folgenden Plänen. Am Beispiel einer Fünfjahresplanung sei der betrachtete Sachverhalt erläutert (vgl. Abb. 1.4). Unterteilt ein Unternehmen seinen Fünfjahresplan in fünf einzelne Jahrespläne, die als Grobpläne erstellt werden, und schreibt es diese Jahrespläne nicht oder nur unregelmäßig in Abständen mehrerer Jahre fort, dann wird diese Fortschreibungsart als **nicht-rollende** (nichtrollierende, sprunghafte) Planung bezeichnet. Wird dagegen der erste Jahresplan als Feinplan eingerichtet und sind die übrigen vier Jahrespläne Grobpläne, wobei der erste Jahresplan nochmals in Dreimonats-, Viermonats- oder Sechsmonatsteilpläne (als Feinpläne) unterteilt werden kann, dann wird eine Planfortschreibung als **rollende** (rollierende, gleitende) Planung bezeichnet, wenn die Feinplanung regelmäßig nach Ablauf eines Teilplans und die Grobplanung regelmäßig in Jahresabständen fortgeschrieben werden.

> Eine Planfortschreibung, die eine Anpassung von Feinplänen nach Ablauf eines Teilplans und die Anpassung von Grobplänen in Jahresabständen verlangt, heißt **rollende Planung**.

In Abb. 1.4 wird dieser Zusammenhang für den Fall einer Sechsmonatsteilplanung in der Feinplanung und insgesamt für eine Fünfjahresplanung wiedergegeben.

Durch die rollende Planfortschreibung können neu gewonnene Informationen in die Mehrperiodenplanung adäquat einbezogen werden. Die sachliche Koordination und die Realisierbarkeit aller Teilpläne werden durch die rollende Planung i. d. R. gewährleistet.

2.3.3 Planungen nach der Verbindlichkeit von Teilplänen

Das Merkmal der **Verbindlichkeit** von Teilplänen in einer mehrperiodigen Planungskette drückt aus, ob eine und welche Trennung zwischen verbindlichen (definitiven) bzw. unverbindlichen (bedingten) Teilplänen getroffen wird.

> Eine Planfortschreibung, die eine Anpassung von Teilplänen nach dem Muster von verbindlichen und unverbindlichen Teilplänen zuläßt, wird **flexible Planung** genannt.

Das Gegenstück zur flexiblen Planung ist eine Planungstechnik, die nur verbindliche Teilpläne für den gesamten Bezugszeitraum zuläßt. Sie

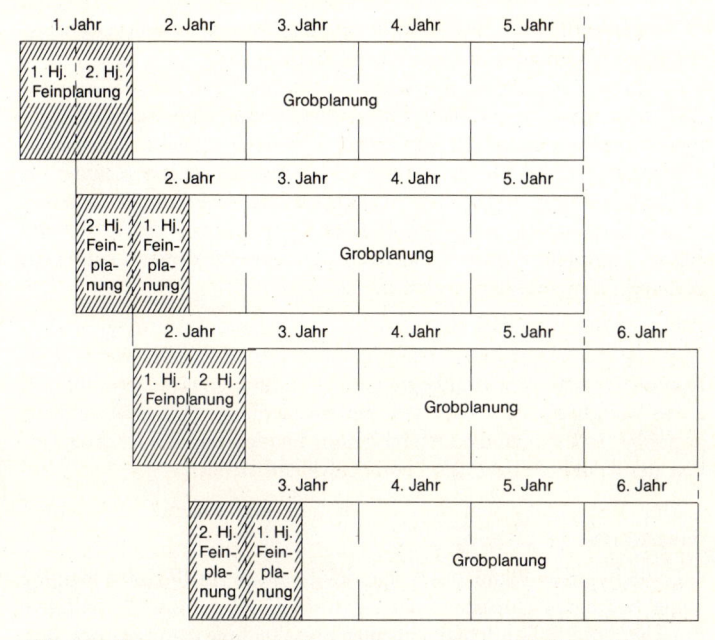

Abb. 1.4: Planentwicklungsrhythmus bei der rollenden Fünfjahres-Planung

wird **starre Planung** genannt. Die flexible Planung ist besonders auf Risikosituationen zugeschnitten, welchen sie dadurch genügt, daß i. d. R. der erste Jahresplan in der Planungskette ein definitiver Plan ist, während die übrigen Pläne bis zum Planungshorizont bedingte alternative Teilpläne sind. Ein flexibles mehrperiodiges Planungsproblem läßt sich durch einen **Entscheidungsbaum** darstellen, der durch seine Verästelungen alle realisierbaren Folgeentscheidungen (alternative Teilpläne) über eine gegebene Zahl von Teilperioden mit ihren Wirkungen erfaßt.

Die **Elastizität** der flexiblen Planung besteht darin, daß zum Beginn einer Teilperiode über diejenige Teilalternative definitiv entschieden wird, die in der gerade beginnenden Periode realisiert werden soll. Dies geschieht bei Kenntnis aller Folgealternativen der späteren Teilperioden. Über die Folgeentscheidungen der späteren Teilperioden wird lediglich bedingt entschieden, so daß von Periode zu Periode in Abhängigkeit von der eingetretenen Situation in der behandelten Teilperiode genau einer der möglichen Eventualpläne gewählt werden kann.

Voraussetzung für den Aufbau eines flexiblen Planungssystems ist ein hoher Informationsstand über realisierbare Teilalternativen, mögliche Situationen mit ihren Eintrittswahrscheinlichkeiten, Wirkungen der Alternativen, Restriktionen u. a. Zudem muß ein effizienter Algorithmus vorliegen, um im formulierten Entscheidungsbaum die optimale Kette von Teilplänen bestimmen zu können. Besonders geeignet zur Lösungsfindung sind für Entscheidungsbäume Verfahren der **dynamischen Planungsrechnung**. Diese Verfahren ermöglichen die Aufstellung eines Gesamtplans des Unternehmens, der zur extremalen Lösung des gestellten Gesamtproblems führt.

In der Wirtschaftspraxis finden die Verfahren der dynamischen Planungsrechnung bei der Lösung von Planungsproblemen wegen ihrer Kompliziertheit bisher nur begrenzt Anwendung. In ihrer Struktur sind diese Verfahren jedoch an sehr unterschiedliche Planungsprobleme anpaßbar und stellen die sachliche Koordination und die Realisierbarkeit der Teilpläne bzw. des Planungssystems sicher.

Eine Verbindung von flexibler Planung und rollender Fortschreibungstechnik ist möglich.

Bei der **starren Planung** werden im Gegensatz zur flexiblen Planung keine bedingten Entscheidungen getroffen, sondern stets definitive Entscheidungen. Greift man auf einen Entscheidungsbaum zurück, läßt sich der Sonderfall der starren Planung wie folgt kennzeichnen: Wird zu Beginn der ersten Periode nicht nur über die Alternative dieser Teilperiode definitiv entschieden, sondern bereits definitiv über eine geschlossene Alternativenkette durch den Entscheidungsbaum, dann wird von **starrer** Planung gesprochen. Dieses Vorgehen erscheint nur vertretbar, wenn die Gesamtplanung des Unternehmens bei vollkommener Information über die zukünftige Entwicklung der Planungsdaten erfolgt. Da diese Informationsannahme sehr wirklichkeitsfremd ist, hat die starre Planung für die Planungspraxis der Wirtschaft die strukturelle Schwäche, daß man sich bei Nichteintreten der erwarteten Situationen in den Folgeentscheidungen bereits festgelegt hat und keine vorteilhaften Anpassungsentscheidungen mehr treffen kann. Die Kette der Teilpläne kann bei starrer Planung mit Hilfe eines Optimierungsmodells oder nach Erfahrungsprinzipien bestimmt werden. In beiden Fällen der starren Planung ist im praktischen Vollzug eine optimale Lösung des Planungsproblems im Sinne einer extremalen Zielerreichung kaum zu erwarten. Die sachliche Koordination und die Realisierbarkeit der Teilpläne bzw. des Planungssystems sind dagegen bei dieser Planungsweise gegeben.

3 Teilaufgaben der Planungsphasen

In Abschnitt 1.2 sind folgende Phasen des Planungsprozesses unterschieden worden (vgl. Abb. 1.1):
- Zielbildung,
- Problemfeststellung,
- Alternativensuche,
- Prognose,
- Bewertung und Entscheidung.

Die Bezeichnungen dieser Phasen sind globale Umschreibungen der jeweiligen Phasenaufgabe. Diese sind jedoch zu grob, um detailliert nachvollziehen zu können, welche Einzelfragen ein Planungsprozeß tatsächlich aufwerfen kann. In den folgenden Abschnitten soll daher erörtert werden,
- in welche **Teilaufgaben** eine Phasenaufgabe gegliedert werden kann und
- welche **Fragen** die einzelnen Teilaufgaben aufwerfen.

3.1 Zielbildung

Die erste Phase des Planungsprozesses ist die **Zielbildung**.

> **Zielbildung** ist das Festlegen eines präzisen, strukturierten und realisierbaren Systems von Handlungsnormen.

Für die Planung hat diese Phase besonderes Gewicht, wenn im Unternehmen kein formuliertes Zielsystem existiert. Durch die Erfüllung der Phasenaufgabe »Zielbildung« verhilft man dem Unternehmen zu einer präzisen Darstellung seiner Handlungsnormen. Besteht dagegen bereits ein Zielsystem, kann die erste Phase des Planungsprozesses (i. d. R.) übersprungen werden. Als **Teilaufgaben** dieser Phasenaufgabe sind für den ersten Fall zu nennen: Zielfindung, Zielpräzisierung,

Zielstrukturierung, Realisierbarkeitsprüfung der Ziele und Zielauswahl (vgl. Wild [Unternehmungsplanung] 57 ff.).

- Als **Zielfindung** werden alle Maßnahmen bezeichnet, durch welche oberste Ausgangsziele festgestellt, untere Teilziele verschiedener Ordnung aus den Ausgangszielen abgeleitet bzw. diesen als verträglich und erfüllungswirksam zugeordnet sowie mögliche Ziele systematisch auf ihre Bezüge zu den Ausgangszielen überprüft werden.

- Die **Zielpräzisierung** bedeutet eine möglichst genaue Kennzeichnung von Inhalt, Ausprägung, Terminen, Trägern und Begrenzungen einzelner Ziele. Zielpräzisierung und Zielfindung sind sehr eng miteinander verknüpft. Ziele, die präziser formuliert werden, ermöglichen genauere Planungen sowie Kontrollen und erhöhen damit die Wirksamkeit von Instrumenten der Unternehmensführung.

- In der **Zielstrukturierung** wird danach gestrebt, die Menge der gefundenen Ziele hierarchisch zu ordnen. Hierbei sind verschiedene Zielhierarchien (Zielsysteme) möglich. Eine **teleologische Zielhierarchie** entsteht, wenn Ober- und Unterziele nach ihren Zweck-Mittel-Beziehungen geordnet werden. Dagegen ergibt sich eine **definitionslogische Zielhierarchie** durch die Art des verwendeten Begriffsnetzes. Wird der Periodenüberschuß P definiert als P = Periodenertrag – Periodenaufwand, so gilt der Periodenüberschuß im Verhältnis zu Ertrag und Aufwand als übergeordnetes Ziel. Als eine weitere Zielhierarchie ist die nach **Prioritäten** zu nennen. In ihr sind diejenigen Ziele als Oberziele anzusehen, denen eine hohe Dringlichkeit der Erreichung zugeordnet wird. Eine **entscheidungsbezogene Zielhierarchie** kann nach der Bedeutung einzelner Ziele für Entscheidungsfälle (-modelle) formuliert werden. Dabei gelangt man zur Unterscheidung von Hauptzielen (Zielvorstellungen) und Nebenzielen (Nebenbedingungen). Schließlich sei noch die **organisatorische Zielhierarchie** erwähnt, die nach Elementen des Leitungssystems eines Unternehmens gebildet wird und zur Unterscheidung von Unternehmenszielen, Bereichszielen, Abteilungszielen und Stellenzielen führt. Diese Hierarchie der Ziele rückt dann in den Vordergrund der Betrachtung, wenn eine weitgehende Deckungsgleichheit von Leitungssystem und Zielsystem herbeigeführt werden soll (Kongruenzprinzip).

- Eine **Realisierbarkeitsprüfung von Zielen** ist auf die Feststellung gerichtet, ob einzelne Ziele unter zielstrukturellen, wirtschaftlich-technischen und personellen Gesichtspunkten überhaupt erreichbar bzw. umsetzbar sind. Der **zielstrukturelle** Aspekt umfaßt die Analyse von Beziehungen zwischen Zielen in bezug auf ihre Verträglichkeit. Dabei können sich Ziele als verträglich oder als unverträglich erweisen. Verträgliche Ziele können im Verhältnis zueinander neutral oder komplementär, im Grenzfall identisch sein. Bei unverträglichen Zielen handelt es sich um konkurrierende, im Extremfall um antinomische Ziele. Unter **wirtschaftlich-technischem** Aspekt ist herauszufinden, ob die vorgesehene Zielausprägung (der Grad der Zielerreichung, das Anspruchsniveau) bei gegebenen Bedingungen der Märkte, Kapazitäten, Kapitalausstattung usw. realistisch gewählt wurde. Und die Zielanalyse unter **personellem** Aspekt soll zeigen, in welchem Umfang Eignung, Zeit und Kompetenz sowie Motivation der beteiligten Mitarbeiter ausreichen, um die gewünschte Zielausprägung zu erreichen.

– Als **Zielauswahl** (Zielentscheidung) ist schließlich die Handlung zu verstehen, durch die der Entschluß über das tatsächlich zu verfolgende Zielsystem getroffen wird. Wurden mehrere alternative Zielsysteme erarbeitet, muß dasjenige Zielsystem ausgewählt werden, das die höchste bzw. eine zufriedenstellende Eignung zur Erreichung der Oberziele besitzt. Für den anderen Fall, daß nur ein Zielsystem erstellt wurde, sind bei alternativ möglichen Unterzielen diejenigen Unterziele bzw. deren Kombinationen auszuwählen, welche zum Erreichen der Oberziele die entsprechend guten Beiträge zu erbringen versprechen. Das auf diese Weise gewählte Zielsystem muß des weiteren dem Beschluß über die vorläufige Verbindlichkeit für die nachfolgenden Planungsphasen unterzogen werden. Im Zuge der Erfüllung der übrigen Phasenaufgaben der Planung kann es durchaus noch zu Änderungen oder zu völligen Neuformulierungen von Zielen kommen, weshalb das ausgewählte Zielsystem nur als vorläufig verbindlich gelten kann. Darüber hinaus wird erkennbar, daß in der Planungsphase der Zielbildung im Zusammenhang mit der Zielauswahl bereits Teilaufgaben der Alternativensuche, der Prognose sowie der Bewertung und Entscheidung auftreten (vgl. dazu Abb. 1.1).

3.2 Problemfeststellung

Die zweite Phase des Planungsprozesses ist die **Problemfeststellung**.

> **Problemfeststellung** ist die Ermittlung der Lücke zwischen der Zielvorstellung und dem prognostizierten Ist-Zustand einer Planungsperiode.

Diese Phase hängt mit der Phase der Zielbildung dergestalt zusammen, daß ohne eine Zielvorgabe keine Problemstellung formuliert werden kann. Erst wenn ein Ziel präzise formuliert und als Handlungssoll gesetzt wird, kann herausgefunden werden, welche Maßnahmen ergriffen werden müssen, um die spätere Zielerreichung abzusichern bzw. mögliche Zielabweichungen möglichst niedrig zu halten.

In der Forschung ist ein **Problem** eine ungelöste wissenschaftliche Aufgabe. Für den Erkenntnisfortschritt der Wissenschaften sind Probleme entscheidende Antriebe. Im Zusammenhang mit Planungen läßt sich ein Problem als Abweichung zwischen dem gegenwärtigen oder künftigen Ist-Zustand und dem beabsichtigten Soll-Zustand (Zielvorgabe) kennzeichnen. Gelingt für eine beliebige Planungsperiode z. B. die Prognose der für diese Periode erwarteten Ist-Situation und weicht diese von der gesetzten Zielvorstellung ab, so verkörpert die gemessene Abweichung das aufgeworfene Planungsproblem. Die Höhe dieser Zielabweichung kennzeichnet die »Problemlücke«. Fragt man nach den einzelnen **Schritten**, die zur Feststellung der Problemlücke führen, können diese wie folgt beschrieben werden:

— Am Anfang wird eine Beschreibung und Analyse der gegenwärtigen Situation getroffen (**Lageanalyse**).
— Danach wird vorausschauend festgestellt, welche Situationsänderung im betrachteten Planungszeitraum eintreten würde, wenn keine Maßnahmen zur Gestaltung des Geschehens in dieser Periode vorgesehen werden (**Lageprognose**).
— Schließlich wird die Zielvorstellung der Planungsperiode mit dem prognostizierten Ist-Zustand derselben Periode verglichen (Feststellung der **Problemlücke**).

> Die ermittelte Abweichung des Ist-Zustandes von der Zielvorstellung ist die **Problemlücke,** die durch Maßnahmen des Planungsträgers geschlossen werden soll.

Dabei ist noch von Bedeutung, daß die Bedingungen der prognostizierten Ist-Situation als Prämissen für die zu ergreifenden Maßnahmen der Problemlösung zu verstehen sind. Je früher und präziser Problemlücken festgestellt werden, desto höher ist die Wahrscheinlichkeit des Findens von wirkungsvollen Alternativen zur Lösung der aufgeworfenen Probleme.

Ein besonderer Planungsfall ist das Auftreten von **komplexen Problemen**. Diese geben häufig Anlaß zur Problemaufspaltung, Analyse der Teilprobleme im Hinblick auf ihre Komponenten sowie zur Untersuchung der Beziehungen zwischen Teilproblemen. Die darauf folgende Verknüpfung von Teilproblemen nach ihren Abhängigkeiten oder Prioritäten führt schließlich zu einer überschaubaren und gestaltbaren **Problemhierarchie** als Anknüpfungspunkt für eine zielwirksame Lösung des Gesamtproblems.

Die Problemlücke kann mit **Methoden der Ursachenanalyse** untersucht werden. Hierzu zählen: Methode Kepner-Tregoe, Methode der progressiven Abstraktion, Relevanzbaummethode u.a.

3.3 Alternativensuche

Eine **Alternative** ist eine Vorgehensweise zur Erreichung eines vorgegebenen Ziels, die von anderen möglichen Vorgehensweisen unabhängig ist. I.d.R. besteht eine Alternative aus einer Kombination von Entscheidungsvariablen bestimmter Ausprägung, die **Maßnahmen** genannt werden. Ändert man diese Variablenausprägung, gelangt man zu einer neuen Alternative, wobei zu beachten ist, daß unterschiedliche Alternativen meist auch zu unterschiedlichen Graden der Zielerreichung und damit der Problemlösung führen.

In Fällen, in welchen für die Lösung eines Problems mehrere Alternativen zulässig sind, kann für jede von ihnen ein Alternativplan aufgestellt werden. Will man eine Problemlösung systematisch und umfassend angehen, ist es stets von Bedeutung zu wissen, welche Alternativen unter wirtschaftlichen, technischen, sozialen, rechtlichen sowie ökologischen Bedingungen überhaupt realisierbar sind. Die Menge der realisierbaren Alternativen macht den sog. **zulässigen Bereich** aus.

> Ein **zulässiger Bereich** (Lösungsraum) ist diejenige Menge an realisierbaren Alternativen, die dem Entscheidungsträger zum Zeitpunkt der Entscheidung zur Auswahl steht. Diese Alternativen sind so zu formulieren, daß sie sich gegenseitig ausschließen.

Ein zulässiger Bereich kann zudem **endlich** viele Alternativen oder **unendlich** viele Alternativen enthalten.

Bevor jedoch ein Planer einen spezifischen, zulässigen Bereich abgrenzt, hat er die häufig schwierigere Aufgabe zu lösen, die wichtigsten Alternativen aufzuspüren, sie zu formulieren und zu analysieren. Eine vorzeitige und voreilige Beschränkung auf einige wenige Alternativen oder gar auf eine einzige Alternative, auf die der Planer zufällig stößt, kann zu schwerwiegenden Fehlentscheidungen führen. Welche voraussichtliche Wirkung(en) eine Alternative hat, d. h., welcher Grad der Zielerreichung durch sie herbeigeführt werden kann, muß durch eine Prognose, die sog. **Wirkungsprognose**, festgestellt werden. Eine ausgeprägte Kreativität des Planers stellt meist einen guten Wegbereiter zum Entdecken wirkungsvoller Alternativen dar.

Nach ihrem Verbund lassen sich einfache Alternativen und kombinierte (komplexe) Alternativen unterscheiden. **Einfache Alternativen** sind weder hierarchisch noch zeitlich in Teilalternativen oder Maßnahmen gegliedert, sie sind kein Element einer Alternativenkette, sie bleiben im Zeitablauf unveränderlich und hängen nicht von der Entscheidung über nachfolgende Alternativen ab. Im Regelfalle hängen sie jedoch vom Eintritt bestimmter Ereignisse oder Bedingungen (Prämissen) ab, die selbst ungewiß sind, so daß eine einfache Alternative für verschiedene Ausprägungen der Bedingungen zu verschiedenen Wirkungen führen kann. Anders liegt dagegen der Sachverhalt bei den **komplexen Alternativen**. Diese können in hierarchisch über- bzw. untergeordnete und zeitlich vor- bzw. nachgeordnete Teilalternativen gliederbar oder als Glied einer Alternativenkette von vorangehenden und nachfolgenden Alternativen abhängig sein. Sie hängen aber – wie die einfachen Alternativen – i. d. R. vom Eintritt ungewisser Ereignisse oder Bedingungen ab, so daß auch sie für verschiedene Bedingungen unterschiedliche Wirkungen herbeiführen können. Eine typische Darstellungsform für die Aufteilung von Gesamtalternativen in Ketten zeitlich aufeinanderfolgender Teilalternativen ist der **Entscheidungsbaum,** wobei hier noch hinzukommt, daß die Teilalternativen durch unsichere Ereignisse bedingt sind, über deren Eintritt nur mehrwertige

Erwartungen bestehen. Eine derartige Gesamtalternative kann daher als komplexe, mehrstufig-bedingte Vorgehensweise gekennzeichnet werden.

> Unter **Alternativensuche** versteht man das systematische Aufspüren, Formulieren und Analysieren von Vorgehensweisen zur Zielerreichung.

Zur Bewältigung dieser Aufgabe ist ein **Suchprozeß** zu durchlaufen, der aus folgenden **Teilaufgaben** besteht (vgl. dazu auch Wild [Unternehmungsplanung] 85 f.):

— Systematische und umfassende Suche nach Einzelideen (Hinweise, Ansätze und Einfälle zur Lösung des Problems),
— Kombination der Einzelideen zu unabhängigen Alternativen,
— Präzise Kennzeichnung der gefundenen Alternativen,
— Analyse des Alternativenaufbaus und der Beziehungen zwischen den (Teil-)Alternativen,
— Abgrenzung der Alternativen zu einem zulässigen Bereich (insbesondere Aussonderung der bei auftretenden Nebenbedingungen nicht realisierbaren Alternativen),
— Überprüfung der Vollständigkeit des zulässigen Bereichs.

Mit der Feststellung des zulässigen Bereichs kann die Alternativensuche als abgeschlossen angesehen werden. Das durch den Suchprozeß als Lösungsbereich gefundene Ergebnis bildet die Grundlage für die nachfolgenden Planungsphasen der Prognose, Bewertung sowie Entscheidung.

Als **Methoden der Ideenfindung** gelangen zur Anwendung: Morphologischer Kasten, Brainstorming und Synektik.

3.4 Prognose

Für die Planung haben diejenigen Informationen besondere Bedeutung, die über Sachverhalte in der Zukunft sprechen; sie sind ihrer Art nach prognostische Informationen. Sowohl die prognostische Information selbst als auch der Vorgang ihrer Gewinnung bzw. Herleitung werden **Prognose** genannt (vgl. S. 413 ff.)

> **Prognosen** sind Wahrscheinlichkeitsaussagen über das Auftreten von Ereignissen (Wirkungen, Daten) in der Zukunft, die auf Beobachtungen und theoretischen Aussagen beruhen.

Zur Durchführung einer Prognose benötigt man eine theoretische Aussage sowie eine Reihe von Randbedingungen, mit deren Hilfe bestimmte **Konsequenzen** vorhergesagt werden können. Diese Konsequenzen sind die oben genannten Ausprägungen einzelwirtschaftlicher Sachverhalte, die durch singuläre Aussagen beschrieben werden. Entscheidungslogisch handelt es sich bei den prognostizierten Konsequenzen um die **Ausprägungen abhängiger Entscheidungsvariablen.** Deren Ausprägungen sind die Ergebnisse, Auswirkungen oder Konsequenzen einer getroffenen Wahl über die zugehörigen unabhängigen Entscheidungsvariablen.

Nach der Beeinflußbarkeit durch einzelne Entscheidungsträger eines Unternehmens lassen sich beeinflußbare und nicht beeinflußbare, vorhergesagte bzw. vorhersagbare Konsequenzen unterscheiden:

– Die **beeinflußbaren**, vorhergesagten Konsequenzen sind stets Ausprägungen von abhängigen Variablen, auf die ein Entscheidungsträger des Unternehmens durch seine Entscheidung über Alternativen, d. h. über bestimmte Kombinationen von unabhängigen Variablen (Entscheidungs-, Aktions- oder Instrumentalvariablen), einwirken kann. Die auftretenden abhängigen Variablen heißen auch »endogene Erwartungsvariable«, und die Vorhersage ihrer Ausprägungen wird **Wirkungsprognose** genannt.

– Bei den **nicht beeinflußbaren**, vorhergesagten Konsequenzen handelt es sich um Ausprägungen von abhängigen Variablen, auf die ein Entscheidungsträger des Unternehmens durch seine Entscheidung (zumindest für den jeweiligen Prognosezeitraum) nicht einwirken kann. Die in diesem Zusammenhang auftretenden abhängigen Variablen tragen auch die Bezeichnung »exogene Erwartungsvariable«, und die Vorhersagen ihrer Ausprägungen heißen **Lage-** oder **Entwicklungsprognosen.**

Während die durch eine Wirkungsprognose vorhergesagten Konsequenzen darüber informieren, zu welchen Auswirkungen, Ergebnissen oder allgemein **Zielerreichungen** unabhängige Alternativen, Variablen oder Maßnahmen führen, liefert eine Lageprognose Informationen über Konstanten, Parameter oder allgemein **Daten,** die im Prognosezeitraum zu erwarten sind und die den zulässigen Bereich der Alternativenwahl begrenzen. Zu den Merkmalen und Verfahren der Prognose siehe 3. Kapitel, S. 422 ff.

Eine **Vorhersage** wird eine Prognose genannt, wenn sie wissenschaftlich begründet ist. Als wissenschaftlich begründet gelten im allgemeinen realwissenschaftliche Theorien, die ihre **Fundierung** im Erfahrungsmaterial der Wirtschaftspraxis finden. Dazu rechnet man objektive Sachverhalte wie Vergangenheitserfahrungen, Beobachtungen und Messungen, so daß Prognosen, die mittels realwissenschaftlicher Theorien getroffen werden, auf objektiven Grundlagen beruhen und daher als **objektiv begründete Vorhersagen** anzusehen sind. Durch diese objektive Fundierung unterscheiden sich Prognosen von allen anderen Vorhersagearten, insbesondere von solchen, die nur subjektiv begründet oder unbegründet sind. **Subjektiv begründete Vorhersagen** stützen sich nur auf persönliche Erfahrungen, Einstellungen, Überzeugungen, Hoffnungen oder Befürchtungen und haben den Charakter von **Erwartungen,** die keine objektive Fundierung besitzen. Bei den **unbegründeten Vorhersagen** handelt es sich schließlich um zukunftsbezogene Aussagen, die ihre Fundierung in spekulativen, wirklichkeitsunverbindlichen und -neutralen **Annahmen** finden. Derartige Annahmen werden gelegentlich in Ermangelung besser begründeter Aussagen fiktiv unterstellt, um überhaupt zu einer Voraussage zu gelangen. Damit reicht die Spannweite möglicher Vorhersagen von Prognosen über Erwartungen bis zu Annahmen, wobei nur die Begründung für Prognosen als wissenschaftlich zu charakterisieren ist. Jedoch ist anzumerken, daß der gegenwärtige Bestand an realwissenschaftlichen Theorien in der Betriebswirtschaftslehre noch relativ klein ist, so daß Erwartungen und Annahmen häufig an die Stelle von Prognosen treten müssen.

Neben der Begründung hängt die Qualität betriebswirtschaftlicher Prognosen auch vom **Bestätigungsgrad** der verwendeten theoretischen Aussagen ab. Die zutreffendsten Prognosen können nach aller Erfahrung mit Hypothesen gewonnen werden, die wissenschaftlich begründet und empirisch gut bestätigt sind. Diese Hypothesen haben den Charakter betriebswirtschaftlicher Gesetzmäßigkeiten oder bei raumzeitlicher Begrenzung den Charakter von Quasi-Gesetzen. Sie können deterministische oder nicht-deterministische Aussagen treffen.

Die Aufgabenstellung der Prognose kann in folgende **Teilaufgaben** zerlegt werden (vgl. auch Wild [Unternehmungsplanung] 99 f.):
- Kennzeichnung der gewünschten Prognose nach Gegenstand, Genauigkeit, Qualität und zeitlicher Reichweite.
- Analyse der Vergangenheitserfahrungen und deren Ursache-Wir-

kungs-Zusammenhänge sowie Prognose der Ursachenkonstellation für den Prognosezeitpunkt bzw. -zeitraum.
- Herleitung der Prognose nach Auswahl geeigneter Hypothesen und Vorgabe der unabhängigen Entscheidungsvariablen sowie Formulierung der sonstigen Bedingungen für die Geltung der Prognose einschließlich einer Angabe über die Prognosewahrscheinlichkeit.
- Überprüfung aller durchgeführten Einzelprognosen auf ihre Widerspruchsfreiheit.
- Bei Bedarf Durchführung von Alternativprognosen; diese können sich auf einen einzelnen Plan oder auf mehrere Alternativpläne beziehen. Bei einem einzelnen Plan können für denselben Sachverhalt alternative Teilprognosen erstellt werden. Über diese ist eine Auswahl und Kombination so zu treffen, daß sie verträglich sind und einem aufgestellten Gütekriterium entsprechen. Analoge Überlegungen sind für den Fall der Erstellung mehrerer Alternativpläne durchzuführen.

Die **resultierende Gesamtprognose** ist in einen Entwurf (Plan) einzubringen, der alle für die Zielerreichung erforderlichen Größen festlegt.

Zur **Durchführung von Prognosen** kann man sich qualitativer Methoden (z. B. Befragungen von Experten in der Form einer Delphi-Methode, Risikoanalysen, Scenario-Techniken) oder quantitativer Methoden (z. B. Trendextrapolation, exponentielle Glättung, Box-Jenkins-Methode, Indikatortechniken) bedienen.

3.5 Alternativenbewertung und Entscheidung

Nach einer systematischen Erfüllung der Phasenaufgaben Zielbildung, Problemfeststellung, Alternativensuche und Prognose ist ein Planer oder eine Planungsgruppe in der Lage, eine begrenzte Anzahl von unabhängigen Alternativplänen zu entwickeln, die einer Überprüfung ihrer Zielwirksamkeiten unterzogen werden können. Da jeweils nur ein Plan für die Realisation vorgegeben werden kann, ist über die erarbeiteten Alternativpläne eine **Entscheidung** herbeizuführen.

> Eine **Entscheidung** ist die Wahl einer optimalen Alternative bei gegebener Zielvorstellung unter Nebenbedingungen.

Nach dem Abwägen aller positiven und negativen Wirkungen der im jeweiligen Plan verarbeiteten Handlungsalternative ist derjenige Alternativplan auszuwählen, welcher eine optimale (extremale, satisfizierende oder fixierende) Geamtwirkung hat und somit eine optimale Erreichung des gewählten Ziels bzw. Zielsystems vorhersagt (vgl. zu Einzelheiten Band 1).

Die Entscheidung für einen bestimmten Alternativplan ist ein rationaler Wahlakt, bei dem Wertfeststellungen und -zuordnungen, also Bewertungen, unumgänglich sind. In entscheidungslogischem Sinne ist **Wert** die Maßgröße für den Grad der Zielerreichung durch eine Alternative. Formal läßt sich Wert als dreistellige Relation über die Komponenten Ziel, Alternative und Person(enmehrheit) kennzeichnen.

> **Bewertung** ist die Zuordnung einer Zielwirkung zu einer Alternative.

Als Ergebnis der Bewertung kann häufig über alle berücksichtigten Alternativen eine Rangordnung erzeugt werden, welche die Entscheidung als rationale Wahl einer Alternative ermöglicht. In einigen Fällen, so z. B. beim Verfolgen mehrerer Zielvorstellungen, kann es sich als notwendig erweisen, durch besondere Verfahren eine eindeutige Rangordnung der Alternativen überhaupt erst zu erzeugen. Auf welche Alternative dann letztlich die Wahl fällt, hängt zusätzlich von der verwendeten Entscheidungsregel ab.

Die grundlegende Maßgröße für die Bewertung einer Planalternative liefert die Wirkungsprognose. Als Ergebnis der Prognose werden die Haupt- und alle Nebenwirkungen dieser Alternative erkennbar. Für alle Wirkungsprognosen gilt in der Wirtschaftspraxis, daß sie bei unvollkommener Information erfolgen und daher nicht sicher sind. Das Bewertungsproblem für eine Alternative ist deshalb schwierig, weil bei seiner Lösung mehrere unsichere Wirkungsprognosen berücksichtigt werden müssen. Auf jeden Fall ist die zu prognostizierende Gesamtwirkung, die man einer Planalternative als Wert zuordnet, stets nur ein **wahrscheinlicher** Wert.

Die **Aufgaben** der Bewertung und Entscheidung lassen sich in die nachfolgenden Teilaufgaben gliedern:

(1) Festlegung der Bewertungskriterien und der Kriteriengewichte
Bei der Festlegung eines Bewertungskriteriums handelt es sich um die

Bestimmung der Maßgröße, durch welche ein Zielerreichungsgrad ausgedrückt werden soll. Durch diese Maßgröße sollen alle Alternativenwirkungen möglichst präzise und einfach entweder direkt oder indirekt gemessen werden können. Sobald mehrere Bewertungskriterien verwendet werden, können sie untereinander verschiedenes Gewicht haben, was damit zusammenhängt, daß auch die Teilziele, auf welche sich die einzelnen Bewertungskriterien beziehen, verschieden gewichtet sein können.

(2) Berechnung der Kriterienwerte
Sobald festgelegt wurde, welche Alternativenwirkung durch welches Bewertungskriterium gemessen werden soll, sind für jede Alternative und deren Teile die Ausprägungen der Bewertungskriterien, die **Kriterienwerte,** zu berechnen (zu prognostizieren).

(3) Berechnung des Gesamtwertes der Alternative
Aus den einzelnen Kriterienwerten, die verschiedene Wirkungen einer Alternative angeben, ist im nächsten Schritt ein gesamter Wert der betrachteten Alternative zu berechnen (zu prognostizieren). Dieser Wert drückt aus, zu welchem Grad der Zielerreichung die bewertete Alternative als geschlossene Vorgehensweise zu führen verspricht. Diese Erwägungen gelten zunächst für das Verfolgen einer einzigen Zielvorstellung. Für den Fall des gleichzeitigen Verfolgens mehrerer Zielvorstellungen hat dieselbe Alternative so viele Kriterienwerte, wie Ziele verfolgt werden. Diese einzelnen Kriterienwerte sind analog zu einem gesamten Wert der Alternative zu verdichten. Da es in der Wirtschaftspraxis häufig darum geht, ordinale und kardinale Kriterienwerte zu einem Gesamtwert einer Alternative zu verdichten, begnügt man sich häufig bereits mit ordinalen Gesamtwerten und folglich mit ordinal skalierten Rangordnungen der betrachteten Alternativen.

(4) Wahl des optimalen Alternativplans
Mit Hilfe der prognostizierten Gesamtwerte der Alternativpläne gelingt es i. d. R., eine Reihung der Alternativpläne, eine Rang- oder Präferenzordnung, nach steigenden bzw. fallenden Gesamtwerten herzustellen. Auf der Grundlage dieser Rangordnung kann diejenige Planalternative gewählt werden, welche nach der Vorstellung des Entscheidungsträgers zur optimalen Zielerreichung führt. Die gewählte Planalternative muß keineswegs immer auf der Alternative mit dem extremalen Gesamtwert beruhen, sondern auf derjenigen, welche dem Anspruchsniveau im Gesamtwert sowie der Grundeinstellung des Entscheidungsträgers zu Chance und Risiko am besten entspricht. Ihren Niederschlag finden

diese Merkmale in einer Auswahlvorschrift für Alternativen, die **Entscheidungsregel** genannt wird.

Als **Bewertungsmethoden** können zur Anwendung kommen: Prioritäten- oder Gewichtungstechniken (z. B. ABC-Analyse, Methode der singulären Vergleiche), Nutzenzuordnungstechniken (z. B. Investitionsrechnungen, Kosten-Nutzen-Analysen, Kostenwirksamkeitsanalysen, Nutzwertanalysen) und Techniken der Bewertungsstabilisierung (z. B. Sensitivitätsanalysen, A-fortiori-Analysen, Kontingenzanalysen).

Erfüllt ein Planer die Phasenaufgaben Zielbildung, Problemfeststellung, Alternativensuche, Prognose sowie Alternativenbewertung und Entscheidung, gelangt er zu einem **Plan** bzw. **Plansystem** als einem wirkungsvollen Instrument zur Führung des Unternehmens. In der Wirtschaftspraxis ist die Planung mit den übrigen Führungsinstrumenten (Unternehmensstatut, Kontrollkonzept, Organisationskonzept, Informationskonzept) derart wechselseitig abzustimmen, daß der kombinierte Einsatz aller Instrumente zum optimalen Erreichen des gesamten Zielsystems des Unternehmens führt.

4 Betriebliche Planungssysteme

4.1 Bestandteile eines Plans

Nach den vorangehenden Überlegungen zu den Aufgaben der Planungsphasen kann zusammenfassend gesagt werden, daß ein **Plan** folgende **Bestandteile** enthalten sollte:
— Zielvorstellungen,
— Prognostizierte Daten,
— Problemstellung(en),
— Verfügbare Mittel (Vermögen u. a.),
— Einzelmaßnahmen und deren Kombination,
— Zuständige Planungsträger,
— Zeitliche Bedingungen und Termine,
— Prognostizierte Wirkungen.

Die Pläne der Wirtschaftspraxis enthalten in ihrer endgültigen Form meist nur einige der hier aufgezählten Planbestandteile. Jedoch findet man i. d. R. in den Teilplänen, welche diesen Plänen zugrunde liegen, viele skizzierte Planbestandteile wieder. Dies soll an den Beispielen eines Produktionsplans für ein Projekt des Maschinenbaus und am Produktionsplan eines Werkes in der Elektroindustrie erläutert werden.

(1) Der **Produktionsplan des Maschinenbauprojekts** in Abb. 1.5 enthält im Kern nur eine Terminierung der projektbezogenen Vorgänge. Dieser Plan basiert auf einer Reihe von Teilplänen, die hier als »Planungsstufen 1 bis 6« bezeichnet werden. Im einzelnen umfassen die sechs Planungsstufen folgende Teilpläne, Aufgaben und Maßnahmen (in Anlehnung an den Ausschuß für wirtschaftliche Fertigung AwF nach Rost [Produktionsplanung] 1234 ff.):

Planungsstufe 1: Überschlagsweise Vorplanung von Kundenanfragen oder Anfragen der Entwicklungsabteilung mittels einer vorläufigen Zeitbedarfsplanung und eines zugehörigen Kostenvoranschlags. Handelt es sich um ein neues Erzeugnis, werden die Produktionsstufen Entwicklung, Musterbau, Konstruktion, Fertigungsplanung, Materialbeschaffung, Fertigung, Vor-, Zwischen- und Endmontage sowie die Abnahme in die Vorplanung einbezogen.

Planungsstufe 2: Planung der Erzeugnisgestaltung sowie der erforderlichen Zeitbedarfe. Im einzelnen finden dabei folgende Teilaufgaben

	Produktionsplan
Arbeitswochen / Vorgänge	1 2 3 4 5 6 7 8 9 10 11 12 13 14 15 16 17 18 19 20 21 22 23 24
Planungsstufe 1	▬
Planungsstufe 2	▬▬▬▬▬▬▬▬▬▬
Planungsstufe 3	▬▬▬▬
Planungsstufe 4	▬▬▬
Planungsstufe 5	▬▬▬
Planungsstufe 6	▬▬▬▬▬
Herstellung	▬▬▬▬▬
Vormontage	▬▬▬
Endmontage	▬▬
Abnahme	▬▬

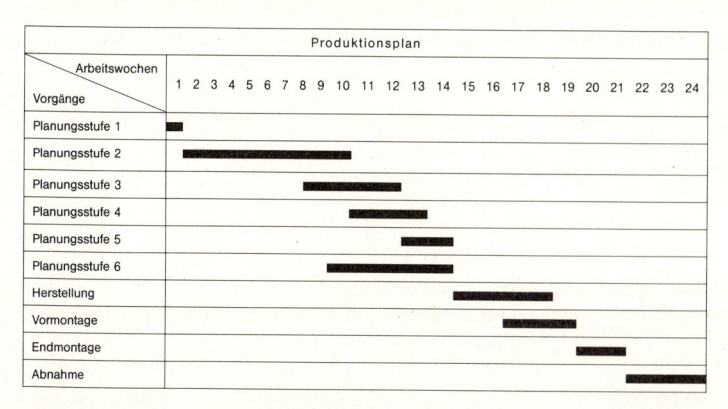

Abb. 1.5: Beispiel eines Produktionsplanes für ein Projekt des Maschinenbaus (nach Rost [Produktionsplanung] 1237)

Berücksichtigung: Projektentwurf, Technische Berechnung, Funktionsentwicklung, Entwicklungskonstruktion, Werkstatt- und Rohteilebeschaffung für Prototyp, Herstellung des Prototyps, Konstruktive Durcharbeitung, Zeichnungsprüfung sowie Erstellen der Grund-Stückliste.

Planungsstufe 3: Vorbereitung der Erzeugnisfertigung und Planung der zugehörigen Zeitbedarfe. Diese Planungsstufe umfaßt die Teilpläne bzw. Aufgaben: Erstellen der Fertigungsstückliste, Aufstellen der Einzelteile-Fertigungspläne, Aufstellen der Vor- und Endmontagepläne, Aufstellen der Prüfpläne, Festlegung von Arbeitsunterweisungen, Planung der Stückzeiten je Arbeitsgang, Arbeitsbewertung, Planung des Werkstattbedarfs sowie Planung des Arbeitskräftebedarfs.

Planungsstufe 4: Planung der Betriebsmittel und ihrer Zeitbedarfe. Einzubeziehen sind die Teilpläne und Aufgaben: Betriebsmittelkonstruktion, Erstellen der Einzelteile-Fertigungspläne, Planung der Stückzeiten je Arbeitsgang, Terminierung der Betriebsmittelfertigung, Betriebsmittelherstellung sowie Funktionsprüfung.

Planungsstufe 5: Abschluß der Produktionsvorbereitung durch Berücksichtigung der Teilpläne bzw. Aufgaben: Fristenplanung für die Nullserie, Aufgabe der Nullserie, Fertigung der Nullserie, Vor- und Endmontage, Prüfung bzw. Probelauf, Verbesserungen an Einzelteilen, Durchführung notwendiger Betriebsmitteländerungen sowie Freigabe der Fertigung.

Planungsstufe 6: Vorbereitung des Fertigungsanlaufs durch Erledigung der Teilplanungen bzw. Aufgaben: Fristenplanung, Aufgabe der Einzelaufträge, Feststellung der tatsächlichen Kapazitätsplanung, Arbeitskräfteeinsatzplanung, Termingerechter Abruf der Werkstoff- und Rohteileanlieferung, Betriebsmittelbereitstellung, Termingerechte Arbeitsverteilung sowie Produktionsanlauf.

Aggregiert man die Produktionspläne von Erzeugnissen und Projekten über Werkstätten und Bereiche, entsteht der **Produktionsplan des gesamten Werkes**, in welchem mehrere der postulierten Planbestandteile wiederzufinden sind.

(2) Der **Produktionsplan eines Werkes** der Standard Elektrik Lorenz AG, Stuttgart, umfaßt z. B. folgende Bestandteile (Solaro [Kontrollsystem] 873 ff.):

»– Kapazität, aufgegliedert nach Erzeugnisgebieten;
– Erlösfähiger Ausstoß/Werksleistung, d. h.
  Erlösfähiger Ausstoß, aufgegliedert nach Erzeugnisgebieten
  Innerbetrieblicher Ausstoß, Halbfabrikateänderung, Werksleistung, Werksergebnis;
– Kosteneinsatz, aufgegliedert nach Kostenelementen und Erzeugnisgebieten;
– Kostensteigerungen/Kostensenkungsmaßnahmen, aufgegliedert nach Erzeugnisgebieten;
– Plan zur Vergabe von Unteraufträgen;
– Anlagevermögen (Brutto-, Nettoanlagevermögen, Wertberichtigung), aufgegliedert nach Erzeugnisgebieten;
– Investitionen, aufgegliedert nach Objekten (Grundstücke, Maschinen usw.) und Kategorien (z. B. Ersatz, Qualitätsverbesserung, Kostensenkung);
– Fabrikumlaufvermögen, aufgegliedert nach Erzeugnisgebieten;
– Beschäftigte, aufgegliedert nach Bereichen und Erzeugnisgebieten;
– Fläche, aufgegliedert nach Erzeugnisgebieten;
– Kennzahlen.«

Eine Überprüfung zeigt, daß in diesem Werksproduktionsplan folgende der postulierten **Planbestandteile** enthalten sind:

– Zielvorstellung:
  Kostengünstige Durchführung der Herstellung und der sonstigen Maßnahmen (nur indirekt ablesbar);
– Prognostizierte Daten:
  Kapazitäten, Beschäftigte, Flächen;
– Problemstellung:
  (nur implizit genannt);

- Verfügbare Mittel:
  Anlagevermögen, Umlaufvermögen;
- Einzelmaßnahmen und deren Kombination:
  Realisation der Ausstoßarten, Vergabe von Unteraufträgen, Durchführung von Investitionen;
- Zuständige Planungsträger:
  Werksleitung;
- Zeitliche Bedingungen und Termine:
  Bezug auf eine Planperiode;
- Prognostizierte Wirkungen:
  Werksergebnis, Kosten (einschließlich Kostensteigerungen und -senkungen), Erlöse, Kennzahlen.

4.2 Aufbau eines angewandten Planungssystems

> Ein **Planungssystem** ist ein geordnetes Gefüge von Einzelplänen.

Am Beispiel des **Planungssystems der Volkswagenwerk AG (VAG)** (vgl. Selowsky/Müllmann/Höhn [Planungsrechnung] 715 ff.) soll gezeigt werden, welche Erscheinungsform die in den vorangehenden Abschnitten erörterten Sachverhalte in der Wirtschaftspraxis annehmen können.

Im Volkswagenwerk sind alle Ressorts im Rahmen ihrer Aufgabenstellung für Planung verantwortlich zuständig. Die Struktur des Planungssystems ist verrichtungsorientiert, wobei die Koordination der Teilpläne im Rahmen der Gesamtplanung durch Controller und Planungskonferenzen und diverse Ausschüsse bzw. Komitees erfolgt. Die strategische, operative und finanzielle Gesamtplanung wird von der Produktplanung und von der Beteiligungsplanung flankiert (vgl. Abb. 1.6). Aus Abb. 1.6 gehen ebenfalls die Zuständigkeiten der Vorstandsbereiche für die gesamte unternehmungsbezogene Planung sowie für die funktionsbereichsorientierten Pläne hervor (vgl. Selowsky/Müllmann/Höhn [Planungsrechnung] 730 ff.).

Nach der **Fristigkeit** werden in der VAG die folgenden Planungsstufen (-arten) unterschieden (Selowsky/Müllmann/Höhn [Planungsrechnung] 739 ff.):

Organisation der Gesamtplanung der Volkswagenwerk AG

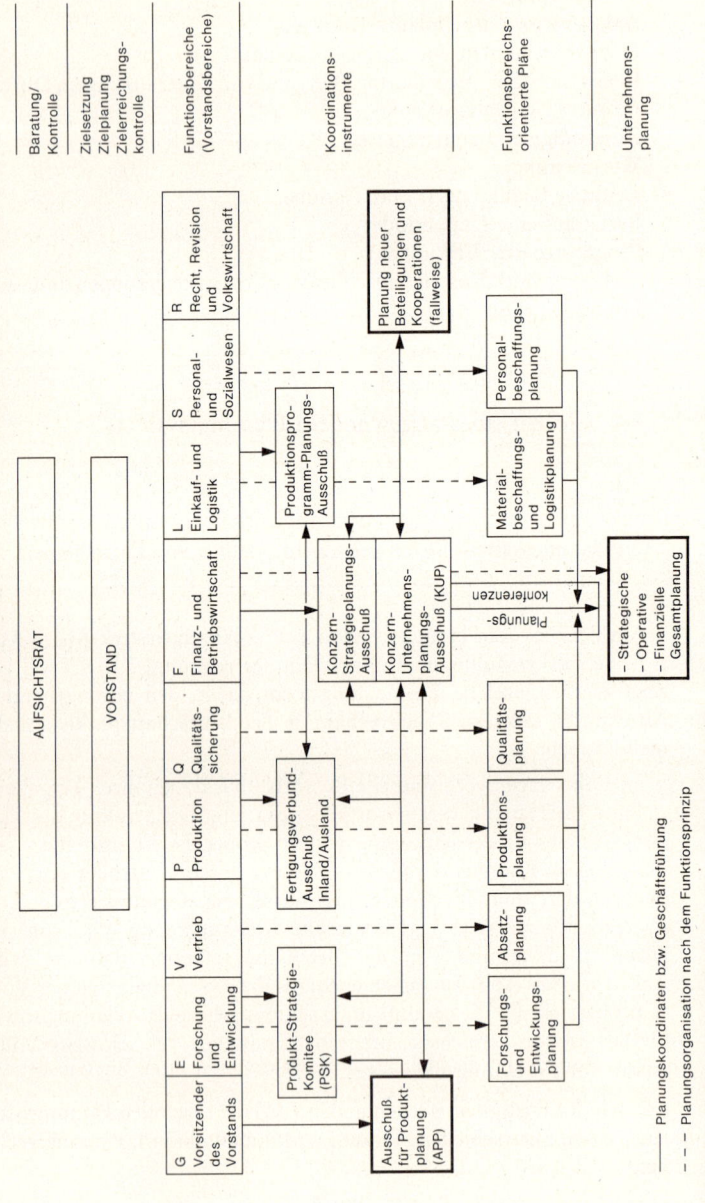

AUFSICHTSRAT	Beratung/Kontrolle
VORSTAND	Zielsetzung / Zielplanung / Zielerreichungskontrolle

Funktionsbereiche (Vorstandsbereiche):

- G – Vorsitzender des Vorstands
- E – Forschung und Entwicklung
- V – Vertrieb
- P – Produktion
- Q – Qualitätssicherung
- F – Finanz- und Betriebswirtschaft
- L – Einkauf- und Logistik
- S – Personal- und Sozialwesen
- R – Recht, Revision und Volkswirtschaft

Koordinationsinstrumente:
- Ausschuß für Produktplanung (APP)
- Produkt-Strategie-Komitee (PSK)
- Fertigungsverbund-Ausschuß Inland/Ausland
- Konzern-Strategieplanungs-Ausschuß
- Konzern-Unternehmensplanungs-Ausschuß (KUP)
- Produktionsprogramm-Planungs-Ausschuß
- Planungskonferenzen

Funktionsbereichsorientierte Pläne:
- Forschungs- und Entwicklungsplanung
- Absatzplanung
- Produktionsplanung
- Qualitätsplanung
- Materialbeschaffungs- und Logistikplanung
- Personalbeschaffungsplanung
- Planung neuer Beteiligungen und Kooperationen (fallweise)

Unternehmensplanung:
- Strategische
- Operative
- Finanzielle
Gesamtplanung

——— Planungskoordinaten bzw. Geschäftsführung
– – – Planungsorganisation nach dem Funktionsprinzip

- Strategische Rahmenplanung,
- (Programmstrategische) Langfristplanung,
- Mittelfristplanung,
- Budgetplanung,
- Revolvierende Kurzfristplanung.

Die **Rahmenplanung** steckt nur globale Ziele und Strategien ab, die auf einen Zeitraum von 10 bis 20 Jahren bezogen sind; sie dient der Abschätzung langfristiger Entwicklungsmöglichkeiten auf der Basis von unsicheren Prognosen über volkswirtschaftliche Tendenzen, Bevölkerungsentwicklungen, technologische Entwicklungen usw. In diesem Entwurf können allenfalls Diversifikationsabsichten zu Produktgruppen in groben Zügen markiert werden. Der Rahmenplan wird als Zentralplan kontinuierlich bzw. als Objektplanung (zentral oder dezentral) nicht regelmäßig erstellt.

Die **Langfristplanung** konkretisiert Investitions- und Produktprogramme bis zum branchenspezifischen Planungshorizont, der bis zu zehn Jahren reicht. Das Branchenspezifische des Planungshorizonts wird in der Entwicklungszeit für ein neues Kraftfahrzeug gesehen, welche nach Erfahrung eine Größenordnung von drei bis fünf Jahren hat (das ist die Zeitspanne von der Zielformulierung bis zur Serienreife). Dabei kann die Investitionsplanung im Einzelfalle den genannten Planungshorizont überschreiten: Die besondere Bedeutung der Langfristplanung liegt darin begründet, daß sie für die Planung von Produktprogrammen hierarchisch die höchste Einordnung erfährt, d. h., sie hat den Charakter einer **strategischen Planung**. Die Aufstellung des Langfristplanes erfolgt mindestens einmal im Jahr.

Die **Mittelfristplanung** hat die Aufgabe, die Voraussetzungen zur Realisierung der Programme der Langfristplanung unter finanziellen, wirtschaftlichen und technischen Aspekten zu schaffen. Ihr Bezugszeitraum liegt bei fünf Jahren, die in erster Linie durch die Zeitbedarfe der Investitionsbeschaffung, Anlagen- und Gebäudeerrichtung, Spezialwerkzeugherstellung usw. bestimmt werden. Die Fünfjahresfrist wird auch als angemessen für die Investitionsentscheidungen sowie für die Aufsichtsbefugnis des Aufsichtsrats erachtet. Auch die Mittelfristplanung wird mindestens einmal im Jahr als Dezentralplanung durchgeführt.

Das **Budget** legt die Handlungsalternative mit ihren Einzelmaßnahmen für ein Geschäftsjahr fest. Es ist ein detaillierter, präziser Entwurf,

◀ *Abb. 1.6:* Organisation der Gesamtplanung der Volkswagen AG (nach Selowsky/Müllmann/Höhn [Planungsrechnung])

der als Vollzugsplan der lang- und mittelfristigen Zielvorstellungen betrachtet wird. Steuerungsziele sind in erster Linie günstige Erlös-Kosten-Relationen und hohe Kapazitätsauslastungsgrade. Das Budget wird als Steuerungsinstrument i. S. des »management by exception« eingesetzt und zu diesem Zwecke in Monate bzw. Quartale gegliedert. Die Ermittlung und Analyse der auftretenden Abweichungen erfolgt mittels flexibler Plankostenrechnung in »Controller-check-lists«.

Die **revolvierende Kurzfristplanung** (»Voraussichtliches Ist«) deckt einen Zeitraum von 21 Monaten bei einer Aufteilung in Monatspläne oder Quartalspläne ab. Eine Fortschreibung der Pläne erfolgt entweder monatlich oder quartalsweise, deren Koordination in der Hand des Controllers liegt. »Absicht der kurzfristigen Planung ist es, die vorausschaubaren Geschäftsentwicklungen monatlich aktualisiert auf die genannten Zeiträume »hochgerechnet« disponibel und steuerungsfähig zu halten. Die technische und wirtschaftliche Anpassung der laufenden Operationen steht also im Mittelpunkt dieser Planung. Gleichzeitig wird sie zum ständigen Korrektiv der jeweiligen Budget-, Mittel- und Langfristplanung« (Selowsky/Müllmann/Höhn [Planungsrechnung] 741). Das rollierende (revolvierende) Merkmal liegt in der fortlaufenden Korrektur der nachfolgenden Teilpläne durch die mit hoher Qualität aktualisierten vorausgehenden Teilpläne.

4.3 Die Beurteilung von Planungssystemen

4.3.1 Eigenschaften von Planungssystemen

Die zentrale betriebswirtschaftliche Fragestellung, welche im Zusammenhang mit dem Einrichten und Anwenden eines komplexen Planungssystems zu beantworten ist, läßt sich auf die der Vorteilhaftigkeit des Planungssystems reduzieren. Anders formuliert lautet sie: Welchen Beitrag leistet das Planungssystem zum Erreichen des vorgegebenen Zielsystems? Diese Frage ist trotz der Tatsache zu stellen, daß partielle Zielerreichungswerte der einzelnen Führungsinstrumente, die zum Einsatz gelangen, nur bedingt kardinal gemessen und diesen Instrumenten zugeordnet werden können. Dennoch benötigt man Merkmale, nach denen sich Planungssysteme und ihre Einzelpläne auf mögliche Vorteile oder Nachteile beurteilen lassen, um darüber befinden zu können, ob Planung überhaupt betrieben werden soll oder

Planungssysteme in der entwickelten Form beibehalten bzw. umgestaltet werden sollen. Im einzelnen lassen sich folgende **Eigenschaften von Planungssystemen** nennen (vgl. Wild [Unternehmungsplanung] 157 ff.):

(1) **Dokumentationsgrad**

Für die Aufgabenstellungen der Abstimmung, Fortschreibung und Kontrolle von Plänen ist es bedeutsam, daß ihre wichtigsten Bestandteile **schriftlich niedergelegt** werden. Gute Dokumentierung der Planbestandteile und Pläne erleichtert die Erfüllung der erwähnten Aufgabenstellungen und wirkt sich vorteilhaft auf die Zielerreichung aus; zu beachten ist, daß diese Vorteile nicht durch hohe Dokumentationskosten aufgehoben werden. Der Dokumentationsgrad ist in jedem Fall eine Eigenschaft eines Planungssystems, die auf die Vorteilhaftigkeit des Planungssystems schließen läßt.

(2) **Organisationsgrad**

Unter dem Organisationsgrad ist die Strenge der Festlegung von **Ordnungsstrukturen** im Planungsaufbau sowie im Planungsablauf zu verstehen. Überzogene Organisation und fehlende Improvisation schmälern mit Sicherheit die Anpassungsfähigkeit (Elastizität) des Planungssystems. Dagegen genügen Planungssysteme mit ausgewogenem Organisationsgrad hohen Anforderungen im Hinblick auf die Belastbarkeit, Anpassungsfähigkeit und Austauschbarkeit von Elementen und Relationen. Sie erbringen damit einen Beitrag zur Ergiebigkeit des Unternehmens.

(3) **Standardisierungsgrad**

Im Zusammenhang mit Planung bedeutet Standardisierung die **Vereinheitlichung** von Plänen, Planungsprozessen, Planungstechniken, Planungshilfsmitteln usw. Die Vereinheitlichung stellt sicher, daß gleiche Planungsprobleme in verschiedenen Tochtergesellschaften oder in demselben Unternehmen für verschiedene Planperioden bzw. Bereiche nach demselben Konzept gelöst werden. Auch der Standardisierungsgrad kann eine Maßgröße für die Vorteilhaftigkeit eines Planungssystems sein.

(4) **Grad der Abdeckung von Problemfeldern**

Im Abschnitt 3.2 über die Problemfeststellung wurde gesagt, daß komplexe Problemstellungen in Teilprobleme aufgespalten und die Beziehungen zwischen diesen analysiert werden müssen, um zu einer **Problemhierarchie** zu gelangen. Planung kann hier einerseits nur für die in der Hierarchie als hochrangig ausgewiesenen Problemstellungen betrieben werden, während die übrigen Problembereiche mit gröberen Lösungstechniken daran angepaßt werden. Andererseits kann Planung nur auf intensive Schnittstellen zwischen Funktionsbereichen oder nur auf chronische Engpässe bezogen werden. Diese bisher genannten Arten von Planungsansätzen gelten als unvollständig und werden als »**Schwerpunktplanung**« bezeichnet. Hingegen wird im Zusammenhang mit Planungsansätzen, welche die planbaren Problemstellungen vollständig erfassen, von »**Flächenplanung**« gesprochen. Gelegentlich werden im beschriebenen Zusammenhang auch die entsprechenden Prinzipien der »**Schwerpunktbildung**« sowie der »**Flächendeckung**« formuliert. Auch der Grad der Abdeckung möglicher Problemfelder durch Pläne kann als Maßgröße für den Beitrag eines Planungssystems zur Ergiebigkeit des Unternehmens betrachtet werden.

(5) **Präzisionsgrad**

Die Forderung nach Präzision bei Planungen bedeutet eine angemessen **genaue Kennzeichnung** (Messung) der Planungsgegenstände, Planbestandteile und damit der Planinhalte. Der Grad der Präzision muß jedoch nicht für alle Einzelpläne eines Plansystems derselbe sein. Er richtet sich ganz danach, ob ein Plan als Grobplan mit weniger präzisen Planinhalten oder als Feinplan mit angemessen präzisen Planinhalten erstellt wird. Der Präzisionsgrad ist ebenfalls eine Maßgröße für den Ergiebigkeitsbeitrag eines Planungssystems.

(6) **Grad der Planabstimmung**

Alle Einzelpläne eines Planungssystems müssen umfassend und gründlich **koordiniert und integriert** werden, um zu verhindern, daß Disordination zu schwächeren Zielerreichungsgraden führt. Die Planabstimmungen beziehen sich stets auf Planbestandteile oder Beziehungen zwischen den Einzelplänen. Unter dem Gesichtspunkte der Planinhalte lassen sich Ziel-, Prognose-, Problem-, Maßnahmen-, Mittel-, Planungsträger- sowie Terminabstimmungen durchführen. Dagegen können unter dem Aspekt der Beziehungen zwischen einzelnen Plänen Dringlichkeits-, Fristigkeits-, Hierarchie-, Reihenfolge-, Bedingtheits- und Flexibilitätsabstimmungen erforderlich werden. Begrifflich läßt sich eine Differenzierung zwischen der Abstimmung gleichrangiger Pläne (**Plankoordination**) und der Abstimmung verschiedenrangiger Pläne (**Planintegration**) treffen. Allgemein gilt auch für den Grad der Abstimmung von Planbestandteilen und Planbeziehungen, daß er als Maßgröße für den Beitrag eines Planungssystems zur Ergiebigkeit des Unternehmens angesehen werden kann.

(7) **Sonstige Eigenschaften von Planungssystemen**
Planungssysteme können noch durch weitere Eigenschaften gekennzeichnet sein, die kurz skizziert werden sollen. Da ist zunächst ihre **Elastizität** (Anpassungsfähigkeit), die bereits im Zusammenhang mit der flexiblen Planung im Abschnitt 2.3 unter Anpassungsgesichtspunkten erwähnt wurde. Es kommt die **Übersichtlichkeit** der Plandarstellung hinzu, die das Begreifen der Planzusammenhänge, die Anwendung der Pläne sowie deren Fortschreibung erleichtert. Schließlich müssen gewisse **Übereinstimmungen zwischen Planungsprinzipien und Führungsprinzipien** (Führungsstil, Umfang der Entscheidungsdelegation) herbeigeführt werden. Auch diese Eigenschaften, die einem Planungssystem durch Gestaltung verliehen werden müssen, dienen als Maßgröße für den Ergiebigkeitsbeitrag des gesamten Planungssystems. Erstrebenswert ist die Gestaltung aller genannten Eigenschaften des Planungssystems derart, daß seine praktische Brauchbarkeit und seine Einsatz- und Leistungsfähigkeit, d. h. sein Beitrag zur Ergiebigkeit des gesamten Unternehmensprozesses, mit großer Wahrscheinlichkeit als positiv beurteilt werden kann.

4.3.2 Die Ergiebigkeit von Planungssystemen

Abschließend soll ein kurzer Überblick über **Resultate empirischer Untersuchungen** auf dem Gebiete der Unternehmensplanung in den letzten Jahren gegeben werden.

Vielfach wird davon ausgegangen, daß Langfristplanung eine positive Wirkung auf die Wirtschaftlichkeit des Unternehmens hat. Demgegenüber kommen *Grinyer/Norburn* ([Strategic Planning] 84 ff.) nach gründlichen Untersuchungen zum Ergebnis, daß kein Zusammenhang zwischen (formaler) Planung und Eigenkapitalrendite aufzufinden ist. *Karger/Malik* ([Long Range Planning]) wiederum behaupten zumindest für die von ihnen untersuchten Branchen (Elektronik, Maschinenbau, Chemie, Pharmazie) eine positive Wirkung einer strukturierten Langfristplanung auf das Umsatzwachstum, die Renditen und das Wachstum der Gewinne.

Nach umfangreichen empirischen Untersuchungen kommen *Poensgen/Hort* ([Determinanten] 70) zur Formulierung einer Optimumhypothese über den Zusammenhang zwischen Planung und Erfolg: »Im Durchschnitt planen die Firmen in dem Ausmaß, das für ihren Erfolg optimal ist (diesen Durchschnitt nennen wir die ›Standardpraxis‹). Ein Weggehen von der Standardpraxis beeinträchtigt den Erfolg progressiv.« In ihrer Hypothese sehen sich *Poensgen/Hort* von *Muth* ([Expectations]) und *Bowman* ([Consistency] bestätigt, wenn sie ihre formulierte Behauptung mit folgendem Graph ausdrücken (vgl. Abb. 1.7):

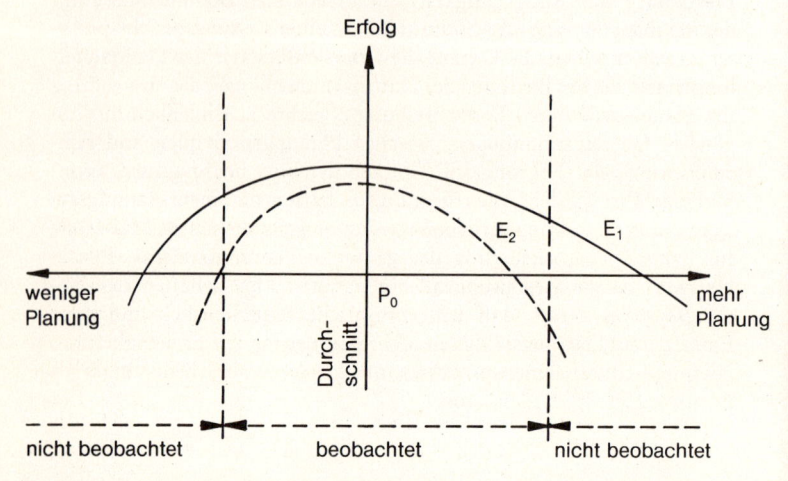

Abb. 1.7: Verlauf des Erfolgs in Abhängigkeit vom Ausmaß der Planung

Die **Erfolgskurven E_1 und E_2** in Abb. 1.7 informieren darüber, daß die hier betrachteten zwei Unternehmen mit Erfolgseinbußen rechnen müssen, wenn sie das Planungsausmaß P_o (den Durchschnitt) verlassen. Da die Erfolgskurven im näheren Bereich um P_o relativ flach verlaufen, führt eine geringe Abweichung von P_o zu kleineren Erfolgsminderungen. Zunehmende Abweichungen von P_o erbringen dagegen steigende Erfolgsminderungen.

Poensgen/Hort sind sich der Beschränkung ihrer Aussage auf folgende Anwendungsbedingungen bewußt:

– Das Planungsausmaß wird durch nur eine unabhängige Variable gemessen.
– Ein einziges Ziel wird verfolgt (hier: Erfolg).
– Die Unternehmensgröße ist gegeben.
– Die Umweltstruktur ist gegeben.

Dies bedeutet, daß sich z. B. bei einem Zielaustausch oder bei Vermehrung der Ziele zu einem Zielsystem der Planungsdurchschnitt, die Dimension, die Form sowie die Lage der Kurven verändern können. Entsprechendes gilt auch für die übrigen Anwendungsbedingungen.

Beim gegenwärtigen Forschungsstand auf dem Gebiete der Planung (und Kontrolle) gibt es noch keine Hypothesen, die über die Beziehungen zwischen Planung und Kontrolle sowie deren Wirkungen in Form von Gesetzesaussagen informieren. Soweit Forscher die Zurechnungsschwierigkeiten von Erfolgen auf den Planungs- und Kontrollgegenstand erkennen, weichen sie auf Ersatzfragestellungen der Effizienzmessung aus. So wird nach der Effizienz einzelner Planungs- und Kontrollprozesse (vgl. Gzuk [Effizienz]), nach der Effizienz von Planungs- und Kontrolltechniken (vgl. Pfohl [Entscheidungsfindung]), nach Beziehungen zwischen Problemkomplexität und Systemkomplexität (vgl. Kirsch/Mayer [Handhabung]) sowie nach dem Zusammenhang von Planungsdauer und Erfolg (vgl. Poensgen/Hort [Determinanten]) geforscht. Es erscheint schon lange plausibel, daß umfassende Planung die Ergiebigkeit eines Unternehmens sichert und verbessert, durch eine gut bestätigte realwissenschaftliche Hypothese kann diese Aussage aber noch nicht belegt werden.

5 Kontrolle als Führungsinstrument

5.1 Begriff und Zweck der Kontrolle

Zu den Führungsinstrumenten einer Unternehmung zählen:
- das Unternehmensstatut,
- das Planungs- und Kontrollkonzept,
- das Organisationskonzept,
- das Informationskonzept.

Das Kontrollkonzept einer Unternehmung ist auf das engste mit dem Planungskonzept verbunden. Betrachtet man die einzelnen Zwecke der Planung, wird ersichtlich, daß die Kontrolle für die Zweckerreichung der Planung eine gewichtige Rolle spielt. Noch klarer tritt die Bedeutung der Kontrolle hervor, wenn man berücksichtigt, daß die meisten Vorgaben bzw. Handlungsvorschriften der Planung mit Unsicherheiten verknüpft sind und außerdem subjektive Zielsetzungen der Planungsträger zu Abweichungen von den Vorgaben führen können. Für die Unternehmensführung ist es in dieser Situation dringlich zu erfahren, welche Planabweichungen auftreten und wo deren Ursachen liegen. Mit diesen Informationen kann eine plankonforme Steuerung des gesamten Unternehmensgeschehens verfolgt werden.

Zur Feststellung einer Planabweichung bedarf es eines Vergleichs zwischen einer **Plangröße** und einer (oder mehreren) **Vergleichsgröße(n)**. Dabei muß die Plangröße Vorgabe- oder Normcharakter haben. Meist ist die Plangröße ein Ziel (Soll) und die Vergleichsgröße ein realisiertes Ergebnis (Ist), so daß die Kontrolle auf einem **Soll-Ist-Vergleich** beruht. Dies muß jedoch nicht in allen Fällen zutreffen. Insbesondere können in den Größenvergleich neben Zielen (Soll) und Ergebnissen (Ist) auch Prognosen (Wird) einbezogen werden. Unterstellt man, daß als Plangrößen sowohl Soll- als auch Wird-Größen auftreten können, ergeben sich die möglichen Vergleichsarten (Kontrollarten) nach Abbildung 1.8.

Neben der **Ermittlung** der Abweichung zwischen Plangröße und Vergleichsgröße umfaßt die Kontrolle auch die **Analyse** dieser Abweichung, denn ohne eine Ursachenanalyse der Planabweichung bleibt jede Kontrolle als Führungsinstrument unfruchtbar. Es kommt hinzu, daß

Vergleichsgröße \ Plangröße	Soll	Wird	Ist
Soll	Soll-Soll-Vergleich (Zielkontrolle)	Soll-Wird-Vergleich (Planfortschrittskontrolle)	Soll-Ist-Vergleich (Ergebniskontrolle)
Wird	–	Wird-Wird-Vergleich (Prognosekontrolle)	Wird-Ist-Vergleich (Prämissenkontrolle)

Abb. 1.8: Vergleichsarten (Kontrollarten) nach verschiedenen Plan- und Vergleichsgrößen

die durchzuführenden Vergleiche und Abweichungsanalysen geordnet und laufend durchgeführt werden müssen. Kontrolle läßt sich dann wie folgt definieren:

> **Kontrolle** ist ein geordneter, laufender informationsverarbeitender Prozeß zur Ermittlung von Abweichungen zwischen Plangrößen und Vergleichsgrößen sowie die Analyse dieser Abweichungen.

Die Kontrolle in dem hier definierten (weiten) Sinne ist von der **Revision** zu trennen. Bei der Revision handelt es sich auch um einen Vergleich zwischen Plangrößen und Vergleichsgrößen, jedoch erfolgt dieser Vergleich nicht laufend, sondern nur fallweise. Auch von der Aufgabenstellung des **Controlling** ist die Kontrolle zu unterscheiden. Während man unter Controlling eine umfassende und systematische Unterstützung der Entscheidungskoordination der Unternehmensleitung versteht, ist die Kontrolle lediglich ein einzelnes Instrument bzw. eine Teilfunktion dieser Unterstützungsaufgabe der Unternehmensleitung.

> Neben der Kontrolle umfaßt das **Controlling** noch die Instrumente Rechnungswesen, Planung, Budgetierung, Berichtswesen, Innenrevision u. a.

Die Stellung der Kontrolle im Planungs- und Kontrollprozeß des Unternehmens verdeutlicht Abbildung 1.9:

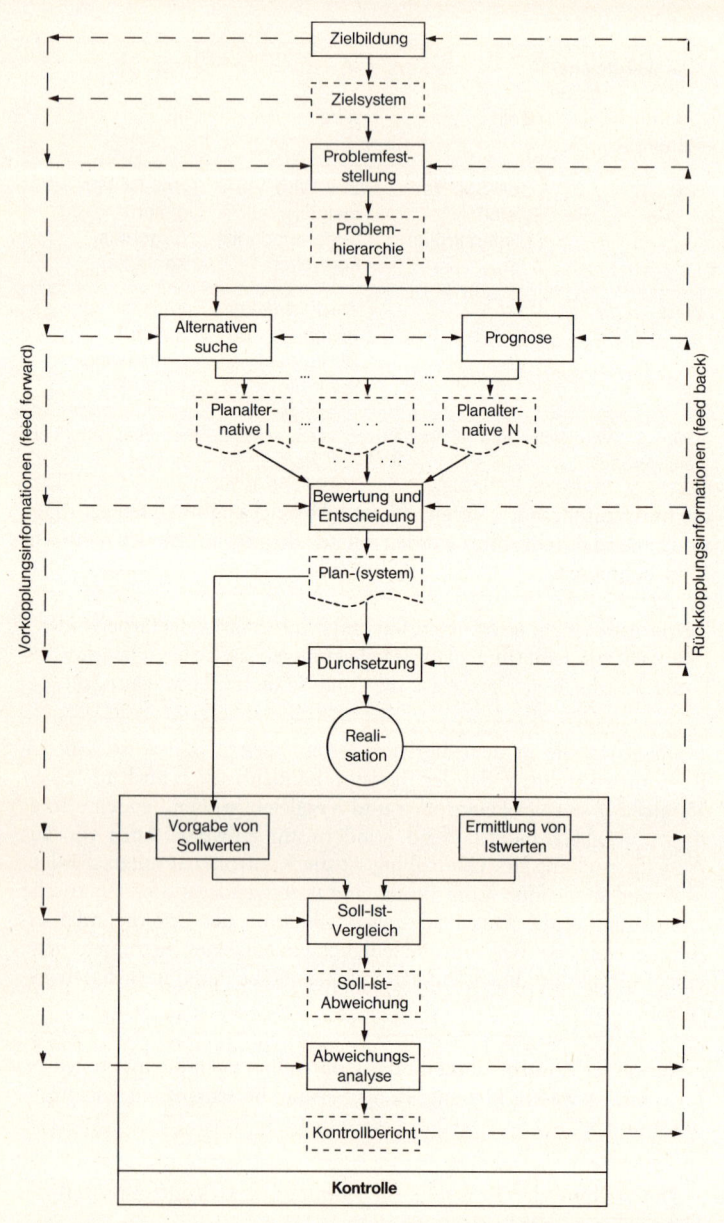

Abb. 1.9: Stellung der Kontrolle im Planungs- und Kontrollprozeß des Unternehmens

Im einzelnen sind die Zwecke der Kontrolle dieselben wie die der Planung (vgl. S. 12 f.):

- Zielausrichtung,
- Frühwarnung,
- Koordination von Teilplänen,
- Entscheidungsvorbereitung,
- Mitarbeiterinformation,
- Mitarbeitermotivation.

Letzter **Zweck der Kontrolle** ist die informatorische Unterstützung der Unternehmensführung bei ihren Entscheidungs- und Koordinationsaufgaben.

5.2 Phasen und Teilaufgaben der Kontrolle

Ebenso wie der Planungsprozeß läuft auch der Kontrollprozeß in abgrenzbaren Prozeßphasen ab. Jede dieser Phasen ist durch eine besondere Aufgabenstellung gekennzeichnet. Außerdem sind die Phasen der Kontrolle durch Folge- und Informationsbeziehungen miteinander und mit den Phasen der Planung systematisch verknüpft. Nach Abb. 1.9 umfaßt die Kontrolle vier Prozeßphasen, dargestellt am besonderen Fall des Soll-Ist-Vergleichs:

- Vorgabe von Sollwerten,
- Ermittlung von Istwerten,
- Soll-Ist-Vergleich
  (Ermittlung der Soll-Ist-Abweichung),
- Abweichungsanalyse.

Die **Vorgabe von Sollwerten** erfolgt i. d. R. durch die Handlungsvorschrift des Planes (Planziel). Dies gilt sowohl für den Fall des Bestehens eines geschlossenen Planungssystems als auch für den Fall der Formulierung eines Einzelplans zu einem isolierten Problem. Durch die Vorgabe einer Sollgröße (Ziel) wird in erster Linie die Erreichung dieses Solls angestrebt. Ob dieses Soll durch die Realisation des Plans erreicht wird bzw. wie hoch der Zielerreichungsgrad (Planerfüllungsgrad) jeweils ist, kann nur durch einen Ziel-Ergebnis-Vergleich, d. h. durch Kontrolle, festgestellt werden.

Die **Ermittlung von Istwerten** ist neben der Vorgabe der Sollwerte das zweite Element zur Durchführung eines Vergleichs. Die ermittelten

Istwerte messen das Ergebnis der Planrealisation und dienen der Feststellung, ob und wie die Planvorgabe (das Ziel) erreicht wurde. Um diesen Zielerreichungsgrad ausdrücken zu können, müssen die verwendeten Maßstäbe des Istwerts dieselbe Dimension wie das Zielmerkmal haben und möglichst präzise sein. Bei unpräziser Formulierung der Ziele in den Plänen und/oder bei Verwendung unpräziser Maßstäbe zur Ergebnisfeststellung muß damit gerechnet werden, daß die abgeleiteten Kontrollinformationen ebenfalls unpräzise bzw. im Grenzfall unbrauchbar sind.

Im **Soll-Ist-Vergleich** werden den Sollwerten des Plans die Istwerte der Planrealisation gegenübergestellt, und es werden die Soll-Ist-Abweichungen ermittelt. Durch den Soll-Ist-Vergleich wird damit der Planerfüllungsgrad faktisch festgestellt. Liegt der Planerfüllungsgrad hoch, wird i. d. R. keine Anpassungs- oder Korrekturmaßnahme erwogen. Dagegen wird bei Planabweichungen, die einen bestimmten Umfang überschreiten, nach den Abweichungsursachen zu forschen sein.

Die **Abweichungsanalyse** verfolgt den Zweck herauszufinden, auf welche Ursachen die ermittelten Planabweichungen zurückzuführen sind. Erlaubt es der Planungsgegenstand und sind die Verfahren der Abweichungsanalyse exakt, läßt sich häufig für eine spezifische Ursache (Ursachengruppe) auch eine zugehörige Abweichungsart herausfinden. Im **Kontrollbericht** werden schließlich die Abweichungsursachen und die Abweichungsarten erläutert, systematisiert bzw. verdichtet, so daß Grundinformationen entstehen oder Ansatzpunkte erkennbar werden, wie steuernd in die Planung, Realisation oder gar in die Kontrolle selbst durch Entscheidungen eingegriffen werden kann. Wie die Abbildung 1.9 zeigt, gelangen die Kontrollinformationen auf dem Wege der Rückkopplung in die jeweiligen Funktionsbereiche bzw. zu den zuständigen Aufgabenträgern und lösen dort entsprechende Maßnahmen zur Anpassung bzw. Korrektur der bisherigen Vorgehensweise aus. In dem hier besprochenen Zusammenhang ist von Bedeutung, daß rückgekoppelte Kontrollinformationen in jeder der Planungsphasen Zielbildung, Problemfeststellung, Alternativensuche, Prognose sowie Bewertung und Entscheidung Anpassungen und Korrekturen auslösen können. Gegenstand dieser Planungsanpassungen können sowohl die einzelnen Phasenaufgaben, die Planungsträger, die Planungstechniken als auch die Planungsbedingungen sein.

> Durch die Ergänzung mittels Kontrolle wird Planung erst zum wirkungsvollen **Instrument der Unternehmensführung**.

5.3 Arten der Kontrolle

5.3.1 Arten der Kontrolle nach Bezugsgrößen

Die Unterteilung der Kontrollarten nach Bezugsgrößen entspricht derjenigen der Planung nach demselben Merkmal (vgl. S. 24). Zur Gliederung sollen hier folgende Merkmale herangezogen werden:

- der Bezugszeitraum,
- der Funktionsbereich,
- die Leitungshierarchie,
- die Planungshierarchie.

Nach dem **Bezugszeitraum** können getrennt werden:

- kurzfristige Kontrolle,
- mittelfristige Kontrolle,
- langfristige Kontrolle.

Nach dem erfaßten **Funktionsbereich** lassen sich z. B. unterscheiden:

- Absatzkontrolle,
- Fertigungskontrolle,
- Lagerungskontrolle,
- Beschaffungskontrolle,
- Finanzkontrolle,
- Investitionskontrolle.

Das Merkmal der **Leitungshierarchie** ermöglicht die Unterscheidung von:

- Gesamtkontrolle (Unternehmenskontrolle),
- Bereichskontrolle,
- Stellenkontrolle.

Das Merkmal der **Planungshierarchie** führt zur Gliederung in:

- strategische Kontrolle,
- taktische Kontrolle,
- operative Kontrolle.

Der Vergleich dieser Kontrollarten mit den Planungsarten nach den verschiedenen Bezugsgrößen (vgl. S. 24 ff.) zeigt, daß hier eine Zuordnung von Planungsart und Kontrollart nach demselben Gliederungsmerkmal möglich ist. Dieser Grundsatz der Zuordnungsfähigkeit von Planungsart und Kontrollart gilt ebenfalls für die Gliederungen nach der Koordinationsart (vgl. S. 26 ff.) und nach der Anpassungsart (vgl. S. 31 ff.).

5.3.2 Arten der Kontrolle nach Plan- und Vergleichsgrößen

Verschiedene **Kontrollarten** können auch danach unterschieden werden, auf welche Plan- und Vergleichsgrößen sich die Kontrolle bezieht. Als Plan- und Vergleichsgrößen kommen grundsätzlich in Frage: Soll-Größen, Wird-Größen und Ist-Größen (vgl. Abb. 1.8). Während **Soll-Größen** stets (vorgegebene) Planziele darstellen, handelt es sich bei **Wird-Größen** um Prognosen über die spätere Realisierung eines zugehörigen Plans. **Ist-Größen** sind schließlich Maßausdrücke über realisierte Werte, Mengen, Zeiten usw. Aus diesen drei Größen lassen sich die fünf Kontrollarten der Abb. 1.8 entwickeln (vgl. Wild [Unternehmensplanung] 44 f.; Pfohl [Planung] 59 ff.):

(1) **Zielkontrolle** (Soll-Soll-Vergleich)
Bei der Zielkontrolle werden verschiedene Planziele (Soll-Größen) auf ihre Verträglichkeit überprüft. Dies geschieht vor der Zielrealisation im Rahmen der Analyse der Zielstruktur (vgl. S. 36).

(2) **Planfortschrittskontrolle** (Soll-Wird-Vergleich)
Eine Planfortschrittskontrolle vergleicht bereits während der Planperiode das vorgegebene Ziel (Soll) mit prognostizierten Größen (Wird-Größen) der späteren Zielerreichung. Zweck dieses Vergleichs ist die frühzeitige Aufdeckung von Störgrößen und damit von potentiellen Soll-Ist-Abweichungen. Planungs- und kontrolltechnisch geht man dabei so vor, daß ein bestimmter Plan in einzelne Planabschnitte (milestones) aufgelöst wird, die eine Wird-Aussage über die zu erwartende Planrealisierung zulassen. Soll-Wird-Informationen sind eine wesentliche Komponente der Vorkopplung und ermöglichen eine Alternativenbewertung.

(3) **Ergebniskontrolle** (Soll-Ist-Vergleich)
In Wissenschaft und Praxis wird der Begriff Kontrolle sehr oft i. S. eines Soll-Ist-Vergleichs verwendet. Bei dieser Gegenüberstellung wird eine Soll-Größe (z. B. ein geplanter Gewinn) mit der realisierten Ist-Größe derselben Planperiode (dem Ist-Gewinn) verglichen, um den Grad der Planerfüllung zu ermitteln. Da dieser Vergleich im Kern ein Ziel-Ergebnis-Vergleich ist, wird er Ergebniskontrolle genannt. Die durch eine Ursachenanalyse aufbereiteten Resultate der Ergebniskontrolle stellen wichtige Informationen für die Rückkopplung des Führungsprozesses dar.

In der Literatur wird häufig auch ein **Ist-Ist-Vergleich** als mögliche Kontrollart unterschieden. Der reine Vergleich realisierter Ist-Größen hat jedoch keinen unmittelbaren Bezug zur Planung. Von einem reinen Ist-Ist-Vergleich kann gesprochen werden, wenn z. B. die realisierten Stromkosten vom Januar 1987 mit denjenigen vom Februar desselben Jahres verglichen werden. Die Differenz zwischen diesen zwei Kostenbeträgen liefert bei konstanten Preisen zwar eine Information über den Mehr- oder Minderverbrauch an elektrischem Strom in den betreffenden Monaten, jedoch handelt es sich dabei um keine Kontrollinformation i. S. des hier entwickelten Planungs- und Kontrollzusammenhangs. Die Information über die Abweichung im Stromverbrauch wird erst dann zu einer relevanten Kontrollinformation, wenn eine der beiden Vergleichsgrößen Vorgabe-, Plan- oder Normcharakter bekommt. Vergleicht man also die Stromkosten vom Januar 1987 mit den durchschnittlichen Stromkosten der Branche, die man zukünftig als Planziel anstrebt, stellt man tatsächlich einen Soll-Ist-Vergleich an, bei dem jedoch die Besonderheit vorliegt, daß die Soll-Größe aus realisierten Ist-Größen ermittelt wird. Somit liegt in diesem Fall eigentlich ein verdeckter Soll-Ist-Vergleich vor.

(4) **Prognosekontrolle** (Wird-Wird-Vergleich)
Der Wird-Wird-Vergleich dient der Konsistenzüberprüfung prognostizierter Größen bei Wirkungsprognosen und Entwicklungsprognosen. Werden z. B. die Konsequenzen (Wirkungen) mehrerer Alternativen prognostiziert und diese Wirkungen auf ihre Konsistenz überprüft, handelt es sich um einen Wird-Wird-Vergleich und damit um eine Prognosekontrolle.

(5) **Prämissenkontrolle** (Wird-Ist-Vergleich)
Jede Planung baut auf bestimmten Prämissen über Plangrößen auf. Die Planung eines optimalen Absatzprogramms fußt u. a. auf einer Prämisse über die in der Planperiode zur Verfügung stehende Fertigungskapazität. Diese Fertigungskapazität wird vor der Planrealisation als Wird-Aussage prognostiziert und bei der Planformulierung berücksichtigt. Sobald die Planrealisation begonnen hat, ist es von Bedeutung, nach der Abwicklung bestimmter Planabschnitte zu erfahren, ob die eingeplante Kapazität auch wirklich noch zur Verfügung steht. Es wird also danach gefragt, ob die formulierte Kapazitätsprämisse noch zutrifft. Dies stellt man durch einen zugehörigen Wird-Ist-Vergleich relativ einfach fest. Erweisen sich Planprämissen zwischenzeitlich als von der Wirklichkeit überholt, wird der betroffene Plan häufig unbrauchbar. Informationen, die aus der Prämissenkontrolle fließen, haben in erster Linie für die Vorkopplung Bedeutung (vgl. Abb. 1.9).

5.4 Betriebliche Kontrollsysteme

5.4.1 Beispiel einer Planungs- und Kontrollrechnung

Auch für den Kontrollbereich soll am Beispiel der Volkswagenwerk AG (VAG) gezeigt werden (vgl. Selowsky/Müllmann/Höhn [Planungsrechnung] 771 ff.), wie eine gewinnzentrenbezogene Planungs- und Kontrollrechnung praktische Anwendung finden kann. Bezugsbereich dieser Rechnung ist in der VAG ein sog. **Gewinnzentrum** (profit center), worunter eine (rechtlich) selbständige Unternehmenseinheit innerhalb des Gesamtkonzerns zu verstehen ist, die alle unternehmerischen Grundfunktionen eigenständig wahrnimmt, ihre operative Aufgabenstellung im Rahmen der Konzernziele selbständig erfüllen kann und bilanzfähig bzw. bilanzierungspflichtig ist.

»Die Planungs- und Kontrollrechnung der Gewinnzentren führt die jeweils abgestimmten Teilplanungen der Subsysteme zu Gesamtplänen zusammen und prüft, ob diese rentable und finanzierbare Entwicklungen der Unternehmenseinheiten versprechen und inwieweit auf dieser Basis die Zielvorstellungen des Konzerns realisiert werden können. Die Planungs- und Kontrollrechnung für ein Gewinnzentrum bildet damit als finanzielle Planung den vorletzten Schritt in der Erstellung und Beurteilung des Unternehmens-Gesamtplans. Dieser Schritt ist entscheidend im Hinblick auf die finanzwirtschaftlichen Ziele des Unternehmens, Rentabilität und Liquidität« (Selowsky/Müllmann/Höhn [Planungsrechnung] 771).

Zum Zwecke der Kontrolle aller Pläne von Gewinnzentren wird für das obere Management ein besonderer »**Planungs- und Kontrollbericht**« erstellt, der in zusammengefaßter Form die Komponenten der Abbildung 1.10 enthält.

5.4.2 Ergiebigkeit von Kontrollsystemen

In den bisherigen Ausführungen ist mehrfach angeklungen, daß die Aufgabenstellungen von Planung und Kontrolle sehr eng verknüpft sind. Diese enge Verknüpfung liegt daher auch bei ausgebauten Planungs- und Kontrollsystemen vor. Wissenschaftliche Untersuchungen, die sich dem Gebiet der Planung zuwenden, beziehen aus dem erwähnten Grunde i. d. R. das Gebiet der Kontrolle mit ein. Dies trifft auch für die Erforschung der Beziehung zwischen einem Kontrollsystem und

Volkswagenwerk AG — Ergebniseinheit:

	Januar – Juni 1987				Wesentliche Zahlen der ergebnis- und liquiditätsorientierten Planungs- und Kontrollrechnung		voraus-sichtliches IST*)	Gesamtjahr 1987				1988	
	Veränderung Vorjahr		Abweichung Budget					Veränderung Vorjahr		Abweichung Budget		Budget	Veränd.
IST	absolut	%	absolut	%				absolut	%	absolut	%	Gesamt-jahr	87 88 %
					Umsatzerlöse	(Mio. DM)							
					Absatz	(Fahrz.)							
					Auslieferungen an Kunden	(Fahrz.)							
					Lagerbestand	(Fahrz.)							
					Produktion	(Fahrz.)							
					Belegschaft								
					Technische Arbeitsproduktivität								
					Ökonomische Arbeitsproduktivität								
					Kapitalproduktivität								
					Betriebsergebnis	(Mio. DM)							
					Untern.-Ergeb. vor Steuern	(Mio. DM)							
					Untern.-Ergeb. nach Steuern	(Mio. DM)							
					Investitionen	(Mio. DM)							
					Cash-flow brutto	(Mio. DM)							
					ø Unternehmensvermögen	(Mio. DM)							
					Kapitalrendite (ROI)	(%)							
					Umsatzrendite	(%)							
					Vorräte	(Mio. DM)							
					Flüssige Mittel	(Mio. DM)							
					Kreditstand	(Mio. DM)							
					Effektivverschuldung	(Mio. DM)							

*) Resultate der kurzfristigen 6 bis 18 Monatsplanung

Abb. 1.10: Planungs- und Kontrollbericht

dessen Ergiebigkeit zu. Im wesentlichen kann daher hier im Zusammenhang mit der Frage nach der Ergiebigkeit von Kontrollsystemen auf den Abschnitt 4.3.2 (Ergiebigkeit von Planungssystemen) verwiesen werden. Der dort skizzierte Forschungsstand für die Planungssysteme beschreibt auch den Erkenntnisstand auf dem Gebiete der Kontrolle. Es kann daher ebenso wie dort festgestellt werden: Es erscheint schon lange plausibel, daß umfassende Planung und Kontrolle die Ergiebigkeit eines Unternehmens sichert und verbessert; durch eine gut bestätigte realwissenschaftliche Hypothese kann diese Aussage aber noch nicht belegt werden.

Literaturhinweise

Ackoff, Russel L.: [Unternehmensplanung]. Ziele und Strategien rationeller Unternehmensführung. München u. Wien 1972.
Adam, Dietrich: Kurzlehrbuch [Planung]. 2. Aufl., Wiesbaden 1983.
Agplan-Handbuch zur Unternehmungsplanung. Hrsg. von Josef Fuchs und Karl Schwantag. Berlin 1972.
Baetge, Jörg: Kontrolltheorie. In: Erwin Grochla (Hrsg.): Handwörterbuch der Organisation, 2. Aufl., Stuttgart 1980, Sp. 1091–1104.
Bowman, E. H.: [Consistency] and Optimality of Managerial Decision Making. In: Management Science, 9. Jg. (1963), S. 310–325.
Brockhoff, Klaus: [Prognoseverfahren] für die Unternehmensplanung. Wiesbaden 1977.
Frese, Erich: Kontrolle und Rechnungswesen. In: Erich Kosiol, Klaus Chmielewicz und Marcell Schweitzer (Hrsg.): Handwörterbuch des Rechnungswesens, 2. Aufl., Stuttgart 1981, Sp. 915–923.
Frese, Erich: Kontrolle und Unternehmensführung. Wiesbaden 1968.
Grinyer, Peter H. und David Norburn: [Strategic Planning] in 21 U. K. Companies. In: Long Range Planning, 7. Jg. (1974), S. 80–88.
Gzuk, Roland: Messung der [Effizienz] von Entscheidungen. Beitrag zu einer Methodologie der Erfolgsfeststellung betriebswirtschaftlicher Entscheidungen. Tübingen 1975.
Hahn, Dietger (Hrsg.): Planungs- und Kontrollrechnung [PuK]. 3. Aufl., Wiesbaden 1985.
Hax, Herbert und Helmut Laux: [Flexible Planung]. Verfahrensregeln und Entscheidungsmodelle für die Planung bei Ungewißheit. In: Zeitschrift für betriebswirtschaftliche Forschung, 24. Jg. (1972), S. 318–340.
Hill, Wilhelm: [Unternehmungsplanung]. 2. Aufl., Stuttgart 1971.
Hinterhuber, Hans H.: Strategische [Unternehmungsführung]. 3. Aufl., Berlin u. New York 1984.

Jacob, Herbert (Hrsg.): Neue Aspekte der betrieblichen [Planung]. Schriften zur Unternehmensführung, Bd. 28, Wiesbaden 1980.

Karger, Delmar W. und Zafar A. Malik: [Long Range Planning] and Organizational Performance. In: Long Range Planning, 8. Jg., Dezember 1975, S. 60–64.

Kirsch, Werner und Gerd Mayer: Die [Handhabung] komplexer Probleme in Organisationen. In: Werner Kirsch (Hrsg.): Entscheidungsverhalten und Handhabung von Problemen. München 1976, S. 99–219.

Koch, Helmut: Aufbau der [Unternehmensplanung]. Wiesbaden 1977.

Koch, Helmut: Neuere Beiträge zur [Unternehmensplanung]. Wiesbaden 1980.

Kosiol, Erich: Zur Problematik der [Planung] in der Unternehmung. In: Zeitschrift für Betriebswirtschaft, 37. Jg. (1967), S. 77–96.

Kreikebaum, Hartmut: Strategische [Unternehmensplanung]. 2. Aufl., Stuttgart, Berlin, Köln u. Mainz 1987.

Kreikebaum, Hartmut und Ulrich Grimm: Strategische [Unternehmensplanung]. Ergebnisse einer empirischen Untersuchung. Seminar für Industriewirtschaft der Johann-Wolfgang-Goethe-Universität Frankfurt/M. 1978.

Müller, Wolfgang: Kontrolle, Organisation der. In: Erwin Grochla (Hrsg.): Handwörterbuch der Organisation, 2. Aufl., Stuttgart 1980, Sp. 1082–1091.

Muth, John F.: Rational [Expectations] and the Theory of Price Movements. In: Econometrica, 29. Jg. (1961), S. 315–335.

Pfohl, Hans-Christian: [Planung] und Kontrolle. Stuttgart, Berlin, Köln u. Mainz 1981.

Pfohl, Hans-Christian: Problemorientierte [Entscheidungsfindung] in Organisationen. Berlin u. New York 1977.

Pfohl, Hans-Christian und Günther E. Braun (Hrsg.): [Beiträge] zur Planungspraxis. Stuttgart 1980.

Poensgen, Otto H. und Helmut Hort: [Determinanten] der Planung und ihre Wirkung auf den Erfolg. Saarbrücken o. J.

Rost, Karl Heinz: [Produktionsplanung]. In: Manangement Enzyklopädie. Bd. 4, München 1971, S. 1232–1239.

Selowsky, Rudolf; Müllmann, Helmut und Siegfried Höhn: Integrierte [Planungsrechnung] im Planungssystem des Volkswagen-Konzerns. In: Dietger Hahn (Hrsg.): Planungs- und Kontrollrechnung – PuK. 3. Aufl., Wiesbaden 1985, S. 715–789.

Solaro, Dietrich: Das integrierte Planungs- und [Kontrollsystem] der Standard Elektrik Lorenz AG (SEL), Stuttgart. In: Dietger Hahn (Hrsg.): Planungs- und Kontrollrechnung – PuK. 3. Aufl., Wiesbaden 1985, S. 829–890.

Steinmann, Horst (Hrsg.): [Planung] und Kontrolle. Probleme der strategischen Unternehmensführung. München 1981.

Szyperski, Norbert und Udo Winand: [Grundbegriffe] der Unternehmensplanung. Stuttgart 1980.

Töpfer, Armin: Planungs- und [Kontrollsysteme] industrieller Unternehmungen. Berlin 1976.

Wild, Jürgen: Grundlagen der [Unternehmungsplanung]. 4. Aufl., Opladen 1982.

Wittmann, Waldemar: [Betriebswirtschaftslehre]. Ein einführendes Lehrbuch. Bd. I, Tübingen 1982.

Wittmann, Waldemar: [Unternehmung] und unvollkommene Information. Unternehmerische Voraussicht, Ungewißheit und Planung. Köln und Opladen 1959.

2. Kapitel
Organisation

Knut Bleicher

1 Ansätze der Organisationstheorie

Kaum ein anderer Ausdruck wie der der »Organisation« weist in der Umgangssprache wie als Begriff in der Wissenschaft eine vergleichbare Vielfältigkeit auf. Dies mag darauf zurückzuführen sein, daß Probleme einer zielorientierten, arbeitsteiligen und zugleich harmonisierenden Vorgehensweise zur Lösung komplexer Probleme die Menschheitsgeschichte von Anfang an begleitet haben. Dabei überlegt und planerisch, also rational und nicht emotionsbestimmt irrational vorzugehen, verleiht einer Handlung einen eigenen Wert.

Beispiel: Der Banküberfall von mehreren Ganoven, die aus einer Stimmung heraus einen ungeplanten, dilettantischen Raub bei einer Dorfsparkasse vornehmen und dabei DM 15 000 erbeuten, wird nicht nur der unmoralischen, gesetzeswidrigen Zielsetzung wegen verurteilt, sondern auch weil dieser nicht rational vollzogen wurde. Der englische Postraub dagegen ist vom Ziel her nicht anders zu beurteilen, findet jedoch als große »organisatorische« Leistung allgemeine Bewunderung.

Es würde allerdings zu weit gehen, jegliche Art planerischen Vorgehens, das sich vor einer eingetretenen Situation (»**präsituativ**«) – statt unter dem Druck der Situation selbst (»**situativ**«) – mit möglichen zukünftigen Problemlagen und ihren denkbaren Lösungen auseinandersetzt, mit dem Begriff »Organisation« zu belegen. Stattdessen erscheint eine Einengung auf zielorientierte ordnunggebende Strukturtatbestände sinnvoll.

Die Beschäftigung mit der Organisationsproblematik reicht weit in die Anfänge der Menschheit zurück. Eine Diskussion um die zweckmäßige Organisationsgestaltung ist mit größerer Intensität jedoch immer dann entfacht worden, wenn es galt, größere gesellschaftliche Einheiten, auf Dauer angelegte Institutionen rational zu gestalten. Kirche, Heer und Staat lösten frühzeitig eine Suche nach zunächst pragmatischen organisatorischen Lösungen und theoretisch nach einer Entwicklung »allgemeingültiger« **Organisationsprinzipien** aus. Im Zuge der wirtschaftlichen Entwicklung, die im Gefolge der Industrialisierung zu wirtschaftlichen Einheiten gehobener Größe führte, erfolgte eine Übernahme dieser Organisationsprinzipien in den Bereich der Wirtschaft und eine zunehmende Differenzierung der theoretischen Aussagen.

Erich Gutenberg formulierte in diesem Zusammenhang das »**Substitutionsprinzip der Organisation**«: Je höher die Homogenität (Gleichartigkeit, Regelmäßigkeit, Wiederholbarkeit) eines betrieblichen Prozesses ist, desto eher können spezielle, einzelfallspezifische Regelungen durch generelle, einzelfallunspezifische ersetzt (»substituiert«) werden. Generelle Regelungen bedeuten für die Führungsorgane eine Entlastung von zeitraubender Einzelfallkasuistik und insofern eine Vereinfachung ihrer Aufgabe. Andererseits besteht die Gefahr übermäßiger Schematisierung und Schablonisierung, die dem jeweiligen Einzelfall nicht länger gerecht wird. Das **organisatorische Gleichgewicht** zwischen Stabilität (genereller Regelung) und Flexibilität (fallweiser Regelung) hängt letztlich vom Kontext, d. h. der Dynamik des organisatorischen Umfeldes ab.

Am Beginn der Entwicklungsgeschichte der Organisationstheorie standen zunächst **Einzelansätze**, die zumeist das Organisationsproblem von der schwerpunktmäßigen Betrachtung eines der folgenden **Elemente** her entfalteten:

— **Aufgaben** als Handlungsaufforderungen,

— **Personen** als Erbringer der geforderten Handlungen und

— **Sachmittel,** die Personen beim Handeln unterstützen. Hierbei interessiert vor allem die Informationstechnologie, nachdem sich ein Zweig der Büro»organisation« bereits frühzeitig mit Sachmitteln im Verwaltungsbereich beschäftigt hatte.

1.1 Einzelansätze

Vielfältige Ansätze der Organisationstheorie versuchen, von einem bestimmten Element ausgehend, organisatorische Gestaltungsprobleme zu analysieren. Dabei werden von den Vertretern einzelner organisationstheoretischer Richtungen unterschiedliche Elemente gewählt und akzentuiert:

(1) **Aufgaben als Ausgangspunkt**
Die anfängliche wissenschaftliche Auseinandersetzung mit Problemen der Organisation im Bereich der Wirtschaft wurde vor allem von **pragmatischen** Zielsetzungen getragen. Zu nennen sind die Arbeiten von *Fayol* und *Taylor* (vgl. Fayol [Administration], Taylor [Betriebsleitung]). Probleme effizienter Arbeitsteilung und Spezialisierung und Lösungen zur Koordination dieser gegliederten Prozesse standen im Vordergrund.

Während sich die anglo-amerikanische Management-Literatur den **Aufbauproblemen** der Organisation relativ wenig formalisiert zuwandte, widmete sich in der Folgeentwicklung der größte Teil der deutschsprachigen betriebswirtschaftlichen Organisationslehre der Untersuchung von aufbau- **und** ablauforganisatorischen Problemen (vgl. Nordsieck [Betriebsorganisation], Ulrich [Organisationslehre], Kosiol [Organisation]). Von einer vorgegebenen **Aufgabe** ausgehend (vgl. Abb. 2.1), wurden sowohl die Probleme eines Potentialgefüges der Organisation (Kosiol: Verteilungs-, Leitungs-, Stabs-, Arbeits-, Kollegienzusammenhang) als auch Fragen des raumzeitlichen Prozeßgefüges (Kosiol: personale, temporale und lokale Gestaltung) untersucht. In einer vororganisatorischen Analyse wird nach bestimmten Prinzipien eine Untergliederung der gegebenen Aufgabe in **Teilaufgaben** und dieser wiederum in **Arbeitselemente** vorgenommen. Im Rahmen einer Organisationssynthese erfolgt eine Zuteilung von Aufgaben auf Organisationseinheiten (**Stellen** und **Abteilungen** oder **Gruppen**) sowie eine ablaufgerichtete Synthese von Arbeitselementen (z. B. Arbeitsvorgänge in der Auftragsabwicklung). Der Mensch wird dabei im rein strukturtechnisch verstandenen Organisationssystem als abstrakter, »mechanistischer« Aufgabenträger (»**Funktionär**«) verstanden.

(2) **Personenorientierte Ansätze**
Die aufgabenorientierten Ansätze sind aus dem angelsächsischen Bereich zunehmend durch personen- und personengruppenorientierte Ansätze ergänzt worden, die **menschliches Verhalten** zum Ausgangspunkt organisatorischer Überlegungen wählen.

Hierunter fallen Ansätze, die das menschliche Verhalten (Orientierung am **Individual-** bzw. **Gruppenverhalten**) zum Gegenstand haben. Ausgelöst durch die Hawthorne-Untersuchungen (vgl. Mayo [Arbeitsbedingungen], Roethlisberger und Dickson [Management]) verlagerte

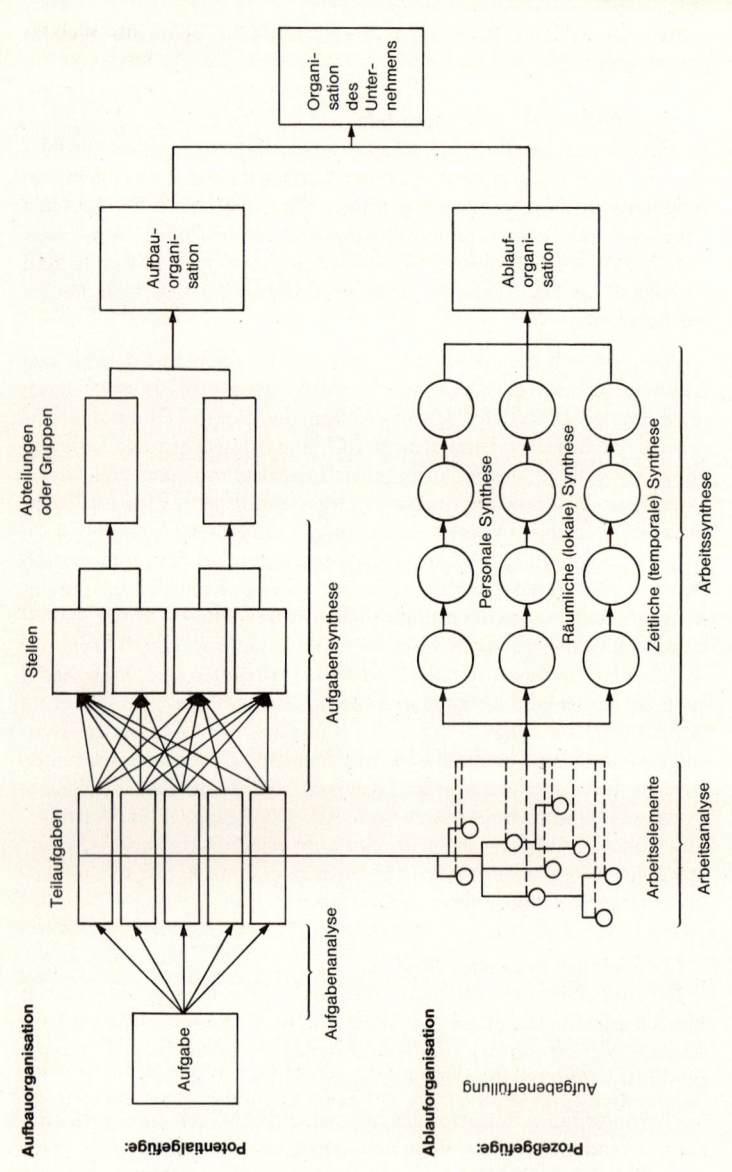

Abb. 2.1: Aufgabenorientiertes Modell organisatorischer Gestaltung (nach Erich Kosiol)

sich das Interesse zunehmend auf sozialwissenschaftliche Untersuchungen des **menschlichen Verhaltens in Organisationen**, insbesondere auf die Gestaltung der sozialen Umwelt des Menschen im Unternehmen zur Leistungssteigerung (**Human-Relations-Bewegung**). Die Herausstellung der Bedeutung sozialer Beziehungen und individueller Merkmale für die Arbeitsleistung führte zu einer grundlegenden Änderung des Menschenbildes, weg vom reinen sachrationalen Funktionsträger (Scientific Management) zur **sozio-emotionalen Person** (vgl. March und Simon [Organisationen]). Bedeutende Anstöße für die organisationstheoretischen Ansätze kommen im Verlauf der Human-Relations-Bewegung aus anderen Disziplinen, wie beispielsweise aus der Psychologie (Bedürfnishierarchie; vgl. Maslow [Motivation]). Individual-psychologische Aspekte fließen durch die Arbeiten von *Herzberg* und *Vroom* ein, die primär motivierende Komponenten organisatorischer Regeln im Zusammenhang mit menschlichen Bedürfnissen zum Untersuchungsgegenstand erheben (vgl. Herzberg [Nature of Man], Vroom [Motivation]). Mit dem Vordringen der **Kleingruppenforschung** wurden Fragen wie Führerschaft, Status, Kommunikation, soziale Normen und Innovation untersucht. Verfahren zur Messung sozialer Interaktionen wurden entwickelt (vgl. Bales [Problem Solving Groups]).

Beiträge zur verhaltenswissenschaftlichen Organisationstheorie kommen neben der **Individualpsychologie** auch von der **Soziologie** und der **Sozialpsychologie**. Geschlossene Systeme stellen eine Verbindung von menschlichem Verhalten und organisatorischer Strukturierung her (vgl. Barnard [Functions], Cyert und March [Behavioral Theory], Simon [Behavior]).

(3) **Informationsorientierte Ansätze**
Die rapide Entwicklung der automatischen Datenverarbeitung und Informationstechnik verstärkte das Interesse zur Entwicklung **informationstechnologischer** Ansätze der Organisationstheorie (vgl. Grochla [Automation]). Waren die anfänglichen Untersuchungen auf Strukturierungsprobleme der Anlagen (Hardware) und von Programmen (Software) ausgerichtet, so wenden sich weitere Untersuchungen den **Management-Informationssystemen** zu (vgl. 3. Kap., S. 463 f.). Neben den **gestaltungsergebnis-orientierten** Ansätzen (Komponenten und Gestaltung von Informationssystemen) finden sich die **gestaltungsprozeß-orientierten** Beiträge, die mehr auf Konzepte und Methoden der Informationssysteme ausgerichtet sind.

1.2 Gesamtansätze

Im Gegensatz zu den bisher dargestellten, von einer bestimmten elementorientierten Blickrichtung ausgehenden Ansätzen, handelt es sich bei den integrativen Ansätzen um Versuche, elementorientierte Ansätze zu verbinden. Dabei können im einzelnen

- entscheidungstheoretische,
- situations-, kontext- und kontingenztheoretische,
- systemtheoretische Ansätze

unterschieden werden (zu diesen verschiedenen Wissenschaftsprogrammen der Betriebswirtschaftslehre vgl. 1. Bd., 2. Kap.).

(1) **Entscheidungstheoretische Organisationsansätze**
Im Gefolge der Entwicklung der Unternehmensforschung (Operations Research) verstärkten sich auch in der Organisationstheorie Bemühungen, **entscheidungstheoretische** Ansätze zur Lösung von Organisationsproblemen heranzuziehen. Diese **entscheidungslogisch-orientierten** Beiträge akzentuieren insbesondere organisatorische Regeln und Aufgabenerfüllungsprozesse der Aktionsträger bei der Verfolgung gesetzter Ziele. Rationales Verhalten wird bei den Entscheidungsträgern vorausgesetzt, was im Einklang steht mit der zumeist formalisierten und mathematisierten Ausrichtung dieser Ansätze. Dabei handelt es sich um eine Erweiterung allgemeiner wirtschaftstheoretischer Modelle: Das Unternehmen wird nicht mehr als eine Entscheidungseinheit ohne eigene innerorganisatorische Probleme angesehen. Entscheidungen vollziehen sich vielmehr in einer vielgliedrigen Einheit, die aus vielen Entscheidungszentren besteht, die miteinander und mit ihrer Umwelt Informationen austauschen. Die Behandlung von Umweltsegmenten und die Eigenschaften der Aktionsträger (Menschen und Maschinen) stehen hingegen in den **entscheidungsverhaltens-orientierten** Ansätzen im Vordergrund.

In ihrer Weiterentwicklung aus vielfachen Teilansätzen heraus stellt sich für die entscheidungstheoretischen Organisationsansätze die Aufgabe, einen Beitrag zur Entscheidung über alternative Gestaltungsformen und -maßnahmen organisatorischer Art zu leisten. Da es sich hierbei jedoch weitgehend um hoch-komplexe Entscheidungssituationen handelt, darf bezweifelt werden, daß eine hinreichende Formalisierung möglich ist. Dagegen erscheint der von *Witte* verfolgte Ansatz, auf einer **empirischen Entscheidungstheorie** fußend, eine **Realtheorie der wissenschaftlichen Entscheidung** zu entwickeln, tragfähiger. Sie will die Kontingenztheorie, die die Bedingungen erklärt, unter denen Entscheidungsverläufe eine bestimmte Gestalt annehmen bzw. entstehen, und die Effizienztheorie, die Wirkungen von Entscheidungen erklärt, miteinander verbinden, um die in der Realität stattfindenden Entscheidungsverläufe zu prognostizieren und zu gestalten. Entscheidungsverläufe sind selbst sowohl organisationsabhängig als auch organisationsbestimmend, wenn über Gestaltungsmaßnahmen organisatorischer Art befunden wird (vgl. Witte [Informationsverhalten]; Witte [Entscheidungsverläufe]).

(2) **Situations-, kontext- und kontingenztheoretische Organisationsansätze**

Die sich oft widersprechenden Empfehlungen allgemein anwendbarer Organisationsprinzipien ebenso wie ein zu hoher Abstraktionsgrad mit nur geringem Bezug zu empirisch gehaltvollen Aussagen führten dazu, daß die Erscheinungsvielfalt realer Organisationsstrukturen theoretisch nur unzureichend berücksichtigt wird. Die kontextuale Organisationstheorie ist ein Versuch, auf diese Schwächen zu reagieren. Über vergleichende empirische Erhebungen werden Auswirkungen kontextualer Einflußfaktoren aus der Umwelt und aus dem Unternehmen auf einzelne Organisationsparameter beschrieben (Contingency Approach). Vgl. dazu Burns und Stalker [Management], Lawrence und Lorsch [Organization], Blau und Schoenherr [Structure].

Die Begriffe Situation, Kontext und Kontingenz werden von vielen Autoren in gleicher Bedeutung verwendet. Eine denkbare Unterscheidung zielt in die Richtung, daß mit **Kontext** allgemein jede Relativierung einer organisationstheoretischen Aussage zu einem Satz von Bedingtheiten (»wenn« – »dann« Aussage) angesprochen wird, während sich **Kontingenz** spezifisch mit der Ungewißheit von Kontextfaktoren auseinandersetzt. **Situativ** bezieht sich im Besonderen weniger auf die dauerhaften kontextualen Bedingungen, wie etwa Rechtsform und Eigentumsverhältnisse eines Unternehmens, als vielmehr auf die Abhängigkeit der Strukturierung von einzelfallspezifischen Ereignissen, wie z. B. die Dringlichkeit einer Aufgabenerfüllung.

Der **Kontext** läßt sich in einzelne **Komponenten** zerlegen, wie etwa Differenziertheit des Leistungsprogramms, Größe des Unternehmens, angewendete Fertigungs- und Informationstechnologie, neben der allgemeinen Umwelt (z. B. deren Komplexität und Veränderungsrate), vgl. Kieser und Kubicek [Organisationstheorien]. Die angesprochenen **Kontextfaktoren** gehen als unabhängige Variablen, die **organisatorische Strukturierung** des Unternehmens als intervenierende Variable in die Betrachtung ein; dabei wird durch Variation der Kontextvariablen nach möglichen Erklärungsursachen für reale Erscheinungsformen der Organisationsstruktur gesucht. Auch die besondere Bedeutung der Umwelt für die zweckgerechte **Gestaltung** der Organisationsstruktur heben erweiterte Ansätze dieser organisationstheoretischen Richtung hervor.

Kontexte wirken über die organisatorische Gestaltung schließlich auf das **Verhalten** der Organisationsmitglieder – als abhängige Variable – ein. Als Ergebnis dieses Gesamtzusammenhangs stellt sich eine in den Kategorien des Ökonomischen (Rentabilität, Produktivität) und des Sozialen (Zufriedenheit, Anspruchserfüllung) meßbare **Effizienz** ein (vgl. Abb. 2.2).

Kontextfaktoren	Organisatorische Strukturierung	Verhalten von Organisationsmitgliedern	Ökonomische und soziale Effizienz
Unabhängige Variablen	Intervenierende Variablen	Abhängige Variablen	Ergebnis-Variablen

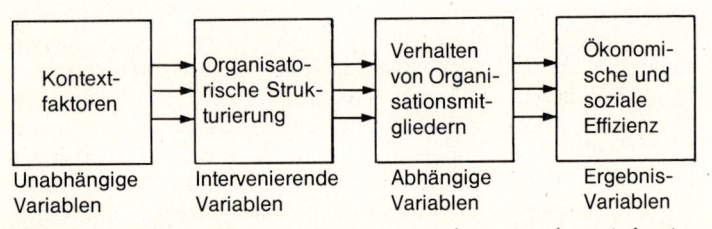

Abb. 2.2: Grundmodell kontext-, kontingenz- und situationstheoretischer Ansätze

Nach wie vor ist es problematisch, Aussagen über die Effizienz organisatorischer Gestaltungsalternativen abzuleiten: Probleme der Messung, Operationalisierung und Auswertung eines nicht immer repräsentativen Datenmaterials sowie die Komplexität des Untersuchungsgegenstandes schränken die Gestaltungsempfehlungen der kontextualen Organisationstheorie ein.

Aus der Tatsache, daß Effizienzwirkungen von Organisationsstrukturen nicht eindeutig bestimmt werden können sowie Einwirkungsmöglichkeiten auf den bestehenden Kontext durch unterschiedliche Strategiewahl existieren, resultieren Spielräume in der Gestaltung der organisatorischen Struktur. Diese sind gleichzeitig Beleg für das Konzept der **strategischen Wahl** (Strategic Choice; vgl. Child [Organizational Structure]). Kontextfaktoren stellen demnach keine deterministischen, starren Anpassungszwänge dar: Selbst von der Situation her sich widersprechende Anforderungen an die Strukturgestaltung schaffen einen Gestaltungsspielraum, der eine Wahl hinsichtlich der anzustrebenden Effizienz möglich macht (vgl. Schreyögg [Umwelt] 234 ff.).

Kontext-, kontingenz- und situationstheoretische Ansätze problematisieren das Verhältnis von Bedingungsrahmen, organisatorischer Gestaltung und ihrer Wirkung auf das Erreichen von organisationalen Zielen. Aussagen über diese komplexen Zusammenhänge sind kaum ohne empirische Belege zu treffen. Sie können über eine sich vom methodischen Konzept her eigenständig profilierende **empirische Theorie der Organisation** gewonnen werden (vgl. Witte [Informationsverhalten], Kirsch [Entscheidungsprozesse], Köhler [Forschungskonzeptionen], Kubicek [Organisationsforschung]). Ausgehend von konkreten organisatorischen Problemen und Problemlösungen wird versucht, mittels Abstraktion und Verallgemeinerung (Generalisierung) allgemeingültige und damit auch auf andere organisatorische Zusammenhänge übertragbare Aussagen zu gewinnen.

(3) **Systemtheoretische Organisationsansätze**
Möglichkeiten der Verbindung der erwähnten Einzelansätze werden durch die **Systemtheorie** als interdisziplinärem Ansatz eröffnet. Die Systemtheorie (vgl. v. Bertalanffy [Systemlehre]) geht begrifflich von einem begrenzten Komplex von **Elementen** aus, die miteinander in **Beziehung** stehen. Eine derart weite Fassung des Systembegriffes – es werden Umsysteme, das Referenzsystem, Subsysteme unterschieden – gestattet die Untersuchung unterschiedlichster Systeme. Die **Kybernetik** widmet sich insbesondere den Regelungsvorgängen in Systemen. Sie wird dabei durch die **Informationstheorie** unterstützt, die sich mit der Informationsübermittlung in Systemen beschäftigt (vgl. 1. Band, 2. Kapitel).

Während die **systemtheoretisch-kybernetische** Variante die Eigenschaften der Selbstregulierung, Anpassung, Lernfähigkeit, Selbstdifferenzierung und Automatisierbarkeit untersucht (vgl. Hill, Fehlbaum und Ulrich [Organisationslehre]), steht im Mittelpunkt der **soziologischen** Variante die Institutionalisierung psychologischer, sozialer und kultureller Ordnungen (vgl. Parsons [Approach], Luhmann [Zweckbegriff]).

Im Rahmen des Unternehmens, das als produktives, soziales System gekennzeichnet wird (vgl. Ulrich [Unternehmung]), läßt sich die **Organisation als funktionales Subsystem** betrachten.

2 Umwelt und Unternehmen als Bedingungsrahmen der Organisation

2.1 Umwelt des Unternehmens

Das Unternehmen als ökonomisches, sozio-technisches System ist in Umsysteme verschiedener Art eingebettet. Es wird damit zu einem **offenen System,** das nicht unabhängig von der **Komplexität** und **Dynamik** seiner Umwelt gedacht werden kann.

In diesem **Umsystem**komplex lassen sich unternehmensrelevante Teile markieren, die die **Umwelt** des Unternehmens bilden. Für das Unternehmen gilt es abzuwägen, wie es dabei die Relevanzkriterien als Ausdruck für seine überlebenskritische Abhängigkeit von Entwicklungen, die sich in seinem Umfeld vollziehen, definiert. Eine zu enge Auslegung birgt die Gefahr einer nicht vollständigen Erfassung strategisch bedeutsamer Entwicklungsindikatoren zu Gunsten der beschränkten Problemlösungskapazität unternehmenspolitischer Entscheidungsträger und Informationssysteme in sich. Eine zu weite Auslegung kann eine Überforderung der Informationskapazitäten bedeuten. Aufgrund der Schwierigkeiten, die sich bei der Abgrenzung der relevanten Umwelt ergeben, läßt sich vereinfachend feststellen, daß die nicht unternehmensrelevante Umwelt keine aktuellen und potentiellen Beziehungen mit dem Unternehmen unterhält, während die Einflüsse der relevanten Umwelt art- und intensitätsmäßig unterschiedlich auf Strukturen und Prozesse innerhalb des Unternehmens wirken. Für Unternehmen, die sich einer zunehmend komplexer und varianter werdenden Umwelt gegenübersehen, bedeutet dies zugleich, daß immer weitere Teile der Umwelt für das Unternehmen relevant werden.

Mit *Duncan* ([Organizational Environments] 315) wird die **Komplexität der Umwelt** durch die Anzahl und Verschiedenartigkeit ihrer Merkmale ausgedrückt, die bei der Entscheidungsfindung zu berücksichtigen sind.

Die **Dynamik** kennzeichnet die Veränderlichkeit dieser Umweltmerkmale. *Child* ([Organizational Structure] 3) führt drei Merkmale an, mit denen die Veränderlichkeit der Umwelt bestimmt werden kann: die **Häufigkeit, Stärke** und die **Regelmäßigkeit** der Änderungen von Umweltfaktoren.

Werden Komplexität und Dynamik im jeweiligen Kontinuum »einfach-komplex« und »statisch-dynamisch« miteinander verbunden, ergeben sich mit *Duncan* ([Structure] 63) und *Mintzberg* ([Structuring] 286) vier **Typen** der Umwelt, die weiteren organisatorischen Analysen zugrundegelegt werden können:

— **Die einfache-statische Umwelt**
 mit einem vergleichsweise geringen Harmonisationsbedarf; sie führt meist zu bürokratischen Organisationsstrukturen;

— **die einfache-dynamische Umwelt**
 mit einer geringen Anzahl und einer beschränkten Verschiedenartigkeit von externen Einflüssen, die bei der organisatorischen Gestaltung berücksichtigt werden müssen. Die Veränderlichkeit verlangt eine zwar stärker organische, aber wenig dezentralisierte Führung.

— **die komplex-statische Umwelt,**
 deren große Zahl und Verschiedenartigkeit von relevanten Faktoren durch ihre geringe Veränderlichkeit kompensiert wird; sie führt meist zu bürokratischer Strukturierung bei dezentralisierter Führung;

— **die komplex-dynamische Umwelt,**
 die höchste Anforderungen an die organisatorische Gestaltung stellt. Ihr entsprechen zumeist Organisationsformen und -modelle, die unbürokratisch-organisch konzipiert sind und von dezentralen Führungsstrukturen begleitet werden.

Das Verhältnis des Unternehmens zu seiner Umwelt wird durch die Beziehungen bestimmt, die beide miteinander verbinden. Formal kann dabei der **Beziehungsreichtum** zu bestimmten Segmenten der Umsysteme groß oder klein sein. Inhaltlich ist es vor allem die Dominanz von Teilen der Umwelt in Beziehung zur Machtposition des Unternehmens, die zu Lagen der **Überordnung** (das Unternehmen besitzt eine starke Position gegenüber seinen Umsystemen; die betreffende Umwelt muß sich an Maßnahmen des Unternehmens anpassen), **Gleichordnung** oder **Unterordnung** führt. Der Ausgleich zwischen Umweltbedingungen und Gestaltung des Unternehmens in der Zeit führt zur **Unternehmensentwicklung**.

Durch das Vorhandensein von »**Organizational slack**« – einer Unterbeschäftigung der Organisation – kann zu Lasten der kurzfristigen Effizienz ein Anpassungsrahmen bereitgestellt werden, der es erlaubt, ohne die Organisationsstruktur zu verändern, auf Veränderungen in der Umwelt zu reagieren (vgl. zu diesen Problemen: Bleicher [Unternehmungsentwicklung] 35 ff.).

2.2 Universalistische und instrumentale Organisationsbetrachtung

Der Gestaltungszusammenhang zwischen Umwelt und Unternehmen läßt sich selbst und **unmittelbar** als organisatorisches Problem betrachten, wodurch der Organisationsbegriff und die in der Organisationstheorie untersuchten Sachverhalte universalistische Züge bekommen.

Der Ausgleich von Umwelt und Unternehmen läßt es jedoch auch zu, die Organisation als ein Subsystem dieses Anpassungszusammenhangs zu begreifen. Das Unternehmen agiert und reagiert dann auf Umweltveränderungen, indem es sich u. a. der Organisation bedient. Die Anpassung vollzieht sich dann von der Organisation her betrachtet **mittelbar**, indem die Organisation als **Instrument** unternehmenspolitischen Wollens genutzt wird.

(1) Wird das Verhältnis des Unternehmens zu seiner Umwelt **unmittelbar** betrachtet, ohne von seiner Auflösung in einzelne funktionale Subsysteme auszugehen, dann besteht die Tendenz, Begriffe wie »zielgerichtete, sozial interagierende Systeme«, »Unternehmen«, »Organisation« als weitgehend identisch zu betrachten. Ansätze, die sich einer derartigen Betrachtung bedienen, werden als **universalistische Organisationstheorien** gekennzeichnet. Eine Organisation ist bei ihnen »ein zielgerichtetes Sozialsystem, das Informationen gewinnt und bearbeitet. Die Betriebswirtschaft ist eine Organisation in diesem Sinne« (Heinen [Einführung] 51). Eine derartige universalistische Betrachtungsweise reduziert das Anpassungsproblem auf das unmittelbare Verhältnis

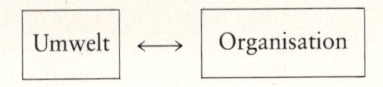

$$\boxed{\text{Umwelt}} \longleftrightarrow \boxed{\text{Organisation}}$$

und bildet den Ansatz vielfältiger, weitgehend aus dem Bereich der Verhaltenswissenschaften entlehnter Organisationsansätze, die bereits als **Situations-**, **Kontext-** und **Kontingenztheorie** erwähnt wurden.

(2) Wird das Verhältnis des Unternehmens zu seiner Umwelt differenziert betrachtet, dann setzt dies seine Auflösung in einzelne **funktionale Subsysteme** voraus, die bezüglich ihrer Aufgaben und Arbeitsweise bei der Anpassung des Unternehmens an seine Umwelt in ihrem Agieren und Interagieren untersucht werden. Der Organisation kommt in dieser

Sichtweise die Rolle eines Subsystems unter anderen zu. Das Verhältnis zwischen Umwelt und Unternehmen löst sich dann derart auf, daß sich das Unternehmen in seinem Inneren funktionaler Subsysteme für die Gestaltung dieses Anpassungszusammenhanges bedient. Die Organisation – als instrumentales Subsystem des Unternehmens – gewinnt damit zur Umwelt eine **mittelbare** Beziehung; denn andere Subsysteme schieben sich zwischen Organisation und Umwelt. Dies ist vor allem die **Unternehmenspolitik**, die den Kurs für das Gesamtsystem Unternehmen und seine Subsysteme im leistungswirtschaftlichen (Produkt- und Umweltziele), finanzwirtschaftlichen (Ziele der Zahlungsbereitschaft und des Ertrages) und im sozialen Bereich (gesellschafts- und mitarbeiterbezogene Ziele) vorgibt. Das unternehmenspolitische System bildet dann als intervenierende Variable die Bedingungen für das Subsystem Organisation ab, denen die organisationale Gestaltung instrumental zu entsprechen hat.

Ansätze, welche die Organisation als Teiltatbestand, als Subsystem des Unternehmens auffassen, werden als **instrumentale Organisationstheorien** bezeichnet. Die Organisation versteht sich dann als Instrument, das einen spezifischen Beitrag zur Gestaltung des Anpassungszusammenhanges von Umwelt und Unternehmen leisten will – neben anderen Instrumenten, die mit der Organisation zusammen die Flexibilität und Stabilisierung des Unternehmens regeln. Damit wird lediglich ein **indirekter** Zusammenhang von Umwelt und Organisation hergestellt:

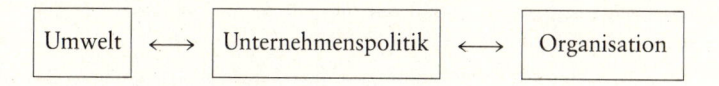

| Umwelt | ⟷ | Unternehmenspolitik | ⟷ | Organisation |

3. Das Organisationssystem des Unternehmens

3.1 Organisation als Führungsinstrument

Die Aktivitäten der Unternehmensführung sind von dem obersten Ziel getragen, die langfristige Überlebens- und Entwicklungsfähigkeit des Systems Unternehmen in einer komplexen und varianten Umwelt zu sichern (vgl. z. B. Ulrich [Unternehmung] 194). Die zweckorientierte, auf die Funktion des Unternehmens in seiner Umwelt abgestimmte **Harmonisation** der Leistungsprozesse ist originärer Inhalt der Führung.

Als Varianten zur Lösung des Harmonisationsproblems stehen **Integration** und **Koordination** zur Verfügung.

Mittels **Integration** werden organisatorische Strukturen (Beziehungen zwischen Systemelementen) geschaffen, die durch ihren präsituativen (planerischen) Charakter gekennzeichnet sind. D. h.: Künftige Ereignisse werden in ihnen antizipiert, bevor akuter Handlungsbedarf eingetreten ist. Diese zeitliche »Entkopplung« macht eine qualifizierte Entscheidungsvorbereitung und -findung möglich.

Auf der anderen Seite entstehen in einer dynamischen Umwelt immer wieder unvorhergesehene Situationen, die sich der Beantwortung mittels generalisierter Verhaltenserwartungen entziehen. In diesen Fällen muß ad hoc durch **Koordination** unter dem Druck des bereits eingetretenen Ereignisses eine einzelfallspezifische Regelung gefunden werden, auch wenn diese nur eine suboptimale Lösung darstellt.

Integration und Koordination sind also teilweise sich ergänzende, teilweise miteinander konkurrierende Strukturierungsalternativen des Harmonisationsproblems.

3.2 Struktur und Verhalten

Die Organisation läßt sich durch die Angabe bestimmter **Elemente**, zwischen denen bestimmte ordnende, strukturbildende **Beziehungen** hergestellt werden, kennzeichnen.

Damit entstehen i. S. *Kosiols* ([Organisation] 28 f.) **integrative Strukturen**, die das Verhalten der Organisationsmitglieder beeinflussen. Die

Kurzformel lautet hier »**Verhalten folgt Strukturen**«, was beim Kenntnisstand des Zusammenhanges beider Größen nicht bedeutet, daß dies auch immer in der vom Gestalter der Struktur gewünschten Weise erfolgt. *Schanz* ([Organisationsgestaltung] 10) nimmt denn auch eher eine Wechselwirkung von Struktur und Verhalten unter Einfluß informaler Erscheinungen an. Der Struktur werden von ihm zwei Sichtweisen zugeordnet:

(1) Die **organisatorische Sicht**: Strukturelle Regelungen als **Kanalisations**instrumente
»Wie wir alle wissen, pflegen Kanäle Wasser in eine gewünschte Richtung zu lenken. Dasselbe erwarten diejenigen, die strukturelle Regelungen entwerfen, im Hinblick auf individuelles Verhalten« (S. 10). Dabei sind alle menschlichen Eigenheiten zu bedenken. »In Organisationen legt man ... keinen Wert auf sämtliche Verhaltensweisen, zu denen der Mensch fähig ist. Der Zweck struktureller Regelungen besteht vielmehr darin, ganz bestimmte Handlungen zu verstärken. Andere dagegen sollen nach Möglichkeit unterdrückt werden, und zwar insbesondere solche, die den organisatorischen Zielen zuwiderlaufen« (S. 11).

(2) Die **individuelle Sicht**: Strukturelle Regelungen als **Gratifikations**muster
Menschen scheinen bemüht zu sein, Belohnungen zu empfangen und Bestrafungen zu vermeiden. Strukturelle Regelungen dienen zugleich als derartige Gratifikationsmuster, indem sie festlegen, »was Individuen in ihrer Eigenschaft als Organisationsmitglieder als belohnend oder bestrafend empfinden können« (S. 11).

3.3 Organisationsanalyse und Organisationssynthese

Am Anfang aller organisatorischer Überlegungen steht die Analyse, die das Organisationssystem gedanklich in einzelne Komponenten zerlegt. Damit wird eine wesentliche Voraussetzung für eine rationale Synthese geschaffen, indem die vorhandenen Aufgaben aus dem ökonomischen **Sachziel** (= Produktion i. w. S. bestimmter Güter für den Markt) abgeleitet, die vorhandenen humanen und technischen Ressourcen quantitativ und qualitativ erfaßt und die historisch gewachsenen Fähigkeiten und Grenzen zur Problemlösung definiert werden.

> Die organisatorische **Systemanalyse** umfaßt die Analyse der
> 1. Umwelt
> 2. Elemente und
> 3. Beziehungen.

Die **Umwelt**analyse zeigt die Rahmenbedingungen der unternehmerischen Zielsetzung auf. Sie ist Voraussetzung für die Formulierung einer Konzeption von ökonomischen und sozialen Formal- und Sachzielen.

Gegenstände der **Element**analyse sind die Organisationselemente Aufgaben, Personen und Sachmittel.

Die **Beziehungs**analyse beschäftigt sich mit den die Struktur begründenden Arbeits- und Verteilungsbeziehungen, die die Systemelemente miteinander und das System mit seiner Umwelt verbinden.

In der **Synthese** erfolgt die Auswahl der zur realisierenden Organisationsalternativen unter Beachtung des unternehmenspolitischen Gestaltungswillens, wobei durch die Art der Strukturierung ein Beitrag zur Erreichung der ökonomischen Formalziele (Optimierung von Ressourceneinsatz und Ergebnis) geleistet werden soll.

3.4 Elemente des Organisationssystems

> **Elemente** des Organisationssystems sind Aufgaben, Personen und Sachmittel.

(1) **Aufgaben** leiten sich aus den Zielen des Unternehmens ab. Sie formen den unternehmenspolitisch gewollten Handlungskurs für den Teil der sich wiederholenden Problemlösungen in operationale, an Personen gerichtete Handlungsanweisungen um. Sie enthalten eine Aufforderung, eine Zustands- oder Lageveränderung von **Objekten** durch **Verrichtungen** vorzunehmen.

In der Aufgabenanalyse ermittelt *Kosiol* ([Aufbauorganisation] 181) die zur Erfüllung der Gesamtaufgabe notwendigen Teilaufgaben nach **sachlichen** und **formalen** Merkmalen.

Sachlich handelt es sich dabei um die Merkmale

— Verrichtung (welche Arbeit soll durchgeführt werden)
— Objekt (an welchem Gegenstand soll die Arbeit vollzogen werden).

Formale Merkmale zur Untergliederung der Teilaufgaben sind

— Rang (Fremdentscheidung und Ausführung)
— Phase (Planung, Implementation, Realisation, Kontrolle)
— Zweck (unmittelbare, primäre Aufgabe der Betriebsleistung; mittelbare, sekundäre Aufgabe, wie Verwaltung der Betriebsleistung).

Auf der Basis dieser Analyse erfolgt anschließend die Aufgabensynthese in der Stellenbildung und -besetzung.

(2) **Personen** sind als einzige Systemelemente in der Lage, aufgrund ihrer Fähigkeit zu autonomer Willensbildung i. S. der Aufgabe zu handeln. Indem sie ziel- und aufgabengerecht Aktionen abgeben, erfüllen sie die Aufgaben.

Personen sind als Stelleninhaber Träger von Kompetenz und Verantwortung. Unter **Kompetenz** versteht man den positionsspezifisch autorisierten Handlungsspielraum eines Stelleninhabers, der dafür als spiegelbildliches Gegengewicht gleichzeitig Verantwortung übernimmt, d. h. der Rechenschaftspflicht für zielgebundenes Handeln unterliegt (Bleicher: [Kompetenz] 1056 ff., [Verantwortung] 2283 ff.). Aus dieser Spiegelbildlichkeit sowie der Logik der Aufgabenerfüllung ergibt sich der Grundsatz der **Kongruenz von Aufgabe, Kompetenz und Verantwortung**. Als wahrscheinlich wesentlichste Aussage im Kontext der Stellenbildung besagt er, daß die Einheit des Aufgabengebiets durch die sachgerechte Zuordnung von Rechten und Pflichten des Aufgabenträgers gewährleistet werden muß.

(3) Die Aufgabenträger werden durch **Sachmittel** (z. B. Fertigungsmaschinen und Geräte der Bürokommunikation) unterstützt. Diese geben ebenfalls Aktionen ab, auch sie vollziehen Arbeit, sie handeln jedoch nicht aus eigener Initiative und Verantwortung, sie besitzen keinen eigenen Willen, ihr Verhalten ist programmiert und damit von allein handelnden Menschen geprägt.

3.5 Beziehungen des Organisationssystems

> Die Gestaltung der **Beziehungen** zwischen Elementen erfolgt durch Verteilungs- und Arbeitsbeziehungen.

(1) **Verteilungsbeziehungen** entstehen durch die Zuordnung von Aufgaben, Personen und Sachmittel zueinander (z. B. die Bildung von **Stellen** als kleinste leistungsbereite Organisationseinheiten). Ausgangspunkt einer derartigen Zuordnung sind i. d. R. die Aufgaben oder die Personen, seltener dagegen die Sachmittel. Von den Personen her entstehen damit Zuständigkeiten, Kompetenzen und Verantwortungen für die Erfüllung von bestimmten Aufgaben und die Erhaltung und den Einsatz von Sachmitteln. Verteilungsbeziehungen führen dazu, daß die organisatorischen Einheiten in einem Gefüge neben-, über- und untereinander angeordnet werden.

Die Verteilungsbeziehungen schlagen sich in der **Aufbauorganisation** des Unternehmens nieder.

> Im **Einliniensystem** gibt jede Leitungsstelle (Instanz) Weisungen an die ihr – und nur ihr – jeweils unmittelbar unterstellten Stellen.

Damit wird die Einheitlichkeit der Leitung mit klaren, übersichtlichen Weisungs- und Berichtsverhältnissen garantiert. Die Befehlswege werden jedoch dabei eher lang und damit schwerfällig.

Durch Abspaltung einzelner Aufgaben aus dem Kompetenzbereich von Instanzen und deren Übertragung auf **Stabsstellen** ohne Weisungsbefugnis kann dieses Defizit partiell kompensiert werden. Es entsteht ein Stabliniensystem.

> Das **Stabliniensystem** behält die Einheitlichkeit der Leitung bei und erweitert über die fachliche Beratung durch Stabsstellen die Kapazität von Instanzen im quantitativen (Arbeitsentlastung beispielsweise durch Direktionsassistenten) und qualitativen Sinne (Erhöhung der Entscheidungsqualität durch ökonomische, technische, juristische, ökologische Fachspezialisten).

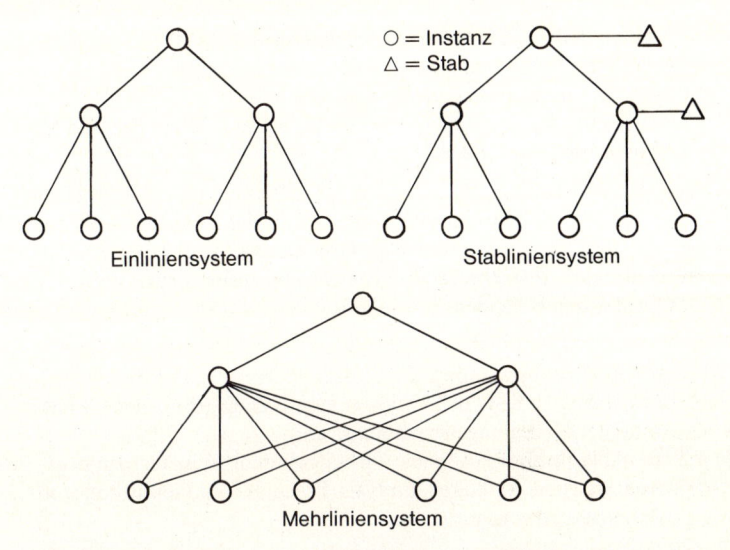

Abb. 2.3: Weisungsbefugnisse im Verteilungszusammenhang

> Im **Mehrliniensystem** erfolgt eine aufgabenspezifische Regelung der Weisungsbefugnis, d. h. diese reicht nur soweit wie die jeweils zu erfüllenden (Teil-)Aufgaben, die ihrerseits gleichgewichtig nebeneinander stehen.

Das Mehrliniensystem trägt die Gefahr von Kompetenzkonflikten im Überschneidungsbereich der betroffenen Aufgaben in sich. Eine schaubildliche Darstellung von Ein-, Stab- und Mehrliniensystem zeigt Abb. 2.3.

(2) In das Muster der Verteilungsbeziehungen fügen sich besondere Zuordnungsbeziehungen ein, die die Zusammenarbeit einzelner Teileinheiten regeln. Diese **Arbeitsbeziehungen** verknüpfen die aktivierten Systemelemente durch Wirkungsbeziehungen, indem sie Input-Output-Verknüpfungen zwischen ihnen festlegen und damit die Arbeitsverbindungen schaffen, die letztlich zum Arbeitsablauf führen (z. B. Informations- und Kommunikationsbeziehungen zwischen Teil-Einheiten).

Die Gliederung des **Arbeitsablaufs** kann gemäß nachstehenden Merkmalen erfolgen:

- Arbeitsinhalt (Objekte und Verrichtungen)
- Arbeitszeit (Zeitspannen und Zeitfolgen)
- Arbeitsraum (räumliche Ablaufkoordination)
- Arbeitszuordnung (auf einzelne Arbeitsträger – Menschen und Maschinen oder Arbeitsgruppe)

(3) Die organisatorische Gestaltung hat Verteilungs- und Arbeitsbeziehungen als **geschlossenes Ganzes** zu konzipieren und zu realisieren. Bei der Betrachtung bestehender Organisationsstrukturen läßt sich dagegen unter Abstraktion jeweils einer Dimension organisatorischer Gestaltung unterscheiden

> 1. die **Aufbauorganisation** als die organisatorische Differenzierung des Unternehmens in Subsysteme und als Ergebnis der Gestaltung der **Verteilungsbeziehungen** und
> 2. die **Ablauforganisation** als Wirkungssystem zwischen den organisatorischen Einheiten und als Ergebnis der Gestaltung von **Arbeitsbeziehungen.**

3.6 Basis- und Zwischensysteme der Organisation

Ergebnis der Gestaltung von Verteilungs- und Arbeitsbeziehungen sind **organisatorische Einheiten** unterschiedlichen Aufgabeninhalts und unterschiedlicher Größe, die mit anderen Einheiten durch spezifische Arbeitsbeziehungen verbunden sind. **Basissysteme** als **unmittelbare** und **Zwischensysteme** als **mittelbare** Organisationseinheiten, die sich selbst aus einer Zusammenfügung mehrerer Basis- oder Zwischensysteme ergeben, lassen sich als Subsysteme des Systems Unternehmen unterscheiden.

3.6.1 Basissysteme

Basissysteme werden in der Organisationspraxis als **Stellen** bezeichnet.

> **Stellen** entstehen durch die Zuordnung von Aufgaben, Personen und Sachmitteln zu kleinsten leistungsbereiten Organisationseinheiten.

Durch die Zuordnung von Aufgaben auf Personen erhalten letztere den Charakter von **Aufgabenträgern**, die durch Sachmittel bei der Aufgabenerfüllung unterstützt werden. Während eine Verteilung von Aufgaben auf Sachmittel lediglich technische Aktionseinheiten entstehen ließe, wird die Möglichkeit zielstrebiger Leistungsbereitschaft erst durch die Zuordnung einer Person geschaffen. Unter **Basissystemen** sollen deshalb im weiteren nur solche Einheiten verstanden werden, bei denen durch eine Verteilung von **Aufgaben auf Personen leistungsbereite Aktionseinheiten** entstehen, wobei die Möglichkeit offen bleibt, Sachmittel unterstützend einzusetzen.

Die Zuordnung von Aufgaben, Personen und Sachmitteln zu Stellen kann in **Stellenbeschreibungen** dokumentiert werden. Mit ihr erfolgt die explizite Eingliederung der Stelle mit den ihr zugewiesenen Aufgaben, Kompetenzen und Verantwortlichkeiten in die Organisationsstruktur. *Höhn* nennt als wesentlichste **Funktionen der Stellenbeschreibung** (Höhn [Stellenbeschreibung] 59):

— Zielbestimmung der Stelle im Rahmen der Gesamtzielsetzung des Unternehmens
— Abgrenzung des Aufgabenbereichs einschließlich Kompetenz und Verantwortlichkeit
— Regelung der Über-, Gleich- und Unterordnungsverhältnisse (Verteilungsbeziehungen)
— Regelung der Arbeitsbeziehungen
— Bestimmung der aktiven und passiven Stellvertretung.

Die Elemente »Aufgabe« und »Person« deuten auf die Einordnung der Basissysteme in die beiden grundlegenden Zusammenhänge innerhalb des Unternehmens hin: Im **Zweck-Mittel-Zusammenhang** der Sachziele und Aufgaben steht **sachrational** die Effektivität der Zielsetzung und der Aufgabenerfüllung im Vordergrund der Betrachtung, im **sozio-emotionalen** Zusammenhang der Personen die Einordnung von Personen in das Sozialsystem des Unternehmens.

Eine **simultane Zuordnung** der Elemente »Aufgaben«, »Personen« und »Sachmittel« untereinander dürfte nur in den seltensten Fällen möglich sein. Der sach-rationale und der sozio-emotionale Zusammenhang erfährt daher durch die verschiedenen Ansatzpunkte der sukzessiven Elementzuordnung zu Basissystemen eine wesentliche Prägung. So gehen die **aufgaben-orientierte Basissystemgestaltung (Organisation ad rem)** primär von den zu erfüllenden Aufgaben und die **sachmittelorientierte** von der Charakteristik der verwendeten Sachmittel (**Organisation ad instrumentum**) aus und betonen damit den sach-rationalen

Zusammenhang. Die **personen-orientierte** Gestaltung von Basissystemen (**Organisation ad personam**) dagegen knüpft an spezifischen Fähigkeiten und Verhaltensweisen der zur Verfügung stehenden Personen an und hebt damit mehr den sozio-emotionalen Aspekt heraus. Die Bindung eines Basissystems an eine oder mehrere gegebene **Personen** hat zur Folge, daß seine qualitative und quantitative Dimensionierung von normalen, durch die allgemeine und berufsbezogene Ausbildung vermittelten **Leistungsfähigkeiten** und von einem durchschnittlichen **Leistungswillen** abweicht. Eine Veränderung der Eigenschaften dieser Person oder ihrer Positionierung im Unternehmen macht eine organisatorische Anpassung an die neuen Bedingungen genauso notwendig wie die Veränderung von Sachmitteln bei einer Organisation ad instrumentum.

Werden diese Restriktionen beachtet, ergibt sich aus der Gesamtaufgabe des Unternehmens (d. h. dem Sachziel) für jedes Basissystem eine bestimmte **Art- und Mengenteilung der Aufgaben,** die als Aufgabenkomplex des Basissystems zwar personenbezogen, vom Personenwechsel jedoch unabhängig ist.

Die **Artteilung** setzt an den zur Sachzielerfüllung notwendigen **Verrichtungen** und den zu bearbeitenden **Objekten** an. Als Verrichtung kommen dabei die als Teilphasen von Handlungsprozessen unterscheidbaren spezifischen Aufgaben in Betracht. Objekte können materielle oder auch immaterielle **Realobjekte** (z. B. Informationen) sowie **Nominalobjekte** (Finanzen) sein.

Die **Mengenteilung** hängt vom **Wiederholungscharakter** (von höchst repetitiven bis zu einmaligen Aufgaben) und dem **Erfüllungsvolumen** der Aufgaben, d. h. ihrem mengenmäßigen Anfall innerhalb der organisatorischen Planperiode ab.

3.6.2 Zwischensysteme

> **Zwischensysteme** werden durch die organisatorische Zusammenfassung von Basissystemen oder von Zwischensystemen niederer Ordnung zu solchen höherer Ordnung gebildet.

Nach der Art der zusammengefaßten Organisationseinheiten und der Qualität der zwischen ihnen bestehenden Arbeitsbeziehungen lassen sich **primäre** und **sekundäre** Zwischensysteme unterscheiden.

(1) **Primäre Zwischensysteme** werden durch die integrative Zusammenfassung von Basissystemen gebildet. Ein Beispiel ist etwa die Bildung einer Abteilung durch Zusammenfassung mehrerer Stellen unter Hinzufügung einer Instanz; zur begrifflichen Abgrenzung von Abteilungen vgl. Abschnitt 4.1.1.

Solche primären Zwischensysteme zeichnen sich durch direkte, **einstufige** Arbeitsbeziehungen der zusammengefaßten Basissysteme aus (vgl. Abb. 2.4).

Die Direktheit der Beziehungen bestimmt ihren Charakter als **unmittelbare Harmonisationseinheiten**. Derartige Einheiten setzen voraus, daß die Zahl ihrer Elemente und Beziehungen überschaubar ist.

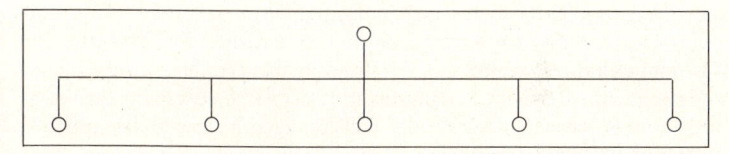

Abb. 2.4: Primäres Zwischensystem als unmittelbare Harmonisationseinheit – am Beispiel einer Abteilung, die fünf Stellen (Basissysteme) umfaßt

Die unmittelbare Kooperation in primären Zwischensystemen ist somit durch eine enge Fühlungnahme der Aufgabenträger untereinander gekennzeichnet, die für Kleingruppen typisch ist. Innerhalb solcher Einheiten werden Führungsprobleme in wechselseitigen Verhandlungsprozessen gelöst.

Damit wird das Problem der **quantitativen Dimensionierung** aufgegriffen, die die Zahl der in ein Zwischensystem unter Leitungsbeziehungen einzugliedernden Basissysteme festlegt. Für **Abteilungen** wird sie in der Literatur traditionell unter der Bezeichnung »Span of Control«, »**Leitungsspanne**« oder »Subordinationsquote« diskutiert.

> Bei der **Leitungsspanne** handelt es sich darum, jenen Teilaufgabenkomplex abzustecken, der von einer Führungskraft optimal zu harmonisieren ist, und diejenige Anzahl von unmittelbaren Untergebenen zu ermitteln, mit der ein Vorgesetzter optimal zusammenarbeiten kann.

Als wichtigste **Einflußfaktoren** der optimalen Leitungsspanne werden im allgemeinen die Fähigkeiten von Vorgesetzten und Untergebenen, die Komplexität und Unterschiedlichkeit der Aufgaben, die Systemebene, die Organisations- und Führungsform und die Unterstützung durch Sachmittel genannt. Die Bestimmung der Leitungsspanne beeinflußt jedoch nicht allein die Größe der einzelnen Organisationseinheiten, sondern erhält insofern eine besondere Bedeutung für die gesamte Organisationsstruktur, da von ihr ebenfalls die Anzahl der Leitungsebenen und damit auch die vertikale Untergliederung des Gesamtsystems abhängt.

Für **Gruppen** (**Teams und Kollegien**) ist die Frage nach einer für die Kommunikation optimalen **Arbeitsgröße** zu stellen. Die quantitative Dimensionierung dieser Zwischensysteme hebt sich insofern von der qualitativen Dimensionierung leitungsbezogener Zwischensysteme ab, als die Anzahl und Gewichtung der Einflußfaktoren variieren kann und ein zusätzliches Strukturierungsproblem auftritt: das Problem der **Kommunikationsstruktur**, in der die Aufgabenerfüllung erfolgen soll. Je nachdem, ob sich die Kommunikation der Mitglieder in der Strukturform eines Sternes, Kreises oder vollständigen Netzes vollziehen soll, ergeben sich unterschiedliche optimale Arbeitsgrößen (vgl. Abb. 2.5). Da die Kommunikationsprozesse in vollständigen Netzen überwiegend zeitaufwendiger als in anderen Strukturformen verlaufen, liegt die optimale Arbeitsgröße eines derart strukturierten Zwischensystems jenseits der optimalen Größe stern- und kreisförmig strukturierter Kommunikationssysteme.

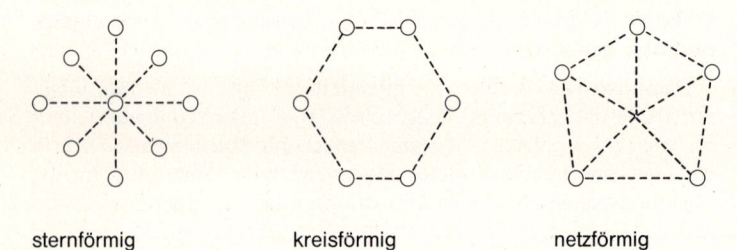

sternförmig kreisförmig netzförmig

Abb. 2.5: Strukturierungsalternativen von Kommunikationssystemen

(2) **Sekundäre Zwischensysteme** (z. B. Hauptabteilungen) werden durch die integrative Zusammenfassung von (primären) **Zwischensystemen** (z. B. Abteilungen) – zu größeren Organisationseinheiten über mehrere vertikale Ebenen hinweg gebildet. Sie ergeben sich aus dem organisatorischen Zusammenhang primärer und sekundärer Zwischensysteme unterschiedlicher Ordnung. Ihre **Arbeitsbeziehungen**

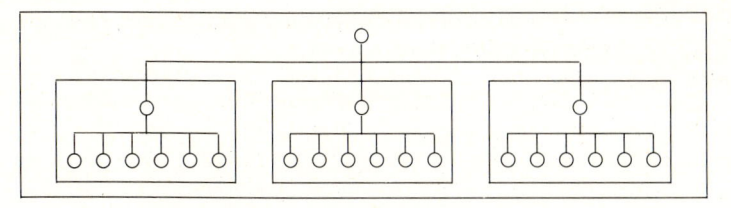

Abb. 2.6: Sekundäres Zwischensystem als mittelbare Harmonisationseinheit – am Beispiel einer Hauptabteilung, die aus drei Abteilungen besteht

sind insofern immer **vertikal-mehrstufig**, als sie sich über die Grenzen primärer Zwischensysteme hinweg erstrecken. Sie werden deshalb als **mittelbare Harmonisationseinheiten** bezeichnet (vgl. Abb. 2.6).

Die Art der Synthese der Zwischensysteme zu einem organisatorischen Gesamtsystem ist abhängig vom jeweils zur Anwendung kommenden **Organisationsmodell**, das seinerseits die Integration der Zwischensysteme zum Gesamtsystem »Unternehmen« beschreibt.

3.7 Konfiguration: Die Gestalt des Organisationssystems

Die Gestaltung des Organisationssystems über die Verbindung von Organisationselementen durch Verteilungs- und Arbeitsbeziehungen schafft zugleich eine »**Figur**« der Organisation, die nicht nur von den externen Bedingungen der organisatorischen Gestaltung beeinflußt, sondern auch zugleich durch das Gestaltungskonzept der Organisation selbst geprägt ist. Die traditionelle Organisationsbetrachtung knüpfte dabei an der **Leitungsspanne** an und leitete die Organisationsfigur als Ebenenzahl der Hierarchie aus der Leitungsspanne ab. Da es aber nicht nur darum gehen kann, zu untersuchen, wie steil oder breit die hierarchische Struktur eines Unternehmens ausgestaltet ist, sondern auch organisatorische Mechanismen der Koordination und Integration einbezogen werden sollten (vgl. Grochla [Einführung] 48 f.), erweitert sich die Betrachtung hin zur Untersuchung der **Konfiguration** von Organisationsstrukturen: »Sie ist als Resultante der Festlegungen bei der Arbeitsteilung und Koordination zu betrachten und beinhaltet **Globalaspekte der Struktur der organisatorischen Einheiten sowie des hierarchischen Aufbaus,** wie sie etwa einem Organisationsplan zu entnehmen sind.«

Abb. 2.7 gibt die wesentlichen **Dimensionen** wieder, in denen sich die **Konfiguration** einer Organisation darstellen läßt:

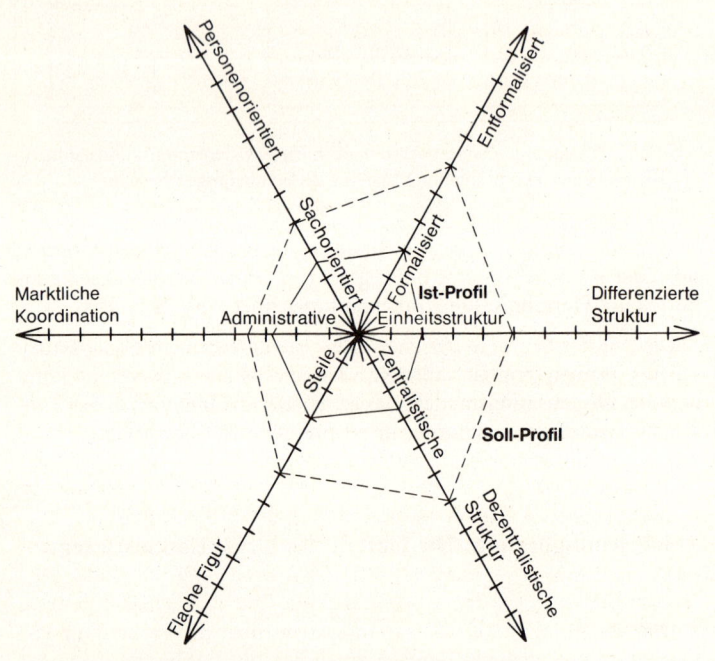

Abb. 2.7: Dimensionen der Konfiguration einer Organisation

- **Sach-** oder **Personen**orientierung der Gestaltung (Organisation »ad rem« oder »ad personam«):
  Organisationseinheiten werden im Hinblick auf ihre Besetzung durch Personen mit typischen Fähigkeiten (Verkäufer, Arbeitsvorbereiter, Werkzeugmacher, Sekretärin) gebildet **oder** je nach individuellen Fähigkeiten einzelner Persönlichkeiten (insbesondere in der Forschung und im Top Management).
- **Formalisierte** oder **entformalisierte** Gestaltung:
  Alles Regelbare wird organisatorisch strukturiert und in Aufgaben- und Stellenbeschreibungen, Funktionen- und Ablaufdiagrammen sowie in Organisationshandbüchern (Manualen) dokumentiert **oder** für die informelle Kommunikation und Kooperation verbleibt ein großer Spielraum.

- **Einheitsstruktur** oder **differenzierte** Strukturen:
  Alle Subsysteme werden nach einheitlichen Kriterien gebildet (z. B. wird jeder Geschäftsbereich nach gleichem Muster strukturiert, obwohl unterschiedliche marktliche und technologische Bedingungen, wie verschiedene Größen und Entwicklungsmöglichkeiten bestehen) **oder** Subsysteme werden je nach den spezifischen Verhältnissen gestaltet.
- **Zentralistische** oder **dezentralistische** Strukturen:
  Je nach dem, ob sich die obersten Entscheidungsinstanzen nahezu alle Entscheidungen vorbehalten, **oder** diese auf die niedrigst denkbare Ebene ansiedeln, auf der die beste Kenntnis der zu erledigenden Aufgaben vermutet werden kann.
- **Steile** oder **flache Aufbaufiguren:**
  Je nachdem, ob eine Systemgestaltung dominiert, die eine Harmonisation über viele **oder** wenige hierarchische Ebenen bevorzugt.
- **Administrative** oder **marktliche** Koordination:
  Während eine administrative Koordination durch Entscheidungsprozesse übergeordneter Instanzen oder durch die Befolgung fixierter Regelungen bei den jeweiligen Sachbearbeitern erfolgt, geht die marktliche Koordination von einer Angebots-/Nachfragesteuerung über (Verrechnungs-)Preise zwischen gewinn- oder kostenverantwortlichen Organisationseinheiten (Profit Center) aus. Die Forderung nach einer »pretialen Lenkung des Betriebes« (Eugen Schmalenbach [Pretiale Wirtschaftslenkung]) gewinnt unter dem Aspekt, teilautonome Einheiten zu schaffen, erhöhte Bedeutung.

Wie aus Abb. 2.7 ersichtlich ist, kann zwischen einem Ist- und einem Sollprofil einer Organisationskonfiguration unterschieden werden.

Mintzberg hat die Konfiguration eines Unternehmens in verschiedene **Grundbausteine** zerlegt (vgl. Abb. 2.8), aus denen er unterschiedliche Typen der Organisationsgestalt mit ihrer arteigenen Problematik ableitet (vgl. Mintzberg [Structuring] 17 ff.):

- Der **operative Kern,** in dem sich die sachzielorientierten Prozesse der Leistungserstellung konkret vollziehen (Beschaffung, Produktion, Absatz). In ihm werden aus der Umwelt bezogene Ressourcen (Arbeitskräfte, Kapital, Rohstoffe, Energie und Informationen) in absetzbare materielle und immaterielle Güter transformiert.
- Die **Führung,** die den operativen Kern über Informationen lenkt, und die selbst wieder in einzelne Grundbausteine zerlegt werden kann:
  • die **strategische Spitze,** die als oberste Führungsebene die Zielbestimmung zur Aufgabe hat, und

- die **mittlere Linie,** die eine Zielspezifizierung in der Weise vornimmt, daß sie relativ globale Oberziele in operationale Unterziele zerlegt.

– Die **Technostruktur,** die die Aufgabenerfüllung der übrigen Bauteile standardisiert und damit der Integration arbeitsteiliger Prozesse des Gesamtsystems dient. Hier finden sich vor allem Analytiker, die Arbeitsprozesse (z. B. REFA-Fachleute), Arbeitsergebnisse (z. B. Kostenrechner) und Kenntnisse und Fähigkeiten (z. B. Ausbilder) standardisieren.

– **Unterstützende Einheiten,** die (in sich häufig heterogen) den gemeinsamen Zweck erfüllen, allen übrigen Bausteinen bei der Aufgabenerfüllung zu dienen, wie beispielsweise die Rechtsabteilung.

Die Konfiguration eines Organisationssystems läßt sich mit *Mintzberg* ([Structuring] 20) und *Schanz* ([Organisationsgestaltung] 22) in ein Muster einstellen, aus dem sich im Einzelfall Unterschiede in der organisatorischen Gestalt ableiten lassen.

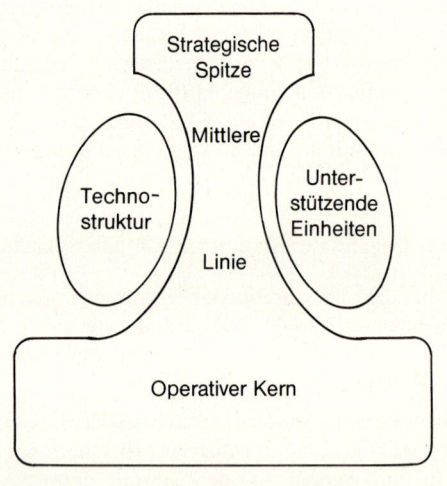

Abb. 2.8: Konfiguration eines Organisationssystems nach Mintzberg

4 Formen und Modelle der Organisation

Bei der organisatorischen Gestaltung bestehen grundsätzlich Wahlmöglichkeiten zwischen Gestaltungsalternativen (s. hierzu im einzelnen Bleicher [Formen]). Eine Wahl zwischen diesen erfolgt zielorientiert unter Beachtung der jeweiligen Umweltbedingungen.

Organisationsformen stellen derartige Alternativen für die Gestaltung unmittelbarer Harmonisationseinheiten dar. Sie ordnen sich ein in das Gesamtkonzept mittelbarer Harmonisationseinheiten bzw. des Gesamtsystems, das wiederum alternativ gestaltet werden kann.

Das organisatorische Gesamtkonzept für das Unternehmen bzw. für seine tragenden Bereiche wird durch das **Organisationsmodell** gegeben.

Organisationsformen und Organisationsmodelle bilden damit zwei unterschiedliche Aggregationsebenen organisatorischer Systeme. Organisationsmodelle verkörpern das Gesamtmuster der Systemdifferenzierung und Systemintegration für ein Gesamtsystem (totales Organisationsmodell) oder für ein mehrstufiges Zwischensystem (partiales Organisationsmodell) als mittelbare Harmonisationseinheit. Organisationsformen zeigen dagegen das Grundmuster der Verteilungs- und Arbeitsbeziehungen im Basissystem und in einstufigen Zwischensystemen als unmittelbare Harmonisationseinheiten.

4.1 Organisationsformen

4.1.1 Typen von Organisationsformen

> **Organisationsformen** stellen Gestaltungsalternativen der Organisation für eine direkte, unmittelbare Zusammenarbeit von Mitgliedern eines Systems dar. Die Verteilungs- und Arbeitsbeziehungen werden einstufig geregelt.

Organisationsformen können im Hinblick auf drei verschiedene **Kriterien** gebildet und unterschieden werden:

- nach der **Harmonisationsfunktion** im Gesamtsystem:
  Je nachdem, ob die jeweilige Organisationseinheit der Erfüllung sektoralzielbezogener Aufgabenkomplexe oder der Erfüllung sektoralzielübergreifender Harmonisationsaufgaben dient, kann zwischen
  - segmentierenden und
  - traversierenden Organisationsformen
  unterschieden werden (vgl. Bleicher/Meyer [Führung] 101).

- nach dem **Harmonisationsprinzip** im Subsystem:
  Das Subsystem selbst kann hierarchisch oder systemorientiert gestaltet, d. h. durch die Einfügung einer Instanz als vorgesetzter Stelle oder teamhaft strukturiert werden. Danach lassen sich
  - Abteilungen als hierarchische und
  - Gruppen als systemorientierte
  Organisationsformen unterscheiden.

- nach der **Harmonisationsdauer** im Subsystem:
  Subsysteme können
  - auf Dauer oder
  - auf Zeit
  eingerichtet werden.

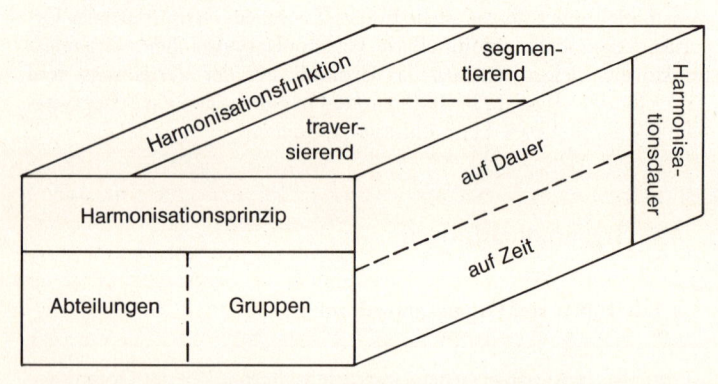

Abb. 2.9: Organisationsformen als Ergebnis unterschiedlicher Harmonisationsfunktion, -prinzipien und -dauer

Aus dem Würfel der Abb. 2.9 lassen sich folgende wesentliche **Organisationsformen** ableiten:

> I. Organisationsformen auf Dauer
>   1. Segmentierende Organisationsformen
>   1.1. Abteilungen als hierarchische Organisationsform
>   1.2. Arbeitsgruppen als systemorientierte Organisationsform
>   2. Traversierende Organisationsformen
>   2.1. Zentralabteilungen als hierarchische Organisationsform
>   2.2. Dauerkollegien als systemorientierte Organisationsform
> II. Organisationsformen auf Zeit
>   1. Projektgruppen
>   1.1. mit segmentierenden Aufgaben
>   1.2. mit traversierenden Aufgaben
>   2. Projektkollegien mit traversierenden Aufgaben

4.1.1.1 Organisationsformen auf Dauer

(I.1) Segmentierende Organisationsformen

Werden mehrere Personen oder mehrere Basissysteme mittels Verteilungsbeziehungen derart geordnet, daß zwischen ihnen direkte Arbeitsbeziehungen zur Erfüllung von sektoralzielbezogenen Aufgaben entstehen, ergeben sich segmentierende Organisationsformen. Segmentierende Organisationsformen können sachlich nach dem **Verrichtungs-** und dem **Objektprinzip** gebildet werden.

Organisationseinheiten werden nach dem **Verrichtungsprinzip** gebildet, wenn gleichartige Aufgaben zusammengefaßt werden (z. B. eine Dreherei, die gleichartige Verrichtungen an unterschiedlichen Drehobjekten vollzieht). In der Fertigung führt das Verrichtungsprinzip zum sog. **Werkstattprinzip**.

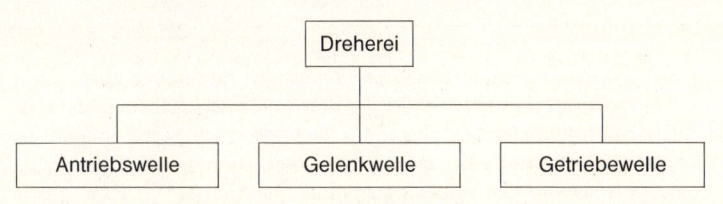

```
                    Dreherei
                       |
        ┌──────────────┼──────────────┐
   Antriebswelle   Gelenkwelle    Getriebewelle
```

Beispiel für eine reine Verrichtungsorganisation

Nach dem **Objekt** werden Organisationseinheiten gebildet, wenn ungleiche Verrichtungen an einem gleichartigen Objekt in ihnen zusammengefaßt werden (z. B. eine Bandstraße mit unterschiedlichen Verrichtungen zur Montage eines bestimmten PKW-Typs). In der Fertigung führt das Objektprinzip zum sog. **Fließprinzip**.

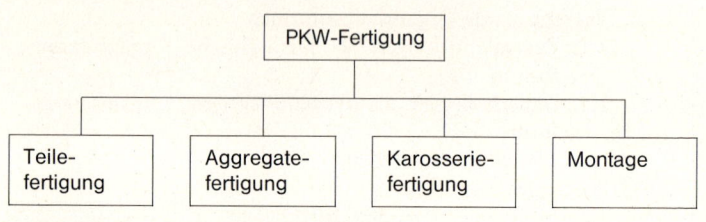

```
                    PKW-Fertigung
        ┌───────────────┼───────────────┬───────────────┐
   Teile-          Aggregate-      Karosserie-       Montage
   fertigung       fertigung       fertigung
```

Beispiel für eine reine Objektorganisation

Die Organisationspraxis zeigt eine Fülle von Mischformen, die durch eine sog. Gliederungsverkürzung entstehen.

(I.1.1) Abteilungen als hierarchische Organisationsform

> Werden mehrere Basissysteme derart direkt miteinander verbunden, daß sie einer Instanz (= leitende Stelle) unterstellt werden, ergibt sich eine **Abteilung** als Organisationsform.

Über eine Eingliederung der **Instanz** entsteht zugleich eine hierarchische Über- und Unterordnung der Basissysteme (vgl. Abb. 2.10). Abteilungen können den Charakter von **Linienabteilungen** und sie unterstützenden **Stabsabteilungen** annehmen.

> **Stabsabteilungen** übernehmen die Aufgaben der Entscheidungsvorbereitung, Beratung und Dienstleistung.

Die Art ihrer Unterstützung kann quantitativ (Stabs**generalisten**, wie z. B. Direktionsassistenten) oder qualitativ (Stabs**spezialisten**, wie z. B. Juristen, Volkswirte) sein. Grund für die Bildung von Stabsabteilungen ist eine **quantitative** oder **qualitative** Überforderung der Instanz, zu deren Entlastung der Stab fungiert. Die quantitative Überlastung ist gekennzeichnet durch einen generell (unabhängig von der Art der

Anforderung) nicht zu bewältigenden Arbeitsanfall; die qualitative Überforderung zeichnet sich dagegen durch einen speziellen Mangel an spezifischem Wissen aus. Eine Überschreitung der quantitativen Leistungsfähigkeit von Instanzen führt zum Einsatz von Stabsgeneralisten, eine qualitative Überforderung zum Einsatz von Stabsspezialisten.

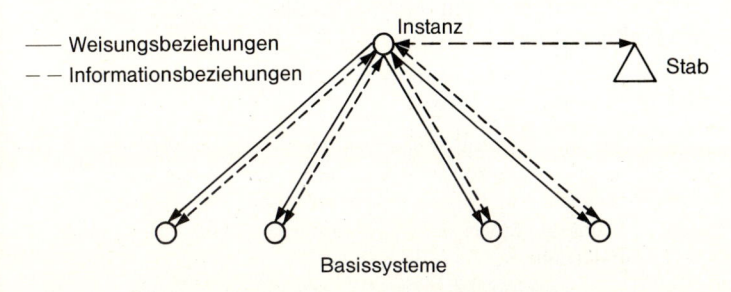

Abb. 2.10: Abteilung als hierarchische Organisationsform

(I.1.2) Arbeitsgruppen als systemorientierte Organisationsform

Werden mehrere Personen oder Basissysteme ohne Eingliederung einer Instanz direkt miteinander verbunden, so daß eine gemeinsame Aufgabenträgerschaft (Stellenmehrheit) **ohne formale Leitung** entsteht, ergibt sich eine (autonome) **Arbeitsgruppe** als Organisationsform. Der Verzicht auf die Eingliederung einer formalen Leitung führt zu einer **Gleichordnung** der Personen (teamförmige Organisationsform) (vgl. Abb. 2.11).

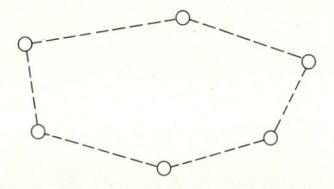

Abb. 2.11: Arbeitsgruppe als systemorientierte Organisationsform

(I.2) Traversierende Organisationsformen

Werden mehrere Personen oder mehrere Basissysteme derart zugeordnet, daß zwischen ihnen Arbeitsbeziehungen zur Erfüllung von sektoralzielübergreifenden Aufgaben entstehen, ergeben sich traversierende Organisationsformen. Die beiden Hauptformen traversierender Organisationseinheiten unterscheiden sich durch die Positionierung der

Personen, die Harmonisationsaufgaben übernehmen. **Zentralabteilungen** als die eine Form führen zur Bildung von Spezialeinheiten, die ihre Aufgaben mit **hauptamtlich** eingesetzten Personen (**Unisystempositionierung**) bewältigen, während sich **Kollegien** der **nebenamtlichen** Mitarbeit von Personen, die anderweitig eingesetzt sind, zur zusätzlichen Erfüllung der sektoralzielübergreifenden Aufgaben bedienen (**Multisystempositionierung**).

Traversierende Organisationsformen können für folgende **Aufgaben** gebildet werden:

– **Verrichtungen:** Zentralabteilungen oder Kollegien werden zur Harmonisation von Verrichtungen einzelner Subsysteme gebildet (z. B. Koordination von Entwicklungs-, Produktions-, Marketing- und Verwaltungsaufgaben eines bestimmten Produktes durch ein Produktmanagement);

– **Objekte:** Eine Harmonisation von Objekten einzelner Subsysteme wird durch Zentralabteilungen oder Kollegien vorgenommen (z. B. Investitionsvorhaben einzelner Geschäftsbereiche durch einen Investitionsausschuß);

– **Regionen:** Zentralabteilungen oder Kollegien werden zur Harmonisation von Regionen einzelner Subsysteme gebildet (z. B. regionale Koordinatoren als Zentralstellen oder Ausschüsse zur Abstimmung des Vorgehens in einer Region);

– **Zeit:** Divergierende Zeithorizonte einzelner Subsysteme werden über Zentralstellen oder Kollegien ausgeglichen (z. B. langfristige Unternehmenspolitik der obersten Leitung mit kurzfristigen taktischen Entscheidungen in einer Marketing-Zentralstelle oder in einem Entwicklungsausschuß).

Dabei ist zwischen einer hierarchischen und einer systemorientierten Bildung traversierender Organisationsformen zu unterscheiden.

(I.2.1) Zentralabteilungen als hierarchische Organisationsform

Werden Abteilungen zur hauptsächlichen Erfüllung sektoralzielübergreifender Aufgaben eingesetzt, müssen zwischen diesen und den sektoralzielbezogenen Subsystemen, die harmonisiert werden sollen, Verteilungs- und Arbeitsbeziehungen hergestellt werden. Es entstehen Zentralabteilungen, denen Dezentral-Abteilungen gegenüberstehen.

Als Beispiel (vgl. Abb. 2.12) sei eine Zentralabteilung »Entwicklung« erwähnt, der in den einzelnen Unternehmensbereichen a, b, c dezentrale Entwicklungsabteilungen gegenüberstehen, die von der Zentralabteilung im Hinblick auf einige, unternehmensbereichs-übergreifende Aspekte harmonisiert werden.

Einen Sonderfall stellen zentrale Stabsabteilungen (z. B. die Stabsstelle »zentrale Planung«) dar, die dezentrale Stabsabteilungen (z. B. die Stabsstellen »Bereichsplanung«) harmonisieren (vgl. Abb. 2.12).

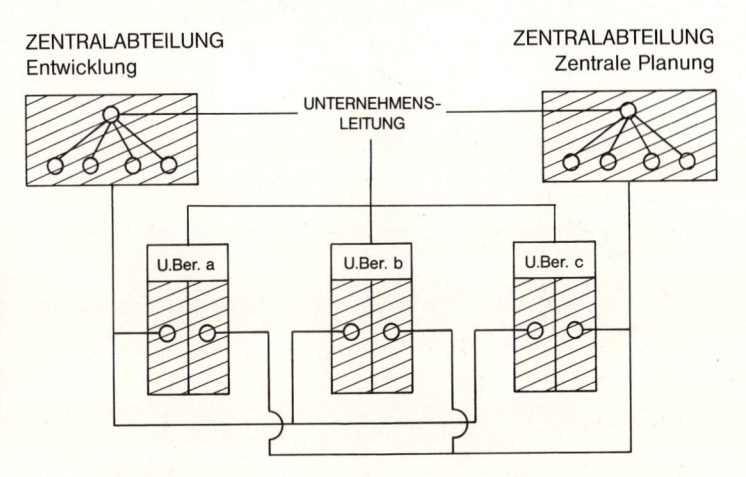

Abb. 2.12: Beispiele für Zentralabteilungen als hierarchisch-traversierende Organisationsform

(I.2.2) Dauerkollegien als systemorientierte Organisationsform

Sektoralzielübergreifende Aufgaben können auch dadurch erfüllt werden, daß Personen aus verschiedenen Subsystemen ohne Hinzufügung einer Instanz in einer Arbeitsgruppe zusammengefaßt werden. Für die Mitglieder dieser Arbeitsgruppe entsteht damit eine Mitgliedschaft in mehreren Subsystemen. Die traversierende Harmonisation vollzieht sich im Gegensatz zur Funktionsweise der Zentralabteilungen über die Repräsentanz von Personen mehrerer Subsysteme in einem Dauerkollegium, dessen Notwendigkeit ebenfalls aus dem Charakter und den vernachlässigten Aspekten des jeweiligen Systemkonzeptes folgt (vgl. Abb. 2.13).

Kollegien werden auch **Kommissionen, Ausschüsse, Komitees** oder **Gremien** genannt. Bei der Arbeit eines Kollegiums »steht der Gesichtspunkt der Gemeinsamkeit, nicht der Arbeitsteilung im Vordergrund, der auch über das räumliche und zeitliche Miteinander des Kollegiums hinaus die Mitglieder verbindet. Die Arbeitsbeziehung des Kollegiums

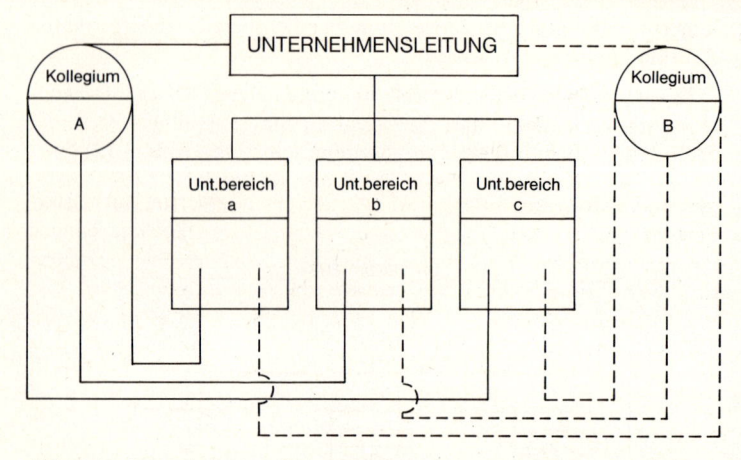

Abb. 2.13: Dauerkollegien als systemorientiert-traversierende Organisationsform

ist durch die völlige arbeitsmäßige Gemeinsamkeit einer nicht mehr unterteilten Aufgabe gekennzeichnet« (vgl. Kosiol [Kollegien] 818).

Die **Idee des Kollegiums** innerhalb der Organisation ist es, Kontakte zwischen Aufgabenträgern unterschiedlicher primärer Arbeitsgebiete zu schaffen (vgl. Kloidt [Betriebsgliederung] 797f.). Die verschiedenen Gesichtspunkte, die sich aus der Bearbeitung einer gleichen oder ähnlichen Frage an verschiedenen Stellen des Organisationsaufbaues ergeben, sollen in einer Gruppenarbeit zur Lösung von Problemen zusammengefaßt werden. Der Anlaß zur Bildung von Kollegien ist daher sehr häufig die Koordinierung von Wissen unter Vermeidung schwerfälliger oder gar bürokratischer Dienstwege (z. B. Kollegium zur F + E-Koordination, Kollegium zur Absatzkoordination, Kollegien zur Koordination des Finanz- und Rechnungswesens).

Dauerkollegien werden vorzugsweise nach dem Prinzip der **institutionellen Repräsentation** zusammengesetzt. Zur Steuerung eines übergeordneten Problembereichs kann es z. B. erforderlich sein, Absatz, Produktion, Entwicklung und Finanzen »an einen Tisch« zu bringen. In diesem Fall werden die Leiter der entsprechenden Abteilungen als Repräsentanten der jeweiligen Abteilungsinteressen zu Mitgliedern dieses Kollegiums.

4.1.1.2 Organisationsformen auf Zeit

Werden Organisationseinheiten nicht auf unbegrenzte Dauer, sondern zur Erfüllung von Aufgaben eingesetzt, deren zeitliches Ende sich bei der Organisationsplanung bereits übersehen läßt, entstehen Organisationsformen auf Zeit. Für sie hat sich der Begriff der **Projektorganisation** eingebürgert, da in ihrem Mittelpunkt keine Daueraufgabe steht, sondern die Erfüllung von zeitlich begrenzten Aufgaben, die sich mit einem bestimmten Projekt verbinden. I. d. R. werden wegen der zeitlichen Begrenzung des Projektes hierarchische Organisationsmuster ausgeschieden und lediglich systemorientierte Gestaltungen mit der Projektorganisation verbunden.

(II.1) Projektgruppen

(II.1.1) Segmentierende Projektgruppen

Genauso wie Daueraufgaben statt durch eine hierarchische Unterstellung auch durch Arbeitsgruppen gelöst werden können, bietet sich bei eingrenzbaren Projekten zur Lösung sektoralzielbezogener Aufgaben die Auflösung eines Aufgabenbereiches in einzelne Projektgruppen an (z. B. Bearbeitung einzelner Entwicklungsaufgaben durch Projektgruppen). Die Besonderheit dieser Organisationsform liegt in der Notwendigkeit, Gruppenmitglieder nach Erledigung des Projektes entweder in neue zeitlich begrenzte Arbeitsgruppen einzugliedern oder sie in die Dauerorganisation einzufügen.

Gegenüber der Abb. 2.11 ergibt sich lediglich der Hinweis auf die zeitliche Begrenzung dieser Organisationsform.

(II.1.2) Traversierende Projektgruppen

Entstehen sektoralzielübergreifende Aufgaben von beschränkter Zeit, können Projektgruppen gebildet werden, die eine Steuerungsfunktion im Hinblick auf diese zeitlich begrenzten Aufgaben wahrnehmen (z. B. Steuerungsgruppen für bestimmte Aufträge, wie die Abstimmung von Entwicklung, Fertigung und Absatz bei der Abwicklung eines einmaligen Großauftrages). Ist die zeitlich begrenzte Steuerungsaufgabe entfallen, löst sich die Projektgruppe, die diesem Zwecke diente, auf.

(II.2) Projektkollegien

Für die Lösung sektoralzielübergreifender Aufgaben von begrenzter Zeit können Kollegien eingesetzt werden, die über ihre Mitglieder den übergreifenden Notwendigkeiten entsprechen (z. B. zur Entwicklung eines neuen Organisationskonzeptes werden Mitarbeiter der Unternehmensleitung, der Organisationsabteilung und der verschiedenen Unternehmensbereiche in einem Organisationsausschuß zusammengefaßt). Nach Erfüllung dieser übergreifenden Aufgaben löst sich das Kollegium auf, und seine Mitglieder werden von dieser Aufgabe zugunsten ihrer Haupt- oder anderer Neben-Aktivitäten entlastet. Gegenüber der Abb. 2.13 ergibt sich lediglich der Hinweis auf die zeitliche Begrenzung dieser Organisationsform.

Projektkollegien werden vorzugsweise nach dem Prinzip der **persönlichen Fähigkeiten** ihrer Mitglieder zur Lösung einer gemeinsamen (interdisziplinären) Aufgabe zusammengesetzt. Bei ihnen kommt es nicht primär auf die Vertretung einzelner Bereichsinteressen als vielmehr darauf an, Träger komplementärer Erfahrungen und komplementären Wissens zusammenzubringen, die kooperationsfähig sind.

4.1.2 Verhalten unterschiedlicher Organisationsformen

Organisationsformen, die sich im Hinblick auf ihre Harmonisationsfunktion, das angewendete Harmonisationsprinzip und die Harmonisationsdauer unterscheiden, werfen eine Reihe von Verhaltensproblemen auf.

4.1.2.1 Die Problematik der Harmonisationsfunktion

Nach der **Harmonisationsfunktion** wurden segmentierende und traversierende Organisationsformen unterschieden.

Segmentierende Organisationsformen folgen dem grundsätzlichen Strukturierungsmuster des Organisationsmodells, indem sie die hierarchische Gliederung von Unternehmenszielen in Sektoralziele organisatorisch nachvollziehen. Sie fügen Basissysteme zu Zwischensystemen niederer Ordnung, Zwischensysteme niederer Ordnung zu Zwischensystemen höherer Ordnung usw. zusammen. Diese Ausrichtung an den Sektoralzielen des Unternehmens führt zu einer ständigen Zusammenarbeit der in den Zwischensystemen zusammengeschlossenen Basissysteme. Damit ergibt sich ein Übergewicht innerer Bindungen zwischen diesen und eine hohe Dichte ihrer Arbeitsbeziehungen im Innern.

Segmentierende Organisationsformen verbinden sich aufs engste mit einer hierarchischen Eingliederung in ein Leitungssystem – insbesondere dann, wenn vorrangig vom Abteilungsbildungsprinzip Gebrauch gemacht wird. Damit gewinnt der **Rang,** der Macht und Amtsautorität ausdrückt, in den Beziehungen zwischen den Organisationseinheiten eine herausragende Bedeutung. »Die komplizierten arbeitsteiligen Prozesse in modernen Organisationen, die damit einhergehende Notwendigkeit zunehmender horizontaler Zusammenarbeit sowie die veränderten Einstellungen und Erwartungen der Mitarbeiter ... lassen das hierarchische Ordnungsprinzip im Hinblick auf eine optimale Leistungserstellung und Zufriedenheit der Mitarbeiter immer dysfunktionaler werden« (Wunderer [Führungslehre] Bd. I, 327). Die **Hierarchie** ist zugleich ein wesentliches Element **bürokratischer Strukturen**. Nach anfänglicher idealtypischer Diskussion der funktionalen Vorteile von Bürokratien (Präzision, Stetigkeit, Disziplin, Strafheit, Unerläßlichkeit, Gerechtigkeit, Eindeutigkeit, Aktenkundigkeit, Diskretion, technische Überlegenheit, Unabhängigkeit und Rationalität (vgl. Janowsky [Bürokratie] 326), vermehren sich die Anzeichen dafür, daß sich hierarchiegebundene bürokratische Strukturen bei dynamischen Kontextbedingungen zunehmend als dysfunktional erweisen (»Büropathologie«; Thompson [Bureaucracy]): Pedanterie, Tendenz zur Macht, gläubiger Gehorsam, starke Kontrollen, »Rädchen in der Maschine«, Versagen im Einzelfall, Schablone, »von der Wiege bis zur Bahre – Formulare«, Vertuschungsgefahr, Untertanengeist, Perfektionismus, Überheblichkeit und Entpersönlichung (vgl. Janowsky [Bürokratie] 326).

Traversierende Organisationsformen stellen stets Ergänzungen zu dem im Organisationsmodell angegebenen grundsätzlichen Segmentierungsmuster dar. Je komplexer ein zu organisierendes System ist, um so schwieriger wird es, der Vieldimensionalität seiner Beziehungen durch die organisatorische Strukturierung zu entsprechen. Ein Teil der im Segmentierungsmuster offen gebliebenen Mehrdimensionalität muß dann ergänzend durch traversierende Organisationsgestaltung abgedeckt werden, damit sektoralzielübergreifende Harmonisationsaufgaben (**Querschnittsaufgaben**) erfüllt werden können. In der Tendenz kann davon ausgegangen werden, daß eindimensionale Organisationsmodelle eine an sich gegebene Mehrdimensionalität der Problemlandschaft eines zu organisierenden Systems »vergewaltigen« und deshalb eine größere Zahl sektoralzielübergreifender Aufgaben schaffen. Diese »Querschnittsaufgaben« müssen über eine traversierende Organisationsgestaltung geregelt werden. Mehrdimensionale Organisationsmodelle (z. B. Matrixorganisation) entsprechen dagegen der Problemkomplexität des zu organisierenden Systems im Ansatz besser.

Traversierende Organisationsformen wollen die hierarchischen Zwänge der Segmentierung überspielen, auflockern und damit von ihrem rigiden (z. B. »Dienstwegprinzip«) und häufig starren Verhalten befreien. Dies ist insbesondere dann der Fall, wenn sich die traversierenden Zwischensysteme selbst systemorientierter Organisationsformen bedienen (z. B. Projektgruppen). Bei der Harmonisation treffen dann zwei recht unterschiedlich geprägte Verhaltensweisen aufeinander, was zu erheblichen Führungsproblemen führen kann: Wie können sich die traversierenden Zwischensysteme als »Querschnittskoordinatoren« gegenüber der hierarchiegeprägten »Linie«, die über Rang und Macht weit größeren Einfluß und Status besitzt, durchsetzen? Dieser zentrale Konfliktpunkt des Einsatzes von traversierenden Organisationsformen kann zumeist nur über ein ganzes Bündel von Führungsmaßnahmen (annähernd) gelöst werden: direkt aktivierbare Leitungsunterstützung für die »Traversierer«, Rotation zwischen beiden Dimensionen, um eine Verfestigung zu verhindern, kollegiale Einbindung der »Segmentierer« in traversierende Projektgruppen, gegenseitige Stellvertretung, usw.

4.1.2.2 Die Problematik des Harmonisationsprinzips

Nach dem **Harmonisationsprinzip** wurde zwischen hierarchischen und systemorientierten Organisationsformen unterschieden.

Hierarchische Organisationsformen schaffen, wie gezeigt wurde, immer ein Rangsystem der **Über- und Unterordnung** von Basissystemen (Prinzip der Ungleichheit). Dies erfolgt über die Ausgliederung von Instanzen, die nach dem Prinzip der Fremdentscheidung in einer Autoritäts-, Macht- und Status-Differenz von den unterstellten Basissystemen abgehoben sind. Mit dieser Differenzierung entsteht im Organisationsmodell zugleich ein vertikaler Instanzenzug (Befehlskette), der von der ranghöchsten Instanz bis zur rangniedrigsten Stelle verläuft. Damit bildet sich eine monokratische Struktur mit relativ statischen Koordinationswegen, die zu einer Kanalisierung von Informationsströmen neigen (vgl. Wild [Hierarchie] 46 f.).

Systemorientierte Organisationsformen wollen in Erkennung dysfunktionaler Wirkungen hierarchischer Organisationsgestaltung einen anderen Gestaltungsweg beschreiben. Dabei steht die Aufhebung der Rangunterschiede der zu einem System höherer Ordnung zusammengefügten Basissysteme, die **Gleichordnung** der Mitarbeiter (Prinzip der Gleichheit), im Mittelpunkt organisatorischer Gestaltung. Nach dem Prinzip der Selbstentscheidung werden Autoritäts-, Macht- (»Machtausgleich«) und Status-Differenzen abgebaut und teamförmige, auf die gegenseitige Abstimmung ausgerichtete Organisationsformen geschaffen. Eine derartige systemorientierte organisatorische Gestaltung wirft eine Reihe von Verhaltensproblemen auf, die z. T. bislang nur mangelhaft gelöst worden sind:

(1) **Zeitlich aufwendige Problemlösungen**
Zwar lassen sich bei einer grundsätzlichen Gleichordnung der Personen durchaus anspruchsvolle Lösungen erwarten. Sie sind jedoch häufig zeitaufwendiger, da die Möglichkeit eines autoritativen Stichentscheides fehlt. Abstimmungsprozeduren können diese hierarchische Möglichkeit unter zeitlichem Aspekt nur teilweise ausgleichen.

(2) **Eingeschränkte Wirkung kollegialer Verantwortlichkeit**
Systemorientierte Organisationsformen werfen ein weiteres Problem auf: das der Verantwortlichkeit bei weitgehend kollegial erarbeiteten Problemlösungen. War es selbst bei hierarchischen Organisationsformen schon schwierig, eine vertikale Trennung und Zuordnung von Verantwortlichkeiten vorzunehmen (vgl. etwa die Unterscheidung von Führungs- und Handlungsverantwortung im **Harzburger Modell**), so kommt dem Problem der horizontalen Trennung und Zuordnung von Verantwortlichkeit bei systemorientierten Organisationsformen wesentliche Bedeutung zu. Da die Problemlösungen bei dieser Organisationsform interaktiv vollzogen werden, ist eine Zuordnung kaum möglich; eine »organisierte Verantwortungslosigkeit«, ein »Sich-nicht-betroffen-fühlen«, das Hin- und Herschieben der Verantwortlichkeit u. ä. können unerwünschte Folgen sein.

(3) **Leistungsabgewendete informelle Führerschaft**
Es ist die Frage nach der Stabilität einer gleichgeordneten Organisationseinheit zu stellen: Werden sich im Laufe der Zeit nicht doch – wenn auch nicht formalisiert – wieder Rangordnungen innerhalb der Gruppe ausbilden, die näherungsweise hierarchischen Organisationsformen entsprechen? Sollte dies der Fall sein, ist allerdings zu vermerken, daß sich informale Führerschaft nach anderen Kriterien bildet als die formale Besetzung einer Instanz: Wird u. U. gerade ein Beliebter, wenig Tüchtiger und damit Leistungsabgewendeter zum informalen Führer einer Organisationseinheit, die aus Gleichgeordneten besteht?

4.1.2.3 Die Problematik der Harmonisationsdauer

Organisationsformen können nach der **Harmonisationsdauer** in solche, die auf Dauer und solche, die auf Zeit tätig werden, unterschieden werden. Beide gehen von unterschiedlichen Lebenszyklen der zu erfüllenden Aufgaben aus. Während bei Dauerformen der Lebenszyklus der Aufgabe über die Planungsperiode der Organisation hinausgreift, findet dieser bei Zeitformen im überschaubaren Rahmen der Planungsperiode sein Ende. Die Verhaltens-Problematik, die die Harmonisationsdauer für die organisatorische Gestaltung aufwirft, sei anhand der **Projektarbeit** diskutiert.

Klassische, auf Dauer und segmentierend angelegte Organisationsformen eignen sich nur bedingt für die Abwicklung von Projekten, die **einmalige** Vorhaben mit einem **innovativen** Gehalt unter meist größerer **Unsicherheit** darstellen und die zumeist ein **komplementäres Wissen** zu ihrer Bewältigung (Interdisziplinarität) verlangen.

Das überschaubare, schnelle Durchwandern des Lebenszyklus einer Projektaufgabe verlangt eine relativ flexible Strukturierung des Projektmanagement: Neben der quantitativen kann sich auch die qualitative Zusammensetzung einer Projektgruppe oder eines Projektkollegiums im Verlauf des Arbeitsfortgangs verändern: »Im Anfangsstadium wird sich die Projektgruppe überwiegend aus Analytikern und kreativen Kräften zusammensetzen. Wenn das Projekt in die Realisationsphase tritt, werden die Theoretiker verdrängt durch praxisorientierte Mitarbeiter« (Zimmermann [Projektgruppe] 47).

Bei der derzeitigen Anwendung von Organisationsformen auf Zeit zeichnen sich folgende **Probleme** ab:

(1) **Flexible Bereitstellung von Ressourcen kann die Dauerorganisation überfordern**
Die notwendige Flexibilität in der Bereitstellung personeller und sachlicher Ressourcen für die Projektarbeit kann die Dauerorganisation, aus der diese abgeordnet werden, überfordern. Projekte werden als etwas Sekundäres, die eigene Dauerorganisation als etwas Primäres, was höhere Priorität genießt, betrachtet. Sowohl qualitativ als auch quantitativ kann die Projektarbeit unter diesem Prioritätsgefälle leiden.

(2) **Organisatorische Heimatlosigkeit der Mitglieder von Projektgruppen oder das »Reentry«-Problem**
Die aus der Dauerorganisation in Projektgruppen entsandten Mitarbeiter scheiden zumeist für die Zeit ihrer Projektarbeit aus ihren Stammeinheiten aus, ohne daß personalplanerische Vorkehrungen für ihr »reentry« getroffen werden. Die mangelnde »Rückfahrkarte« führt leicht zu Benachteiligungen (inzwischen werden z. B. andere Mitarbeiter in der Stammeinheit befördert) und kann zu Demotivierungen der Projektmitarbeiter Anlaß geben.

(3) **Perfektionismus und Zeitverzug**

Eine mögliche Konsequenz des Gefühls der Heimatlosigkeit der außerhalb der Dauerorganisation arbeitenden Projektmitarbeiter kann es sein, sich in der Projektgruppe noch stärker zusammenzuschließen und über ein Streben zum Perfektionismus bei ihrer Aufgabenerfüllung einen längeren Bestand der Gruppe mit der Wirkung eines Zeitverzuges bei der Projekterledigung zu sichern. Projektkollegien weisen dagegen eher eine entgegengesetzte Tendenz auf: Die geringere Priorität, die der nebenfunktionellen Projektarbeit häufig zugemessen wird, führt eher zu einer Tendenz, die Belastung, die durch die Nebentätigkeit entsteht, durch ein vorzeitiges Ende der Projektarbeit abzubauen.

4.1.3 Anwendungsbedingungen unterschiedlicher Organisationsformen

Den einzelnen dargestellten Organisationsformen liegen Unterstellungen zugrunde, die ihre Einsatzfähigkeit bestimmen. Dabei kann eine Verdichtung der Aussagen im Hinblick auf die Harmonisationsfunktion, das Harmonisationsprinzip und die Harmonisationsdauer organisatorischer Einheiten in der Weise erfolgen, daß

– **segmentierende** Organisationsformen der Abteilung auf **Dauer** und
– **traversierende** Organisationsformen der Gruppe auf **Zeit**

als extreme Anwendungsbedingungen gegenübergestellt werden. Der erste Fall geht von einem Kontext relativ statischer Bedingungen aus, die zur Prägung von repetitiven, deterministischen Aufgaben führen, und neigt zu einer Besetzung mit spezialisierten Personen geringeren Anspruchsniveaus und einer hochgradigen Unterstützung durch Sachmittel. Der zweite Fall geht dagegen von einem Kontext relativ dynamischer Bedingungen (Prägung von innovativen, stochastischen Aufgaben) aus, der zu einer Besetzung mit generalisierten Personen hohen Anspruchsniveaus und einer beschränkten Unterstützung durch Sachmittel neigt. *Burns* und *Stalker* ([Management] 96 ff.) haben die Anwendungsbedingungen **mechanistischer** (erster Fall) und **organischer** Organisationsstrukturen (zweiter Fall) untersucht (siehe auch Kieser/Kubicek [Organisation] 49 f.).

4.2 Organisationsmodelle

> **Organisationsmodelle** geben das Gesamtmuster der Systemdifferenzierung und Systemintegration für das Unternehmen an.

Es kann zwischen **eindimensionalen** und **mehrdimensionalen** Organisationsmodellen unterschieden werden. Die grundsätzliche Mehrdimensionalität organisatorischer Beziehungen wird bei **eindimensionalen** Organisationsmodellen dadurch vereinfacht, daß bei der Systemdifferenzierung auf jeder Stufe der Aufbauhierarchie nach **einem** wesentlichen Kriterium gegliedert wird. Damit ergibt sich eine Abfolge hierarchischer Gliederungsstufen, die der unterschiedlichen Bedeutung einzelner Aspekte für die Systemintegration gerecht werden will. Es entsteht eine hierarchisch abgestufte, die Verteilungsbeziehungen betonende, relativ **steile Aufbaupyramide** der Organisation.

Mehrdimensionale Organisationsmodelle lassen grundsätzlich die Möglichkeit zu, gleichzeitig nach **mehreren** wesentlichen Kriterien zu gliedern. Dabei wird eine prinzipielle Gleichrangigkeit der Bedeutung mehrerer Aspekte für die Systemintegration unterstellt. Es entsteht eine eher systemorientierte, die Arbeitsbeziehungen betonende, relativ **flache Aufbaupyramide** der Organisation.

4.2.1 Eindimensionale Organisationsmodelle

Das Gestaltungsproblem der Organisation ergibt sich aus den Dimensionen der Aufgabe:
1. Ihrem **Verrrichtungs**charakter, der die Art der notwendigen Tätigkeiten betont (Forschen, Entwickeln, Einkaufen, Lagern, Produzieren, Transportieren, Verkaufen, Verwalten),
2. ihrem **Objekt**charakter (Stoffe a, b, c ..., Produkte A, B, C ..., Kunden Alpha, Beta, Gamma ...) und
3. ihrem **regionalen** Bezug (Standort 1, 2, 3; Verkaufsgebiet I, II, III ...).

Abb. 2.14 zeigt diesen Zusammenhang in grundsätzlicher Form.

Bei der eindimensionalen Bildung eines Organisationsmodells kann demzufolge von den Prinzipien der **Verrichtungs-** oder der **Objektzentralisation** ausgegangen werden. Verrichtungen und Objekte können bei regional stark gegliederten Aktivitäten an räumliche Bedingungen gebunden sein, die zu einem Modell der **regionalen Zentralisation** führen können.

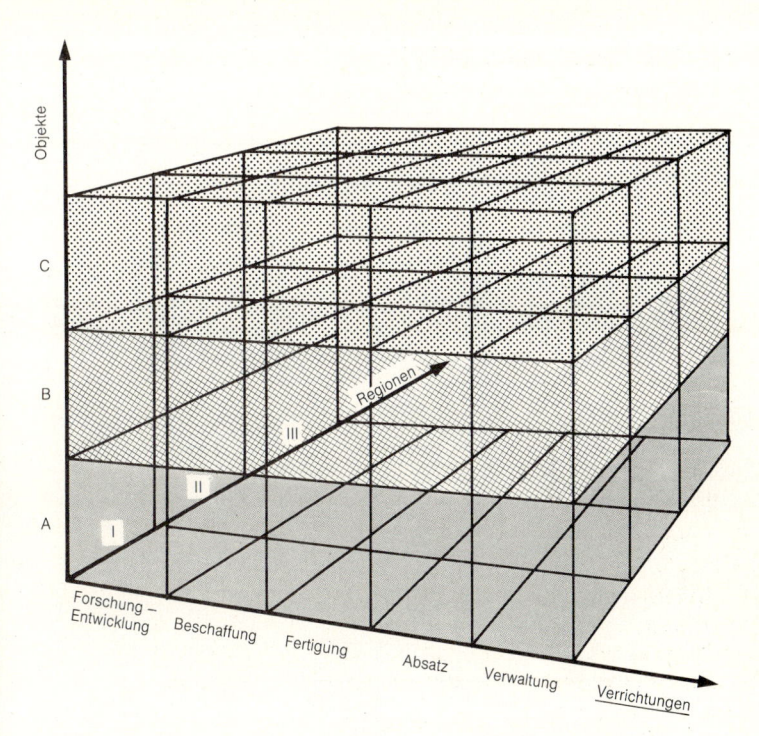

Abb. 2.14: Aufgabentensor für Verrichtungen, Objekte und Regionen

4.2.1.1 Verrichtungsmodell

(1) Das Grundmodell der Verrichtungsorganisation

> Die **Verrichtungsorganisation** – von der Organisationspraxis wird sie auch als **funktionale Organisation** bezeichnet – geht von den Kerntätigkeitsfeldern (Verrichtungen) eines Unternehmens aus: Forschung und Entwicklung, Beschaffung, Fertigung, Absatz, Verwaltung sowie Transport und Lagerhaltung.

Sie knüpft damit an den Fluß des Realgüterstroms (vom Einkauf der Rohstoffe bis zum Verkauf der Produkte) bzw. an den Auftragsablauf (von der Auftragsannahme im Absatz über die Auftragsabwicklung in

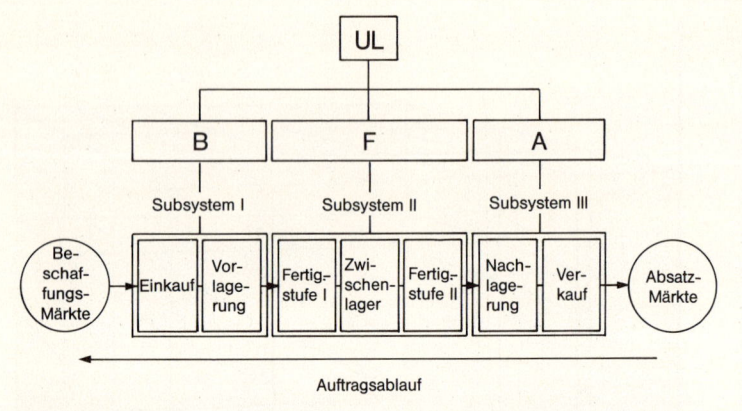

Abb. 2.15: Bildung vom Subsystemen aus Verrichtungsaufgaben des Realgüterstroms
(UL = Unternehmensleitung; B = Beschaffung; F = Fertigung; A = Absatz)

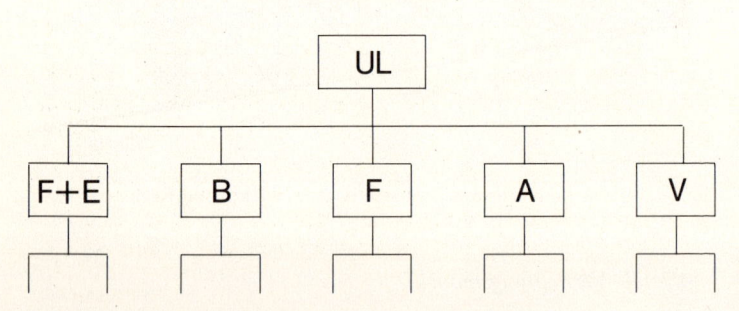

Abb. 2.16: Grundmodell einer Verrichtungsorganisation
(F + E = Forschung und Entwicklung; V = Verwaltung)

der Fertigung bis zur Bereitstellung der Ressourcen durch die Beschaffung) an. Abb. 2.15 zeigt die Bildung von Subsystemen aus Verrichtungsaufgaben des Realgüterstroms und des Auftragsablaufes.

Daraus läßt sich unter Hinzufügung der Verrichtungsbereiche **Forschung und Entwicklung** und der **Verwaltung** das Grundmodell einer Verrichtungsorganisation ableiten (vgl. Abb. 2.16). Sind Transport- und Lagerverrichtungen von besonderer Bedeutung, kann das Modell um diese ergänzt werden.

Das Grundmodell der Verrichtungsorganisation kann weiter danach differenziert werden, ob in ihm auf der zweiten und den folgenden Stufen

– Verrichtungs-Subsysteme
– Objekt-Subsysteme (z. B. Erzeugnis- oder Teilegruppen) oder
– Regional-Subsysteme (d. h. nach räumlich gebundenen Aktivitätsfeldern gebildete Subsysteme)

gebildet werden (vgl. Abb. 2.17).

Als praktische Beispiele für nach dem Verrichtungsprinzip gestaltete sog. **funktionale** Organisationen können die Strukturen von Einproduktunternehmen dienen.

(2) Das Verhalten der Verrichtungsorganisation
Das Verhalten der Verrichtungsorganisation weist einige charakteristische Merkmale auf, die je nach Voraussetzungen der Anwendung beachtet werden müssen.

(a) **Hohe Programmierungsneigung**
Da die Bildung der Subsysteme Beschaffung, Fertigung und Absatz an den Fluß der Realgüter anknüpft, läßt sich der Ablauf zwischen diesen und innerhalb dieser weitgehend programmieren. Routineprogramme werden hier durch ein gegenläufiges System der Auftragsabwicklung, das gleichartig gestaltet werden kann, definiert, in Gang gesetzt und laufen dann nahezu unproblematisch ab. Viele Einzelentscheidungen sind in diesen Routineprogrammen enthalten. Damit lassen sich die Arbeitsbeziehungen zwischen den Subsystemen auf diese programmspezifischen Informationen einengen.

(b) **Ungleichartigkeit der Subsysteme behindert Innovation und Information**
Die drei wesentlichen Subsysteme, das Innovationssystem mit Schwerpunkt im Forschungs- und Entwicklungsbereich, das Informationssystem mit Schwerpunkt in der Verwaltung und das bereits beschriebene operative System der Beschaffung, Fertigung und des Absatzes bedingen jeweils unterschiedliche Strukturierungskonzepte (vgl. Bleicher [Perspektiven] 110 f.). Die zumeist gegebene Dominanz des Beschaffungs-, Fertigungs- und Absatzsystems führt tendenziell dazu, daß die für diesen Bereich zweckmäßigen Strukturierungskonzepte (starke Spezialisierung, ausgeprägte Formalisierung, gebundene Informationssysteme, Zentralisation der Entscheidungen, hohe Kontrollintensität) auch auf die anderen Subsysteme übertragen werden. Beson-

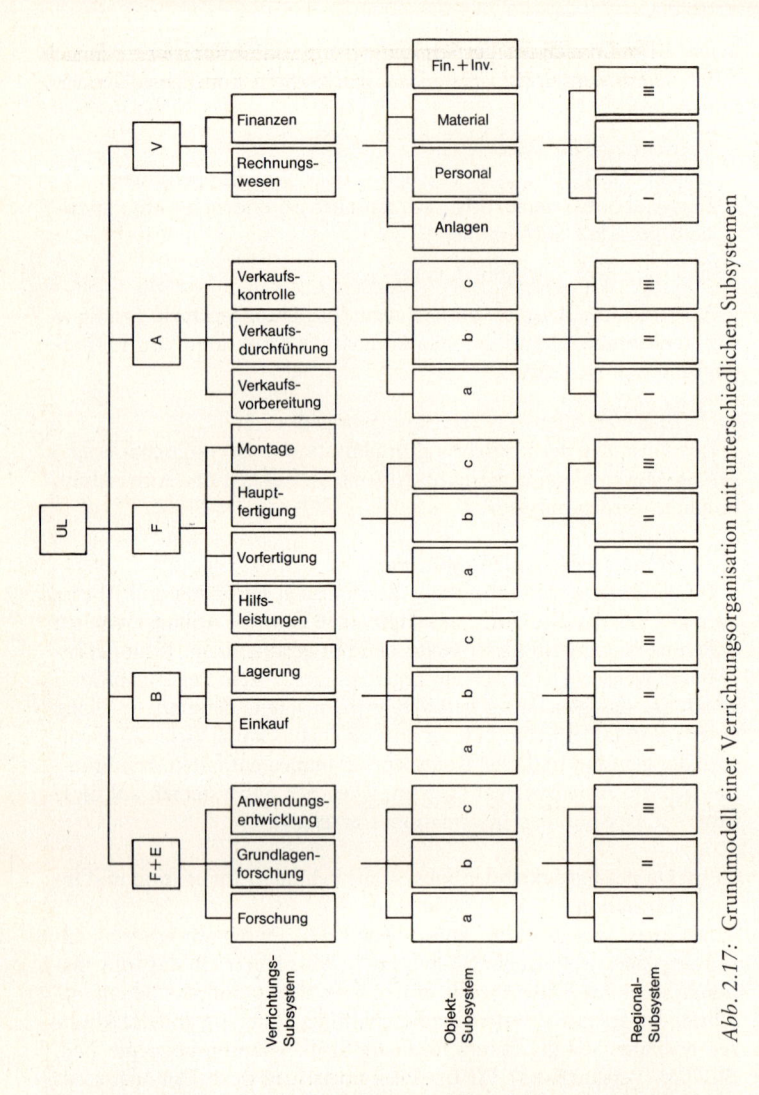

Abb. 2.17: Grundmodell einer Verrichtungsorganisation mit unterschiedlichen Subsystemen

ders abträglich ist dies der Forschung und Entwicklung als Innovationssystem. Sie verlangt die Anwendung weitgehend konträrer Strukturierungsverfahren (geringe Spezialisierung, Entformalisierung, ungebundene Informationssysteme, Dezentralisation, geringe Kontrollintensität (vgl. Burns/Stalker [Management] 144)).

(c) **Ausgeprägte Segmentierung der Subsysteme**
Aus der Ungleichartigkeit der Subsysteme folgt fast zwangsläufig deren Neigung, sich segmentierend zu verhalten, d. h. sich gegeneinander »abzuschotten« und mit relativ geringen Austauschbeziehungen zu ihrer Umgebung auszukommen. Bereichsspezifisch wechselnde Optimierungskriterien verstärken diese Tendenz weiter.

Die Summe der Suboptima aber garantiert nicht die Optimierung des Gesamtsystems. Steigende Heterogenität des Leistungs- und Absatzprogramms vermehrt diesen zunächst rein quantitativen Effekt noch um eine zusätzliche qualitative Komponente. Das Ausmaß notwendiger übergeordneter Abstimmungsmaßnahmen kann dann relativ leicht die Kapazität der Unternehmensspitze übersteigen.

(d) **Überlastung der Unternehmensspitze durch den »Kamineffekt«**
Ein Verrichtungsmodell ist bezüglich der Verteilung von Entscheidungsaufgaben grundsätzlich **zentral** angelegt. Die Möglichkeiten, Entscheidungen zu dezentralisieren, sind relativ beschränkt. Damit wird bereits durch die grundsätzliche Aufgabenverteilung ein hohes Maß an Entscheidungen der obersten Unternehmensspitze zugeordnet.

Eine mögliche Überlastung der Unternehmensspitze kann weiter auf folgende **Ursachen**, die z. T. bereits erwähnt wurden, zurückgeführt werden:

— die ausgeprägte Segmentierung der Zwischensysteme
— ihre unterschiedlichen strukturellen Ausprägungen
— die weitgehende Unmöglichkeit, teilautonome Einheiten (Profit-Center) zu bilden, die auf eigenen Beschaffungs- und Absatzmärkten operieren
— das Fehlen einer Zwischenebene, die die unterschiedlichen Verrichtungsaspekte der Unternehmensspitze harmonisiert.

Diese Ursachen führen dazu, daß vielfältige und oft unbedeutende Tagesfragen, die der Abstimmung mit anderen Bereichen bedürfen, automatisch erst auf der obersten Unternehmungsebene zum Ausgleich kommen können – also gleichsam von ihr angezogen werden (»Kamineffekt«) – und hier zu einem **Verdrängen von strategischen Überlegungen** durch den notwendigen taktisch-operativen Ausgleich zwischen den einzelnen Bereichen führen. Wird die Wirksamkeit des sog. *Gresham*'schen Planungsgesetzes unterstellt (»schlechte ad hoc-Entscheidungen verdrängen gute Plan-Entscheidungen«), ist zu erwarten, daß die Unternehmensleitung die strategische Dimension ihres Handelns unter dem Druck der Erledigung dringender Tagesfragen vernachlässigt: Dringliches aber Unwichtiges verdrängt Nicht-Dringliches, aber Wichtiges, wie das Aufbauen von zukünftigen strategischen Erfolgspotentialen.

(e) **Begrenzte Möglichkeiten zur unternehmerischen Personalentwicklung**

Die hohe Segmentierungs- und Zentralisationsneigung des Verrichtungsmodells führt dazu, daß nur ein relativ kleiner Kreis von Mitarbeitern (die Mitglieder der obersten Unternehmensspitze) in eine generelle unternehmerische Verantwortung gelangt. Unter dieser Spitze sind alle leitenden Mitarbeiter weitgehend spezialisiert und von den Entscheidungen der Spitze abhängig. Die Möglichkeiten zur Personalentwicklung für generelle Aufgaben sind in diesem Organisationsmodell äußerst beschränkt. Daraus folgen zwei kritische personal-politische Aspekte des Verrichtungsmodells:

– Die in die oberste Leitung aufsteigenden Führungskräfte haben auf einem langen Weg ihrer Karriere als Fachspezialisten in einem Bereich gearbeitet und verfügen nur über beschränkte Kenntnisse anderer Bereiche und der Gesamtzusammenhänge.

– Je mehr die oberste Unternehmensspitze nicht den Fachspezialisten sucht, sondern – insbesondere bei nichtkollegialen Formen der Unternehmensspitze – den Generalisten, stößt sie auf erhebliche Nachwuchs- und Nachfolgeprobleme, da allenfalls aus dem Bereich der Verwaltung (insbesondere Finanzen und Rechnungswesen) Führungskräfte über einen Gesamtüberblick verfügen.

(f) **Vernachlässigung der strategischen Planung**

Während die Anpassungsfähigkeit des Verrichtungsmodells an quantitative Veränderungen der Märkte als relativ hoch eingeschätzt werden kann, besteht die grundsätzliche Gefahr einer Vernachlässigung einer qualitativen, strategischen Anpassung. Diese kann auf die sehr starke Bindung an Üblichem und Althergebrachtem (starke Programmierungsneigung im Kern), auf die Schwierigkeiten bei der Behauptung der Eigeninteressen von Forschung und Entwicklung gegenüber diesen programmierten Kerntätigkeiten und die tendenzielle Überlastung der Unternehmensspitze mit Tagesfragen zu Lasten einer strategischen Unternehmensführung zurückgeführt werden. Das Verrichtungsmodell birgt damit die grundsätzliche Gefahr in sich, daß das Unternehmen sich zu stark an die Entwicklung der Lebenszykluskurve eines oder einiger weniger Produkte bindet, zwar mit ihnen wächst, aber auch mit ihnen zugrunde gehen kann.

4.2.1.2 Objektmodell

(1) Das Grundmodell der Objektorganisation

> Die **Objektorganisation** – von der Organisationspraxis wird sie auch als **divisionale Sparten-** bzw. **Geschäftsbereichs-Organisation** bezeichnet – geht von den Kernprodukten oder -produktgruppen (Objekten) eines Unternehmens aus. Sie knüpft damit bei der Bildung organisatorischer Einheiten am Produktprogramm des Unternehmens an.

Abb. 2.18 zeigt den grundsätzlichen Aufbau eines nach Objekten (a, b, c) gegliederten Unternehmens. Zu beachten ist dabei, daß die Objektgliederung zwar dominiert, aber selten ausschließlich zu einer funktionsfähigen Gesamtorganisation führt. Einige Verwaltungsaufgaben (V), die den Gesamtzusammenhang des Unternehmens betreffen (z. B. Finanzen und Rechnungswesen, Personal u. a.), lassen sich kaum allein dezentral den einzelnen Objektbereichen zumessen, so daß sich Ansätze einer **Mischgliederung** bereits prinzipiell zeigen.

Werden Abteilungen zur Erfüllung derartiger, übergreifender Aufgaben eingesetzt, müssen diese mit den korrespondierenden subsystemischen Organisationseinheiten harmonisiert werden. Es entstehen (harmonisierende) **Zentralabteilungen,** denen (harmonisierte Dezentral-) Abteilungen gegenüberstehen.

Das Grundmodell der Objektorganisation kann weiterhin danach differenziert werden, ob in ihm auf der zweiten und den folgenden Stufen

– Verrichtungs-Subsysteme,
– Objekt-Subsysteme oder
– Regional-Subsysteme

gebildet werden (vgl. Abb. 2.19).

(2) Das Verhalten der Objektorganisation

Das Verhalten der Objektorganisation weist einige charakteristische Merkmale auf, die je nach Kontext beachtet werden müssen. Dabei ist davon auszugehen, daß die bei der Darstellung des Verhaltens der Verrichtungsorganisation gemachten Feststellungen auf der Ebene einzelner Geschäftsbereiche erhalten bleiben, da das Objektmodell eine Vervielfachung des Verrichtungsmodells darstellt, das **für jedes Objekt**

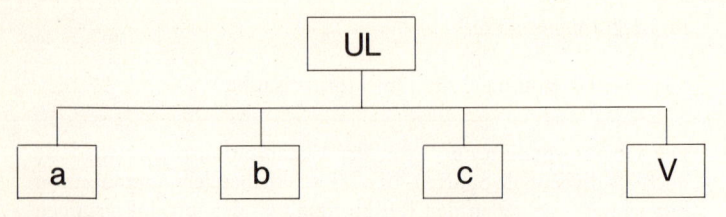

Abb. 2.18: Grundmodell einer Objektorganisation mit zentraler Verwaltung

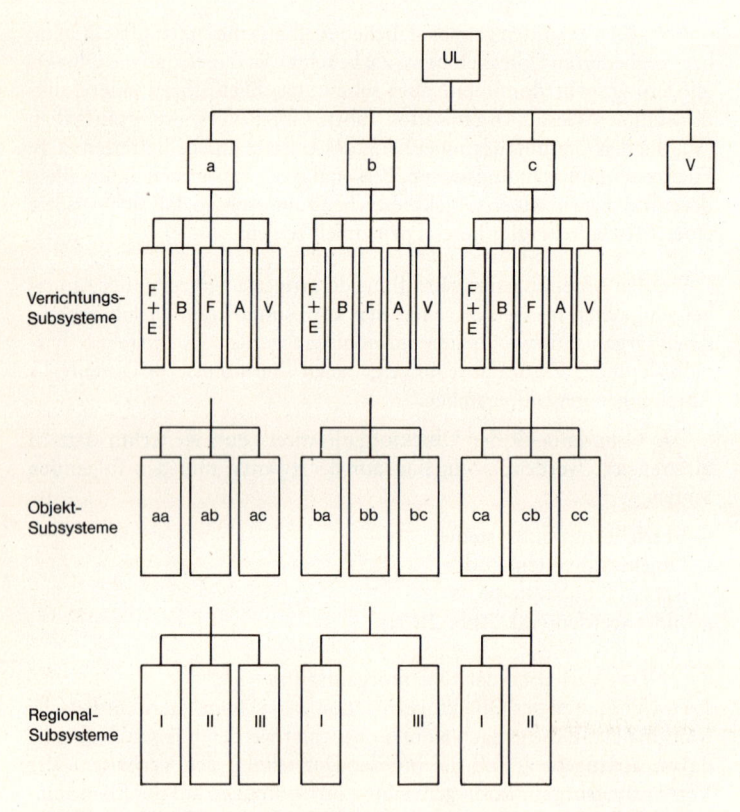

Abb. 2.19: Grundmodell einer Objektorganisation mit unterschiedlichen Subsystemen und zentraler Verwaltung

bzw. für Gruppen von Objekten jeweils ein eigenes Verrichtungsmodell schafft.

(a) **Anwendung unterschiedlicher Strukturierungskonzepte und Möglichkeit des Störgrößenausgleichs**

Es besteht die grundsätzliche Möglichkeit, einzelne Unternehmensbereiche nach verschiedenen Strukturierungskonzepten zu gestalten, um differenzierten Kontextbedingungen zu genügen (Beispiel: Unternehmensbereich »Hütte« mit zentralisierter Organisation; Unternehmensbereich »Anlagenbau« mit loser, dezentralisierter Organisation, die mit Projektarbeit durchsetzt ist). Damit dürfte sich die Anpassungsfähigkeit des Gesamtsystems an unterschiedliche Umweltbedingungen erhöhen. Das Objektmodell kann sich in dieser Weise besser an Störungen der Umwelt anpassen als das Verrichtungsmodell. Hier werden nicht nur Außenstörungen über Lagervorgänge zugunsten der Fertigung absorbiert, sondern es erfolgt eine Eingrenzung der Störungen auf ganz bestimmte Produktbereiche. Selbst bei gewichtigen Störungen lassen sich Strategien denken, die die Störwirkungen im Gesamtsystem teilweise kompensieren. Bei geschickter Produktwahl und damit verbundener Bildung von Subsystemen können die Störwirkungen entgegengesetzt sein, so daß insgesamt ein **Störgrößenausgleich** stattfindet.

(b) **Relativ hohe Autonomie der Unternehmensbereiche und Spartenegoismus**

Die Objektorganisation kann Unternehmensbereiche, die jeweils eine doppelte Marktbeziehung über die Funktionen »Beschaffung« und »Absatz« aufweisen, mit hoher Autonomie versehen. Damit bieten sich Möglichkeiten der Steuerung über den Erfolg der Subsysteme an, die weitgehend von Verrechnungspreisen unabhängig bleiben, da Marktpreise sowohl auf der Eingangs- als auch auf der Ausgangsseite vorliegen. Statt Kosten oder Leistungen werden Aufwendungen und Erträge und relative Größen wie die Rentabilität zu Maßgrößen für die Beurteilung der Wirtschaftlichkeit der Subsysteme und damit zur Grundlage für die Führung der Subsysteme als **Profit- oder Investment Center**. Diese Aussage ist eingeschränkt gültig für Zentralfunktionen und – bei starker Interdependenz einzelner Unternehmensbereiche – für den Leistungs- und Verrechnungsverkehr zwischen diesen Unternehmensbereichen.

Mit der hohen Autonomie der dezentralen Bereiche wächst in der Objektorganisation aber die Gefahr einer grundsätzlichen suboptimalen Denkweise, des »**Spartenegoismus**«, der die (rechnerischen) Vorteile für den eigenen Bereich zu Lasten des Gesamtergebnisses sucht.

(c) **Vertikale und horizontale Mischgliederungen**
Nur selten läßt sich eine völlige Trennung der einzelnen Unternehmensbereiche nach dem Prinzip des Übergewichts der inneren Bindung erreichen. Im Regelfall bestehen vielfältige Verflechtungen entwicklungs-, beschaffungs-, produktions-, absatz- und verwaltungsmäßiger Art zwischen einzelnen Unternehmensbereichen, unabhängig davon, welches Abgrenzungsprinzip gewählt wird. Je größer der **Interaktionsgrad**, umso schwieriger ist eine hinreichend autonome Abgrenzung der einzelnen Unternehmensbereiche. Damit wird zugleich das angestrebte Ziel, auch rechnerisch verantwortliche Ergebnisbereiche zu schaffen, in der Tendenz unterminiert.

Liegen derartige interaktive Beziehungen vor, so muß bei der organisatorischen Gestaltung nach Lösungen Ausschau gehalten werden, die es ermöglichen, trotz des Interaktionsgrades eine hinreichende Funktionsfähigkeit der einzelnen Unternehmensbereiche auch in ihren Grenzen sicherzustellen. In der Praxis werden hierfür folgende Strategien verwirklicht:

— **Zentralisation:** Es werden z. B. gemeinsam zu nutzende Entwicklungseinrichtungen in einer Zentralabteilung »Entwicklung« zentralisiert (vgl. Abb. 2.12), oder im Fertigungsbereich werden gemeinsam auftretende Fertigungen an einen zentralen technischen Bereich angegliedert.

— **Ausgliederung:** Z. B. das Ausgliedern der Fertigung, die neben die üblichen Unternehmensbereiche auf die gleiche Ebene gestellt wird, aber über keinen eigenen Vertrieb, keine eigene Verwaltung und ähnliches verfügt, oder die Ausgliederung des gesamten Vertriebsapparates (Verkaufsbüros) und ihre Darstellung in einer eigenen Handelsgesellschaft.

— **Dezentralisation:** Das Mandatssystem. Hier werden die gemeinsam zu lösenden Aufgaben (z. B. Vorfertigung) demjenigen Unternehmensbereich zugeordnet, der am meisten Gebrauch von diesen Aktivitäten macht.

(d) **Notwendigkeit der Bildung von Zentralfunktionen**
Das Nebeneinander mehrerer objektorientierter Subsysteme bringt grundsätzlich eine Vervielfachung der Verrichtungen mit sich (mehrmaliges Auftreten von Forschungs- und Entwicklungs-, Beschaffungs-, Fertigungs-, Absatz- und Verwaltungsaufgaben). Die Objektzentralisation führt hier spiegelbildlich zu einer Dezentralisation der Verrichtungen. Häufig weisen die Objekte eine technologische oder marktliche

Verwandtschaft auf (ein Grenzfall, bei dem dies nicht gilt, wäre der Mischkonzern, z. B. Objekte: Elektrotechnik, Hotellerie, Autovermietung, Versicherung, Bank). Normalerweise aber ergeben sich vielfältige Beziehungen zwischen den einzelnen (vervielfachten) Verrichtungen in den objektorientierten Unternehmensbereichen (z. B. gleiche und ähnliche Stoffe als Ausgangsgrundlage der Fertigung in mehreren Unternehmensbereichen, Kunden treten als Abnehmer von Produkten mehrerer Unternehmensbereiche auf). Diese induzieren Wirtschaftlichkeitsüberlegungen, die nur von zentraler Stelle aus wahrgenommen werden können. So ist z. B. sicherzustellen, daß

– bei dezentraler Forschung und Entwicklung nicht in den einzelnen Unternehmensbereichen Doppelarbeit erfolgt,

– das Unternehmen bei Materialien, die bei mehreren Produktgruppen benötigt werden, als einheitlicher Besteller nach außen auftritt (mit günstiger Wirkung auf erzielbare Konditionen, z. B. Mengenrabatt),

– eine Systemflexibilität durch eine Abstimmung des Maschinenparks in den einzelnen Produktgruppen erreicht wird (möglicher Beschäftigungsausgleich zwischen den Systemen),

– ein einheitliches Vorgehen auf den Absatzmärkten möglich wird.

Die Konfiguration verändert sich dabei in Richtung einer »Eieruhr«. Mit der Bildung zentraler Einheiten in Form von Zentralabteilungen (vgl. S. 106f.) geht eine grundsätzliche Änderung der Konfiguration des organisatorischen Aufbaus einher: War die Verrichtungsorganisation noch weitgehend als Pyramide darstellbar, entsteht nunmehr eine Führung mit zwei Schwerpunkten (vgl. Abb. 2.20).

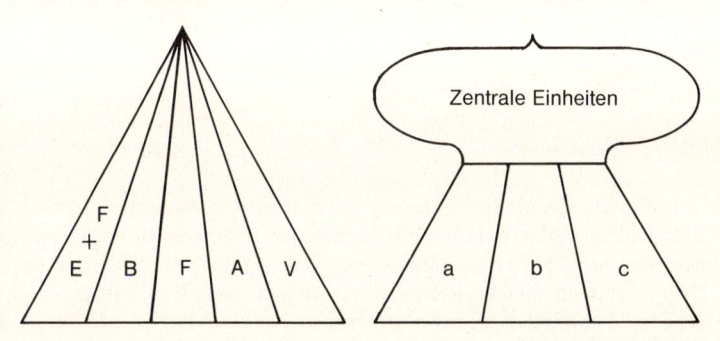

Abb. 2.20: Unterschiedliche Konfiguration von Verrichtungsmodell und Objektmodell

Die sich abzeichnende Verengung zwischen Ober- und Unterglas der
»Eieruhr« bringt die Gefahr eines Auseinanderreißens des Gesamtbildes mit sich (»Soll-Bruchstelle«). Dies gilt insbesondere für die generelle, strategische Orientierung des Oberglases, die sich zunehmend von
den Notwendigkeiten des Tagesgeschäftes entfernen kann.

(e) **Schwierige Integration strategischer und taktisch-operativer Aufgaben**

Abb. 2.20 zeigt die Doppelzentrierung der Objektorganisation um
zwei Punkte, einem Schwerpunkt strategischer Überlegungen auf zentraler Ebene und einem Schwerpunkt taktisch-operativen Handelns auf
dezentraler Ebene. Damit stellt sich die Verkoppelung der strategischen
und taktisch-operativen Ebenen als ein Grundproblem der Objektorganisation dar. **Zwei Lösungswege** können eingeschlagen werden:

1. Gestaltung der **Verteilungsbeziehungen** zwischen zentralen und dezentralen Bereichen.

Dies ist für die Ausgestaltung und Eingliederung der Unternehmensbereichsleitungen von Bedeutung. Die Unternehmensbereichsleitungen
als direktoriale oder kollegiale Organe, bis hin zum »Spartenvorstand«,
können unterhalb der Unternehmensleitung eingegliedert sein (vgl.
Abb. 2.21)

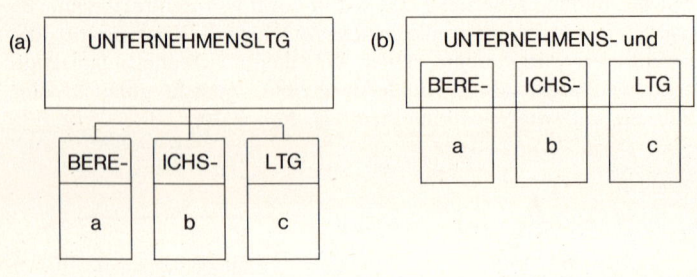

Abb. 2.21: Unter- und Eingliederung der Unternehmensbereichsleitung in die Unternehmensleitung

Je stärker die Abgliederung der Bereichsleitung von der Unternehmensleitung und je stärker die Unternehmensleitung selbst nach funktionalen Aspekten ressortiert ist (vgl. Fall (a) in Abb. 2.21), um so
deutlicher stellt sich das Problem des Auseinanderfallens von strategischer und taktisch-operativer Unternehmensführung. Die im Fall (b)
der Abb. 2.21 gezeigte Verschmelzung von Unternehmensbereichs- und
Unternehmensleitung – den objektgebundenen Ressorts werden hier

verrichtungsgebundene Ressorts gegenübergestellt (Vorstandsmatrix) – stellt eine Möglichkeit zur Vermeidung eines derartigen Fehlverhaltens dar.

2. Gestaltung von **Arbeitsbeziehungen** zwischen zentralen und dezentralen Bereichen

Zwischen den zentralen Einheiten und den ihnen entsprechenden dezentralen verrichtungsgebundenen Subsystemen (z. B. zentrale Entwicklungsabteilungen zu dezentralen Entwicklungsabteilungen) können direkte fachliche Wechselbeziehungen hergestellt werden. Damit erfolgt eine Ankoppelung der taktisch-operativen Einheiten an die strategische Ebene der Unternehmensführung. Wird gleichzeitig verteilungsmäßig eine Verzahnung der objekt-orientierten Bereichsleitungen mit den übrigen verrichtungsorientierten Aspekten in der Unternehmensleitung vorgenommen, ergibt sich ein gleitender Übergang zu einem mehrdimensionalen (Objekt-/Verrichtungs-)Organisationsmodell.

Werden die Gefahren eines Fehlverhaltens erkannt und organisatorische Gegenkonzepte verwirklicht, bietet das Objektmodell große Möglichkeiten für eine strategische Unternehmensführung. Die Unternehmensleitung steht dann vor einem gefächerten Portfolio zukünftiger Entwicklungen, und sie hat über die Leitung der Finanzströme in die Unternehmensbereiche hinein die Möglichkeit, Erfolgspotentiale für die Zukunft des Unternehmens zu schaffen. Eine solche Denk- und Vorgehensweise ist der Objektorganisation jedoch nicht immanent. Viele praktische Fälle zeigen, daß die Vorschläge der Unternehmensbereiche mehr oder weniger verwaltet werden und daß keine konsequente Umlenkung der Finanzströme zwischen den Unternehmensbereichen erfolgt.

(f) **Möglichkeiten der Personalentwicklung**
Im Gegensatz zum Modell der Verrichtungsorganisation bietet das Objektmodell vielfältige Möglichkeiten zur unternehmerischen Personalentwicklung. In den einzelnen Unternehmensbereichen sind viele Positionen mit einer generellen unternehmerischen Steuerung anhand marktabhängiger Erfolgsgrößen vorhanden, die eine praxisorientierte Entwicklung unternehmerischer Qualifikation erlaubt.

4.2.1.3 Regionalmodell

(1) Das Grundmodell der Regionalorganisation

> Die **Regionalorganisation** geht von den räumlich gebundenen Aktivitätsfeldern – den Regionen – aus. Sie knüpft damit an die regionale Differenzierung der Unternehmenspolitik an.

Auch beim Regionalmodell treten einige Verrichtungen hinzu, die erst die Funktionsfähigkeit des Gesamtsystems herstellen (z. B. Verwaltungsaufgaben wie Finanzen und Rechnungswesen), womit sich auch hier – ähnlich wie bei dem Objektmodell – Ansätze einer Mischgliederung bereits prinzipiell zeigen. Abb. 2.22 zeigt den grundsätzlichen Aufbau eines nach Regionen (I, II, III) gegliederten Unternehmens.

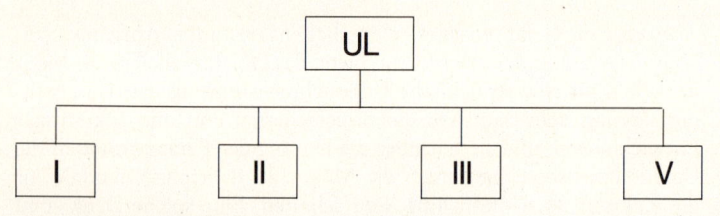

Abb. 2.22: Grundmodell einer Regionalorganisation
(UL = Unternehmensleitung; V = Verwaltung)

Das Grundmodell der Regionalorganisation kann weiter danach differenziert werden, ob es auf der nächst tieferen Integrationsstufe

– Verrichtungs-Subsysteme
– Objekt-Subsysteme oder
– Regional-Subsysteme umfaßt (vgl. Abb. 2.23).

(2) Das Verhalten der Regionalorganisation

Das Verhalten der Regionalorganisation weist einige kritische Merkmale auf, die je nach Kontext beachtet werden müssen. Dabei ist davon auszugehen, daß die für das Verrichtungsmodell und für das Objektmodell geltenden kritischen Verhaltensweisen auch im Regionalmodell anzutreffen sind (Ausnahme im Hinblick auf objektspezifische Belange: Regionalmodell ohne Produktdifferenzierung) und lediglich durch die spezifischen Belange einer Regionalgliederung überlagert werden. Im folgenden wird daher lediglich auf die spezifische Problematik der

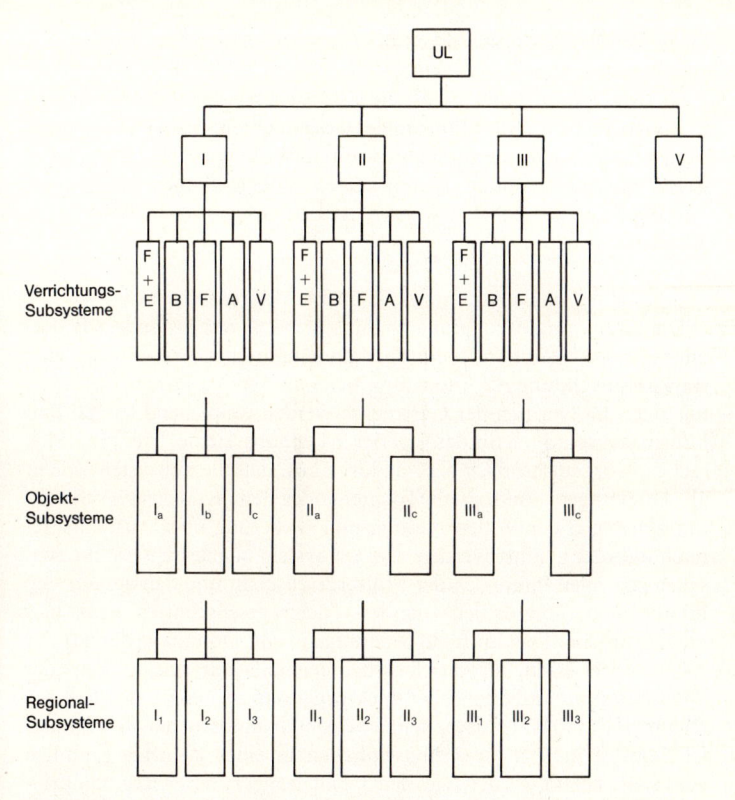

Abb. 2.23: Grundmodell einer Regionalorganisation mit unterschiedlichen Subsystemen

Regionalorganisation eingegangen, die sich auf der Ebene der Aggregation von Verrichtungs- und Objektsubsystemen ergibt:

(a) **In den einzelnen Regionen lassen sich unterschiedliche Strukturierungskonzepte verwirklichen**

Die einzelnen Regionen bieten sowohl im nationalen als auch im internationalen Rahmen aufgrund der politischen, ökonomischen, kulturellen und technologischen Besonderheiten im allgemeinen recht unterschiedliche Bedingungen für eine organisatorische Gestaltung. Diesen Bedingungen kann im Rahmen des Gesamtkonzeptes dadurch entsprochen werden, daß in den einzelnen regionalen Subsystemen jeweils andere Strukturierungskonzepte verwirklicht werden. Damit dürfte die Anpassungsfähigkeit des Gesamtsystems an unterschiedlich verlaufende Umweltentwicklungen in den einzelnen Regionen relativ groß sein. Störwirkungen, die in einzelnen regionalen Subsystemen auftreten, lassen sich im Rahmen des Gesamtsystems teilweise kompensieren, häufig aber mindestens in ihren Wirkungen eingrenzen. Bei geschickter Abstimmung der regionalen Systeme können die Störwirkungen derart ausgeglichen werden, daß sich insgesamt ein **Störgrößenausgleich** einstellt.

(b) **Die regionale Autonomie kann Fliehkräfte freisetzen**
Die Einbettung der regionalen Subsysteme in jeweils andere Bedingungen – insbesondere politischer und kultureller Art – bringt eine starke Hinwendung zur Anpassung an lokale Aspekte fast zwangsläufig mit sich: die Normen der Gastregion werden weitgehend formal und informal verbindlich für das Operieren der Subsysteme. Dies prägt sich rechtlich-organisatorisch z. B. dadurch aus, daß die Subsysteme nicht als Abteilungen, sondern als Tochter- oder Beteiligungsgesellschaften mit Umwegen der Willensbildung und -sicherung über Aufsichtsgremien indirekt geführt werden. Der im System angelegte Konflikt zwischen zentralen Interessen der Muttergesellschaft und den dezentralen Interessen der regionalen (Landes-)Tochtergesellschaften kann hier noch deutlicher Fliehkräfte in Richtung auf eine Dominanz dezentraler Aspekte freisetzen, als dies bei der ebenfalls auf dem Prinzip der Teilautonomie aufbauenden Objektorganisation bereits der Fall ist. Dieser Umstand läßt sich tendenziell dadurch mindern, daß die regionalen Subsysteme als Steuerungseinheiten in einer Zentrale räumlich zusammengefaßt werden (vgl. den 3. Fall des gestaffelten Regionalprinzips in Abb. 2.23), wodurch sich die konfliktäre Trennlinie zwischen zentraler und dezentraler Orientierung eine Stufe nach unten verlagert (Landesgesellschaften einer Region versus Regionalmanagement in der Zentrale). Die räumliche Dezentralisierung der regionalen Steuerungseinheiten in die Region hinein dürfte dagegen eher eine tendenziell stärkere Identifikation dieser Einheiten mit den dezentralen Aspekten der Region bewirken.

(c) **Notwendigkeit der Bildung von Zentralfunktionen**
Die Tatsache, daß in einem Regionalmodell – je nach Vorhandensein und Gliederung – auf unterer Ebene Verrichtungs- und/oder Objektsubsysteme auftreten, induziert auf zentraler Ebene **Harmonisations**bedürfnisse, denen durch Zentralfunktionen entsprochen werden muß, z. B. durch die Bildung von Zentralstellen, -abteilungen oder Ausschüssen zur umfassenden Harmonisation unterschiedlicher Verrichtungen

mit zusätzlichen Einheiten zur (»weltweiten«) Harmonisation von Objekten (Produktmanagement).

(d) **Probleme der Entwicklung eines überregional qualifizierten, mobilen Stammes an Führungskräften**
Bei international regionalisierten Unternehmen wird die nationale Herkunft der Führungskräfte häufig zum Problem. Im Idealfall müßten Führungskräfte international in allen Regionen einsetzbar sein. Sprachkenntnisse, persönliche Präferenzen und Immobilität markieren faktisch jedoch enge Grenzen für eine derartige Personalpolitik. Hinzu kommt die aus der nationalen Tradition der Muttergesellschaft heraus erklärbare Tendenz, dem Gesamtsystem den Stempel ihrer Organisations- und Führungsstruktur über die Besetzung relevanter Führungspositionen aufzudrücken. In dieser Weise sind viele »Multis« von einer echten Internationalisierung des Systems noch weit entfernt, sie stellen bestenfalls nationale Unternehmen mit internationalen Interessen dar.

4.2.2 Mehrdimensionale Organisationsmodelle

> **Mehrdimensionale Organisationsmodelle** wenden bei der organisatorischen Strukturierung auf der oberen Gliederungsebene mehrere Zentralisationskriterien gleichgewichtig und simultan an. Sie lassen sich in zweidimensionale **Matrix-** und (mindestens) dreidimensionale **Tensormodelle** einteilen.

Zwei unterschiedliche Ausprägungen sind denkbar:

Im ersten Fall werden Aufgaben auf zwei Dimensionen derart verteilt, daß im Schnittpunkt mehrerer Dimensionen keine organisatorischen Einheiten, sondern gemeinsam zu lösende **Probleme** stehen. Während die Verteilungsbeziehungen formalisiert sind, ergibt sich der Arbeitsbezug problemabhängig entformalisiert und zwangsläufig. Abb. 2.24 zeigt ein derartiges Organisationsmodell.

Im zweiten Fall werden in den Schnittpunkt mehrerer Dimensionen organisatorische **Einheiten** gestellt, die über die Gestaltung von Arbeitsbeziehungen mit mehreren Dimensionen verbunden werden. Abb. 2.25 zeigt einen derartigen Fall.

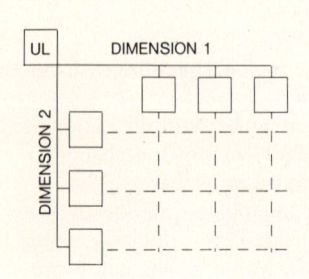

Abb. 2.24: Matrix-Organisation durch verteilungsmäßige Differenzierung

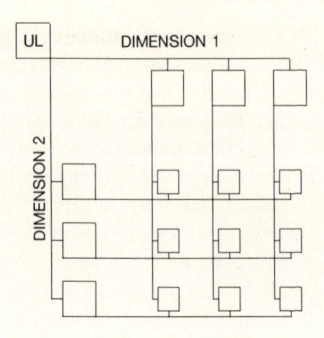

Abb. 2.25: Matrix-Organisation durch Mehrfach-Anbindung organisatorischer Einheiten

Abb. 2.26: Matrix primärer und sekundärer Verrichtungen
(E = Entwicklung; B = Beschaffung; F = Fertigung; A = Absatz)

4.2.2.1 Grundmodelle der Matrixorganisation

Je nachdem, welche Aufgabendimensionen in einer Matrix berücksichtigt werden, lassen sich folgende Matrixmodelle unterscheiden:

(1) Werden primäre Verrichtungen, die sich unmittelbar auf die Hervorbringung der Leistung des Unternehmens beziehen (Entwicklung, Beschaffung, Fertigung, Absatz), und sekundäre Verrichtungen, die sich durch eine nur mittelbare Leistungsbezogenheit auszeichnen und die Voraussetzung für die fortlaufende Erfüllung der primären Verrichtungen darstellen (Forschung, Logistik, Personal, Controlling, Treasuring), berücksichtigt, entsteht eine **Verrichtungsmatrix in sich** (vgl. Abb. 2.26).

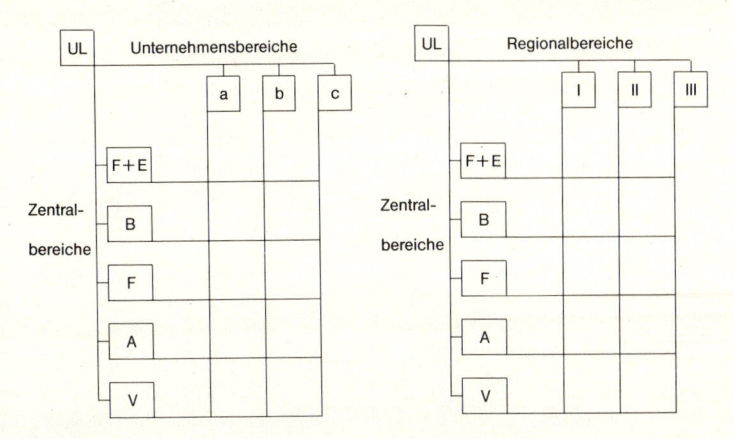

Abb. 2.27:
Verrichtungs-Objektmatrix

Abb. 2.28:
Verrichtungs-Regionalmatrix

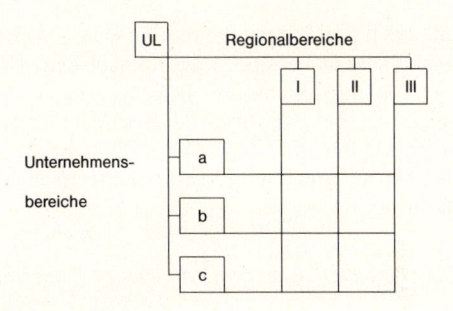

Abb. 2.29: Objekt-Regionalmatrix

(2) Werden Verrichtungen und Objekte berücksichtigt, entsteht eine **Verrichtungs-Objektmatrix** (vgl. Abb. 2.27).

(3) Werden Verrichtungen und Regionen berücksichtigt, entsteht eine **Verrichtungs-Regionalmatrix** (vgl. Abb. 2.28).

(4) Werden Objekte und Regionen berücksichtigt, entsteht eine **Objekt-Regionalmatrix** (vgl. Abb. 2.29). Ein derartiges Modell muß durch die Eingliederung von Verrichtungen über Zentralabteilungen oder Kollegien ergänzt werden, um arbeitsfähig sein zu können.

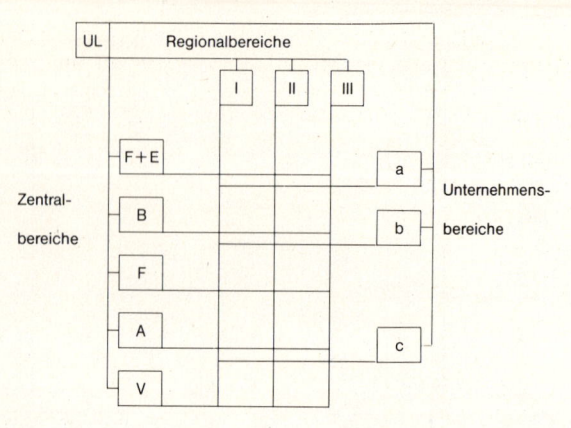

Abb. 2.30: Tensor-Modell

4.2.2.2 Grundmodell der Tensororganisation

Das Grundmodell der Tensororganisation geht von der simultanen Berücksichtigung aller Dimensionen der Aufgabe eines Unternehmens aus. Dabei ist von mindestens drei Dimensionen an der Ausdruck »Tensor-Modell« angebracht. Dimensionen sind im Regelfall Verrichtungen, Objekte und Regionen (vgl. Abb. 2.30). Denkbar ist als vierte Dimension die Hinzufügung von Organisationsformen auf Zeit (**Projektorganisation**).

4.2.2.3 Das Verhalten mehrdimensionaler Organisationsmodelle

Der Weg zu mehrdimensionalen Organisationsmodellen verlangt die Aufgabe einer Reihe traditionell geprägter – und offensichtlich in der organisatorischen Erfahrung der Vergangenheit bewährter – Organisationsprinzipien, wie operational auch immer diese formuliert sein mögen. Damit werden aber zugleich neue Fragen gestellt, die aus der Erfahrung noch nicht hinreichend beantwortet werden können:

(1) **Problematische Kompetenzabgrenzung**
Werden unter einer Kompetenz die Rechte und Pflichten zur Erfüllung von Führungs- und Ausführungsaufgaben verstanden, so stellt sich zusätzlich zum Problem der Kompetenzabgrenzung bei eindimensionalen Organisationsformen beim Übergang zur Mehrdimensionalität eine besondere Schwierigkeit. Bei allen Modellen, die Organisationseinhei-

ten in den Schnittpunkt der Matrix stellen, ergibt sich eine **Mehrfachunterstellung** und damit eine mehrfache Weisungsbeziehung, die von einem Gleichgewicht der Einflußnahme ausgehen. Dies läuft den Aufgabenträgern, die über längere Erfahrungen in eindimensional strukturierten Organisationen verfügen, häufig entgegen und führt von daher zu einer Labilität dieser Organisationsmodelle.

(2) **Zunahme der Organisationsprogrammierung**
Die Hinweise, daß mehrdimensionale Organisationsmodelle Konflikte häufig über teamförmige Abstimmungsprozesse lösen, lassen zunächst vermuten, daß derartige Alternativen grundsätzlich von einer geringeren Programmierungstendenz (insbes. i. S. der Routineprogrammierung von Handlungen) ausgehen, als dies bei eindimensionalen Organisationsmodellen der Fall wäre. Einer solchen Ansicht ist aus der Organisationspraxis entgegenzutreten, wenn ein teamfreudiges Zusammenarbeiten nicht zu den Erfahrungs- und Verhaltenstatbeständen einer entwickelten Organisationskultur gehört. Wenn z. B. *Schemkes* darauf hinweist, daß alle Regelungen zur Aufteilung und Abgrenzung von Anordnungskompetenzen vor Eintritt von Kompetenzschwierigkeiten und Konfliktfällen getroffen werden (vgl. Schemkes [Kompetenzabgrenzung] 438), dann deutet sich darin bereits die Tendenz an, mögliche Probleme, die sich aus unklaren Kompetenzabgrenzungen ergeben, vorab durch ein hohes Maß an Regelungs- und Programmierungsintensität zu vermeiden und zusätzlich für das Unprogrammierbare Konfliktlösungsmechanismen bereitzustellen. Bezüglich der Art der Regelung kommt es besonders darauf an, die ablauforganisatorischen Zusammenhänge transparent zu machen. Zum Beispiel ist festzulegen, wie der komplexe Handlungsprozeß zwischen den betroffenen Dimensionen ablaufen soll. In ablauforganisatorischer Hinsicht ist die Form und das Ausmaß von Doppelunterstellungen zu kennzeichnen.

(3) **Erweiterte Leitungsspannen verlangen flankierende Führungssysteme**
Damit die bei mehrdimensionalen Organisationsmodellen gegebene Erweiterung der Leitungsspanne sowohl für die Führungskräfte als auch für die Mitarbeiter zu bewältigen ist, sind verschiedene organisatorische Maßnahmen erforderlich: Einerseits sind alle regelbaren Vorgänge weitgehend zu delegieren. Andererseits sind »alle Register« neuzeitlicher Führungssysteme zu ziehen, um eine kollegiale Abstimmung herbeizuführen: **Management by objectives,** d. h. die Vereinbarung allgemeinverbindlicher Ziele zur Schaffung akzeptierter Orientierungsgrößen; Verantwortungsgesamtheiten anhand von überlappen-

den Erfolgsgrößen; Anreiz-, Beurteilungs- und Entwicklungssysteme im Personalbereich.

(4) **Erschwerte Konfliktlösung**
Durch die Gleichberechtigung bestimmter Dimensionen werden **Konflikte** zwischen ihren Repräsentanten an den Schnittpunkten mehrdimensionaler Strukturen **institutionalisiert**. Diese Offenlegung von Differenzen soll eine sachbezogene, qualitativ hochwertige Problemlösung fördern. Durch die Institutionalisierung von »**beabsichtigten« Konflikten** sollen weiter Such-, Lern- und Kommunikationsprozesse ausgelöst werden, die zur Verwirklichung neuer Verfahren oder Ideen führen können, so daß dieser Konflikt letzten Endes **produktiv** ist. Ein offenes Problem ist jedoch, in welchem Ausmaß durch die Personalisierung von Konflikten (z. B. durch unterschiedliche Ausbildung, divergierende Interessen und Wertvorstellungen der Konfliktparteien) die konstruktiven Wirkungen des institutionalisierten Konflikts wieder aufgehoben oder sogar in ihr Gegenteil verkehrt werden.

(5) **Qualifizierte Anforderungen an eine partizipativ-kooperative Führungsform**
Eine mehrdimensionale Organisationsstruktur stellt gleichsam eine Provokation zur Zusammenarbeit dar, die sich in einer kooperativen Führungsform ausdrückt. Bei aller Teamarbeit, die zur Entlastung der Vorgesetzten beitragen mag, verbleibt jedoch für die Leitung einer Matrix oder eines Tensors die Bereitstellung von Konfliktlösungsmechanismen.

Ohne auf alle Einzelheiten einer Prägung kooperativer Führungsformen eingehen zu können (vgl. dazu Bleicher/Meyer [Führung] 153 ff.), verbleibt die Frage, ob die Führung nicht angesichts der vielschichtigen Führungsproblematik überfordert wird.

(6) **Hohe Ansprüche an das menschliche Perzeptionsvermögen**
Die Komplexität und Dynamik der Arbeits- und Verteilungsbeziehungen, die sich in der Schaffung detaillierter organisatorischer Regelungen und bei der Gestaltung optimaler Leitungsspannen niederschlägt, sowie die besonderen Probleme, welche sich für die Führungskräfte und ihre Mitarbeiter durch die Institutionalisierung von Konflikten ergeben, stellen hohe Anforderungen an jeden Einzelnen. Wie groß die Konfliktintensität und die Mehrdimensionalität der Beziehungen sein dürfen, ohne das Perzeptionsvermögen des Menschen, insbesondere seine Fähigkeit zur Informationsaufnahme und Informationsverarbeitung zu überfordern, ist eine noch weitgehend ungeklärte Frage.

5 Die Harmonisation von Strategie, Struktur und Kultur

Chancen und Risiken der **Umwelt** fordern die Führung heraus, sich den sich bietenden Möglichkeiten und Gefahren über die Formulierung einer **Unternehmenspolitik** zu stellen. Die Organisation hat das Finden dieser unternehmenspolitischen Ziele und deren Verfolgung durch integrative Strukturierung zu ermöglichen und zu unterstützen. Die organisatorische Gestaltung vollzieht sich dabei auf drei Ebenen:

— der **Elementarebene**, indem die Systemelemente Aufgabe, Person und Sachmittel zu kleinsten leistungsbereiten Einheiten (= Basissystemen) verknüpft werden, wobei **Subsysteme kleinster Ordnung** (»**Stellen**«) entstehen,

— der **Zwischensystemebene**, indem Basissysteme selbst zu **Subsystemen höherer Ordnung** verknüpft werden (ohne Hinzufügung leitender Basissysteme = »**Arbeitsgruppen**«; mit Hinzufügung leitender Basissysteme = »**Abteilungen**«) und

— der **Gesamtsystemebene**, indem Zwischensysteme auf höchster Unternehmensebene unter Hinzufügung einer Spitzenleitung als oberstem leitenden Basissystem zum Gesamtsystem (»das Unternehmen«) integriert werden.

Die **Konfiguration** eines Organisationssystems folgt den jeweiligen organisatorischen Gestaltungsmöglichkeiten auf den genannten drei Ebenen.

Die unternehmenspolitische Forderung umfaßt eine **Gestaltungskonzeption**, die umweltbezogen aus dem Feld **möglicher** alternativer Formen und Modelle organisatorischer Strukturierung eine Art »Korridor« **wünschenswerter und akzeptabler** Lösungen definiert, die zu entwickeln, bewerten und gestalten sind. Die **Organisationspolitik** als Teil einer gesamthaften Unternehmenskonzeption zur Sicherung der Überlebens- und Entwicklungsfähigkeit des Unternehmens wird damit zum Ausgangspunkt für konkretes organisatorisches Handeln in den Phasen der Planung, Implementation, Realisation und Kontrolle der Organisation, wie in dem Lehrbuch »Unternehmungsentwicklung und organisatorische Gestaltung« dieser UTB-Reihe näher beschrieben.

Die **strategische Unternehmungsführung** (Programm-, Potential-, Organisationsplanung) will Richtung, Ausmaß und Struktur der Unternehmensentwicklung bestimmen. Sie ist während des letzten Jahrzehnts deutlich in den Mittelpunkt der Führungsaufgabe gerückt. *Alois Gälweiler* [Führung] siedelt sie im Bereich der Suche, des Aufbaus und der Sicherung von Erfolgspotentialen an. Mit *Igor Ansoff* wird sie zu einem Planungsprozeß. »Jede Unernehmung ist letztlich so gut oder so schlecht wie ihre Führung.« (Hahn [Unternehmungsplanung] 58).

Unternehmensführung ist allerdings nicht nur ein Komplex sachrationaler Entscheidungsbildung, sondern eingebettet in ein Netz sozio-emotionaler Strukturen. So wird die Strategiewahl des Managements letztlich von dessen Präferenzen entscheidend mitgesteuert. Aufgrund dieser – auch in vielen Erfolgsbüchern zutage tretenden – Einsichten vollzieht sich allmählich eine Trendwende in der Betriebswirtschaftslehre von einer rein ökonomisch orientierten Disziplin zu einer Ökonomisches und Soziales integrierenden Wissenschaft vom Management. Diese kann nicht vor der konzeptionellen Ausrichtung ihres wesentlichen Betrachtungsobjekts – der Unternehmensführung – haltmachen. Strategische Unternehmensführung ist daher in ganzheitlicher Sicht immer zukunftsorientierte Integration ökonomischer und sozialer Elemente und Beziehungen im Rahmen einer Konzeption der Anpassung des Unternehmens.

Die Anpassung eines Unternehmens an seine Umwelt wirft eine Reihe existenzieller **Kongruenzprobleme** auf. *Lawrence/Lorsch* [Organization] kennzeichnen diese mit der Forderung, daß zwischen einzelnen Anpassungsfeldern ein »**organizational fit**« hergestellt werden müsse. Dieser erfordert eine Abstimmung (vgl. Abb. 2.31) zwischen:

- **Umwelt und Unternehmen** ①. Sie wird durch die Unternehmenspolitik, hier vor allem durch die unternehmenspolitischen Ziele, vollzogen.

- **Unternehmenspolitik und übrigen Subsystemen des Unternehmens.** Die Unternehmenspolitik umreißt nicht nur – aus dem Abgleichen externer Chancen und Risiken mit den intern gegebenen Problemlösungsfähigkeiten – Ziele, sondern sie definiert auch Maßnahmenrichtungen, indem sie den Systemmitgliedern einen »Korridor« strategischer Alternativen bei der Realisierung der Sachziele vorgibt. In diesem Raum erfolgt die strategische Planung der **ökonomischen** (»Programmplanung«), **humanen** (»Personalplanung«), **technischen** (»Investitionsplanung«) und **nominalen** (»Finanzplanung«) Potentiale. Sie wird ergänzt durch die Planung **organisatorischer**

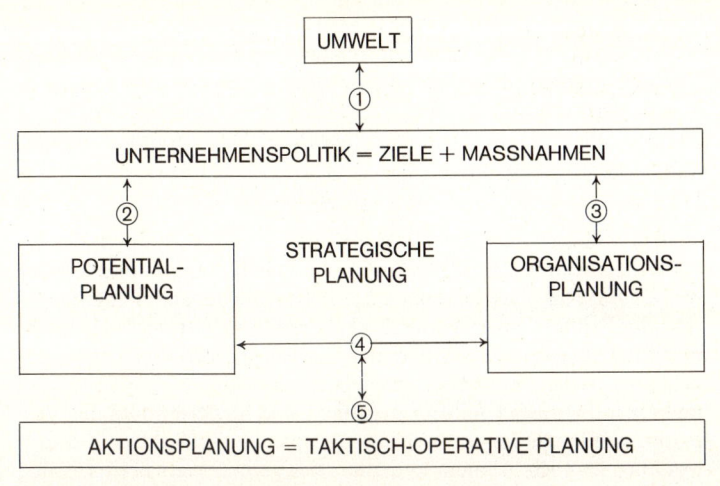

```
                    ┌─────────┐
                    │ UMWELT  │
                    └─────────┘
                         ▲
                         │ ①
┌────────────────────────┼────────────────────────┐
│   UNTERNEHMENSPOLITIK = ZIELE + MASSNAHMEN      │
└──┬─────────────────────────────────────────┬────┘
   ▲ ②                                       ▲ ③
┌──┼──────────┐     STRATEGISCHE      ┌──────┼──────┐
│ POTENTIAL-  │       PLANUNG         │ ORGANISATIONS-│
│  PLANUNG    │                       │   PLANUNG   │
│             │◄────────④────────────►│             │
└─────────────┘          ▲             └─────────────┘
                         │
                         ⑤
┌─────────────────────────────────────────────────┐
│  AKTIONSPLANUNG = TAKTISCH-OPERATIVE PLANUNG    │
└─────────────────────────────────────────────────┘
```

Abb. 2.31: Anpassungsfelder des »Organizational fit«

Strukturen. Potential- und Organisationsplanung als strategische Ausfüllung und Konkretisierung der Unternehmenspolitik folgen den ökonomischen und sozialen Zielen, die gleichfalls Teil des unternehmenspolitischen Konzeptes sind:
- **Potentialplanung** ② und **Organisationsplanung** ③ sind jeweils in einen »fit« mit den unternehmenspolitischen Vorstellungen und weiter
- in eine Kongruenz miteinander zu bringen ④. Aus dieser strategischen Dimension heraus erfolgt die
- **taktisch-operative Umsetzung in eine Aktionsplanung,** die selbst in ein »fit«-Verhältnis zur strategischen Planung gebracht werden muß ⑤.

Von den dargestellten Anpassungsfeldern ist organisatorisch vor allem das Feld der **Kongruenz von Potentialplanung und Organisationsplanung** ④ thematisiert worden. Dabei wird häufig von der Vorstellung einer sukzessiven Planabstimmung zur Herstellung eines »fit« ausgegangen.

> *Chandler* ([Strategy] 14) stellte anhand empirisch-historischer Untersuchungen größerer amerikanischer Unternehmen die These auf: »**structure follows strategy**«, d. h. die Anpassung von Organisationsstrukturen folgt erst mit deutlichem zeitlichen Abstand Veränderungen der Strategie.

Dem ließe sich entgegenhalten, daß die Organisation durch die Art der Arbeitsteilung und Harmonisation schließlich Denk- und Verhaltensweisen von Entscheidungsträgern beeinflusse und sogar in bestimmte Bahnen lenke, wodurch überhaupt erst bestimmte Zielsuch- und -definitionsprozesse eingeleitet werden, die zur Wahl unternehmensspezifischer Strategien führen. Dies würde dann *Chandlers* These umkehren: »**strategy follows structure**«. Idealerweise sollte das Verhältnis von Potential- und Organisationsplanung im Rahmen der strategischen Planung in einem Verhältnis sich gegenseitiger Beeinflussung gesehen werden.

Stellen die dargestellten Kongruenzprobleme des Erreichens eines »fit« zwischen verschiedenen Größen im Felde strategischer Unternehmensplanung auf **zukunftsorientierte Veränderungen** von Potentialen und Strukturen ab, so sind dabei wesentliche **Restriktionen der Vergangenheit** zu beachten, die ähnlich wie die »Korridorfunktion« der Unternehmenspolitik die Wahl organisatorischer Gestaltungsalternativen einengen und in extremen Fällen sogar determinieren können:

– Im Felde **sach-rationalen** Unternehmensgeschehens ist dies der gegebene Bestand an ökonomischen, humanen, technischen und finanziellen Potentialen, die aufgrund vorausgegangener Entscheidungen die aktuellen Ressourcen des Unternehmens bilden.

Neben dem Herstellen einer Balance zwischen den genannten Potentialgruppen ist ihre Aggregation in der Unternehmensgröße von Bedeutung. Sie indiziert die Komplexität eines Systems, die durch Organisation und Planung bewältigt werden muß. In dem Lehrbuch »Unternehmungsentwicklung und organisatorische Gestaltung« dieser UTB-Reihe wird der Zusammenhang von Unternehmensgröße und ihrer Veränderung im Zeitablauf (»Unternehmungsentwicklung«) mit der organisatorischen Anpassung näher dargestellt.

– Im Feld **sozio-emotionalen** Unternehmensgeschehens ist es der **Bestand an Normen und Werten,** der sich im Laufe der Unternehmensgeschichte gebildet hat und das **Verhalten** der Organisationsmitglieder prägt. Jedes Unternehmen scheint hier vor dem Hintergrund der sozio-

```
                ZUKUNFTSGEBUNDENE UNTERNEHMENSPOLITIK:
                    VERÄNDERUNG ÜBERLIEFERTER BESTÄNDE

    ┌─────────────────────────────┬─────────────────────────────┐
    │    POTENTIALPOLITIK         │     ORGANISATIONSPOLITIK    │
    └──────────────┬──────────────┴──────────────┬──────────────┘
                   ↓                             ↓
         ┌──────────────────────────────────────────────┐
         │       ORGANISATORISCHE GESTALTUNG            │
         └──────────────────────────────────────────────┘
                   ↑                             ↑
    ┌──────────────┴──────────────┬──────────────┴──────────────┐
    │    POTENTIALBESTAND         │     ORGANISATIONSKULTUR     │
    └─────────────────────────────┴─────────────────────────────┘

              VERGANGENHEITSGEBUNDENE UNTERNEHMENSHISTORIE:
                 ZUKUNFTSPRÄGENDE VERGANGENHEITSBESTÄNDE
```

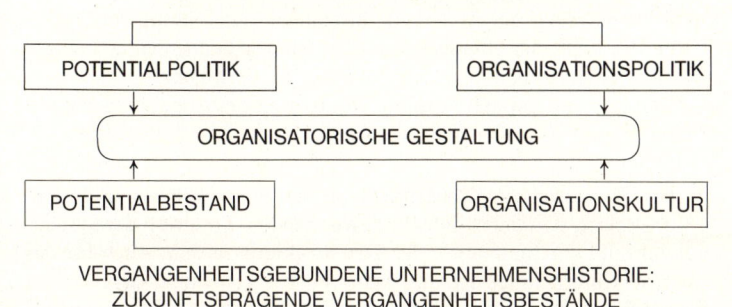

Abb. 2.32: Die Entwicklung einer zukunftsgebundenen Unternehmenspolitik aus der vergangenheitsgebundenen Unternehmenshistorie

kulturellen Umwelt eine eigene **Organisations- und Führungskultur** zu entwickeln, die zu einer kollektiven Programmierung menschlichen Denkens und Handelns führen kann (vgl. Hofstede [Kultur] 1169). Es sind die spezifischen Erfahrungen aus der Vergangenheit, Erfahrungen über gelungene und mißlungene Problemlösungen, die sich in ungeschriebenen Gesetzen niederschlagen und durch Erzählungen, sensible persönliche Eigenkorrektur, Mythen, Traditionen und Zeremonien in die Gegenwart übertragen. Diese »informalen Erscheinungen«, die zwar Einfluß auf die formalen Regelungen des Systems nehmen, aber selbst nicht formalisiert sind, **verankern die Gegenwart des Systems in seiner Vergangenheit.** Damit stellt die Vorwelt des Systems als Summe seiner besonderen Historie gleichsam die **Basis für die zukünftige Evolution** dar (vgl. dazu Abb. 2.32).

Eugen von Keller ([Management] 114f.) hat versucht, die besonderen **Eigenschaften** einer solchen **Kultur** in wenigen Stichworten zusammenzufassen:

- Kultur ist **menschgeschaffen**; sie ist ein Produkt kollektiven gesellschaftlichen Denkens und Handelns einzelner Menschen;
- Kultur ist **überindividuell**, ein soziales Phänomen, das den einzelnen überdauert;
- Kultur wird **erlernt;**
- Kultur ist **verhaltenssteuernd:** Sie drückt sich in (nichtformalisierten) Regeln, Normen und Verhaltenskodices aus;
- Kultur strebt nach innerer **Konsistenz und Integration:** »Kultur ist

jenes Instrument, mit dem eine Gesellschaft die Anpassung an ihre Umwelt bewerkstelligt. Gleichzeitig stellt sie jedem einzelnen Individuum bewährte Methoden und Instrumente zur Lösung der Probleme des täglichen Überlebens und zur Befriedigung seiner biologischen und sozialen Grundbedürfnisse zur Verfügung.«

– Kulturen sind **anpassungsfähig** und unterliegen Anpassungsprozessen, die im Falle der Kulturevolution graduell und allmählich ablaufen.

Diese Kennzeichnung verdeutlicht die besondere Rolle einer Organisationskultur, nämlich **Bindeglied** zwischen der **Tradition der Systemvorwelt** und der **Innovation der Systemzukunft** zu sein. Auch für das einzelne Unternehmen ist dies keine neue Feststellung, denn in der **genetischen Betrachtung** findet sich immer wieder der Hinweis auf die besondere innovative und wenig formalisierte Verhaltensweise in der sog. **Gründungsphase**, der Tradition und bürokratische Verhaltensweisen in der **Reifephase** gegenübergestellt werden. *Chandlers* These läßt sich daher um die Feststellung erweitern: »**Strategy and structure follow culture**«.

Zunehmend rückt das Verhältnis von strategischer Unternehmensführung und Unternehmenskultur in den Mittelpunkt des Interesses. Zu den traditionellen »harten« ökonomischen Gestaltungsfaktoren treten mehr und mehr »weiche«, die sich in der sozialen Dimension des

Schachtelmodell (Grundriß)	Legende
	A Privatkultur = kulturelle Standards eines Individuums (sog. Propriozept)
	B Unternehmungskultur = kulturelle Standards einer Unternehmung
	C Branchenkultur = kulturelle Standards einer Branchengemeinschaft
	D Gesellschaftskultur = kulturelle Standards einer ganzen Gesellschaft

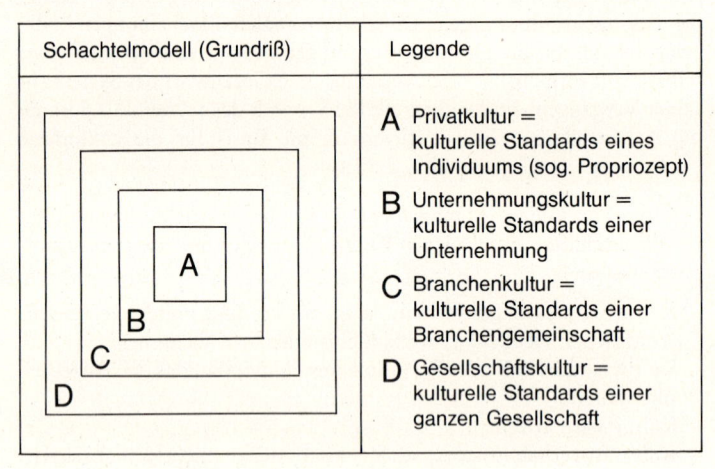

Abb. 2.33: Schachtelmodell institutioneller Kultur
(nach Scheuss [Strategische Anpassung])

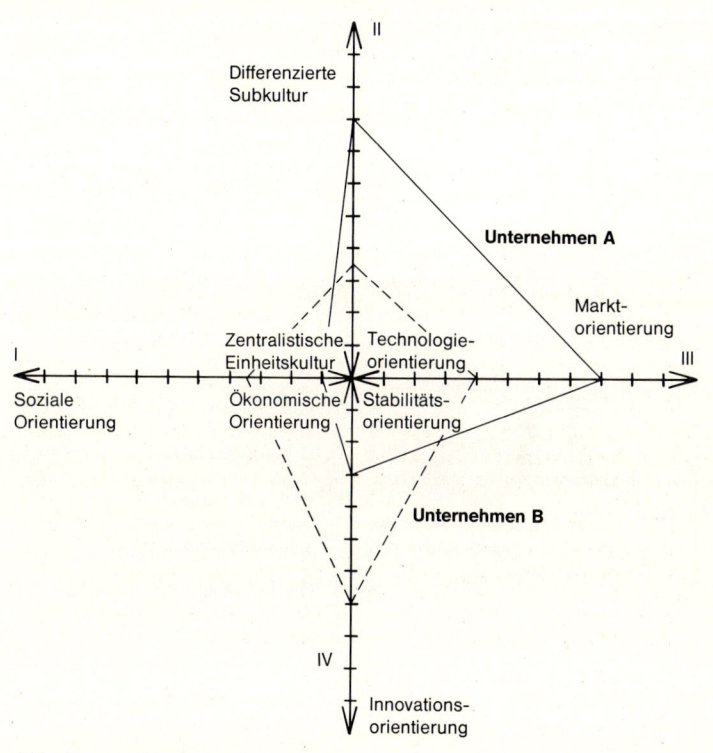

Abb. 2.34 Kulturtypen

Unternehmens entwickeln (Peters/Waterman [Excellence]; Ouchi [Theory Z]; Pascale/Athos [Art]) und unter dem Stichwort der »**Unternehmenskultur**« zusammengefaßt werden.

Unternehmenskultur steht in unmittelbarer Interdependenz mit dem kulturellen Code des Individuums auf der einen sowie den Werten und Normen der Branchen- und Gesellschaftskultur auf der anderen Seite. Das Ordnungsgefüge dieser sich einander partiell überschneidenden Kulturbereiche zeigt Abb. 2.33.

Unterschiedliche Kulturtypen im Spannungsfeld zwischen den Extrempolen verdeutlicht Abb. 2.34. Die gegensätzlichen Randpositionen innerhalb des jeweiligen Kulturtyps werden durch Merkmalsausprägungen beschrieben. (Man beachte die vielfältigen Parallelen zur Konfi-

I. Ökonomische versus soziale Kulturprägung
- Unternehmung als »Gelderzeugungsmaschine«
- Unternehmung als Sozialsystem
- Betonung kurzfristiger ökonomischer Ertragskraft
- Betonung der gesellschaftlichen und sozialen Verträglichkeit von Entscheidungen
- Controlling-Orientierung
- Entwicklungs-Orientierung

II. Zentralistische Einheitskulturprägung versus differenzierte Subkulturprägung
- Einheitlichkeit durch Standardisierung und Formalisierung
- Informalität und Wettbewerb zwischen teilautonomen Einheiten
- große Einheiten mit funktionaler (»professioneller«) Spezialisierung (kritische Massen erleichtern Durchbrüche und sichern ökonomische Rationalität) und mit steiler Organisationskonfiguration
- kleine Einheiten und breite Leitungsspannen durch Beschränkung der Leitung auf Zielvereinbarung, Unterstützung (»tutoring«), Ergebnisverfolgung (»monitoring«) und Suche nach neuen unternehmerischen Möglichkeiten (»nurturing«) schaffen flache Organisationskonfigurationen
- Stab-Linienorganisation mit Spitzennähe
- Operationsnahe Matrix- und Teamstrukturen werden bevorzugt
- Autoritative Kooperation bei hierarchischer Kommunikationsstruktur (Dienstwegprinzip)
- laterale Kooperation bei offenen Kommunikationsstrukturen
- Prinzip der Fremdorganisation führt zur Einheitlichkeit der Systemstruktur
- Prinzip der Selbstorganisation führt zu angepaßten, aber ungleichen Substrukturen

III. Technologie- versus Marktorientierung
- Technologie schafft Märkte
- Märkte suchen sich ihre Technologie
- Forschung und Entwicklung/Produktion bestimmen den Erfolg
- Marketing bestimmt den Erfolg, alle anderen Funktionen dienen ihm
- Der technische Durchbruch in der Entwicklung/Fertigung ist die kritische Variable zur Sicherung der Überlebensfähigkeit
- Die Beeinflussung der Käuferpräferenzen ist die kritische Variable zur Sicherung der Überlebensfähigkeit

IV. Stabilitätssuchende versus innovationsorientierte Kulturprägung
- Suche nach regelgebundener Sicherheit
- Suche nach spontaner Herausforderung
- Gleichgewichtsstreben, Vermeiden von Ungleichgewichten
- Initiieren und Nutzen von Ungleichgewichten
- Risikoabgewandtheit
- Risikofreude
- Bürokratisches Denken und Handeln
- Unternehmerisches Denken und Handeln
- Erhaltungsstreben
- Veränderungsstreben
- »Palastorganisation« auf Dauer schafft Stabilität
- »Zeltorganisation« auf Zeit schafft Flexibilität

Abb. 2.35: Merkmalsausprägungen alternativer Kulturtypen

guration einer Organisation, Abb. 2.7). Die Merkmalsausprägungen alternativer Kulturtypen sind in Abb. 2.35 dargestellt.

Abschließend sei kurz auf die Zusammenhänge zwischen Strategie und Kultur hingewiesen.

Die **strategische Unternehmungsplanung** stellt das Schaffen von Zukunftspotentialen über die Herstellung zielbezogener Produkt-Marktkombinationen in den Mittelpunkt ihrer Überlegungen. Werden und Prägung ökonomischer Potentiale im Produkt-Marktprogramm schaffen eine Geschichte der Erfolge und Mißerfolge bei der Suche nach marktlichen und technologischen Möglichkeiten und ihrer Nutzung im kognitiven »Gedächtnis« des Unternehmens. Die so gewonnene Identität eines Unternehmens wirkt sich affektiv in bestimmten Präferenzen bei der Wahl von Strategien aus. Im Rahmen der Potentialplanung kommt nicht zuletzt darum der – bislang oft vernachlässigten – Führungskräfteplanung (Hahn [Unternehmungsplanung] 58) eine besondere Bedeutung zu: sie befindet über Art und Umfang der vorgehaltenen Managementkapazität. Nur durch den Austausch von Kulturträgern lassen sich nicht abbaubare Dysfunktionalitäten in einer Kultur**revolution** kurz- bis mittelfristig aufbrechen. Alle anderen Maßnahmen (beispielsweise Personalentwicklung, Rotation, Ausgestaltung des Anreiz- und Belohnungssystems für Führungskräfte) sind solche langfristiger Kultur**evolution**.

Der Strukturzusammenhang zwischen Strategie und Kultur wird über die **Organisationsplanung** hergestellt. Da Strukturen Verhalten prägen ist das Verhältnis von Organisation und Kultur ein besonders enges, wechselbezügliches. Interdependenzen zwischen der Unternehmenskultur und ihren Subkulturen bei der Wahl alternativer Organisationsmodelle sind zu prüfen. Verrichtungs-, Objekt-, Regional-, Matrix- und Tensormodell determinieren die jeweilige Kulturentwicklung bereits über ihre differierenden Integrationsmuster in unterschiedliche Richtungen (Bleicher [Unternehmungskultur] 790f.; Staerkle [Wechselwirkungen] 529.).

Aus dem großen Feld möglicher Kombinationen definiert die strategische Unternehmensführung einen Verhaltenskorridor, um zweckgerichtete Problemlösungen zu erreichen. Nicht alle Facetten der in einem evolutionären Prozeß entstandenen Ordnung des Sozialsystems Unternehmen sind gestaltbar. Ansatzpunkte für eine partielle, aber nicht im Detail beherrschbare Änderung des Werte- und Wissensvorrats des Systems bietet die bewußte Schaffung von Rahmenbedingungen für die soziale Evolution. Ziele in diesem Bereich werden sich häufig weniger als positive Vorgaben formulieren lassen denn als Restriktionen/Grenzlinien, deren Überschreitung das Verlassen eines zugestandenen (erwünschten) Entwicklungskorridors signalisiert.

Kulturpolitik wird damit zu einer wesentlichen Ergänzung der strategischen Unternehmensführung. Eine starke (unterstützende) Unternehmenskultur wirkt als unternehmerisches Fundament der erstrebten strategischen Stoßrichtung in der Unternehmensentwicklung. Erst die Integration von Kultur und Strategie macht deren Stärke aus. Die strategische Unternehmensführung muß sich den in der Kultur angelegten Risiken und Chancen bei ihrer Planung bewußt sein. Kulturelle Risiken bei Wahl und Implementierung sind zu erkennen und zu beseitigen. Die Chancen einer starken Unternehmenskultur als »Autopilot« für die implizite Verhaltenssteuerung zulasten expliziter, formalistischer Instrumente sind zu nutzen.

Literaturhinweise

Aldrich, Howard E.: [Organizations] and Environments. Englewood Cliffs 1979.
Ansoff, Igor: Implanting Strategic Management. Englewood Cliffs 1984.
Arbeitskreis „Langfristige Unternehmensplanung" der Schmalenbach-Gesellschaft: [Strategische Planung]. In: Zeitschrift für betriebswirtschaftliche Forschung, 29. Jg. (1977), S. 1–20.
Bales, R. F.: Task Roles and Social Roles in [Problem Solving Groups]. In: Readings in Social Psychology, hrsg. v. E. E. Maccoby, T. M. Neycomb und E. L. Hartley, 3. Aufl., New York 1958, S. 396–413.
Barnard, Chester J.: The [Functions] of the Executive. Cambridge (Mass.) 1938.
Bertalanffy, Ludwig von: Zu einer allgemeinen [Systemlehre]. Biologia Generalis 1949, S. 114–129. Nachgedruckt in: Organisation als System, hrsg. v. Knut Bleicher, Wiesbaden 1972, S. 31–45.
Blau, Peter M. und R. A. Schoenherr: The [Structure] of Organization. New York 1971.
Bleicher, Knut: [Kompetenz] In: Handwörterbuch der Organisation (HWO), hrsg. v. E. Grochla, 2. Aufl., Stuttgart 1980, Sp. 1056–1064.
Bleicher, Knut: [Perspektiven] für Organisation und Führung von Unternehmungen. Baden-Baden u. Bad Homburg v. d. Höhe 1971.
Bleicher, Knut: [Unternehmungsentwicklung] und organisatorische Gestaltung. Stuttgart u. New York 1979.
Bleicher, Knut: Organisation – [Formen] und Modelle. Wiesbaden 1981.
Bleicher, Knut: [Unternehmungskultur] und strategische Unternehmungsfüh-

rung. In: Strategische Unternehmungsplanung – Stand und Entwicklungstendenzen, hrsg. v. Dietger Hahn und Bernard Taylor, S. 757–797.

Bleicher, Knut: [Verantwortung]. In: HWO, Stuttgart 1980, Sp. 2283–2292.

Bleicher, Knut: Strukturen und [Kulturen] der Organisation im Umbruch: Herausforderung für den Organisator. In: zfo 55 (1986), S. 97–108.

Bleicher, Knut und Erik Meyer: [Führung] in der Unternehmung – Formen und Modelle. Reinbek b. Hamburg 1976.

Blohm, Hans und Wolfgang Seppeler: Neue [Impulse] durch Sparten- und Matrixorganisation – auch für Klein- und Mittelbetriebe. In: Zeitschrift für Organisation, 45. Jg. (1976), S. 65–71.

Bosetzky, Horst: Zur Erzeugung von [Eigenkomplexität] in Großorganisationen. In: Zeitschrift für Organisation, 45. Jg. (1976), S. 279–285.

Bühner, Rolf: Betriebswirtschaftliche Organisationslehre. München-Wien 1986.

Burns, Tom und G. M. Stalker: The [Management] of Innovation. 2. Aufl. London 1966.

Chandler, Alfred D. Jr.: [Strategy] and Structure. Chapters in the History of Industrial Enterprise. 3. Aufl., Cambridge (Mass.) u. London 1966.

Child, John: [Organizational Structure], Environment and Performance: The Role of Strategic Choice. In: Sociology, 1972, S. 1–22.

Cyert, Richard M. und James G. March: A [Behavioral Theory] of the Firm. Englewood Cliffs 1963.

Deal, Terrence E. und Allan A. Kennedy: Corporate Cultures. The Rites and Rituals of Corporate Life. Reading (Mass.) 1982.

Duncan, Robert B.: Characteristics of [Organizational Environments] and Perceived Environmental Uncertainty. In: Administrative Science Quarterly, 1972, S. 313–327.

Duncan, Robert B.: What ist the Right Organization [Structure]? Decision Tree Analysis Provides the Answer. In: Organizational Dynamics. Winter 1979, S. 59–80.

Dyllick, Thomas: Gesellschaftliche Instabilität und Unternehmungsführung. Bern-Stuttgart 1982.

Fayol, Henry: [Administration] industrielle et générale. Paris 1916.

Frese, Erich: Grundlagen der [Organisation]. 2. Aufl., Wiesbaden 1984.

Gälweiler, Aloys: [Unternehmensplanung]. Grundlagen und Praxis. Frankfurt u. New York 1974.

Grochla, Erwin: [Automation] und Organisation. Die technische Entwicklung und ihre betriebswirtschaftlich-organisatorischen Konsequenzen. Wiesbaden 1966.

Grochla, Erwin: [Unternehmungsorganisation] – Neue Ansätze und Konzeptionen. Reinbek b. Hamburg 1972.

Grochla, Erwin (Hrsg.): [Organisationstheorie]. 2 Bände. Stuttgart 1975 und 1976.

Grochla, Erwin: [Einführung] in die Organisationstheorie. Stuttgart 1978.

Grochla, Erwin: Grundlagen der organisatorischen [Gestaltung]. Stuttgart 1982.

Gutenberg, Erich: [Grundlagen] der Betriebswirtschaftslehre, 1. Bd.: Die Produktion. 20. Aufl., Berlin, Heidelberg u. New York 1973.
Hahn, Dietger: Planungs- und Kontrollrechnung [PuK]. 3. Aufl., Wiesbaden 1986.
Hahn, Dietger: Stand und Entwicklungstendenzen der strategischen [Planung] in: Strategische Unternehmungsplanung – Stand und Entwicklungstendenzen, hrsg. v. Dietger Hahn und Bernard Taylor, S. 3–30.
Hahn, Dietger und Bernard Taylor (Hrsg.): Strategische Unternehmungsplanung – Stand und Entwicklungstendenzen. 4., veränd. u. erw. Aufl., Heidelberg-Wien 1986.
Heinen, Edmund: [Einführung] in die Betriebswirtschaftslehre. 8., durchgesehene Aufl., Wiesbaden 1982.
Herzberg, Frederick H.: Work and the [Nature of Man]. Cleveland 1966.
Hill, Wilhelm, Raymond Fehlbaum und Peter Ulrich: [Organisationslehre] – Ziele, Instrumente und Bedingungen der Organisation sozialer Systeme (2 Bände). 3. verbesserte Aufl., Bern u. Stuttgart 1981.
Hoehn, Reinhard: [Stellenbeschreibung] und Führungsanweisung 9. Aufl. Bad Harzburg 1976.
Hoffmann, Friedrich: Entwicklung der [Organisationsforschung]. 2. überarbeitete und erweiterte Aufl., Wiesbaden 1976.
Hofstede, Geert: [Kultur] und Organisation. In: Erwin Grochla (Hrsg.): Handwörterbuch der Organisation. 2. Aufl., Stuttgart 1980, Sp. 1168–1182.
Janowsky, Bernd: [Bürokratie]. In: Handwörterbuch der Organisation, hrsg. v. Erwin Grochla, Stuttgart 1969, Sp. 324–328.
Keller, Eugen v.: [Management] in fremden Kulturen. Ziele, Ergebnisse und methodische Probleme der kulturvergleichenden Managementforschung. Bern u. Stuttgart 1982.
Kieser, Alfred (Hrsg.): Organisationstheoretische [Ansätze]. München 1981.
Kieser, Alfred und Herbert Kubicek: [Organisation]. 2. Aufl., Berlin u. New York 1983.
Kieser, Alfred und Herbert Kubicek: [Organisationstheorien]. 2 Bände. Stuttgart 1978.
Kirsch, Werner: Einführung in die Theorie der [Entscheidungsprozesse]. Wiesbaden 1977.
Klimecki, Rüdiger G.: Laterale Kooperation. Bern u. Stuttgart 1985.
Kloidt, Heinrich: [Betriebsgliederung], organisatorische. In: Handwörterbuch der Betriebswirtschaft, hrsg. v. Hans Seischab und Karl Schwantag, 3. Aufl., Stuttgart 1956, Band 1, Sp. 790–800.
Köhler, Richard: Empirische und handlungstheoretische [Forschungskonzeptionen] in der Betriebswirtschaftslehre. Stuttgart 1977.
Kosiol, Erich: [Kollegien]. HWO, Stuttgart 1969, Sp. 817–825.
Kosiol, Erich: [Organisation] der Unternehmung. 2. durchgesehene Aufl., Wiesbaden 1976.
Kosiol, Erich: [Aufbauorganisation]. In: HWO, Stuttgart 1969, 179–187.
Krüger, Winfried: Organisation der Unternehmung. Stuttgart u. a. 1984.
Kubicek, Herbert: Empirische [Organisationsforschung]. Stuttgart 1975.

Lawrence, Paul R. und Jay W. Lorsch: [Organization] and Environment – Managing Differentiation and Integration. 12. Aufl., Homewood u. a. 1975.

Luhmann, Niklas: [Zweckbegriff] und Systemrationalität. Tübingen 1968.

Luhmann, Niklas: Soziale [Systeme] – Grundriß einer allgemeinen Theorie. 2. Aufl., Frankfurt 1985.

Malik, Fredmund: [Strategie] des Managements komplexer Systeme. Bern und Stuttgart 1984.

March, James G. und Herbert A. Simon: [Organisationen] und Individuen. Wiesbaden 1976.

Maslow, Abraham H.: [Motivation] and Personality. 2. Aufl., New York u. London 1970.

Mayo, E.: Probleme industrieller [Arbeitsbedingungen]. Frankfurt (M.) 1945.

Mintzberg, Henry: The [Structuring] of Organizations. Englewood Cliffs 1979.

Morgan, Gareth: [Images] of Organization. Beverly Hills (Cal.) u. a. 1986

Negandhi, Anant R. (Hrsg.): [Interorganization Theory]. New Delhi 1975.

Nordsieck, Fritz: [Betriebsorganisation]. Lehre und Technik. 2 Bände. Stuttgart 1961.

Ouchi, William G.: [Theory Z] – How American Business Can Meet the Japanese Challenge. Reading (Mass.) 1981.

Parsons, T.: An [Approach] to Psychological Theory in Terms of the Theory of Action. In: Psychology, S. 612–711.

Pascale, R. T. und A. G. Athos: The [Art] of Japanese Mangement. New York 1981.

Peters, Thomas J. und Richard H. Waterman: In Search of [Excellence]. New York 1982.

Probst, Gilbert J. B.: Selbstorganisation. Berlin und Hamburg 1987.

Puempin, Cuno: Management strategischer [Erfolgspositionen]. 3. Aufl. Bern Stuttgart 1986.

Roethlisberger, F. J. und W. J. Dickson: [Management] and the Worker. Cambridge (Mass.) 1939.

Schanz, Günther: [Organisationsgestaltung] – Struktur und Verhalten. München 1982.

Schein, Edgar: [Organizational Culture] and Leadership. San Francisco u. a. 1985.

Schemkes, Helmut: [Kompetenzabgrenzung] bei der Mehrlinienorganisation. In: Zeitschrift für Organisation, 43. Jg. (1974), S. 433–443.

Scheuss, Ralph: Strategische [Anpassung] der Unternehmung. Diss. St. Gallen 1985.

Schmalenbach, Eugen: [Pretiale Wirtschaftslenkung.] Bremen/Horn.
Band 1: Die optimale Geltungszahl 1947.
Band 2: Pretiale Lenkung des Betriebes 1948.

Schreyögg, Georg: [Umwelt], Technologie und Organisationsstruktur. Eine Analyse des kontexttheoretischen Ansatzes. Bern u. Stuttgart 1978.

Schuster, Leo und Alex W. Widmer: Theorie und Praxis der [Unternehmungskultur], zur Diskussion der kulturellen Dimension als erfolgsentscheidender Faktor in: zfo 1984 S. 489–94.

Schweitzer, Marcell: Probleme der Ablauforganisation in Unternehmungen. Berlin 1964.

Sievers, Burkhard: [System]-Organisation-Gesellschaft. Niklas Luhmanns Theorie sozialer Systeme. In: Jahrbuch für Sozialwissenschaft, 1971, S. 24–57.

Simon, Herbert A.: Administrative [Behavior]. 3. Aufl., New York u. London 1976.

Staehle, Wolfgang H.: Management. 2. Aufl., München 1985.

Staerkle, Robert: [Wechselwirkungen] zwischen Organisationskultur und Organisationsstruktur. In: Integriertes Management. Festschrift für Hans Ulrich, hrsg. v. Gilbert J. B. Probst und Hans Siegwart. Bern-Stuttgart 1985.

Taylor, Frederick W.: Die [Betriebsleitung]. (Shop Management). 3. Aufl., Berlin 1914.

Thompson, V. A.: [Bureaucracy] and Innovation. In: Administrative Science Quarterly, Vol. 10 (1965), S. 1–20.

Ulrich, Hans: Betriebswirtschaftliche [Organisationslehre]. Bern 1949.

Ulrich, Hans: Die [Unternehmung] als produktives, soziales System. Grundlagen einer allgemeinen Unternehmungslehre. Bern u. Stuttgart 1968.

Ulrich, Hans: [Unternehmungspolitik.] Bern-Stuttgart 1978.

Vroom, V. H.: Work and [Motivation]. New York 1964.

Wild, Jürgen: Organisation und [Hierarchie]. In: Zeitschrift für Organisation, 44. Jg. (1975), S. 321–330.

Witte, Eberhard: Die Organisation komplexer [Entscheidungsverläufe] – Materialien zum Forschungsbericht. Mannheim 1968.

Witte, Eberhard: Das [Informationsverhalten] in Entscheidungsprozessen. Tübingen 1972.

Wunderer, Rolf und Wolfgang Grunwald: [Führungslehre] – Grundlagen der Führung. 2 Bände. Berlin u. New York 1980.

Zimmermann, Kurt: Die [Projektgruppe] als Organisationsform zur Lösung komplexer Aufgaben. In: Zeitschrift für Organisation, 39. Jg. (1970), S. 45–51.

3. Kapitel
Information

1 Grundlagen der Informationsbeschaffung und -aufbereitung

Bernd Erichson und Peter Hammann

1.1 Entscheidung und Information

Beschaffung, Aufbereitung und Interpretation von Informationen spielen eine zentrale Rolle im Rahmen der **Unternehmensführung**. Für jede Entscheidung in allen Funktionalbereichen des Unternehmens (z. B. Beschaffung, Fertigung, Absatz; siehe hierzu die Ausführungen im 3. Band) werden Informationen benötigt. Informationen werden daher häufig auch als eigenständiger Produktionsfaktor, nämlich zur Erstellung von Entscheidungen, angesehen. Die Bereitstellung erfolgt im Unternehmen u. a. in speziellen Dienstleistungsbereichen (Rechnungswesen, Betriebliche Statisik, Marktforschung).

Das Informationsproblem stellt sich in zweifacher Weise:

– Bereits zur **Erkennung** bzw. zur **Formulierung** des Entscheidungsproblems werden Informationen benötigt.
– Des weiteren werden Informationen zur **Beurteilung** der mit den Entscheidungsalternativen verbundenen **Konsequenzen** erforderlich.

Mit der **Beschaffung** von Informationen werden Entscheidungsprobleme eigener Art konstituiert. Ihre Behandlung macht zunächst eine Klärung der Begriffe »**Entscheidung**« und »**Information**« notwendig.

1.1.1 Begriffe

> Unter **Entscheiden** versteht man die Auswahl einer Handlungsalternative, d. h. die Auswahl einer unter mehreren realisierbaren Handlungsmöglichkeiten.

In **normativem** Sinn läßt der Entscheidungsbegriff sich einengen auf die Auswahl einer Alternative, die möglichst gut in Hinsicht auf vorgegebene Entscheidungskriterien ist.

Entscheidungskriterien sind Ausdruck der Zielsetzungen der Entscheidungsträger. Unter einer **optimalen Lösung** eines Entscheidungsproblems versteht man diejenige Alternative, die in Hinsicht auf die Kriterien »am besten« ist. Oft sind die Kriterien konfliktär, so daß keine optimale Lösung existiert. In solchen Fällen können z. B. **effiziente Lösungen** angestrebt werden, die hinsichtlich eines Kriteriums optimal sind, während sie bezüglich der übrigen Kriterien nur ein bestimmtes Anspruchsniveau erfüllen. Häufig ist aber auch bei nur einem Entscheidungskriterium das Auffinden der optimalen Lösung technisch nicht realisierbar oder z. B. aus Zeit- oder Kostengründen nicht möglich oder sinnvoll (vgl. 1. Bd.).

Der Begriff »Information« wird in der wirtschaftswissenschaftlichen Literatur in sehr unterschiedlicher Weise definiert und gebraucht. Hier gehen wir von folgender Definition aus:

> **Information** ist der Zuwachs an entscheidungsrelevantem Wissen.

Auf diese Weise kann die sehr enge Beziehung zwischen Entscheidung und Information unterstrichen werden. Entscheidung und Information bedingen sich gegenseitig, und zwar auf allen **Stufen des Entscheidungsprozesses,** die im folgenden genannt werden:

(1) **Problemformulierung**
Hier folgt zunächst eine Befragung der Verantwortlichen und eine Diskussion des Problems (Symptombeschreibung). Daran schließt sich die Diagnostizierung an, d. h. die Herausarbeitung der wesentlichen Elemente der Problemstruktur.

(2) **Wahl der Entscheidungskriterien**
Diese Kriterien müssen i. d. R. aus übergeordneten Zielen abgeleitet werden und operational (d. h. meßbar) sein. Nicht nur ein einziges Kriterium, sondern auch mehrere Kriterien können relevant sein.

(3) **Festlegung der Entscheidungsalternativen**
Hierbei werden mögliche Alternativen zur Lösung der vorliegenden Problemstellung aufgesucht und solche Alternativen ausgesondert, die technisch und/oder wirtschaftlich nicht realisiert werden können.

(4) **Definition der relevanten Umweltgrößen**
Als Umweltgrößen bezeichnet man diejenigen Variablen eines Entscheidungsproblems, die vom Entscheidungsträger nicht kontrolliert werden können und als Parameter betrachtet werden müssen.

(5) **Ermittlung der Handlungskonsequenzen**
Dies kann durch **subjektive Schätzung** oder unter Zuhilfenahme von Modellen erfolgen. In sehr allgemeiner Form läßt sich ein **Modell als Abbild der Wirklichkeit** begreifen. In der entscheidungsorientierten Betriebswirtschaftslehre wurde der Modellbegriff dahingehend eingeschränkt, daß als Modell eine durch isolierende Abstraktion gewonnene vereinfachte Abbildung der Wirklichkeit verstanden wird (vgl. Bamberg/Coenenberg [Entscheidungslehre] 12 ff.). Bei der Vereinfachung durch Isolierung wird der zu erklärende Gesamtkomplex eingegrenzt, so daß nur die für die Problemstellung wesentlichen Ausschnitte des Ganzen betrachtet werden.

(6) **Auffinden einer Lösung**
Bei Vorliegen eines Modells kann unter bestimmten Voraussetzungen die Lösung mit Hilfe mathematischer Optimierungsverfahren gefunden werden.

Zur Überprüfung der mit Hilfe des Modells gefundenen Lösungen empfiehlt es sich, Modell- und Lösungstests durchzuführen. Zwei Analysen insbesondere sind zu erwähnen:

(a) **Sensibilitätsanalyse**
Hier handelt es sich darum, die dem Modell zugrunde liegenden Annahmen hinsichtlich ihrer Stichhaltigkeit zu prüfen. Es findet also eine Gültigkeitskontrolle des Modells bzw. seiner Struktur statt.

(b) **Sensitivitätsanalyse**
Diese Form der Prüfung bezieht sich nicht auf die Modellstruktur, sondern auf die Daten des Modells. Angesichts zahlreicher Unsicherheiten, mit denen die Entscheidungsparameter regelmäßig behaftet sind, ist zu prüfen, ob und inwieweit sich die Lösung verändert, wenn ein bestimmter Entscheidungsparameter variiert wird. Man testet auf diese Weise die mehr oder weniger große Empfindlichkeit des Modells auf Veränderungen im Informationsstand des Entscheidungsträgers.

(7) **Umsetzung der ermittelten Lösung**
Die Umsetzung der Lösung schließt die Planung und Vorgabe von Sollgrößen, die Kontrolle ihrer Einhaltung sowie ggf. eine Revision der Entscheidung ein (vgl. 1. Kapitel).

Nach dem **Informationsstand** des Entscheidungsträgers kann man zwei Klassen von Entscheidungen abgrenzen (vgl. u. a. Bamberg/Coenenberg [Entscheidungslehre] 21 f.):

1. Entscheidungen unter Sicherheit (deterministischer Fall)

Hier hat der Entscheidungsträger die Gewißheit, daß die Entscheidungsparameter, die seine Entscheidung beeinflussen und daher in die Beratung der Entscheidungsalternativen eingehen sollen, frei von zufälligen Schwankungen sind. Sie können damit eindeutig und zuverlässig angegeben werden. Über Art und Ausmaß der Konsequenzen besteht für die Entscheidungsträger keinerlei Unsicherheit.

2. Entscheidungen unter Ungewißheit

In diesem Falle hat der Entscheidungsträger damit zu rechnen, daß die Entscheidungsparameter, die seine Entscheidung beeinflussen und daher in die Bewertung der Entscheidungsalternativen eingehen sollen, nicht frei von zufälligen Schwankungen sind.

Man kann zwei Fälle von Entscheidungen unter Ungewißheit abgrenzen:

a) **Entscheidungen unter Risiko** (stochastischer Fall)
Hierbei können, trotz der bestehenden zufälligen Schwankungen der Entscheidungsparameter, für diese **objektive Wahrscheinlichkeitsverteilungen** angegeben werden, wenn die Beobachtungswerte der Parameter um einen Mittelwert streuen. Über die die Entscheidung beeinflussenden Variablen (die Ausdruck unterschiedlicher Zustände der Entscheidungsumwelt sind) lassen sich damit Wahrscheinlichkeitsaussagen treffen, die der Entscheidungsträger in die Bewertung

seiner Alternativen einbeziehen muß. Die Konsequenzen der Entscheidung sind, verbunden mit ihren Wahrscheinlichkeiten, ein Ausdruck des Risikos, dem der Entscheidungsträger gegenübersteht.

b) **Entscheidungen unter Unsicherheit** (verteilungsfreier Fall)
Entscheidungssituationen dieser Art sind dadurch gekennzeichnet, daß über die die Entscheidung beeinflussenden Umweltzustände, die zufälligen Schwankungen unterliegen, keine Wahrscheinlichkeitsaussagen getroffen werden können. Informationen über das Eintreten von bestimmten Zuständen der Entscheidungsumwelt liegen nicht vor.

Die Beschaffung von entscheidungsrelevanten Informationen hat, wie wir noch sehen werden, nicht nur unter methodischen oder konzeptionellen Gesichtspunkten, sondern auch unter ökonomischen Aspekten zu erfolgen. Mit der Beschaffung von Informationen sind stets Kosten verbunden. Zur Beurteilung der Frage, ob zusätzliche Informationen zu beschaffen sind, werden daher nicht nur sachliche Gründe ausschlaggebend sein können. Vielmehr muß anhand eines **Vergleichs von Wert und Kosten der Information** entschieden werden, ob und ggf. in welchem Umfang entscheidungsrelevante Informationen zu beschaffen sind. Dies kann zu einer Eingrenzung der Menge (möglicherweise aber auch der Qualität) der benötigten Information führen.

1.1.2 Das Grundmodell der Entscheidungstheorie

Unter dem Begriff »Entscheidung« hatten wir soeben die Auswahl unter mehreren Alternativen verstanden. Im Rahmen der Entscheidungstheorie interessieren die bewußten, zielgerichteten Auswahlakte, die rationalen Entscheidungen, also nicht solche, die durch Zufall, Intuition, Emotion oder Tradition bedingt sind. Nach dem gegenwärtigen Stand der Entscheidungstheorie werden nur diejenigen Auswahlakte behandelt, die unter der Annahme vollkommener, absoluter Rationalität, d. h. unbegrenzter Informationsaufnahme und -verarbeitungskapazität des Entscheidenden vollzogen werden. Entscheidungen bei beschränkter Rationalität werden nicht betrachtet. Durch diese Beschränkung auf eine idealtypische Klasse von Entscheidungen kann von der Entscheidungstheorie keine Beschreibung oder gar Erklärung konkreter Wahlakte in der Wirtschaftspraxis erwartet werden. Vielmehr kann die Aufgabe der Entscheidungstheorie nur darin gesehen werden, dem Entscheidenden das Auffinden von rationalen Entscheidungen zu erleichtern bzw. zu ermöglichen. Die Entscheidungstheorie hilft auch keineswegs dem Entscheidenden in allen Phasen des Entscheidungs- bzw. Problemlösungsprozesses, sondern

- sie beschränkt sich nach dem gegenwärtigen Zustand auf **Vorschläge zur Formulierung des Entscheidungsproblems** durch Vorgabe eines allgemeinen Modellkonzepts (dem sog. Grundmodell der Entscheidungstheorie),
- sie erleichtert die **Ordnung der Entscheidungsfolgen** aufgrund vorgegebener Zielvorstellungen (Problem der Bewertung) und
- sie ermöglicht die **Auswahl der Entscheidungsalternativen mittels Entscheidungsregeln,** die entsprechend der Entscheidungssituation eine Ordnung der Entscheidungsalternativen gemäß der Ordnung der Entscheidungsfolgen sicherstellen (Entscheidungssituationen und Entscheidungsregeln).

Bei der Darstellung der Entscheidungssituation hilft die Entscheidungstheorie nur insofern, als sie dem Entscheidungssuchenden ein **idealisiertes, abstraktes Beziehungsgefüge** – ein Modell – zunächst als Denkschema zur Verfügung stellt, das aufgrund der durch das tatsächliche Entscheidungsproblem vorgegebenen Fakten spezifiziert und konkretisiert werden muß. Wie man die notwendigen Informationen gewinnt, welche Fakten berücksichtigt werden sollen (Probleme der Vorentscheidung), aber auch zu den Problemen der Spezifikation und des Abstraktionsgrades eines Modells einer Entscheidungssituation gibt die Entscheidungstheorie bislang keine Antwort.

Die Entscheidungstheorie geht vielmehr von der Vorstellung aus, daß alle zur Darstellung des empirischen Entscheidungssachverhaltes notwendigen Fakten und auch deren Verknüpfung, d. h. die Struktur des Entscheidungsproblems, bekannt sind und sich durch ein Modell, das Grundmodell der Entscheidungstheorie, darstellen lassen. Dieses Grundmodell ist in Band 1 dargestellt.

Das Grundmodell der Entscheidungstheorie liefert eine Struktur für die weitere Darstellung der informationswirtschaftlichen Grundlagen. In diesem Sinne wollen wir die verschiedenen im Problemlösungsprozeß benötigten Informationskategorien und die Probleme der Ungewißheit sowie der Unvollständigkeit des Informationsstandes aufgreifen.

1.1.3 Informationen zur Formulierung des Entscheidungsproblems

Um darlegen zu können, welche Informationen zur Formulierung und Lösung eines Entscheidungsproblems benötigt werden, wollen wir auf eine absatzwirtschaftliche Problemstellung zurückgreifen. Wir nehmen an, daß eine **Preisentscheidung** im Zusammenhang mit der Markteinführung eines neuen Produktes zu fällen sei.

Um dieses Entscheidungsproblem formulieren zu können, werden folgende Informationskategorien benötigt:

— **Informationen über die relevanten** (und somit wählbaren) **Entscheidungsalternativen.** Entscheidungsalternativen können z. B. diskrete Preishöhen (Preislagen) sein.

— **Informationen über die relevanten Zielsetzungen.** Als relevante Zielsetzungen wären u. a. Erlös- und Mengenziele denkbar, die für die jeweilige Entscheidungsinstanz aus den allgemeinen Zielen des Unternehmens abgeleitet werden müssen. Die Ziele sind ihrerseits **Ergebnisse von Wahlakten** und damit auch Ausdruck des **subjektiven** Wollens der Entscheidungsträger. Eine irgendwie geartete **objektive Notwendigkeit** der Berücksichtigung bestimmter Ziele gibt es nicht.

— **Informationen über die möglichen Umweltsituationen.** Als Umweltsituationen können verschiedene Konjunkturzustände, das Marktpotential, die Konkurrenzaktivität oder das persönlich verfügbare Einkommen der Nachfrager eine Rolle spielen. Die Berücksichtigung von alternativen Umweltsituationen ist ebenfalls Ausdruck subjektiven Ermessens der Entscheidungsträger. Hier sind gewisse Objektivierungen dadurch möglich, daß auf wissenschaftlich begründete Analysen bzw. auf **Prognosen** (vgl. S. 413 ff.) der Wirtschaftsumwelt zur Stützung des subjektiven Urteils zurückgegriffen werden kann (nicht muß).

— Informationen über die Art des **Zustandekommens von Wirkungen** der Entscheidungsalternativen. In unserem Beispiel wird u. a. eine Information darüber benötigt, **ob** alternative Preishöhen überhaupt einen Einfluß auf die Nachfrage (und damit auf die Erreichung auch der Erlös- und Deckungsbeitragsziele) haben. Jede relevante Entscheidungsalternative muß (bei alternativen Umweltsituationen alternative) Beiträge zur Erreichung der gesetzten Ziele liefern. Zur Formulierung des Entscheidungsproblems werden somit **gesicherte** (valide) **Hypothesen** über die Art des Zustandekommens der Wirkungen einzelner Alternativen erforderlich. Bei diesen Hypothesen handelt es sich um **Kausalhypothesen** (hier: »Der geforderte Preis p_k, $k=1,\ldots,r$, ist – ceteris paribus – die **Ursache** für die Realisierung einer bestimmten Nachfrage bzw. Absatzmenge x_k«), deren **Validierung** in wissenschaftlich

- geplanten
- durchgeführten und
- ausgewerteten

Experimenten erfolgen kann (siehe dazu z. B. Hammann/Erichson [Marktforschung] 52 f.). Hier interessiert vorerst weniger das **Ausmaß** der Wirkung als vielmehr das gesicherte Wissen, **daß** von einer kausalen Wirkungsvermutung zwischen einer bestimmten Entscheidungsalternative und der gegebenen Zielsetzung ausgegangen werden darf. Fehlen experimentell geprüfte Kausalhypothesen, so können an ihre Stelle solche treten, die einen hohen Grad an Plausibilität aufweisen, d. h. intersubjektive Zustimmung erreichen. Die **Prüfung** von Hypothesen muß somit nicht immer am Anfang des Problemstrukturierungs- bzw. -formulierungsprozesses stehen. In vielen Fällen wird jedoch eine Hypothesenfindung notwendig. Dies bedingt dann jedoch auch ein Validierungsverfahren.

– Informationen über die **Stabilität** (bzw. Instabilität) der **Entscheidungssituation.** Die Entscheidungssituation unseres Preisbeispiels wäre etwa dann als instabil zu bezeichnen, wenn mit nachhaltigen Veränderungen des Marktpotentials (ausgelöst etwa durch drastische Schwankungen des persönlich verfügbaren Einkommens der Nachfrager) und damit mit Auswirkungen auf den Einführungserfolg des neuen Produktes gerechnet werden müßte. Der im vorigen Abschnitt skizzierte entscheidungsanalytische Ansatz impliziert eine stabile Entscheidungssituation. Die **Stabilitätsprämisse** schlägt sich in folgenden Annahmen nieder (vgl. dazu auch Mag [Entscheidung] 25 ff., insbesondere 121 ff.):

- Die relevanten Ziele und Alternativen sind erschöpfend und unveränderlich im Planungszeitraum
- Andere als die spezifizierten Umweltsituationen treten nicht ein.
- Die als gültig (bzw. plausibel) zu betrachtenden Wirkungshypothesen verlieren ihre Gültigkeit im Planungszeitraum nicht.
- Die Zielsetzungen und ihre Gewichtung ändern sich im Planungszeitraum nicht.

Diese Annahmen bedürfen gleichfalls einer gewissen **Validierung.**

1.1.4 Informationen zur Lösung des Entscheidungsproblems

Um das oben skizzierte Preisentscheidungsproblem lösen zu können, benötigt man neben den Informationen zur Problemformulierung (die als Voraussetzung zu betrachten sind) folgende spezifischen Informationen:

(1) Informationen über die **Gewichtung der relevanten Ziele**
Durch die quantitative Gewichtung wird die relative Bedeutung der Ziele untereinander erkennbar. Fehlt eine Gewichtung der Ziele, so können nur **alternative effiziente Lösungen,** nicht jedoch eindeutige optimale Lösungen angegeben werden. Es liegt gewissermaßen noch ein »Entscheidungsvorbehalt« vor.

Sind für das vorliegende Preisentscheidungsproblem etwa Gewinn- und Marktanteilsziele gemeinsam relevant, so könnte eine Gewichtung vielleicht im Verhältnis 2:1 vorgegeben sein. Die Erfindung derartiger Gewichte gestaltet sich allerdings in der Praxis äußerst schwierig. Meist wird man nur angeben können, **welches Ziel welchen anderen, weiteren Zielen vorgezogen wird.** Durch die Zielpräferenz entsteht dann eine Zielhierarchie. Sie begründet im allgemeinen auch die Anwendung bestimmter Entscheidungsregeln, nach denen die Stufung und Auswahl der relevanten Entscheidungsalternativen zu erfolgen hat.

(2) Informationen über **Unter- bzw. Obergrenzen der Zielerreichung**
Neben einer Zielgewichtung kann eine Festlegung von Höchst- bzw. Mindestgrenzen der Zielerreichung erforderlich werden. Diese Grenzen sind entweder objektiv durch die Entscheidungsumwelt bereits vorgegeben oder das Resultat eines gesonderten Entscheidungsprozesses, in welchem sie als **Anspruchsniveau** formuliert werden. In unserem Preisentscheidungsbeispiel möge das Ziel »Gewinn« dem Ziel »Marktanteil« etwa vorgezogen werden; die Entscheidungsträger verlangen jedoch für eine Einführung des neuen Produkts als Durchdringungserfolg einen Mindestmarktanteil von 5% im Planungszeitraum.

(3) Informationen über das **Ausmaß der Wirkungen der Entscheidungsalternativen**
Für die Wahl einer Preisalternative ist nicht nur das Wissen erforderlich, daß der Preis einen Einfluß auf die Nachfrage bzw. den Absatz ausübt, sondern auch, **wie stark** dieser Einfluß ist. Insbesondere der Einfluß von **Preisänderungen** interessiert in diesem Zusammenhang. Die Bestimmung des Ausmaßes der Wirkungen der einzelnen Handlungsalternativen impliziert die **Prognose der möglichen Konsequenzen,** die aus einer eventuellen Realisierung einer Alternative resultieren. Die Grundlage dieser entweder rein subjektiven oder auch in Grenzen

objektivierten Wirkungsprognosen bilden validierte Wirkungshypothesen, deren Gültigkeit im Planungszeitraum (zumindest subjektiv) als gegeben zu betrachten ist. Hinsichtlich der methodischen Fragen zur Wirkungsprognose wird auf S. 413 ff. verwiesen.

Der Zielerreichungsgrad wird jedoch nicht nur durch das Ausmaß der Wirkungen kontrollierbarer Variablen der Entscheidungsträger bestimmt, sondern auch durch das Ausmaß der Wirkungen nicht kontrollierbarer (z. T. auch nicht beeinflußbarer) Variablen der Entscheidungsumwelt. In unserem Preisentscheidungsbeispiel wird der Grad der Erreichung der Ziele »Gewinn« bzw. »Marktanteil« des betrachteten Unternehmens nicht nur durch seine eigene Preispolitik, sondern auch durch diejenige seiner Konkurrenten beeinflußt. Benötigt werden daher **Prognosen, die auch die Wirkung** dieser Umweltvariablen aufzeigen. Die Prognose der Konsequenzen der Realisierung einer Entscheidungsalternative hat stets deren Abhängigkeit von Wirkungen kontrollierbarer **und** nicht-kontrollierbarer Variablen zu berücksichtigen.

(4) Informationen über die **Bewertung des Eintretens alternativer Umweltsituationen**
Für das Problem der Preisentscheidung bei neuen Produkten wird die unterschiedliche Wahrscheinlichkeit, mit der bestimmte Umweltsituationen (Konjunkturzustände, Aktivitäten der Konkurrenz usw.) eintreten können, von besonderem Gewicht im Hinblick auf die Beurteilung der Einführungsrisiken sein. Sofern Aussagen über die Wahrscheinlichkeit des Eintretens alternativer Umweltsituationen möglich sind, sollten sie daher zur Entscheidungsanalyse unbedingt herangezogen werden. Eintrittswahrscheinlichkeiten für alternative Umweltsituationen sind meist nur subjektiv schätzbar. Eine gewisse Objektivierung ergibt sich jedoch durch die Heranziehung der Ergebnisse statistischer Erhebungen (z. B. zur konjunkturellen Lage).

Auffällig ist in allen Prognosefällen – trotz der Bemühung um Objektivität – der große Anteil an subjektivem (Experten-)Urteil.

1.1.5 Das Problem der Ungewißheit

Allen Entscheidungen haftet ein erhebliches Maß an Ungewißheit an. Die Ungewißheit bildet im Grunde ein **konstitutives Element** des Entscheidungsproblems. Sie ist Ausdruck eines unvollkommenen Informationsstandes des Entscheidungsträgers. Die **Unvollkommenheit** resultiert nicht nur aus einer möglichen Unvollständigkeit der Information, sondern in erster Linie aus der **mangelnden Voraussicht** über

- das Eintreten bestimmter Umweltsituationen
- die Entstehung und das Ausmaß von Wirkungen der Entscheidungs- und Umweltvariablen
- die Stabilität der Entscheidungssituation.

Alle Maßnahmen der **Informationsgewinnung** zielen auf die **Reduzierung der Ungewißheit** und damit auf eine Verringerung des mit der Entscheidung verbundenen Risikos ab. Ein Maß zur Quantifizierung von Informationen bildet daher die Verminderung der Ungewißheit.

Da die Beschaffung von Informationen jedoch mit **Kosten** verbunden und der **Wert** der Information gleichfalls ungewiß ist, schiebt sich vor die Lösung des eigentlichen Entscheidungsproblems regelmäßig eine **Informationsentscheidung**, deren Dimensionen in Abschnitt 1.3 erörtert werden.

Das **Grundmodell der Entscheidungstheorie**, wie es in Bd. 1 dargestellt wurde, grenzt das Ungewißheitsproblem auf den Informationsstand des Entscheidungsträgers bezüglich alternativer Umweltsituationen ein. Auf die eben genannten, weiteren Aspekte einer möglichen mangelnden Voraussicht des Entscheidungsträgers wird dort nicht näher eingegangen. Vielmehr wird **vollkommene Voraussicht** im Hinblick auf die Stabilität der Entscheidungssituation und die Entstehung bzw. das Ausmaß von Zielerreichungsgraden unterstellt. Insofern existiert für den Entscheidungsträger ein Unsicherheitsproblem nicht. Die für die Problemformulierung und Problemlösung benötigten Informationen werden als quantitativ **und** qualitativ hinreichend betrachtet.

1.1.6 Das Problem der Unvollständigkeit

Die Unvollständigkeit der Information zielt auf die Elemente des Entscheidungsproblems ab. Der Entscheidungsträger verfügt – aus welchen Gründen auch immer – nicht über die zur Formulierung bzw. Lösung der Entscheidungsaufgabe benötigten Informationsmengen. In etwas engerer Sicht wäre die Information auch dann nicht vollständig, wenn zwar Formulierung und Lösung des Entscheidungsproblems mit der gegebenen Informationsmenge durchaus möglich sind, aber **nicht alle objektiv denkbaren** (bzw. verfügbaren) **Informationen herangezogen** werden (können). Die Gründe für die nicht volle Ausschöpfung des Informationspotentials liegen u. a. in folgendem:

- zu hohe Beschaffungs- bzw. Auswertungskosten
- Zeitdruck, der eine intensive Informationsgewinnung unmöglich macht
- begrenzte Aufnahmefähigkeit der Entscheidungsträger für Informationen
- geringe subjektive Glaubwürdigkeit von Relevanz und Wert objektiver Informationen.

Die **Entscheidungstheorie** geht folglich davon aus, daß das jeweilige Modell eines Entscheidungsproblems die Arten und Mengen der **subjektiv vom Entscheidungsträger für relevant erachteten Informationen** erschöpfend (d. h. vollständig) ausweist. Insofern gilt das Entscheidungsmodell für den jeweils vorliegenden Fall als »geschlossen«.

In striktem Sinne gibt es kein Entscheidungsproblem, welches bei vollständigem Informationsstand formuliert bzw. gelöst wird. Diese Erkenntnis kann jedoch zu einer **Selektion von Informationen** unter objektiv unangemessenen, lediglich subjektiv bestimmten Relevanzgesichtspunkten führen. Verantwortung und Rechenschaft über die getroffene Entscheidung hemmen indessen einen allzu rigorosen, ausschließlich subjektiv geprägten Selektionsprozeß. Ist die Verbesserung des **qualitativen** Informationsstandes oftmals an einen Fortschritt in der Entwicklung von Methoden zur Beschaffung und Aufbereitung von Informationen gebunden, so erreicht man andererseits die Verbesserung des **quantitativen** Informationsstandes ohne weiteres schon durch eine wenig restriktive Selektionspolitik. Entscheidungsprozesse in der Praxis sind daher nicht selten durch **mehrere Problemstrukturierungsstufen** gekennzeichnet, die den wechselnden (i. d. R. wachsenden) quantitativen Informationsstand der Entscheidungsträger reflektieren.

1.2 Organisation des betrieblichen Informationswesens

Die Schaffung der organisatorischen Voraussetzungen für die Beschaffung, Verarbeitung und Bereitstellung von Informationen zählt zu den Grundproblemen der **Unternehmensführung**. Diese umfassen sowohl Fragen der Aufbau- wie auch der Ablauforganisation. Die **Aufbauorganisation** hat die Informationspflichten und -rechte im Unternehmen zu regeln, d. h. sie hat zu klären, welche Stellen welche Informationen beschaffen oder bereitstellen und welche Stellen welche Informationen erhalten sollen. Die **Ablauforganisation** dagegen dient der Erzielung eines möglichst effizienten Informationsflusses, d. h. sie hat zu klären, wie und mit welchen Mitteln die jeweiligen Informationsarten zu beschaffen und zu verarbeiten sind.

Neben den organisierten Informationsbeziehungen in einem Unternehmen, dem sog. **formalen Kommunikationssystem,** besteht auch immer eine **informale Kommunikation** aufgrund persönlicher Kontakte zwischen den Stelleninhabern. Die Bedeutung der informalen Kommunikation ist (neben sozialen Aspekten) darin zu sehen, daß sie zur Verkürzung von Informationswegen oder zur Ergänzung des formalen Kommunikationssystems beitragen kann.

Die Vielfalt der in einem Unternehmen benötigten Informationsarten läßt sich nach der Herkunft der Informationen grob untergliedern in **interne und externe Informationen.** Interne Informationen werden innerhalb des Unternehmens gewonnen, während externe Informationen außerhalb des Unternehmens beschafft werden müssen.

Interne Informationen werden in allen Funktionalbereichen des Unternehmens (Beschaffung, Produktion, Absatz, Personal, Finanzen) gewonnen. Es handelt sich dabei z. B. um Informationen über Bestände und Kapazitäten, Verbrauchsmengen und -relationen, Kosten, Leistungen und Erträge. Die Sammlung, Verarbeitung und Bereitstellung dieser Information fällt zum großen Teil in die Bereiche des **betrieblichen Rechnungswesens** (Buchhaltung, Kosten-, Erlös- und Erfolgsrechnung) oder der **Vertriebsstatistik.**

Externe Informationen betreffen insbesondere die Beschaffungs- und Absatzmärkte eines Unternehmens (Anbieter, Konkurrenten, Käufer, Beschaffungs- und Vertriebskanäle), aber auch die ökonomische, politische, rechtliche, technologische und kulturelle Umwelt. Derartige Informationen müssen **aus unternehmungsexternen Quellen** beschafft (erhoben) werden. Handelt es sich dabei um bereits vorhandenes Datenmaterial, so spricht man von **Sekundärerhebung,** während man bei einer Neuerstellung des Datenmaterials von **Primärerhebung** spricht. Quellen für Sekundärerhebungen sind z. B. Zeitungen und Zeitschriften sowie Publikationen von Behörden, Verbänden, Forschungsinstituten oder Banken. Bei Primärerhebungen werden die Daten mittels **Befragung oder Beobachtung** gewonnen (z. B. Konsumentenbefragungen, Verkaufsexperimente). Die Aufgaben der Datenbeschaffung wie auch der Datenanalyse können sowohl durch das Unternehmen selbst (**Eigenforschung**) wie auch im Auftrage des Unternehmens (**Fremdforschung**), z. B. durch Marktforschungsinstitute, durchgeführt werden. Die Durchführung von Eigenforschung erfordert entsprechende organisatorische Einrichtungen sowie einschlägiges Know-how.

Im folgenden wollen wir einige **Grundaspekte der Aufbauorganisation** aufgreifen.

An dieser Stelle interessieren hinsichtlich der Aufbauorganisation nur die **Informationspflichten,** also die Informationsbeschaffungs-, Informationsverarbeitungs- und Informationsbereitstellungsaufgaben. Infolge der Vielfalt der Informationsarten ist es nicht möglich, alle diese Aufgaben organisatorisch zu zentralisieren. Die **Erfassung von internen Informationen** erfolgt zwangsläufig in den betreffenden Funktionalbereichen, während eine weitgehende **Zentralisierung der Verarbeitungs- und Bereitstellungsaufgaben** i. d. R. vorteilhaft und bei Nutzung eines Großrechners sogar notwendig wird. Größerer organisatorischer Spielraum besteht hinsichtlich der **Beschaffung von externen Informationen.** Am **Beispiel der Marktforschung** sollen hier einige Aspekte beleuchtet werden.

Die **betriebliche Marktforschung** befaßt sich mit der Beschaffung, Verarbeitung und Bereitstellung von Informationen, die für Marketingentscheidungen benötigt werden (siehe dazu z. B. Hammann/Erichson [Marktforschung], Schäfer/Knoblich [Grundlagen]). Da es sich hierbei primär um externe Informationen handelt, muß im Zusammenhang mit der organisatorischen Gestaltung und Eingliederung der Marktforschung entschieden werden, in welchem **Umfang** die erforderlichen Aufgaben durch Eigen- oder Fremdforschung erledigt werden sollen. Infolge von Rationalisierungseffekten können Marktforschungsinstitute viele Aufgaben, insbesondere im Bereich der **Primärerhebung,** kostengünstiger durchführen, als dies der betrieblichen Marktforschung möglich wäre. Der betrieblichen Marktforschung verbleibt jedoch immer die Aufgabe, derartige Fremdforschungstätigkeiten sachverständig zu beurteilen, sei es zum Zwecke der Auftragsvergabe und -kontrolle oder der Interpretation und Weiterverarbeitung von gelieferten Informationen.

Hinsichtlich der organisatorischen Eingliederung der betrieblichen Marktforschung lassen sich **drei Grundformen** unterscheiden.

1. Einrichtung eines funktionalen Informationsbereichs mit darunter angesiedelter Marktforschung
2. Einrichtung einer selbständigen Abteilung im Funktionalbereich Marketing
3. Einrichtung einer Stabsstelle
   – bei der Unternehmensleitung
   – bei der Marketingleitung

(1) Die **erste Alternative** findet sich in solchen Unternehmen, die aufgrund des Arbeitsanfalls und der Notwendigkeit einer Koordination die Informationsplanungs-, -beschaffungs- und -verarbeitungsfunktionen für alle Unternehmensbereiche zentralisieren. Allerdings ist die Bildung eines solchen funktionalen Informationsbereichs an entsprechende technische Voraussetzungen und Kapazitäten geknüpft, wie sie etwa in einem Rechen- bzw. Datenverarbeitungszentrum gesehen werden können. Die funktionale Abteilung »Informationswesen« verfügt zudem über einen direkten Zugang zu allen im Betrieb vorhandenen Informationen und zu den technischen Einrichtungen.

(2) Die **zweite Alternative** setzt voraus, daß insbesondere die Beschaffungs- und Aufbereitungsarbeiten der Informationen im Marketing einen entsprechenden Umfang und die Entscheidungsprozesse eine gewisse Verselbständigung erreicht haben. Gegebenenfalls können den selbständigen Abteilungen innerhalb des Funktionalbereiches noch Stäbe zugeordnet werden, deren Tätigkeit in der Bearbeitung von Teilaufgaben der Informationsverarbeitung und -verdichtung zu sehen ist.

(3) Die **dritte Alternative** eignet sich vornehmlich in solchen Fällen, wo die Marktforschungstätigkeit nur ein relativ geringes Ausmaß erreicht. Die Charakterisierung des Stabes neben der Geschäftsleitung bzw. der Leitung des Marketingbereichs entspricht ungefähr der eines speziellen Stabes einer Marktforschungsabteilung. Ein zusätzliches Gewicht erhalten derartige Stäbe durch die Aufgabe der Vorbereitung und Analyse von Marketingentscheidungen für die Unternehmensleitung bzw. die Marketingleitung. Sie stellen oft auch ein Verbindungsglied zu außerbetrieblichen Institutionen der Informationsbeschaffung dar, dessen Befugnisse sich allerdings auf Beratung und Kontakthaltung beschränken. Die Bildung einschlägiger Stäbe bei der Geschäftsleitung erfolgt nur dann, wenn diese selbst unmittelbar mit der Informationsbeschaffung und den Entscheidungen darüber befaßt bleiben will. Der Stabsstelle werden allgemeine Beratungsfunktionen zugewiesen, in deren Rahmen auch Informationsplanungs-, Beschaffungs- und Aufbereitungstätigkeiten mit zu erfüllen sind.

Strategische Marketingentscheidungsprobleme werden auch als Sonderprojekte mit spezieller **Matrix- oder Projektorganisation** durchgeführt. Den dazu gebildeten Teams gehören dann regelmäßig Informationssachverständige aus den relevanten Funktionalbereichen der Unternehmung an.

In der Praxis gibt es häufig **Mischformen** zwischen den beiden Alternativen (1) und (2). So wird die Informationsverwahrungs- bzw.

-verarbeitungstätigkeit gerne einer zentralen Abteilung »Informationswesen« überlassen, während die Informationsbedarfs- und -beschaffungsplanung in den einzelnen funktionalen Bereichen (bzw. Sparten) des Unternehmens durchgeführt werden. Die Informationsbeschaffung (z. B. im Rahmen der Marktforschungstätigkeit) wird dann Institutionen außerhalb des Unternehmens überlassen.

1.3 Informationsentscheidungen

Wie in allen anderen Arbeitsbereichen von Unternehmen, so stellen sich auch auf dem Gebiet der Informationswirtschaft zahlreiche gewichtige, teilweise strategische Entscheidungsprobleme von großer Tragweite, deren Revision nur selten möglich ist. Hierzu zählen (vgl. Hammann/Erichson [Marktforschung] 15 ff.):

— Entscheidungen über den Informationsbedarf
— Entscheidungen über die Informationsbeschaffung
— Entscheidungen über das Informationsbudget.

Zur Analyse dieser Entscheidungsprobleme existieren quantitative Modelle und Methoden, auf die wir jedoch nur teilweise eingehen können.

1.3.1 Bedarfsentscheidung

Zur Formulierung und Lösung von Entscheidungsproblemen bedarf es zunächst der Feststellung der **Informationskategorien,** die in einem vorgegebenen Planungszeitraum den Informationsbedarf konstituieren. Grundsätzlich leitet sich dieser Informationsbedarf aus den konkreten anstehenden (einmaligen oder wiederholten) Entscheidungsproblemen ab. Da jedoch nicht alle Informationsarten und diese auch nicht alle im erforderlichen Umfang bzw. von gleich hoher Qualität angesichts begrenzter Informationsbudgets beschafft werden können, muß sich die planende Instanz im Unternehmen auf eine bei vorgegebenen Kriterien **optimale Auswahl** unter den Kategorien von Informationen beschränken. Dieser Fall ähnelt analytisch den aus der Investitionstheorie geläufigen Problemen der Kapitalbewirtschaftung, bei welchen der Gesamtnutzen eines Projektpakets bei vorgegebenem Budget und anderen Restriktionen (bezüglich des Nutzens oder der Kosten der

Projekte) optimiert werden soll. Diese Ansätze kann man vielfältig differenzieren.

In der Praxis vollzieht sich die Feststellung des Informationsbedarfs oft nach subjektivem Ermessen der Entscheidungsträger. Dies wird vor allen Dingen dann nicht zu vermeiden sein, wenn einmalige (nicht wiederkehrende) Entscheidungen zur Lösung anstehen. Art und Umfang der benötigten Informationen sind dort nicht verbindlich festlegbar. In erster Linie gilt dies für Informationen zur Formulierung von Entscheidungsproblemen. Stärker formalisierte Entscheidungsprozesse finden sich bei wiederkehrenden Entscheidungen und auch bei der Feststellung des Bedarfs an Informationen, die zur Lösung des Entscheidungsproblems unmittelbar benötigt werden.

1.3.2 Beschaffungsentscheidung

Die Beschaffungsentscheidung bezieht sich auf die Grundsatzfrage, ob für ein bestimmtes Problem überhaupt Information beschafft werden soll und, wenn ja, auf welche Weise. Der zweite Aspekt schließt weitere Fragen ein, so etwa diejenige nach dem Träger der Beschaffung oder nach der Beschaffungsmodalität. Zur Analyse der Grundsatzfrage kann man **Entscheidungsbaumverfahren** nutzen, nicht zuletzt, um die Unsicherheitsaspekte angemessen berücksichtigen zu können. Ein weiterer Vorteil dieser Methoden liegt in ihrer Verwendbarkeit für sukzessive und sequentielle Beschaffungsentscheidungsfälle. Von **sukzessiven** Entscheidungen spricht man, wenn sachlich verschiedene Entscheidungen in einer bestimmten, zeitlich festgelegten Reihenfolge zu fällen sind. **Sequentielle** Entscheidungen erfolgen gleichfalls in einer zeitlich festgelegten Reihenfolge; es handelt sich hier jedoch stets um denselben Entscheidungsgegenstand.

Bei jedem Informationsbeschaffungsakt sind **Wert und Kosten der Information** zu vergleichen. Während die Ermittlung von Kosten im allgemeinen geringere Probleme aufwirft, läßt sich der Wert der Information nicht ohne weiteres feststellen. Einen Ansatz hierzu liefert die sog. **Bayes-Analyse** (vgl. S. 426 ff.). Insbesondere die Formen der **Prae-Posteriori-Analyse**, bei der der Entscheidungsträger die Wahrscheinlichkeiten des Eintritts einzelner Ergebnisse des Informationsbeschaffungsakts im voraus zu schätzen hat, stellen hohe Anforderungen an dessen Einfühlungsvermögen und setzen Erfahrung mit ähnlichen Fällen voraus. Allerdings wird dadurch eine Abschätzung des Wertes von Informationen noch vor der Informationsbeschaffung möglich.

Wir wollen annehmen, daß das Unternehmen eine **Teststudie** durchführen wolle, die darüber Aufschluß geben soll, ob ein neues Produkt eingeführt werden kann oder nicht. Als Entscheidungskriterium bei der Frage, ob eine zusätzliche Information beschafft (d. h. ein Markttest durchgeführt) werden soll oder nicht, möge der **Erwartungswert des Gewinns** (als Differenz von erwartetem Erlös und erwarteten Kosten) zur Anwendung kommen. Man stellt diesen Wert dem Erwartungswert des Gewinns gegenüber, den ein neues Produkt ohne zusätzliche Informationen erzielen würde. Im Falle der Testdurchführung wird der Erwartungswert des Gewinns um die Kosten des Tests gekürzt werden müssen.

Wendet man auf die Frage der Informationsbeschaffung das **Verfahren der Bayes-Analyse** an, so werden dabei a priori vorhandene Informationen über die unsichere Umwelt durch a posteriori (über einen Test) ermittelte Daten revidiert und so die Entscheidungsgrundlage verbessert. Da die Ergebnisse des Tests ihrerseits ungewiß sind, müssen sie durch subjektive Schätzungen prae posteriori vorgenommen werden, um den erwarteten Wert der Information ermitteln zu können (vgl. im einzelnen die ausführliche Darstellung dieses Beispiels bei Hammann/Erichson [Arbeitsbuch] 171 ff.).

Ist die Frage, ob überhaupt Informationen beschafft werden sollen, grundsätzlich geklärt, so bleibt die weitere Frage, ob die Informationsbeschaffungsaufgabe **durch Institutionen innerhalb oder außerhalb** des Unternehmens gelöst werden kann bzw. soll. Grundsätzlich läßt sich sagen, daß personalintensive Informationsbeschaffungs- und -verarbeitungsaktivitäten regelmäßig nach außerhalb vergeben werden, da in den meisten Unternehmen nicht die notwendigen Kapazitäten vorausgesetzt werden können. Dies schließt durchaus wichtige Vor- und Nacharbeiten im Unternehmen nicht aus. In diesem Zusammenhang sei nochmals auf die Notwendigkeit der **Informationsplanung** im Unternehmen hingewiesen. Umfangreiche Mitarbeiterstäbe können für Informationsbeschaffungs- und -verarbeitungsaufgaben jedoch nur dann eingesetzt werden, wenn die Bedeutung der durchzuführenden Aufgaben für das Unternehmen außerordentlich groß ist bzw. wenn die Aufgaben laufend anstehen und ihr Umfang dies erfordert. Eine einfache Kostenvergleichsrechnung dürfte in Zweifelsfällen die Entscheidung vorbereiten helfen.

Da die Planung, Beschaffung und Aufbereitung von Informationen ihrerseits Forschungsaktivitäten im Unternehmen darstellen, ergeben sich sowohl zahlreiche Vorteile wie Nachteile der Eigenforschung gegenüber der Fremdforschung. Hierzu sei auf die relevante Literatur verwiesen (vgl. u. a. Hammann/Erichson [Marktforschung] 18 f.).

1.3.3 Budgetentscheidung

Zu den am wenigsten befriedigend gelösten bzw. lösbaren Problemen der Betriebswirtschaftslehre zählt die Aufstellung von Budgets. Das gilt nicht zuletzt für den Bereich der **Informationsbudgets**, bei deren Aufstellung erhebliche Ungewißheit über die ökonomischen Konsequenzen der Entscheidung auftritt. Für jedes Projekt der Planung, Beschaffung und Aufbereitung von Informationen ergibt sich **Unsicherheit** in folgenden Formen:

— Unsicherheit über die künftigen Erträge der Projekte
— Unsicherheit über die künftigen Aufwendungen für die Projekte
— Unsicherheit über die künftige Zusammensetzung der Projektliste
— Unsicherheit über die künftig verantwortlichen Instanzen
— Unsicherheit über die künftige Finanzlage der Unternehmung.

Die Budgetierung orientiert sich in der Praxis an den organisatorischen Gegebenheiten. Dies bestimmt letztlich auch die effektiven Kostenkategorien von Informationsbudgets. Typische Kategorien sind etwa: Gehälter, Raumkosten, Materialkosten, Reisekosten, Datenverarbeitungskosten, Abonnements, Mitgliedsbeiträge, Mietkosten, Kosten für Gutachten, Schulungskosten und spezifische Projekteinzelkosten neben allgemeinen Verwaltungskosten. Die Liste ist keineswegs erschöpfend. Bei Planung eines Informationsbudgets sind diese teils im Betrieb, teils außerhalb des Betriebes anfallenden Kostenarten zu berücksichtigen.

Die Planung eines Informationsbudgets, welches der jeweils zuständigen Stelle zur Entscheidung vorgelegt werden muß, vollzieht sich meist in **fünf Schritten:**

1. Überprüfung des Budgets der **Vorperiode** nach
   — Art und
   — Umfang der Positionen
   sowie im Hinblick auf die entstandenen positiven bzw. negativen Planabweichungen.
2. **Übertrag** noch offener bzw. nicht abgeschlossener Posten aus früheren und der laufenden Periode(n).
3. Ermittlung des allgemeinen und speziellen **Finanzbedarfs** für die **nächste Periode** (in Abstimmung mit den davon betroffenen Instan-

zen). Der Bedarf resultiert allgemein aus den zur Lösung anstehenden Entscheidungsproblemen, wobei hier jedoch im einzelnen Art und Umfang sowie Lieferant der benötigten laufenden oder einmaligen Informationen festzulegen sind. Die in den beiden vorausgegangenen Abschnitten hierzu angestellten Überlegungen fließen an dieser Stelle ein.

4. Überprüfung der **Budgetveränderung** gegenüber der Vorperiode und der laufenden Periode. Auftretende Abweichungen sind eingehend zu begründen.
5. Suche nach **Einsparungsmöglichkeiten,** die unabhängig von Budgetveränderungen im Hinblick auf unsichere Zukunftslagen eine gewisse finanzielle Flexibilität gewährleisten würden. Gerade angesichts der Informationsredundanz und der Veralterung von Modell- und Methodenbank kann dieser Rationalisierungsaspekt im Informationswesen nicht genug betont werden.

Die fünf Stufen verdeutlichen auch die Notwendigkeit einer laufenden internen Kontrolle der Budgetverwendung.

Diese eher synthetisch geartete Budgetermittlung kann indessen auch analytisch abgestützt werden, wenn man sich wieder an die investitionstheoretischen Überlegungen aus Abschnitt 1.3.1 erinnert. Dort hatten wir Ansätze zur optimalen Budgetverwendung auf ein Projektpaket erwähnt, wobei das Investitionsbudget vorgegeben war. Man könnte für alternative Investitionsbudgets jeweils die optimale Budgetverwendung ermitteln und dann unter den errechneten Optima das günstigste auswählen. Dieses Verfahren setzt jedoch eine vorherige Festlegung alternativer Informationsbudgets voraus, wozu wiederum eine synthetisch geartete Budgetierung hilfreich sein kann.

1.4 Informationsbeschaffung

Wie wir gesehen haben, werden Informationen zum Zwecke
- der Formulierung von Entscheidungsproblemen sowie
- der Lösung von Entscheidungsproblemen

beschafft.

Hinsichtlich der Art der Informationsbeschaffung läßt sich, wie bereits erwähnt, zwischen **Primärforschung** (Primärerhebung) und **Sekundärforschung** (Sekundärerhebung) unterscheiden.

> Die **Sekundärforschung** betrifft die Sammlung und Analyse von Daten, die für andere Zwecke und zu früherem Zeitpunkt erhoben wurden.

> Unter **Daten** werden i. e. S. große Zahlenmengen verstanden, die durch Messung (Befragung bzw. Beobachtung) gewonnen werden.

Zur Erhöhung ihres Informationsgehaltes bedürfen sie i. d. R. besonderer Verarbeitungsprozesse. Quellen für derartige Informationen finden sich sowohl innerhalb wie außerhalb des Unternehmens. Zu den **internen Quellen** gehören z. B.

- das betriebliche Rechnungswesen
- Absatz- und Lagerstatistiken
- Kunden- und Lieferantenkarteien
- Berichte des Außendienstes
- Datenmaterial aus früheren Primär- oder Sekundärerhebungen

Relevante **externe Quellen** sind z. B.

- Veröffentlichungen des Statistischen Bundesamtes und der statistischen Landesämter
- Veröffentlichungen sonstiger amtlicher Institutionen, wie Ministerien, Bundesbank oder Industrie- und Handelskammern
- Veröffentlichungen internationaler Institutionen, wie EG, OECD, UNO oder Weltbank
- Veröffentlichungen von wirtschaftswissenschaftlichen Instituten
- Veröffentlichungen von Wirtschaftsverbänden sowie Messeberichte
- Geschäftsberichte, Prospekte oder Kataloge einzelner Unternehmen
- Veröffentlichungen in Fachzeitschriften und Tagespresse
- Adreß- und Handbücher

Im Rahmen der Sekundärforschung müssen die verschiedenen Informationsquellen überprüft werden. Da die Sekundärforschung gegenüber der Primärforschung meist erheblich weniger Zeit und Kosten erfordert, sollten ihre Möglichkeiten zunächst ausgeschöpft werden, bevor Primärforschung eingeleitet wird. Überdies lassen sich durch Sekundärforschung nützliche Informationen für Planung und Durchführung der Primärforschung gewinnen.

> Im Falle der Erhebung und Analyse von neuen bzw. neuartigen Daten spricht man von **Primärforschung**.

Die Erhebungsformen im Rahmen der Primärforschung sind äußerst vielfältig. So unterscheidet man u. a.

(1) nach dem **Umfang** der jeweils untersuchten Menge von Erhebungseinheiten
 - Vollerhebung
 - Teilerhebung
(2) nach der **Häufigkeit** der **Durchführung** der Erhebungen
 - einmalige Erhebungen
 - mehrmalige Erhebungen
 Im letzteren Fall gibt es noch die Differenzierung in sukzessive Erhebungen (mit wechselnden Themen und/oder wechselnden Erhebungseinheiten) und sequentielle Erhebungen (mit gleichbleibenden Themen und Erhebungsgesamtheiten).
(3) nach der **Zahl der** mit einer Erhebung verfolgten **Zwecke**
 - Einzweckerhebung
 - Mehrzweckerhebung
(4) nach der **Art des methodischen Vorgehens** bei der Informationsgewinnung
 - Befragung
 - Beobachtung

Auf diese beiden **methodischen Vorgehensweisen** wollen wir in Abschn. 1.4.1 und 1.4.2 noch gesondert eingehen.

Zahlreiche Erhebungen werden als Kombination von Befragung und Beobachtung angelegt und abgewickelt.

Erhebungen können den Charakter von Experimenten tragen.

> Unter einem **Experiment** verstehen wir eine Erhebung zwecks **Überprüfung einer Kausalhypothese**. I. d. R. handelt es sich um eine Teilerhebung.

Eine **Kausalhypothese** ist eine Aussage folgender Art: Eine Änderung der Variablen X bewirkt eine Änderung der Variablen Y. Die Änderung von X wird dabei als Ursache und die Änderung von Y als Wirkung bezeichnet. X heißt unabhängige, Y abhängige Variable.

Ein Experiment muß zweierlei leisten:

— Es muß Meßwerte für X und Y liefern (durch Befragung oder durch Beobachtung), aufgrund derer sich zwischen X und Y eine Assoziation (gemeinsames Variieren von Variablen) statistisch nachweisen läßt.

— Es muß dem Untersucher die Gewißheit verschaffen, daß X unbeeinflußt von Y oder anderen Faktoren, die Y möglicherweise beeinflussen, variiert wurde.

Nur wenn letzteres gegeben ist, kann der Untersucher aus einer Assoziation zwischen X und Y auf eine kausale Beziehung zwischen X und Y schließen. Der Untersucher erlangt die erforderliche Gewißheit, indem er im Experiment die unabhängige Variable (den experimentellen Faktor) kontrolliert (variiert). Das Experiment ist also als besondere Erhebungsform dadurch gekennzeichnet, daß der Untersucher aktiv in den Entstehungsprozeß der zu untersuchenden Daten eingreift.

Bei der **Durchführung und Analyse von Experimenten** ergeben sich **Probleme der internen und externen Validität.** Es handelt sich bei Experimenten vorwiegend nur um Teilerhebungen. Die aus dem Experiment gewonnenen Untersuchungsergebnisse müssen hinsichtlich der untersuchten Teilauswahl gültig sein (**interne Validität**). Zu diesem Zweck werden oft **Laborexperimente** unternommen, da im Labor eine bessere Kontrolle möglicher Einflußfaktoren auf die unabhängige Variable durchführbar ist. Die **externe Validität** betrifft die Frage, ob das in der Teilauswahl erzielte Untersuchungsergebnis auch für die Grundgesamtheit Gültigkeit besitzt (Inferenzschluß). Die externe Validität erfordert somit neben der **Repräsentanz der untersuchten Teilauswahl** für die Grundgesamtheit auch die **Repräsentanz der Untersuchungsbedingungen.**

Zur **Planung und Analyse von Experimenten** stehen spezielle Methoden zur Verfügung (vgl. Menges/Skala [Grundriß]). Zur Planung von Experimenten eignen sich die Methoden des Experimentaufbaus (Experimental Design). Zur Auswertung der Experimentergebnisse werden die statistischen Methoden der **Varianz- und Kovarianzanalyse** eingesetzt. Hierauf wird im Rahmen des Abschnitts 1.5.2 (Datenanalyse) noch einmal eingegangen.

Die **Planung von Erhebungen** umfaßt neben der Ermittlung der Kategorien von Informationen, die zur Formulierung bzw. Lösung eines Entscheidungsproblems zu beschaffen sind, die **Festlegung folgender Erhebungsdetails:**

- Ort der Erhebung
- Art der Erhebungselemente
- Umfang der Erhebung nach
  - Zahl der Erhebungseinheiten
  - Zahl der Erhebungsgegenstände
- Leitung der Erhebung
- Durchführung der Erhebung
- Dauer der Erhebung, differenziert nach
  - Länge der gesamten Erhebung
  - Länge der Erhebung pro Gegenstand
  - Länge der Erhebung pro Erhebungseinheit
- Methodische Vorgehensweise (Forschungsansatz) anhand einer detaillierten Beschreibung
- Übernahme von Schulungsaufgaben, die im Zusammenhang mit der Durchführung der Erhebung anfallen
- Maßnahmen zur Überprüfung der Effizienz des Forschungsansatzes (z. B. eine Vorlaufstudie)
- Möglichkeiten der Erhebungskontrolle

Im einzelnen muß hierzu auf die einschlägige Literatur verwiesen werden (siehe z. B. Hammann/Erichson [Marktforschung]).

Bei der Beschaffung von Informationen werden Erhebungen fast ausschließlich in Form von **Teilerhebungen** durchgeführt. Die Beschaffung von Informationen durch **Vollerhebung** ist in den meisten praktischen Fällen aus wirtschaftlichen, organisatorischen, zeitlichen oder technischen Gründen nicht zweckmäßig. Bei einer Vollerhebung (Zensus) werden alle Untersuchungseinheiten erfaßt, d. h. bei allen Untersuchungseinheiten wird festgestellt, ob bzw. in welcher Ausprägung sie ein bestimmtes Untersuchungsmerkmal aufweisen.

Bei einer **Teilerhebung** wird nur eine Teilmenge der **Grundgesamtheit** erfaßt, mit dem Ziel, aufgrund einer Aussage über die Teilmenge auch eine Aussage über die Grundgesamtheit zu treffen. Der Schluß von der Teilmenge (der Erhebungsmenge) auf die Grundgesamtheit wird als **Repräsentationsschluß** bezeichnet. Ein Schluß kann aber nur dann gerechtfertigt sein, wenn die Teilmenge hinsichtlich des Untersuchungsmerkmals ein getreues Abbild der Grundgesamtheit liefert. Eine Teilmenge, die diesen Anspruch erfüllt, bezeichnet man als **repräsentativ**. Die Gewinnung einer derart geeigneten Teilmenge heißt auch **Teilauswahl**.

Grundsätzlich kann man feststellen, daß jede Aussage, die im Rahmen einer Teilerhebung gewonnen wird, mit einem **Fehler** behaftet ist.

Mit Hilfe der zur Verfügung stehenden Kentnisse und Methoden kann man lediglich erreichen, daß der auftretende Fehler klein gehalten und sein Ausmaß abgeschätzt wird. Jeder Meßfehler kann zumindest in zwei **Komponenten** aufgespalten werden:

– einen Zufallsfehler und
– einen systematischen Fehler.

Der **Zufallsfehler** (Stichprobenfehler) ist bei einer Teilerhebung unvermeidbar. Er kann aber verkleinert werden durch Vergrößerung der Teilerhebung. Seine Größe läßt sich statistisch schätzen. Dies geschieht mit Hilfe der der Statistik zugrunde liegenden **Wahrscheinlichkeitstheorie** unter der Voraussetzung, daß bei der Durchführung der Teilauswahl die Prämissen der Wahrscheinlichkeitstheorie erfüllt werden. D. h.: die Teilauswahl muß in Form einer Zufallsauswahl (Zufallsstichprobe) durchgeführt werden.

Der **systematische Fehler** kann nicht verkleinert und auch nicht im einzelnen abgeschätzt werden. Aber er ist vermeidbar. Ein systematischer Fehler ist eine Verzerrung der Ergebnisse durch nicht zufällige Einflußfaktoren. Sie können entstehen infolge von Erfassungsfehlern bei den einzelnen Untersuchungseinheiten. Eine Beeinträchtigung der Repräsentanz ergibt sich einmal durch Mängel bei der Teilauswahl (z. B. durch willkürliche Auswahl von Untersuchungseinheiten), durch Mängel der verwendeten Auswahlbasis (Grundgesamtheit bzw. eine geeignete Abbildung), durch Nichtbeantwortung bei Befragungen usw. **Erfassungsfehler** (Meßfehler) treten auf, wenn die Datenerfassung durch Beobachtung erfolgt, durch Zählfehler oder ein fehlerhaftes Meßinstrument oder, wenn die Datenerfassung durch Befragung erfolgt, durch falsche Aussagen der Befragten. Der systematische Fehler kann gleichermaßen bei Teil- und Vollerhebungen auftreten.

Neben diesen beiden Fehlern kann noch ein Fehler bei der Auswertung der Erhebungsergebnisse auftreten: der sog. **Interpretationsfehler**. Interpretationsfehler gehen zu Lasten des Analytikers. Die häufigste Ursache für das Auftreten von Interpretationsfehlern sind Überschätzungen der Ergiebigkeit des Erhebungsmaterials: es werden Aussagen aus dem Material abgeleitet, die durch die Ergebnisse der Erhebung nicht oder nur unzureichend gedeckt sind.

Zur Gestaltung des **Auswahlplans** sowie zu den Formen nichtzufälliger und zufälliger **Auswahlverfahren** sei auf die einschlägige Literatur verwiesen (vgl. z. B. Menges/Skala [Grundriß]).

1.4.1 Befragung

> Als **Befragung** bezeichnet man diejenigen Arten von Erhebungen, bei denen Personen sich zum Erhebungsgegenstand verbal oder schriftlich äußern.

Man unterscheidet:

(1) **persönliche Befragungen** (Interviews), bei denen die Fragestellungen den Mitgliedern der Zielgruppe im Wege persönlicher Kommunikation von den die Erhebung durchführenden Personen (Interviewern) vorgetragen werden.

(2) **nichtpersönliche Befragung** (i. d. R. schriftliche Befragungen), wobei die Erhebung durch nichtpersönliche Kommunikation (z. B. über Fragebögen oder Einsendekupons) erfolgt. Befragungen sind – unabhängig von der Art ihrer Durchführung (in persönlicher oder nichtpersönlicher Form) – grundsätzlich auf zweierlei Weise konzipierbar, wobei sich auch Kombinationen ergeben können. **Direkte** Befragungen sind die Regel, obwohl u. U. mit Nichtbeantwortung gerechnet werden muß, wenn tabuisierte Befragungsgegenstände berührt werden. Derartige psychische Barrieren können bei **persönlicher Befragung** oftmals abgebaut werden. Bei **nichtpersönlichen Befragungen** kann jedoch Verweigerung die Folge sein. Diese Gründe können eine **indirekte** Befragung (d. h. eine Beschreitung von Umwegen bei der Befragung) notwendig machen, wobei die Versuchspersonen lediglich tendenzielle Aussagen abzugeben haben, die jedoch Rückschlüsse auf eine eindeutige Einordnung in einen Katalog denkbarer Aussagen zulassen sollten. Der Spielraum für Tendenzaussagen wird u. a. dadurch gewonnen, daß man in der Frageentwicklung gedankliche Umwege beschreitet. Befragungsmethoden dieser Art bezeichnet man auch als **psychotaktische Befragungen**. Neben diesen Methoden werden auch **psychologische Tests** eingesetzt, die nicht (nur) auf Fragen i. e. S. beruhen, sondern den Versuchspersonen eine Aufgabe (Problem) stellen. Sinn dieser Tests ist es, durch die Reaktion bzw. Problemlösung der Personen Rückschlüsse auf ihr Verhalten, ihre Persönlichkeitsstruktur, ihre Einstellung und Motive zu gewinnen (vgl. Behrens [Handbuch] oder Hüttner [Grundlagen]).

Die Vielfalt der **Arten von Fragen** zu erörtern, würde hier gleichfalls zu weit führen (vgl. Behrens [Handbuch] 94 ff., Hüttner [Grundlagen] 55 ff.). Daher seien nur die wichtigsten herausgestellt. Zunächst wird unterschieden in Fragen, die Versuchspersonen **mit oder ohne Vorlagen** gestellt werden. Vorlagen können begleitende Texte, Bilder oder Originalproben sein. Letztere werden vorgelegt, wenn bestimmte Objekte einer direkten Beurteilung durch die Versuchspersonen unterzogen werden sollen. Der Sinn von Vorlagen ist regelmäßig die Gedächtnisstützung der Probanden.

Eine weitere Einteilung berücksichtigt Fragen **mit und ohne Vorgabe von Antwortkategorien**. Werden keine Antwortkategorien vorgegeben, so spricht man von **offenen Fragen**. Andernfalls liegen **geschlossene Fragen** vor. Im ersten Fall überläßt man dem Beantworter die Formulierung der Antwort ganz oder teilweise, womit der persönlichen Entfaltung mehr Raum gegeben werden kann. Allerdings sind gewisse Nachteile (Beeinflussung durch Dritte, mangelnde Stichhaltigkeit, geringe Vergleichsmöglichkeit, ausufernde Antworten etc.) nicht zu vermeiden. Die Vorgabe von Antwortkategorien bei geschlossenen Fragen vermeidet diese Mängel großenteils.

Schriftliche Befragungen haben in der Praxis nach wie vor die größte Bedeutung. Obwohl die Probleme der niedrigen Rücklaufquote, nicht aufklärbarer Mißverständnisse, ungleicher Erhebungsstichtage und der Beeinflussung durch Dritte nur zu gut bekannt sind, bewährt sich dieses Verfahren aufgrund seiner relativ geringen Kosten und der leichter zu realisierenden Repräsentanz. In neuerer Zeit hat die **telefonische Befragung** eine gewisse Bedeutung erlangt. Dies gilt insbesondere im Bereich von Industrie und Handel, weniger im Bereich der privaten Haushalte.

Die wenigsten **Vorbehalte methodischer Art** wird man gegen **mündliche Befragungen** erheben können. Zwar besteht die Möglichkeit (und zugleich Gefahr), daß der Interviewer die Auskünfte der Befragten bis zu einem gewissen Grade zu steuern bzw. zu beeinflussen vermag (Interviewereffekt), aber diese Nachteile lassen sich durch den Einbau von Kontrollfragen usw. vermeiden. Auf die verschiedenen Formen von Interviews und den **Aufbau von Fragebögen** kann an dieser Stelle nicht im einzelnen eingegangen werden.

1.4.2 Beobachtung

> Unter **Beobachtung** versteht man die visuelle oder instrumentelle Erhebung von Daten.

Die Beobachtung des Verhaltens von Personen läßt sich entweder offen oder verdeckt vornehmen. Da die aufschlußreichsten Beobachtungen dann erfolgen können, wenn sich die Versuchspersonen unbeobachtet glauben bzw. nicht mit einer Beobachtung rechnen und somit spontan handeln, werden **verdeckte Beobachtungen** bevorzugt. Stimmt eine Versuchsperson einer **offenen Beobachtung** zu, ist regelmäßig mit einer Verhaltensänderung zu rechnen (sog. **Beobachtungseffekt**).

Zu den Beobachtungsvorgängen zählt auch die Beobachtung von Objekten, Prozeßabläufen und technischen Vorgängen anhand von Apparaturen bzw. speziellen Beobachtungseinrichtungen, die abgelesen werden müssen. Gerade viele innerbetriebliche Informationsbeschaffungsvorgänge (Arbeits- und Bewegungsstudien, Fließbandüberwachung, aber auch das gesamte Rechnungswesen) beruhen auf dem Prinzip der Beobachtung.

Verdeckte Beobachtungen von Personen unterliegen der **Kritik** im Hinblick auf mögliche Eingriffe in deren Persönlichkeitsrechte. Solange Beobachtungen anonym bleiben und sich nicht auf die isolierte Observierung von Einzelpersonen beziehen (wie z. B. bei Studien zum Wanderverhalten in Supermärkten), wird man derartige Bedenken nicht unbedingt teilen müssen. Die Grenzen können jedoch leicht überschritten werden, weshalb Zurückhaltung zweckmäßig ist.

Man unterscheidet grundsätzlich **zwei Arten** der Beobachtung:
– teilnehmende Beobachtung
– nicht-teilnehmende Beobachtung.

Die **teilnehmende Beobachtung** ist relativ selten, da sie die aktive Teilnahme des Beobachters am Geschehen mit dem zu beobachtenden Element voraussetzt. Der Fall der **nicht-teilnehmenden Beobachtung** wird um der Objektivität willen bevorzugt, da der Beobachter nicht aktiv in das Geschehen einbezogen ist und er seine Wahrnehmungen unabhängig bzw. unbeeinflußt machen kann. Bezüglich weiterer Einzelheiten wird auf die Literatur verwiesen (siehe z. B. Schäfer/Knoblich [Grundlagen] 314ff.).

1.5 Informationsverarbeitung

Die zur Formulierung bzw. Lösung von Entscheidungsproblemen benötigten Informationen fallen im allgemeinen nicht in der Weise an, daß sie unmittelbar im Entscheidungsprozeß eingesetzt werden können. Dies macht eine **Aufbereitung** bzw. **Verarbeitung der Daten** erforderlich. Um insbesondere die bei Erhebungen anfallende Datenfülle transparent zu machen, um vorhandene Strukturen der Daten erkennen und interpretieren zu können, sind systematische Methoden der

— Datenreduktion, aber auch der
— Datenanalyse

erforderlich. Die Prinzipien dieser Methoden sollen im folgenden kurz aufgezeigt werden (vgl. die Darstellung bei Hammann/Erichson [Marktforschung] 75 ff. und 89 ff.).

1.5.1 Datenreduktion

Durch eine **Komprimierung** von Daten läßt sich das Datenrohmaterial auf wenige überschaubare Größen reduzieren mit der Konsequenz einer Steigerung des Aussagewertes (Menges/Skala [Grundriß] Kap. 9). Jede Form der Komprimierung von Daten geht zwangsläufig mit einem objektiven **Informationsverlust** einher, jedoch wird der subjektive Informationsgehalt des Datenmaterials erhöht.

Maßnahmen zur Reduzierung von Daten sind in erster Linie in einer geeigneten **Tabellierung** zu sehen. Auf diese Weise werden Daten übersichtlich angeordnet und mit Hinweisen auf den Inhalt der Daten sowie durch **elementare Berechnungen** (wie Summen- oder Mittelwertbildung) ergänzt. Zu den bei der Erstellung von Tabellen zu beachtenden Grundsätzen wird auf die Literatur verwiesen (siehe z. B. Kellerer [Statistik] 31 ff.).

Grundlegende Bedeutung für die Reduktion von Daten besitzen **Maßzahlen**. Eine Maßzahl ist eine reellwertige Funktion (Abbildung) einer Datenmenge. Es handelt sich also um eine reellwertige Zahl, durch die eine Vielzahl von Daten zusammengefaßt werden kann. Zu den wichtigsten Maßzahlen gehören:

— **Verteilungsmaße**, d. h. Maßzahlen, die der Beschreibung von Häufigkeitsverteilungen dienen. Hierzu zählen Lageparameter, Streuungsparameter und Konzentrationsmaße.
— **Verhältniszahlen**, d. h. Quotienten von jeweils zwei Maßzahlen. In einer Verhältniszahl werden gleichartige oder verschiedenartige Maßzahlen zueinander in Beziehung gesetzt. Beispiele von Verhältniszahlen sind Quoten (Gliederungszahlen) oder Beziehungszahlen sowie Meß- und Indexzahlen. Im einzelnen sei wiederum auf die einschlägige Literatur verwiesen (siehe u. a. Menges/Skala [Grundriß] 323 ff.).

Maßzahlen beziehen sich jeweils auf **einzelne Merkmale** von Untersuchungseinheiten. Will man eine Datenmenge reduzieren, die sich auf eine Merkmalsmenge einer Menge von Untersuchungseinheiten bezieht, so hat man **multivariate Methoden** der Datenreduktion anzuwenden.

Eine besonders effiziente Methode der Datenreduktion, die auch weitergehende Bedeutung für die Bildung und Prüfung von Hypothesen besitzt, ist die **Faktorenanalyse**.

Mit Hilfe der **Faktorenanalyse** kann eine Datenmatrix X mit den Meßwerten x_{ij} von m Objekten (i=1,..., m) für jeweils n Merkmalsvariablen (j=1,..., n) bei minimalem Informationsverlust reduziert werden auf eine Datenmatrix für nur q < n Variablen, die sog. Faktoren. Die **Faktoren** sind hypothetische, nicht direkt beobachtbare Größen, die der Vielzahl von beobachtbaren Merkmalsvariablen zugrunde liegen.

Da die Faktoren im Gegensatz zu den Merkmalsvariablen unkorreliert sind, kann durch wenige Faktoren fast vollständig der Informationsgehalt einer Vielzahl von Merkmalsvariablen wiedergegeben werden.

Im Gegensatz zur Faktorenanalyse, deren Ziel die Datenverdichtung durch Verkleinerung des Merkmalsvariablenraums bei Konstanz des Objektraums ist, zielen die vielfältigen Verfahren der **Cluster-Analyse** auf die Klassifikation der Meßobjekte. Durch die Klassifikation wird der Objektraum reduziert. Einordnungskriterium für die Untersuchungseinheiten ist deren »Ähnlichkeit« untereinander bezüglich einiger oder aller relevanten Merkmalsausprägungen.

Bekanntlich bereitet es nur geringe Probleme, wenn eine Klassifikation von Elementen unter Berücksichtigung lediglich eines Merkmals vorgenommen werden soll. Das Problem kompliziert sich jedoch, wenn mehrere Merkmale gleichzeitig zur Klassifikation herangezogen werden sollen und jedes Untersuchungsobjekt einer und nur einer Klasse bzw. Gruppe von Elementen zuzuordnen ist. Bezüglich der Besonderheiten clusteranalytischer Verfahren muß wiederum auf die Literatur verwiesen werden.

Anwendungen der Faktorenanalyse zur Reduktion von Datenmengen bewirken letztlich eine räumliche Klarlegung von **Ähnlichkeitsbeziehungen** zwischen den Elementen einer Menge von Meßobjekten bezüglich der relevanten Merkmalsausprägungen. Das Ergebnis ist eine **multidimensionale Skalierung** der Meßobjekte. Je nach der Art des

Dateninput werden verschiedene Klassen von Verfahren unterschieden, wovon die Faktorenanalyse zu den sog. metrischen Methoden zählt.

1.5.2 Datenanalyse (Dependenzanalyse)

Der zweite große Bereich der Informationsaufbereitung bzw. -verarbeitung bezieht sich auf die **Analyse der Beziehungen zwischen Variaåe-0001blen** von Untersuchungseinheiten. Die mathematisch-statistischen Verfahren, mit denen simultan eine Mehrzahl von miteinander in Beziehung stehenden Variablen analysiert werden kann, werden als **multivariate Verfahren** bezeichnet. Je nachdem, ob vor Durchführung der Analyse eine Teilung der Variablen in abhängige und unabhängige Variablen vorgenommen wird oder nicht, kann man Verfahren der

– Interdependenzanalyse (bei ungeteilter Variablenmenge)
– Dependenzanalyse (bei geteilter Variablenmenge)

unterscheiden.

(1) Zu den Verfahren der **Interdependenzanalyse** zählen Faktoren- und Cluster-Analyse.

(2) Zu den Verfahren der **Dependenzanalyse** rechnen

- Varianzanalyse
- Regressionsanalyse
- Diskriminanzanalyse
- Kontingenzanalyse.

Die Verfahren der **Dependenzanalyse** werden üblicherweise dann angewendet, wenn das Vorhandensein bzw. die Stärke einer **assoziativen Beziehung** zwischen einer abhängigen Variablen auf der einen und mehreren unabhängigen Variablen auf der anderen Seite untersucht werden soll.

Der Begriff Dependenzanalyse bzw. die Bezeichnung der Variablen als abhängige und unabhängige Variablen suggeriert, daß die zu untersuchende Beziehung kausaler Art sei. Eine solche Vermutung beruht jedoch auf einem Mißverständnis. Im Falle des Vorliegens einer assoziativen Beziehung kann (aber muß nicht) auch eine kausale Beziehung bestehen. Liegt unbestreitbar eine kausale Beziehung zwischen Variablen vor, so impliziert dies immer auch eine assoziative Beziehung. Um entscheiden zu können, ob eine mit Hilfe von Verfahren der Dependenzanalyse festgestellte Assoziation kausaler Natur ist und in welcher Richtung die kausale Abhängigkeit besteht, sind außerstatistische Informationen erforderlich. Auf empirischem Weg lassen sich solche Informationen beispielsweise durch Experimente gewinnen.

Allgemein verfolgt man neben der Zielsetzung einer **Feststellung assoziativer Beziehungen** und ihrer Stärke bzw. einer **Überprüfung von Kausalhypothesen** das **Ziel der Prognose** der abhängigen Variablen aufgrund von Informationen über die unabhängigen Variablen.

Allen Verfahren der Dependenzanalyse liegt das **allgemeine lineare Modell** zugrunde:

$$y = b_1 x_1 + b_2 x_2 + \ldots + b_J x_J + u$$

mit y: abhängige Variable, x_j: unabhängige Variablen (j=1,...,J), b_j: unbekannter Parameter (j=1,...,J) und u: Störgröße (Zufallsvariable). Die Modellparameter b_j geben die Stärke der Dependenzbeziehung zwischen den assoziativen Variablen an. Kann man eine **kausale** Beziehung zwischen diesen Variablen unterstellen, so stellt b_j einen **Wirkungskoeffizienten** dar. Er sagt aus, um wieviel sich die abhängige Variable y ändert bei einer Änderung der unabhängigen Variablen x_j um eine Einheit. Aufgrund von empirischen Daten für die Variablen des Modells liefert eine Dependenzanalyse folgende Beziehung:

$$\hat{y} = \hat{b}_1 x_1 + \hat{b}_2 x_2 + \ldots + \hat{b}_J x_J$$

Die Koeffizienten $\hat{b}_j$ sind die Schätzwerte der unbekannten Wirkungskoeffizienten b_j.

Die Variablen des linearen Modells können **metrisch** (quantitativ) oder **nominal** (qualitativ) sein. Je nachdem, welches Skalenniveau die abhängigen und unabhängigen Variablen aufweisen, lassen sich verschiedene methodische Problemstellungen und entsprechende Analyseverfahren unterscheiden. Danach kann man wie folgt einteilen:

abhängige Variable(n)	unabhängige Variable(n)	
	metrisch	nominal
metrisch	Regressionsanalyse	Varianzanalyse
nominal	Diskriminanzanalyse	Kontingenzanalyse

Abb. 3.1.1: Einteilung der Verfahren der Dependenzanalyse

Bei den Verfahren der Dependenzanalyse spricht man von **multivariaten Verfahren** i. e. S. nur dann, wenn wenigstens zwei unabhängige Variablen in das Modell einbezogen und damit simultan analysiert werden. Die Entscheidung, wie viele und welche unabhängigen Variablen in das Modell aufgenommen werden sollen, muß der Analytiker vor dem Hintergrund von Erfahrung und Problemkenntnis, aber letztlich subjektiv vornehmen.

Zur Untermauerung der Dependenzanalyse durch **stochastische** Annahmen sei auf die einschlägige Literatur verwiesen. Vielmehr wollen wir nur skizzieren, für welche Problemstellungen die einzelnen dependenzanalytischen Verfahren eingesetzt werden können:

(1) Verfahren der **Regressionsanalyse** werden i. d. R. dann eingesetzt, wenn die Abhängigkeit einer **metrischen** Variablen y von einer oder mehreren **metrischen** Variablen x_j (j=1,...,J) untersucht werden soll. Ein typisches Beispiel liefert die Nachfrageanalyse, wobei die Nachfrage nach einem Gut in Abhängigkeit von einer Reihe die Nachfrage beeinflussenden Variablen (wie z. B. Einkommen, Alter der Käufer, Preis des Gutes usw.) untersucht wird. Nachfragemenge, Einkommen, Alter, Preis des Gutes sind sämtlich metrische Variablen.

(2) Mit den Verfahren der **Diskriminanzanalyse** kann die Abhängigkeit einer **nominalen** Variablen y von zwei oder mehreren **metrischen** Variablen x_j (j=1,...,J) untersucht werden. Man kann die Problemstellung, für welche diskriminanzanalytische Verfahren angewendet werden, jedoch auch etwas anders formulieren. Entsprechend der jeweiligen Ausprägung der nominalen Variablen y lassen sich die Untersuchungsobjekte in Gruppen einteilen. Mit Hilfe der Diskriminanzanalyse kann man ermitteln, welche **diskriminatorische Bedeutung** die einzelnen Variablen x_j für die Unterscheidung der Gruppen besitzen. Zudem kann man ein Kriterium bestimmen, mit dessen Hilfe die unbekannte Gruppenzugehörigkeit neuer Untersuchungsobjekte geschätzt bzw. prognostiziert werden kann.

Ein **Beispiel** für die Anwendung der Diskriminanzanalyse wäre im folgenden zu sehen: Man kann Käufer entsprechend ihrer Produkt- oder Markenwahl in Gruppen einteilen und dann die Abhängigkeit der Markenwahl bzw. die Gruppenzugehörigkeit der Käufer z. B. von deren Alter und Einkommen untersuchen. Als Ergebnis der Analyse erhält man Aussagen über die unterschiedliche diskriminatorische Bedeutung der Variablen Einkommen und Alter der Käufer für die Marken- bzw. Produktwahl.

(3) Will man die Abhängigkeit einer metrischen Variablen y von einer oder mehreren **nominalen** Variablen x_j (j=1,...,J) untersuchen, so sind Methoden der **Varianzanalyse** anzuwenden. Auch hier kann man die Problemstellung der Varianzanalyse etwas anders formulieren.

Entsprechend den Ausprägungen der Merkmalsvariablen x_j lassen sich die Untersuchungsobjekte in Gruppen einteilen. Man kann dann mit Hilfe von Methoden der Varianzanalyse untersuchen, ob zwischen diesen Gruppen **signifikante Unterschiede** hinsichtlich der Variablen y bestehen. Da man metrische Variablen unter Hinnahme eines gewissen Informationsverlustes immer in nominale Variablen transformieren kann, läßt sich ein Verfahren der Varianzanalyse grundsätzlich auch bei allen Problemstellungen der Regressionsanalyse anwenden. Die Aufgabenstellung der Varianzanalyse ist jedoch weniger anspruchsvoll als die der Regressionsanalyse; denn mit Hilfe der Varianzanalyse soll nicht die marginale Wirkung der unabhängigen Variablen auf die abhängige Variable gemessen werden, sondern man will lediglich feststellen, ob überhaupt eine Wirkung von der jeweiligen unabhängigen Variablen auf die abhängige Variable ausgeht. Da die Fragestellung der Varianzanalyse sehr allgemein ist, ergibt sich eine große Anwendungsbreite, vor allem im Zusammenhang mit der Analyse von Experimenten, d. h. bei der Überprüfung von Kausalhypothesen.

Als Beispiel wäre etwa ein Verpackungstest anzuführen, wobei in einem Experiment geprüft werden soll, welche Nachfragewirkung von diskreten Verpackungsvarianten ausgeht. Unter der Voraussetzung eines geeigneten Versuchsaufbaus wird die Nullhypothese geprüft, daß die Verpackung auf die Nachfrage keinen Einfluß hat. Widerspricht das Testergebnis dieser Hypothese und konnten weitere Einflüsse auf die Nachfrage im Experiment ausgeschaltet werden, so darf vermutet werden, daß tatsächlich von der Verpackung eines Gutes ein Einfluß auf die Nachfrage nach diesem Gut ausgeht. Die Entscheidung sollte dann zu Gunsten derjenigen Verpackungsvariante fallen, die den stärksten Einfluß auf die Nachfrage im Test ausgeübt hat. Auch hier liegt letztlich eine Gruppierung der Untersuchungsobjekte vor. Insofern besteht wiederum eine gewisse Ähnlichkeit zu den Problemstellungen, die mit Hilfe von Methoden der Diskriminanzanalyse untersucht werden.

(4) Soll eine Dependenzanalyse im Falle von nur **nominalen** Variablen durchgeführt werden, so bietet sich als Instrument ein Verfahren der **Kontingenzanalyse** an. Eine Unterscheidung der Variablen in abhängige und unabhängige Variablen ist hier nur für die Interpretation der Analyseergebnisse nicht aber für die Analyse selbst von Belang. Durch Kontingenzanalyse kann man beispielsweise untersuchen, ob bei einer Gruppe von Käufern eine Abhängigkeit zwischen Produkt- bzw. Markenwahl einerseits und Geschlecht der Käufer andererseits vorliegt. Im Test wird die Nullhypothese geprüft, daß keine derartige Abhängigkeit besteht. Wird diese Nullhypothese durch den Test wider-

legt, muß die Alternativhypothese (daß eine Abhängigkeit vorliegt) angenommen werden.

Allgemein kann noch nachgetragen werden, daß alle Verfahren der Informationsverarbeitung den **Einsatz von Computern** erforderlich machen. Vor allen Dingen für die Regressionsanalyse und die Diskriminanzanalyse wird in der Praxis ein erheblicher Rechenaufwand zu erwarten sein. Dieser Rechenaufwand wächst ungefähr quadratisch mit der Anzahl der Variablen. Auf Probleme der **Informationstechnologie** wird im 4. Abschnitt eingegangen.

1.6 Informationssynthese

Den Abschluß aller Informationsbeschaffungsaktivitäten bildet die Phase der Informationssynthese. In ihr vereinigen sich alle Aktivitäten, die auf die **Abstimmung, Zusammenführung und Präsentation** der aus vielfältigen Quellen beschafften und verarbeiteten Informationen gerichtet sind. Da selten nur eine einzige Informationsart zur Beschaffung ansteht und oftmals aus verschiedenen Quellen gewonnene Informationen widersprüchlich sind, ergibt sich die Notwendigkeit einer verwendungsorientierten Synthese bzw. Abstimmung zwingend. Auf die **psychologischen Probleme** einer überzeugenden Präsentation kann an dieser Stelle nur kursorisch hingewiesen werden. Planung, Beschaffung und Aufbereitung von Informationen für unternehmerische Entscheidungen sind nur dann wirklich entscheidungsrelevant, wenn sie trotz des verbleibenden Risikos glaubwürdig sind. Die **Glaubwürdigkeit der Information** ist nicht nur sachlich, sondern auch psychologisch begründet. Die Verwendung der Information, aber auch die Akzeptanz einer Problemlösung (im Wege der Implementierung bzw. Umsetzung) hängen in entscheidendem Maß von der Güte der Präsentation vor den Entscheidungsträgern ab. Die gewonnenen Informationen sind nutzlos, wenn sie nicht wieder in den Entscheidungsprozeß eingespeist werden können. Der Informationsprozeß wäre ohne eine Informationsverwendung unvollständig.

Kehren die Entscheidungsaufgaben periodisch oder aperiodisch wieder (mit verändertem Informationsbedarf oder nicht), so kann sich die Notwendigkeit ergeben, fallweise oder laufend die erforderlichen Informationen zu erneuern, zu selektieren oder qualitativ zu verbessern. Diesen Vorgang bezeichnet man als **Aufdatierung.** Die Relevanz der

Information hängt in besonderem Maße davon ab, daß die Qualität der Information (im Wege der Aufdatierung) erhalten bleibt. Die Funktionsfähigkeit des Informationssystems ist nicht zuletzt an diese Voraussetzung gebunden.

Literaturhinweise

Aaker, David S. und George S. Day: [Marketing Research]. 2nd Ed., New York etc. 1983.
Bamberg, Günter und Adolf G. Coenenberg: Betriebswirtschaftliche [Entscheidungslehre], 4. Aufl., München 1985.
Behrens, Karl Christian: Demoskopische [Marktforschung]. Wiesbaden 1966.
Behrens, Karl Christian (Hrsg.): [Handbuch] der Marktforschung. Bd. 1., Wiesbaden 1974.
Böhler, Heymo: Marktforschung. Stuttgart 1985.
Busse von Colbe, Walther und Gert Laßmann: [Betriebswirtschaftstheorie]. Bd. I, 3. Aufl., Berlin, Heidelberg u. New York 1986.
Busse von Colbe, Walther, Peter Hammann und Gert Laßmann: [Betriebswirtschaftstheorie]. Bd. 2, 2. Aufl., Berlin, Heidelberg u. New York 1985.
Dean, Joel: [Capital Budgeting]. 7th Ed., New York 1964.
Green, Paul E. und Donald S. Tull: Methoden und Techniken der [Marketingforschung], 4. Aufl., Stuttgart 1982.
Hammann, Peter und Bernd Erichson: [Marktforschung]. Stuttgart u. New York 1978.
Hammann, Peter und Bernd Erichson: [Arbeitsbuch] zur Marktforschung. Stuttgart u. New York 1981.
Hax, Herbert: [Investitionstheorie]. 5. Aufl., Würzburg u. Wien 1985.
Hüttner, Manfred: [Grundlagen] der Marktforschung. Wiesbaden 1972.
Hüttner, Manfred: [Informationen] für Marketingentscheidungen. München 1979.
Kellerer, Hans: [Statistik] im modernen Wirtschafts- und Sozialleben, Reinbek b. Hamburg 1960.
Mag, Wolfgang: [Entscheidung] und Information. München 1977.
Meffert, Heribert: Marktforschung. Wiesbaden 1986.
Menges, Günter und Heinz J. Skala: [Grundriß] der Statistik, Teil 2: Daten. Opladen 1973.
Schäfer, Erich und Hans Knoblich: [Grundlagen] der Marktforschung. 5. Aufl., Stuttgart 1978.

2 Rechnungswesen

Abschnitte 2.1 und 2.2: Wolfgang Eisele
Abschnitt 2.3: Gerhard Scherrer

2.1 Das Rechnungswesen als Informationssystem

Wolfgang Eisele

2.1.1 Die Abbildung des Unternehmensprozesses im betrieblichen Rechnungswesen

Das betriebliche Rechnungswesen ist zentraler Bestandteil des **Informationssystems** eines Unternehmens. Es ist daher institutionell in Form eines Subsystems in die Gesamtorganisation des Unternehmens eingebunden. Durch einen Komplex zahlreicher Abbildungsprozesse sollen die innerbetrieblichen ökonomischen Vorgänge und die wirtschaftlich relevanten Beziehungen des Unternehmens zu seiner Umwelt **erfaßt, dokumentiert, aufbereitet** und **ausgewertet** werden. Die Qualität der daraus resultierenden Informationen ist von der Ausgestaltung des Rechnungswesens, insbesondere von der zweckmäßigen quantitativen Wiedergabe der Wirtschaftsabläufe und Wirtschaftstatbestände abhängig.

Das **Rechnungswesen** ist ein System, das in zweckdienlicher Form Informationen für Entscheidungsträger liefert.

Das Unternehmensgeschehen vollzieht sich in einer arbeitsteiligen Wirtschaft in Form eines verflochtenen, interdependenten **Umsatzprozesses**: Den güterwirtschaftlichen Beschaffungs-, Erzeugungs- und Absatzvorgängen stehen die Zahlungsströme aus dem Erwerb bzw. dem Verkauf der Güter gegenüber, so daß der Unternehmensprozeß statt durch reale Güterströme auch durch dessen komplementäre monetäre Ströme abgebildet werden kann. Das Rechnungswesen ist jedoch nur dann in der Lage, das Unternehmensgeschehen realitätsgetreu zu erfassen, wenn es der zeitlichen und funktionalen **Struktur des Unternehmensprozesses**, also der Wertbewegung innerhalb jeder einzelnen Prozeßphase, zu folgen vermag. Die grundsätzlichen Beziehungen zwischen den einzelnen **Prozeßphasen** stellen sich wie folgt dar (vgl. auch Abb. 3.2.1 auf S. 193):

- Phase 1: **Zahlungsmittelbeschaffung**

Ausstattung des Unternehmens mit Zahlungsmitteln über den Kapital- bzw. Geldmarkt: Die liquiden Mittel schlagen sich im Vermögen als konkreter Geldbetrag, im Kapital – entsprechend der zweifachen (doppischen) Erfassung der im Unternehmen eingesetzten Werte – als abstrakte Kontrollziffer nieder.

> **Finanzeinnahmen** stellen einen nicht-erfolgswirksamen, außenfinanzierten Zugang von Zahlungsmitteln dar, der im Rechnungswesen als Vermögens- und Kapitalmehrung erfaßt wird.

- Phase 2: **Zahlungsmittelverwendung** (Investition)

Erwerb der zur Produktion erforderlichen Einsatzfaktoren über den Beschaffungsmarkt: Die durch Außenfinanzierung aufgebrachten Zahlungsmittel werden für Anlagen, Verbrauchsgüter und Dienstleistungen verwendet. Es handelt sich hierbei um eine Vermögensumschichtung: Dem Nominalgutabfluß steht der Zugang an Realgütern gegenüber.

> **Erfolgsausgaben** entstehen durch die Verwendung finanzieller Mittel zur Beschaffung von Produktionsfaktoren und finden als Vermögensumschichtung ihren rechnungstechnischen Niederschlag.

- Phase 3: **Transformationsprozeß** (Wertschöpfung)

Einsatz der beschafften Produktionsfaktoren im betrieblichen Transformationsprozeß zum Zwecke der Erstellung von überwiegend für den Absatz bestimmten Fertigerzeugnissen (Ertragsgüter). Die in dieser Prozeßphase durch Realgüterbewegungen gekennzeichneten Transformationsvorgänge vollziehen sich weitgehend losgelöst von marktmäßigen Verflechtungen; die Prozeßabbildung könnte demnach in diesem Prozeßbereich prinzipiell auch über rein technisch-physikalische Größen erfolgen. Dem steht jedoch die Notwendigkeit einer verursachungsgerechten Zurechnung der Einsatzfaktorverbräuche auf die Ertragsgüter entgegen: Diese erfordert eine einheitliche Recheneinheit, die über eine grundsätzlich marktorientierte Bewertung erreicht wird. Die Geldstromanalyse findet damit auch Eingang in den Innenbereich der Unternehmung.

> **Aufwand** bzw. **Kosten** kennzeichnen den monetär bewerteten Verbrauch von Gütern und Dienstleistungen.
> **Ertrag** bzw. **Leistung** kennzeichnen die monetär bewertete Erzeugung von Gütern und Dienstleistungen.
> Der im Rahmen des Transformationsprozesses erzielte Wertzuwachs wird als **Wertschöpfung** bezeichnet.

Die jeweils korrespondierenden Rechnungsgrößen: Aufwand/Kosten und Ertrag/Leistung (Betriebsertrag) können in den Einzelelementen übereinstimmen oder auch Unterschiede aufweisen; sie bedürfen dann der eindeutigen, zweckorientierten gegenseitigen Abgrenzung (vgl. Abschn. 2.3.1.2).

- Phase 4: **Zahlungsmittelfreisetzung** (Desinvestition)
Verwertung der Ertragsgüter auf dem Absatzmarkt. Durch den realen Leistungsabgang der **Desinvestition** fließen dem Unternehmen liquide Mittel zu, die als **Erfolgseinnahmen** rechentechnisch zu erfassen sind. Diese Einnahmen werden zunächst zur Deckung des Kostengütereinsatzes (**Investitionsrückfluß**) herangezogen; der übersteigende Teil entspricht dem **Desinvestitionserfolg** (Investitionsüberschuß), der dem Kapitalbereich als innenfinanzierter Verpflichtungszugang gegenüber den Eignern zuwächst. Zugleich wird über den Einnahmenzuteilungsvorgang die enge rückkoppelnde Verbindung zwischen der vierten und der zweiten Prozeßphase hergestellt.

> **Erfolgseinnahmen** sind innenfinanzierte, aus dem Umsatzprozeß resultierende finanzielle Zuflüsse, die in einen, zur Deckung des Produktionsfaktoreneinsatzes dienenden Investitionsrückfluß und einen darüber hinausgehenden Desinvestitionserfolg differenziert werden können.

- Phase 5: **Ablösung der finanziellen Verpflichtungen**
Erschöpft sich die Unternehmenstätigkeit in einem einmaligen Ablauf des Unternehmensprozesses, so erfolgt die geldliche Abführung der über den Umsatzprozeß erlangten Zuflüsse einschließlich der Erstfinanzierung an den Geld- bzw. Kapitalmarkt.

> **Finanzausgaben** sind nicht-erfolgswirksame Abflüsse finanzieller Mittel an Fremdkapitalgeber (Rückzahlung) und Eigenkapitalgeber (Ausschüttung), die rechentechnisch als Vermögens- und Kapitalminderung erfaßt werden.

Der Ablauf des wirtschaftlichen Unternehmensprozesses ist also vornehmlich durch **zwei Nominal-Realgüter-Tauschakte** (Investition und Desinvestition) sowie **einen Transformationsprozeß** gekennzeichnet. Darüber hinaus sind jedoch auch zwei isolierte, nicht erfolgswirksame Nominalgüterbewegungen zu erfassen. Das gesamte Wirtschaftsgeschehen der Unternehmung kann daher mit Hilfe des Phasenschemas vollständig beschrieben und abrechnungstechnisch durch **fünf Verrechnungsbereiche** (Kontenreihen) abgebildet werden; das sind Verrechnungsstellen für:

1. das **Kapital** zur Abwicklung der Verpflichtungstatbestände;
2. die **Zahlungsmittel,** die erfolgswirksame Ausgaben und Einnahmen aus dem Umsatzprozeß und erfolgsunwirksame Finanzausgaben und -einnahmen aus der Verbindung mit dem Kapitalbereich aufzeichnen;
3. die bestandsmäßige Registrierung der **Beschaffungs- bzw. Investitionstätigkeit,** differenziert nach Realvermögen und Forderungsvermögen;
4. den **Transformationsprozeß** zur Erfassung des Kostengütereinsatzes (Aufwand bzw. Kosten) und der Ertragsgütererstellung (wertmäßige Leistung bzw. Betriebsertrag);
5. die **Absatz- bzw. Desinvestitionstätigkeit** mit der Aufgabe der Erfolgsermittlung aus der Gegenüberstellung der Erfolgsquellen, insbesondere von Erlösen und Selbstkosten.

Da Unternehmen regelmäßig auf unbestimmte Zeit errichtet werden (**going-concern-Grundsatz**), ist die Realität durch eine kontinuierliche Wiederholung des Unternehmensprozesses gekennzeichnet, die die betriebliche Abrechnungstechnik erheblich kompliziert. Bei einer einmaligen Schlußrechnung am Ende der Unternehmenstätigkeit (Totalperiode) würde das Rechnungswesen seiner Funktion als **aktuelles** Informationsinstrument nicht gerecht werden können. Es sind daher Teilperiodenrechnungen durchzuführen, die dann zwangsläufig zu Überschneidungen und Überlappungen in der zeitlichen Struktur des betrieblichen Phasenschemas führen und damit erhebliche **Abrechnungs-** und **Zuordnungsprobleme** aufwerfen.

2.1.2 Aufbau, Gliederung und Ziele des Rechnungswesens

Eine Vielzahl **interner** und **externer** Anlässe erzwingt die rechnerische Erfassung des Unternehmensprozesses. Unabhängig davon, ob damit den Anforderungen an die gesetzlichen Rechnungslegungspflichten – und damit den Ansprüchen bestimmter **Rechnungslegungsadressaten** – oder aber dem **Eigeninteresse** der Unternehmensführung zur Erfüllung von Planungs-, Kontroll- und Steuerungsaufgaben entsprochen werden soll, bleibt der grundsätzliche Aufbau des Rechnungswesens mit den aufgezeigten fünf Verrechnungsbereichen des Unternehmensprozesses erhalten. Mit Abb. 3.2.1 sollen die abrechnungstechnischen Zusammenhänge nochmals verdeutlicht, zugleich aber auch der Einfluß des betrieblichen Umsystems auf den Abrechnungsverlauf aufgezeigt werden. Lediglich der übersichtlichen Darstellung wegen sind die Verrechnungsstellen der Zahlungsmittel und des Kapitals doppelt aufgeführt (Eisele [Technik] 6).

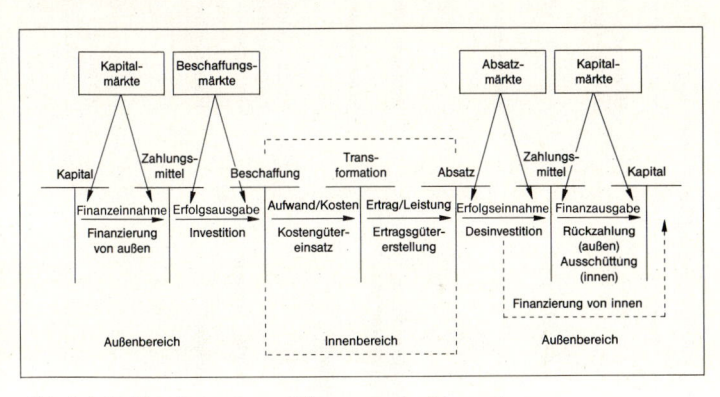

Abb. 3.2.1: Abrechnungs- und Umsystem des Unternehmens

Die Abbildung zeigt, daß offenbar nur ein Teil der betrieblichen Verrechnungsstellen in unmittelbarem Kontakt mit den Märkten (Umsystem) steht, auf denen das Unternehmen agiert. Diese Verrechnungsstellen gehören zum **Außenbereich** des Abrechnungssystems, das damit die Aufgaben der **externen Rechnungslegung** übernimmt. Diejenigen Verrechnungsstellen bzw. Seiten der Verrechnungsstellen, die demgegenüber keine oder keine direkte Marktverbindung aufweisen, bilden ausschließlich **betriebsinterne** Abläufe ab und sind daher dem **Innenbereich** des Abrechnungssystems zuzurechnen; sie haben demgemäß die der **internen Rechnungslegung** zugewiesenen Aufgaben zu erfüllen.

Aus der Sicht dieser Aufgabenverteilung bietet sich eine an der **Zielsetzung** der Rechnungszweige orientierte Gliederung des betrieblichen Rechnungswesens an. Ein entsprechender, Rechnungszweck und Abrechnungsstruktur verbindender Systematisierungsansatz ist Abb. 3.2.2 zu entnehmen.

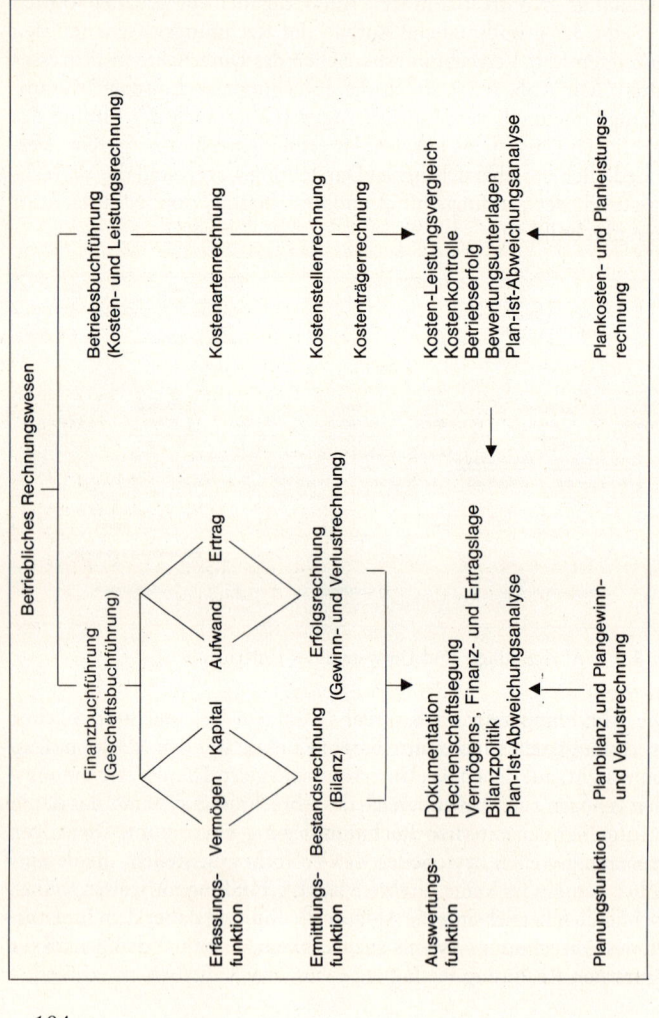

Abb. 3.2.2: Systematik des betrieblichen Rechnungswesens

> Die **Außenbeziehungen** des Unternehmens werden auf den Kapital-, Vermögens-, Aufwands- und Ertragskonten der **Finanzbuchführung** erfaßt und über einen regelmäßigen jährlichen Abschluß zur Bilanz und Gewinn- und Verlustrechnung verdichtet. Diese extern orientierten Rechenwerke bilden zusammen mit einem eventuell zu erstellenden Anhang den **Jahresabschluß**.

Der Jahresabschluß dient einschließlich Nebenrechnungen und Erläuterungen (Geschäftsbericht) als Instrument externer, finanzieller **Rechnungslegung** zur Erfüllung der mit der Übernahme von Vermögensverwaltungsaufgaben durch die Unternehmensleitung begründeten **Rechenschaftspflicht** gegenüber außenstehenden Adressaten und als Grundlage für deren Entscheidungen. An das Informationspotential des Jahresabschlusses ist deshalb auch grundsätzlich die Forderung nach einer vom Ermessen des zur Rechnungslegung Verpflichteten weitestgehend **unabhängigen** Rechnung zu stellen. Obwohl die den Außenbereich betreffenden Geschäftsvorfälle im wesentlichen auf marktmäßig objektivierten Zahlungsvorgängen beruhen, verbleiben jedoch **bilanzpolitische Aktionsräume** zwangsläufig immer dann, wenn Transformationsprozeß und Abrechnungszeitraum auseinanderfallen: Noch nicht verkauften Halb- und Fertigfabrikaten fehlt bislang die marktseitige Objektivierung; das verbliebene Nutzungspotential langfristiger Gebrauchsgüter bedarf der Schätzung. Der Vermögens- und Ertragsausweis kann daher häufig erst nach Rückgriff auf die Bewertungsunterlagen des Innenbereichs konkretisiert werden. Es sind die Normen des **Handels- und Steuerrechts**, die dafür den Rahmen der zulässigen Bilanzierungs- und Bewertungsspielräume vorgeben.

> Der **Innenbereich** des Transformationsprozesses wird durch die intern orientierte **Betriebsbuchführung** (Kosten- und Leistungsrechnung) rechnungsmäßig abgebildet.

Im Gegensatz zum extern orientierten Jahresabschluß kann die **Kosten- und Leistungsrechnung** weitgehend ohne gesetzliche Reglementierung nach betriebsindividuellen, zweckorientierten Erwägungen ausgestaltet werden. Die Aufzeichnung der Realgüterströme erfolgt dabei losgelöst von Zahlungsvorgängen. Kostengütereinsatz und Ertragsgütererstellung werden **wert-** und teilweise auch **mengenmäßig** erfaßt. Es entsteht eine kalkulatorische Rechnung, deren Ergebniskomponenten die Kosten und Leistungen darstellen und deren Ergebnisrechnung den **Betriebserfolg** ermittelt. Die numerische Abbildung des Leistungserstellungsprozesses knüpft daher an den wertmäßig registrierten Verbrauch der Produktionsfaktoren (Kostenartenrechnung) an, der dann den Entstehungsorten (Kostenstellen) weiterbelastet und schließlich den produzierten Gütern oder Leistungen (Kostenträger) verursachungsgerecht zugeordnet wird. Unter Einbeziehung der Leistungsseite stellt die Betriebsbuchführung das **Ergebnis des Produktionsprozesses** der Höhe nach fest und differenziert es nach Erfolgsquellen.

Während im Rahmen der Ermittlungsfunktion des Rechnungswesens lediglich **retrospektive** Daten über vergangene Zustände und Ereignisse dokumentiert werden, benötigt die Unternehmensleitung zur effizienten Ausfüllung ihrer Steuerungs- und Kontrollfunktion auch **prospektive** Informationen über zukünftig erwartete Situationen und Entwicklungen. Diese zukunftsorientierten Daten werden mit Hilfe von Planungsrechnungen ermittelt und verarbeitet.

Planungsrechnungen werden sowohl für die Entscheidungsfindung als auch für den Entscheidungsvollzug eingesetzt, indem sie die voraussichtlichen Zielwirkungen möglicher Alternativen prognostizieren, über eine Alternativenbewertung analysieren und den Zielerreichungsgrad anhand von Zielvorgaben überwachen.

Die geplanten Außenbeziehungen des Unternehmens finden ihre Entsprechung in **Planbilanzen** und **Plangewinn- und Verlustrechnungen,** die geplanten internen Vorgänge werden in **Plankosten-** und **Planleistungsrechnungen** berücksichtigt. Es ist der Zukunftsbezug, der die zentrale Bedeutung dieser Instrumente für das **entscheidungsorientierte** Rechnungswesen begründet. Die der Planungsrechnung zu entnehmenden Informationen stehen dabei ganz überwiegend nur den unternehmensinternen Adressaten zur Verfügung.

2.1.3 Die organisatorische Ausgestaltung des Rechnungswesens

Zur ordnungsmäßigen Erfassung und Verarbeitung der vielfältigen Daten bedürfen Außen- und Innenbereich des Rechnungswesens eines systematischen Ordnungsgerüsts, dessen Grundlage der Kontenrahmen bildet.

> Ein **Kontenrahmen** vermittelt eine vollständige Übersicht der im betrieblichen Rechnungswesen möglicherweise auftretenden Konten; er stellt damit einen überbetrieblichen Organisationsplan des Rechnungswesens mit Empfehlungscharakter dar, der den unternehmensspezifischen Bedürfnissen anzupassen ist (**Kontenplan**).

Die Grundstruktur **industrieller** Kontenrahmen folgt entweder den einzelnen Phasen des Unternehmensprozesses (**Prozeßgliederungsprinzip**) oder dem rechentechnischen Ablauf bei der Erstellung des Jahresabschlusses (**Abschlußgliederungsprinzip**).

Das Prozeßgliederungsprinzip ist im **Gemeinschaftskontenrahmen der Industrie (GKR)** von 1951 verwirklicht, der eine von Kontenklasse zu Kontenklasse fortschreitende Abrechnungssystematik vorsieht, so daß Finanz- und Betriebsbuchführung fließend ineinander übergehen, also eine organisatorische Einheit (**Einkreissystem**) bilden. Im einzelnen verfügt der Gemeinschaftskontenrahmen der Industrie über folgende zehn Kontenklassen:

Kontenklassen	Inhaltliche Ausgestaltung der Kontenklassen
0	Anlagevermögen und langfristiges Kapital
1	Finanz-Umlaufvermögen und kurzfristige Verbindlichkeiten
2	Abgrenzungskonten
3	Vorratsvermögen
4	Kostenarten
5/6	Kostenstellen
7	Kostenträger
8	Betriebserträge
9	Eröffnung und Abschluß

Abb. 3.2.3: Gemeinschaftskontenrahmen der Industrie (GKR)

Deutlich tritt die Orientierung am Ablauf des Unternehmensprozesses hervor: Die Kontenklassen 0, 1 und 3 sind auf die Erfassung der Außenbeziehungen des Unternehmens mit den Beschaffungs- und Kapitalmärkten ausgerichtet; die Kontenklassen 4, 5, 6 und 7 dienen der Abbildung des betriebsinternen Leistungserstellungsprozesses, Kontenklasse 8 sorgt für die ertragsmäßige Verrechnung der dem Absatzmarkt zugeflossenen oder wieder in den Produktionsprozeß einfließenden Leistungen (Halbfabrikate, Eigenleistungen). Über Kontenklasse 9 werden die Konten der laufenden Abrechnung einerseits eröffnet und andererseits ihrem Abschluß durch Bilanz und Gewinn- und Verlustrechnung zugeführt. Die Kontenklasse 2 steht demgegenüber außerhalb des eigentlichen Unternehmensprozesses und nimmt eine Sonderstellung ein. Die ihr zukommende materielle Aufgabe ist in der Abrechnungstechnik des **Einkreissystems** begründet: Sie sondert durch sachliche, zeitliche und kalkulatorische Abgrenzung diejenigen erfolgswirksamen Vorgänge aus, die in keinem unmittelbaren Zusammenhang mit der betrieblichen Leistungserstellung stehen und damit das Betriebsergebnis verfälschen würden.

Der Gemeinschaftskontenrahmen der Industrie bietet als Einkreissystem zwar den Vorteil, daß die Zahlen der Finanzbuchführung und der Betriebsbuchführung keiner besonderen Abstimmung bedürfen; demgegenüber ist das System wegen seiner Komplexität mit einer gewissen Schwerfälligkeit und Starrheit behaftet, da beide Rechnungszweige nur gemeinsam abgeschlossen werden können. So sind kurzfristige Abschlüsse zur Kontrolle und Steuerung des Innenbereichs stets zwangsläufig mit Abschlußbuchungen auch im Bereich der externen Rechnungslegung verbunden.

Diese Mängel versucht der nach dem Abschlußgliederungsprinzip aufgebaute, 1971 veröffentlichte und 1986 entsprechend den Vorschriften des Bilanzrichtlinien-Gesetzes modifizierte **Industriekontenrahmen** (IKR) zu vermeiden, indem sowohl die Finanzbuchführung als auch die Kosten- und Leistungsrechnung über getrennte Kontenpläne und Abrechnungskreise (**Zweikreissystem**) verfügen. Die Rechnungskreise werden jedoch unterschiedlich stark durch den Kontenrahmeninhalt ausgefüllt (s. Abb. 3.2.4).

Im Industriekontenrahmen sind die Kontenklassen 0 bis 8 ausschließlich für die Durchführung der Finanzbuchführung belegt. Die Anordnung der Kontenklassen orientiert sich dabei an den nach dem Handelsgesetzbuch auszuweisenden Positionen der Bilanz und der Gewinn- und Verlustrechnung (§§ 266, 275 HGB; vgl. Gliederungsschemata S. 250f. und S. 284).

Der Kosten- und Leistungsrechnung bleibt die Kontenklasse 9 vorbehalten: Ihre Untergliederung in zehn Kontengruppen ermöglicht die detaillierte Abwicklung einer auch kurzfristig isoliert abschlußfähigen Betriebsbuchführung. Der Kontenklasse 9 vorgeschaltete Übergangskonten übernehmen die Verbindung und die gegenseitige Abstimmung

Kontenklassen	Inhaltliche Ausgestaltung der Kontenklassen
0	Immaterielle Vermögensgegenstände und Sachanlagen
1	Finanzanlagen
2	Umlaufvermögen und aktive Rechnungsabgrenzungsposten
3	Eigenkapital und Rückstellungen
4	Verbindlichkeiten und passive Rechnungsabgrenzungsposten
5	Erträge
6	Betriebliche Aufwendungen
7	Weitere Aufwendungen
8	Ergebnisrechnung
9	Frei für Kosten- und Leistungsrechnung

Abb. 3.2.4: Industriekontenrahmen (IKR)

der beiden Abrechnungskreise (Eisele [Technik] 366 ff.). Um gegenüber betriebsindividuellen Bedürfnissen bei der organisatorischen Abwicklung der Betriebsbuchführung offen zu sein, verzichtet der Industriekontenrahmen auf eine inhaltliche Vorgabe dieser Kontenklasse.

Über seine rein organisatorisch-systematisierende Aufgabe hinausgehend, verweist der funktionale Aufbau der Kontenrahmen auf die zentrale Bedeutung der Jahresabschlußrechnungen Bilanz und Erfolgsrechnung einerseits sowie der Kostenstellen- und Kostenträgerrechnung andererseits im Informationssystem des Unternehmens. Beide Rechnungszweige, Jahresabschluß und Kostenrechnung, werden im folgenden vertieft behandelt.

2.2 Bilanzen[1])

Wolfgang Eisele

2.2.1 Der Bilanzbegriff

Bilanzen sind wesentlicher Bestandteil des externen Rechnungswesens mit der Aufgabe, **nachprüfbares Wissen** über Stand und Entwicklung einer Wirtschaftseinheit an finanziell oder auf andere Weise mit ihr

---

[1]) Zu den Abkürzungen vgl. S. 336

verbundene Adressaten zu liefern. Die Bilanz läßt sich sowohl formell als auch materiell interpretieren:

> Aus **formeller** Sicht ist die **Bilanz** eine zweiseitige, betragsmäßig ausgeglichene und nach bestimmten Kriterien gegliederte Gegenüberstellung nomineller und realer Werte.

Dieser Bilanzbegriff ist kompatibel mit der Ableitung des Wortes »Bilanz« von dem lateinischen Ausdruck »bi-lanx«, was soviel bedeutet wie: zwei Schüsseln, zwei Waagschalen. Die Vorstellung der gleichgewichtigen Waage lebt in der sog. **Bilanzgleichung** fort, deren Gültigkeit durch die gegenseitige Aufrechnung (Saldierung) der Bilanzseiten stets gewährleistet ist: Summe der Vermögenswerte (Aktiva) = Summe der Kapitalwerte (Passiva).

> Aus **materieller** Sicht ist die **Bilanz** ein Instrument zur wertmäßigen Abbildung und Abrechnung des betrieblichen Umsatzprozesses mit Informations- und Gestaltungsfunktion.

Dieser Bilanzbegriff ist durch den instrumentalen Charakter dieses Rechenwerkes bestimmt und damit in Abhängigkeit vom konkreten Bilanzierungsanlaß (Bilanzierungszweck) zu sehen. Der am jeweiligen Bilanzierungszweck orientierte Bilanzinhalt führt zur Unterscheidung verschiedener **Bilanzarten**, die hinsichtlich Gliederung und Bewertung differieren. Dieser materiellen Definition der Bilanz kommt der umgangssprachliche Ausdruck des »Bilanz machen« oder »Bilanz ziehen« inhaltlich nahe: Erfolg oder Mißerfolg einer Handlungsweise werden durch Gegenüberstellung von positiven und negativen Konsequenzen einer Handlungsweise bestimmt.

Der in der **Rechnungslegungspraxis** gebräuchliche, formell-orientierte Bilanzbegriff betrachtet die Bilanz als eine Gegenüberstellung der Aktiva und Passiva eines Unternehmens, wobei die **Aktiva** die Vermögenswerte der Wirtschaftseinheit nach art- und wertmäßiger Zusammensetzung zum Ausdruck bringen, während die **Passiva** das zur Finanzierung der Vermögenswerte notwendige Kapital, unterteilt nach der Herkunft der Mittel in Eigenkapital und Fremdkapital, repräsentieren. Die Gesamtheit aller in einer Wirtschaftseinheit eingesetzten Werte schlägt sich somit in der Bilanz in zweifacher Weise nieder: Auf der **Kapitalseite**, wo die Summe der einer Wirtschaftseinheit von ihren

Aktiva = Vermögen Bilanz Passiva = Kapital
Realvermögen – Grund und Boden – Geschäftsausstattung – Vorräte Nominalvermögen – Forderungen – Bankguthaben – Kasse	Inhaberkapital (= Eigenkapital) Gläubigerkapital (= Fremdkapital)

Abb. 3.2.5: Grundstruktur der Bilanz

Eigentümern und von Dritten zur Verfügung gestellten Mittel als abstrakte Kontrollziffer erscheint, und auf der **Vermögensseite**, die die Verwendung der zur Verfügung gestellten Mittel zeigt (vgl. Abb. 3.2.5).

Das **Kapital** ist demnach nur der rechnerische Ausdruck dafür, wieviel Vermögen in das Unternehmen eingebracht worden ist; es stellt den abstrakten Ausdruck des konkreten Vermögens dar. Das Bilanzvermögen ist andererseits nicht mit dem Gesamtwert der Wirtschaftseinheit identisch: Dieses ist lediglich Ausdruck der Wertsumme aller bilanzierten Vermögensteile, während der **Gesamtwert eines Unternehmens** gewöhnlich als **Ertragswert** durch Diskontierung der zukünftig erwarteten Reinerträge bestimmt wird.

Im Normalfall deckt das Bilanzvermögen in seiner Gesamtheit die Summe der Ansprüche von Eigentümern und Gläubigern an das Unternehmen. Eine direkte Beziehung zwischen einzelnen Vermögens- und Kapitalteilen läßt sich grundsätzlich nicht herstellen; sie ist nur in wenigen Ausnahmefällen, wie z. B. bei dinglich gesicherten Gläubigeransprüchen und bei Wertberichtigungen zu einzelnen Vermögenspositionen, realisierbar.

Der bisher erläuterte Bilanzbegriff entspricht weitgehend der oben gegebenen formellen Definition der Bilanz: Sie ermittelt ausgeglichene Wertbestände (Bilanzvermögen und Bilanzkapital) für einen bestimmten Zeitpunkt, den Bilanzstichtag. Bilanzen dieser Art, die ausschließlich Bestände ausweisen, werden im folgenden als **Bilanzen im engeren Sinne** bezeichnet. Die Bestandsmessung erfolgt in Geldeinheiten; das Meßergebnis repräsentiert ein stichtagsbezogenes Prozeßvolumen.

> **Bilanzen im engeren Sinne** weisen stichtagsbezogene Bestände an Vermögen und Kapital, nicht jedoch die den Beständen zugrundeliegenden Bewegungsvorgänge aus (**Stichtags- oder Beständebilanzen**).

Wird die Bilanz jedoch i. S. des materiellen Bilanzbegriffs als Instrument zur zahlenmäßigen Abbildung und Abrechnung des betrieblichen Umsatzprozesses verstanden, so ist ein umfassenderer Bilanzbegriff zu wählen, unter den sich auch sämtliche auf Zeitraumgrößen aufbauende Jahresabschlußrechnungen subsumieren lassen. **Bewegungsrechnungen** wie Erfolgsrechnungen und Bewegungsbilanzen dienen mehr noch als Bilanzen im engeren Sinne der Darstellung und Abrechnung der betrieblichen Vollzugsprozesse; ihre Dimension ist die der Zahlungsreihe bzw. des Zahlungsstromes (Geldeinheiten pro Zeiteinheit), ihr Meßergebnis das der Prozeßgeschwindigkeit.

> **Bilanzen im weiteren Sinne** umfassen neben Beständebilanzen auch Rechnungen, welche die Bewegungsvorgänge eines Abrechnungszeitraumes ausweisen (**Zeitraum- oder Bewegungsbilanzen**).

Bestandsrechnungen und Bewegungsrechnungen finden darüber hinaus ihre logische Ergänzung in Rechnungen der Bewegungsänderungen, die als **Intensitätsrechnungen** zu bezeichnen sind. Intensitätsrechnungen erlauben die Erfassung und Abrechnung von Beschleunigungs- und Verzögerungsprozessen (Wachstums- und Schrumpfungsvorgänge), die in der Abrechnungsperiode stattgefunden haben. Die Messung in Geldeinheiten pro Zeiteinheit zum Quadrat zeigt an, daß mit Intensitätsrechnungen inhaltlich Geschwindigkeitsänderungen zum Ausdruck gebracht werden.

> **Bilanzen im weitesten Sinne** umfassen neben Bestands- und Bewegungsbilanzen auch Rechnungen, die Wachstums- und Schrumpfungsvorgänge eines Abrechnungszeitraumes abbilden (**Intensitätsrechnungen**).

Abb. 3.2.6 macht diesen Zusammenhang im Überblick deutlich (im einzelnen vgl. dazu Abschn. 2.2.3.4, S. 223 ff.).

Art der Rechnung Form und Inhalt der Rechnung	Bestandsrechnungen	Bewegungsrechnungen	Intensitätsrechnungen
Erscheinungsform	Beständebilanzen	Bewegungsbilanzen	Erfolgsveränderungsrechnungen, Bewegungsdifferenzenrechnungen
Dimension	Prozeßvolumen [DM]	Prozeßgeschwindigkeit [DM/t]	Prozeßbeschleunigung/-verzögerung [DM/t^2]
	Bilanzen im engeren Sinne		
	Bilanzen im weiteren Sinne		
	Bilanzen im weitesten Sinne		

Abb. 3.2.6: Abgrenzung unterschiedlich weiter Bilanzbegriffe

Findet im folgenden der Ausdruck »Bilanz« ohne weitere Zusätze Verwendung, so sind darunter stets Bilanzen im weiteren Sinne als Oberbegriff gebräuchlicher Jahresabschlußrechnungen zu verstehen.

2.2.2 Die Bilanzzwecke

2.2.2.1 Rechenschaft und Rechnungslegung

Die Erstellung von Bilanzen ist nicht Selbstzweck, sondern hat ausschließlich instrumentalen Charakter zur Erfüllung bestimmter Aufgaben, die sich aus den Anforderungen der Bilanzempfänger an die Bilanz herleiten. Inhalt und Form der Bilanz lassen sich daher nur in Einklang mit den verfolgten Bilanzzwecken (Bilanzfunktionen) bestimmen.

Zunächst werden Bilanzen aufgestellt, um über durchgeführte Aktionen Rechenschaft abzulegen. **Rechenschaft ablegen** beinhaltet generell die Verpflichtung eines im Interesse Dritter Handelnden, alle bei der

Auftragsausführung anfallenden und dem Beauftragten zur Kenntnis gelangenden Informationen auch an den Auftraggeber zu vermitteln. Die **Rechenschaftslegung** stellt damit überhaupt erst die Voraussetzung für den zur Rechenschaft Berechtigten dar, eventuelle Ansprüche, aber auch Erwartungen gegenüber dem Beauftragten durchzusetzen bzw. durch Verhaltensänderungen zur Geltung zu bringen. Die Beurteilung des Handlungserfolgs liefert demgemäß zugleich die Dispositionsgrundlage für zukünftiges Handeln. Dies gilt gleichermaßen für die interne und die externe Verwertung von Informationen.

Aufgabegemäß hat die Rechenschaftslegung deshalb auch weitestgehend von der Einflußnahme durch den Rechenschaftsverpflichteten **unabhängige** Informationen zu liefern; sie zielt auf eine möglichst objektive Gesamtunterrichtung zum Zwecke der Gesamtbeurteilung der wirtschaftlichen Lage und der Tätigkeit des zur Rechenschaft Verpflichteten ab und verlangt deshalb mehr als eine geordnete, zahlenmäßige Zusammenstellung von Sachverhalten durch Instrumente der Rechnungslegung, wie sie vor allem durch Bilanzen repräsentiert sind.

Rechnungslegung als kalkülisierbare Verantwortung ist somit enger und als Teil der Rechenschaft zu interpretieren, wenn auch als deren bedeutendster; ihr obliegt der Nachweis und die Nachprüfbarkeit des **zahlenmäßigen** Niederschlags des Betriebsgeschehens.

Rechenschaftslegung durch Rechnungslegung bedeutet demgemäß **Informationsvermittlung durch geordnete und nachprüfbare Rechenwerke.** Als Geldrechnungen informieren Bilanzen über finanzwirtschaftliche Tatbestände; sie sind folglich Instrumente der **finanziellen** Rechnungslegung und haben als solche grundsätzlich **zwei (materiellen) Anforderungsmerkmalen** zu genügen (Schneider [Gewinn] 6 ff., Moxter [Bilanzlehre I] 81 ff., Egner [Bilanzen] 11 ff.):

1. Erfüllung von **Informationsansprüchen** durch Unterrichtung aller Personen (Institutionen), die durch finanzielle Interessen mit einer Unternehmung verbunden sind, über deren **finanzielle Lage und Entwicklung.** Hierzu sind vor allem geeignete Beurteilungsmaßstäbe zur **Liquiditäts- und Ertragsbeurteilung** erwünscht. Indem derartige Anforderungsmerkmale zugleich die Aktivierung des Kommunikationsprozesses zwischen Unternehmen und Bilanzempfänger zur Voraussetzung haben, kann der Informationszweck der Bilanz auch mit diesem Anspruch begründet werden.

2. Bereitstellung von **Zahlungsbemessungskriterien** zur Wahrung der Interessen derjenigen Personen, die Anspruch auf Zahlungen durch eine Wirtschaftseinheit haben, wobei sich die Interessen weniger auf die

Zahlungen überhaupt, als vielmehr auf die Beeinflussung der Höhe dieser Zahlungen richtet. Teilfunktionen sind die **Ausschüttungssperre** und die Sicherung einer **Mindestausschüttung** (zum Umfang der gesetzlichen Realisierung von Ausschüttungssperre und Mindestausschüttung vgl. Abschn. 2.2.4, S. 234 ff.).

Die Vielzahl unterschiedlicher Informations- und Zahlungsbemessungsinteressen der verschiedenen Bilanzadressaten macht eine Beschränkung der mit der Bilanz verfolgten Zwecke auf die wichtigsten bzw. die allen Unternehmensbeteiligten gemeinsamen Zielsetzungen notwendig. Die Verdichtung der Bilanzzwecke auf lediglich zwei **Zielgrößen der finanziellen Rechnungslegung,** nämlich Darstellung der gegenwärtigen und zukünftigen Liquiditäts- und Ertragslage sowie ergebnisabhängiger Einkommenszahlungen, ist demgemäß als Zusammenfassung der grundsätzlich vielschichtigen Adressateninteressen zu verstehen. Bei der Fixierung des Bilanzinhalts durch Rechnungslegungs- und Publizitätsvorschriften kann es sich deshalb auch nur um die Festlegung auf ein gemeinsames, den primären Zielvorstellungen der Bilanzadressaten entlehntes **Mindestinformationsprogramm** – aus Adressatensicht auch **Konfliktlösungsprogramm** – handeln. Dabei müssen die Bilanzempfänger auf die Einhaltung der durch den Gesetzgeber vorgegebenen Rechnungslegungsvorschriften und die Beachtung der jeweils vorgeschriebenen Publizitätsanforderungen vertrauen können (formeller Bilanzzweck i. S. der **Dokumentation**).

2.2.2.2 Der Informationszweck der Bilanz

Wird der Bilanz die Aufgabe übertragen, zu einem bestimmten Zeitpunkt bestimmte Personen über bestimmte Geschehnisse in einem Unternehmen zu unterrichten, dann sind Bilanzen Informationsinstrumente, die als Grundlage für Kontrollen und Dispositionen interner und externer Bilanzadressaten dienen können. Da es keinen Unternehmenszweck an sich gibt, sondern Unternehmen gegründet und betrieben werden, um die vorwiegend finanziellen Ziele der mit unterschiedlichen Interessenlagen ausgestatteten »Beteiligten« zu realisieren, stellen die Bilanzinformationen **Entscheidungshilfen** zur Verwirklichung dieser Ziele dar. Die Frage nach dem »**Wozu**« der Bilanzierung schließt die Frage nach dem »**Für wen**« der Bilanzierung ein. Folgende »**Beteiligte« mit Informationsinteressen** können unterschieden werden:

– Unternehmensführung
– Anteilseigner
– Gläubiger

- Öffentlichkeit
- Fiskus
- Arbeitnehmer

Aus den meist nicht übereinstimmenden Interessenlagen der Bilanzadressaten resultieren deren spezifische Informationswünsche, wobei sowohl innerhalb einzelner Gruppierungen als auch zwischen diesen Konflikte auftreten können. Bei möglichen Konflikten bezüglich der Informationsanforderungen **innerhalb** von Interessengruppen sind insbesondere die Gruppen der Gläubiger und der Anteilseigner zu nennen, die oft aufgrund eines beteiligungsbedingt unterschiedlichen Gewichts einzelner Gruppenmitglieder einen hohen Grad der Inhomogenität aufweisen. Inhomogenität innerhalb der Interessengruppe kennzeichnet aber auch die nicht mit konkreten Informationsansprüchen ausgestattete (nicht organisierte) Öffentlichkeit, da es keinen konfliktfreien Gemeinwohlmaßstab, sondern nur situationsbedingt konfliktarme Kriterien für das geben kann, was im Interesse des Gemeinwohls ist.

Im einzelnen lassen sich die Informationsinteressen der **Bilanzadressaten** kurz wie folgt kennzeichnen:

(1) Das auf die (externe) Bilanz gerichtete Informationsinteresse der **Unternehmensführung** erweist sich infolge ihres unbegrenzten Zugriffs auf interne und deshalb i. d. R. aktuellere und weniger aggregierte Rechenwerke von untergeordneter Bedeutung. Lediglich als Basis globaler Gestaltungsentscheidungen für die Folgeperiode(n) kann ihr eine dispositive Funktion beigemessen werden. Das gilt für **personenbezogene,** durch Personalunion von Gesellschafter- und Geschäftsführerfunktion gekennzeichnete Unternehmen ebenso wie für **firmenbezogene,** durch personelle Trennung zwischen Leitungsaufgabe und Eigentümerstellung ausgewiesene Unternehmenskonstellationen. Bei firmenbezogenen Unternehmen (Publikumsgesellschaften mit einem Management durch Organe wie Vorstände, Geschäftsführer) wachsen der Bilanz allerdings zwei wesentliche Informationsbedürfnisse in Gestalt von Regelungen zur **Selbstinformation im Drittinteresse** und in Form von **erfolgsausweisabhängigen Einkommensinteressen** des Managements zu (Egner [Bilanzen] 26f.). Erstere ist für Kapitalgesellschaften vor allem in Verbindung mit bestimmten Sorgfalts- und Handlungspflichten der Geschäftsführung zu sehen (§§ 92 Abs. 1, 2 und 93 Abs. 1 AktG; §§ 43 Abs. 1 und 64 GmbHG; §§ 34 Abs. 1 und 98 Abs. 1 GenG); letztere betreffen die vom gegenwärtigen und zukünftigen Gewinnausweis abhängigen persönlichen Managerbezüge.

(2) Die Begründung für den Anspruch der **Anteilseigner** auf Rechenschaft durch Rechnungslegung läßt sich direkt aus ihrer Beteiligung am Unternehmen ableiten. Diese verkörpert Mitgliedschafts- und Mitverwaltungsrechte an einer Organisation mit privatwirtschaftlicher Zielsetzung und charakterisiert den Anteilseigner als Organ der Gesellschaft. Als Voraussetzung der von ihm in dieser Stellung erwarteten Entscheidungen muß er über Lage und Entwicklung der Gesellschaft in Kenntnis gesetzt werden. Im Mittelpunkt des Eigentümerinteresses steht demzufolge die Informationsvermittlung als Grundlage der Eignerentscheidungen. Diese können grundsätzlich in **Anlage-**(Kauf-/Verkaufs-), **Einkommens-**(Gewinnverwendungs-) und **Mitverwaltungs-**(Kontroll-)**Entscheidungen** unterteilt werden, wobei als wesentliche Entscheidungsdeterminante neben der Zielsetzung der Informationsstand und demgemäß Art, Umfang und Inhalt der zur Verfügung gestellten Informationen zu gelten hat. Bezüglich der Informationsinteressen ist dann vor allem die Größe des gehaltenen Anteils Kriterium für die Anforderungen an Umfang und Inhalt der von der Unternehmensleitung zur Verfügung gestellten Informationen: **Großaktionäre** haben einerseits kein Interesse an zu umfassender Unterrichtung der übrigen Aktionäre, da ihnen selbst meist über Jahresabschlüsse hinausgehende Informationsquellen zur Verfügung stehen. Andererseits findet bei Großaktionären eine unzutreffende Unterrichtung über die Vermögens- und Ertragslage infolge einer Politik der stillen Selbstfinanzierung weit mehr Verständnis als bei den (im Normalfall) an der Maximierung des Einkommensstroms aus ihrer Beteiligung interessierten **Kleinaktionären.**

(3) Spezifische Adressaten der Rechenschaftslegung sind auch die **Gläubiger,** zu denen neben den Darlehensgebern auch die Lieferanten zählen. Ihr Anspruch leitet sich aus dem überwiegend gesetzlich begründeten **Gläubigerschutzgedanken** her, der seine inhaltliche Präzisierung durch die beiden Komponenten des Gläubigerschutzes **Haftung** und **Publizität** erfährt. Während das Haftungsprinzip bestimmte Rechtsinstitute bzw. Rechtsfolgen zum Schutz des Gläubigers für den Fall des Eintretens gläubigergefährdender Sachverhalte vorsieht (z. B. Mindesthaftung, Ausschüttungsregelung), erweist sich die Information durch Publizität als die häufig einzige Möglichkeit, die Interessenlage des Gläubigers (Beurteilung der Kreditwürdigkeit des Schuldners nach Risikograd der Gläubigerforderung, Kreditsicherungsmöglichkeiten sowie Berichterstattung über Haftungsverhältnisse) mit der Situation der Gesellschaft zu vergleichen. Da ähnlich den Eigentümerinteressen auch das Gläubigerinteresse auf Einkommens- und Vermögenserhal-

tung, insbesondere auf die Vermeidung von Vermögensverlusten gerichtet ist, orientiert sich das Informationsinteresse der Gläubiger vor allem an einer nicht zu optimistischen Darstellung der Vermögens-, Ertrags- und Liquiditätslage sowie an Informationen über bevorrechtigte Zugriffsmöglichkeiten anderer Gläubiger im Konkurs- oder Vergleichsfall. Konflikte entstehen, wenn Qualität und Quantität des Informationszugangs mit der Höhe des jeweiligen Engagements und der daraus resultierenden Machtposition gegenüber einem Unternehmen variieren. Kleinere Gläubiger sind vorwiegend auf veröffentlichte Jahresabschlüsse angewiesen, während Großgläubigern auch andere, vor allem interne Informationsquellen zur Verfügung stehen.

(4) Neben den Anteilseignern und den Gläubigern kann die **Öffentlichkeit** i. S. der nicht organisierten Gesamtheit der Staatsbürger (Öffentlichkeit als Ganzes) zu den Adressaten der Rechenschaft gezählt werden, deren Informationsbedürfnisse durch handelsrechtliche, speziell aktiengesetzliche Vorschriften anerkannt sind. Auch wenn keine unmittelbaren rechtlichen oder geschäftlichen Beziehungen zu Unternehmen bestehen, muß die Frage, ob seitens der Öffentlichkeit ein eigenständiger Anspruch auf Rechenschaft besteht, zumindest dort bejaht werden, wo die Rechenschaftslegung in öffentlicher Form (**Publizität**) zu erfolgen hat. Da Publizität einen Wert nur in bezug auf bestimmte Empfänger erfährt, erscheint auch die Öffentlichkeit selbst als anspruchsberechtigter Adressat mit eigener Interessenlage. Die Legalisierung des Publizitätsanspruchs der Öffentlichkeit durch besonders im HGB und AktG niedergelegte und im öffentlichen Interesse zu erfüllende Offenlegungs- (§ 325 HGB), Mitteilungs- (z. B. §§ 20, 21 AktG), Berichterstattungs- (zwingende Natur der §§ 284, 285 HGB und des § 160 AktG) sowie Prüfungspflichten (öffentliche Funktion des Abschlußprüfers nach § 316 Abs. 1 HGB) dient letztlich dem generellen Schutzbedürfnis der Allgemeinheit nach Einkommens-, Vermögens-, Arbeitsplatz- und Konsumsicherung. Obwohl diesbezüglich infolge der heterogenen Zusammensetzung der Öffentlichkeit sowie deren fehlender finanziellen Beteiligung am Unternehmen keine konkreten Informationsansprüche hergeleitet werden können, so haftet der Rechnungslegungspublizität doch eine wichtige **Kontrollfunktion** an mit nicht zu unterschätzender regulativer Wirkung auf Bildung und Einfluß einer öffentlichen Meinung.

(5) Die Informationsbedürfnisse des **Fiskus** sind von anderen Überlegungen als die der sonstigen Bilanzempfänger geprägt. Da die Besteuerung der tatsächlichen Leistungsfähigkeit eines Unternehmens angestrebt wird, richtet sich das Interesse auf einen weder nach oben

noch nach unten manipulierten, möglichst zutreffenden Ausweis von Erfolg und Vermögen. Die zu diesem Zweck erforderliche Rechnungslegung erfolgt durch spezielle, nach Steuergesetzen erstellte Steuerbilanzen, die im Falle der Einkommens- bzw. Ertragsbesteuerung über das Maßgeblichkeitsprinzip mit den handelsrechtlichen Vorschriften zur Bilanzierung verbunden sind. Der Rechnungslegung durch **Steuerbilanzen** wird dabei ausschließlich Kontrollfunktion beigemessen: Es geht ihr um die Einhaltung der steuerlichen Rechtsvorschriften und um die ordnungsmäßige Ermittlung der Steuerbemessungsgrundlagen. Im Vordergrund steht demzufolge auch ein unmittelbar auf Zahlungsbemessung gerichtetes finanzielles (fiskalisches) Informationsinteresse (zum Steuersystem vgl. Bd. 1).

(6) Nicht durch Bilanzrecht anerkannte Informationsinteressen besitzen die **Arbeitnehmer** (Belegschaft). Ihre finanziellen Informations- und Kontrollansprüche leiten sich weitgehend aus anderen gesetzlichen Regelungen ab, wie z. B. den §§ 43 Abs. 2, 80 Abs. 2, 106 Abs. 2 und 3, 108 Abs. 3–5, 110 Abs. 1 Betriebsverfassungsgesetz sowie §§ 90, 111 AktG i. V. m. § 7 Mitbestimmungsgesetz. Die vor allem aus dem **Betriebsverfassungsgesetz** den Arbeitnehmern (Betriebsrat) zustehenden eigenen Informationsansprüche gehen teilweise weit über den Informationsgehalt der externen Rechnungslegung hinaus (im einzelnen hierzu vgl. Bd. 1). Eine Begründung dafür ist darin zu sehen, daß neben einem finanziellen Informationsinteresse zur Geltendmachung von Einkommensansprüchen der Informationsbedarf auf seiten der Arbeitnehmer vornehmlich durch ausgeprägt nichtfinanzielle Interessen bestimmt ist. Das ergibt sich aus dem direkten Einfluß bestimmter betrieblicher Entscheidungen vor allem im Bereich von Programm-, Verfahrens- und Beschäftigungsänderungen und den damit häufig verbundenen Konsequenzen bezüglich Umschulung, Arbeitsplatzwechsel oder vorzeitiger Pensionierung auf die Arbeits- und Existenzbedingungen der Belegschaft. Arbeitnehmerentscheidungen infolge solcher Anlässe benötigen nichtfinanzielle Informationen, die ein auf Zahlungsvorgängen begründetes Zahlenwerk, wie es die Bilanz darstellt, prinzipiell nicht liefern kann. Demzufolge besitzen auch die auf dieser Basis fakultativ erstellten **Sozialbilanzen** (vgl. hierzu Abschn. 2.2.3.6, S. 233f.) nur begrenzten zusätzlichen Informationsgehalt. Auch dem **Sozialbericht** als Teil der gesetzlichen Lageberichterstattung im Rahmen des Geschäftsberichts kommt nur geringe Bedeutung als Instrument zur Informationsvermittlung gegenüber Arbeitnehmern zu.

Hinsichtlich des **zwischen** den verschiedenen Interessengruppen bestehenden **Konfliktpotentials** sei insbesondere auf die Interessengegensätze zwischen den Informationsgebern (Unternehmensleitungen, die gleichzeitig selbst Interessenten darstellen) und allen anderen Informationsempfängern bezüglich der bilanzpolitischen Möglichkeiten der Informationsbeeinflussung durch die Unternehmensleitung einerseits sowie auf die zwischen dem Fiskus und den übrigen Interessentengruppen bestehenden Interessenkollisionen andererseits hingewiesen. So geraten die Informationsinteressen von **Unternehmensleitungen** in zwei Richtungen mit den Interessen anderer Gruppen in Konflikt: War im Abrechnungszeitraum eine negative Geschäftsentwicklung zu verzeichnen, besteht der Anreiz, durch die Abgabe nicht sachgerechter Informationen über die Vermögens- und Ertragslage die Ausübung von Eingriffsrechten durch die **Eigentümer** bzw. die Einleitung von Notmaßnahmen seitens der **Gläubiger** zu verhindern. Ebenso kann auf der anderen Seite eine außergewöhnlich positive Geschäftsentwicklung Unternehmensleitungen veranlassen, die Vermögens- und Ertragslage schlechter als den Tatsachen entsprechend darzustellen, um z. B. anstehenden Lohnforderungen der **Arbeitnehmer** besser begegnen zu können bzw. eine Minderung der **Steuerlast** zu erreichen. Möglichkeiten und Maßnahmen der **Bilanzpolitik** erweisen sich demgemäß als unternehmenspolitisch einsetzbares Konfliktausgleichspotential in der Hand der Informationsgeber.

Als **Konfliktlösungsstrategie** kommt den Rechnungslegungsvorschriften die Aufgabe zu, für jede Interessengruppe ein notwendiges Mindestmaß an Übereinstimmung mit der Realität zu garantieren (Egner [Bilanzen] 39). Instrument zur Sicherstellung der Ansprüche der einzelnen Interessengruppen ist eine entsprechende Normierung des Bilanzrechts, wobei bezüglich des Informationsumfangs sowohl eine Abgrenzung nach unten (Mindestinformation) als auch nach oben (Mindestgeheimhaltung) zu berücksichtigen ist. Es ist darüber hinaus die Aufgabe der **Bilanzanalyse,** das vorhandene Informationsmaterial weiter nach spezifischen Adressatenwünschen und entsprechend der konkreten Entscheidungssituation aufzubereiten und auszuwerten.

2.2.2.3 Der Zahlungsbemessungszweck der Bilanz

Die Bilanz ist Ausgangspunkt der Berechnung verschiedener, von einer Unternehmung zu leistender Zahlungen. Von Interesse sind dabei nur solche Zahlungsansprüche, die nicht bereits vertraglich fixiert, sondern **ergebnisabhängig** sind. Neben der Feststellung, ob und in welcher Höhe ein verteilungsfähiger Betrag entstanden ist (Gewinnermittlung, Gewinnausweis), muß deshalb über die **Verteilung** dieses

Betrages an die verschiedenen Anspruchsberechtigten entschieden werden. Dabei sind stets die Nebenbedingungen der Fortführung des Unternehmens und der fristgemäßen Befriedigung der Gläubigeransprüche einzuhalten.

Probleme bei der Bemessung der den einzelnen Anspruchsberechtigten zustehenden Zahlungen ergeben sich sowohl aus der Tatsache, daß der verteilungsfähige Betrag kein objektiv bestimmbarer Wert, sondern von subjektiven Zielsetzungen und Prämissen abhängig ist, als auch daraus, daß die verschiedenen Anspruchsberechtigten unterschiedliche, z.T. auch konfliktäre Interessen hinsichtlich der Verteilung dieses Betrages haben. Sowohl die **Ermittlung** (= Bilanzierung dem Grunde und der Höhe nach) als auch die Kompetenz zur **Verwendung** (= Ausschüttung, Kapitalrückzahlung) des verteilungsfähigen Betrages bedürfen daher einer Regelung.

Die **Bilanzierung dem Grunde nach** (was wird bilanziert) ist ebenso wie die **Bilanzierung der Höhe nach** (wie wird bilanziert) stets interessen- und situationsabhängig, d. h. die »richtige« Ermittlung des einem Gut zuzuordnenden Betrages (Bewertung) ist nur im Hinblick auf eine bestimmte Zielsetzung und Entscheidungssituation möglich (Stützel [Bilanztheorie] 318 ff.). Eine solcherart verstandene, **entscheidungsorientierte** Bilanzierung kann jedoch im HGB und AktG nicht gesetzlich fixiert werden, da sie individuell verschiedene Wertansätze, mithin unterschiedliche zu verteilende Beträge zur Folge hätte und somit den Grundsätzen der Nachprüfbarkeit widersprechen würde. Die Ansatz- und Bewertungsvorschriften gemäß HGB und AktG sind daher **Konventionsregeln**, die sich vor allem an vergangenheitsorientierten, am Markt realisierten und daher objektivierten Preisen orientieren (Anschaffungswertprinzip, Realisationsprinzip; vgl. dazu S. 242 ff.). Nur in Ausnahmefällen werden diese retrospektiven Wertansätze zum Zweck des Gläubigerschutzes durch prospektive Schätzwerte ersetzt (Niederstwertprinzip, Imparitätsprinzip; vgl. dazu S. 242).

Nicht nur die Ermittlung, sondern insbesondere auch die Verwendung des verteilungsfähigen Betrages ist abhängig von der Interessenlage des zur Verteilung Berechtigten und bedarf daher einer spezifizierten **Kompetenzregelung**. Dabei sind vor allem drei **Konflikttypen** hinsichtlich der Zahlungsbemessungsinteressen von Bedeutung (vgl. Abb. 3.2.7; Wagner [Gewinnverwendung] 490):

(1) Der Konflikt zwischen **Aktionären und Gläubigern** (Konfliktbereich K_1) resultiert aus den sich konträr gegenüberstehenden Interessenlagen der Gläubiger nach Sicherung eines Haftungsvermögens und der

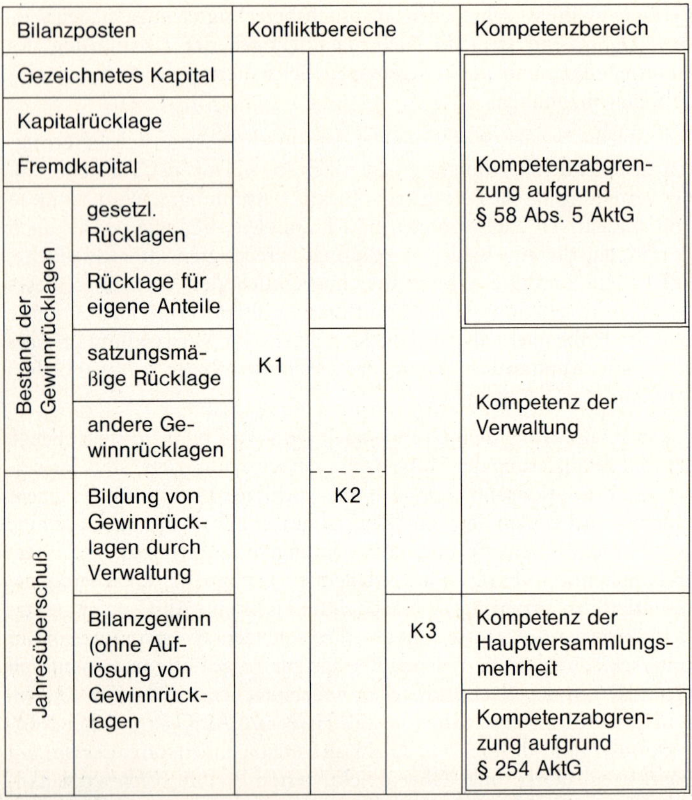

Bilanzposten		Konfliktbereiche			Kompetenzbereich
Gezeichnetes Kapital					Kompetenzabgrenzung aufgrund § 58 Abs. 5 AktG
Kapitalrücklage					
Fremdkapital					
Bestand der Gewinnrücklagen	gesetzl. Rücklagen	K1			
	Rücklage für eigene Anteile				
	satzungsmäßige Rücklage				Kompetenz der Verwaltung
	andere Gewinnrücklagen				
Jahresüberschuß	Bildung von Gewinnrücklagen durch Verwaltung		K2		
	Bilanzgewinn (ohne Auflösung von Gewinnrücklagen			K3	Kompetenz der Hauptversammlungsmehrheit
					Kompetenzabgrenzung aufgrund § 254 AktG

Abb. 3.2.7: Kompetenzregelung nach geltendem Handelsrecht

Aktionäre nach möglichst hoher Ausschüttung. Dieser Konflikt kann nur dadurch geregelt werden, daß maximal der Teil des Vermögens als ausschüttungs- und verteilungsfähig gilt, der mindestens das Fremdkapital und zusätzlich ein gesetzlich fixiertes Haftungskapital übersteigt. Folglich muß, unabhängig von der Kompetenz zur Verwendung, ein Teil des Vermögens (gemäß § 58 Abs. 5 AktG in Höhe des gezeichneten Kapitals, der Kapitalrücklage, der gesetzlichen Rücklage sowie der Rücklage für eigene Anteile und des Fremdkapitals) von der Verteilung ausgeschlossen sein (**Ausschüttungssperre;** in Abb. 3.2.7 durch die obere umrahmte Fläche gekennzeichnet).

(2) Die Regelung zur Ausschüttungssperre läßt für den Konflikt zwischen **Aktionären und Verwaltung** (Konfliktbereich K_2) einen begrenzten Lösungsraum offen, der sich auf die satzungsmäßigen Rücklagen, die anderen Gewinnrücklagen und den Jahresüberschuß erstreckt. Da der Bestand der ausschüttungsfähigen Teile der Gewinnrücklagen i. d. R. der Kompetenz der Verwaltung untersteht (§ 172 AktG), kann der eigentliche Konfliktbereich indes auf die Verwendung des Jahresüberschusses eingegrenzt werden. Die Aufteilung dieses Konfliktpotentials könnte grundsätzlich entweder vollständig den **Aktionären** (so tendenziell der Regierungsentwurf zu § 58 AktG 1965) oder vollständig der **Unternehmensleitung** (so im alten AktG von 1937 geregelt) überlassen werden. Der Gesetzgeber des AktG 1965 hat jedoch als dritte Lösungsmöglichkeit einen **Kompromiß** zwischen diesen beiden Alternativen realisiert, indem er die Gewinnverwendungskompetenz nach § 58 Abs. 2 Satz 1 AktG je zur Hälfte auf Aktionäre und Verwaltung übertragen hat (**50%-Regel**). Damit sollte sowohl den Interessen der Aktionäre nach Ausschüttung als auch den Interessen der Unternehmensleitung nach Bildung von Haftungsvermögen Rechnung getragen werden. Durch Satzungsermächtigung (§ 58 Abs. 2 Satz 2 AktG) kann die Verwaltung im Rahmen der dann zu beachtenden Gewinnthesaurierungsbeschränkung des Satzes 3 dieser Vorschrift allerdings auch über den vollen Jahresüberschuß verfügen und diesen in die anderen Gewinnrücklagen einstellen (BGH-Urteil v. 1. 3. 1971, II ZR 53/69).

(3) Für einen Konflikt zwischen **Groß- und Kleinaktionären**, dessen Ursachen in unterschiedlichen Konsumpräferenzen, Alternativanlagen, Planungszeiträumen oder Steuersätzen liegen können, verbleibt nur noch der Lösungsraum K_3, der durch den der Hauptversammlung zur Beschlußfassung vorgelegten Bilanzgewinn (§ 174 AktG) begrenzt wird. Dieser Konflikt, der im Interesse nach Einbehaltung des zu verteilenden Bilanzgewinns einerseits und dem Interesse nach Ausschüttung dieses Betrages andererseits zum Ausdruck kommt, wird durch das Anfechtungsrecht des § 254 Abs. 1 AktG geregelt, das den Minderheitsaktionären die Möglichkeit einer **Mindestausschüttung** in Höhe von 4% des Grundkapitals einräumt (in Abb. 3.2.7 durch die untere umrahmte Fläche gekennzeichnet).

Durch die gesetzliche Schlichtung der drei genannten Konflikte wird das Überleben der Institution »Unternehmen« nach allen Richtungen abgesichert: den Gläubiger- und Arbeitnehmerinteressen wird durch **Höchstgrenzen** der Ausschüttung, den Interessen der Minderheitsgesellschafter durch **Mindestausschüttungen** Rechnung getragen; die Verteilung des Jahresüberschusses wird durch eine **Kompromißlösung** zu gleichen Teilen von Aktionärs- und Verwaltungsinteressen bestimmt.

Darüber hinaus sind die Zahlungsbemessungsinteressen des **Fiskus** zu berücksichtigen, deren Bemessungsgrundlage durch gesonderte Rechnungen (**Steuerbilanzen**) ermittelt wird. Da einziger Zweck dieser Steuerbilanzen die Bestimmung der für fiskalische Zahlungen maßgebenden Grundlage ist, bedarf diese Rechnung keiner Kompetenzregelung; vielmehr liegt der Schwerpunkt in der Bestimmung des als Besteuerungsgrundlage dienenden Betrages, d. h. in der Bilanzierung, die ihren Ausgangspunkt in der Handelsbilanz nimmt (**Maßgeblichkeitsprinzip**; vgl. S. 238 f. und S. 247).

2.2.3 Systematik der Bilanzen (Bilanzarten)

Kaufmännische Praxis und betriebswirtschaftliche Theorie haben in Abhängigkeit von den jeweils mit der Bilanz verfolgten Zielsetzungen (Zweckpluralismus der Bilanzierung) mannigfaltige Erscheinungsformen der Bilanz (**Bilanzarten**) entwickelt. Aus der materiellen Kennzeichnung der Bilanz (vgl. Abschn. 2.2.1) können im Prinzip ebenso viele Bilanzarten wie Bilanzierungszwecke abgeleitet werden. Abbildung 3.2.8 vermittelt einen Überblick über die nach verschiedenen Unterscheidungsmerkmalen differenzierten Bilanzarten.

Die in der dargestellten Typologie genannten Bilanzarten lassen sich im Rahmen dieser Einführung nicht alle umfassend beschreiben. Dennoch erlaubt die oben gewählte Systematik eine komprimierte Darstellung der wesentlichen Grundzüge auch jener Teilgebiete der Bilanzlehre, die wie die Bilanztheorie, die Sonderbilanzierung oder Probleme inflationsbereinigter und gesellschaftsbezogener Rechnungslegung traditionell jeweils eigene Kapitel beanspruchen. Der besonderen Bedeutung **gesetzlich vorgeschriebener** Bilanzen wegen werden allerdings Handels- und Steuerbilanz sowie die Konzernbilanz im folgenden ausführlich behandelt (vgl. Abschn. 2.2.4 und 2.2.5).

2.2.3.1 Bilanzkonzeptionen

Unter einer **Bilanzkonzeption** (**Bilanztheorie, Bilanzauffassung**) sind alle Versuche zu verstehen, die darauf gerichtet sind, Bilanzinhalt und Wertansätze von Bilanzpositionen nach einem einheitlichen Prinzip zu deuten (Hax [Bilanztheorien] 238). Jede Bilanzkonzeption ist dabei sowohl unter Berücksichtigung der jeweils geltenden gesetzlichen Vor-

Unterscheidungsmerkmal	Bilanzarten (i. w. s.)
Bilanzkonzeption	Vermögensausweisbilanzen; Erfolgsausweisbilanzen; Tageswertbilanzen; Kapitaltheoretische Bilanzen; Informationsbezogene Konzepte
Bilanzierungsanlaß	ordentliche Bilanzen; Sonderbilanzen: Gründungsbilanz, Umwandlungsbilanz, Fusionsbilanz, Sanierungsbilanz, Vergleichsbilanz, Liquidationsbilanz, Konkursbilanz
Bilanzierungszeitraum	Periodenbilanzen: Tagesbilanz, Wochenbilanz, Monatsbilanz, Quartalsbilanz, Halbjahresbilanz, Jahresbilanz; Totalbilanz
Zeitbezug der Bilanz	Retrospektive Bilanzen; Prospektive Bilanzen
Bilanzinhalt	Beständebilanzen; Bewegungsrechnungen: Erfolgsrechnung, Kapitalflußrechnung; Intensitätsrechnungen: Erfolgsveränderungsrechnung, Bewegungsdifferenzenrechnung
Abrechnungskreis	zusammengefaßte Bilanzen: Gemeinschaftsbilanz, Konzernbilanz; Einzelbilanzen
Bilanzempfänger	interne Bilanzen; externe Bilanzen
Rechtsnorm	gesetzlich vorgeschrieben: Handelsbilanz, Steuerbilanz (Ertragsteuerbilanz, Vermögensaufstellung); vertraglich vereinbart: z. B. für Kreditgeber, Anteilseigner etc.; freiwillig erstellt: Sozialbilanz, interne Bilanzen

Abb. 3.2.8: Bilanzarten

schriften als auch im Spiegel des jeweils vorhandenen Erkenntnisstandes der betriebswirtschaftlichen Forschung, also ihres historischen Umfeldes, zu betrachten.

Der Versuch, bestimmte **Entwicklungsstufen** einer betriebswirtschaftlichen Bilanztheorie näher zu kennzeichnen (Schneider [Entwicklungsstufen] 158 ff.), erlaubt eine Unterscheidung nach drei Phasen, die mit den einer Grundsatzdiskussion verpflichteten sog. **klassischen Bilanzauffassungen** beginnt (etwa 1884 bis 1930), dann in eine mit Einzelfragen zur **Bilanzierungspraxis** (Bilanzierungsgrundsätze, Steuerbilanz, Scheingewinnproblem) befaßte Auseinandersetzung mündet (30er Jahre), um schließlich nach einer längeren Phase der Konsolidierung ab Mitte der 60er Jahre mit der sog. **neueren Bilanzdiskussion** eine Fortentwicklung zu erfahren.

Als aus der Grundsatzdiskussion hervorgegangene Bilanzauffassungen stehen sich insbesondere die als **statisch** bzw. als **dynamisch** bezeichneten Interpretationen des Bilanzinhalts gegenüber.

2.2.3.1.1 Vermögensausweisbilanzen (statische Bilanztheorie)

> **Statische Bilanzkonzeptionen** stellen den Gesichtspunkt des Vermögensausweises bei der Bilanzaufstellung in den Vordergrund (Theorien der Vermögensausweisbilanzierung).

Bestände an Vermögen und Schulden und das resultierende Reinvermögen sind für einen Stichtag zu ermitteln und detailliert (insbesondere für bilanzanalytische Zwecke) auszuweisen. Die statische Bilanzlehre stellt daher in erster Linie eine **Gliederungslehre** dar, wobei der Fähigkeit des Vermögens, die Schulden zu decken (Vermögen als »**Schuldendeckungspotential**«), Priorität zuerkannt wird. Für die Bewertung des Vermögens ist entscheidend, ob Zerschlagung oder Fortführung des Unternehmens unterstellt wird und somit Einzelveräußerungspreise oder Anschaffungspreise, evtl. vermindert um Abschreibungen, anzusetzen sind. Die von der statischen Bilanzauffassung (ältere statische Richtung: u. a. H. V. *Simon*, R. *Passow*, W. *Osbahr;* neuere statische Richtung: u. a. H. *Nicklisch*, W. *Le Coutre*) überwiegend vertretene Erhaltungskonzeption ist die der **nominalen Kapitalerhaltung** (Erhaltung eines geldziffernmäßig bestimmten Ursprungskapitals; Mark = Mark-Prinzip).

Die **Erfolgsrechnung** (Gewinn- und Verlustrechnung) in die statische Konzeption einzubeziehen, bereitet Schwierigkeiten: Ihr ist keine inhaltliche, sondern lediglich eine buchtechnische Beziehung zur Bilanz eigen. Die Erfolgsermittlung in der Gewinn- und Verlustrechnung erfolgt deshalb auch im Rahmen der statischen Bilanzkonzeption allein im Dienste der Reinvermögensermittlung. Gewinne stellen Reinvermögensmehrungen, Verluste Reinvermögensminderungen dar.

Der vermögensrechnerische Aspekt der statischen Bilanzauffassungen ist Grundlage zentraler handelsrechtlicher Vorschriften zur Aufstellung von Inventar und Bilanz (vgl. bes. §§ 240, 242, 264 HGB). Über diese Generalnormen nimmt das Gedankengut der statischen Bilanzkonzeptionen aber auch überall dort auf den Einzelfall der Rechnungslegung Einfluß, wo es um die Beurteilung des »richtigeren« (einsichtigeren) Vermögensausweises geht. Darüber hinaus basieren Handels- und Steuerrecht auf dem Nominalwertprinzip.

2.2.3.1.2 Erfolgsausweisbilanzen (dynamische Bilanztheorie)

> Hauptanliegen der von **E. Schmalenbach** begründeten **dynamischen Bilanzkonzeption** ist die Ermittlung eines »vergleichbaren Periodenerfolges«, der als Indikator von Auf- und Abwärtstendenzen eines Unternehmens der Betriebssteuerung dient (Theorie der Erfolgsausweisbilanzierung).

Entsprechend kommt der Gewinn- und Verlustrechnung bei der Bilanzaufstellung und dem Bewertungsaspekt die zentrale Bedeutung zu. In der Gewinn- und Verlustrechnung werden alle zahlungswirksamen Geschäftsvorfälle abgerechnet, die in der Abrechnungsperiode erfolgswirksam sind. Fallen Zahlungs- und Erfolgswirkung auseinander, entstehen »schwebende Posten«, die solange in der dynamisch, durch die Komponenten der Wertbewegung (Ausgaben, Einnahmen, Aufwand, Ertrag bzw. Leistung) interpretierten Bilanz (»**Kräftespeicher der Unternehmung**«) ausgewiesen werden, bis sie durch die korrespondierenden Erfolgsvorgänge abgelöst werden. Die Bilanz stellt sich demgemäß als umfassendes Konto der Rechnungsabgrenzung dar. Die Bewertung hat stets so zu erfolgen, daß die »absolute« Richtigkeit der Bilanzansätze gegenüber der »relativen« Richtigkeit i. S. einer interperiodischen Vergleichbarkeit zurücktritt. Im Gegensatz zur statischen, steht bei der dynamischen Bilanzlehre daher die **Bewertungslehre** im Vordergrund. Die Rechnung hat dabei den Prinzipien der Kongruenz (Summe der Periodenerfolge = Totalerfolg), der Methodenstetigkeit (prinzipielle Beibehaltung einmal vorgenommener Bilanzansätze bzw. Bewertungsverfahren), der Sicherheit der Rechnung (Bevorzugung sicherer, aber weniger exakter Verfahren) und – obwohl aus »dynamischer« Sicht nicht systemgerecht, so doch pragmatisch notwendig – der Vorsicht (Höhergewichtung der Verlustgefahr gegenüber der Gewinnchance) zu folgen. Das von *Schmalenbach* vertretene Erhaltungskonzept ist das der **realen,** durch Kaufkraftindex korrigierten Kapitalerhaltung (Erhaltung eines geldziffernmäßig bestimmten Ursprungskapitals in Einheiten gleicher Kaufkraft).

Entscheidend weiterentwickelt wurde das *Schmalenbach*'sche Bilanzkonzept durch *E. Walb* (**finanzwirtschaftliche** Bilanz) und *E. Kosiol* (**pagatorische** Bilanzlehre). *Walb* geht von der grundsätzlichen Erkenntnis aus, daß sich der Unternehmensprozeß auf der Grundlage eines **Leistungsstroms** und eines diesem gegenläufigen **Zahlungsstroms** abwickelt, wobei jeder Leistung eine gleichzeitige oder zukünftige Zahlung entspricht. Jeder Geschäftsvorfall löst damit zwei Buchungen aus und zwar entweder innerhalb einer Kontenreihe oder auf einem Leistungskonto und einem Zahlungskonto. Die Konten der Leistungsreihe werden auf das Gewinn- und Verlustkonto abgeschlossen, die Konten der Zahlungsreihe auf das Bilanzkonto, das im einfachsten Fall dem Kassenkonto entspricht. Bilanzposten entstehen durch Rück- bzw. Nachverrechnung (System von Stornierungen), die notwendig werden, wenn Zahlungs- und Erfolgswirksamkeit von Vorfällen in verschiedenen Perioden liegen. Auch *Walb* ist Vertreter einer **realen,** kaufkraftmäßigen **Kapitalerhaltung.**

Kosiol erweitert dieses Konzept durch Interpretation auch des Inhalts der *Walb*'schen Leistungsreihe mittels Zahlungsvorgängen. Damit lassen sich sämtliche betrieblichen Vorgänge der Systemidee des **pagatorischen Erfolgs** unterordnen, der als Differenz zwischen Ertragseinnahmen und Aufwandsausgaben allerdings einer Ausweitung des Zahlungsbegriffs über die **Barzahlungen** hinaus auch auf **Verrechnungszahlungen** (Vorverrechnung, Tilgungsverrechnung, Rückverrechnung, Nachverrechnung) bedarf. Durch Ansatz des pagatorischen Wertes, der neben dem Anschaffungswert auch aus dem Markt abgeleitete (derivative) »Zahlungs«-Werte umfassen kann, kommt *Kosiol* zum Grundsatz der **nominalen Kapitalerhaltung.**

Insbesondere die dynamische Bilanzauffassung *Schmalenbachs* hat die geltenden Bilanzierungsvorschriften entscheidend mitgeprägt. Überall dort, wo es um Fragen der Periodisierung von Vermögensänderungen und damit um die Zurechnung von Erfolgsbestandteilen (Aufwand, Ertrag) auf bestimmte Rechnungsperioden geht, bildet dynamisches Gedankengut die Grundlage der praktischen Rechnungslegung. Die Posten der Rechnungsabgrenzung in der Bilanz (§ 250 HGB) vermitteln hierzu nur einen rudimentären Eindruck; es ist vor allem der gesamte Komplex der Bemessung und Verteilung der Abschreibungen in Anlage- und Umlaufvermögen (§ 253 Abs. 2, 3 HGB), durch den die

Konzeption der Erfolgsausweisbilanzierung in den gesetzlichen Vorschriften zur Rechnungslegung repräsentiert ist.

2.2.3.1.3 Tageswertbilanzen (organische Bilanztheorie)

Vermögensausweis- und Erfolgsausweisbilanzierung sind grundsätzlich durch ihren Monismus in der Aufgabenverfolgung gekennzeichnet. Eine den klassischen Bilanztheorien ebenfalls zuzurechnende, jedoch strukturell von den bisherigen Konzeptionen stark abweichende Bilanzauffassung ist die **organische Bilanztheorie.**

> Die **organische Bilanztheorie** stellt eine dem Zweckdualismus von richtiger Erfolgsermittlung und richtiger Vermögensfeststellung verpflichtete Theorie dar (Theorie der Tageswertbilanzierung).

Insbesondere die von *F. Schmidt* entwickelte »**organische Tageswertbilanz**« macht den Versuch, über eine substanzmäßige Betrachtung dieses doppelte Ziel zu realisieren. Voraussetzung dafür ist die Eliminierung aller Geldwertänderungen in der Bilanz mit Hilfe einer richtigen Bewertung. Als richtiger Wert i. S. dieser Theorie gilt der **Wiederbeschaffungswert** bzw. der **Tageswert am Umsatztag**. Die Tageswertrechnung hat die Aufgabe, den Umsatzerfolg aus der Geschäftstätigkeit vom preisänderungsbedingten **Scheinerfolg** zu trennen und erfolgsrechnerisch zu neutralisieren. Letzteres geschieht über ein bilanzielles **Wertänderungskonto**. Damit wird die Bilanz zum Spiegel der Marktpreise am Bilanzstichtag, und zwar der Tagespreise am Beschaffungsmarkt. Im Gegensatz zur realen Kapitalerhaltung finden hier betriebsindividuelle Preisindizes Verwendung, um das Ziel einer **relativen,** an der gesamtwirtschaftlichen Produktionsentwicklung orientierten **Substanzerhaltung** zu verwirklichen.

Die organische Bilanztheorie kann als Ausgangspunkt aller Bemühungen angesehen werden, die Rechnungslegung von Kaufkraftschwankungen mit dem Ziel einer güterwirtschaftlichen Vermögenserhaltung freizuhalten. Die unter dem Stichwort **inflationsbereinigte Rechnungslegung** heute zu subsumierenden Konzeptionen der Rechnungslegungstheorie und -praxis stellen Bemühungen i. S. dieser Tageswertorientierung der Bilanzierung dar.

Die momentan **geltenden Rechnungslegungsvorschriften** sind jedoch am **Nominalwertprinzip** orientiert, wonach der Bilanzierungspflichtige den Gewinn nicht nach den Grundsätzen der Tageswertbilanzierung berechnen darf, sondern diesen nach den Prinzipien der Anschaffungswertbilanzierung zu ermitteln hat. Lediglich einzelne **steuerliche Bewertungszugeständnisse** (z. B. Preissteigerungsrücklage nach § 74 EStDV; Reinvestitionsrücklage gemäß § 6b EStG; Rücklage für Ersatzbeschaffung nach Abschn. 35 EStR) können als dem Gedanken der Tageswertbilanzierung nachempfunden aufgefaßt werden. Die 4. EG-Richtlinie eröffnete zwar in Art. 33 den Mitgliedstaaten grundsätzlich ein Bewertungswahlrecht für Wiederbeschaffungswerte, das jedoch nicht in das Bilanzrichtlinien-Gesetz übernommen wurde.

2.2.3.1.4 Kapitaltheoretische Bilanzen und Antibilanzkonzeptionen

Die **neueren** Bilanzkonzeptionen lassen sich unterteilen in **kapitaltheoretische** und **informationsbezogene** Konzepte.

> **Kapitaltheoretische Bilanzen** sind ihrer investitionstheoretischen Grundlage gemäß am Zahlungsbemessungszweck der Bilanz orientiert und untersuchen insbesondere die Frage, welcher Gewinn einem Unternehmen unter ökonomischen Gesichtspunkten in jeder Periode maximal entzogen werden kann (ökonomischer Gewinn).

Dabei kommt der Aufrechterhaltung der zukünftigen wirtschaftlichen Leistungsfähigkeit (**Erfolgskapitalerhaltung**) zentrale Bedeutung zu: Der **ökonomische Gewinn** ist der entnahmefähige Betrag bei Erfolgskapitalerhaltung.

> **Informationsbezogene Konzepte** basieren auf zahlungsstromorientierten Rechenwerken, wie finanzplanähnlichen Tableaus oder Kapitalflußrechnungen, die, wenn nicht an die Stelle der herkömmlichen Bilanz, so doch zu deren Ergänzung hinzutreten sollen (**Antibilanzkonzeptionen**).

Der mit Hilfe der Bilanz ermittelte Periodengewinn als Indikator der wirtschaftlichen Lage eines Unternehmens wird abgelehnt; vielmehr sollen sich die Adressaten der Bilanzierung anhand der publizierten Zahlungsströme selbst ein Bild von der wirtschaftlichen Lage des Unternehmens machen.

2.2.3.2 Bilanzierungsanlässe

Die Erstellung von Bilanzen wird überwiegend durch die Notwendigkeit veranlaßt, in regelmäßigen Zeitabständen Erfolg und/oder Vermögen einer Wirtschaftseinheit zu ermitteln. Daneben können jedoch auch Anlässe mit außerordentlichem Charakter die Ermittlung von Erfolg und/oder Vermögen und damit die Erstellung einer Sonderbilanz bedingen, wenn die hierzu benötigten Informationen nicht oder nicht rechtzeitig zur Verfügung stehen.

> **Ordentliche** (reguläre, laufende) **Bilanzen** werden aufgrund gesetzlicher Verpflichtungen (Jahresabschlüsse), vertraglicher Vereinbarungen (regelmäßige Vorlage von Zwischenbilanzen bei einem Kreditgeber) oder auf freiwilliger Basis (als Selbstinformation und Dispositionsgrundlage) in regelmäßigen Abständen aufgestellt.

Bei den aufgrund gesetzlicher Verpflichtungen aufzustellenden Bilanzen sind insbesondere zu unterscheiden die nach §§ 238–289 HGB aufzustellenden **Handelsbilanzen** und die **Steuerbilanzen,** die von allen nach §§ 140, 141 AO zur Buchführung verpflichteten Unternehmen erstellt werden müssen (vgl. Abschn. 2.2.4); letztere umfassen dabei neben den unter Beachtung der handelsbilanziellen Maßgeblichkeit nach einkommen- oder körperschaftsteuerlichen Vorschriften zu erstellenden **Ertragsteuerbilanzen** auch die am Bewertungsgesetz orientierten Vermögensteuer- und Gewerbekapitalsteuerbilanzen mit Statuscharakter.

> **Außerordentliche Bilanzen (Sonderbilanzen)** werden durch einmalig oder unregelmäßig auftretende Ereignisse veranlaßt.

Hierzu gehören Anlässe wie die **Gründung** von Unternehmen, die Veränderung der Rechtsform (**Umwandlung** und **Umgründung**), die Neugestaltung ihrer Finanzierungsgrundlagen (**Sanierung**), die Verschmelzung (**Fusion**) von Unternehmen im Fall der Unternehmensfortführung sowie die Auflösung von Unternehmen (**Liquidation, Konkurs, Liquidationsvergleich**) im Fall der Beendigung der Geschäftstätigkeit, wobei der Tatbestand der Fortführung oder Auflösung für die Höhe der Bilanzansätze von entscheidender Bedeutung ist (im einzelnen vgl. Eisele/Kühn [Sonderbilanzen] 269 ff.). Neben diesen einzelwirtschaftlich verursachten Ereignissen können auch gesamtwirtschaftliche, insbesondere außergewöhnliche währungspolitische Ereignisse Sonderbilanzen erforderlich machen (Goldmark-Eröffnungsbilanz 1924, DM-Eröffnungsbilanz 1948).

2.2.3.3 Bilanzierungszeiträume

Unter dem Bilanzierungszeitraum ist diejenige Periode zu verstehen, deren Geschäftsvorfälle als Grundlage für die Abbildung und Abrechnung in der betrachteten Bilanz dienen. Der Bilanzierungszeitraum wird nach oben durch die Lebensdauer der bilanzierenden Wirtschaftseinheit bzw. den Planungshorizont begrenzt, nach unten durch den verfolgten Bilanzzweck und die Forderung nach ökonomischer Abrechnung.

> **Totalbilanzen** legen die Gesamtlebensdauer eines Unternehmens zugrunde; sie geben das Ergebnis der wirtschaftlichen Betätigung für diese Totalperiode wieder.

Abgrenzungsprobleme hinsichtlich des Auseinanderfallens von Erfolgs- und Zahlungswirksamkeit von Geschäftsvorfällen treten nicht auf. Der Totalerfolg wird als Geldüberschuß oder Geldfehlbetrag ermittelt. Totalbilanzen dienen häufig der geschlossenen Abrechnung und zusammenfassenden Rechnungslegung über abgrenzbare Einzelobjekte oder über in Konsortialausführung übernommene Großaufträge.

> **Periodenbilanzen** rechnen über einen zeitlich begrenzten Abschnitt der Gesamtlebensdauer eines Unternehmens ab.

Fallen Zahlungs- und Erfolgswirksamkeit von Geschäftsvorfällen in verschiedene Teilperioden, so sind zur Herstellung der Vergleichbarkeit der Bilanzen, insbesondere jedoch zur Ermittlung eines vergleichbaren Periodenerfolges, Rechnungsabgrenzungen erforderlich. In der Praxis werden Jahres- und Zwischenbilanzen unterschieden, wobei letztere täglich (z. B. bei Kreditinstituten) bis halbjährlich aufgestellt werden.

Periodenbilanzen können vergangenheitsorientierten (retrospektiven) und zukunftsorientierten (prospektiven) Inhalt besitzen.

> **Retrospektive Bilanzen** rechnen im nachhinein (ex post) über die Unternehmensentwicklung in der vergangenen Periode ab.

Retrospektive Bilanzen sind daher quantitative Beschreibungs- bzw. Ermittlungsmodelle (Schweitzer [Struktur] 29). Da jedoch nicht ausschließlich über abgewickelte Geschäftsvorfälle abgerechnet wird (wie etwa bei einer Liquidationsbilanz), muß auch bei der retrospektiven Bilanzierung die künftige Entwicklung in geeigneter Weise Berücksichtigung finden. Die dynamische Interpretation des Bilanzinhalts als Kräftereservoir des Unternehmens verdeutlicht dies: Bei der Bilanzierung einer Maschine entscheiden erst die in Zukunft verrechneten (und verdienten) Abschreibungen bzw. ein zukünftig erzielter Veräußerungserlös über die Angemessenheit des ursprünglichen Bilanzansatzes. Werden Forderungen bilanziert, bestätigt erst die in der Zukunft tatsächlich erfolgende Begleichung der Forderungen den Bilanzansatz. Damit kann auch die retrospektive Bilanz als Zukunftsrechnung interpretiert werden.

> **Prospektive** (Plan-, Zukunfts-, ex ante-)**Bilanzen** legen entweder die Entwicklung eines Unternehmens normativ fest oder zeigen die bilanziellen Auswirkungen fortgeschriebener unternehmerischer Teilplanungen auf.

In beiden Fällen werden zukünftige und folglich mit Unsicherheit behaftete Größen zugrunde gelegt. Soweit prospektive Bilanzen lediglich die Auswirkungen fortgeschriebener unternehmerischer Teilplanungen aufzeigen und damit keine Dispositionswirkung auf die Gestaltung der in sie eingehenden Größen besitzen, haben sie Erklärungsmodellcharakter; sie werden auch als Bilanzprognosen oder **Prognosebilanzen** bezeichnet. Legen prospektive Bilanzen das zukünftige Bilanzbild einer Unternehmung normativ fest, so nehmen sie den Charakter von Entscheidungsmodellen an.

2.2.3.4 *Bilanzinhalte*

Bilanzen sind Geldrechnungen; sie können deshalb unmittelbar auch nur **finanzielle Maßgrößen** zum Ausdruck bringen. Die nach dem Unterscheidungsmerkmal »Bilanzinhalt« vorzunehmende Systematisierung erfolgt dementsprechend nach der der Bilanz zugrunde liegenden **finanzwirtschaftlichen** Dimension.

2.2.3.4.1 Beständebilanzen

> **Beständebilanzen** (Bilanzen im engeren Sinne) weisen das am Bilanzstichtag vorhandene Bilanzvermögen und Bilanzkapital in der Dimension Geldeinheiten aus.

Die Beständebilanz kann deshalb auch nur die Höhe des Bilanzvermögens und Bilanzkapitals am Stichtag, nicht jedoch deren Zustandekommen und die ihnen zugrunde liegenden Vorgänge zeigen. Gegenläufige Bewegungen sind in den Bestandsgrößen saldiert, so daß das Ausmaß und die zeitliche Struktur der vollzogenen Bewegungen verborgen bleiben.

Bei finanzwirtschaftlicher Erklärung des Bilanzinhalts lassen sich die Bestände jedoch auch als **Bewegungsresiduen**, als Ergebnis fortwährenden Umschlags, interpretieren. Hierzu wird die Vermögensseite der Bilanz in einen **Zahlungsbereich** und einen **Investitionsbereich** unterteilt. Die Kontengruppe des Zahlungsbereichs umfaßt das Geldvermögen und die Kontengruppe des Investitionsbereichs das Realvermögen, denen der **Kapitalbereich** als rechnerische Kontrollgröße gegenübersteht. Der Kapitalbereich wird vom betrieblichen Umsatzprozeß nur dann berührt, wenn von außen neue Mittel zufließen (**Außenfinanzierung**) oder Kapital zurückbezahlt wird und wenn aus der betrieblichen Leistungserstellung ein Erfolg resultiert, der als Verlust zu einer Minderung, als Gewinn zu einer Mehrung des Eigenkapitals führt (**Innenfinanzierung** in der Form der Selbstfinanzierung). Während also die Aktivseite der Bilanz in der Geld-Gut-Beziehung den betrieblichen Umsatzprozeß repräsentiert, so sind doch alle drei Bereiche durch finanzwirtschaftliche Vorgänge verbunden: **Erfolgsunwirksame** Finanzeinnahmen und Finanzausgaben (Rückzahlungen bzw. Ausschüttungen) schaffen als Bindeglied zwischen Zahlungsbereich und Kapitalbereich die kapitalmäßige Verbindung nach außen; **erfolgswirksame** (Erfolgs-)Ausgaben (Investitionen) und (Erfolgs-)Einnahmen (Desinvestitionen) stellen die internen Wertbewegungen in Form von Tauschvorgängen zwischen Zahlungsbereich und Investitionsbereich dar. Aus dieser Sicht wird jeder Bestand in der Bilanz aus der zeitlichen Diskrepanz der bereichsspezifischen Zahlungsvorgänge erklärbar.

2.2.3.4.2 Bewegungsbilanzen

> **Bewegungsrechnungen** geben die wirtschaftlichen Wertbewegungen eines Abrechnungszeitraums in der Dimension Geldeinheiten je Zeiteinheit [DM/t] wieder.

Eine Ausprägung derartiger Bewegungsrechnungen ist die **Erfolgsrechnung,** die über die Stromgrößen Aufwand und Ertrag während eines Abrechnungszeitraums Rechenschaft ablegt.

Der Inhalt der aus finanzwirtschaftlicher Sicht zu entwickelnden Erfolgsrechnung ist im Sinne einer **Desinvestitionsrechnung** zu interpretieren (Ruchti [Erfolgsermittlung] 514f.). Für die Totalperiode ergibt sich dabei der Erfolg aus der Differenz zwischen Desinvestition (= Einnahmen im Zahlungsbereich) und Investition (= Ausgaben im Zahlungsbereich). Bei den für die Teilperiode typischen zeitlichen Diskrepanzen zwischen Investition und Desinvestition (Einnahmen und Ausgaben) unterbrechen die Erfolgskonten des Kapitalbereichs die unmittelbare Verbindung zwischen Investitions- und Zahlungsbereich und zeichnen die konkreten erfolgswirksamen Vorgänge des Vermögensbereichs noch einmal abstrakt auf. Die Erfolgsrechnung als Desinvestitionsrechnung zeigt damit an, welche Investitionen in der Abrechnungsperiode zu Einnahmen geführt haben (vgl. Abb. 3.2.9).

Ertragsverteilung [DM/t]	Erfolgsrechnung als Desinvestitionsrechnung	Ertrag [DM/t]
Ausgaben früherer Perioden Ausgaben der laufenden Periode Desinvestitionserfolg		Einnahmen der laufenden Periode

Abb. 3.2.9: Finanzwirtschaftliche Erfolgsrechnung

Zu den Bewegungsrechnungen gehören auch die verschiedenen Arten der **Kapitalflußrechnung,** die den Zweck verfolgen, auf der Grundlage von Bestandsänderungen (Nettorechnungen) bzw. den diesen zugrunde liegenden Umsatzakten (Bruttorechnung) Zu- und Abfluß, Herkunft und Verwendung der Unternehmensmittel während des betrachteten Zeitraums abzubilden. Hierzu gehört zunächst die **Veränderungsbilanz** (vgl. Abb. 3.2.10) als einfache Beständedifferenzbilanz; sie stellt Vermögens- und Kapitalbestandsdifferenzen einander gegenüber, wobei die ausgewiesenen Differenzen sowohl Mehrungen (positive Differenz) als auch Minderungen (negative Differenz) der entsprechenden Bestände zum Ausdruck bringen können. Damit werden Ausmaß und Richtung von Bestandsänderungen offengelegt, ohne jedoch über die technische Aufbereitung des Bilanzmaterials hinaus gänzlich neue Erkenntnisse zu vermitteln.

Soll [DM/t]	Veränderungsbilanz	Haben [DM/t]
Vermögensmehrungen Vermögensminderungen		Kapitalmehrungen Kapitalminderungen

Abb. 3.2.10: Veränderungsbilanz

Werden durch einen einfachen formalen Schritt die Beständeminderungen jeweils auf der Gegenseite hinzuaddiert, entsteht aus der Veränderungsbilanz die **Nettobewegungsbilanz** (vgl. Abb. 3.2.11), deren Seiten als Mittelverwendung und Mittelherkunft interpretiert werden können.

Mittelverwendung [DM/t]	Bewegungsbilanz	Mittelherkunft [DM/t]
Vermögensmehrungen Kapitalminderungen		Kapitalmehrungen Vermögensminderungen

Abb. 3.2.11: Bewegungsbilanz

Die durch Saldierung der Bestände zweier aufeinanderfolgender Stichtagsbilanzen gewonnene Bewegungsbilanz bildet die Grundlage für die Beurteilung der **Finanzlage** eines Unternehmens im Rahmen der **externen Bilanzanalyse.** Durch eine zweckentsprechende Gliederung der Bewegungsbilanz läßt sich der Informationsgehalt sowohl auf die Analyse der gesamten **betrieblichen Finanzpolitik** als auch spezifisch auf die **Liquiditätsbeurteilung** ausrichten. Während Aussagen zur Liquiditätssituation regelmäßig eine Gliederung nach der Fristigkeit der zugeflossenen und der Bindungsdauer der verwendeten Mittel erfordern, geht die Analyse der betrieblichen Finanzpolitik auf der Seite der Mittelherkunft überwiegend von den Finanzierungsformen, auf der Seite der Mittelverwendung von den unterschiedlichen Verwendungsarten aus.

Das folgende, aus zwei Stichtagsbilanzen abgeleitete **Beispiel** einer **Nettobewegungsbilanz** macht die beiden dominierenden Zielsetzungen deutlich:

Aktiva	Bilanz der Y & Co. zum 31. 12. 01		Passiva
I. Anlagevermögen		I. Eigenkapital	370
1. Grundstücke	200	II. Rückstellungen	50
2. Maschinen	140	III. Verbindlichkeiten	
3. Finanzanlagen	90	1. Anleihen (Restlaufzeit über 5 Jahre)	130
II. Umlaufvermögen		2. Verbindlichkeiten a.L.L.	125
1. Roh-, Hilfs- u. Betriebsstoffe	70	3. Verbindlichkeiten gegenüber Kreditinstituten	80
2. Erzeugnisse	60		
3. Forderungen a.L.L.	140		
4. Kasse/Bank	55		
	755		755

Aktiva	Bilanz der Y & Co zum 31. 12. 02		Passiva
I. Anlagevermögen		I. Eigenkapital	450
1. Grundstücke	230	II. Rückstellungen	80
2. Maschinen	200	III. Verbindlichkeiten	
3. Finanzanlagen	70	1. Anleihen (Restlaufzeit über 5 Jahre)	120
II. Umlaufvermögen		2. Verbindlichkeiten a.L.L.	110
1. Roh-, Hilfs- u. Betriebsstoffe	100	3. Verbindlichkeiten gegenüber Kreditinstituten	100
2. Erzeugnisse	70		
3. Forderungen a.L.L.	110		
4. Kasse/Bank	80		
	860		860

Fristigkeit der Mittelverwendung	Nettobewegungsbilanz zur Analyse der Liquiditätslage		Fristigkeit der Mittelherkunft
I. *Verwendung kurzfristiger Mittel*		I. *Herkunft kurzfristiger Mittel*	
Kasse/Bank	25	Forderungen a.L.L.	30
Verbindlichkeiten a.L.L.	15 40	II. *Herkunft mittelfristiger Mittel*	
		(Andere) Rückstellungen	20
II. *Verwendung mittelfristiger Mittel*		Verbindlichkeiten gegenüber Kreditinstituten	20 40
Erzeugnisse	10		
Roh-, Hilfs- u. Betriebsstoffe	30 40		
		III. *Herkunft langfristiger Mittel*	
III. *Verwendung langfristiger Mittel*		(Pensions-)Rückstellungen	10
Anleihen (Restlaufzeit über 5 Jahre)	10	Finanzanlagen	20
Maschinen	60	Eigenkapital	80 110
Grundstücke	30 100		
	180		180

Mittelverwendung	Nettobewegungsbilanz zur Analyse der betrieblichen Finanzpolitik		Mittelherkunft	
I. *Investitionen*			I. *Außenfinanzierung*	
Anlagevermögen			*Eigenfinanzierung*	
Grundstücke	30		Eigenkapital	80
Maschinen	60		*Fremdfinanzierung*	
Umlaufvermögen			Verbindlichkeiten	
Erzeugnisse	10		geg. Kreditinstituten	20 100
Roh-, Hilfs- u.			II. *Innenfinanzierung*	
Betriebsstoffe	30		*Ertragsverteilung*	
II. *Schuldentilgung*			Rückstellungen	30
Anleihen (Restlaufzeit			*Vermögensumschichtung*	
über 5 Jahre)	10		Finanzanlagen	20
Verbindlichkeiten a.L.L.	15		Forderungen a.L.L.	30 80
III. *Erhöhung liquider Mittel*				
Bank/Kasse	25			
	180			180

Die bei externer Analyse nur sehr begrenzt verfügbaren Zuordnungskriterien bezüglich **Bindungsdauer** bzw. **Fälligkeit** der Mittel lassen nur Pauschalurteile zur Liquiditätslage zu. Eine näherungsweise Zuordnung könnte an den Zeitspannen: kurzfristig ≤ 3 Monate, mittelfristig ≤ 12 Monate, langfristig > 12 Monate orientiert sein; diesbezüglich brauchbare Hinweise sind zumeist aus ergänzenden Jahresabschlußinformationen, insbesondere aus dem Anhang zu gewinnen. Präzise Angaben zur Liquiditätsentwicklung sind allerdings nur bei Kenntnis detaillierter Fristangaben und demnach nur bei interner Sicht möglich.

Die reinen Beständedifferenzen sind jedoch nicht geeignet, das Finanzgebaren des Unternehmens vollständig offenzulegen. Dies wird

S	Maschinen		H
Anfangsbestand	140	Abgänge	800
Zugänge	1200	Abschreibungen	340
		Endbestand	200
	1340		1340

Beständedifferenz = Endbestand − Anfangsbestand
    60   =   200   −   140

Umsatzdifferenz = Zugänge − Abgänge − Abschreibungen
    60   =   1200 − 800   −   340

besonders deutlich, wenn die Entwicklung des Maschinenbestandes im vorhergehenden Beispiel näher untersucht wird. Dazu müssen die **Kontenumsätze** bekannt sein (vgl. Konto S. 228 unten).

Es wird deutlich, daß die Veränderung des Bestandes auch durch die zugrunde liegenden **Umsatzakte** beschrieben werden kann, die dann das wirkliche finanzielle Transaktionsvolumen zum Ausdruck bringen. Eine analoge Verbesserung des Informationsgehalts ist durch die Kenntnis der periodischen Zu- und Abnahmen bei Forderungen und Verbindlichkeiten zu erreichen.

Die Substitution von Beständedifferenzen durch Umsatzdifferenzen führt zur **Bruttobewegungsbilanz**. Dazu werden die Soll-Umsätze auf den Bestandskonten als Mittelverwendung, die Haben-Umsätze dagegen als Mittelherkunft interpretiert. Die Einbeziehung der Erfolgskonten (Aufwendungen = Mittelverwendung; Erträge = Mittelherkunft) eröffnet den vollständigen Einblick in die den Beständedifferenzen zugrunde liegenden Zahlungsvorgänge.

Die **stromgrößenorientierte** Bruttobewegungsbilanz stellt somit ein umfangreiches finanzielles Informationspotential zur Verfügung; sie bleibt dennoch überwiegend der **internen** Rechnungslegung vorbehalten, da dem externen Bilanzanalytiker die notwendigen Kontenumsätze nur in Ausnahmefällen (Entwicklung des Anlagevermögens im Anlagespiegel bzw. Anlagengitter, § 268 Abs. 2 HGB) zugänglich sind.

Eine in der Praxis der Rechnungslegung verbreitete Form der Bewegungsrechnung ist die Brutto- oder Nettorechnung **mit Fondsausgliederung**. Unter einem **Fonds** wird eine buchhalterische zweckorientierte Gesamtheit von Aktivkonten (z. B. Fonds der flüssigen Mittel) oder auch Aktiv- und Passivkonten (Fonds des Reinumlaufvermögens) verstanden, wobei nur noch Ausmaß und Richtung der Änderungen dieser Gesamtheit von Interesse sind. Die Fondsänderung ergibt sich im Rahmen des sog. **Fondsnachweises** aus den Beständeänderungen der Fondsgrößen. Die Ursachen der Fondsänderung werden in der sog. **Gegenbeständerechnung** und damit der eigentlichen Bewegungsbilanz aufgezeigt, wobei Änderungen von Gegenbeständen auch durch die sie verursachenden Umsatzakte ersetzt werden können. Diese auch als **Kapitalflußrechnung** ausgewiesene Ursachenrechnung gibt Auskunft darüber, welche Quellen zu einer Erhöhung des Fonds geführt haben, und welcher Verwendung Fondsmittel zugeflossen sind (vgl. Abb. 3.2.12).

```
                    Bewegungsbilanz als Gegenbeständerechnung
          Fondsmittelverwendung [DM/t]        Fondsmittelherkunft [DM/t]
          ┌─────────────────────────────┬─────────────────────────────┐
          │ Zunahme aktiver, Abnahme    │ Zunahme passiver, Abnahme   │
          │ passiver, nicht zum Fonds   │ aktiver, nicht zum Fonds    │
          │ gehöriger Konten            │ gehöriger Konten            │
          ├─────────────────────────────┤                             │
          │ Saldo: Fondszunahme         │                             │
          └─────────────────────────────┴─────────────────────────────┘

            Fondsmittel-                            Fondsmittel-
            herkunft [DM/t]        Fondsnachweis    verwendung [DM/t]
          ┌─────────────────────────────┬─────────────────────────────┐
          │ Zunahme aktiver, Abnahme    │ Zunahme passiver, Abnahme   │
  Fonds-  │ passiver Fondskonten        │ aktiver Fondskonten         │ Fonds-
  mittel- │                             ├─────────────────────────────┤ mittel-
  zufluß  │                             │ Saldo: Fondszunahme         │ abfluß
          └─────────────────────────────┴─────────────────────────────┘
```

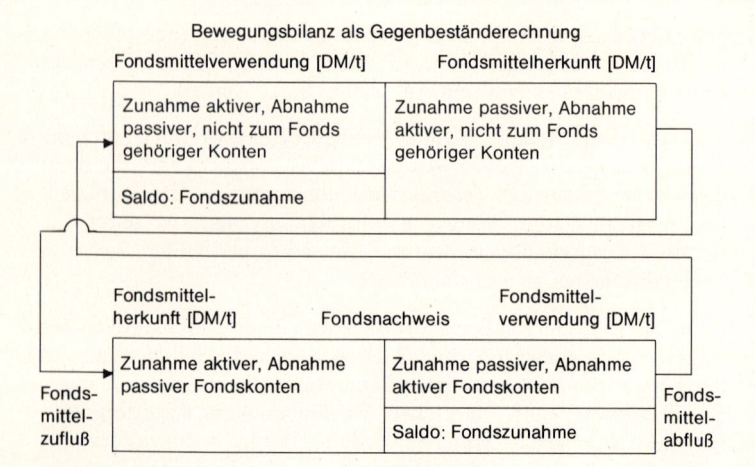

Abb. 3.2.12: Bewegungsbilanz mit Fondsausgliederung

Als Grundlage der auf S. 231 abgebildeten Bewegungsbilanz mit Fondsausgliederung dienen die Bilanzen des vorstehenden Beispiels zur Nettobewegungsbilanz. Berechnet werden soll der Fonds der »netto verfügbaren flüssigen Mittel«. In diesen Fonds gehen damit als aktive Fondskonten die flüssigen Mittel, als passive Fondskonten die Verbindlichkeiten gegenüber Kreditinstituten ein.

Aus finanzwirtschaftlicher Sicht hält die Bewegungsbilanz gleichsam die Mitte zwischen der letztlich als Investitionsrechnung zu verstehenden Bilanz und der als Desinvestitionsrechnung zu interpretierenden Erfolgsrechnung. Als Bruttorechnung aufgemacht bringt die Bewegungsbilanz Investitionen und Desinvestitionen in vollständiger und geschlossener Form zur Darstellung.

2.2.3.4.3 Intensitätsrechnungen

Die Erfassung der Prozeßgeschwindigkeit durch Bewegungsrechnungen reicht nicht aus, um Wachstums- und Schrumpfungsphänomene darzustellen.

Intensitätsrechnungen geben als Rechnungen der Bewegungsänderung Wachstums- und Schrumpfungsprozesse in der Dimension Geldeinheit je Zeiteinheit[2] $[DM/t^2]$ wieder.

Fondsmittelverwendung [DM/t]	Gegenbeständerechnung	Fondsmittelherkunft [DM/t]
Grundstücke	30	Eigenkapital	80
Maschinen	60	Rückstellungen	30
Roh-, Hilfs- und Betriebsstoffe	30	Finanzanlagen	20
Erzeugnisse	10	Forderungen a.L.L.	30
Anleihen (Restlaufzeit über 5 Jahre)	10		
Verbindlichkeiten a.L.L	15		
Fondsmittelzunahme	5		
	160		160

Fondsmittelherkunft [DM/t]	Fondsnachweisrechnung	Fondsmittelverwendung [DM/t]
Bank/Kasse	25	Verbindlichkeiten gegenüber Kreditinstituten	20
		Fondsmittelzunahme	5
	25		25

Sie bringen zum einen Erfolgsveränderungen als Ergebnis von Investitionsbeschleunigungen bzw. -verzögerungen sowie Desinvestitionsbeschleunigungen bzw. -verzögerungen zum Ausdruck (Erfolgsveränderungsrechnung), können zum anderen aber auch Bewegungsdifferenzen als Intensitäten von Bestandsänderungen kennzeichnen (Bewegungsdifferenzenrechnung).

2.2.3.5 Abrechnungskreise

Nach dem Kriterium des Abrechnungsumfangs sind zu unterscheiden:

- **Einzelbilanzen,** die über rechtlich selbständige Wirtschaftseinheiten abrechnen, und
- **zusammengefaßte Bilanzen** (Gesamtbilanzen), die über mehrere rechtlich selbständige Wirtschaftseinheiten abrechnen und sich wiederum in bloße Sammelbilanzen (Gemeinschaftsbilanzen) und konsolidierte Bilanzen (Konzernbilanzen) unterteilen lassen.

Die **Einzelbilanzen** rechtlich selbständiger Unternehmen büßen einen erheblichen Teil ihrer Aussagekraft über die wirtschaftliche Lage des Unternehmens ein, wenn dieses durch die Unterordnung unter die einheitliche Leitung einer Obergesellschaft zu einem Konzernunternehmen wird, das seine wirtschaftliche Selbständigkeit verliert. Der Einblick in die Vermögens-, Finanz- und Ertragslage der Wirtschaftseinheit Konzern wird jedoch auch nicht dadurch gewährleistet, daß mehrere Einzelbilanzen postenweise zu einer **Sammelbilanz** zusammengefaßt werden, weil Verflechtungen der Unternehmen im Bereich des Kapitals, der Schulden und der Erlöse unweigerlich zu Doppelzählungen führen würden.

> Ein zutreffendes Bild der wirtschaftlichen Lage des Konzerns vermag nur eine **konsolidierte Bilanz** (**Konzernbilanz**) zu vermitteln, die unter der Fiktion auch der rechtlichen Einheit der vorhandenen Unternehmen (Einheitstheorie) die verflechtungsbedingten Verzerrungen eliminiert.

Dem **Einblick in die Vermögenslage** wird durch die Aufrechnung der Beteiligungen mit dem anteiligen Eigenkapital (**Kapitalkonsolidierung**) und durch die Verrechnung der konzerninternen Verbindlichkeiten und Forderungen (**Schuldenkonsolidierung**) Rechnung getragen.

Der **Einblick in die Ertragslage** wird dadurch erreicht, daß nur der Gewinn zum Ausweis gelangt, der auch von einem einheitlichen Unternehmen, bei dem die Einzelunternehmen nur unselbständige Betriebsteile wären, erzielt worden wäre (**Zwischenerfolgseliminierung**). Dazu gehört auch, daß konzerninterne Umsätze und die damit in Zusammenhang stehenden Aufwendungen eliminiert werden (**Innenumsatzkonsolidierung**).

Der **Einblick in die Finanzlage** erfolgt im wesentlichen durch die **Schuldenkonsolidierung,** mit der Liquiditätsverlagerungen zwischen den Konzerngesellschaften rückgängig gemacht werden sollen.

Der von der Obergesellschaft zu erstellende Konzernabschluß kann allerdings die Einzelabschlüsse der Konzerngesellschaften nur ergänzen, nicht jedoch ersetzen: Da die einzelnen Konzernunternehmen nach § 18 AktG rechtlich selbständige Unternehmen sind, bleibt auch der Einzelabschluß gegenüber den Zahlungsbemessungsansprüchen von Anteilseignern, Gläubigern und Fiskus maßgebend (zum Konzernabschluß vgl. ausführlich Abschn. 2.2.5).

2.2.3.6 Bilanzempfänger

Nach dem Standort der Bilanzempfänger werden externe und interne Bilanzen unterschieden:

> **Externe Bilanzen** sind an außerhalb der abrechnenden Unternehmung stehende Personen gerichtet, die ein gesetzliches oder vertragliches Recht auf Rechenschaftslegung haben (Eigentümer, Gläubiger, Fiskus) oder beanspruchen (Mitarbeiter, Öffentlichkeit).

Zu den externen Bilanzen sind neben den Handels- und Steuerbilanzen (vgl. Abschn. 2.2.4) auch die Ansätze einer gesellschaftsbezogenen Rechnungslegung (**Sozialbilanzen**) zu zählen, die auf eine Dokumentation der gesamtgesellschaftlichen Auswirkungen (sozialer Nutzen und soziale Kosten) der Unternehmenstätigkeit abzielen. Gleichzeitig wird eine Rückkoppelung derart angestrebt, daß Unternehmen über die reine Berichtstätigkeit im Rahmen der gesellschaftsbezogenen Rechnungslegung hinaus ihrer gesellschaftlichen Verantwortung gerecht werden, indem sie ihren Entscheidungen neben erwerbswirtschaftlichen Zielen gesamtgesellschaftliche Zielsetzungen wie geringere Umweltverschmutzung, Sicherung von Arbeitsplätzen und Humanisierung der Arbeitswelt zugrunde legen.

Die in der Bundesrepublik Deutschland gegenwärtig geübte Praxis der gesellschaftsbezogenen Rechnungslegung wird nachhaltig durch die Empfehlungen des Arbeitskreises »Sozialbilanz-Praxis« beeinflußt (v. Wysocki [Sozialbilanzen] 153 ff.). Die 1977 vorgelegten Empfehlungen, die als ein »operationales Konzept« verstanden sein wollen, verzichten bewußt auf eine in der Praxis nicht exakt durchführbare Quantifizierung von sozialem Nutzen und sozialen Kosten. Die »Sozial-Bilanz« des Arbeitskreises besteht aus den drei Elementen Sozialbericht, Wertschöpfungsrechnung und Sozialrechnung. Der **Sozialbericht** ist die mit statistischem Material angereicherte verbale Darstellung der Ziele, Maßnahmen, Leistungen und – soweit darstellbar – der durch die Leistungen erzielten Wirkungen (output) gesellschaftsbezogener Aktivitäten der Unternehmen. Die **Wertschöpfungsrechnung** stellt den vom Unternehmen in einer bestimmten Periode geschaffenen Wertzuwachs (Beitrag des Unternehmens zum Sozialprodukt) in Entstehung und Verwendung dar. Die **Sozialrechnung** schließlich weist – gegliedert nach Bezugsgruppen – zahlenmäßig alle quantifizierbaren gesellschaftsbezogenen Aufwendungen eines Unternehmens im Berichtszeitraum sowie die betriebsindividuellen, direkt erfaßbaren gesellschaftsbezogenen Erträge aus.

Probleme bei der Aufstellung und Analyse von Instrumenten der gesellschaftsbezogenen Rechnungslegung bestehen vor allem in den Bereichen (1) Umfang der einzubeziehenden Vorgänge, (2) Messung und Bewertung der einzelnen Vorgänge, (3) Kontroll- und Prüfungsinstanzen sowie (4) Schaffung von Maßstäben zur vergleichenden Beurteilung.

Externe Bilanzen (Handels- und Steuerbilanz) sind im Rahmen gesetzlich belassener Ermessensspielräume gestaltbar. Dabei ist es Aufgabe der **Bilanzpolitik,** das Konfliktpotential zwischen Bilanzersteller und Bilanzempfänger zu minimieren. Das gilt prinzipiell auch für eine den handelsrechtlichen Rechnungslegungsinstrumenten nachempfundene Sozialbilanz.

> **Interne Bilanzen** dienen der innerbetrieblichen Information, Planung und Disposition und sind Außenstehenden i. d. R. nicht zugänglich.

Sie können aus Zahlen sowohl der Finanz- als auch der Betriebsbuchhaltung entwickelt werden und sind im allgemeinen kurzfristiger Natur. Ihre Erstellung ist nicht notwendig an gesetzliche Vorschriften gebunden und deshalb uneingeschränkt in den Dienst einer unverschleierten Unterrichtung der Leitungsinstanzen über Stand und Entwicklung der Geschäftstätigkeit zu stellen. Interne Bilanzen sind deshalb auch regelmäßig aussagefähiger als externe Bilanzen.

2.2.4 Die Praxis der Bilanzierung[1])

2.2.4.1 *Rechtliche Grundlagen der Bilanzierung*

2.2.4.1.1 Handelsrechtliche Vorschriften

Allgemeine Vorschriften der Bilanzierung, die auf alle Kaufleute anzuwenden sind, enthält das HGB in den §§ 238–263. Danach sind alle Kaufleute i. S. des HGB u. a. verpflichtet, Geschäftsbücher nach den

---

[1]) Zu den Abkürzungen vgl. S. 336.

Grundsätzen ordnungsmäßiger Buchführung (GoB, vgl. S. 239 ff.) zu führen, die die Lage ihres Vermögens und die Lage des Unternehmens ersichtlich machen (§ 238 HGB), und für den Schluß jedes Geschäftsjahres ein Inventar und einen Jahresabschluß (Bilanz und Gewinn- und Verlustrechnung) zu erstellen (§§ 240 Abs. 2, 242 HGB), in denen sämtliche Vermögensgegenstände und Schulden sowie Rechnungsabgrenzungsposten anzusetzen sind (§ 246 Abs. 1 HGB). Die Vorschriften für alle Kaufleute im Ersten Abschnitt des Dritten Buches des HGB (§§ 238–263) gelten als **lex generalis** für Unternehmen jeder Rechtsform, haben jedoch in bezug auf Vorschriften für **bestimmte Rechtsformen** lediglich **subsidiären Charakter**, d. h. sie werden im Einzelfall durch abweichende Vorschriften einer lex specialis, insbesondere der §§ 264–289 HGB, ersetzt.

Die Unterteilung im Dritten Buch des HGB in einen Abschnitt mit Vorschriften für alle Kaufleute und einen Abschnitt mit Regelungen, die ausschließlich Kapitalgesellschaften betreffen, verfolgt den Zweck, den bei den einzelnen **Rechtsformen** unterschiedlich ausgeprägten Schutzbedürfnissen der Gläubiger und Anteilseigner sowie Besonderheiten, insbesondere bezüglich der Haftung sowie des Gesellschafter-Gesellschaftsverhältnisses gerecht zu werden. So tritt für Unternehmen in den Rechtsformen AG, KGaA, GmbH und eingetragene Genossenschaft (eG) neben die Pflicht zur Aufstellung einer Bilanz und Gewinn- und Verlustrechnung die Verpflichtung zur Erstellung eines **Anhangs**. Weitere Beispiele für rechtsformabhängige Spezialregelungen sind das Gesetz betreffend die Gesellschaften mit beschränkter Haftung (GmbHG), das Gesetz betreffend die Erwerbs- und Wirtschaftsgenossenschaften (GenG) sowie das Aktiengesetz (AktG).

Neben der rechtsformspezifischen Differenzierung erfolgt auch eine **größenabhängige** Unterscheidung hinsichtlich des Umfanges der Rechnungslegungspflicht (vgl. Abb. 3.2.12a). Das HGB unterscheidet zwischen großen, mittelgroßen und kleinen Kapitalgesellschaften (§ 267 HGB): Kleine Kapitalgesellschaften liegen vor, wenn an zwei aufeinanderfolgenden Bilanzstichtagen mindestens zwei der drei Merkmale: Bilanzsumme 3,9 Mio. DM, Umsatzerlöse 8,0 Mio. DM, 50 Arbeitnehmer, nicht überschritten werden. Als mittelgroß gelten Kapitalgesellschaften, wenn sie an zwei aufeinanderfolgenden Abschlußstichtagen die Merkmale für die kleine Kapitalgesellschaft überschreiten, jedoch mit mindestens zwei Merkmalen innerhalb der Grenzen: Bilanzsumme 15,5 Mio. DM, Umsatzerlöse 32 Mio. DM, 250 Arbeitnehmer, verbleiben. Große Kapitalgesellschaften sind solche, die die Größenkriterien für mittelgroße Gesellschaften übersteigen, sowie alle börsennotierten

Kapitalgesellschaften. Mit dieser Differenzierung nach der Größe wird der Zweck verfolgt, kleinen und mittelgroßen Kapitalgesellschaften Erleichterungen bezüglich des Rechnungslegungsumfanges zu verschaffen, um bei diesen die Wirtschaftlichkeit der Rechnungslegung nicht in Frage zu stellen.

Über die allgemeinen und die rechtsform- und größenabhängigen Vorschriften hinaus begründen weitere unternehmensgrößenbezogene Vorschriften nach dem Publizitätsgesetz (Gesetz über die Rechnungslegung von bestimmten Unternehmen und Konzernen vom 15. 8. 1969) die Pflicht zur Erstellung einer Handelsbilanz für Unternehmen, die bestimmte Größenmerkmale erfüllen (§§ 1 und 11 PublG).

Oberstes Ziel des handelsrechtlichen Jahresabschlusses von Kapitalgesellschaften ist es, unter Beachtung der Grundsätze ordnungsmäßiger Buchführung ein den **tatsächlichen Verhältnissen entsprechendes Bild (true and fair view)** der Vermögens-, Finanz- und Ertragslage der Gesellschaft zu vermitteln (§ 264 Abs. 2 HGB). Damit dienen die Vorschriften des Handelsrechts in erster Linie Informationszwecken mit dem Ziel, die Informationsinteressen der Unternehmensbeteiligten zu regeln (vgl. S. 205 ff.). Die Befriedigung spezifischer Informationsanforderungen erfüllt der handelsrechtliche Jahresabschluß sowohl durch Einzelfallregelungen zur Bilanzierung und Bewertung (vgl. S. 243 ff.) als auch durch Mindestgliederungsvorschriften für Bilanz (vgl. S. 250 f.) und Gewinn- und Verlustrechnung (vgl. S. 284 f.) sowie durch detaillierte Anforderungen an den Inhalt des Anhangs (vgl. S. 289 ff.).

Als weitere Aufgabe des Jahresabschlusses tritt die Regelung von **Zahlungsbemessungsinteressen** hinzu, die auf die Ermittlung eines Gewinns als Grundlage der an die Anteilseigner vorzunehmenden Ausschüttungen abzielt (vgl. S. 210 ff.). Dabei kommt es bei den durch Haftungsbeschränkungen gekennzeichneten Rechtsformen darauf an zu verhindern, daß durch die Ausschüttungen das Vermögen der Gesellschaft in einem Umfang vermindert wird, daß die Gläubigeransprüche nicht mehr gedeckt sind. Aus der Beschränkung der Haftung bei der AG auf das Gesellschaftsvermögen und dem Gläubigerschutzgedanken folgt daher die Forderung nach **Ausschüttungssperre**, der u. a. durch Beschränkung der Ausschüttung auf den Bilanzgewinn (§ 58 Abs. 5 AktG) sowie durch Höchstwertvorschriften für Aktiva und Mindestwertvorschriften für Passiva (vgl. S. 243 ff. und S. 251 ff.) entsprochen wird.

Vor allem im Interesse des Minderheitenschutzes (Kleinaktionäre) enthält das AktG jedoch auch Vorschriften, die bestimmte **Mindestausschüttungen** sicherstellen sollen. So haben die Aktionäre Anspruch auf

Unternehmenskategorien	kleine Kapitalgesellschaft	mittelgroße Kapitalgesellschaft	große Kapitalgesellschaft
Abgrenzungsmerkmale			
– Bilanzsumme	≦ 3,9 Mio. DM	≦ 15,5 Mio. DM	> 15,5 Mio. DM
– Umsatzerlöse	≦ 8,0 Mio. DM	≦ 32,0 Mio. DM	> 32,0 Mio. DM
– Arbeitnehmer	≦ 50	≦ 250	> 250
Rechnungslegungs-erfordernisse			
– Jahresabschluß			
• Bilanz	verkürzte Form	verkürzte Form, aber gesonderte Angabe bestimmter Posten in Bilanz oder Anhang	ungekürzte Form
• Gewinn- und Verlustrechnung	verkürzte Form	verkürzte Form	ungekürzte Form
• Anhang	verkürzte Form	ungekürzte Form	ungekürzte Form
– Lagebericht	ungekürzte Form	ungekürzte Form	ungekürzte Form
– Aufstellungsfristen	6 Monate	3 Monate	3 Monate
– Prüfungspflicht	keine	uneingeschränkt	uneingeschränkt
– Offenlegungspflichten			
• Bestandteile	Bilanz, Anhang	Jahresabschluß, Lagebericht	Jahresabschluß, Lagebericht
• Publizitätsorgan	Registergericht	Registergericht	Bundesanzeiger
• Fristen	12 Monate	9 Monate	9 Monate

Abb. 3.2.12a: Unternehmensgrößenabhängige Rechnungslegungspflichten der Kapitalgesellschaften

den Bilanzgewinn (§ 58 Abs. 4 AktG) und als Minderheit (Anteile von wenigstens 5% des Grundkapitals oder einer Million Nennbetrag) im Falle willkürlicher oder grob unbilliger Vorenthaltung einer angemessenen (mindestens 4% des Grundkapitals abzüglich von noch nicht eingeforderten Einlagen) Ausschüttung ein Recht zur Anfechtung des Gewinnverwendungsbeschlusses der Hauptversammlung (§ 254 AktG). Es können Rücklagen nur in bestimmten Grenzen gebildet werden (§ 58 Abs. 1 und 2 AktG), und es bestehen Mindestwertvorschriften für Aktiva und Höchstwertvorschriften für Passiva (vgl. S. 243 ff. und S. 251 ff.). Damit wird aber auch erkennbar, daß zwischen Informations- und Zahlungsbemessungsregelung Widersprüche auftreten können, deren Lösung im Einzelfall der Einigung auf eine bestimmte Zielhierarchie bedarf (Moxter [Bilanzlehre I] 156 ff.).

2.2.4.1.2 Steuerrechtliche Vorschriften

Die handelsrechtliche Pflicht zur Buchführung bzw. Bilanzaufstellung wird im Steuerrecht um den Kreis derjenigen Unternehmen erweitert, die **eines** der folgenden **Größenmerkmale** erfüllen (§ 141 Abs. 1 AO):

– Gesamtumsatz im Kalenderjahr von mehr als 500 000 DM
– Betriebsvermögen von mehr als 125 000 DM
– Selbstbewirtschaftete land- und forstwirtschaftliche Flächen mit einem Wirtschaftswert von mehr als 40 000 DM
– Gewinn aus Gewerbebetrieb von mehr als 36 000 DM im Wirtschaftsjahr
– Gewinn aus Land- und Forstwirtschaft von mehr als 36 000 DM im Kalenderjahr.

Darüber hinaus sind alle Aufzeichnungen, die aufgrund anderer Gesetze vorzunehmen sind, auch für steuerliche Zwecke relevant (§ 140 AO).

Entsprechend der Zielsetzung einer gleichmäßigen Besteuerung wird in der **Steuerbilanz** die Ermittlung eines periodengerechten Gewinns angestrebt. Da sich der Gewinn nach § 4 Abs. 1 Satz 1 EStG durch Vergleich des Betriebsvermögens (Reinvermögen) zu Beginn (»Schluß des vorangegangenen Wirtschaftsjahres«) mit demjenigen am Ende des laufenden Wirtschaftsjahres errechnet, wobei von dem nach **handelsrechtlichen** Grundsätzen ordnungsmäßiger Buchführung auszuweisenden Betriebsvermögen auszugehen ist (§ 5 Abs. 1 EStG), ist **die Handelsbilanz maßgeblich für die Steuerbilanz (Maßgeblichkeitsprinzip)**. Die abweichenden Zielsetzungen von Handelsbilanz und Steuerbilanz bedingen allerdings Unterschiede bezüglich Bilanzierung und Bewertung (vgl. hierzu S. 251 ff.). Eine Pflicht zur Erstellung einer gesonderten Steuerbilanz läßt sich jedoch generell nicht ableiten (§ 60 Abs. 2 EStDV); vielmehr reichen grundsätzlich Zusätze und Anmerkungen zur Handelsbilanz aus, um bei Vorliegen abweichender steuerlicher Bestimmungen bzw. in Fällen zwangsläufigen Divergierens von Handels- und Steuerbilanz (z. B. steuerliche Nichtabzugsfähigkeit der Körperschaftsteuer) die Anpassung an letztere zu bewirken. I. d. R. werden allerdings umfangreiche Anpassungsmaßnahmen die Erstellung einer gesonderten Steuerbilanz erzwingen; das trifft uneingeschränkt für die zur öffentlichen Rechnungslegung mittels Handelsbilanz verpflichteten (Groß-)Unternehmen zu. Demgegenüber wird **bei kleineren** (nichtpublizitätspflichtigen) **Unternehmen** häufig überhaupt **nur eine Steuerbilanz** erstellt.

Von einer **Umkehrung des Maßgeblichkeitsprinzips** wird gesprochen, wenn unter steuerlichen Gesichtspunkten Bewertungen in der Handelsbilanz vorgenommen werden, nur um diese über das Maßgeblichkeitsprinzip auch für die Steuerbilanz zulässig zu machen (z. B. Vornahme außerplanmäßiger Abschreibungen in der Handelsbilanz als Voraussetzung steuerlicher Sonderabschreibungen).

Der nach den Vorschriften des EStG ermittelte Gewinn ist auch Bemessungsgrundlage für die Besteuerung der Einkommen von Körperschaften (§ 8 Abs. 1 KStG), wobei eine Reihe von Modifikationen zu berücksichtigen ist (§§ 9, 10 KStG). Ebenso knüpft die Gewerbeertragsteuer unter Vornahme von Hinzurechnungen (§ 8 GewStG) und Kürzungen (§ 9 GewStG) an den einkommensteuerlichen bzw. körperschaftsteuerlichen Gewinn an (§ 7 GewStG).

Die einzelnen Steuerarten sind in Bd. 1 dieser Einführung näher beschrieben.

2.2.4.1.3 Grundsätze ordnungsmäßiger Buchführung und Bilanzierung (GoB)

Die GoB ergänzen die gesetzlich fixierten Rechtsvorschriften mit der Funktion eines Orientierungs- und Wertmaßstabes und werden in den Fällen rechtsverbindlich, wo sie in Gesetzen oder Verordnungen niedergelegt sind (z. B. §§ 238, 243 Abs. 1, 264 Abs. 2 HGB; 146 und 147 AO).

> Die **GoB** werden als unbestimmte Rechtsbegriffe zur Schließung von Gesetzeslücken und zur Auslegung von Zweifelsfragen herangezogen.

Dazu knüpfen sie bei **induktiver** Ableitung an den Handelsbrauch und die Verkehrsauffassung, bei **deduktiver** Bestimmung an die verfolgten Rechnungslegungszwecke an. Da Handelsbrauch und Verkehrsauffassung durch spezifische Interessenvertreter geprägt werden und im Zeitablauf einem ständigen Wandel unterliegen, wird im wesentlichen auf die deduktive Ableitungsmethode zurückgegriffen.

Die der Rechenschaftslegung verpflichteten **Bilanzierungsgrundsätze** unterscheiden sich durch ihren teils formellen, teils materiellen Gehalt. Durch die Novellierung des HGB sind die wichtigsten Grundsätze nunmehr in § 252 HGB kodifiziert. Darüber hinaus besitzen Detailregelungen in speziellen Gesetzen für bestimmte Rechtsformen ergänzenden Charakter; hierzu zählen insbesondere die §§ 150, 152, 158 AktG und § 42 GmbHG. Im wesentlichen und zusammengefaßt geht es um Klarheit, Wahrheit, Kontinuität und Vorsicht bei der Bilanzierung dem Grunde (Bilanzansatz) bzw. der Höhe (Bilanzbewertung) nach.

> Nach dem **Grundsatz der Bilanzklarheit** (§ 243 Abs. 2 HGB; Bilanztransparenz) hat der Jahresabschluß bestimmten formalen (äußerlichen) Gliederungs- und Gestaltungsvorschriften sowohl bezüglich des Gesamtbildes (Postulat der Übersichtlichkeit) als auch bezüglich der Details zu entsprechen.

Der Inhalt der hierdurch geforderten objektiven Eindeutigkeit der Bilanzaussage erstreckt sich sowohl auf die für Bilanz und GuV geforderte Mindestgliederung als auch auf Postulate wie die des Bruttoausweises, des Saldierungsverbots, des Interpretationsgebots und des merkmalsgleichen (überschneidungsfreien) Bilanzausweises. Der klaren und übersichtlichen Jahresabschlußaufstellung dient auch der **Grundsatz der Einzelbewertung** bei Vermögensgegenständen und Schulden zum Abschlußstichtag (§ 252 Abs. 1 Nr. 3 HGB). Die Mißachtung des Klarheitsgrundsatzes führt zur Bilanzverschleierung und kann in schwerwiegenden Fällen Nichtigkeit des Jahresabschlusses (§ 256 Abs. 4 AktG) bzw. Bestrafung zur Folge haben (§§ 331 HGB, 400 AktG).

> Der **Grundsatz der Bilanzwahrheit** zielt auf die materielle Ordnungsmäßigkeit eines Jahresabschlusses ab und bezieht sich sowohl auf den Inhalt (Bilanzansatz) als auch den Wert (Willkürfreiheit) von einzelnen Bilanzpositionen.

Auch die Forderung nach **Vollständigkeit** (§ 246 Abs. 1 HGB) ist Bestandteil des Wahrheitsgrundsatzes. Ausfluß des Postulats der vollständigen Bilanzierung ist u. a., daß nicht das rechtliche Eigentum, sondern die **wirtschaftliche Zugehörigkeit** eines Wirtschaftsgutes über das »Wo« seiner Bilanzierung entscheidet. Danach regeln sich die Zuständigkeiten des Bilanzausweises z. B. bei schwebenden Geschäften, bei Miet-, Pacht- und Leasingverträgen, bei der Sicherungsübereignung und beim Eigentumsvorbehalt. Hinsichtlich der Bewertung von Bilanzpositionen läßt sich allerdings **keine objektive Wahrheit** erreichen, da eindeutige Bewertungsmaßstäbe fehlen; erreichbar ist vielmehr nur eine subjektive Wahrheit im Rahmen zulässiger Bewertungsspielräume. Bei bewußter Mißachtung des Wahrheitsgrundsatzes liegt Bilanzfälschung vor; sie ist strafbar und führt ebenfalls zur Nichtigkeit des Jahresabschlusses (§ 256 Abs. 1 und 5 AktG).

> Der **Grundsatz der Bilanzkontinuität** (Bilanzzusammenhang) regelt das Verhältnis aufeinanderfolgender Jahresabschlüsse zueinander in formeller und materieller Hinsicht mit dem Ziel, die Vergleichbarkeit zu gewährleisten.

Die **formelle** Bilanzkontinuität (Bilanzverknüpfung) hat die Forderung nach **Bilanzidentität** (Bilanzkongruenz: Übereinstimmung der Eröffnungsbilanz mit der Schlußbilanz der vorangehenden Periode), die Beibehaltung der Gliederung der Bilanz (Darstellungsstetigkeit) sowie die Beibehaltung des Abschlußstichtages zum Gegenstand; sie kommt in der allgemein gültigen Vorschrift des § 252 Abs. 1 Nr. 1 HGB und den nur für Kapitalgesellschaften geltenden Spezialvorschriften der §§ 264 Abs. 1 und 265 Abs. 1 HGB zum Ausdruck. Die **materielle** Bilanzkontinuität fordert die Beibehaltung einmal gewählter Bewertungsgrundsätze (**Bewertungsstetigkeit**, nunmehr in § 252 Abs. 1 Nr. 6 HGB ausdrücklich kodifiziert) sowie die Wahrung des Wertzusammenhangs für jedes Wirtschaftsgut bei im übrigen unveränderten Wertverhältnissen (**Wertstetigkeit**), vor allem in Hinsicht auf die Sicherung der Vergleichbarkeit des Erfolgsausweises. Bewertungskontinuität verlangt auch der **Grundsatz der Unternehmensfortführung** (Going-Concern-Prinzip, § 252 Abs. 1 Nr. 2 HGB), womit grundsätzlich der Anschaffungswert bei der Bilanzierung zur Anwendung gelangt, der Ansatz von Liquidationswerten in der regulären Jahresabschlußbilanz also ausgeschlossen wird.

> Als ein übergeordneter Grundsatz ordnungsmäßiger Buchführung und Bilanzierung gebietet der **Grundsatz der Vorsicht** eine zurückhaltende Abschätzung der mit der Geschäftstätigkeit verbundenen Chancen, um im Hinblick auf den Ausweis und die Ausschüttung des Gewinns sowohl den Gläubigerschutz als auch das Eigeninteresse des Unternehmens zu wahren.

Inhaltlich ist das Vorsichtsprinzip (§ 252 Abs. 1 Nr. 4 HGB) in bezug auf das »Was« der Bilanzierung (Bilanzierung dem Grunde nach) an den Kriterien der marktmäßigen Objektivierung und Konkretisierung orientiert; in bezug auf das »Wie« der Bilanzierung (Bilanzierung der Höhe nach) wird es durch das Realisations- und das Imparitätsprinzip konkretisiert.

> Das **Realisationsprinzip** besagt, daß Gewinne und Verluste erst dann ausgewiesen werden dürfen, wenn sie durch den Umsatzprozeß in Erscheinung getreten (realisiert) sind.

> Das **Imparitätsprinzip** (Prinzip der Verlustantizipation) fordert, daß absehbare, jedoch noch nicht realisierte Verluste als Aufwand im Jahresabschluß zu berücksichtigen sind.

Damit schränkt das Imparitätsprinzip das Realisationsprinzip bei erwarteten Verlusten ein und verhindert einen zu hohen Gewinnausweis mit der Gefahr ungerechtfertigter Ausschüttung und Besteuerung. Es dient primär dem Gläubigerschutz und ist gesetzlich im **Niederstwertprinzip** verankert.

> Das **Niederstwertprinzip** besagt, daß von zwei möglichen Wertansätzen (z. B. Anschaffungskosten oder Marktpreis) jeweils der niedrigere angesetzt werden muß (strenges Niederstwertprinzip) bzw. angesetzt werden darf (gemildertes Niederstwertprinzip).

Um eine periodengerechte Erfolgsermittlung zu gewährleisten, verlangt der **Grundsatz der Aufwands- und Ertragsabgrenzung,** daß Aufwendungen und Erträge unabhängig von dem Zeitpunkt der korrespondierenden Ausgabe bzw. Einnahme im Jahresabschluß zu erfassen sind.

2.2.4.2 Wertmaßstäbe der Bilanzierung

Die **Bewertung** (Bilanzierung der Höhe nach) stellt im Hinblick auf den Aussagegehalt des Jahresabschlusses einen besonders wichtigen, da informationspolitischen Vorgang dar. Werte können grundsätzlich nicht aufgrund von objektiven, sondern nur nach subjektiven Maßstäben ermittelt werden. Die Grundlagen des Bewertungsgerüsts sind daher sowohl durch spezielle gesetzliche Regelungen als auch durch die in § 252 HGB für alle Kaufleute kodifizierten GoB bestimmt. Dazu gehören die folgenden tragenden **Grundsätze** (vgl. hierzu auch die Ausführungen zum vorangehenden Abschnitt):

– Prinzip der Fortführung der Unternehmenstätigkeit (going-concern-principle; § 252 Abs. 1 Nr. 2 HGB)
– Prinzip der Vorsicht (§ 252 Abs. 1 Nr. 4 HGB)
– Prinzip der periodengerechten Abgrenzung der Aufwendungen und Erträge (§ 252 Abs. 1 Nr. 5 HGB)
– Prinzip der Einzelbewertung (§ 252 Abs. 1 Nr. 3 HGB)
– Prinzipien der Stetigkeit und Kontinuität (§ 252 Abs. 1 Nr. 1 und 6 HGB)

Diese allgemeinen Grundsätze treten jedoch stets hinter vorhandene spezielle gesetzliche Regelungen zurück.

2.2.4.2.1 Anschaffungskosten

Der Begriff der **Anschaffungskosten** wird in § 255 Abs. 1 HGB erläutert. Danach sind in die auf Zahlungen des Unternehmens beruhenden Anschaffungskosten sämtliche Aufwendungen einzubeziehen, die erforderlich sind, um einen Vermögensgegenstand zu erwerben und ihn in einen betriebsbereiten Zustand zu versetzen, soweit sie dem Vermögensgegenstand einzeln zugeordnet werden können.

> Die **Anschaffungskosten** setzen sich zusammen aus dem Anschaffungspreis (mit dem Lieferanten vereinbartes Entgelt), den nachträglichen Anschaffungskosten (z. B. auf Grund von Um- oder Ausbauarbeiten) und den Anschaffungsnebenkosten (z. B. Transport-, Montagekosten), die zusätzlich aufgewendet werden müssen, um das Gut seiner betrieblichen Verwendung zuzuführen, abzüglich aller Anschaffungskostenminderungen (z. B. Rabatte, Skonti, Boni).

Voraussetzung für die Aktivierung von Anschaffungsnebenkosten ist, daß die Aufwendungen dem Vermögensgegenstand **einzeln** und nicht nur anteilig oder pauschal zugerechnet werden können. Grundsätzlich nicht zu den Anschaffungsnebenkosten und damit auch nicht zu den Anschaffungskosten gehören jedoch im Rechnungsbetrag enthaltene Vorsteuerbeträge oder Aufwendungen für den Einkauf und die Kapitalbeschaffung. **Fortgeführte Anschaffungskosten** sind die um planmäßige oder auch außerplanmäßige Abschreibungen korrigierten Anschaffungskosten.

2.2.4.2.2 Herstellungskosten

Im eigenen Unternehmen erstellte oder bearbeitete Gegenstände sind mit ihren **Herstellungskosten** anzusetzen. Eine Legaldefinition der Herstellungskosten findet sich in § 255 Abs. 2 HGB für das Handelsrecht und in Abschn. 33 EStR für das Steuerrecht.

> **Herstellungskosten** sind alle Aufwendungen, die durch den Verbrauch von Gütern und die Inanspruchnahme von Diensten für die Herstellung eines Vermögensgegenstandes, seine Erweiterung oder für eine über seinen ursprünglichen Zustand hinausgehende wesentliche Verbesserung entstehen.

Die **Ermittlung der Herstellungskosten** erweist sich im Vergleich zu den Anschaffungskosten insofern als problematisch, als überwiegend keine externen Belegunterlagen (Rechnungen) vorliegen. Ausgangsgröße für die Ermittlung der Herstellungskosten sind die **Einzelkosten der Kostenrechnung,** wobei die darin enthaltenen Kostenarten (Material- und Fertigungskosten) bilanziell nur angesetzt werden können, soweit ihnen handelsrechtlich anerkannte Aufwendungen (aufwandsgleiche Kosten) entsprechen. Für die Herstellungskosten gilt demnach wie für

Kostenarten	Aktivierbare und aktivierungspflichtige Kostenbestandteile	
	Handelsbilanz	Steuerbilanz
Fertigungsmaterial + Fertigungslöhne + Sondereinzelkosten der Fertigung	muß	muß
= Herstellungskosten I	Ansatz möglich (Untergrenze)	Ansatz nicht möglich
+ variable Materialgemeinkosten + variable Fertigungsgemeinkosten	kann	muß
= Herstellungskosten II	Ansatz möglich	Ansatz nicht möglich
+ Sondergemeinkosten der Fertigung + fixe Materialgemeinkosten + fixe Fertigungsgemeinkosten*	kann	muß
= Herstellungskosten III	Ansatz möglich	Ansatz möglich (Untergrenze)
+ fixe Fertigungsgemeinkosten** + Verwaltungsgemeinkosten	kann	kann
= Herstellungskosten IV	Ansatz möglich (Obergrenze)	Ansatz möglich (Obergrenze)

* Werteverbrauch des fertigungsbedingten Anlagevermögens
** z. B. Zinsen für fertigungsbedingtes Fremdkapital, Aufwendungen für freiwillige soziale Leistungen und für betriebliche Altersversorgung

Abb. 3.2.13: Ermittlung der Herstellungskosten in Handels- und Steuerbilanz

die Anschaffungskosten, daß nur solche Beträge dazugehören, welche das Unternehmen tatsächlich aufgewendet hat. Diese Aufwendungen ihrerseits bestimmen nur in dem Umfang die **steuerlichen Herstellungskosten,** als sie steuerlich abzugsfähige Betriebsausgaben sind. Infolge der im Bereich der (Material-, Fertigungs-, Verwaltungs-)Gemeinkosten bestehenden Ansatzwahlrechte ist für die bilanziellen Herstellungskosten eine Wertobergrenze (Vollkosten) und eine Wertuntergrenze (Einzelkosten) festzustellen; der dadurch gegebene Bewertungsspielraum kann bilanzpolitisch genutzt werden. Abb. 3.2.13 stellt die als Herstellungskosten aktivierbaren bzw. aktivierungspflichtigen Kostenarten zusammenfassend dar.

2.2.4.2.3 Tageswerte

Neben den oben genannten, auf Ausgaben beruhenden primären Bewertungsmaßstäben kommen auch nicht auf Ausgaben des Unternehmens beruhende sekundäre Wertmaßstäbe in Form von Tageswerten (Zeitwerte) in Betracht.

> **Tageswerte** werden von Preisen abgeleitet, die auf einem Markt (in weitestem Sinne) am Bilanzstichtag zu erzielen bzw. zu bezahlen sind.

Zu unterscheiden sind Marktpreis, Börsenpreis und beizulegender Wert am Abschlußstichtag:

– Als **Marktpreis** gilt der Preis, der auf einem Markt für Waren bestimmter Gattung von durchschnittlicher Qualität am Bilanzstichtag durchschnittlich bezahlt wird.

– Der **Börsenpreis** ist der an einer amtlichen Börse für Gegenstände oder Wertpapiere gezahlte Preis.

– Für Güter (insbesondere des Anlagevermögens), die weder markt- noch börsengängig sind, kann es erforderlich werden, **beizulegende Werte** am Abschlußstichtag zu ermitteln, wobei der Wiederbeschaffungswert (Reproduktionskostenwert) die Obergrenze und der Einzelveräußerungspreis die Untergrenze darstellt. Kapitalgesellschaften dürfen gemäß § 279 Abs. 1 S. 2 HGB eine außerplanmäßige Abschreibung auf den beizulegenden Wert im Anlagevermögen nur vornehmen, wenn es sich um eine voraussichtlich dauernde Wertminderung oder um Wertminderungen bei Finanzanlagen handelt.

Ist bei nicht feststellbarem Börsen- oder Marktpreis der beizulegende Wert unter die Anschaffungs- oder Herstellungskosten gesunken, so hat zur Realisierung des Niederstwertprinzips bei Gegenständen des Anlage- und des Umlaufvermögens (insbes. Halb- und Fertigfabrikate) die Wertermittlung nach dem **Prinzip der verlustfreien Bewertung** zu erfolgen (vgl. S. 260f.).

2.2.4.2.4 Zukunftswerte

> **Zukunftswerte** sind Wertansätze, die am Bewertungsstichtag weder realisiert sind (primäre Wertansätze) noch realisiert werden können (sekundäre Wertansätze), die aber in nächster Zukunft nach vernünftiger kaufmännischer Beurteilung zu erwarten sind.

Derartige Zukunftswerte dürfen bei der Bewertung des Umlaufvermögens (insbes. Vorräte, Wertpapiere, Forderungen) dann angesetzt werden, wenn in naher Zukunft Wertminderungen und Preisrückgänge erwartet werden. Mit der Anwendung dieses Abwertungswahlrechts erfährt das Niederstwertprinzip eine Erweiterung in zeitlicher Hinsicht, da über die Stichtagsbezogenheit der Bewertung hinaus bereits Wertminderungen der nächsten Zukunft, konkretisiert durch einen Zeitraum von zwei Jahren, vorweggenommen werden dürfen. Die »vernünftige kaufmännische Beurteilung« muß sich dabei an objektiven, durch tatsächliche Verhältnisse begründeten Anhaltspunkten messen lassen.

2.2.4.2.5 Steuerliche Wertansätze

> **Der für Zwecke der Steuern** vom Einkommen und vom Ertrag **für zulässig gehaltene Wert** ist ein durch den Grundsatz der Maßgeblichkeit bedingter Wert, um einen nach steuerlichen Vorschriften zulässigen Wertansatz (z.B. auf Grund von Teilwertabschreibungen) auch in der Handelsbilanz ansetzen zu können.

Das hier zum Ausdruck gelangende Abwertungswahlrecht begründet eine **Umkehrung des Maßgeblichkeitsprinzips** mit der Folge, daß die Inanspruchnahme steuerlicher Vergünstigungen (z.B. Sonderabschreibungen) auch tatsächlich realisierbar ist. Dieser Wert kann sowohl für das Anlage- als auch für das Umlaufvermögen angesetzt werden.

Der **steuerliche Teilwert** hat, ausgehend von den Zielen der Ertrags- und Substanzbesteuerung, die Aufgabe, eine objektivierte Wertuntergrenze (niedrigerer Teilwert) für alle Gegenstände anzugeben, deren Wert unter die Anschaffungs- bzw. Herstellungskosten gesunken ist.

> Der **Teilwert** ist der Betrag, den ein Erwerber des ganzen Betriebs im Rahmen des Gesamtkaufpreises für das einzelne Wirtschaftsgut ansetzen würde; dabei ist davon auszugehen, daß der Erwerber den Betrieb fortführt (§ 6 Abs. 1 Satz 3 EStG).

Diese gesetzliche **Definition** erwies sich in der Praxis als **nicht operational**; eine Präzisierung erfolgte deshalb über die sog. **Teilwertvermutungen** des Reichsfinanzhofes (RFH 1928), die solange gelten, als sie vom Steuerpflichtigen nicht widerlegt worden sind. Im einzelnen bedeutet dies für die Wertfindung und den Wertansatz (Bea [Bewertung] 829):

— Im Zeitpunkt der Anschaffung oder Herstellung ist der Teilwert gleich den Anschaffungs- oder Herstellungskosten.

— Im nichtabnutzbaren Anlagevermögen ist der Teilwert auch für spätere Stichtage gleich den Anschaffungs- bzw. Herstellungskosten, während er im abnutzbaren Anlagevermögen den um planmäßige Abschreibungen verminderten Anschaffungs- bzw. Herstellungskosten entspricht.

— Im Umlaufvermögen stimmt der Teilwert i. d. R. mit den Wiederbeschaffungskosten bzw. dem Börsen- oder Marktpreis überein.

— Die Wiederbeschaffungs- bzw. Wiederherstellungskosten bilden stets die Obergrenze, der Einzelveräußerungspreis stets die Untergrenze des Teilwerts.

2.2.4.3 Die Bilanz

Bilanzausweis und Bilanzbewertung werden im folgenden am Beispiel ausgewählter Einzelpositionen des Jahresabschlusses behandelt. Zur Orientierung wird die Gliederung der Bilanz für große und mittelgroße Kapitalgesellschaften, wie sie in § 266 Abs.2 und 3 HGB vorgeschrieben ist, auf den Seiten 250f. vorangestellt.

2.2.4.3.1 Formalaufbau der Bilanz

In der Jahresbilanz sind, wenn der Geschäftszweig keine abweichende Gliederung bedingt, die gleichwertig sein muß, unbeschadet einer weiteren Gliederung oben genannte Posten gesondert auszuweisen (§ 266 Abs. 1 HGB).

Kleine Kapitalgesellschaften brauchen nur eine verkürzte Bilanz aufzustellen, in die nur die mit Buchstaben und römischen Zahlen bezeichneten Posten gesondert aufgenommen werden (§ 266 Abs. 1 Satz 3 HGB).

2.2.4.3.2 Bilanzierung und Bewertung ausgewählter Bilanzpositionen

2.2.4.3.2.1 Aufwendungen für die Ingangsetzung und Erweiterung des Geschäftsbetriebs

Kosten, die beim Aufbau der Innen- und Außenorganisation des Unternehmens im Zusammenhang mit der Gründung entstehen, sowie die Kosten von Betriebserweiterungen und -umstellungen können nach § 269 HGB als sog. **Bilanzierungshilfe** aktiviert werden. Der Ausweis der Position »Aufwendungen für die Ingangsetzung und Erweiterung des Geschäftsbetriebs« hat vor dem Anlagevermögen zu erfolgen und muß im Anhang erläutert werden.

Da es sich bei den Aufwendungen für die Ingangsetzung und Erweiterung des Geschäftsbetriebs nicht um Vermögensgegenstände handelt, stellt das Aktivierungswahlrecht lediglich eine Billigkeitsmaßnahme des Gesetzgebers dar. Damit soll vermieden werden, daß die oftmals sehr hohen Ingangsetzungs- und Erweiterungskosten zum Ausweis einer Position »Nicht durch Eigenkapital gedeckter Fehlbetrag« führt. Um zu verhindern, daß infolge der Bilanzierungshilfe ein Betrag in Höhe der aktivierten Kosten ausgeschüttet werden kann, dürfen bei Inanspruchnahme der Bilanzierungshilfe Gewinne nur ausgeschüttet werden, wenn die verbleibenden Gewinnrücklagen zuzüglich eines Gewinnvortrages bzw. abzüglich eines Verlustvortrages mindestens dem aktivierten Betrag entsprechen.

Die aktivierten Aufwendungen der Ingangsetzung und Erweiterung des Geschäftsbetriebs müssen in den folgenden Jahren jährlich zu mindestens 25% abgeschrieben werden (§ 282 HGB). Damit wird erreicht, daß die Ingangsetzungs- und Erweiterungskosten über einen Zeitraum von maximal fünf Jahren verteilt werden und nicht das Jahresergebnis einer einzigen Periode durch die Aufwendungen in voller Höhe belastet wird.

Aktiva **Gliederung**

A. Anlagevermögen:
   I. Immaterielle Vermögensgegenstände:
      1. Konzessionen, gewerbliche Schutzrechte und ähnliche Rechte und Werte sowie Lizenzen an solchen Rechten und Werten;
      2. Geschäfts- oder Firmenwert;
      3. geleistete Anzahlungen;
   II. Sachanlagen:
      1. Grundstücke, grundstücksgleiche Rechte und Bauten einschließlich der Bauten auf fremden Grundstücken;
      2. technische Anlagen und Maschinen;
      3. andere Anlagen, Betriebs- und Geschäftsausstattung;
      4. geleistete Anzahlungen und Anlagen im Bau;
   III. Finanzanlagen:
      1. Anteile an verbundenen Unternehmen;
      2. Ausleihungen an verbundene Unternehmen;
      3. Beteiligungen;
      4. Ausleihungen an Unternehmen, mit denen ein Beteiligungsverhältnis besteht;
      5. Wertpapiere des Anlagevermögens;
      6. sonstige Ausleihungen.
B. Umlaufvermögen:
   I. Vorräte:
      1. Roh-, Hilfs- und Betriebsstoffe;
      2. unfertige Erzeugnisse, unfertige Leistungen;
      3. fertige Erzeugnisse und Waren;
      4. geleistete Anzahlungen;
   II. Forderungen und sonstige Vermögensgegenstände:
      1. Forderungen aus Lieferungen und Leistungen;
      2. Forderungen gegen verbundene Unternehmen;
      3. Forderungen gegen Unternehmen, mit denen ein Beteiligungsverhältnis besteht;
      4. sonstige Vermögensgegenstände;
   III. Wertpapiere:
      1. Anteile an verbundenen Unternehmen;
      2. eigene Anteile;
      3. sonstige Wertpapiere;
   IV. Schecks, Kassenbestand, Bundesbank- und Postgiroguthaben, Guthaben bei Kreditinstituten.
C. Rechnungsabgrenzungsposten.

der Bilanz

Passiva

A. Eigenkapital:
  I. Gezeichnetes Kapital;
  II. Kapitalrücklage;
  III. Gewinnrücklagen:
    1. gesetzliche Rücklage;
    2. Rücklage für eigene Anteile;
    3. satzungsmäßige Rücklagen;
    4. andere Gewinnrücklagen;
  IV. Gewinnvortrag/Verlustvortrag;
  V. Jahresüberschuß/Jahresfehlbetrag.
B. Rückstellungen:
  1. Rückstellungen für Pensionen und ähnliche Verpflichtungen;
  2. Steuerrückstellungen;
  3. sonstige Rückstellungen.
C. Verbindlichkeiten:
  1. Anleihen, davon konvertibel;
  2. Verbindlichkeiten gegenüber Kreditinstituten;
  3. erhaltene Anzahlungen auf Bestellungen;
  4. Verbindlichkeiten aus Lieferungen und Leistungen;
  5. Verbindlichkeiten aus der Annahme gezogener Wechsel und der Ausstellung eigener Wechsel;
  6. Verbindlichkeiten gegenüber verbundenen Unternehmen;
  7. Verbindlichkeiten gegenüber Unternehmen, mit denen ein Beteiligungsverhältnis besteht;
  8. sonstige Verbindlichkeiten,
    davon aus Steuern,
    davon im Rahmen der sozialen Sicherheit.
D. Rechnungsabgrenzungsposten.

2.2.4.3.2.2 Anlagevermögen

Nach § 247 Abs. 2 HGB sind dem **Anlagevermögen** alle die Gegenstände zuzuordnen, die am Abschlußstichtag bestimmt sind, **dauernd** dem Geschäftsbetrieb der Gesellschaft zu dienen; dazu gehören sowohl Sachanlagen und immaterielle Anlagewerte als auch Finanzanlagen.

Für den Bilanzausweis gilt grundsätzlich die Vorschrift des § 252 Abs. 1 Nr. 3 HGB, nach dem der Unternehmer den Wert der **einzelnen** Vermögensgegenstände anzugeben hat (**Prinzip der Einzelbewertung**).

Eine Ausnahme stellen Kollektive beweglicher Anlagegegenstände dar, die die Voraussetzungen des § 240 Abs. 3 HGB erfüllen und mit einem **Festwert** angesetzt werden können (vgl. hierzu S. 262f.). Nicht bilanziert werden müssen **geringwertige Wirtschaftsgüter**, die selbständig nutzungsfähig sind und deren Anschaffungs- bzw. Herstellungskosten 800 DM (ohne Mehrwertsteuer) nicht übersteigen; sie können im Jahr der Anschaffung oder Herstellung voll als Aufwand verrechnet werden (§ 6 Abs. 2 EStG).

Nach § 266 Abs. 2 HGB ist das Anlagevermögen in drei Hauptpositionen untergliedert: Immaterielle Vermögensgegenstände, Sachanlagen und Finanzanlagen. Bei den **immateriellen Vermögensgegenständen** handelt es sich um nicht in Sachen verkörperte, jedoch selbständig bewertbare betriebliche Vorteile. Das Gesetz schreibt eine Aktivierung von Konzessionen, gewerblichen Schutzrechten und ähnlichen Rechten sowie Lizenzen an solchen Rechten und Werten, vor, sofern diese immateriellen Vermögensgegenstände entgeltlich erworben wurden (§ 266 Abs. 2 i. V. m. § 248 Abs. 2 und § 246 Abs. 1 HGB). Demzufolge muß beispielsweise das von einem Dritten erworbene Patent aktiviert werden, während ein selbsterstelltes Patent nicht aktiviert werden darf. Ein Aktivierungswahlrecht besteht für einen entgeltlich erworbenen **Geschäfts- oder Firmenwert**, d. h. den Unterschiedsbetrag zwischen der für die Übernahme eines Unternehmens entrichteten Gegenleistung und dem Reinvermögen des Unternehmens im Übernahmezeitpunkt (§ 255 Abs. 4 HGB). Obwohl es sich beim **derivativen** Firmenwert nach allgemeiner Ansicht nicht um einen Vermögensgegenstand, sondern um eine Bilanzierungshilfe handelt, ist der Firmenwert unter den immateriellen Vermögensgegenständen auszuweisen. Für einen selbstgeschaffenen (**originären**) Firmenwert besteht dagegen aus Objektivierungsgründen ein Aktivierungsverbot. Ein aktivierter Firmenwert muß in den folgenden Jahren zu jeweils mindestens 25% abgeschrieben werden, er kann aber auch planmäßig über die voraussichtliche Nutzungsdauer verteilt werden; die betriebsgewöhnliche Nutzungsdauer beträgt gemäß § 7 Abs. 1 EStG 15 Jahre.

Für die Bewertung des Anlagevermögens von Bedeutung ist die Unterteilung in **nicht abnutzbares** Anlagevermögen (z. B. Grundstücke, soweit nicht substanzgenutzt, Anlagen im Bau, Beteiligungen), das mit den Anschaffungs- bzw. Herstellungskosten anzusetzen ist (§ 253 Abs. 1 Satz 1 HGB), und in **abnutzbares** Anlagevermögen (z. B. Gebäude, Maschinen, immaterielle Anlagewerte), dessen Nutzung zeitlich begrenzt ist. Abnutzbare Anlagegüter stehen über einen längeren Zeitraum (Nutzungsdauer) hinweg zur Durchführung der Leistungserstellung zur Verfügung, wobei sie das in ihnen vorrätige Nutzungspotential allmählich abgeben.

> Über **Abschreibungen** wird die periodische, technisch (z. B. durch Verschleiß), wirtschaftlich (z. B. durch Nachfrageverschiebungen) oder zeitlich (z. B. infolge Konzessionsablauf) bedingte Wertminderung von Anlagegütern als Aufwand erfaßt.

Es werden planmäßige und außerplanmäßige Abschreibungen unterschieden:

(1) **Planmäßige Abschreibungen** sind nach § 253 Abs. 2 HGB bei den Gegenständen des abnutzbaren Anlagevermögens vorzunehmen; sie finden im Steuerrecht ihr Äquivalent in den Absetzungen für Abnutzung (AfA) nach § 7 Abs. 1 Satz 1 EStG.

> Der Begriff **planmäßige Abschreibung** stellt auf die Verwendung eines Abschreibungsplans ab, der die Anschaffungs- oder Herstellungskosten nach einer den GoB entsprechenden Abschreibungsmethode auf die Geschäftsjahre verteilt, in denen der Gegenstand voraussichtlich genutzt werden kann.

Der **Abschreibungplan** muß Angaben enthalten über
– die zu verteilenden Anschaffungs- oder Herstellungskosten,
– einen nach Außerbetriebsetzung evtl. noch erzielbaren Restverkaufserlös,
– die voraussichtliche Nutzungsdauer des Gegenstandes und
– die gewählte Abschreibungsmethode.

Die Bedeutung des Abschreibungsplanes und der daraus resultierenden Abschreibungsbeträge liegt darin, daß die periodischen Abschreibungen einen wesentlichen Teil des Gesamtaufwandes einer Periode ausmachen und daher durch zu hohe oder zu niedrige Abschreibungsverrechnungen die **Höhe des Periodenerfolgs** entscheidend beeinflußt werden kann. Um derartige Manipulationen weitgehend auszuschalten, wurden vor allem für steuerliche Zwecke Vorschriften erlassen, die die voraussichtliche Nutzungsdauer eines Anlagegegenstandes festlegen und über die Zulässigkeit verschiedener Abschreibungsverfahren befinden. Für die in der Steuerbilanz zulässige Nutzungsdauer hat die Finanzverwaltung Tabellenwerke (sog. **AfA-Tabellen**) entwickelt, in denen die »betriebsgewöhnliche Nutzungsdauer von Anlagegütern« aufgrund von Erfahrungswerten und Schätzungen festgelegt ist. Eine Abweichung von der in den AfA-Tabellen vorgesehenen Nutzungsdauer ist nur in begründeten Ausnahmefällen möglich. Über das umgekehrte Maßgeblichkeitsprinzip der Steuerbilanz für die Handelsbilanz werden die AfA-Tabellen auch handelsrechtlich relevant.

(2) Treten Wertminderungen auf, die bei Aufstellung des Abschreibungsplans nicht vorhersehbar waren, besteht die Möglichkeit, **außerplanmäßige Abschreibungen** vorzunehmen.

Außerplanmäßige Abschreibungen erfassen außergewöhnliche, über die planmäßige Abschreibung hinausgehende Wertminderungen infolge technischer (z. B. durch Unfall), wirtschaftlicher (z. B. infolge Nachfragerückgang) oder marktmäßiger (z. B. Sinken der Wiederbeschaffungskosten) Ursachen.

Erscheint die Wertminderung von Dauer, so ist die Vornahme von außerplanmäßigen Abschreibungen zwingend (**strenges Niederstwertprinzip** nach § 253 Abs. 2 HGB); ist sie lediglich vorübergehend, so besteht grundsätzlich ein Wahlrecht bezüglich der Abschreibungsvornahme (**gemildertes Niederstwertprinzip** nach § 253 Abs. 2 HGB). Für Kapitalgesellschaften wird dieses Wahlrecht allerdings auf Finanzanlagen beschränkt (§ 279 Abs. 1 Satz 2 HGB). Nach Durchführung einer außerplanmäßigen Abschreibung ist ein neuer Abschreibungsplan aufzustellen, der den verbleibenden Buchwert auf die restliche Nutzungsdauer verteilt. Das nach § 253 Abs. 5 HGB gewährte **Beibehaltungswahlrecht** bei späterem Wegfall der Abwertungsgründe schließt prinzipiell ein **Wertaufholungsrecht** bis zur Obergrenze der (fortgeschriebenen) Anschaffungs- bzw. Herstellungskosten durch Vornahme von Zuschreibungen ein.

Entsprechend dem Abschreibungsverbot bei vorübergehenden Wertminderungen gilt für Kapitalgesellschaften ein **Wertaufholungsgebot,** wenn die Gründe für eine außerplanmäßige Abschreibung nachträglich wegfallen (§ 280 Abs. 1 HGB). Dieses Zuschreibungsgebot wird allerdings durch § 280 Abs. 2 HGB relativiert, wonach die Wertaufholung unterbleiben kann, wenn der niedrigere Wertansatz steuerlich beibehalten werden darf und Voraussetzung für die Beibehaltung ist, daß der niedrigere Wertansatz auch in der Handelsbilanz angesetzt wird. Dies sind insbesondere die Fälle, für die das Steuerrecht einen **eingeschränkten Wertzusammenhang** postuliert (§ 6 Abs. 1 Ziff. 2 EStG). Allerdings gestattet das Steuerrecht auch für Wirtschaftsgüter, die dem **uneingeschränkten Wertzusammenhang** unterliegen dann eine Zuschreibung, wenn die vorausgegangene außerplanmäßige Abschreibung nicht wirtschaftlich, sondern vielmehr sozial- oder wirtschaftspolitisch begründet war (z. B. Sonderabschreibungen zur Zonenrandförderung; § 6, Abs. 3 EStG), so daß auch hier die Ausnahmeregelung des § 280 Abs. 2 HGB Anwendung findet.

Der **Grundsatz des uneingeschränkten Wertzusammenhangs** für abnutzbare Wirtschaftsgüter des Anlagevermögens im Steuerrecht (§ 6 Abs. 1 Ziff. 1 EStG) läßt eine Durchbrechung des materiellen Kontinuitätsgrundsatzes mit Ausnahme der Fälle in § 6 Abs. 3 EStG also nicht zu. Außerplanmäßige Abschreibungen finden im Steuerrecht Berücksichtigung in den Absetzungen für außergewöhnliche technische und wirtschaftliche Abnutzung (AfaA; § 7 Abs. 1 Satz 4 EStG), deren Inanspruchnahme allerdings nur bei linearer und leistungsorientierter Absetzung zulässig ist, und in den sog. Teilwertabschreibungen (§ 6 Abs. 1 EStG), die dann vorzunehmen sind, wenn der Teilwert niedriger ist als der Buchwert nach Vornahme der AfA. Hinzu kommen steuerliche Sonderabschreibungen, die über das umgekehrte Maßgeblichkeitsprinzip auch für die Handelsbilanz Relevanz erhalten.

Folgende **Verfahren der planmäßigen Abschreibung** sind zu unterscheiden (vgl. Abb. 3.2.14):

– Lineare Abschreibung
– Degressive Abschreibung
– Progressive Abschreibung
– Leistungsabschreibung

(a) **Lineare** Abschreibung (Abschreibung in gleichbleibenden Jahresbeträgen): Die Anschaffungs- bzw. Herstellungskosten werden gleichmäßig über die Nutzungsdauer als Aufwand verrechnet; Abschreibungssatz und Abschreibungsbetrag bleiben jährlich konstant.

Das Verfahren ist handels- und steuerrechtlich für alle abnutzbaren Wirtschaftsgüter des Anlagevermögens zulässig und als Normalfall der Abschreibung zu betrachten.

Abschrei-bungsver-fahren	Zeitabhängige		
	linear	degressiv	
		geometrisch-degressiv	arithmetisch-degressiv
Abschrei-bungsbetrag	gleichbleibend	in geometrischer Reihe fallend	in arithmetischer Reihe fallend
Abschrei-bungsbasis	Anschaffungs- bzw. Herstel-lungskosten	Restbuchwert	Anschaffungs- bzw. Herstellungs-kosten
Formeln zur Ermittlung des: Abschrei-bungsbetrags	$a_t = \dfrac{R_o - R_n}{n}$	$a_t = q \cdot R_{t-1}$	arithm.-degr.: $a_t = \dfrac{R_o - R_n}{n} + \dfrac{(n-1)}{2} \cdot D$ $a_t = a_{t-1} - D$, $t = 2, \ldots, n$. digital: $a_t = n \cdot D$ $a_t = a_{t-1} - D$, $t = 2, \ldots, n$. **oder:** $a_t = (R_o - R_n) q_t$, $t = 1, \ldots, n$.
Abschrei-bungssatzes in %	$q = \dfrac{1}{n} \cdot 100$	$q = 100 \left(1 - \sqrt[n]{\dfrac{R_n}{R_o}}\right)$	$q_t = \dfrac{b_t}{\dfrac{n(n+1)}{2}} \cdot 100$ $t = 1, \ldots, n$.
Degres-sionsbe-trags			$D = \dfrac{R_n - R_o + a_1 \cdot n}{\dfrac{n(n+1)}{2} - n}$ $D = \dfrac{R_o - R_n}{\dfrac{n(n+1)}{2}}$ $D = a_n = R_{n-1}$
Zulässigkeit 1. Steuer-recht	§ 7 Abs. 1 EStG Zulässig für alle abnutzbaren Wirtschaftsgüter des Anlagever-mögens.	§ 7 Abs. 2 EStG Zulässig nur für bewegliche abnutzbare Wirt-schaftsgüter des Anlagevermö-gens. **Bedingungen:** 1.) $q^{degr} \leq 3 \cdot q^{lin}$ 2.) $q \leq 30\%$	nicht zulässig
2. Handels-recht	Abschreibungsverfahren sind zulässig, sofern sie		
Graphische Darstellung des Ab-schrei-bungsver-laufs			

Abb. 3.2.14: Übersicht der Abschreibungsverfahren

Abkürzungen:

- a_t = Abschreibungsbetrag im Jahr t
- b_t = Verbleibende Nutzungsdauer vom Jahresanfang gerechnet
- Bw = Buchwert
- D = Degressionsbetrag
- i = Staffelindex
- L_t = Leistung bzw. Inanspruchnahme im Jahr t
- n = Nutzungsdauer in Jahren

Zeitabhängige			Nach Leistung und Inanspruchnahme
degressiv	progressiv		
in fallenden Staffelsätzen	geometrisch-progressiv	arithmetisch-progressiv	
in Staffeln (zeitlichen Abschnitten) fallend	in geometrischer Reihe steigend	in arithmetischer Reihe steigend	variabel
Anschaffungs- bzw. Herstellungskosten	Restbuchwert	Anschaffungs- bzw. Herstellungskosten	Anschaffungs- bzw. Herstellungskosten
$a_t = (R_o - R_n) \, q_{it}$, $i = 1, \ldots, z$; $t = 1, \ldots, n.$	Ermittlung analog der geometrisch-degressiven Methode. Der Abschreibungsverlauf wird nur umgedreht.	Ermittlung analog der arithmetisch-degressiven Methode. Der Abschreibungsverlauf wird nur umgedreht.	$a_t = (R_o - R_n) \, \dfrac{L_t}{\sum\limits_{t=1}^{n} L_t}$ $t = 1, \ldots, n.$
Der Abschreibungssatz q_{it} wird bei der Gebäude-AfA in § 7 Abs. 5 EStG vorgegeben.			
§ 7 Abs. 5 EStG Sonderregelung für Absetzungen bei Gebäuden. **Bedingung:** Bauherr oder Erwerb im Jahr der Fertigstellung.	Im Einkommensteuergesetz wird die progressive Abschreibung nicht erwähnt. Sie ist nur möglich, wenn der Verlauf der Leistung entspricht.		§ 7 Abs. 1 Satz 4 EStG Zulässig nur für bewegliche abnutzbare Wirtschaftsgüter des Anlagevermögens. **Bedingungen:** 1. Das Verfahren muß wirtschaftlich begründet sein. 2. Der Umfang der Leistung muß nachgewiesen werden.
den Grundsätzen ordnungsmäßiger Buchführung entsprechen.			

q = Abschreibungssatz
R_o = Anschaffungs- bzw. Herstellungskosten
R_{t-1} = Restbuchwert vom letzten Periodenende
R_n = Restbuchwert am Ende der Nutzungsdauer bzw. Schrottwert
t = Periodenindex
z = Anzahl der Staffeln

> (b) **Degressive** Abschreibung (Abschreibung in fallenden Jahresbeträgen): In den ersten Nutzungsjahren eines Anlagegegenstandes werden höhere Aufwandsbeträge verrechnet als in späteren Jahren.

Obwohl bestimmte Formen degressiver Abschreibung nicht vorgeschrieben sind, wird zwischen der geometrisch-degressiven und der arithmetisch-degressiven Vorgehensweise unterschieden.

Beim **geometrisch-degressiven** Verfahren wird der jährliche Abschreibungsbetrag durch Anwendung eines festen Prozentsatzes (Abschreibungssatz) auf den letzten Restbuchwert errechnet (Restwert-, Buchwertabschreibung). Das Verfahren ist handelsrechtlich zulässig, soweit nicht gegen GoB verstoßen wird; steuerrechtlich ist es anwendbar nur für **bewegliche** abnutzbare Wirtschaftsgüter des Anlagevermögens unter folgenden, gegenwärtig geltenden **Bedingungen** (§ 7 Abs. 2 EStG):

– Der Abschreibungssatz darf das 3-fache des bei linearer Abschreibung in Betracht kommenden Satzes (laut AfA-Tabelle) nicht übersteigen.

– Unabhängig davon darf der Abschreibungssatz nicht mehr als 30% betragen.

Beim **arithmetisch-degressiven** Verfahren vermindern sich die jährlichen Abschreibungsbeträge jeweils um den gleichen Betrag. Wird dabei auf einen Restbuchwert von Null am Ende der Nutzungsdauer abgeschrieben, spricht man von **digitaler** Abschreibung. Das arithmetisch-degressive Verfahren kann handelsrechtlich angewandt werden, sofern kein Verstoß gegen die GoB vorliegt; steuerrechtlich ist dieses Abschreibungsverfahren dagegen ab Veranlagungszeitraum 1985 nicht mehr zulässig.

Neben der geometrisch- und der arithmetisch-degressiven gehört auch die **Abschreibung in fallenden Staffelsätzen** zu den degressiven Abschreibungsverfahren. Bei ihr werden – ähnlich der arithmetisch-degressiven Methode – feste Abschreibungssätze vorgegeben, die mit steigender Nutzungsdauer in bestimmten Intervallen degressiv fallen. So beträgt z. B. der Abschreibungssatz gem. § 7 Abs. 5 EStG 5 v. H. in den ersten acht, 2,5 v. H. in den darauffolgenden sechs und 1,25 v. H. in den restlichen 36 Jahren der Nutzungsdauer. Sofern das Gebäude zum Betriebsvermögen gehört und nicht Wohnzwecken dient, gelten die doppelten Abschreibungssätze bei halbem Abschreibungszeitraum.

Ein Wechsel zwischen den zulässigen degressiven Absetzungsmethoden ist steuerlich nicht statthaft. Zulässig ist jedoch der **Übergang** von einer degressiven auf die lineare Absetzungsmethode. Die Abschreibungsbeträge bemessen sich dann nach dem noch vorhandenen Restwert und der Restnutzungsdauer des Wirtschaftsguts (§ 7 Abs. 3 EStG).

An steuerliche Höchstsätze ist die degressive Abschreibung in der Handelsbilanz nicht gebunden: Methodenwahl, Methodenwechsel und Methodenkombination unterliegen weitgehender handelsrechtlicher Ermessensfreiheit; den Zulässigkeitsrahmen dafür geben allerdings die GoB vor.

> (c) **Progressive** Abschreibung (Abschreibung mit zunehmenden Jahresbeträgen): Zu Beginn der Nutzung einer Anlage wird weniger Aufwand verrechnet als am Ende der Nutzungsdauer.

Analog der degressiven Methode kann auch sie als **geometrisch-** oder **arithmetisch-progressives** Verfahren konzipiert sein; es gelten deshalb dieselben Berechnungsansätze, jedoch mit steigendem Verlauf der periodischen Abschreibungsbeträge. Soweit nicht gegen GoB verstoßen wird, ist die progressive Abschreibung handelsrechtlich zulässig; sie ist im Steuerrecht nicht explizit vorgesehen und nur bei nutzungskonformem Verlauf anwendbar.

> (d) **Leistungsabschreibung** (Abschreibung nach Leistung und Inanspruchnahme): Im Gegensatz zu den bisher behandelten zeitabhängigen Abschreibungsmethoden berechnet dieses Verfahren leistungsabhängige Abschreibungsquoten vom Ausgangswert und kommt dadurch dem tatsächlichen technischen Wertminderungsverlauf am nächsten.

Die Abschreibung nach der Leistung ist in der Handelsbilanz zulässig, soweit nicht gegen GoB verstoßen wird. In der Steuerbilanz trifft dies unter zwei Bedingungen (§ 7 Abs. 1 EStG i. V. m. Abschn. 43 Abs. 5 EStR) und nur für **bewegliche,** abnutzbare Wirtschaftsgüter des Anlagevermögens zu:

- Die Leistungsabschreibung ist wirtschaftlich begründet (z. B. bei erheblichen Schwankungen in der Leistungsabgabe).
- Der jährliche Umfang der Leistungsabgabe muß nachweisbar sein (z. B. durch Kilometerzähler, Fahrtenschreiber oder Zählwerk).

Über die Leistungsabschreibung kann es damit auch zur Verrechnung progressiver Abschreibungsbeträge in der Steuerbilanz kommen, wenn die tatsächliche Inanspruchnahme im Zeitablauf zunimmt und in ihrer Höhe nachweisbar ist.

2.2.4.3.2.3 Umlaufvermögen

> Dem **Umlaufvermögen** sind alle Vermögensteile zuzurechnen, die eine relativ kurzfristige Bindungsdauer aufweisen und die – negativ abgegrenzt – weder dem Anlagevermögen noch den Rechnungsabgrenzungsposten zugehörig sind.

Das **Umlaufvermögen** wird im Gesetz durch die Bilanzgliederung des § 266 Abs. 2 HGB **enumerativ** bestimmt: Dazu gehören insbesondere die **Vorräte** (Roh-, Hilfs- und Betriebsstoffe, fertige und unfertige Erzeugnisse sowie Waren) und das **monetäre** Umlaufvermögen (Forderungen, Zahlungsmittel und Wertpapiere). Während das monetäre Umlaufvermögen weitgehend auf marktmäßig objektivierten Zahlungsvorgängen beruht und daher zur Ermittlung der Wertansätze lediglich eine nominalwertorientierte Zählung erforderlich ist, verbleiben bei der Bewertung von Vorräten zahlreiche bilanzpolitische Aktionsräume, wenn die marktseitige Objektivierung fehlt (z. B. bei fertigen und unfertigen Erzeugnissen).

Ausgangspunkt der **Bilanzierung und Bewertung im Vorratsvermögen** sind die Anschaffungs- bzw. Herstellungskosten (§ 253 Abs. 1 Satz 1 HGB). Werden diese vom Börsen- oder Marktpreis oder vom beizulegenden Wert am Abschlußstichtag unterschritten, so ist der niedrigste dieser drei Wertansätze für die Bilanzierung heranzuziehen (**strenges Niederstwertprinzip** nach § 253 Abs. 3 HGB).

Beispiel: Niederstwertprinzip und verlustfreie Bewertung

Das Vorratsvermögen der Y-AG setzt sich am Jahresende zusammen aus

– 100 Einheiten Rohstoffe zum Anschaffungspreis von 1000 DM/Einheit
– 50 Einheiten Halbfabrikate zu bisherigen Herstellungskosten von 6000 DM/Einheit.

Auf dem Beschaffungsmarkt werden die Rohstoffe mit 900 DM/Einheit gehandelt. Die Halbfabrikate sind nicht absetzbar.

Während die Rohstoffe entsprechend dem Niederstwertprinzip mit 90 000 DM bilanziert werden, muß bei den Halbfabrikaten, da für sie kein Marktpreis existiert, der beizulegende Wert nach dem **Prinzip der verlustfreien Bewertung** durch Abschläge vom Marktpreis der Fertigerzeugnisse ermittelt werden:

Verkaufserlös der Fertigfabrikate	8000 DM/E
./. Materialkosten bis zur Fertigstellung	1000 DM/E
./. Lohnkosten bis zur Fertigstellung	700 DM/E
./. Verpackungs-, Vertriebskosten	500 DM/E
./. Verwaltungskosten bis zur Fertigstellung	100 DM/E
Wertansatz bei verlustfreier Bewertung	5700 DM/E

Die Halbfabrikate sind daher nur mit einem Wert von 285 000 DM anzusetzen.

Darüber hinaus besteht ein **Abwertungswahlrecht** bezüglich des Ansatzes eines im Hinblick auf zukünftige Wertschwankungen ermäßigten Wertes oder des für steuerliche Zwecke zulässigen Wertes (niedrigerer Teilwert) nach §§ 253 Abs. 3, 254 HGB. Ein unter den Anschaffungs- oder Herstellungskosten liegender Wert darf von Nicht-Kapitalgesellschaften beibehalten werden, auch wenn seine Gründe nicht mehr bestehen (§ 253 Abs. 5 HGB); dieses **Beibehaltungswahlrecht** schließt ein **Aufwertungswahlrecht** bis zur Obergrenze der (fortgeschriebenen) Anschaffungs- bzw. Herstellungskosten ein. Da im Steuerrecht bei der Bewertung des Umlaufvermögens der Grundsatz des **eingeschränkten Wertzusammenhangs** gilt, ist die dadurch bewirkte Durchbrechung der Bilanzkontinuität – im Gegensatz zum abnutzbaren Anlagevermögen – auch steuerlich sanktioniert (§ 6 Abs. 1 Ziff. 2 EStG). Für Kapitalgesellschaften besteht dagegen ein **Wertaufholungsgebot** (§ 280 Abs. 1 HGB), sofern die Gründe für die Abschreibung nicht mehr bestehen. Dieses Zuschreibungsgebot wird jedoch durch § 280 Abs. 2 HGB relativiert, wonach der niedrigere Wertansatz beibehalten werden darf, wenn dies Voraussetzung für die steuerliche Beibehaltung ist.

Grundsätzlich gilt auch für Gegenstände des Vorratsvermögens das **Prinzip der Einzelbewertung** des § 252 Abs. 1 Nr. 3 HGB, so daß einzelne Mengen eines bestimmten Bestandes des Vorratsvermögens, denen verschiedene Anschaffungs- bzw. Herstellungskosten oder sonstige Werte zugemessen werden, getrennt auszuweisen sind. Aus Gründen der Vereinfachung und Wirtschaftlichkeit bei der Bestandsaufnahme (Inventur) und der Verbrauchsermittlung (Aufwand) gestatten

§ 240 Abs. 3 und 4 HGB und § 256 HGB jedoch vom Prinzip der Einzelbewertung abweichende **Vereinfachungen**. Diese bestehen darin, daß Gütergruppen gebildet werden können, die summarisch statt einzeln bewertet werden, so daß zugrunde liegende Gütermengen geschätzt oder Verbrauchsfolgeunterstellungen statt einer genauen Aufzeichnung über den Abgang von Vorratsgütern vorgenommen werden dürfen. Voraussetzung ist, daß die betreffenden Güter **gleichartig** sind und in etwa die **gleiche Preislage** haben. In allen Fällen ist allerdings ein nach diesen Verfahren bestimmter Wertansatz nur zulässig, soweit er nicht gegen das **strenge Niederstwertprinzip** verstößt. Es sind Gruppen-, Fest- und Sammelbewertung zu unterscheiden:

> (1) **Gruppenbewertung:** Soweit es den Grundsätzen ordnungsmäßiger Buchführung entspricht, können nach § 240 Abs. 4 HGB bewegliche Vermögensgegenstände zum Zwecke der Bewertung zu einer Gruppe zusammengefaßt und mit dem gewogenen Durchschnittswert angesetzt werden, wenn sie
> – annähernd gleichwertig oder
> – gleichartig sind.
> Für das Vorratsvermögen ist ausschließlich die Gleichartigkeit maßgebliches Kriterium.

Annähernd **gleichwertig** sind Vermögensgegenstände, wenn ihre Preise nicht wesentlich voneinander abweichen. Bei geringem Einzelwert kann eine Abweichung von maximal 20% des höchsten vom niedrigsten Wert als nicht wesentlich angesehen werden; mit steigendem Einzelwert vermindert sich diese Spanne. Dabei ist als ergänzendes Kriterium eine Artverwandtschaft, z. B. Zugehörigkeit zu einem bestimmten Sortiment, heranzuziehen. Sind bei **gleichartigen** Gegenständen unterschiedliche Werte vorhanden, so ist ein gewogener Durchschnittswert zu bilden. Die steuerliche Zulässigkeit der Gruppenbewertung ergibt sich aus Abschn. 36 Abs. 4 EStR.

> (2) **Festbewertung:** Nach § 240 Abs. 3 HGB können Roh-, Hilfs- und Betriebsstoffe des Vorratsvermögens mit einer gleichbleibenden Menge und mit einem gleichbleibenden Wert angesetzt werden, wenn ihr Bestand in seiner Größe, seinem Wert und seiner Zusammensetzung nur geringen Veränderungen unterliegt, soweit damit keine Grundsätze ordnungsmäßiger Buchführung verletzt werden.

Dieser gleichbleibende Wert, auch **Festwert** genannt, ist in der Regel **alle drei Jahre** durch Inventur zu überprüfen. Für die dem Festwert zugrunde liegende Gütermenge wird unterstellt, daß sich Verbrauch und Neuzugänge mengen- und wertmäßig in etwa entsprechen. Aus letzterem folgt, daß der Ansatz eines Festwertes nicht dem Ausgleich von Preisschwankungen dienen darf, sondern lediglich der Vereinfachung und Wirtschaftlichkeit der Vorratsbewertung. Die Zugänge zum Festwert werden sofort als Aufwand verbucht. Ändert sich der Wert des Bestandes wesentlich, d. h. ist der tatsächliche Wert des zum Festwert zusammengefaßten Bestandes um mehr als 10% gestiegen, so ist eine Fortschreibung des Festwertes vorzunehmen. Die Zulässigkeit der Festbewertung für die Steuerbilanz ergibt sich aus Abschn. 36 Abs. 5 EStR.

---

(3) **Sammelbewertung:** Für die Bewertung des Materialverbrauchs und Materialbestands können Durchschnittswerte ermittelt oder bestimmte Annahmen über Verbrauchsfolgen unterstellt werden.

Gemäß § 256 HGB kommen dabei folgende **Verfahren der Sammelbewertung** in Frage:

– Durchschnittsmethode
– Fifo-Methode ⎫ Verbrauchsfolgeunterstellungen bezüglich der
– Lifo-Methode ⎭ zeitlichen Reihenfolge der Anschaffung

– Hifo-Methode ⎫ Verbrauchsfolgeunterstellungen bezüglich der
– Lofo-Methode ⎭ Höhe der Anschaffungskosten

(a) Bei der **Durchschnittsmethode** werden durchschnittliche Anschaffungskosten als gewogenes arithmetisches Mittel aus allen Zugängen und dem Anfangsbestand einer Materialart errechnet.

Dabei müssen die zugrunde liegenden Vorräte im wesentlichen gleichartig sein und ungefähr die gleiche Preislage haben. Sowohl zur Bewertung des Verbrauchs als auch des Endbestands für den Bilanzausweis werden dann die so ermittelten durchschnittlichen Anschaffungskosten herangezogen. Das Verfahren ist sowohl steuerlich als auch handelsrechtlich zulässig und in der Praxis am weitesten verbreitet.

Beispiel: Gewogene Durchschnittsmethode

Ermittlung des Durchschnittspreises:
Anfangsbestand	100 Einheiten à DM 10.—	= DM 1000.—
Zugang	40 Einheiten à DM 9.—	= DM 360.—
Zugang	90 Einheiten à DM 11.—	= DM 990.—
Durchschnittswert	230 Einheiten à DM 10.22	= DM 2350.—

Bewertung des Verbrauchs und des Endbestandes:
Verbrauch	130 Einheiten à DM 10.22	= DM 1328.—
Endbestand	100 Einheiten à DM 10.22	= DM 1022.—

Diese Bewertungsmethode läßt sich verfeinern, indem statt des **gewogenen** ein **gleitender** Durchschnittspreis errechnet und demgemäß der Wertansatz der einzelnen Verbräuche nach dem jeweils zuletzt errechneten Durchschnittspreis ermittelt wird.

Bei den **Verbrauchsfolgeunterstellungen** kann davon ausgegangen werden, daß sie handelsrechtlich zulässig sind, soweit sie den GoB entsprechen, d.h. soweit die unterstellte Verbrauchsfolge nicht in krassem Widerspruch zur Realität steht oder aus technischen Gründen von vornherein nicht in Frage kommt (z.B. Bewertung von leicht verderblichen Waren nach der Lifo-Methode). Die steuerliche Zulässigkeit ist nur dann gegeben, wenn die fingierte Verbrauchsfolge dem tatsächlichen Verbrauch entspricht.

> (b) Die **Fifo-Methode** (first in – first out) unterstellt, daß die zeitlich zuerst beschafften Waren oder Bestände als erste verbraucht oder verkauft werden.

Somit wird der Verbrauch mit den Anschaffungskosten des Anfangsbestands und der ersten Lieferungen, der Endbestand mit dem Preis der letzten Lieferungen bewertet.

> (c) Die **Lifo-Methode** (last in – first out) unterstellt, daß die zeitlich zuletzt beschafften Waren oder Bestände als erste verbraucht oder verkauft werden.

Abrechnungstechnisch ist zwischen zwei Formen der Lifo-Methode zu differenzieren, dem permanenten Lifo und dem Perioden-Lifo. Während beim **permanenten Lifo-Verfahren** jeder Verbrauch unmittelbar erfaßt und mit dem Anschaffungspreis der letzten Lieferungen angesetzt wird, erfolgt die Verbrauchsfeststellung beim gebräuchlicheren **Perioden-Lifo** erst mit der Bewertung des verbliebenen Restbestandes am Ende des Geschäftsjahres.

> (d) Die **Hifo-Methode** (highest in – first out) unterstellt, daß die Güter mit den höchsten Anschaffungskosten zuerst verbraucht werden.

Daraus folgt, daß der Verbrauch mit den Anschaffungskosten der teuersten Lieferungen bewertet wird, der Endbestand mit denen der billigsten Lieferungen.

> (e) Die **Lofo-Methode** (lowest in – first out) unterstellt, daß die Güter mit den niedrigsten Anschaffungskosten zuerst verbraucht werden.

Den beiden zuletzt genannten Verfahren ist gemeinsam, daß sie ihrer spezifisch wertorientierten Verbrauchsfolgeunterstellung wegen ausschließlich bilanzpolitische bzw. gewinnmanipulatorische Bewertungsspielräume eröffnen; sie sind folglich steuerlich nicht anerkannt. Die Lofo-Methode widerspricht darüber hinaus dem Vorsichtsprinzip.

Beispiel: Verbrauchsfolgeunterstellungen bei unterschiedlicher Preisentwicklung

Ausgangsdaten: Anfangsbestand (AB) 3.000 kp Silberbarren
Zugänge (ZG) 55.000 kp Silberbarren
Endbestand (EB) 10.000 kp Silberbarren

Die Zugangszeitpunkte und die Anschaffungswerte sind der folgenden Tabelle zu entnehmen. Dabei wird bei Variante a eine **monoton steigende**, bei Variante b eine **monoton fallende** und bei Variante c eine **schwankende** Preistendenz unterstellt.

Die Wertansätze für die Bilanz und GuV sollen exemplarisch an der Perioden-Lifo-Methode unter Berücksichtigung der Variante a demonstriert werden. Der Wertansatz des Silberbarrenbestands ergibt sich, indem der Endbestand mit dem Preis der zuerst erworbenen Silberbarren (3.000 Silberbarren des Anfangsbestands à 640 DM zuzüglich 7.000 Silberbarren des ersten Zugangs à 650 DM) multipliziert wird.

Datum	Bestands- und Zugangsmengen in kp		Anschaffungswerte in DM/kp Silberbarren			Anschaffungswerte in Mio. DM		
			a	b	c	a	b	c
1. 1.	(AB)	3.000	640	640	640	1,92	1,92	1,92
5. 1.	(ZG)	17.000	650	630	660	11,05	10,71	11,22
3. 3.	(ZG)	10.000	660	620	650	6,60	6,20	6,50
5. 6.	(ZG)	8.000	670	610	610	5,36	4,88	4,88
4. 9.	(ZG)	20.000	680	600	620	13,60	12,00	12,40
31. 12.	(EB)	10.000						
			Summe der Anschaffungswerte			38,53	35,71	36,92

Der Verbrauch bestimmt sich dann aus der Differenz zwischen der Summe der Anschaffungswerte und dem Endbestandswert. Die Wertansätze für die Silberbarrenverbräuche und -bestände sind in der folgenden Tabelle zusammengestellt:

Bewertungsmethode		Bewertung des Silberbarren*bestandes* in Mio. DM			Bewertung des Silberbarren*verbrauchs* in Mio. DM		
		a	b	c	a	b	c
beschaffungszeitbestimmt	Lifo	6,47	6,33	6,54	32,06	29,38	30,38
	Fifo	6,80	6,00	6,20	31,73	29,71	30,72
beschaffungspreisbestimmt	Hifo	6,47	6,00	6,12	32,06	29,71	30,80
	Lofo	6,80	6,33	6,60	31,73	29,38	30,32

Die Tabelle verdeutlicht, daß die Hifo-Verbrauchsfolgeunterstellung immer zum niedrigsten Endwertansatz und zur höchsten Verbrauchsbewertung, die Lofo-Fiktion stets zum höchsten Endwertansatz und zur niedrigsten Verbrauchsbewertung führt. Diese Ergebnisse sind bei monoton steigenden oder fallenden Preisen aber auch durch die Anwendung der Lifo- bzw. Fifo-Methode zu erzielen. Nur für den Fall schwankender Preise stellen Hifo- und Lofo-Fiktion eigenständige Bewertungsmethoden dar. Die folgende Tabelle macht diese Zusammenhänge deutlich:

Wertansatz / Preisentwicklung	höchster Bestands-(Bilanz-)wert niedrigster Aufwand	niedrigster Bestands-(Bilanz-)wert höchster Aufwand
monoton steigend	Lofo = Fifo	Hifo = Lifo
monoton fallend	Lofo = Lifo	Hifo = Fifo
schwankend	Lofo	Hifo

Die weitgehend in das Ermessen des Bilanzierenden gestellte Möglichkeit, die Anschaffungskosten eines Vorratsbestands nach einem der vorstehenden, vom Grundsatz der Einzelbewertung abweichenden Verfahren zu bestimmen, wird begrenzt durch die Geltung des **strengen Niederstwertprinzips** beim Umlaufvermögen: In allen Fällen eines niedrigeren Markt- oder Börsenpreises am Bilanzstichtag ist dieser niedrigere Wert anzusetzen.

2.2.4.3.2.4 Eigenkapital

> Die der Unternehmung von ihren Eigentümern bzw. Anteilseignern ohne zeitliche Begrenzung zur Verfügung gestellten finanziellen Mittel werden bilanziell als **Eigenkapital** ausgewiesen.

Das Eigenkapital (im Steuerrecht **Reinvermögen** genannt) ergibt sich dabei rechnerisch als Differenz von Gesamtvermögen (positive Wirtschaftsgüter) und Gesamtschulden (negative Wirtschaftsgüter).

Während Einzelfirmen und Personengesellschaften ein **variables** Eigenkapitalkonto führen (Gewinn und Verlust werden direkt dem Eigenkapitalkonto zugewiesen), besitzen Kapitalgesellschaften ein nominell fest vorgegebenes (**konstantes**) Kapitalkonto, das bei der GmbH als Stammkapital, bei der AG als Grundkapital bezeichnet wird. Das **Grundkapital** einer AG entspricht dabei der Summe aller ausgegebenen Aktien-Nennbeträge; das **Stammkapital** einer GmbH ergibt sich als Summe aller ausbedungenen Gesellschaftereinlagen. Das Grundkapital bzw. das Stammkapital wird in der Bilanz als **Gezeichnetes Kapital** ausgewiesen; es kennzeichnet das Kapital, auf das die Haftung der Gesellschafter für die Verbindlichkeiten der Kapitalgesellschaft gegenüber den Gläubigern beschränkt ist (§ 272 Abs. 1 HGB).

Soweit das Grund- bzw. Stammkapital noch nicht voll eingezahlt ist, sind die entsprechenden fehlenden Beträge als »ausstehende Einlagen« auf der Aktivseite der Bilanz gesondert auszuweisen. Einbehaltene Gewinne (Gewinnthesaurierungen) werden im Fall konstanter Kapitalkonten nicht dem Grund- bzw. Stammkapital, sondern den **Gewinnrücklagen** oder dem **Gewinnvortrag** zugewiesen (im einzelnen vgl. S. 268 f.). Unter Berücksichtigung der Sonderposten mit Rücklageanteil (vgl. S. 272 f.) ergibt sich das **bilanziell ausgewiesene Eigenkapital** einer Kapitalgesellschaft daher als:

    Gezeichnetes Kapital
+ Kapitalrücklage
+ Gewinnrücklagen
+ Teilbetrag der Sonderposten mit Rücklageanteil
+ Jahresüberschuß des Geschäftsjahres
(./. Jahresfehlbetrag des Geschäftsjahres)
+ Gewinnvortrag
(./. Verlustvortrag)

= bilanziell ausgewiesenes Eigenkapital

Addiert man zum bilanziell ausgewiesenen Eigenkapital die stillen Reserven (vgl. S. 271 ff.), so erhält man das **effektive Eigenkapital.**

2.2.4.3.2.5 Rücklagen

> Der Ausweis von Eigenkapital, das über das nominelle Haftungskapital hinausgeht, erfolgt bei Kapitalgesellschaften als **Kapitalrücklage** oder als **Gewinnrücklagen.**

Einbehaltene Gewinne (Gewinnthesaurierungen) und über die Nominalbeträge hinausgehende Kapitalzuführungen der Anteilseigner (z. B. Agio-Beträge bei Aktienemissionen) sind daher auf Rücklagekonten zu erfassen.

Im einzelnen sind im Rahmen des Eigenkapitalausweises bei Kapitalgesellschaften die folgenden Rücklagearten zu unterscheiden:

(1) Als **Kapitalrücklage** sind gemäß § 272 Abs. 2 HGB auszuweisen: Agio-Beträge, die bei der Ausgabe von Anteilen eingehen; der Betrag, der bei der Ausgabe von Wandel- und Optionsschuldverschreibungen für Wandlungsrechte und Optionsrechte zum Erwerb von Anteilen erzielt wird sowie Zuzahlungsbeträge durch die Ge-

sellschafter. Damit umfaßt die Kapitalrücklage alle Mittel, die der Gesellschaft über das gezeichnete Kapital hinaus **von außen** als Eigenkapital zugeführt wurden.

Die Kapitalrücklage darf nur zum Ausgleich eines Jahresfehlbetrages oder eines Verlustvortrages verwendet werden (§ 150 Abs. 3 AktG). Sofern die Kapitalrücklage zusammen mit der gesetzlichen Rücklage 10% des Grundkapitals übersteigt, kann sie auch zur Umwandlung in Grundkapital gegen Gewährung von Berichtigungsaktien (Kapitalerhöhung aus Gesellschaftsmitteln) Verwendung finden (§ 150 Abs. 4 Nr. 3 AktG). Dividendenausschüttungen aus der Kapitalrücklage sind aber grundsätlich nicht zulässig, so daß diese Rücklage zum gesetzlich fixierten Haftungskapital gehört (Ausschüttungssperre, vgl. Abschn. 2.2.2.3).

(2) Die **Gewinnrücklagen** bestehen aus der gesetzlichen Rücklage, der Rücklage für eigene Anteile, den satzungsmäßigen Rücklagen und den anderen Gewinnrücklagen. Die Gewinnrücklagen werden alle aus dem versteuerten Jahresüberschuß gebildet, so daß sie das durch **Innenfinanzierung** erwirtschaftete Kapital darstellen.

(a) In die **gesetzliche Rücklage** sind 5% des um einen Verlustvortrag geminderten Jahresüberschusses einzustellen, bis die gesetzliche Rücklage und die Kapitalrücklage zusammen 10% des Grundkapitals erreicht haben (§ 150 Abs. 2 AktG).

Wie die Kapitalrücklage darf die gesetzliche Rücklage nur zum Ausgleich eines Jahresfehlbetrages oder eines Verlustvortrages verwendet werden und für den Fall, daß sie mit der Kapitalrücklage zusammen 10% des Grundkapitals übersteigt, zu einer Kapitalerhöhung aus Gesellschaftsmitteln herangezogen werden (§ 150 Abs. 3 und 4 AktG). Die gesetzliche Rücklage bildet damit ebenfalls einen Bestandteil des gesetzlich fixierten Haftungskapitals (vgl. Abschn. 2.2.2.3).

(b) Die **Rücklage für eigene Anteile** ist in Höhe des Betrages zu bilden, der den auf der Aktivseite der Bilanz gesondert ausgewiesenen eigenen Anteilen entspricht (§ 272 Abs. 4 Satz 1 HGB). Diese Rücklage darf nur vermindert bzw. aufgelöst werden, wenn die eigenen Anteile entweder ausgegeben, veräußert oder eingezogen werden oder wenn Abschreibungen auf diese Anteile vorgenommen werden. Mit dieser Ausschüttungssperre trägt der Gesetzgeber der Tatsache Rechnung, daß die eigenen Anteile kein gläubigerschützendes Vermögen darstellen und damit Beträge in dieser Höhe nicht ausgeschüttet werden können, ohne den Gläubigerschutz zu gefährden.

(c) Die Bildung und Verwendung **satzungsmäßiger Rücklagen** muß zwingend durch die jeweilige Satzung der Gesellschaft vorgeschrieben sein (z. B. Verwendung bestimmter Teile des Gewinnes für soziale Zwecke).

Die Satzung kann allerdings auch vorsehen, daß über die Bestimmungen des Gesetzes hinaus Beträge in die gesetzliche Rücklage einzustellen sind (§ 150 Abs. 2 AktG); deren Auflösung richtet sich dementsprechend nach den Vorschriften für die gesetzliche Rücklage.

(d) Die **anderen Gewinnrücklagen** werden in erster Linie durch Vorstand und Aufsichtsrat gebildet, der maximal 50% des Jahresüberschusses (eventuell vermindert um einen Verlustvortrag und die Zuführung zur gesetzlichen Rücklage) in diese Rücklagenart einstellen kann (§ 58 Abs. 2 AktG). Ferner können Vorstand und Aufsichtsrat den Eigenkapitalanteil von Wertaufholungen bei Vermögensgegenständen und von aufgrund der Steuerbilanz gebildeter Passivposten, die nicht im Sonderposten mit Rücklageanteil ausgewiesen werden, den anderen Gewinnrücklagen zuweisen (§ 58 Abs. 2a AktG; § 29 Abs. 4 GmbHG). Die Anteilseigner können darüber hinaus beim Beschluß über die Gewinnverwendung (Ausschüttungsentscheidung) weitere Beträge den anderen Gewinnrücklagen zuführen oder als Gewinn vortragen (§ 58 Abs. 3 AktG, § 29 Abs. 2 GmbHG; vgl. zu dieser Kompetenzregelung Abschn. 2.2.2.3).

Die anderen Gewinnrücklagen sind noch vor der gesetzlichen Rücklage und der Kapitalrücklage zum Ausgleich eines Jahresfehlbetrages bzw. Verlustvortrages heranzuziehen (§ 150 Abs. 3 AktG). Sie können des weiteren – im Gegensatz zur Kapitalrücklage und zur gesetzlichen Rücklage – auch für Ausschüttungszwecke verwendet werden.

Gewinnrücklagen sind grundsätzlich aus dem nach Abzug von Einkommen-, Körperschaft- und Gewerbeertragsteuer verbleibenden Gewinn zu bilden, d. h. Gewinne, die zur Bildung von Gewinnrücklagen verwendet werden, sind **steuerpflichtig**. Eine Ausnahme davon bilden die sog. **steuerfreien Rücklagen,** die aufgrund steuerrechtlicher Vorschriften aus unversteuertem Gewinn gebildet werden können (vgl. S. 272 f.).

Von den in der Bilanz ausgewiesenen Rücklagen sind die, ebenfalls zum Eigenkapital der Unternehmung gehörenden, in der Bilanz jedoch nicht ausgewiesenen stillen Rücklagen zu unterscheiden:

> **Stille Rücklagen** werden durch Unterbewertung von Aktiva bzw. durch Überbewertung von Passiva gebildet und sind daher aus der Bilanz nicht ersichtlich.

Im einzelnen können stille Rücklagen unabhängig von der jeweiligen Rechtsform durch folgende bilanzielle Maßnahmen gebildet werden:

(1) **Unterbewertung von Vermögensgegenständen;** z. B. Verrechnung zu hoher Abschreibungsbeträge, Anwendung spezifischer Bewertungsverfahren wie Lifo-, Fifo- oder Hifo-Methode, Ansatz zu geringer Herstellungskosten von Halb- oder Fertigfabrikaten durch Nichtaktivierung von Gemeinkosten.

(2) **Unterlassen von Zuschreibungen;** z. B. Beibehaltung eines niedrigeren Wertansatzes, auch wenn seine Gründe nicht mehr bestehen.

(3) **Nichtaktivierung von Vermögensgegenständen;** z. B. Sofortabschreibung geringwertiger Wirtschaftsgüter gemäß § 6 Abs. 2 EStG.

(4) **Überbewertung von Verbindlichkeiten;** z. B. überhöhter Ansatz von Rückstellungen.

Im Gegensatz zu den Kapital- und Gewinnrücklagen, die nur durch eine bewußte Entscheidung der Unternehmensleitung aufgelöst werden können, **lösen sich stille Rücklagen** durch den Unternehmensprozeß i. d. R. **automatisch auf,** wenn z. B. unterbewertete Vermögensgegenstände verkauft, abnutzbare Wirtschaftsgüter abgeschrieben oder überbewertete Rückstellungen mit tatsächlich eingetretenem Aufwand verrechnet werden. Stille Rücklagen sind daher effektive Eigenkapitalteile mit lediglich temporärem Charakter. Infolge der Tatsache, daß die Bewertung in vielen Fällen ein subjektgebundener Prozeß der Wertzumessung bzw. Schätzung ist (z. B. Ermittlung der Wertminderung, Berechnung von Rückstellungen), kann auch die Höhe der stillen Rücklage nur durch Schätzung festgestellt werden. Die »richtige« Höhe stiller Rücklagen könnte nur dann exakt festgestellt werden, wenn es einen »richtigen«, ermessensfreien Bewertungsmaßstab gäbe.

Entsprechend dem Verhältnis zu den bei der Bewertung zugrunde liegenden gesetzlichen Vorschriften lassen sich vier verschiedene **Arten stiller Rücklagen** unterscheiden:

(1) **Zwangsrücklagen** sind die automatische Folge einer zwingenden Beachtung gesetzlicher Bewertungsvorschriften, z. B. Ansatz von Anschaffungs- oder Herstellungskosten auch bei gestiegenen Wiederbeschaffungskosten.

(2) **Schätzungsrücklagen** entstehen i. d. R. zwangsläufig, wenn der Wert eines Vermögens- oder Schuldpostens nur im Wege der Schätzung festgestellt werden kann; z. B. Bemessung von Abschreibungen oder Rückstellungen.

(3) **Ermessensrücklagen** liegen dann vor, wenn der Bilanzierende von zwei oder mehreren zulässigen Wertansätzen den niedrigeren wählt; z. B. Ermittlung der Herstellungskosten oder Vorratsbewertung.

(4) **Willkürrücklagen** entstehen durch bewußte, bilanzpolitisch motivierte Entscheidungen bzw. absichtliche Fehlschätzungen; z. B. willkürliche Unterschreitung des bekannten bzw. durch Schätzung ermittelten Wertes eines Wirtschaftsgutes.

Grundsätzlich verhindert die Bildung stiller Rücklagen durch Unterbewertung von Aktiva und/oder Überbewertung von Passiva bzw. Erhöhung des Periodenaufwands und/oder Verminderung des Periodenertrags den möglichst sicheren Einblick in die Vermögens-, Finanz- und Ertragslage gemäß § 264 Abs. 2 HGB und verstößt damit gegen die GoB. Im Sinne des Gläubigerschutzes sind aber zum Zwecke der **Objektivierung** der Rechnungslegung bestimmte Zwangsrücklagen notwendig (Realisationsprinzip) bzw. spezifische Schätzungsrücklagen zwangsläufig mit jeder Bewertung verbunden. Darüber hinaus sind stille Ermessensrücklagen ein wichtiges Instrument der **Steuerpolitik,** die es ermöglichen, bestimmte unternehmerische Entscheidungen im Hinblick auf spezifische wirtschafts-, konjunktur- und sozialpolitische Zielsetzungen zu beeinflussen (z. B. Sonderabschreibungen gemäß § 7b, d und e EStG). Die Bildung stiller Rücklagen ist daher, sofern sie nicht zum Zweck bewußter Gewinnmanipulation und gezielter Fehlinformation erfolgt, sowohl in der Handels- wie auch in der Steuerbilanz durchaus zulässig.

2.2.4.3.2.6 Sonderposten mit Rücklageanteil

Rücklagen sind grundsätzlich der rechtsformabhängigen Eigenkapitalbilanzierung zuzurechnen; sie werden deshalb aus versteuerten Gewinnen gebildet (vgl. S. 268 ff.). Eine Ausnahme dazu bilden die **steuerfreien Rücklagen** (Sonderposten mit Rücklageanteil, § 247 Abs. 3 HGB), die eine ertragsteuerlich abzugsfähige Rücklagenzuführung mit gewinnmindernder Wirkung ermöglichen, um steuerliche Härten oder wirtschaftspolitisch unerwünschte Ergebnisse zu vermeiden. Ein Sonderposten mit Rücklageanteil darf von Kapitalgesellschaften allerdings nur gebildet werden, wenn die steuerliche Anerkennung des Wertansatzes von einem Ausweis in der Handelsbilanz abhängig ist (§ 273 HGB). Das bedeutet, daß beispielsweise die Preissteigerungsrücklage nicht in die Sonderposten mit Rücklageanteil aufgenommen werden darf, da nach §74 EStDV die Umkehrung der Maßgeblichkeit der Handelsbilanz für die Steuerbilanz für deren Bildung nicht Voraussetzung ist.

Die steuersparende Wirkung dieser Form der Rücklagenbildung ist lediglich temporär, da entweder durch Fristablauf oder durch reduzierte Aufwandsverrechnung in den Folgeperioden die Rücklagenauflösung gewinnerhöhend und damit steuerwirksam erfolgen wird. Sonderposten mit Rücklageanteil stellen insofern einen Mischposten aus Eigen- und Fremdkapital mit Steuerstundungseffekt dar.

Da für die steuerliche Anerkennung der Sonderposten mit Rücklageanteil nicht immer ein entsprechender Ansatz in der Handelsbilanz gefordert wird (z.B. Preissteigerungsrücklage), ist in dieser mit einer Rückstellung in Höhe der voraussichtlichen zukünftigen Ertragsteuerbelastung (latente Steuer, vgl. S. 280f.) Rechnung zu tragen.

Abb. 3.2.15 stellt die wichtigsten Arten steuerfreier Rücklagen zusammenfassend dar (S. 274f.).

Darüber hinaus haben die Sonderposten mit Rücklageanteil durch das Bilanzrichtlinien-Gesetz eine Erweiterung erfahren: Beruhen Abschreibungen lediglich auf steuerlichen Sondervorschriften, so brauchen diese nicht direkt vom Vermögensgegenstand abgesetzt, sondern können als **Wertberichtigung** den Sonderposten mit Rücklageanteil zugeführt werden (§ 281 HGB).

2.2.4.3.2.7 Verbindlichkeiten

> Nach § 253 Abs. 1 Satz 2 HGB sind **Verbindlichkeiten** mit ihrem **Rückzahlungsbetrag, Rentenverpflichtungen** mit ihrem **Barwert** anzusetzen.

Der Rückzahlungsbetrag ist im allgemeinen der Betrag, auf den die Verbindlichkeit lautet (Nennbetrag). Insbesondere bei Darlehen und Anleihen können jedoch Differenzen zwischen **Verfügungsbetrag** (= tatsächlich zufließender Betrag) und Rückzahlungsbetrag in Form eines

Art der steuerfreien Rücklage	Begünstigte Wirtschaftsgüter	Besondere Voraussetzungen für die Bildung	Höhe der Einstellung in die steuerfreie Rücklage	Dauer der Begünstigung und Höhe ihrer Auflösung
Rücklage für Preissteigerungen (§ 74 EStDV)	Roh-, Hilfs- und Betriebsstoffe, halbfertige und fertige Erzeugnisse sowie Waren, sofern die Wirtschaftsgüter vertretbar, d. h. nach Zahl, Maß oder Gewicht bestimmbar sind (§ 74 Abs. 1 EStDV)	Börsen- oder Marktpreis der betreffenden Güter muß innerhalb eines Wirtschaftsjahres um mehr als 10 v. H. gestiegen sein; die steuerliche Gewinnermittlung muß nach § 5 EStG erfolgen (§ 74 Abs. 1 EStDV))	$R = B \cdot \frac{WP_2 - 1{,}1 \cdot WP_1}{WP_2}$ (§ 74 Abs. 2 EStDV)	Gesamte Rücklage muß spätestens am Ende des sechsten Jahres nach der Bildung aufgelöst werden; die Finanzverwaltung kann u. U. auch eine frühere Auflösung verlangen (§ 74 Abs. 5 EStDV)
Rücklage für Ersatzbeschaffung (Abschn. 35 EStR)	Wirtschaftsgüter des Anlage- und Umlaufvermögens	Zwangsweises Ausscheiden des Wirtschaftsgutes infolge höherer Gewalt oder behördlicher Eingriffe gegen Entschädigung sowie Ersatzbeschaffung eines funktionsgleichen Wirtschaftsgutes innerhalb eines Jahres (zwei Jahre bei Immobilien); die steuerliche Gewinnermittlung kann nach § 4 Abs. 1 oder § 5 EStG erfolgen (Abschn. 35 Abs. 2–4 EStR)	R = Entgelt/Entschädigung – Buchwert (Abschn. 35 Abs. 5 EStR)	Gesamte Rücklage muß bei beweglichen Wirtschaftsgütern in einem Jahr, bei Grundstücken oder Gebäuden in zwei Jahren aufgelöst werden (Abschn. 35 Abs. 5 EStR)
Rücklage für Veräußerungsgewinne (§ 6b EStG)	Nur bestimmte Anlagegüter: Grund und Boden, Aufwuchs, abnutzbare bewegl. Wirtschaftsgüter mit einer betriebsgewöhnl. Nutzungsdauer (Restnutzungsdauer bei gebraucht erworbenen Wirtschaftsgütern) von mindestens 25 Jahren, Schiffe, Anteile an Kapitalgesellschaften, lebendes Inventar land- und forstwirtschaftlicher Betriebe (§ 6b, Abs. 1; Abschn. 41a, Abs. 1–7 EStR)	Wirtschaftsgüter müssen mindestens sechs Jahre zum Anlagevermögen einer inländischen Betriebsstätte gehört haben; Ausnahme: lebendes Inventar land- und forstwirtschaftlicher Betriebe; steuerliche Gewinnermittlung kann sowohl nach § 4 Abs. 1 als auch nach § 5 EStG erfolgen (§ 6b Abs. 4 EStG; Abschn. 41c EStR)	R = 0,8 · G Ausnahme: Grund und Boden oder Gebäude R = G G = Veräußerungspreis abzüglich Veräußerungskosten – Buchwert (§ 6b Abs. 1 Satz 1 Abs. 2 EStG)	Gesamte Rücklage muß nach zwei Jahren, bei neu hergestellten Gebäuden und Schiffen in vier Jahren aufgelöst werden (§ 6b Abs. 3 EStG)

Abb. 3.2.15: Unterscheidungsmerkmale steuerfreier Rücklagen

			R =	
Rücklage bei Überführung bestimmter Wirtschaftsgüter in ausländische Betriebe (§ 1 AuslInvG)	nur abnutzbare Güter des Anlagevermögens (§ 1 Abs. 1 AuslInvG)	Wirtschaftsgüter müssen einem inländischen Betrieb gehören; steuerliche Gewinnermittlung kann nach § 4 Abs. 1 oder § 5 EStG erfolgen (§ 1 Abs. 1 Satz 1 AuslInvG)	R = Höhe des durch die Überführung entstandenen Gewinns (§ 1 Abs. 1 Satz 1 AuslInvG)	Rücklage ist ab dem fünften Jahr jährlich mit mindestens einem Fünftel aufzulösen (§ 1 Abs. 1 Satz 2 AuslInvG)
Rücklage für Verluste ausländischer Tochtergesellschaften (§ 3 AuslInvG)	Beteiligung an einer ausländischen Kapitalgesellschaft mit Sitz und Geschäftsleitung im Ausland (§ 3 Abs. 1 AuslInvG)	Beteiligung muß mindestens 50 v. H. betragen; bei Gesellschaften mit Sitz in einem Entwicklungsland genügt eine Beteiligungshöhe von 25 v. H., der steuerliche Gewinn muß nach § 4 Abs. 1 oder § 5 EStG ermittelt werden (§ 3 Abs. 1 AuslInvG)	R = Höhe des auf die neuen Anteile entfallenden Verlustes der ausländischen Tochtergesellschaft abzüglich des Betrages, in dessen Höhe die Gesellschaft im Wirtschaftsjahr der Rücklagenbildung eine Teilwertabschreibung vornimmt, höchstens der Wert der neu erworbenen Anteile in der Steuerbilanz (§ 3 Abs. 1 AuslInvG)	Gesamte Rücklage ist spätestens am Ende des fünften Jahres nach der Bildung, in den in § 3 Abs. 3 Nr. 1–4 AuslInvG aufgeführten Fällen schon vorher oder teilweise aufzulösen (§ 3 Abs. 3 AuslInvG)
Rücklage für Zuschüsse aus öffentlichen Mitteln (Abschn. 34 Abs. 3 EStR)	nur Wirtschaftsgüter des Anlagevermögens (Abschn. 34 Abs. 3 EStR)	für das Anlagegut muß ein Zuschuß gewährt werden, der erfolgsneutral behandelt wird; das Wirtschaftsgut muß ganz oder teilweise im folgenden Wirtschaftsjahr angeschafft oder hergestellt werden; der steuerliche Gewinn ist nach § 4 Abs. 1 oder § 5 EStG zu ermitteln (Abschn. 34 Abs. 3 EStR)	R = Höhe der noch nicht verwendeten Zuschußbeträge (Abschn. 34 Abs. 3 EStR)	Gesamte Rücklage ist im Jahr der Anschaffung oder Herstellung auf das Anlagegut zu übertragen (Abschn. 34 Abs. 3 EStR)

B = Schlußbilanzansatz der betreffenden Güter
G = Gewinn i. S. v. § 6b Abs. 2 EStG
R = Höhe der steuerfreien Rücklage
WP_2 = Wiederbeschaffungspreis am Schluß der laufenden Periode
$1,1 \cdot WP_1$ = Wiederbeschaffungspreis am Schluß der vorangegangenen Periode einschließlich eines Selb

Damnums oder Disagios auftreten. Ein solcher Differenzbetrag kann gemäß § 250 Abs. 3 HGB in der Handelsbilanz als Posten der Rechnungsabgrenzung aktiviert oder sofort als Aufwand verbucht werden. Im Falle der Aktivierung ist der Betrag gesondert auszuweisen und durch planmäßige Abschreibungen bis zum Ende der Laufzeit zu tilgen (§ 250 Abs. 3 Satz 2 HGB).

Das Steuerrecht fordert in § 6 Abs. 1 Ziff. 3 EStG die sinngemäße Anwendung der Vorschriften über die Bewertung des nicht abnutzbaren Anlagevermögens und des Umlaufvermögens. Danach sind Verbindlichkeiten mindestens mit ihren »Anschaffungskosten«, d. h. dem Nennwert (Rückzahlungsbetrag) anzusetzen; ein eventueller Differenzbetrag zwischen Verfügungsbetrag und Rückzahlungsbetrag ist als Rechnungsabgrenzungsposten zu aktivieren und über die Laufzeit abzuschreiben. Bei Schulden in ausländischer Währung (Valutaverbindlichkeiten) kann bzw. muß (Gewinnermittlung nach § 5 EStG) die Schuld mit ihrem höheren Teilwert für den Fall angesetzt werden, daß der Kurs der Auslandswährung gestiegen ist.

2.2.4.3.2.8 Rückstellungen

> **Rückstellungen** dienen der Erfassung eines am Bilanzstichtag nicht exakt bestimmbaren Aufwands, der dem Grunde nach bekannt und verursachungsgerecht der abgelaufenen Periode zuzurechnen ist, dessen Fälligkeit und/oder betragsmäßige Höhe jedoch noch nicht abschließend festliegt, also der Schätzung bedarf.

Rückstellungen setzen somit eine **bestehende** rechtliche Verpflichtung gegenüber einem Dritten voraus und unterscheiden sich insofern von Eventualverbindlichkeiten. Da die Bildung von Rückstellungen **erfolgswirksam** geschieht, wird der Gewinnausweis unmittelbar beeinflußt. Der Ansatz von Rückstellungen ist deshalb auf wenige, rechtlich geregelte Fälle beschränkt; die Höhe des Betrages ist **nach vernünftiger kaufmännischer Beurteilung** (§ 253 Abs. 1 Satz 2 HGB) zu bestimmen.

Das HGB unterscheidet zwischen Rückstellungen, für die eine Passivierungspflicht und solche, für die ein Passivierungswahlrecht besteht (§ 249 Abs. 1 und 2 HGB). **Passivierungspflichtig** sind Rückstellungen für **ungewisse Verbindlichkeiten** (Prozeßrisiko, Tantiemezusagen, Provisionen, abzugsfähige Steuern, Pensionszusagen). Die Passivierungspflicht leitet sich aus dem Grundsatz der Vollständigkeit ab, da bei diesen Rückstellungen der Verbindlichkeitscharakter überwiegt. Daneben erfordert das Imparitätsprinzip, daß **drohenden Verlusten aus schwebenden Geschäften** durch Bildung einer Rückstellung Rechnung getragen wird. Die Passivierungspflicht für Rückstellungen mit Schuldcharakter gilt gleichermaßen im Bilanzsteuerrecht.

Die Eigenschaft der **Pensionsrückstellungen** als ungewisse Verbindlichkeit hat mit Inkrafttreten des Bilanzrichtlinien-Gesetzes dazu geführt, daß Verpflichtungen aus Pensionsverträgen nach § 249 Abs. 1 HGB künftig für alle Kaufleute **rückstellungspflichtig** sind. Das gilt gemäß der Übergangsvorschriften zum Bilanzrichtlinien-Gesetz für alle nach dem 31. 12. 1986 erteilten Pensionszusagen. Für Verpflichtungen aus davor geschlossenen Versorgungsverträgen sowie für mittelbare Zusagen besteht auch weiterhin das bisher praktizierte Passivierungswahlrecht. Die Wahlmöglichkeit erstreckt sich auch auf nachträgliche Erhöhungs- bzw. Anpassungsbeträge dieser Altverträge (z. B. aufgrund des Gesetzes zur Verbesserung der betrieblichen Altersversorgung gemäß § 16 BetrAVG); sie bezieht sich ausschließlich auf die Zuführung, nicht jedoch auf die Auflösung von Pensionsrückstellungen. Die steuerbilanzielle Behandlung der Pensionsrückstellungen ist weiterhin durch das Passivierungswahlrecht bestimmt (§ 6a EStG).

Bei Rückstellungen für Aufwendungen für unterlassene Instandhaltung und Abraumbeseitigung fehlt der Verpflichtungstatbestand gegenüber Dritten; es besteht nur eine Verpflichtung gegen sich selbst (sog. **Aufwandsrückstellungen**). Wegen der Umkehrung des Maßgeblichkeitsprinzips der Handelsbilanz für die Steuerbilanz sieht der Gesetzgeber in § 249 Abs. 1 Satz 2 Nr. 1 HGB für unterlassene Instandhaltungen eine Passivierungspflicht vor, wenn die Nachholung innerhalb der ersten drei Monate des neuen Geschäftsjahres vorgenommen wird; für Abraumbeseitigungen besteht eine Passivierungspflicht, sofern sie im folgenden Geschäftsjahr nachgeholt werden. Für unterlassene Instandhaltungen, deren Nachholung zwar im neuen Geschäftsjahr, jedoch erst nach Ablauf von drei Monaten erfolgt, ergibt sich nach § 249 Abs. 1 Satz 3 HGB ein Passivierungswahlrecht.

Andere Aufwandsrückstellungen läßt das Gesetz in § 249 Abs. 2 HGB nur zu, wenn es sich um ihrer Eigenart nach genau umschriebene, dem Geschäftsjahr oder einem früheren Geschäftsjahr zuzuordnende Aufwendungen handelt, die am Abschlußstichtag wahrscheinlich oder sicher, aber hinsichtlich ihrer Höhe oder des Zeitpunktes ihre Eintritts unbestimmt sind. In der Steuerbilanz dürfen die Aufwandsrückstellungen des § 249 Abs. 2 HGB nicht angesetzt werden.

Eine Passivierungspflicht enthält § 249 Abs. 1 Satz 2 Nr. 2 HGB für Gewährleistungen, die nicht auf einer rechtlichen Verpflichtung beruhen. Es handelt sich um **Kulanzleistungen,** für die nach bisherigem Recht zwar ein Passivierungswahlrecht bestand (§ 152 Abs. 7 Nr. 2 AktG a. F.), eine Bilanzierungspflicht aber angenommen wurde, sofern sich der Bilanzierende den Leistungen wirtschaftlich nicht entziehen konnte.

Werden Rückstellungen in Anspruch genommen, erfolgt ihre Ausbuchung erfolgsneutral; entfällt dagegen die Ursache, die zur Rückstellungsbildung geführt hat, so sind die entsprechenden Beträge erfolgswirksam über die Gewinn- und Verlustrechnung aufzulösen.

2.2.4.3.2.9 Rechnungsabgrenzungsposten

> **Rechnungsabgrenzungsposten** sind ein rechentechnisches Instrument zur periodengerechten Erfolgsermittlung. Sie sind regelmäßig dann zu bilden, wenn am Abschlußstichtag **zeitliche Diskrepanzen** zwischen Ausgaben und Aufwendungen bzw. Einnahmen und Erträgen vorliegen.

Rechnungsabgrenzungsposten lassen sich danach unterscheiden, ob die Erfolgswirksamkeit von Ausgaben bzw. Einnahmen in spätere Perioden hineinreicht oder ob in späteren Perioden anfallende Ausgaben bzw. Einnahmen erfolgsmäßig der Abrechnungsperiode zuzurechnen sind. Dementsprechend handelt es sich um **transitorische** (Zahlungsvorgang vor Erfolgswirkung) oder um **antizipative** (Zahlungsvorgang nach Erfolgswirkung) Rechnungsabgrenzungsposten (vgl. Abb. 3.2.16).

Gemäß § 250 HGB dürfen allerdings grundsätzlich nur transitorische Rechnungsabgrenzungsposten in der Bilanz ausgewiesen werden. Antizipative Vorgänge sind dagegen als Sonstige Forderungen bzw. Sonstige Verbindlichkeiten zu bilanzieren, da sie den Charakter noch nicht fälliger Forderungen bzw. Verbindlichkeiten besitzen. Eine Ausnahme vom Verbot der Bilanzierung antizipativer Positionen stellt § 250 Abs. 1 Nr. 1 und 2 HGB dar, der die Bildung von Rechnungsabgrenzungsposten zuläßt für als Aufwand berücksichtigte Zölle und Verbrauchsteuern, soweit sie auf am Abschlußstichtag auszuweisende Vermögensgegenstände des Vorratsvermögens entfallen und für als Aufwand berücksichtigte Umsatzsteuer auf am Abschlußstichtag auszuweisende oder von den Vorräten offen abgesetzte Anzahlungen.

	Aktive Abgrenzung (Gewinnerhöhung in der abzurechnenden Periode)	Passive Abgrenzung (Gewinnminderung in der abzurechnenden Periode)
transitorisch, d. h. der Zahlungsvorgang liegt **vor** dem Abschlußzeitpunkt (Beleg alte Periode)	Ausgabe vor dem Abschlußzeitpunkt, Aufwand nach dem Abschlußzeitpunkt. Beispiel: **im voraus bezahlte** Versicherungsprämien. Bilanzposten: Aktiver Rechungsabgrenzungsposten (Transitorisches Aktivum)	Einnahme vor dem Abschlußzeitpunkt, Ertrag nach dem Abschlußzeitpunkt. Beispiel: **vorschüssig erhaltene** Lizenzgebühren. Bilanzposten: Passiver Rechnungsabgrenzungsposten (Transitorisches Passivum)
antizipativ, d. h. der Zahlungsvorgang liegt **nach** dem Abschlußzeitpunkt (Beleg neue Periode)	Einnahme nach dem Abschlußzeitpunkt, Ertrag vor dem Abschlußzeitpunkt. Beispiel: **noch zu erhaltende** Miete. Bilanzposten: Sonstige Vermögensgegenstände (Antizipatives Aktivum)	Ausgabe nach dem Abschlußzeitpunkt, Aufwand vor dem Abschlußzeitpunkt. Beispiel: **nachschüssig zu zahlende** Zinsen. Bilanzposten: Sonstige Verbindlichkeiten (Antizipatives Passivum)

Abb. 3.2.16: Unterscheidungsmerkmale der Rechnungsabgrenzungsposten

Für Rechnungsabgrenzungsposten besteht nach dem Grundsatz der Vollständigkeit Bilanzierungspflicht (Ausnahme: Disagio gemäß § 250 Abs. 3 HGB). Rechnungsabgrenzungsposten dürfen jedoch nur gebildet werden, wenn es sich um Ausgaben bzw. Einnahmen handelt, deren Erfolgswirksamkeit sich auf eine bestimmte Zeit nach dem Abschlußstichtag erstreckt. Typische Beispiele transitorischer Rechnungsabgrenzungsposten sind deshalb Vorauszahlungen von Miete, Pacht, Versicherungsprämien, Zinsen, Honoraren, Löhnen und Gehältern sowie Provisionen.

Ebenfalls unter die (aktiven) Rechnungsabgrenzungsposten können Disagiobeträge aufgenommen werden, für die gemäß § 250 Abs. 3 HGB ein Aktivierungswahlrecht besteht. Das **Disagio,** d. h. ein Unterschiedsbetrag zwischen Rückzahlungsbetrag und Ausgabebetrag einer Verbindlichkeit, muß im Falle einer Aktivierung planmäßig abgeschrieben werden und kann über die gesamte Laufzeit der Verbindlichkeit verteilt werden.

2.2.4.3.2.10 Latente Steuern

> Die Steuerabgrenzung durch **latente Steuern** nach § 274 HGB hat die Funktion, Differenzen zwischen dem Steueraufwand gemäß der Steuerbilanz und dem sich aufgrund des handelsbilanziellen Jahresergebnisses fiktiv ergebenden Steueraufwand auszugleichen. Damit soll eine Kongruenz zwischen dem handelsrechtlichen Jahresergebnis und dem in der Handelsbilanz ausgewiesenen Steueraufwand erreicht werden.

Ist der zu versteuernde Gewinn niedriger als der handelsrechtliche Gewinn, d. h. der Steueraufwand gemäß Steuerbilanz geringer als der nach der Handelsbilanz fiktiv zu zahlende Steueraufwand, so ist eine **Rückstellung für ungewisse Verbindlichkeiten** in Höhe des unterschiedlichen Steueraufwandes zu bilden. Liegt dagegen der zu versteuernde Gewinn nach der Steuerbilanz über dem handelsrechtlichen Gewinn, d. h. der zu zahlende Steueraufwand ist höher als der sich aufgrund des handelsbilanziellen Ergebnisses ergebende Steueraufwand, so darf die Differenz des Steueraufwandes als **Bilanzierungshilfe** aktiviert werden.

Die Bildung von aktiven und passiven latenten Steuern kommt allerdings nur in Frage, wenn sich der zu niedrige bzw. zu hohe Steueraufwand in den folgenden Geschäftsjahren voraussichtlich ausgleicht (sog. **timing differences**). Ein höherer Gewinn in der Handelsbilanz als in der Steuerbilanz muß in den Folgejahren einen geringeren Handelsbilanz- als Steuerbilanzgewinn nach sich ziehen und umgekehrt. Aufgrund des Maßgeblichkeitsprinzips der Handelsbilanz für die Steuerbilanz wird eine Steuerabgrenzung nur notwendig, wenn infolge spezieller steuerlicher Vorschriften der Maßgeblichkeitsgrundsatz durchbrochen wird oder die Maßgeblichkeit vom Steuerrecht ausdrücklich nicht verlangt wird. Beispiele, bei denen eine Steuerabgrenzung notwendig bzw. möglich wird, sind die Wertaufholung beim abnutzbaren Anlagevermögen (Wertaufholungsgebot für Kapitalgesellschaften in der Handelsbilanz und prinzipielles Wertaufholungsverbot im Steuerrecht), die Bildung einer Preissteigerungsrücklage (Bildung in der Steuerbilanz unabhängig von der Handelsbilanz) und steuerlich nicht zulässige Aufwandsrückstellungen.

Passive latente Steuern sind in der Bilanz oder im Anhang gesondert anzugeben. Aktive latente Steuern erfordern einen gesonderten Ausweis in der Bilanz und sind im Anhang zu erläutern. Fallen beide Steuerabgrenzungen gleichzeitig an, so verlangt das Gesetz – entgegen dem Bruttoprinzip – eine Saldierung. Darüber hinaus besteht für aktive latente Steuern insoweit eine Ausschüttungssperre, als Ausschüttungen nur vorgenommen werden dürfen, wenn die verbleibenden Gewinnrücklagen einschließlich des Gewinn- bzw. Verlustvortrags noch mindestens einen Betrag in Höhe der aktiven Steuerabgrenzung aufweisen; Grund für diese Regelung ist der Charakter der aktiven latenten Steuern als Bilanzierungshilfe.

Die Auflösung sowohl der Rückstellung bei passiven latenten Steuern als auch des Abgrenzungspostens bei aktiven latenten Steuern hat zu erfolgen, wenn in den Folgejahren die Steuerbelastung bzw. Steuerentlastung eintritt oder wenn mit ihr voraussichtlich nicht mehr zu rechnen ist.

Beispiel: Latente Steuern im Einzelabschluß

Kosten der Ingangsetzung und Erweiterung des Geschäftsbetriebs in Höhe von 4.000 DM werden in der Handelsbilanz aktiviert und in den Folgejahren zu jeweils 25% abgeschrieben, während sie in der Steuerbilanz im Jahr der Entstehung aufwandswirksam werden.

	t_1	t_2	t_3	t_4	t_5
Steuerbilanz					
Gewinn vor Steuern	10.000	10.000	10.000	10.000	10.000
− Erweiterungskosten	4.000	−	−	−	−
− Steuern (60%)	3.600	6.000	6.000	6.000	6.000
= Gewinn nach Steuern	2.400	4.000	4.000	4.000	4.000
Handelsbilanz					
vorläufiger Gewinn	10.000	10.000	10.000	10.000	10.000
− Abschreibung (Erweiterungskosten)	−	1.000	1.000	1.000	1.000
− Steuern (lt. Steuerbilanz)	3.600	6.000	6.000	6.000	6.000
= Gewinn vor latenten Steuern	6.400	3.000	3.000	3.000	3.000
− latenter Steueraufwand	2.400	−	−	−	−
+ Ertrag aus der Auflösung latenter Steuern	−	600	600	600	600
= Gewinn nach (latenten) Steuern	4.000	3.600	3.600	3.600	3.600

2.2.4.4 Die Gewinn- und Verlustrechnung (Erfolgsrechnung)

Die Gewinn- und Verlustrechnung (GuV) ermittelt wie die Bilanz durch Abschluß der Buchführung den Periodenerfolg des Unternehmens, wobei beide Rechnungszweige durch das doppische Prinzip der Buchhaltung miteinander verknüpft sind. Während sich der Erfolg in der Bilanz durch Gegenüberstellung der Reinvermögensbestände zweier aufeinanderfolgenden Bilanzstichtage ergibt, ermittelt die GuV diesen durch Saldierung von Aufwendungen und Erträgen einer Abrechnungsperiode. Die Erfolgsrechnung ergänzt daher die Bilanz, indem sie über den Einblick in die Vermögenslage und die rechnerische Ermittlung des Erfolgssaldos hinaus detaillierte Einblicke in die Zusammensetzung und die Quellen des Erfolgs erlaubt.

2.2.4.4.1 Formalaufbau der Erfolgsrechnung

Die GoB gelten wie für die Bilanz analog auch für die GuV (vgl. S. 239 ff.): Diese hat daher vor allem den Grundsätzen der Wahrheit und Übersichtlichkeit zu entsprechen, was durch eine ausführliche formale Gliederung der Aufwands- und Ertragspositionen erreicht werden kann. § 275 Abs. 1 HGB schreibt die Staffelform der Gewinn- und Verlustrechnung vor und ermöglicht deren Aufstellung nach dem **Gesamtkostenverfahren** (§ 275 Abs. 2 HGB) oder nach dem **Umsatzkostenverfahren** (§ 275 Abs. 3 HGB). Für große Kapitalgesellschaften stellen die auf S. 284 f. dargestellten Schemata die verbindliche **Mindestgliederung der Erfolgsrechnung** dar.

Aus dem Grundsatz der Klarheit und Übersichtlichkeit folgt für die Erfolgsrechnung zwingend, daß sämtliche Aufwendungen und Erträge unsaldiert einander gegenüberzustellen sind (**Bruttoprinzip**). Nur durch unsaldierten Ausweis aller GuV-Positionen kann gewährleistet werden, daß ein detaillierter Einblick in die Zusammensetzung des Erfolges möglich ist. Ebenfalls der Übersichtlichkeit und Aussagefähigkeit der GuV-Rechnung dient deren formaler Aufbau als **Staffelrechnung**, die gemäß § 275 Abs. 1 Satz 1 HGB für Kapitalgesellschaften verbindlich vorgeschrieben ist. Gegenüber der Kontoform besitzt diese Gliederung den Vorzug, daß die Bildung von Zwischensummen ermöglicht wird und damit eine aggregierte Interpretation der als Kennzahlen (z. B. Ergebnis der gewöhnlichen Geschäftstätigkeit; außerordentliches Ergebnis, Jahresüberschuß) fungierenden Positionen gewährleistet wird.

Da Produktion und Absatz einer Periode i. d. R. nicht synchron verlaufen, so daß Lagerbestände an Halb- und Fertigfabrikaten auf-

bzw. abgebaut werden, kann die Ermittlung des Betriebserfolges in der GuV grundsätzlich auf **zweifache Weise** erfolgen:

(1) Sämtliche Aufwendungen der Periode werden sämtlichen Erträgen der Periode (einschließlich der noch nicht abgesetzten Leistungen) gegenübergestellt (**Produktionsrechnung, Gesamtkostenverfahren**).

(2) Nur die zur Produktion der abgesetzten Leistungen notwendigen Aufwendungen werden den in der Periode erzielten Umsatzerlösen gegenübergestellt (**Umsatzrechnung, Umsatzkostenverfahren**).

Im Ergebnis (Jahresüberschuß/Jahresfehlbetrag) stimmen Gesamtkostenverfahren und Umsatzkostenverfahren stets dann überein, wenn Erzeugnisbestände und aktivierte Eigenleistungen keine unterschiedliche Bewertung erfahren.

2.2.4.4.2 Erläuterungen zu ausgewählten Positionen der Gewinn- und Verlustrechnung

2.2.4.4.2.1 Ergebnis der gewöhnlichen Geschäftstätigkeit und außerordentliches Ergebnis

Die auf der bisherigen Konzeption der Gewinn- und Verlustrechnung aufbauende, externe Jahresabschlußanalyse geht bei der Unterteilung der Aufwands- und Ertragsgrößen von den Kriterien der Nachhaltigkeit und der Betriebsbezogenheit aus. Demgemäß erfolgt die Differenzierung nach ordentlichen und außerordentlichen, sowie nach betrieblichen und betriebs(unternehmens-)fremden Ergebnisbestandteilen. Die nachstehende Übersicht zeigt diese Art der **Erfolgsspaltung**:

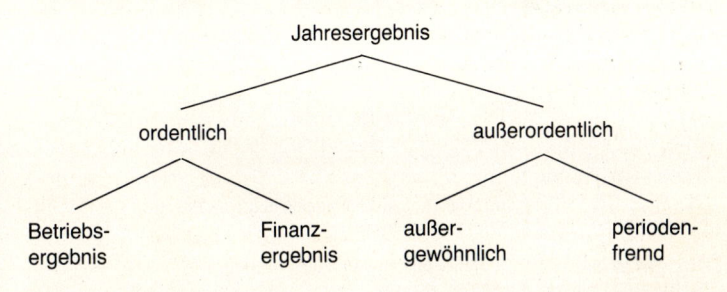

```
                    Jahresergebnis
                   /             \
            ordentlich        außerordentlich
            /      \           /          \
     Betriebs-   Finanz-    außer-      perioden-
     ergebnis   ergebnis   gewöhnlich    fremd
```

Die nach § 275 Abs. 2 oder Abs. 3 HGB aufzustellende Gewinn- und Verlustrechnung modifiziert diese Form der Erfolgsspaltung insofern, als das »Ergebnis der gewöhnlichen Geschäftstätigkeit« (Positionen 14

Gliederung der Gewinn- und Verlust-

Gesamtkostenverfahrens

Betriebsertrag (durch Investitionen im Unternehmen erzielt)	1. Umsatzerlöse 2. Erhöhung oder Verminderung des Bestands an fertigen und unfertigen Erzeugnissen 3. andere aktivierte Eigenleistungen 4. sonstige betriebliche Erträge

./.
 	
Betriebsaufwand (durch Investitionen im Unternehmen verursacht)
	5. Materialaufwand:
	  a) Aufwendungen für Roh-, Hilfs- und Betriebsstoffe und für bezogene Waren
	  b) Aufwendungen für bezogene Leistungen
	6. Personalaufwand:
	  a) Löhne und Gehälter
	  b) soziale Abgaben und Aufwendungen für Altersversorgung und für Unterstützung, davon für Altersversorgung
	7. Abschreibungen:
	  a) auf immaterielle Vermögensgegenstände des Anlagevermögens und Sachanlagen sowie auf aktivierte Aufwendungen für die Ingangsetzung und Erweiterung des Geschäftsbetriebs
	  b) auf Vermögensgegenstände des Umlaufvermögens, soweit diese die in der Kapitalgesellschaft üblichen Abschreibungen überschreiten
	8. sonstige betriebliche Aufwendungen

+ Finanzertrag (durch Investitionen außerhalb des Unternehmens erzielt)	9. Erträge aus Beteiligungen, davon aus verbundenen Unternehmen 10. Erträge aus anderen Wertpapieren und Ausleihungen des Finanzanlagevermögens, davon aus verbundenen Unternehmen 11. sonstige Zinsen und ähnliche Erträge, davon aus verbundenen Unternehmen
./. Finanzaufwand (durch Investitionen außerhalb des Unternehmens und Investitionen Unternehmensfremder im Unternehmen verursacht)	12. Abschreibungen auf Finanzanlagen und auf Wertpapiere des Umlaufvermögens 13. Zinsen und ähnliche Aufwendungen davon an verbundene Unternehmen
= Betriebs- + Finanzergebnis	14. Ergebnis der gewöhnlichen Geschäftstätigkeit
+ / ./. außerhalb der üblichen Geschäftstätigkeit erzielten Ergebnis	15. außerordentliche Erträge 16. außerordentliche Aufwendungen 17. außerordentliches Ergebnis
./. Steueraufwand	18. Steuern vom Einkommen und vom Ertrag 19. sonstige Steuern
= Periodenergebnis	20. Jahresüberschuß/Jahresfehlbetrag

rechnung bei Anwendung des

Umsatzkostenverfahrens

1. Umsatzerlöse

2. Herstellungskosten der zur Erzielung der Umsatzerlöse erbrachten Leistungen

} Rohertrag ./. Rohaufwand (primäre Kosten)

3. Bruttoergebnis vom Umsatz

= Rohgewinn(-verlust)

+

4. Vertriebskosten

sekundäre Erträge

5. Allgemeine Verwaltungskosten

./.

6. sonstige betriebliche Erträge

sekundäre Kosten

7. sonstige betriebliche Aufwendungen

8. Erträge aus Beteiligungen, davon aus verbundenen Unternehmen
9. Erträge aus anderen Wertpapieren und Ausleihungen des Finanzlagevermögens, davon aus verbundenen Unternehmen
10. sonstige Zinsen und ähnliche Erträge, davon aus verbundenen Unternehmen

+

Finanzertrag (durch Investitionen außerhalb des Unternehmens erzielt)

11. Abschreibungen auf Finanzanlagen und auf Wertpapiere des Umlaufvermögens
12. Zinsen und ähnliche Aufwendungen, davon an verbundene Unternehmen

./.
Finanzaufwand (durch Investitionen außerhalb des Unternehmens und Investitionen Unternehmensfremder im Unternehmen verursacht)

13. Ergebnis der gewöhnlichen Geschäftstätigkeit

= Betriebs- + Finanzergebnis

14. außerordentliche Erträge
15. außerordentliche Aufwendungen
16. außerordentliches Ergebnis

+ / ./.
außerhalb der üblichen Geschäftstätigkeit erzieltes Ergebnis

17. Steuern vom Einkommen und vom Ertrag
18. sonstige Steuern

./.
Steueraufwand

19. Jahresüberschuß/Jahresfehlbetrag

=
Periodenergebnis

(zu S. 284/285)

Veränderungen der Kapital- und Gewinnrücklagen dürfen in der Gewinn- und Verlustrechnung erst nach dem Posten Jahresüberschuß bzw. Jahresfehlbetrag ausgewiesen werden (§ 275 Abs. 4 HGB). Dementsprechend haben Aktiengesellschaften gemäß § 158 Abs. 1 AktG die Gewinn- und Verlustrechnung anschließend an den Jahresüberschuß / Jahresfehlbetrag um eine **Gewinnverwendungsrechnung** mit folgendem Aussehen zu erweitern:

+ /./. 1. Gewinnvortrag/Verlustvortrag aus dem Vorjahr
   + 2. Entnahmen aus der Kapitalrücklage
   + 3. Entnahmen aus Gewinnrücklagen
      a) aus der gesetzlichen Rücklage
      b) aus der Rücklage für eigene Aktien
      c) aus satzungsmäßigen Rücklagen
      d) aus anderen Gewinnrücklagen
./. 4. Einstellungen in Gewinnrücklagen
      a) in die gesetzliche Rücklage
      b) in die Rücklage für eigene Aktien
      c) in satzungsmäßige Rücklagen
      d) in andere Gewinnrücklagen
= 5. Bilanzgewinn/Bilanzverlust.

---

bzw. 13) getrennt von dem »außerordentlichen Ergebnis« (Positionen 17 bzw. 16) auszuweisen ist, ohne allerdings die obigen Abgrenzungskritierien beizubehalten.

> Das **Ergebnis der gewöhnlichen Geschäftstätigkeit** faßt das für den Geschäftsbereich der Unternehmung typische Betriebs- und Finanzergebnis zusammen und stellt eine Art ordentliches Ergebnis dar.

Unter das **Betriebsergebnis** fallen alle Erfolgsbestandteile, die den betriebszweckerfüllenden Leistungserstellungs- und Leistungsverwertungsprozeß betreffen. Dem **Finanzergebnis** zuzurechnen sind dagegen sämtliche erfolgswirksamen, finanziellen Transaktionen, wie sie aus unternehmenstypischen Finanzanlage- und Finanzaufbringungsgeschäften sowie aus Konzernbeziehungen resultieren. Das Betriebsergebnis nach neuem Recht ist inhaltlich weiter gefaßt: Es bezieht auch sonstige, nicht betriebszwecktypische Aufwendungen und Erträge mit ein, soweit diese der gewöhnlichen Geschäftstätigkeit zuzuordnen sind und nicht in den Bereich der finanziellen Unternehmenssphäre gehören. So sind bislang als außerordentlich eingestufte Liquidationserfolge (z. B. aus dem Abgang von Vermögensgegenständen) und Bewertungsergebnisse (z. B. Zuschreibungserträge) grundsätzlich dem Ergebnis der gewöhnlichen Geschäftstätigkeit zuzurechnen. Dieser Ergebnisausweis büßt demnach insoweit an Aussagekraft ein, als nicht mehr auf die Nachhaltigkeit (Regelmäßigkeit) seiner Erzielung geschlossen werden kann.

Zweck der Zusammenfassung von Betriebs- und Finanzergebnis nach neuem Recht zum Ergebnis der gewöhnlichen Geschäftstätigkeit ist es, alle diejenigen Erfolgskomponenten in einer Position zusammenzufassen, die – ohne Rücksicht darauf, ob es sich dabei um nachhaltige oder unregelmäßige bzw. um betriebliche oder betriebsfremde Bestandteile handelt – in der »normalen« (unternehmenstypischen) Geschäftstätigkeit ihre Ursache haben. Der Ausweis dieser Position soll zu einer Verbesserung der Erfolgsaussage, insbesondere bei Zeit- und zwischenbetrieblichen Vergleichen, beitragen. Darüber hinaus kann das Ergebnis der gewöhnlichen Geschäftstätigkeit in Verbindung mit den Informationen des Anhangs eine erhöhte Transparenz der zukünftigen Ertragsentwicklung liefern.

> Das **außerordentliche Ergebnis** faßt die erfolgswirksamen Vorgänge zusammen, die hinsichtlich ihrer Art selten und hinsichtlich ihrer Höhe ungewöhnlich sind; ihnen liegt stets eine wesentliche Abweichung gegenüber der gewöhnlichen Geschäftstätigkeit zugrunde.

Im Unterschied zur bisherigen aktienrechtlichen Regelung erfährt der Begriff »außerordentlich« nach neuem Recht eine erhebliche Einschränkung: Er umfaßt nicht mehr sämtliche außergewöhnlichen und periodenfremden Aufwendungen und Erträge, sondern nurmehr jene Erfolgskomponenten, die **betriebs(unternehmens-)fremd** sind, also nicht im Rahmen der gewöhnlichen Geschäftstätigkeit anfallen, und die als solche entweder außergewöhnlicher oder periodenfremder Natur sind. Die Frage also, ob auftretende Liquidations- bzw. Bewertungserfolge unter die Position »Sonstige betriebliche Erträge« (§ 275 Abs. 2 und 3, Ziff. 4 bzw. 6 HGB) bzw. »Sonstige betriebliche Aufwendungen« (§ 275 Abs. 2 und 3, Ziff. 8 bzw. 7 HGB) fallen und damit in das Ergebnis der gewöhnlichen Geschäftstätigkeit eingehen, oder ob solche Erfolge das außerordentliche Ergebnis beeinflussen, muß jeweils nach **unternehmensindividueller Beurteilung** entschieden werden. Aperiodische Geschäftsvorfälle ziehen in keinem Fall mehr einen gesonderten Ausweis in der Gewinn- und Verlustrechnung nach sich.

Alle außerordentlichen Aufwendungen und Erträge sind hinsichtlich ihres Betrages und ihrer Art nach § 277 Abs. 4 HGB im Anhang zu erläutern, sofern sie für die Beurteilung der Ertragslage nicht nur untergeordnete Bedeutung haben.

Die Erfolgsspaltung nach HGB kann zusammenfassend wie folgt dargestellt werden:

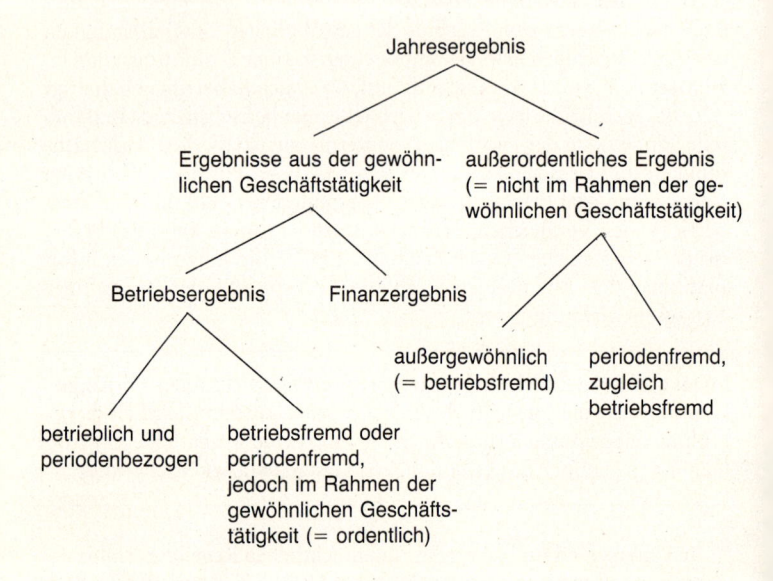

```
                           Jahresergebnis
                          /              \
       Ergebnisse aus der gewöhn-    außerordentliches Ergebnis
       lichen Geschäftstätigkeit     (= nicht im Rahmen der ge-
              /        \              wöhnlichen Geschäftstätigkeit)
                                              /        \
   Betriebsergebnis   Finanzergebnis
       /    \
                         außergewöhnlich      periodenfremd,
                         (= betriebsfremd)    zugleich
                                              betriebsfremd
betrieblich und    betriebsfremd oder
periodenbezogen    periodenfremd,
                   jedoch im Rahmen der
                   gewöhnlichen Geschäfts-
                   tätigkeit (= ordentlich)
```

2.2.4.4.2.2 Jahresüberschuß

Wird dem Ergebnis der gewöhnlichen Geschäftstätigkeit das außerordentliche Ergebnis hinzugefügt, und wird davon der Steueraufwand abgesetzt, so verbleibt der Jahresüberschuß bzw. der Jahresfehlbetrag (Position 20 bzw. 19 GuV-Rechnung).

> Der **Jahresüberschuß/Jahresfehlbetrag** spiegelt als Ergebnis der Erfolgsermittlung den Gewinn bzw. Verlust der Unternehmung wider.

Der Jahresüberschuß ist nicht identisch mit dem in einer Abrechnungsperiode **erwirtschafteten** Reingewinn einer Unternehmung, da dieser einerseits bereits um Teile, die Gewinnverwendung darstellen (z. B. Steuern vom Einkommen und Ertrag, Gewinnabführung) gekürzt und andererseits um Gewinnteile früherer Perioden (z. B. Steuererstattung) oder anderer Unternehmungen (z. B. Gewinngemeinschaft) erweitert ist. Darüber hinaus verhindern stille Rücklagen (vgl. Abschn. 2.2.4.3.2.5) den Einblick in die Ertragslage der Unternehmung, so daß der effektive Periodengewinn einer Unternehmung nur mit Hilfe zusätzlicher Nebenrechnungen näherungsweise ermittelt werden kann.

2.2.4.4.2.3 Bilanzgewinn

Wird der Jahresüberschuß in der Gewinnverwendungsrechnung um einen Gewinnvortrag aus dem Vorjahr und um Entnahmen aus der Kapitalrücklage und den Gewinnrücklagen erhöht bzw. um einen Verlustvortrag aus dem Vorjahr und um Einstellungen in Gewinnrücklagen vermindert, so erhält man den **Bilanzgewinn/-verlust**.

> Der **Bilanzgewinn** stellt den verteilungsfähigen Restbetrag dar, der für die Anteilseigner als Ausschüttungspotential zur Disposition steht.

Er kann daher von der Hauptversammlung zur Einstellung in die anderen Gewinnrücklagen, zur Dividendenausschüttung oder zur Dotierung eines Gewinnvortrages verwendet werden (vgl. S. 210ff.).

2.2.4.5 *Anhang und Lagebericht*

Unternehmen, die bestimmten Rechtsformen oder spezifischen Wirtschaftszweigen zuzurechnen sind (z. B. Kapitalgesellschaften [§ 264 Abs. 1 HGB], Genossenschaften [§ 336 Abs. 1 HGB], Versicherungsunternehmen und Bausparkassen [§§ 55 Abs. 1, 112 Abs. 1 VAG], Unternehmen im Sinne des § 1 Abs. 1 PublG [§ 5 Abs. 2 PublG]) haben den Jahresabschluß um einen Anhang zu erweitern und einen Lagebericht zu erstellen.

> Der **Anhang** bildet den dritten Bestandteil des Jahresabschlusses und hat die Aufgabe, die Bilanz und Gewinn- und Verlustrechnung zu ergänzen und zu erläutern.

Der Anhang ergänzt die Bilanz und Gewinn- und Verlustrechnung durch Angaben, für die ein Ausweiswahlrecht zwischen Bilanz bzw. Gewinn- und Verlustrechnung und Anhang besteht und die nicht in die Bilanz bzw. Gewinn- und Verlustrechnung aufgenommen wurden.

Beispiele hierfür sind der gesonderte Ausweis eines aktivierten Disagios (§ 268 Abs. 6 HGB) oder der Anlagespiegel (§ 268 Abs. 2 HGB), die entweder direkt in der Bilanz oder im Anhang ausgewiesen werden können.

Gemäß § 284 Abs. 2 HGB müssen im Anhang die angewandten Bilanzierungs- und Bewertungsmethoden, die Grundlagen der Währungsumrechnung, die Abweichungen von Bilanzierungs- und Bewertungsmethoden gegenüber dem Vorjahr sowie deren Einfluß auf die Vermögens-, Finanz- und Ertragslage und der Umfang der Einbeziehung von Fremdkapitalzinsen in die Herstellungskosten erläutert werden. Zu einzelnen Positionen der Bilanz und der Gewinn- und Verlustrechnung sind gemäß § 285 HGB u. a. folgende Erläuterungen zu geben:

- Gesamtbetrag der Verbindlichkeiten mit einer Restlaufzeit von mehr als fünf Jahren
- aus der Bilanz nicht ersichtliche Haftungsverhältnisse
- Aufgliederung der Umsatzerlöse nach Tätigkeitsbereichen und geographisch bestimmten Märkten
- Umfang der Einkommen- und Ertragsteuern, die auf das Ergebnis der gewöhnlichen Geschäftstätigkeit und das außerordentliche Ergebnis entfallen
- Gesamtbezüge der Vorstands- und Aufsichtsratsmitglieder
- Erläuterungen von Rückstellungen, die unter den »sonstigen Rückstellungen« ausgewiesen werden und einen nicht unerheblichen Umfang besitzen.

> Im **Lagebericht** ist gemäß § 289 Abs. 1 HGB der Geschäftsverlauf und die Lage der Gesellschaft darzustellen.

Darüber hinaus soll der Lagebericht nach § 289 Abs. 2 HGB auch berichten über

1. Vorgänge von besonderer Bedeutung, die nach dem Schluß des Geschäftsjahres eingetreten sind (Wertaufhellung; Nachtragsbericht);
2. die voraussichtliche Entwicklung der Kapitalgesellschaft (Prognosebericht);
3. den Bereich Forschung und Entwicklung.

Damit soll der **Lagebericht** ein umfassendes Bild über die wirtschaftliche Situation und Entwicklung der Gesellschaft vermitteln, was aus den ausschließlich quantitativ orientierten Rechenwerken Bilanz und Erfolgsrechnung nicht ersichtlich ist. Dies wird insbesondere erreicht durch Informationen, welche die Lage und künftige Entwicklung des Unternehmens innerhalb der Branche, der Wirtschaftsregion oder der konjunkturellen Entwicklung wiedergeben (z. B. durch Auskünfte über Änderungen des Produktionsprogramms, der Produktionsverfahren oder der Organisation, Gründung von Zweigbetrieben, Erwerb von Beteiligungen etc.). Darüber hinaus können in einem fakultativ zu erstellenden Sozialbericht die sozialen Verhältnisse und Leistungen der Gesellschaft (z. B. durch Angaben über Zahl und Zusammensetzung der Belegschaft, Entlohnungs-, Arbeitszeit- und Freizeitregelungen, Fürsorgemaßnahmen etc.) beschrieben werden.

Die Angaben im Anhang haben zu unterbleiben, sofern es für das Wohl der Bundesrepublik Deutschland oder eines ihrer Länder erforderlich ist (§ 286 Abs. 1 HGB). Des weiteren können bestimmte Angaben unterlassen werden, wenn die Berichterstattung geeignet ist, der Kapitalgesellschaft oder einem Unternehmen, an dem diese mindestens 20% der Anteile besitzt, einen erheblichen Nachteil zuzufügen. Für kleine und mittelgroße Kapitalgesellschaften sieht § 288 HGB Erleichterungen vor, die in der Unterlassung bestimmter Angaben bestehen.

2.2.5 Die Praxis der Konzernrechnungslegung

2.2.5.1 *Rechtliche Grundlagen*

Schließen sich zwei oder mehrere rechtlich selbständige Unternehmen zu einem Konzern zusammen, so können die Einzelabschlüsse der Konzerngesellschaften die wirtschaftliche Lage des Konzerns nicht mehr den Verhältnissen entsprechend wiedergeben. Durch die Einflußnahme der Obergesellschaft auf die Unternehmenspolitik der Untergesellschaften verlieren diese ihre wirtschaftliche Selbständigkeit, wobei der Einzelabschluß der jeweiligen Untergesellschaft die Auswirkungen der Konzernierung nicht zum Ausdruck bringt.

Um ein zutreffendes Bild der Vermögens-, Finanz- und Ertragslage des Konzerns zu vermitteln, bedarf es einer **Bilanz der Einheit Konzern (Konzernbilanz)**.

Die Konzernbilanz kann sich allerdings nicht auf eine bloße Zusammenfassung der Einzelabschlüsse zu einer Summenbilanz beschränken, sondern muß zusätzlich Aufrechnungen und Eliminierungen vornehmen, um Doppelzählungen zu vermeiden. Im Rahmen der **Kapitalkonsolidierung** erfolgt eine Aufrechnung der Beteiligungen mit dem anteiligen Eigenkapital, da sonst Vermögensgegenstände doppelt in die Konzernbilanz eingehen würden. Die **Zwischenerfolgseliminierung** sorgt dafür, daß Gewinne bzw. Verluste aus konzerninternen Lieferungen und Leistungen nicht die Ertragslage des Konzerns verzerren. Die Rückgängigmachung von Liquiditätsverlagerungen zwischen den Konzerngesellschaften sowie die Aufrechnung konzerninterner Forderungen und Verbindlichkeiten wird durch eine **Schuldenkonsolidierung** erreicht.

Vorschriften, wie ein Konzernabschluß zu erstellen ist und wie die einzelnen Konsolidierungsvorgänge durchzuführen sind, finden sich in den §§ 329–338 AktG 1965 und in den §§ 290–315 HGB 1985. Die zunehmende Unternehmenskonzentration, vor allem durch Konzernbildung, hat den Gesetzgeber bei der Reform des Aktiengesetzes im Jahr 1965 veranlaßt, in das dritte Buch des Aktiengesetzes Vorschriften über Unternehmensverbindungen aufzunehmen (§§ 291–338 AktG), die als Grundzüge einer **Konzernverfassung** angesehen werden können. Ziel dieser Regelungen ist allerdings nicht die Unterbindung von Konzentrationsvorgängen – dazu dienen eigenständige Kartell- bzw. Fusionskontrollgesetze –, sondern die rechtliche Erfassung der **Unternehmensverbindungen,** deren Offenlegung durch Publizitätsvorschriften und der Schutz außenstehender (Klein-)Aktionäre und Gläubiger. Die Rechnungslegungsvorschriften für den Konzernabschluß im Aktiengesetz gelten allerdings nur noch für Konzernabschlüsse, die vor dem 1. 1. 1990 erstellt werden.

Im Rahmen der Bestrebungen zur Harmonisierung des Gesellschaftsrechts in den Mitgliedstaaten der EG wurde am 13. 6. 1983 die endgültige Fassung einer 7. EG-Richtlinie (Konzernabschlußrichtlinie) veröffentlicht. Die Transformation der Bestimmungen der 7. EG-Richtlinie in nationales Recht erfolgte am 19. 12. 1985 mit der Verabschiedung des Bilanzrichtlinien-Gesetzes. Danach sind Konzernabschlüsse, die nach dem 1. 1. 1990 erstellt werden, nach Maßgabe der transformierten Bestimmungen aufzustellen; für Konzernabschlüsse vor dem 1. 1. 1990 besteht gemäß Art. 23 Abs. 2 des Einführungsgesetzes zum HGB ein Wahlrecht bezüglich der Anwendung der neuen Vorschriften.

Das Bilanzrichtlinien-Gesetz siedelt die Bestimmungen über die Aufstellung, Prüfung und Offenlegung von Konzernabschlüssen in den §§ 290–315 HGB an. Diese Vorschriften enthalten im Gegensatz zum

Aktiengesetz keine Definition des Konzerns, die Abgrenzung, wer Konzernrechnungslegung zu betreiben hat, erfolgt nach den Kriterien des § 290 HGB. Bis zu einer späteren Koordinierung ist darüber hinaus allerdings auch das Konzernkriterium des Aktiengesetzes ergänzend in diese Bestimmung aufgenommen worden (§ 290 Abs. 1 HGB).

> Ein **Konzern** liegt dann vor, wenn rechtlich selbständige Unternehmen unter einheitlicher Leitung zusammengefaßt sind (§ 18 AktG).

Wird die einheitliche Leitung auf faktischer, d. h. mittels Kapital- oder Stimmrechtsmehrheit, oder durch vertragliche Beherrschungsmacht (§ 291 AktG) ausgeübt, handelt es sich um einen Subordinations- bzw. Unterordnungskonzern (§ 18 Abs. 1 AktG). Kommt die einheitliche Leitung dagegen dadurch zustande, daß sich unabhängige Unternehmen zur Durchsetzung gemeinsamer Interessen einem Koordinationsorgan unterwerfen, so liegt ein Gleichordnungskonzern vor (§ 18 Abs. 2 AktG).

2.2.5.2 Konsolidierungsgrundsätze

Zur Aufstellung des Konzernjahresabschlusses genügt es nicht, die Einzelbilanzpositionen zu einer Sammelbilanz zusammenzufassen; vielmehr sind **gegenseitige Aufrechnungen** vorzunehmen, um verflechtungsbedingte Doppelzählungen rückgängig zu machen. Die notwendigen Konsolidierungsvorgänge werden allerdings teilweise nur unvollständig geregelt, so daß für Zweifelsfragen die folgenden **Grundsätze ordnungsmäßiger Konsolidierung** heranzuziehen sind (Busse von Colbe/Ordelheide [Konzernabschlüsse] 39 ff.):

(1) **Einheitsgrundsatz** (§ 331 Abs. 2 AktG bzw. § 297 Abs. 3 HGB)
Dieser Grundsatz trägt der wirtschaftlichen Einheit des Konzerns Rechnung, indem der Konzernabschluß unter der Fiktion der **rechtlichen Einheit** des Konzerns zu entwickeln ist. Damit nehmen die selbständigen Konzernunternehmen den Charakter von unselbständigen Betriebsteilen an. Dementsprechend sind konzerneinheitliche Bilanzansatz- und Bewertungsrichtlinien anzuwenden und konzerninterne Geschäftsvorgänge durch **Aufrechnung, Umbewertung** und **Umgliederung** zu berichtigen.

(2) **Maßgeblichkeitsgrundsatz** (§ 331 Abs. 1 Nr. 1 AktG)
Gemäß diesem Grundsatz, der nur für Konzernabschlüsse nach dem Aktiengesetz 1965 gilt, bleiben für die Aufstellung des Konzernabschlusses grundsätzlich die Einzelabschlüsse verbindlich. Damit steht der Maßgeblichkeitsgrundsatz prinzipiell im Widerspruch zum Einheitsgrundsatz, weil die Maßgeblichkeit auch zur Übernahme einer nicht den konzerneinheitlichen Bewertungs- bzw. Ansatzrichtlinien entsprechenden, also heterogenen Bilanzposition zwingt. Erst wenn ein Posten nicht den Grundsätzen ordnungsmäßiger Bilanzierung entspricht (z. B. ausländischer Abschluß), ist vom Maßgeblichkeitsgrundsatz abzuweichen. Darüber hinaus erfordert die Konsolidierung konzerninterner Geschäftsvorfälle eine Durchbrechung des Maßgeblichkeitsprinzips.

(3) **Vollständigkeitsgrundsatz**
Die wirtschaftlichen Verhältnisse des Konzerns lassen sich nur dann zutreffend erfassen, wenn **alle** Konzernunternehmen in den Abschluß einbezogen werden, um auf diese Weise sämtliche konzerninternen Beziehungen der Konsolidierung zu unterwerfen. Da das Aktiengesetz jedoch nur die Einbeziehung inländischer Konzernunternehmen fordert, bei ausländischen Unternehmen dagegen lediglich ein Einbeziehungswahlrecht vorsieht, wird dem Grundsatz der Vollständigkeit nur unzureichend entsprochen.

(4) **Konsolidierungsstetigkeitsgrundsatz**
Um die Vergleichbarkeit von aufeinanderfolgenden Konzernabschlüssen zu wahren, ist sowohl bei der Abgrenzung des Konsolidierungskreises, insbesondere bei der freiwilligen Einbeziehung von Konzernunternehmen, als auch bei der Auswahl der Konsolidierungsmethoden nach dem Stetigkeitsgrundsatz zu verfahren. Nur sachliche, keinesfalls bilanzpolitische Kriterien dürfen zu einer Durchbrechung des Kontinuitätsprinzips führen. Die Vergleichbarkeit ist dann mit Hilfe von Erläuterungen im Konzerngeschäftsbericht wiederherzustellen.

(5) **Äquivalenzgrundsatz**
Bei Konsolidierungsproblemen, die weder nach dem Maßgeblichkeitsprinzip noch nach dem Einheitsgrundsatz eindeutig gelöst werden können, ist eine möglichst weitreichende Äquivalenz zwischen Einzel- und Konzernabschluß anzustreben. So findet die übliche Verrechnung erfolgswirksamer Konsolidierungsdifferenzen mit dem Konzerngewinnvortrag z. B. deshalb keine Zustimmung, weil damit die Position

Gewinnvortrag im Konzernabschluß eine unterschiedliche Aussagefähigkeit gegenüber dem Einzelabschluß erfährt.

(6) **Wirtschaftlichkeitsgrundsatz**
Obwohl grundsätzlich eine vollständige Ausschaltung konzerninterner Beziehungen zu befürworten ist, müssen die damit verbundenen Kosten in einem angemessenen Verhältnis zu dem daraus erzielten Informationszuwachs stehen. Dieser Prämisse wird mit diversen Vereinfachungsregeln gefolgt: So brauchen z. B. Konzernunternehmen von nur geringer Bedeutung für den Konzernabschluß nicht konsolidiert zu werden (§ 329 Abs. 2 Satz 2 AktG bzw. § 296 Abs. 1 Nr. 2 HGB).

2.2.5.3 Konzernrechnungslegung nach dem Aktiengesetz 1965

Im Aktiengesetz 1965 befassen sich die Vorschriften der §§ 329–338 mit der Konzernrechnungslegung. Diese Vorschriften sind als ein erster Schritt des Gesetzgebers in Richtung eines Abschlusses der Einheit Konzern anzusehen. Da sich die Konzernrechnungslegung als völliges Neuland darbot, verfolgte der Gesetzgeber das Ziel, einen auf dem Einheitsgrundsatz basierenden Konzernabschluß zu erstellen, nicht in allen Punkten konsequent, sondern zog teilweise einfache, aber ungenaue Vorgehensweisen komplizierten Verfahren vor.

2.2.5.3.1 Konsolidierungspflicht und Konsolidierungskreis

Die Pflicht zur Aufstellung und Veröffentlichung von Konzernabschlüssen ist zum einen von den **Rechtsformen** der Konzernunternehmen und zum anderen von bestimmten **Größenkriterien** des Konzerns abhängig. Die Merkmale sind der Übersicht auf S. 296 zu entnehmen.

Um zu verhindern, daß sich Konzernleitungen der Aufstellung eines Konzernabschlusses dadurch entziehen, daß sie entweder ihren Sitz in das Ausland verlegen oder aber die einheitliche Leitung auf eine Personalgesellschaft übertragen und der Konzern die Größenkriterien des Publizitätsgesetzes nicht erfüllt, verlangen die §§ 330 Abs. 1 AktG bzw. 28 Abs. 2 EGAktG von derjenigen Kapitalgesellschaft, die der Konzernleitung am nächsten steht, die Aufstellung eines **Teilkonzernabschlusses**. Von dieser Verpflichtung, die gegebenenfalls die Aufstellung mehrerer Teilkonzernabschlüsse erforderlich macht, kann sich der Konzern nur durch die freiwillige Aufstellung eines den aktienrechtlichen Grundsätzen genügenden Gesamtkonzernabschlusses befreien (§ 329 Abs. 1 und 2 AktG).

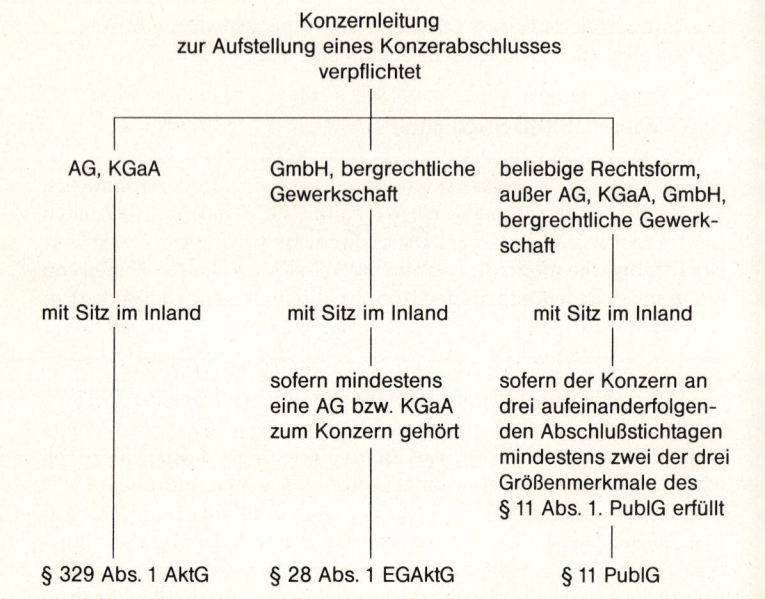

```
                    Konzernleitung
        zur Aufstellung eines Konzerabschlusses
                     verpflichtet
    ┌──────────────────────┼──────────────────────┐
AG, KGaA            GmbH, bergrechtliche    beliebige Rechtsform,
                    Gewerkschaft            außer AG, KGaA, GmbH,
                                            bergrechtliche Gewerk-
                                            schaft

mit Sitz im Inland   mit Sitz im Inland     mit Sitz im Inland

                     sofern mindestens      sofern der Konzern an
                     eine AG bzw. KGaA      drei aufeinanderfolgen-
                     zum Konzern gehört     den Abschlußstichtagen
                                            mindestens zwei der drei
                                            Größenmerkmale des
                                            § 11 Abs. 1. PublG erfüllt

§ 329 Abs. 1 AktG   § 28 Abs. 1 EGAktG      § 11 PublG
```

Abb. 3.2.16: Pflicht zur Aufstellung eines Konzernabschlusses

> In den **Konzernabschluß** sind grundsätzlich alle Konzernunternehmen mit Sitz im Inland einzubeziehen, deren Anteile sich zu mehr als 50 v. H. im Besitz des Konzerns (nicht nur der Obergesellschaft, Zurechnungsregel des § 16 Abs. 4 AktG) befinden (§ 329 Abs. 2 Satz 1 AktG).

Von dieser Leitlinie darf jedoch abgewichen werden, wenn das Konzernunternehmen nur von untergeordneter Bedeutung für die Beurteilung der wirtschaftlichen Verhältnisse ist (**Einbeziehungswahlrecht,** § 329 Abs. 2 Satz 2 AktG, z. B. bei Stiftungen). Eine Einbeziehung kommt auf keinen Fall in Frage, wenn danach der Aussagewert des Konzernabschlusses beeinträchtigt würde (**Einbeziehungsverbot,** § 329 Abs. 2 Satz 3 AktG). Dagegen müssen Unternehmen, an denen der Konzern eine Beteiligung von weniger als 50 v. H. hält, dann zwingend in den Konzernabschluß einbezogen werden, wenn ihre Einbeziehung zu einer anderen Beurteilung der Vermögens- und Ertragslage des Konzerns führt (**Einbeziehungsgebot,** § 329 Abs. 2 Satz 4 AktG).

2.2.5.3.2 Die Konzernbilanz

> Die **Konzernbilanz** ist eine konsolidierte, d. h. aus den Einzelbilanzen zusammengefaßte und um innerkonzernliche Beziehungen bereinigte Bilanz.

Die **Konsolidierung** erfolgt in **drei Schritten:**

– Aufrechnung der Beteiligung(en) der Obergesellschaft(en) gegen das anteilige Eigenkapital der Untergesellschaften (**Kapitalkonsolidierung**),
– Aufrechnung der gegenseitigen konzerninternen Verbindlichkeiten und Forderungen (**Schuldenkonsolidierung**),
– Eliminierung von Zwischengewinnen aus konzerninternen Lieferungs- und Leistungsbeziehungen (**Erfolgs- oder Zwischengewinnkonsolidierung**).

2.2.5.3.2.1 Kapitalkonsolidierung

> Im Rahmen der **Kapitalkonsolidierung** werden die Buchwerte der Anteile mit dem anteiligen, dem Beteiligungsprozentsatz entsprechenden Eigenkapital verrechnet (§ 331 Abs. 1 AktG).

Die **konsolidierungspflichtigen Anteile** umfassen alle kapitalmäßigen Beteiligungen und Einlagen, unabhängig von ihrem Ausweis in der Einzelbilanz, mit Ausnahme der (Rück-)Beteiligungen an der Obergesellschaft, die aus der Sicht eines einheitlichen Unternehmens eigene Anteile darstellen und dementsprechend auch als solche in der Konzernbilanz ausgewiesen werden.

Zum **konsolidierungspflichtigen Eigenkapital** zählen das Grund- bzw. Stammkapital und die offenen Rücklagen. Dabei ist der Ausweis der Rücklagen und deren Zweckbestimmung für die Aufrechnung unerheblich. Sonderposten mit Rücklageanteil gehören ausdrücklich nicht zum konsolidierungspflichtigen Kapital (§ 331 Abs. 1 Nr. 1 AktG). Sind an einem Konzernunternehmen konzernfremde Gesellschafter beteiligt, so wird das Eigenkapital nur in Höhe der Beteiligungsquote des Konzerns in die Konsolidierung einbezogen. Der Anteil der Konzernfremden am Eigenkapital und am Gewinn bzw. Verlust ist gesondert als **Ausgleichsposten für Anteile in Fremdbesitz** in die Konzernbilanz zu übernehmen (§ 331 Abs. 1 Nr. 2 AktG).

Nur ausnahmsweise stehen sich Beteiligungsbuchwert und anteiliges Eigenkapital in gleicher Höhe gegenüber. I. d. R. entsteht ein Differenzbetrag, der als **Konsolidierungsausgleichsposten** in der Konzernbilanz auszuweisen ist (§ 331 Abs. 1 Nr. 3 AktG). Ein **aktivischer** Unterschiedsbetrag (Buchwert der Anteile > anteiliges Eigenkapital) deutet auf stille Reserven oder einen Geschäftswert (goodwill) hin; ein **passivischer** Unterschiedsbetrag (Buchwert der Anteile < anteiliges Eigenkapital) ist dagegen stets als Rücklage zu interpretieren, weil sich diese Differenz ursächlich auf eine unterbewertete Beteiligung oder einen Geschäftsminderwert zurückführen läßt. Eine Saldierung mehrerer Konsolidierungsdifferenzen wird als zulässig erachtet, auch wenn dadurch eine Interpretation der Position nicht mehr möglich ist.

Die Höhe des Ausgleichspostens hängt zudem von der verwendeten **Konsolidierungsmethode** ab. Nach deutschem Recht zulässig sind die Stichtagsmethode und die sog. modifizierte angelsächsische Methode der Kapitalkonsolidierung. Bei der **Stichtags-** oder **deutschen Methode** wird der Konsolidierungsausgleichsposten an jedem Bilanzstichtag durch erneute Aufrechnung bestimmt, d. h. jede Änderung der Anteile (z. B. Abschreibung der Beteiligung) oder des Eigenkapitals (Zuführung oder Auflösung offener Rücklagen) schlägt sich unmittelbar im Konsolidierungsausgleichsposten nieder. Eine Trennung in vor der Konzernbildung dotierte Rücklagen und während der Konzernzugehörigkeit erwirtschaftete Rücklagen ist damit nicht möglich. Diesen Nachteil versucht die **modifizierte angelsächsische Methode** auszugleichen. Die Erstkonsolidierung erfolgt dabei analog der Stichtagsmethode. Bei der Folgekonsolidierung bleibt der Konsolidierungsausgleichsposten durch die Dotierung von Gewinnrücklagen unberührt. Erst wenn sich der Beteiligungsprozentsatz des Konzerns, der Buchwert der konsolidierungspflichtigen Anteile oder die Höhe der Kapitalrücklage (Rücklage im Zeitpunkt des Erwerbs der Beteiligung) ändert, ergeben sich Auswirkungen auf den Konsolidierungsausgleichsposten.

Beispiel: Kapitalkonsolidierung

Die O-AG erwirbt am 1. 1. 01 Beteiligungen an den Gesellschaften U1-AG und U2-AG. Die Beteiligungsverhältnisse des daraus resultierenden Konzerns sind der folgenden Übersicht zu entnehmen:

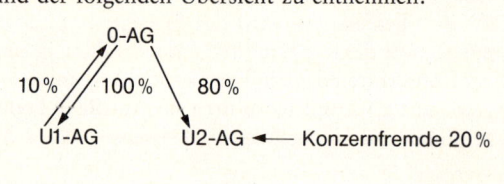

```
                O-AG
        10% / 100%  \ 80%
           /         \
        U1-AG       U2-AG  ←— Konzernfremde 20%
```

Die verkürzten Einzelbilanzen weisen am 31. 12. 01 folgende Posten aus:

0-AG

Beteiligungen		Grundkapital	900
U1-AG	1.000	Rücklagen	400
U2-AG	500	Fremdkapital	400
div. Aktiva	200		
	1.700		1.700

U1-AG

Beteiligung		Grundkapital	400
0-AG	200	Rücklagen	200
div. Aktiva	800	Fremdkapital	400
	1.000		1.000

U2-AG

div. Aktiva	1.600	Grundkapital	700
		Rücklagen	200
		Sonderposten mit	
		Rücklageanteil	100
		Fremdkapital	500
		Bilanzgewinn	100
	1.600		1.600

Konsolidierung zum 31. 12. 01 (s. Tabelle S. 302):

1) Aufrechnung der Beteiligung an der U1-AG mit dem anteiligen konsolidierungspflichtigen Kapital:

Eigenkapital U1-AG

Grundkapital	400	Buchwert der Beteiligung	1000
Rücklagen	200	./. anteiliges Eigenkapital	600
	600		
		(aktiver) Kapitalkonsolidierungsausgleichsposten	400

2) Die Rückbeteiligung der U1-AG an der O-AG darf nicht aufgerechnet werden, insofern ist eine Umgliederung auf die Position »Eigene Anteile« vorzunehmen.

3) Die Aufrechnung der Beteiligung an der U2-AG führt zu folgenden Ergebnissen:

Eigenkapital U2-AG

Grundkapital	700	Buchwert der Beteiligung	500
Rücklagen	200	./. anteiliges Eigenkapital	720
	900	(passiver) Kapitalkonsolidierungsausgleichsposten	./.220
80% entfallen auf die O-AG	720		
20% entfallen auf Fremdbesitz	180		

4) Der Gewinn ist im Beteiligungsverhältnis aufzuteilen. Dazu ist eine Umbuchung auf die Position »Anteile im Fremdbesitz am Gewinn« erforderlich. Obwohl Stichtags- und modifizierte angelsächsische Methode bei der Erstkonsolidierung grundsätzlich übereinstimmen, darf bei der modifizierten angelsächsischen Methode der auf den

Konzern entfallende Gewinn in die Kapitalkonsolidierung einbezogen werden. Bei der Stichtagsmethode ist dies ausgeschlossen.

Konsolidierung zum 31. 12. 02 (s. Tabelle S. 303):
Die Einzelbilanzen der Folgeperiode weisen zum 31. 12. 02 die gleichen Bestände wie im Vorjahr aus. Die Hälfte des Gewinns bei der U2-AG wird nunmehr jedoch den Rücklagen zugeführt. Der Gewinn des Vorjahres wurde vollständig ausgeschüttet.

Die Konsolidierungsschritte 1), 2), 4) entsprechen der Erstkonsolidierung. Gemäß Konsolidierungsschritt 3) verändert jedoch die Zuführung des Gewinns zu den Rücklagen bei der Stichtagsmethode den Kapitalkonsolidierungsausgleichsposten:

Eigenkapital U2-AG			
Grundkapital	700	Buchwert der Beteiligung	500
Rücklagen	250	./. anteiliges Eigenkapital	760
	950	(passiver) Kapitalkonsolidierungsausgleichsposten	./.260
80% entfallen auf die O-AG	760		
20% entfallen auf Fremdbesitz	190		

Bei der modifizierten angelsächsischen Methode wird erneut die Erstkonsolidierung durchgeführt. Die Rücklagenzuführung, die auf Fremdbesitz entfällt, wird dem Posten »Anteile im Fremdbesitz am Kapital« zugeschlagen. Dadurch erhöhen sich die Gewinnrücklagen des Konzerns um 40.

2.2.5.3.2.2 Schuldenkonsolidierung

> Nach § 331 Abs. 1 Nr. 4 AktG sind **Forderungen** und **Verbindlichkeiten** zwischen den in den Konzernabschluß einbezogenen Unternehmen wegzulassen.

Dem **Einheitsgrundsatz** entsprechend, sind Forderungen und Verbindlichkeiten allerdings nicht im engen bilanztechnischen Sinn des § 268 HGB zu verstehen. Zu eliminieren sind vielmehr **alle gegenseiti-**

Konsolidierung zum 31. 12. 01

Bilanzpositionen	0	U1	U2	Konsolidierung S	Konsolidierung H	Konzernbilanz zum 31. 12. 01
Beteiligungen						
U1-AG	1.000				1) 1.000	
U2-AG	500				3) 500	
0-AG			200		2) 200	
Eigene Anteile				2) 200		200
Aktiv. Kapitalkonsolidierungsausgleichsposten				1) 400		400
Div. Aktiva	200	800	1.600			2.600
	1.700	1.000	1.600			3.200
Grundkapital	900	400	700	1) 400 3) 700		900
Rücklagen	400	200	200	1) 200 3) 200		400
Pass. Kapitalkonsolidierungsausgleichsposten					3) 220	220
Anteile in Fremdbesitz						
am Kapital					3) 180	180
am Gewinn					4) 20	20
Sonderposten mit Rücklageanteil			100			100
Fremdkapital	400	400	500			1.300
Bilanzgewinn			100	4) 20		80
Bilanzsumme	1.700	1.000	1.600	2.120	2.120	3.200

Konsolidierung zum 31.12.02

Stichtagsmethode		Konzernbilanz zum	Modifizierte angels. Methode		Konzernbilanz zum
S	H	31.12.02	S	H	31.12.02
	1) 1.000 3) 500 2) 200			1) 1.000 3) 500 2) 200	
2) 200		200	2) 200		200
1) 400		400 2.600	1) 400		400 2.600
		3.200			3.200
1) 400 3) 700		900	1) 400 3) 700		900
1) 200 3) 250		400	1) 200 3) 210		440
	3) 260	260		3) 220	220
	3) 190 4) 10	190 10		3) 190 4) 10	190 10
		100 1.300			100 1.300
4) 10		40	4) 10		40
2.160	2.160	3.200	2.120	2.120	3.200

gen **Ansprüche und Verpflichtungen** der Konzernunternehmen, unabhängig vom Ausweis dieser Positionen in den Einzelbilanzen der Unternehmen. Damit gelangen auch eingeforderte ausstehende Einlagen, Anzahlungen, Ausleihungen, Wechselforderungen, Guthaben bei Kreditinstituten, sonstige Vermögensgegenstände, Rechnungsabgrenzungsposten, Wertberichtigungen, Rückstellungen sowie Eventualverbindlichkeiten zur Aufrechnung.

Die Konsolidierung stößt auf keine Schwierigkeiten, solange sich Forderungen und Verbindlichkeiten in gleicher Höhe gegenüberstehen. Fallen jedoch die Beträge wegen zwingender Einzelbilanzvorschriften, z.B. durch die Verpflichtung zur Abzinsung eines unverzinslichen Darlehens, oder durch bewußte bilanzpolitische Ausnutzung eines Bilanzansatz- oder Bewertungswahlrechts, z.B. durch die Möglichkeit zur Aktivierung eines Disagios, auseinander, so würde ein einfaches Weglassen der sich nicht ausgleichenden Forderungen und Verbindlichkeiten zu Verzerrungen des Konzernergebnisses führen.

Beispiel: Schuldenkonsolidierung
(in Anlehnung an: Busse von Colbe/Ordelheide [Konzernabschlüsse] 165f.)

Die O-AG hat an das Konzernunternehmen U-AG ein Darlehen von 90 gewährt, das über drei Jahre zu tilgen ist. Die Auszahlung erfolgt zu

Bilanzpositionen	31.12.01 O		31.12.01 U		31.12.02 O		31.12.02 U		31.12.03 O		31.12.03 U	
	A	P	A	P	A	P	A	P	A	P	A	P
Darlehensforderung	81				81							
Aktive Rechnungsabgrenzung (Disagio)			6				3					
Darlehensverbindlichkeit				90				90				
Erfolgswirksame Veränderung des Ergebnisses				3				3			9	3
Aufrechnungsdifferenz		90 ./. 6 ./. 81				90 ./. 3 ./. 81						
		3				6				0		
Änderung der Aufrechnungsdifferenz		+ 3				+ 3				./. 6		

einem Kurs von 90%. Die U-AG macht von ihrem Wahlrecht gemäß § 156 Abs. 3 AktG Gebrauch und aktiviert das Disagio, um es über drei Jahre abzuschreiben. Aus Vorsichtsgründen aktiviert die O-AG die Forderung mit 81.

Das Beispiel verdeutlicht, daß der Konzernerfolg aus der Sicht des Einheitsgrundsatzes durch die konzerninternen Beziehungen nicht richtig dargestellt wird. Der Erfolg der Jahre 01 und 02 ist um die Änderung der Aufrechnungsdifferenz von jeweils 3 zu niedrig und im Jahr 03 um 6 zu hoch ausgewiesen. Ein zutreffender Einblick in die Ertragslage des Konzerns kann daher in diesem Fall nur durch eine **erfolgswirksame** Schuldenkonsolidierung erzielt werden. Bei der Konsolidierung ist jedoch zu beachten, daß nur die Veränderung der Aufrechnungsdifferenz erfolgswirksam aufzurechnen ist, der restliche Teil der Aufrechnungsdifferenz muß erfolgsneutral behandelt werden. Da in 01 die Aufrechnungsdifferenz in vollem Umfang erfolgswirksam ist, wird der Konzernerfolg um 3 gekürzt. In der Folgeperiode darf der Konzernerfolg jedoch nur um 3 erfolgswirksam gemindert werden, der Rest der Aufrechnungsdifferenz wird erfolgsneutral entweder als Konsolidierungsausgleichsposten oder als Verlustvortrag in die Bilanz eingestellt. Im Jahr 03 ist der Erfolg um 6 zu erhöhen. Da aber keine Aufrechnungsdifferenz mehr besteht, muß zur Neutralisierung der Verlustvortrag um 6 verringert werden. Zur Verdeutlichung dient die folgende Tabelle:

Jahr	Erfolg der Einzelbilanzen	Verlustvortrag	Aufrechnungsdifferenz	Konzernerfolg
01	./. 3	0	3	0
02	./. 3	3	6	0
03	+ 6	6	0	0

2.2.5.3.2.3 Zwischengewinnkonsolidierung

Nach dem Einheitsgrundsatz gelten Erfolge aus Lieferungen und Leistungen erst dann als realisiert, wenn sie an ein Unternehmen außerhalb des Konsolidierungskreises veräußert wurden. Lieferungen, die aus konzerninternen Austauschbeziehungen stammen und sich am Abschlußstichtag noch innerhalb des Konsolidierungskreises befinden, müssen daher um Zwischengewinnanteile bereinigt werden.

> Beim **Zwischengewinn** handelt es sich um die Differenz zwischen dem höheren Wertansatz in der Einzelbilanz des Konzernunternehmens, in dessen Bestand sich die Lieferung am Abschlußstichtag befindet, und den Konzernanschaffungs- oder -herstellungskosten (§ 331 Abs. 2 AktG).

Beispiel: Ermittlung der Konzernherstellungskosten

Die O-AG liefert an die U-AG Handelswaren, die am Abschlußstichtag noch bei der U-AG lagern.

Aktivierungspflichtige Herstellungskosten der O-AG (variable Kosten)	200
Aktivierungsfähige Herstellungskosten, die die O-AG hätte ansetzen dürfen (Vollkosten)	300
Selbstkosten der O-AG	400
Kalkulatorischer Gewinnaufschlag der O-AG	100
Verkaufspreis an die U-AG	500
Ermittlung der Konzernherstellungskosten	
Aktivierungsfähige Herstellungskosten der O-AG	300
Aus der Sicht des Konzerns zusätzlich aktivierungsfähige Selbstkostenanteile von O (z. B. Verpackungsmaterial)	40
Konzernanschaffungs- oder Herstellungskosten	340
Zwischengewinn gemäß § 331 Abs. 2 AktG	160

> Die **Konzernanschaffungs-** oder **-herstellungskosten** setzen sich zusammen aus den aktivierungsfähigen Herstellungskosten (Höchstgrenze) des Einzelunternehmens und den Kosten, die aus Konzernsicht Herstellungsaufwand darstellen, aber im Einzelabschluß nicht aktivierungsfähig sind.

Es handelt sich dabei im allgemeinen um Vertriebsgemeinkosten, die aus der Sicht des Konzerns Material-, Fertigungs-, Betriebs- oder Verwaltungskosten darstellen (z. B. Transportschutz).

Liefert das Konzernunternehmen dagegen zu einem Preis, der unter dem Einzelbilanzwertansatz liegt, so ist dieser Wert wegen des Maßgeblichkeitsprinzips für die Konzernbilanz maßgebend (**Konzernniederst-**

wertprinzip). Diese Regelung bedeutet zugleich, daß die Eliminierung von **Zwischenverlusten** verboten ist.

Aus pragmatischen Gründen, insbesondere im Hinblick auf den Wirtschaftlichkeitsgrundsatz, verlangt das Aktiengesetz allerdings nicht die Ausschaltung sämtlicher Zwischengewinne. Nur für Wirtschaftsgüter, die ohne oder nach Be- oder Verarbeitung zur **Weiterveräußerung** bestimmt sind (§ 331 Abs. 2 Nr. 1 AktG) oder die **außerhalb des üblichen Lieferungs- und Leistungsverkehrs** erworben wurden (§ 331 Abs. 2 Nr. 2 AktG), ist die Eliminierung **obligatorisch**. Betriebsstoffe oder Lieferungen in das Anlagevermögen sind damit grundsätzlich von der Aufrechnung ausgenommen. Gegen eine freiwillige Ausschaltung aller Zwischengewinne bestehen keine Bedenken, weil dadurch der Einblick in die Vermögens- und Ertragslage des Konzerns erheblich gesteigert wird.

Technisch erfolgt die Eliminierung wie bei der Schuldenkonsolidierung, d. h. nur die Veränderungen der Bewertungsdifferenzen werden erfolgswirksam berücksichtigt. Zur Ausschaltung der restlichen Bewertungsdifferenzen wird die Gesamtsumme der Zwischengewinne bis zum Ende des Vorjahres erfolgsneutral in den Konsolidierungsausgleichsposten oder in den Verlustvortrag eingestellt (vgl. Beispiel S. 308 f.).

2.2.5.3.3 Die Konzern-Gewinn- und Verlustrechnung

> Die **Konzern-Gewinn- und Verlustrechnung** ergibt sich durch die additive Zusammenfasung der Gewinn- und Verlustrechnungen der einbezogenen Einzelabschlüsse, wobei bestimmte Aufrechnungen und Umgliederungen vorzunehmen sind, die jedoch von den jeweiligen gesetzlich zulässigen Formen der Konzern-Gewinn- und Verlustrechnungen abhängen.

Das Aktiengesetz sieht wahlweise **drei Formen** der Konzern-Gewinn- und Verlustrechnung vor:

1. die **vollkonsolidierte** Gewinn- und Verlustrechnung (§ 332 Abs. 1 Nr. 1, 2. Halbsatz AktG),
2. die **teilkonsolidierte** Gewinn- und Verlustrechnung (§ 332 Abs. 1 Nr. 1, 1. Halbsatz AktG),
3. die vollkonsolidierte Gewinn- und Verlustrechnung in **vereinfachter** Form (§ 333 AktG).

2.2.5.3.3.1 Die vollkonsolidierte Gewinn- und Verlustrechnung

Die **vollkonsolidierte** GuV ist konsequent am Einheitsgrundsatz ausgerichtet. Danach sind grundsätzlich **alle** konzerninternen Aufwendungen und Erträge gegeneinander aufzurechnen oder aber entsprechend dem Ausweis in einem einheitlichen Unternehmen umzugliedern (§ 332 Abs. 1 Nr. 1 und 2 AktG). Dies gilt sowohl für die **Innenumsatzerlöse** als auch für die **anderen Erträge** aus konzerninternen Leistungen und Lieferungen.

Beispiel: Vollkonsolidierte Konzern-Gewinn- und Verlustrechnung

Die O-AG liefert an die U1-AG Handelswaren zum Preis von 120, für die die O-AG ursprünglich Anschaffungsausgaben in Höhe von 80 verauslagte. Die U1-AG veräußert die Handelswaren noch in der gleichen Periode an Konzernfremde zum Preis von 140.

Die U1-AG verkauft innerhalb ihres üblichen Lieferungsverkehrs in der gleichen Periode erstellte Produkte, die Konzernherstellungskosten von 250 verursachten, zum Preis von 280 an die U2-AG. Die U2-AG verkauft ein Viertel der Produkte zum Preis von 200 an Konzernfremde. Ein Viertel der Produkte wird in das Anlagevermögen der U2-AG eingebracht. Wiederum ein Viertel der Produkte wird weiterverarbeitet und auf Lager genommen. Dabei fallen Personalaufwendungen in Höhe von 70 an. Der Rest befindet sich unbearbeitet auf Lager. Zudem muß die U2-AG für die Inanspruchnahme einer Lagerhalle der U1-AG Miete in Höhe von 80 entrichten.

Alle anderen Geschäfte werden mit Konzernfremden abgewickelt.

Konsolidierung der Innenumsatzerlöse (1) und (2):
Die Lieferung der O-AG an die U1-AG und der Weiterverkauf an Konzernfremde löst in der GuV der O-AG Umsatzerlösbuchungen und in der GuV der U1-AG Materialaufwandbuchungen in Höhe von 120 aus, die aufzurechnen sind. Die Zwischengewinne wurden realisiert. Der Innenumsatz durch die Lieferung der U1-AG an die U2-AG in Höhe von 280 ist zu eliminieren. Er ist aufzurechnen gegen den Materialaufwand (70 Umsatz an Konzernfremde, 70 Verbrauch von Material zur Weiterverarbeitung), die anderen aktivierten Eigenleistungen (70 Zugang im Anlagevermögen, wobei eine Zwischengewinneliminierung nicht notwendig ist, da es sich um üblichen Lieferungsverkehr handelt) und die Bestandsänderungen (70 Lagerbestandserhöhung, keine Berührung der GuV der U2-AG).

Positionen der GuV	O-AG	U1-AG	U2-AG	Konsolidierung	Konzern-GuV
Umsatzerlöse	2.500	1.200	1.500	./. 120 (1) ./. 280 (2)	4.800
Bestandsänderungen	+ 30	./. 120	+ 120	+ 70 (2) ./. 15 (3)	+ 85
Andere aktivierte Eigenleistungen	40	20		+ 70 (2)	130
Gesamtleistung	2.570	1.100	1.620		5.015
Materialaufwand	500	350	570	./. 120 (1) ./. 140 (2)	1.160
Lohnaufwand	200	170	300		670
Mietaufwand			80	./. 80 (4)	
Mietertrag		80		./. 80 (4)	
diverse Aufwendungen	470	85	45		600
Jahresüberschuß	1.400	575	625	./. 15 (3)	2.585

Zwischengewinneliminierung (3):

In den Bestandsänderungen sind jedoch Zwischengewinne enthalten, die eliminiert werden müssen. Dazu werden 7,50 gegen den Jahresüberschuß verrechnet. Aber auch in den weiterverarbeiteten Produkten, die in der GuV der U2-AG mit 120 (70 Materialaufwand, 50 Lohnaufwand) bei den Bestandsänderungen angesetzt wurden, sind Zwischengewinne in Höhe von 7,50 enthalten, die gegen den Jahresüberschuß aufgerechnet werden müssen.

Konsolidierung der anderen Aufwendungen und Erträge (4):

Der Mietertrag und der Mietaufwand sind gegeneinander aufzurechnen.

2.2.5.3.3.2 Die teilkonsolidierte Gewinn- und Verlustrechnung

In der **teilkonsolidierten** GuV entfällt die Innenumsatzkonsolidierung; der Anteil der Innenumsätze wird nur gesondert angegeben. Damit entfallen auch die Umgliederungen. Die Bestandsveränderungen und aktivierten Eigenleistungen werden daher tendenziell zu niedrig, die mit Innenumsätzen verbundenen Aufwendungen tendenziell zu hoch ausgewiesen. Auf eine Konsolidierung der anderen Aufwendungen darf jedoch nicht verzichtet werden (§ 332 Abs. 1 Nr. 2 AktG).

Beispiel: Teilkonsolidierte Konzern-Gewinn- und Verlustrechnung

Die Sachverhalte des Beispiels zur vollkonsolidierten Gewinn- und Verlustrechnung (vgl. S. 308f.) führen zu folgender teilkonsolidierter Gewinn- und Verlustrechnung:

Teilkonsolidierte Konzern-GuV		
Umsatzerlöse		5200
davon Innenumsatzerlöse	400	
+ Bestandsveränderungen		700
+ Andere aktivierte Eigenleistungen		60
Gesamtleistung		5960
./. Materialaufwand		900
./. Lohnaufwand		670
./. diverse Aufwendungen		250
Jahresüberschuß		4140

2.2.5.3.3.3 Die vollkonsolidierte Gewinn- und Verlustrechnung in vereinfachter Form

Bei der vollkonsolidierten GuV in **vereinfachter** Form müssen die innerkonzernlichen Aufwendungen und Erträge zwar vollständig aufgerechnet bzw. umgegliedert werden, die Vereinfachung besteht jedoch darin, daß dem Außenumsatz ein Posten gegenübergestellt wird, der fast alle umsatzbedingten Aufwendungen und darüber hinaus auch einige andere Aufwendungen einbezieht.

Beispiel: Vollkonsolidierte Konzern-Gewinn- und Verlustrechnung in vereinfachter Form

Bezogen auf das Beispiel der vollkonsolidierten GuV ergibt sich folgende vereinfachte Form:

Außenumsatzerlöse	4800
./. Nicht gesondert auszuweisende Aufwendungen nach Verrechnung mit Bestandsänderungen und Eigenleistungen	995
Zwischenergebnis	3805
./. diverse Aufwendungen	200
Jahresüberschuß	3605

Im zweiten Posten (./. 995) sind die Bestandsänderungen (+ 755), die anderen aktivierten Eigenleistungen (+ 130), die Materialaufwendungen (./. 1160), der Lohnaufwand (./. 670) und der Teil der diversen Aufwendungen, der verrechnet werden darf (./. 50 unterstellt), zusammengefaßt.

Trotz der Zulässigkeit aller drei Formen sind die teilkonsolidierte GuV, da sie mit dem Einheitsgrundsatz nicht im Einklang steht, und die vollkonsolidierte GuV in vereinfachter Form, da sie nur über eine unzureichende Gliederungstiefe verfügt, zur Vermittlung eines sicheren Einblicks in die Ertragslage eines Konzerns ungeeignet.

2.2.5.3.4 Der Konzerngeschäftsbericht

> Der **Konzerngeschäftsbericht** besteht aus drei Teilen:
> — dem Bericht über den inländischen Teil des Konzerns, insbesondere die Abgrenzung des Konsolidierungskreises (§ 334 Abs. 1 AktG),
> — dem Konzernlagebericht (§ 334 Abs. 2 AktG),
> — dem Konzernerläuterungsbericht (§ 334 Abs. 3 AktG).

Der **Bericht über den inländischen Teil des Konzerns** und der Konzernerläuterungsbericht sind unmittelbar für das Verständnis des Konzern-Jahresabschlusses notwendig. Besondere Bedeutung kommt dem **Erläuterungsbericht** zu, in dem über die Bewertungsgrundsätze der Einzelabschlüsse, die Konsolidierungsmethoden und deren Auswirkungen auf den Konzernerfolg zu berichten ist. Ergänzend sind in den **Lagebericht** Informationen, insbesondere über größere Verluste nicht einbezogener Konzernunternehmen, aufzunehmen. Hierher gehören aber auch Angaben über die Konzernstruktur, den Gesamtumsatz und die Stellung des Konzerns in der Branche.

2.2.5.4 Konzernrechnungslegung nach dem Handelsgesetzbuch 1985

Mit der Verabschiedung des Bilanzrichtlinien-Gesetzes am 19. 12. 1985 wurde neben der 4. EG-Richtlinie (Einzelabschluß-Richtlinie) auch die 7. EG-Richtlinie (Konzernabschluß-Richtlinie) in nationales Recht transformiert. Die Bestimmungen dieser Richtlinie, die in den §§

290–315 HGB kodifiziert sind und die ab 1. 1. 1990 zwingend anzuwenden sind, werden im folgenden dargestellt. Um Wiederholungen zu vermeiden, beschränken sich die Ausführungen dabei auf die Änderungen gegenüber dem AktG 1965.

2.2.5.4.1 Konsolidierungspflicht und Konsolidierungskreis

Im Gegensatz zum Aktiengesetz 1965 knüpft die Pflicht zur Aufstellung und Veröffentlichung von Konzernabschlüssen nicht nur an das Vorliegen einer einheitlichen Leitung, sondern zusätzlich an die angelsächsischen Kriterien der **Kontrolle der Stimmrechte** an. Dementsprechend sind gemäß § 290 Abs. 2 HGB Mutterunternehmen mit Sitz im Inland zur Konzernrechnungslegung verpflichtet, wenn sie

– die Mehrheit der Stimmrechte eines Tochterunternehmens besitzen,
– das Recht haben, die Mehrheit der Mitglieder des Verwaltungs-, Leitungs- oder Aufsichtsratsorgans des Tochterunternehmens zu bestellen oder abzuberufen,
– das Recht haben, aufgrund eines Beherrschungsvertrages oder einer Satzungsbestimmung einen beherrschenden Einfluß auf das Tochterunternehmen auszuüben.

Darüber hinaus haben Mutterunternehmen mit Sitz im Inland, die die einheitliche Leitung tatsächlich ausüben, einen Konzernabschluß und einen Konzernlagebericht zu erstellen (§ 290 Abs. 1 HGB).

Die Konzernrechnungslegungspflicht beschränkt sich grundsätzlich auf Mutterunternehmen in der Rechtsform der AG, KGaA oder GmbH. Ist das Mutterunternehmen nicht als Kapitalgesellschaft organisiert, so gewährleistet die Verpflichtung zur Konzernrechnungslegung nach § 11 PublG, daß große Konzerne unabhängig von der Rechtsform des Mutterunternehmens einen Konzernabschluß aufzustellen haben. Entsprechend dem Bilanzierungsgrundsatz der Wesentlichkeit kann ein Mutterunternehmen allerdings von der Pflicht zur Erstellung eines Konzernabschlusses befreit werden, wenn entweder die Einzelabschlüsse der einzubeziehenden Konzernunternehmen in ihrer bloßen Addition oder ein vorab erstellter Konzernabschluß bestimmte Größenkriterien erfüllt. Die Kriterien, von denen jeweils zwei von drei an zwei aufeinanderfolgenden Stichtagen vorliegen müssen, lauten für den Konzernabschluß wie folgt (§ 293 Abs. 1 Nr. 2 HGB):

– Konzernbilanzsumme $\leqq$ 39 Millionen DM
– Konzernaußenumsatzerlöse $\leqq$ 80 Millionen DM
– Zahl der Arbeitnehmer $\leqq$ 500;

für die Summe der Einzelabschlüsse liegen die Größenkriterien bei Bilanzsumme und Umsatzerlösen jeweils 20% über den Grenzwerten des Konzernabschlusses (§ 293 Abs. 1 Nr. 1 HGB).

Grundsätzlich müssen nach neuem Recht nicht nur Konzernleitungen auf der obersten Stufe, sondern auch Tochterunternehmen, die ihrerseits wiederum als Mutterunternehmen fungieren, Konzernabschlüsse erstellen. Somit ist auf jeder Stufe des Konzerns ein **Teilkonzernabschluß** zu erstellen (sog. **Tannenbaumprinzip**). Ein solcher Teilkonzernabschluß braucht gemäß § 291 HGB jedoch dann nicht aufgestellt zu werden, wenn das Tochterunternehmen in einen nach EG-Vorschriften erstellten Konzernabschluß einbezogen wird, dieser Konzernabschluß in deutscher Sprache offengelegt wird und die Minderheitsgesellschafter keinen Teilkonzernabschluß beantragt bzw. der Befreiung zugestimmt haben.

Gemäß § 294 Abs. 1 HGB sind in den Konzernabschluß nicht nur die inländischen, sondern auch die ausländischen Konzernunternehmen einzubeziehen, d. h. es ist ein Weltabschluß zu erstellen.

> Der **Weltabschluß** umfaßt grundsätzlich alle Konzernunternehmen unabhängig von ihrem Sitz.

Die Einbeziehung von Konzernunternehmen in den Konzernabschluß ist jedoch verboten, wenn durch stark abweichende Geschäftstätigkeiten ein zutreffendes Bild der Vermögens-, Finanz- und Ertragslage nicht vermittelt werden kann (§ 295 HGB; **Einbeziehungsverbot**). Darüber hinaus erfährt der Vollständigkeitsgrundsatz durch die Grundsätze der Wesentlichkeit und der Wirtschaftlichkeit Einschränkungen: Sofern das Recht des Mutterunternehmens in bezug auf das Vermögen oder die Geschäftsführung eines Tochterunternehmens nachhaltig beschränkt ist, die Aufnahme eines Unternehmens in den Konzernabschluß mit unverhältnismäßig hohen Kosten verbunden wäre oder eine Unternehmung für den Konzern nur von untergeordneter Bedeutung ist, besteht ein **Einbeziehungswahlrecht** (§ 296 HGB).

Eine modifizierte Einbeziehung ist in § 311 HGB für sog. **assoziierte Unternehmen** durch die Anwendung der **Equity-Methode** vorgesehen, womit der aus dem Besitz bestimmter Beteiligungen (mindestens 20%) resultierenden **maßgeblichen** Einflußnahme auf die Geschäfts- und Finanzpolitik des Unternehmens Rechnung getragen werden soll (im einzelnen vgl. S. 322 ff.).

2.2.5.4.2 Der Konzernabschluß

Der Konzernabschluß besteht gemäß § 297 Abs. 1 HGB aus der Konzernbilanz, der Konzern-Gewinn- und Verlustrechnung und dem Konzernanhang. Dieser Abschluß hat unter Beachtung der Grundsätze ordnungsmäßiger Buchführung ein den tatsächlichen Verhältnissen entsprechendes Bild der Vermögens-, Finanz- und Ertragslage des Konzerns zu vermitteln (§ 297 Abs. 2 HGB), und zwar so, als ob der Konzern auch rechtlich ein einziges Unternehmen wäre.

Zur Verwirklichung dieser Zielsetzung gibt das Bilanzrichtlinien-Gesetz das nach bisherigem Aktienrecht übergeordnete Maßgeblichkeitsprinzip der Einzelabschlüsse für den Konzernabschluß zugunsten des **Postulats der einheitlichen Bewertung** auf. Gemäß § 308 HGB sind die in die Konsolidierung einbezogenen Vermögensgegenstände und Schulden nach den auf den Jahresabschluß des Mutterunternehmens anwendbaren Bewertungsmethoden einheitlich zu bewerten. Dabei können nach dem Recht des Mutterunternehmens zulässige Bewertungswahlrechte für die einbezogenen Unternehmen unabhängig vom jeweiligen Einzelabschluß ausgeübt werden. Diese Vereinheitlichung der Bewertung kann vor Einbeziehung der Vermögensgegenstände und Schulden eine Neubewertung mit Hilfe einer Handelsbilanz II zur Folge haben. Entsprechend dem Grundsatz der Wesentlichkeit kann eine einheitliche Bewertung unterbleiben, wenn die Auswirkung im Hinblick auf die Zielsetzung des Konzernabschlusses von untergeordneter Bedeutung ist.

2.2.5.4.3 *Kapitalkonsolidierung*

Während das Aktiengesetz 1965 nur eine Methode zur Aufrechnung des Beteiligungsbuchwertes mit dem anteiligen Eigenkapital kennt, sieht das HGB in Abhängigkeit von Art und Umfang der Einflußnahme auf die Geschäftspolitik des Tochterunternehmens verschiedene Methoden vor. Den Regelfall bei Mehrheitsbeteiligungen stellt die **Vollkonsolidierung mit Minderheitenausweis** dar, die unter bestimmten Voraussetzungen durch die **Pooling-of-Interests-Methode** ersetzt werden kann. Die **Quotenkonsolidierung** findet Anwendung, wenn Gemeinschaftsunternehmen in den Konzernabschluß einbezogen werden. Die **Equity-Methode** ist schließlich für den Einbezug von Unternehmen vorgeschrieben, auf die das Mutterunternehmen einen maßgeblichen Einfluß ausüben kann.

2.2.5.4.3.1 Vollkonsolidierung mit Minderheitenausweis

Bei der erfolgswirksamen Kapitalkonsolidierung nach § 301 HGB wird der Beteiligungsbuchwert ebenso wie bei der Kapitalkonsolidierung gemäß § 331 Abs. 1 AktG (vgl. S. 297 ff.) gegen das anteilige konsolidierungspflichtige Eigenkapital aufgerechnet. Zur Bestimmung des Eigenkapitals bietet der Gesetzgeber allerdings die Wahl zwischen zwei Möglichkeiten an: Bei der sog. **Buchwertmethode** entspricht das Eigenkapital dem Buchwert der Vermögensgegenstände, Schulden, Rechnungsabgrenzungsposten, Bilanzierungshilfen und Sonderposten des einzubeziehenden Unternehmens (§ 301 Abs. 1 Satz 2 Nr. 1 HGB). Bei Anwendung der sog. (begrenzten) **Neubewertungsmethode** sind die in den Konzernabschluß aufzunehmenden Vermögensgegenstände, Schulden etc. mit dem Zeitwert zum Erwerbs- oder Erstkonsolidierungszeitpunkt anzusetzen, wobei das anteilige neubewertete Eigenkapital den Beteiligungsbuchwert allerdings nicht überschreiten darf (§ 301 Abs. 1 Satz 2 Nr. 2 und Satz 4 HGB).

Übersteigt der Beteiligungsbuchwert das konsolidierungspflichtige Eigenkapital, so ergibt sich aus der Aufrechnung ein **aktivischer Unterschiedsbetrag**. Dieser wird im Fall der Anwendung der Buchwertmethode auf seine Ursachen hin untersucht und sodann den in der Bilanz der Untergesellschaft vorhandenen anteiligen stillen Reserven zugeordnet d. h. direkt bei den entsprechenden Vermögensgegenständen und Schuldpositionen verbucht. Ein nach der Auflösung der stillen Reserven verbleibender Restbetrag wird ebenso wie eine Aufrechnungsdifferenz bei der Neubewertungsmethode als Geschäfts- oder Firmenwert in der Konzernbilanz ausgewiesen (§ 301 Abs. 3 HGB). Ergibt sich bei der Aufrechnung des Beteiligungsbuchwertes mit dem anteiligen konsolidierungspflichtigen Eigenkapital dagegen eine **passivische Differenz** (Beteiligungsbuchwert < Eigenkapital), so ist der entsprechende Betrag als Unterschiedsbetrag aus der Kapitalkonsolidierung in der Konzernbilanz auszuweisen.

In den Folgeperioden werden die aufgelösten stillen Reserven entsprechend der Restnutzungsdauer des jeweiligen Vermögensgegenstandes abgeschrieben. Ein ausgewiesener Geschäfts- oder Firmenwert ist in den folgenden Geschäftsjahren zu jeweils mindestens 25% abzuschreiben oder aber auf die voraussichtliche Nutzungsdauer planmäßig zu verteilen; auch eine offene (erfolgsneutrale) Verrechnung mit den Rücklagen läßt der Gesetzgeber zu (§ 309 Abs. 1 HGB). Ein Unterschiedsbetrag aus der Kapitalkonsolidierung auf der Passivseite kann nur erfolgswirksam aufgelöst werden, wenn entweder im Erwerbszeitpunkt erwartete künftige Verluste eintreten oder am Abschlußstichtag feststeht, daß es sich um einen Gelegenheitskauf (sog. lucky buy) handelt (§ 309 Abs. 2 HGB).

Sind an der Untergesellschaft **Minderheitsgesellschafter** beteiligt, so wird deren Anteil am konsolidierungspflichtigen Eigenkapital gesondert in einem Ausgleichsposten ausgewiesen. Der Ausgleichsposten beinhaltet bei der Anwendung der Neubewertungsmethode auch die auf die Minderheitsgesellschafter entfallenden und aufgelösten stillen Reserven.

Beispiel: Kapitalkonsolidierung nach § 301 HGB

Die O-AG erwirbt am 31. 12. 01 eine 70%ige Beteiligung an der U-AG zu einem Preis von 1.000, Anschaffungsnebenkosten fallen nicht an. Die verkürzten Einzelbilanzen weisen am 31. 12. 01 folgende Positionen aus:

O-AG

Beteiligung U-AG	1.000	Gezeichnetes Kapital	1.500
div. Aktiva	3.000	Rücklagen	800
		Jahresüberschuß	500
		Fremdkapital	1.200
	4.000		4.000

U-AG

Maschinen	1.500	Gezeichnetes Kapital	900
div. Aktiva	500	Rücklagen	200
		Jahresüberschuß	100
		Fremdkapital	800
	2.000		2.000

Der Zeitwert der in der Bilanz der U-AG enthaltenen Maschinen betrage 1.600, so daß sich stille Reserven in Höhe von 100 ergeben. Die (Rest-)Nutzungsdauer betrage 5 Jahre; der Geschäftswert werde zu einem Drittel, beginnend mit dem Folgejahr, abgeschrieben.

(a) Konsolidierung nach der Buchwertmethode
(aa) Konsolidierung zum 31. 12. 01

Bilanz-positionen	O	U	Konsolidierung S	Konsolidierung H	Konzern-bilanz zum 31. 12. 01
Geschäftswert/ Aufrechn.-diff.			1) 160	2) 70	90
Maschinen		1.500	2) 70		1.570
Beteiligung U-AG	1.000			1) 1.000	
div. Aktiva	3.000	500			3.500
	4.000	2.000			5.160
Gezeichnetes Kapital	1.500	900	1) 630 3) 270		1.500
Rücklagen	800	200	1) 140 3) 60		800
Jahresüberschuß	500	100	1) 70 3) 30		500
Anteile in Fremdbesitz				3) 360	360
Fremdkapital	1.200	800			2.000
Bilanzsumme	4.000	2.000	1.430	1.430	5.160

1) Aufrechnung der Beteiligung an der U-AG mit dem anteiligen konsolidierungspflichtigen Kapital

Eigenkapital U-AG

Gezeichnetes Kapital	900	Buchwert der Beteiligung	1.000
Rücklagen	200	./. anteiliges Eigenkapital	
Jahresüberschuß	100	(70% von 1.200)	840
	1.200	Aufrechnungsdifferenz	160

2) Anteilige Auflösung der stillen Reserven in der Bilanz der Untergesellschaft

Aufrechnungsdifferenz	160
./. anteilige stille Reserven (70% von 100)	70
Konzern-Geschäftswert	90

3) Ausweis der Anteile in Fremdbesitz in Höhe von 30% des Eigenkapitals der U-AG (0,3×1.200 = 360)

(ab) Konsolidierung zum 31. 12. 02
Die Einzelbilanzen der Folgeperiode weisen zum 31. 12. 02 die gleichen Bestände wie im Vorjahr aus. Der Jahresüberschuß bei der U-AG wurde den Rücklagen zugewiesen.

Bilanz- positionen	O	U	Konsolidierung		Konzern- bilanz zum 31. 12. 01
			S	H	
Geschäftswert/ Aufrechn.-diff. Maschinen Beteiligung U-AG div. Aktiva	 1.000 3.000	 1.500 500	1) 160 2) 70 	2) 70 6) 30 5) 14 1) 1.000	60 1.556 3.500
	4.000	2.000			5.116
Gezeichnetes Kapital	1.500	900	1) 630 3) 270		1.500
Rücklagen	800	300	1) 140 3) 90 4) 70		800
Jahresüberschuß	500		1) 70 5) 14 6) 30	4) 70	456
Anteile in Fremd- besitz				3) 360	360
Fremdkapital	1.200	800			2.000
Bilanzsumme	4.000	2.000	1.544	1.544	5.116

Die Konsolidierungsschritte 1) und 2) entsprechen der Erstkonsolidierung. In Konsolidierungsschritt 3), dem Ausweis der Minderheitsanteile, führt lediglich die Erhöhung der Rücklagen bei der U-AG zu einer anderen Verrechnung. Konsolidierungsschritt 4) verhindert, daß der Jahresüberschuß durch die Aufrechnung von Beteiligungsbuchwert und anteiligem Eigenkapital zweimal beeinflußt wird. Die Abschreibungen auf die anteilig aufgelösten stillen Reserven (20% von 70) und auf den Geschäftswert (1/3 von 90) erfolgen durch die Konsolidierungsschritte 5) und 6).

(b) Konsolidierung nach der Neubewertungsmethode
(ba) Konsolidierung zum 31. 12. 01

Bilanz-positionen	O	U	Konsolidierung		Konzern-bilanz zum 31. 12. 01
			S	H	
Geschäftswert/			1) 90		90
Maschinen		1.600			1.600
Beteiligung U-AG	1.000			1) 1.000	
div. Aktiva	3.000	500			3.500
	4.000	2.100			5.190
Gezeichnetes Kapital	1.500	900	1) 630 2) 270		1.500
Rücklagen	800	200	1) 140 2) 60		800
Jahresüberschuß	500	100	1) 70 2) 30		500
Neubewertung		100	1) 70 2) 30		
Anteile in Fremdbesitz				2) 390	390
Fremdkapital	1.200	800			2.000
Bilanzsumme	4.000	2.100	1.390	1.390	5.190

1) Aufrechnung der Beteiligung an der U-AG mit dem anteiligen konsolidierungspflichtigen Eigenkapital, zu dem auch die durch die Neubewertung aufgedeckten stillen Reserven der Untergesellschaft zu rechnen sind:

(neubewertetes)
Eigenkapital U-AG

Gezeichnetes Kapital	900	Buchwert der Beteiligung	1.000
Rücklagen	200	./. anteiliges Eigenkapital	
Jahresüberschuß	100	(70% von 1.300)	910
Neubewertung	100	Geschäftswert	90
	1.300		

2) Ausweis der Anteile in Fremdbesitz in Höhe von 30% des (neubewerteten) Eigenkapitals (0,3×1.300 = 390)

bb) Konsolidierung zum 31. 12. 02

Bilanz-positionen	O	U	Konsolidierung		Konzern-bilanz zum 31. 12. 02
			S	H	
Geschäftswert/			1) 90	5) 30	60
Maschinen		1.600		4) 20	1.580
Beteiligung U-AG	1.000			1) 1.000	
div. Aktiva	3.000	500			3.500
	4.000	2.100			5.140
Gezeichnetes Kapital	1.500	900	1) 630 2) 270		1.500
Rücklagen	800	300	1) 140 2) 90 3) 70		800
Jahresüberschuß	500		1) 70 4) 14 5) 30	3) 70	456
Neubewertung		100	1) 70 2) 30		
Anteile in Fremdbesitz			4) 6	2) 390	384
Fremdkapital	1.200	800			2.000
Bilanzsumme	4.000	2.100	1.510	1.510	5.140

Konsolidierungsschritt 1) entspricht der Erstkonsolidierung. Der Ausweis der Fremdanteile (Konsolidierungsschritt 2) ändert sich nur durch die Gewinnthesaurierung der U-AG. Mit Konsolidierungsschritt 3) wird eine doppelte Korrektur des Jahresüberschusses durch die Erstkonsolidierung vermieden. Die Abschreibungen auf die aufgelösten stillen Reserven (20% von 100) und den Geschäftswert (1/3 von 90) werden mit den Konsolidierungsschritten 4) und 5) vorgenommen.

Materiell unterscheiden sich Buchwert- und Neubewertungsmethode hinsichtlich des Ausweises der auf die Minderheitsgesellschafter entfallenden stillen Reserven. Während die Buchwertmethode diesen Teil der stillen Reserven in der Konzernbilanz nicht auflöst, erhöht die

Neubewertungsmethode den Ausgleichsposten für Anteile in Fremdbesitz um den entsprechenden Betrag und behandelt insofern Konzernanteilseigner und Minderheitsgesellschafter als Eigenkapitalgeber des Konzerns gleich.

2.2.5.4.3.2 Pooling-of-Interests-Methode

Neben der Kapitalkonsolidierung nach § 301 HGB läßt das Bilanzrichtlinien-Gesetz unter bestimmten Bedingungen auch die Pooling-of-Interests-Methode zu (§ 302 HGB). Mit dieser Methode der Kapitalkonsolidierung wird dem angelsächsischen »merger« Rechnung getragen, d. h. einem Erwerb der Anteile an einem anderen Unternehmen durch Hingabe eigener Anteile im Wege der Kapitalerhöhung. Der Pooling-of-Interests-Methode liegt die Annahme zugrunde, daß es sich bei den zu konsolidierenden Unternehmen nicht um eine Ober- und eine Untergesellschaft im herkömmlichen Sinne handelt, sondern daß beide Unternehmen ihre Ressourcen »poolen«. Dementsprechend kann die Pooling-of-Interests-Methode nur angewendet werden, wenn

- die erworbenen Anteile mindestens 90% des Nennwertes betragen,
- der Vertrag die Ausgabe von Anteilen eines in den Konzernabschluß einbezogenen Unternehmens vorsieht, und
- eine vereinbarte Barzahlung nicht mehr als 10% des Nennwertes ausmacht.

Bei der Kapitalkonsolidierung gemäß der Pooling-of-Interests-Methode wird der Beteiligungsbuchwert gegen das gezeichnete Kapital der Untergesellschaft aufgerechnet. Die Rücklagen werden also nicht in die Aufrechnung einbezogen. Dies ist damit zu begründen, daß die Methode einen verschmelzungsähnlichen Vorgang darstellt, und Rücklagen somit grundsätzlich ausschüttungsfähiges Potential darstellen. Ein verbleibender Differenzbetrag wird mit den Rücklagen verrechnet, d. h. ein Unterschiedsbetrag auf der Aktivseite vermindert die Rücklagen, während ein Unterschiedsbetrag auf der Passivseite zu einer Rücklagenerhöhung führt. Die übrigen Bilanzpositionen werden zu Buchwerten mit den entsprechenden Positionen der Obergesellschaft addiert.

2.2.5.4.3.3 Quotenkonsolidierung

Für Gemeinschaftsunternehmen (joint ventures, sog. 50:50 Beteiligungen) kann gemäß § 310 HGB auch die Quotenkonsolidierung als Methode der Kapitalkonsolidierung angewendet werden. Voraussetzung dafür ist, daß das in den Konzernabschluß einzubeziehende Unternehmen gemeinsam von einer Konzerngesellschaft und mindestens einem nicht in den Konzernabschluß einzubeziehenden Unternehmen geführt wird.

Bei der Quotenkonsolidierung werden die jeweiligen Positionen der Bilanz der Untergesellschaft mit Ausnahme des Eigenkapitals nur **anteilmäßig** in den Konzernabschluß übernommen. Die Eigenkapitalpositionen werden dagegen wie bei der Kapitalkonsolidierung nach § 301 HGB vollständig aufgerechnet. Die Auflösung der stillen Reserven erfolgt allerdings nur quotal, so daß die Quotenkonsolidierung hinsichtlich der Behandlung der Eigenkapitalpositionen der Vorgehensweise bei der Buchwertmethode entspricht. Die nur anteilmäßige Übernahme der Abschlußpositionen macht deutlich, daß die Quotenkonsolidierung im Widerspruch zur Einheitstheorie steht. Es wird deshalb aus betriebswirtschaftlicher Sicht gefordert, die Quotenkonsolidierung nicht als Konsolidierungsverfahren zuzulassen und statt dessen die Equity-Methode anzuwenden.

2.2.5.4.3.4 Equity-Methode

In § 311 HGB sieht der Gesetzgeber die Equity-Methode als Verfahren zur Konsolidierung von Unternehmen vor, auf die eine in den Konzernabschluß einbezogene Gesellschaft **maßgeblichen** Einfluß ausübt. Dieser maßgebliche Einfluß, der ein **assoziiertes Unternehmen** kennzeichnet, wird bei einer Beteiligung von mindestens 20% vermutet (§ 311 Abs. 1 Satz 2 HGB). Deshalb kann die Equity-Methode auch auf Gemeinschaftsunternehmen sowie auf nicht in den Konzernabschluß einbezogene Konzernunternehmen angewendet werden.

Das Charakteristikum der Equity-Methode besteht darin, daß der Beteiligungsbuchwert im Zeitablauf fortgeschrieben wird, d. h. Eigenkapitalerhöhungen (-minderungen) führen zu einer Erhöhung (Herabsetzung) des Wertansatzes. Es gilt somit folgende rechnerische Vorgehensweise zur Ermittlung des Beteiligungsbuchwertes:

    Anschaffungskosten der Beteiligung
+ anteilige Gewinne der Untergesellschaft
− anteilige Verluste der Untergesellschaft
− vereinnahmte Gewinnausschüttungen der Untergesellschaft
− außerplanmäßige Abschreibungen auf die Beteiligung
= Wertansatz der Beteiligung

Damit gewährleistet die Equity-Methode eine zeitkongruente Vereinnahmung von Beteiligungserträgen und verhindert die Bildung stiller Reserven im Beteiligungsbuchwert durch die Thesaurierung von Gewinnen bei der Untergesellschaft. Im Idealfall wird der Beteiligungsbuchwert zum Spiegelbild des anteiligen Eigenkapitals.

In § 312 HGB stellt der Gesetzgeber zwei Ausweismethoden für den Beteiligungswert zur Wahl, die grundsätzlich auf der gleichen Vorgehensweise beruhen, wie die purchase-method. Da aber nicht die einzelnen Vermögensgegenstände und Verbindlichkeiten in die Konzernbilanz übernommen werden, wirken die erfolgswirksamen Aufrechnungen unmittelbar auf den Beteiligungsbuchwert (on-line-consolidation). Bei Anwendung der **Buchwertmethode** (§ 312 Abs. 1 Satz 1 Nr. 1 HGB) wird die Beteiligung im Konzernabschluß grundsätzlich mit den Anschaffungskosten bewertet. Ein nach der Auflösung der anteiligen stillen Reserven verbleibender Unterschiedsbetrag aus einer Aufrechnung von Beteiligungsbuchwert und anteiligem Eigenkapital ist entweder in einer Vorspalte der Konzernbilanz oder im Anhang zu vermerken. Bei Anwendung der **Kapitalanteilsmethode** (§ 312 Abs. 1 Satz 1 Nr. 2 HGB) wird der Anteil am neubewerteten Eigenkapital des assoziierten Unternehmens und ein nach der Auflösung stiller Reserven verbleibender Unterschiedsbetrag zwischen Beteiligungsbuchwert und anteiligem Eigenkapital gesondert ausgewiesen. Es besteht allerdings auch die Möglichkeit, Angaben über die Höhe des Unterschiedsbetrages im Anhang vorzunehmen.

In den Folgeperioden nach der erstmaligen Konsolidierung der Beteiligung erfolgt eine getrennte Fortschreibung des Eigenkapitals am assoziierten Unternehmen und des als Geschäfts- oder Firmenwert zu interpretierenden Unterschiedsbetrages. Während der Geschäftswert gemäß § 309 HGB, d. h. entsprechend der Kapitalkonsolidierung nach § 301 HGB, behandelt wird, erfährt der Eigenkapitalanteil eine Fortschreibung entsprechend der erzielten Gewinne/Verluste und den Ausschüttungen des assoziierten Unternehmens.

Beispiel: Equity-Methode
Ein Mutterunternehmen erwirbt eine 20%ige Beteiligung zu einem Preis von 2.000. Das Eigenkapital des assoziierten Unternehmens beträgt 8.000; im abnutzbaren Anlagevermögen mit einer Restnutzungsdauer von 10 Jahren sind stille Reserven in Höhe von 500 enthalten.

	Buchwert- methode	Kapitalanteils- methode
Beteiligungsansatz	2.000	1.700
Unterschiedsbetrag (Ausweis in der Bilanz oder im Anhang)	400	300

Der ausgewiesene Unterschiedsbetrag bei der Buchwertmethode besteht in Höhe von $0,2 \times 500 = 100$ aus anteiligen stillen Reserven und in Höhe von $2000 - 0,2 \times (8000 + 500) = 300$ aus einem Geschäfts- bzw. Firmenwert, der bei der Kapitalanteilsmethode direkt in der Konzernbilanz bzw. im Anhang ausgewiesen wird, während bei der Buchwertmethode ein »Davon-Vermerk« notwendig wird. In der Summe werden beiden Methoden jedoch 1.935 ausgewiesen (vgl. nachstehende Tabelle).

Erwirtschaftet das assoziierte Unternehmen in der Folgeperiode einen Jahresüberschuß von 100 und wird der die stillen Reserven übersteigende Teil des Unterschiedsbetrages zu 25% abgeschrieben, so ergibt sich folgender Ausweis:

	Buchwertmethode	Kapitalanteilsmethode
Beteiligungs- ansatz	2.000 + 20 (anteiliges Ergebnis) − 10 (anteiliges Abschreibung auf stille Reserven) − 75 (Abschreibung auf Geschäftswert) = 1.935	1.700 + 20 (anteiliges Ergebnis) − 10 (anteilige Abschreibung auf stille Reserven) = 1.710
Unter- schieds- betrag	400 − 10 (anteilige Abschreibung auf stille Reserven) − 75 (Abschreibung auf Geschäftswert) = 315	300 − 75 (Abschreibung auf Geschäftswert) = 225

2.2.5.4.4 Schuldenkonsolidierung

> Gemäß § 303 Abs. 1 HGB sind bei Erstellung des Konzernabschlusses Ausleihungen und andere Forderungen, Rückstellungen und Verbindlichkeiten zwischen Unternehmen, die in den Konzernabschluß einbezogen sind, wegzulassen (**Schuldenkonsolidierung**).

Insofern ergibt sich gegenüber den bisherigen aktienrechtlichen Vorschriften bezüglich des Umfangs der Schuldenkonsolidierung keine Änderung. Entsprechend dem Grundsatz der Wesentlichkeit brauchen Forderungen und Verbindlichkeiten zwischen Konzernunternehmen nicht aufgerechnet zu werden, wenn die wegzulassenden Beträge nur von untergeordneter Bedeutung sind (§ 303 Abs. 2 HGB).

Stehen sich Forderung und Verbindlichkeit nicht in gleicher Höhe gegenüber, so muß in Höhe der Veränderung der Aufrechnungsdifferenz zum Vorjahr eine Korrektur der Summe der Einzel-Jahresergebnisse vorgenommen werden. Der Betrag der Aufrechnungsdifferenz im Vorjahr wird erfolgsneutral verrechnet. Er wird entweder als Gewinn- bzw. Verlustvortrag in die Bilanz eingestellt, als gesonderte Position in der Konzernbilanz ausgewiesen oder, da das Bilanzrichtlinien-Gesetz auch einen Ausweis des Eigenkapitals vor Gewinnverwendung gestattet, mit den anderen Gewinnrücklagen verrechnet (vgl. ausführlich Abschn. 2.2.5.3.2.2).

2.2.5.4.5 Zwischenerfolgskonsolidierung

Erfolge aus Lieferungen und Leistungen zwischen den in den Konzernabschluß einbezogenen Unternehmen sind aus der Sicht des Konzerns als einer Einheit erst dann realisiert, wenn sie an Unternehmen außerhalb des Konsolidierungskreises transferiert wurden. Da sich diese innerkonzernlichen Erfolge jedoch in den Einzelabschlüssen der Konzernunternehmen niederschlagen, würde eine bloße Summation der Einzelabschlüsse zu einem falschen Konzernabschluß führen. Deshalb schreibt § 304 Abs. 1 HGB vor, daß Vermögensgegenstände im Konzernabschluß, die aus konzerninternen Lieferungen und Leistungen stammen, nur mit dem Wert anzusetzen sind, zu dem sie auch der Konzern als ein einziges Unternehmen ansetzen könnte. Bei der Differenz zwischen diesem Wertansatz und demjenigen im Einzelabschluß handelt es sich um einen eliminierungspflichtigen Zwischenerfolg. Im Gegensatz zu § 331 Abs. 2 AktG (vgl. im einzelnen Abschn. 2.2.5.3.2.3) schreibt § 304 Abs. 1 HGB nicht nur die Eliminierung von

Zwischengewinnen, sondern nunmehr auch die von Zwischenverlusten vor.

> **Zwischengewinn** ist die Differenz zwischen höherem Wertansatz in der Einzelbilanz und den Konzernanschaffungs- oder -herstellungskosten; **Zwischenverlust** ist die Differenz zwischen Konzernanschaffungs- oder -herstellungskosten und niedrigerem Wertansatz in der Einzelbilanz.

Beispiel: Ermittlung der Konzernherstellungskosten
Die O-AG liefert an die U-AG Handelswaren zum Preis von 500, die am Abschlußstichtag bei der U-AG lagern.

Aktivierungspflichtige Herstellungskosten der O-AG (Einzelkosten)	200
Aktivierungsfähige Herstellungskosten (Gemeinkosten)	150
Herstellungskosten der O-AG	350
Aus der Sicht des Konzerns nicht aktivierungsfähige Herstellungskostenanteile (z. B. Miete an Tochterunternehmen für Räume zur Lagerung der Handelswaren)	10
Aus der Sicht des Konzerns zusätzlich aktivierungsfähige Herstellungskostenanteile (z. B. Verpackungsmaterial für konzerninterne Lieferung)	30

Ermittlung der Obergrenze der Konzernherstellungskosten	
Herstellungskosten der O-AG	350
− aus der Sicht des Konzerns nicht aktivierungsfähige Herstellungskostenanteile	− 10
+ aus der Sicht des Konzerns zusätzlich aktivierungsfähige Herstellungskostenanteile	+ 30
= Obergrenze der Konzernherstellungskosten	370
Ermittlung der Untergrenze der Konzernherstellungskosten	
Aktivierungspflichtige Herstellungskosten der O-AG	200
− aus der Sicht des Konzerns nicht aktivierungsfähige Herstellungskostenanteile	− 10
= Untergrenze der Konzernherstellungskosten	190

Bei der Differenz zwischen dem Wertansatz in der Einzelbilanz von 500 und der Obergrenze der Konzernherstellungskosten handelt es sich um einen **eliminierungspflichtigen** Zwischengewinn, während der Differenzbetrag zwischen Ober- und Untergrenze der Konzernherstellungskosten einen **eliminierungsfähigen** Zwischengewinn darstellt. Der eliminierungsfähige Zwischenerfolg ergibt sich aufgrund des Bewertungswahlrechtes, das der Konzern hätte, wenn er auch rechtlich ein einziges Unternehmen bilden würde. Analog treffen diese Ausführungen auch für die Eliminierung von Zwischenverlusten zu; dabei bildet der Konzernmindestwert die eliminierungspflichtige Untergrenze.

Entsprechend dem Grundsatz der Wirtschaftlichkeit kann die Eliminierung von Zwischenerfolgen unterbleiben, wenn die Lieferungen oder Leistungen zu üblichen Marktbedingungen erfolgten und die Ermittlung der Konzernanschaffungs- bzw. -herstellungskosten unverhältnismäßig hohe Kosten verursachen würde (§ 304 Abs. 2 HGB). Darüber hinaus braucht keine Zwischenerfolgseliminierung vorgenommen zu werden, wenn ihre Wirkung auf den Konzernabschluß nur von untergeordneter Bedeutung ist.

Die Vorgehensweise bei der Zwischenerfolgseliminierung entspricht derjenigen bei der Schuldenkonsolidierung. Die Veränderung der Bewertungsdifferenzen gegenüber dem Vorjahr wird erfolgswirksam behandelt, während der Bestand der Zwischenerfolge am Ende des Vorjahres erfolgsneutral in den Gewinn- bzw. Verlustvortrag eingestellt oder als gesonderte Position in der Konzernbilanz ausgewiesen wird.

2.2.5.4.6 Latente Steuern im Konzernabschluß

> **Latente Steuern** im Konzernabschluß haben die Funktion, Kongruenz zwischen dem Konzern-Jahresergebnis und dem im Konzernabschluß ausgewiesenen Steueraufwand herzustellen.

Weicht das Konzern-Jahresergebnis aufgrund von Maßnahmen der Kapital-, Zwischenerfolgs- oder Schuldenkonsolidierung von der Summe der Einzelergebnisse ab, so hat im Konzernabschluß eine Steuerabgrenzung zu erfolgen, wenn der sich aufgrund des Konzern-Jahresergebnisses ergebende Steueraufwand im Vergleich zur Summe der Steueraufwendungen der Einzelabschlüsse zu hoch oder zu niedrig ist und die Differenz sich in den Folgejahren voraussichtlich ausgleicht (§ 306 HGB). Ist der aufgrund der Einzelabschlüsse tatsächlich zu zahlende Steueraufwand im Verhältnis zum Konzern-Jahresergebnis zu niedrig, so wird die Steuerabgrenzung durch Bildung einer **Rückstellung für passive latente Steuern** vorgenommen. Übersteigt dagegen der tatsächlich zu zahlende Steueraufwand den sich aufgrund des Konzern-Jahresergebnisses ergebenden Steueraufwand, wird die Kongruenz zwischen dem Konzern-Jahresergebnis und dem im Konzernabschluß ausgewiesenen Steueraufwand durch die Bildung eines **Abgrenzungspostens** auf der Aktivseite erreicht. Für diesen Abgrenzungsposten besteht – im Gegensatz zum Einzelabschluß – eine Bilanzierungspflicht; die Rückstellung für latente Steuern als auch der Abgrenzungsposten auf der Aktivseite sind entweder in der Konzernbilanz oder im Konzernanhang gesondert anzugeben, dürfen aber auch mit den latenten Steuern des Einzelabschlusses zusammengefaßt werden (vgl. dazu Abschn. 2.2.4.3.2.10).

2.2.5.4.7 Die Konzern-Gewinn- und Verlustrechnung

Die Konzern-Gewinn- und Verlustrechnung ist nach neuem Recht nur in der **vollkonsolidierten** Form zulässig (vgl. Abschn. 2.2.5.3.3). Entsprechend sind bei Erstellung der Konzern-Gewinn- und Verlustrechnung alle konzerninternen Aufwendungen und Erträge gegeneinander aufzurechnen oder auf Positionen umzugliedern, die auch ein rechtlich selbständiges Unternehmen ausweisen würde. Innenumsatzerlöse aus Lieferungen und Leistungen werden mit den auf sie entfallenden Aufwendungen verrechnet, soweit sie nicht zum Ausweis einer Bestandsänderung oder anderer aktivierter Eigenleistungen führen (§ 305 Abs. 1 Nr. 1 HGB). Ebenso sind nach § 305 Abs. 1 Nr. 2 HGB andere Erträge aus konzerninternen Lieferungen und Leistungen mit den entsprechenden Aufwendungen zu verrechnen, sofern nicht ein Ausweis als andere aktivierte Eigenleistung vorzunehmen ist (vgl. das Beispiel zur vollkonsolidierten Konzern-Gewinn- und Verlustrechnung, S. 308 f.).

Auf die Verrechnung bzw. Umgliederung der Innenumsatzerlöse und anderen Erträge kann verzichtet werden, wenn die Beträge für ein den tatsächlichen Verhältnissen entsprechendes Bild der Vermögens-, Finanz- und Ertragslage nur untergeordnete Bedeutung besitzen (§ 305 Abs. 2 HGB).

2.2.5.4.8 Konzernanhang und Konzernlagebericht

Der **Konzernanhang** besteht aus zwei Teilen:
— dem Bericht über den Umfang des Konzerns und die Abgrenzung des Konsolidierungskreises,
— dem Konzernerläuterungsbericht.

Der **Bericht über den Umfang des Konzerns** und die Abgrenzung des Konsolidierungskreises enthält Angaben zu den in den Konzernabschluß einbezogenen Unternehmen und zu den nicht einbezogenen Unternehmen, insbesondere den Grund der Nichteinbeziehung. Ferner müssen Angaben zu assoziierten Unternehmen, zu quotenkonsolidierten Unternehmen und zu anderen Unternehmen, an denen eine Beteiligung von mindestens 20% besteht, gemacht werden (§ 313 Abs. 2 HGB).

Der **Konzernerläuterungsbericht** umfaßt Einzelangaben, beispielsweise zur Kapitalkonsolidierung, zu den Bewertungsmethoden, zum Konsolidierungsstichtag und zu Abweichungen vom Stetigkeitsgrundsatz, und alle zusätzlichen Angaben, die notwendig sind, um ein den tatsächlichen Verhältnissen entsprechendes Bild der Vermögens-, Finanz- und Ertragslage zu vermitteln.

Der **Konzernlagebericht** besteht aus zwei Teilen:
— der Darstellung des Geschäftsverlaufs und der Lage des Konzerns (§ 315 Abs. 1 HGB),
— den Einzelangaben (§ 315 Abs. 2 HGB).

Die **Einzelangaben** haben sich dabei insbesondere zu beziehen auf: Vorgänge von besonderer Bedeutung, die nach dem Abschlußstichtag eingetreten sind, die voraussichtliche Entwicklung des Konzerns und den Bereich Forschung und Entwicklung des Konzerns.

2.2.6 Prüfung und Offenlegung des Jahresabschlusses

2.2.6.1 Prüfung der Rechnungslegung

Die Aufgabe, Rechenschaft über Stand und Entwicklung einer Wirtschaftseinheit an direkt oder indirekt beteiligte Adressaten zu liefern (vgl. Abschn. 2.2.2 S. 203 ff.), kann der Jahresabschluß nur dann erfüllen, wenn die dadurch vermittelten Informationen durch gesetzliche Vorschriften weitestgehend normiert und damit nachprüfbar sind. Die Bilanzempfänger können dabei auf die Einhaltung der durch den Gesetzgeber vorgegebenen Rechnungslegungsvorschriften insbesondere dann vertrauen, wenn dies durch unabhängige Dritte überprüft und bestätigt wird. Demzufolge ist der Jahresabschluß und der Lagebericht großer und mittelgroßer Kapitalgesellschaften sowie der Konzernabschluß und der Konzernlagebericht von Kapitalgesellschaften gemäß § 316 Abs. 1, 2 HGB von einem Abschlußprüfer zu prüfen. Nicht-Kapitalgesellschaften unterliegen dann der Prüfungspflicht, wenn sie unter die Regelung des Publizitätsgesetzes fallen (§ 6 Abs. 1 PublG i. V. m. § 1 Abs. 1, § 3 Abs. 1 PublG). Der Jahresabschluß dieser Unternehmen kann daher nur dann festgestellt werden, wenn er von einem Abschlußprüfer geprüft wurde.

2.2.6.1.1 Gegenstand und Umfang der Prüfung

Die Prüfung des Jahresabschlusses setzt zunächst eine Kontrolle der ihm zugrundeliegenden Buchführung voraus (§ 317 Abs. 1 HGB). Die **Finanzbuchhaltung** wird daher daraufhin geprüft, ob ihre Organisation die chronologische und systematische Erfassung aller Geschäftsvorfälle innerhalb einer Abrechnungsperiode sicherstellt. Dabei ist beispielsweise zu prüfen, ob die Kontenführung sachlich richtig erfolgte und das Belegwesen ordnungsmäßig abgewickelt wurde.

Der **Jahresabschluß,** der aus der Bilanz, der Gewinn- und Verlustrechnung sowie bei bestimmten Unternehmen aus dem Anhang besteht, muß darüber hinaus auf seine Vereinbarkeit mit den gesetzlichen Vorschriften und den sie ergänzenden Bestimmungen des Gesellschaftsvertrages oder der Satzung kontrolliert werden. Der Prüfung von Bilanz und Gewinn- und Verlustrechnung kommt die Aufgabe zu, festzustellen, ob das Vermögen und die Schulden, die Aufwendungen und die Erträge sowie das Ergebnis der Abrechnungsperiode im Rahmen der gesetzlichen und satzungsmäßigen Vorschriften vollständig, mit den zutreffenden Werten und unter den vorgeschriebenen Bezeichnungen ausgewiesen wurden. Sofern ein Anhang Bestandteil des Jahresabschlusses ist, muß vom Abschlußprüfer geprüft werden, ob der Anhang die vom Gesetz geforderten Angaben enthält und keine falschen Vorstellungen von der Lage der Unternehmung bzw. des Konzerns vermittelt.

Die Prüfung des **Konzernabschlusses** erstreckt sich gemäß § 317 Abs. 2 HGB auf die ihm zugrundeliegenden Einzelabschlüsse, sofern diese nicht bereits Gegenstand einer Prüfung nach den §§ 316 ff. HGB waren. Die zur Konzernbilanz zusammengefaßten Einzelabschlüsse sind daraufhin zu prüfen, ob sie den Grundsätzen ordnungsmäßiger Buchführung entsprechen und ob die Regelungen für die Übernahme in den Konzernabschluß beachtet wurden.

Beim **Lagebericht** bzw. Konzernlagebericht hat der Abschlußprüfer zu beurteilen, ob der Lagebericht mit dem Jahresabschluß in Einklang steht und ob die sonstigen Angaben nicht einen falschen Eindruck von der Lage des Unternehmens bzw. des Konzerns vermitteln. Im Rahmen seiner Prüfung kann der Abschlußprüfer jederzeit die Bücher und Schriften des Unternehmens einsehen. Darüber hinaus hat er nicht nur das Recht, die Vermögensgegenstände und Schulden, insbesondere die Kasse sowie die Wertpapier- und Warenbestände, nachzuprüfen, sondern kann auch von den gesetzlichen Vertretern der zu prüfenden Gesellschaft alle für eine sorgfältige Prüfung notwendigen Aufklärungen und Nachweise verlangen (§ 320 HGB).

2.2.6.1.2 Prüfungsbericht

Die Ergebnisse der Abschlußprüfung sind vom Prüfer in einem Prüfungsbericht festzuhalten, der den gesetzlichen Vertretern des Unternehmens vorzulegen ist.

> Der **Prüfungsbericht** enthält Angaben darüber, ob die Buchführung, der Jahresabschluß, der Konzernabschluß und der (Konzern-)Lagebericht mit den gesetzlichen Vorschriften vereinbar sind.

Zu den einzelnen Positionen des Jahresabschlusses sind darüber hinaus ausreichende Erläuterungen durch den Abschlußprüfer vorzunehmen. Veränderungen gegenüber dem Vorjahr, die sich nachteilig auf die Vermögens-, Finanz- und Ertragslage des Unternehmens ausgewirkt haben, sowie Verluste, die einen nicht unwesentlichen Einfluß auf das Jahresergebnis haben, müssen dargestellt und ausführlich kommentiert werden (§ 321 Abs. 1 HGB). Eine sog. **Redepflicht** gegenüber den gesetzlichen Vertretern der Gesellschaft (bei der AG sind dies der Vorstand und der Aufsichtsrat, bei der GmbH die Geschäftsführer und der Aufsichtsrat) hat der Abschlußprüfer dann, wenn ihm im Rahmen seiner Prüfungstätigkeit Tatsachen bekannt werden, die

- eine Bestandsgefährdung des Unternehmens erkennen lassen,
- zu einer wesentlichen Beeinträchtigung der Unternehmensentwicklung führen können,
- schwerwiegende Verstöße der gesetzlichen Vertreter gegen die Vorschriften des Gesetzes, des Gesellschaftsvertrages oder der Satzung offenbaren (§ 321 Abs. 2 HGB).

Die Ermittlung dieser Tatsachen gehört allerdings nicht zum originären Prüfungsauftrag des Abschlußprüfers, d. h. er hat nur dann im

Prüfungsbericht darüber zu berichten, wenn er sie »bei Wahrnehmung seiner Aufgaben« feststellt.

Während der Prüfungsbericht des Abschlußprüfers nur den gesetzlichen Vertretern des Unternehmens zugänglich ist, kommt das Ergebnis der Abschlußprüfung für externe Bilanzleser lediglich im Bestätigungsvermerk zum Ausdruck.

> Der Wortlaut des **Bestätigungsvermerks** ergibt sich aus § 322 Abs. 1 HGB: »Die Buchführung und der Jahresabschluß entsprechen / Der Konzernabschluß entspricht nach meiner / unserer pflichtgemäßen Prüfung den gesetzlichen Vorschriften. Der Jahresabschluß / Konzernabschluß vermittelt unter Beachtung der Grundsätze ordnungsmäßiger Buchführung ein den tatsächlichen Verhältnissen entsprechendes Bild der Vermögens-, Finanz- und Ertragslage der Kapitalgesellschaft / des Konzerns. Der Lagebericht / Konzernlagebericht steht im Einklang mit dem Jahresabschluß / Konzernabschluß.«

Ergänzende Bemerkungen zum Bestätigungsvermerk sind zulässig, damit ein falscher Eindruck vom Inhalt der Prüfung und von der Tragweite des Bestätigungsvermerks vermieden wird. Der Abschlußprüfer hat den Bestätigungsvermerk einzuschränken oder zu versagen, wenn er hinsichtlich des Prüfungsgegenstandes Einwendungen vorzubringen hat. Eine Einschränkung oder Versagung des Bestätigungsvermerks ist zu begründen; die Versagung muß zusätzlich durch einen Vermerk zum Jahresabschluß erklärt werden.

2.2.6.2 *Offenlegung des Jahresabschlusses*

Rechenschaftslegung kommt generell nur dann Sinn zu, wenn die entsprechenden Informationen den jeweiligen Adressaten ohne große Mühe zugänglich sind. Rechenschaft durch Rechnungslegung bedingt daher regelmäßig, daß Bilanzen so offenzulegen sind, daß jeder Interessierte davon Kenntnis nehmen kann. Da der Kreis der Bilanzadressaten je nach Wirtschaftseinheit recht unterschiedlich ist, hängt die gesetzliche Regelung von Weg und Ausmaß der Offenlegung der Rechnungslegungsunterlagen zum einen von der Rechtsform und zum anderen von der Größe des jeweiligen Unternehmens ab (vgl. auch die Graphik auf S. 237).

Große und mittelgroße Kapitalgesellschaften sowie **Konzerne** haben den Jahresabschluß (Bilanz, Gewinn- und Verlustrechnung, Anhang), den Lagebericht, den Bestätigungsvermerk, den Bericht des Aufsichtsrates und – sofern nicht aus dem Jahresabschluß ersichtlich – den Vorschlag und den Beschluß über die Verwendung des Jahresergebnisses zum **Handelsregister** einzureichen und im **Bundesanzeiger** bekanntzugeben (§ 325 HGB). Für mittelgroße Kapitalgesellschaften genügt dabei ein Hinweis auf die Hinterlegungsstelle im Bundesanzeiger.

Kleine Kapitalgesellschaften haben lediglich eine nach § 266 Abs. 1 Satz 3 HGB verkürzte Bilanz, einen nach § 326 HGB verkürzten Anhang sowie den Vorschlag und Beschluß über die Verwendung des Jahresergebnisses zum Handelsregister einzureichen und einen Hinweis auf die Hinterlegungsstelle im Bundesanzeiger zu veröffentlichen.

Nach § 9 PublG müssen **Einzelkaufleute und Personengesellschaften,** die unter das Publizitätsgesetz fallen, den Jahresabschluß (Bilanz und Gewinn- und Verlustrechung), den Bestätigungsvermerk sowie den Vorschlag und Beschluß über die Ergebnisverwendung sowohl zum Handelsregister einreichen als auch im Bundesanzeiger bekanntgeben.

Für **Genossenschaften** besteht gemäß § 329 HGB die Pflicht, den Jahresabschluß, bestehend aus Bilanz, Gewinn- und Verlustrechung und Anhang, sowie den Lagebericht, den Bestätigungsvermerk und den Aufsichtsratsbericht zum Genossenschaftsregister einzureichen.

2.2.7 Internationalisierung der Rechnungslegung

Das Rechnungswesen dient der Erfüllung wirtschaftlicher Informationsansprüche im Rahmen einer **vorgegebenen** rechtlichen, sozialen und politischen Ordnung. Rechnungslegungssysteme sind demzufolge auch in erster Linie an den **einzelstaatlichen** Vorschriften zur Rechnungslegung und Berichterstattung ausgerichtet. Zunehmende politische Integrationsbestrebungen in Verbindung mit einer stetigen Ausweitung grenzüberschreitender Geschäftsbeziehungen haben jedoch die Forderung nach Erarbeitung gemeinsamer Standards für die Rechnungslegung auch auf internationaler Ebene in den vergangenen Jahren immer dringlicher erscheinen lassen. Die bisher international zu konstatierende Divergenz der Rechnungslegungsbestimmungen beeinträchtigt vor allem die **Vergleichbarkeit** der Informationen, und sie erschwert die Informationsbeschaffung besonders für die externen Adressaten. Ein Zwang zur Homogenisierung des weitgehend einzelstaatlich ausgerichteten Rechnungslegungsrechts geht aber auch von der Notwendigkeit zur Schaffung nicht diskriminierender gesetzlicher

Rahmenbedingungen für miteinander in Wettbewerb stehende Unternehmen aus.

Die Notwendigkeit einer internationalen Vereinheitlichung der Rechnungslegung ist allgemein anerkannt. Dennoch hat diese Erkenntnis bislang nur partiell zur Verfolgung einer einheitlichen Konzeption geführt, deren Erfolg jedoch durch mangelnde Verbindlichkeit sowie Kompromißhaftigkeit gefährdet erscheint (Macharzina/Scholl [Vereinheitlichung] 232). So gehen nationale Vorschriften und Grundsätze den auf übernationaler Ebene abgegebenen fachlichen Verlautbarungen immer dann vor, wenn und soweit letztere den nationalen Bestimmungen entgegenstehende Aussagen enthalten. Zumindest historisch ist der bisherige Mangel an methodischer und konzeptioneller Einheitlichkeit aber auch darauf zurückzuführen, daß unterschiedliche politische Abhängigkeiten bei der Bestimmung von Rechnungslegungsgrundsätzen zu beachten sind, ob also deren Festlegung überwiegend den zuständigen Berufsorganisationen vorbehalten bleibt (USA, Großbritannien, Niederlande) oder ob die Entscheidungen von politischen Instanzen getroffen werden (Deutschland, Frankreich, Belgien).

Als hauptsächliche Initiatoren und Träger der internationalen Standardisierung des Rechnungswesens gelten die berufsständischen Organisationen der Wirtschaftsprüfer. Deren bedeutendste, **weltweit** orientierte Organisation stellt das 1973 errichtete **International Accounting Standard Committee (IASC)** mit Sitz in London dar, dessen Zielsetzung die Erarbeitung von allgemein anerkannten Rechnungslegungsgrundsätzen für prüfungspflichtige Abschlüsse ist. Unterstützt werden diese Bestrebungen des IASC durch die Arbeit der in New York ansässigen **International Federation of Accountants (IFAC)**, deren Ziele sich u. a. auf die Errichtung und Förderung eines umfassend koordinierten Berufsverbandes erstrecken.

Standardisierungsbemühungen mit weltweiter Anerkennung gehen auch von einer Expertengruppe der Vereinten Nationen und – mit bisher allerdings deutlich geringerem Einfluß – von der OECD (Organisation for Economic Co-operation and Development) aus. Gerichtet sind die Aktivitäten der dem UN-Center on Transnational Corporations zugehörigen **Group of Experts on International Standards of Accounting and Reporting (GEISAR)** auf die Informationsverbesserung und Informationsvereinheitlichung bei der Rechnungslegung und der Berichterstattung transnationaler Unternehmen.

Neben den weltweit ausgerichteten Bestrebungen zur Vereinheitlichung von Rechnungslegung, Berichterstattung und Rechnungsprüfung bemühen sich mehrere Institutionen um eine **regional** begrenzte Harmonisierung. Hierzu gehören aus dem Bereich der Berufsorganisationen vor allem die **Union Européenne des Experts Comptables Economiques et Financiers (U.E.C.)** mit Sitz in Paris. Sie repräsentiert die zum gegenwärtigen Zeitpunkt umfassendste Vertretung der Accountants in Europa; ihre fachlichen Verlautbarungen beinhalten Empfehlungen sowohl auf der Grundlage anerkannter Regeln der Rechnungslegung und Prüfung als auch von Idealnormen zur Berufsausübung. Ähnliche regionale Berufsorganisationen bestehen für den asiatischen bzw. asiatisch-pazifischen Raum (**Asean Federation of Accountants, AFA; Confederation of Asian and Pacific Accountants, CAPA**), für den amerikanischen Kontinent (**Interamerican Accounting Association, IAA**) sowie für das Gebiet Nordamerikas und Großbritanniens (**Accountants International Study Group, AISG**).

Gestützt auf den Vertrag zur Gründung der Europäischen Wirtschaftsgemeinschaft (Art. 54 Abs. 3 Buchstabe g) haben sich die **Europäischen Gemeinschaften (EG)** zur Koordination der einzelstaatlichen Rechnungslegungsvorschriften für ihren Zuständigkeitsbereich mit dem Ziel verpflichtet, eine weitgehende **Rechtsangleichung** (nicht Rechtsvereinheitlichung) der einzelstaatlichen Rechnungslegungsvorschriften unter den Mitgliedstaaten zu erwirken. Im Gegensatz zu den lediglich mit Empfehlungscharakter ausgestatteten Verlautbarungen der Berufsorganisationen haben die in Richtlinienform gefaßten Vorschriften für die Mitgliedsstaaten jedoch unmittelbare Rechtswirkung; sie richten sich an den nationalen Gesetzgeber und verpflichten diesen zu legislativen Maßnahmen auf dem Gebiet seines nationalen Rechts. Dieser Verpflichtung ist der deutsche Gesetzgeber bezüglich der **4. EG-Richtlinie** (**Bilanzrichtlinie** vom 25. 7. 1978) und der **7. EG-Richtlinie** (**Konzernabschlußrichtlinie** vom 13. 6. 1983) durch die Verabschiedung des **Bilanzrichtlinien-Gesetzes** am 19. 12. 1985 nachgekommen. Die damit erwirkte **umfassende Bilanzreform** war durch das umfangreiche Angebot von bei der einzelstaatlichen Gesetzestransformation beanspruchbaren nationalen Wahlrechten begünstigt, mit dem der Verbindlichkeitscharakter der EG-Rechnungslegungs-Richtlinien deutlich abgeschwächt wurde. Die mit der Bilanzrichtlinie (4. EG-Richtlinie) und der Konzernabschlußrichtlinie (7. EG-Richtlinie) erstrebte Harmonisierung kann deshalb wohl auch nur als bedingt erreicht bezeichnet werden.

Abkürzungsverzeichnis

AfA	Absetzung für Abnutzung
AG	Aktiengesellschaft
AktG	Aktiengesetz
AO	Abgabenordnung
EStDV	Einkommensteuerdurchführungsverordnung
EStG	Einkommensteuergesetz
EStR	Einkommensteuerrichtlinien
GenG	Genossenschaftsgesetz
GewStG	Gewerbesteuergesetz
GmbHG	GmbH-Gesetz
GoB	Grundsätze ordnungsmäßiger Buchführung
GuV	Gewinn- und Verlustrechnung
HGB	Handelsgesetzbuch
KGaA	Kommanditgesellschaft auf Aktien
KStG	Körperschaftssteuergesetz
PublG	Publizitätsgesetz
VAG	Versicherungsaufsichtsgesetz

Literaturhinweise zu 2.1 und 2.2

Adler, Hans, Düring, Walther und Schmaltz, Kurt: [Rechnungslegung] und Prüfung der Aktiengesellschaft. Handkommentar, 4. Aufl., bearb. von Kurt Schmaltz u. a., Bd. 1: Rechnungslegung, Stuttgart 1968; 5. Aufl., Rechnungslegung der Unternehmen, Stuttgart 1987.

Bea, Franz Xaver: [Bewertung], handels- und steuerrechtliche. In: E. Grochla und W. Wittmann (Hrsg.): Handwörterbuch der Betriebswirtschaft, 1. Bd., 4. Aufl., Stuttgart 1974, Sp. 821–833.

Buchner, Robert: [Bilanz], allgemein. In: E. Grochla und W. Wittmann (Hrsg.): Handwörterbuch der Betriebswirtschaft, 1. Bd., 4. Aufl., Stuttgart 1974, Sp. 858–866.

Busse von Colbe, Walther, Ordelheide, Dieter: [Konzernabschlüsse], 5. Aufl., Wiesbaden 1984.

Coenenberg, Adolf Gerhard u. a.: [Jahresabschluß] und Jahresabschlußanalyse, 9. Aufl., Landsberg a. Lech 1987.

Egner, Henning: [Bilanzen], München 1974.

Eisele, Wolfgang: [Technik] des betrieblichen Rechnungswesens. Buchführung – Kostenrechnung – Sonderbilanzen, 2. Aufl., München 1985.

Eisele, Wolfgang: Bilanzen, [Systematik] der. In: E. Kosiol, K. Chmielewicz,

M. Schweitzer (Hrsg.): Handwörterbuch des Rechnungswesens, 2. Aufl., Stuttgart 1981, Sp. 205–215.

Eisele, Wolfgang, Kühn, Manfred: Bilanzierungskriterien bei [Sonderbilanzen]. In: WiSt 13. Jg. (1984), S. 269–277.

Europäische Gemeinschaften: Vierte Richtlinie des Rates vom 25. 07. 1978 über den Jahresabschluß von Gesellschaften bestimmter Rechtsformen 78/660/EWG. In: Amtsblatt der Europäischen Gemeinschaften L 222, 21. Jg. (1978), S. 11–31.

Europäische Gemeinschaften: Siebente Richtlinie des Rates vom 13. 07. 1983 über den konsolidierten Abschluß 83/349/EWG. In: Amtsblatt der Europäischen Gemeinschaften L 193, 26. Jg. (1983), S. 1–17.

Federmann, Rudolf: [Bilanzierung] nach Handelsrecht und Steuerrecht. 6. Aufl., Berlin 1987.

Hax, Karl: [Bilanztheorien], allgemein. In: E. Kosiol (Hrsg.): Handwörterbuch des Rechnungswesens, Stuttgart 1970, Sp. 238–248.

Heinen, Edmund: [Handelsbilanzen]. 12. Aufl., Wiesbaden 1986.

Leffson, Ulrich: Die [Grundsätze] ordnungsgemäßer Buchführung. 7. Aufl., Düsseldorf 1987.

Macharzina, Klaus, Scholl, Rolf F.: Internationale [Vereinheitlichung] der Rechnungslegung. In: Die Betriebswirtschaft, 44. Jg. (1984), S. 229–252.

Moxter, Adolf: [Bilanzlehre I], Band I: Einführung in die Bilanztheorie, 3. Aufl., Wiesbaden 1984.

Moxter, Adolf: [Bilanzlehre II], Band II: Einführung in das neue Bilanzrecht, 3. Aufl., Wiesbaden 1986.

Ruchti, Hans: [Erfolgsermittlung] und Bewegungsbilanz. In: Zeitschrift für handelswissenschaftliche Forschung, 7. Jg. (1955), S. 499–520.

Schneider, Dieter: Ausschüttungsfähiger [Gewinn] und das Minimum an Selbstfinanzierung. In: Zeitschrift für betriebswirtschaftliche Forschung, 20. Jg. (1968), S.1–29.

Schneider, Dieter: [Entwicklungsstufen] der Bilanztheorie. In: Wirtschaftswissenschaftliches Studium, 3. Jg. (1974), S. 158–164.

Schneider, Dieter: [Bilanztheorien], neuere Ansätze. In: E. Kosiol, (Hrsg.): Handwörterbuch des Rechnungswesens, Stuttgart 1970, Sp. 260–270.

Schweitzer, Marcell: [Struktur] und Funktion der Bilanz. Berlin 1972.

Stützel, Wolfgang: Bemerkungen zur [Bilanztheorie]. In: Zeitschrift für Betriebswirtschaft, 37. Jg. (1967), S. 314–340.

Wagner, Franz W.: Substanzerhaltung und [Gewinnverwendung] bei Publikumsaktiengesellschaften. In: Die Wirtschaftsprüfung, 29. Jg. (1976), S. 487–494.

Wöhe, Günter: [Bilanzierung] und Bilanzpolitik. 6. Aufl., München 1984.

v. Wysocki, Klaus: [Sozialbilanzen], Stuttgart u. New York 1981.

v. Wysocki, Klaus, Wohlgemuth, Michael: [Konzernrechnungslegung], 3. Aufl., Düsseldorf 1986.

2.3 Kostenrechnung

Gerhard Scherrer

2.3.1 Aufgaben und Grundbegriffe der Kostenrechnung

Vor der Darstellung der Kostenrechnung sind die mit ihr zu erfüllenden Aufgaben aufzuzeigen sowie die Grundbegriffe zu klären. Die produktions- und kostentheoretischen Grundlagen werden an anderer Stelle (Scherrer [Kostenrechnung] 17 ff.) erörtert.

2.3.1.1 Aufgaben der Kostenrechnung

Die Kostenrechnung stellt – wie in Abschnitt 2.1 ausgeführt – neben der Finanzbuchhaltung ein zentrales Gebiet des betrieblichen Rechnungswesens dar. Sie ist

– Lenkungsinstrument,
– Dokumentationsinstrument und
– Kontrollinstrument

der Unternehmensleitung.

Die **Lenkungsfunktion** ist von zentraler Bedeutung im entscheidungsorientierten Rechnungswesen. Sie verlangt die Ermittlung von Kostenrechnungsdaten als Basis für optimale unternehmerische Entscheidungen, insbesondere für Entscheidungen im Produktions- und Absatzbereich.

Die **Dokumentationsfunktion** besteht darin, die entstandenen Kosten und ihre Zuordnung zu den in Frage kommenden Bezugsobjekten, insbesondere den hergestellten und verkauften Produkten, zu erfassen und festzuhalten.

Die **Kontrollfunktion** dient der Kontrolle sämtlicher Kosten sowie des Betriebsergebnisses. Dabei richtet sich die Kontrolle insbesondere auf die Prüfung der Übereinstimmung der tatsächlich entstandenen Kosten mit vorgegebenen Plan- oder Sollkosten. Kostenabweichungen sind auf ihre Ursachen hin zu untersuchen.

Aus den genannten Funktionen lassen sich die folgenden **Aufgaben** der Kostenrechnung ableiten:

1. Ermittlung entscheidungsrelevanter Kostenrechnungsdaten,

2. Errechnung der Kosten für die Produkteinheit (Kalkulation),
3. Kontrolle der Wirtschaftlichkeit der betrieblichen Leistungserstellung.

Die angeführten Aufgaben können nicht von allen Kostenrechnungssystemen gleich gut erfüllt werden. So erfordert die Kontrolle der Wirtschaftlichkeit der betrieblichen Leistungserstellung, daß als Vergleichsgrößen Plan- oder Sollkosten vorgegeben werden können, die geeignet sind, als Basis zur Beurteilung der Istkosten zu dienen. Die Ermittlung entscheidungsrelevanter Kostenrechnungsdaten ist aufgrund der Zukunftsorientierung unternehmerischer Entscheidungen nur möglich, wenn die Kostenrechnung gleichfalls auf die Zukunft ausgerichtet ist.

2.3.1.2 Grundbegriffe der Kostenrechnung

(1) Kostenbegriff

Der Umfang dessen, was als Kosten in das Rechnungswesen eines Unternehmens eingeht, wird von der verwendeten Begriffsfassung bestimmt. Die verschiedenen in der Betriebswirtschaftslehre bestehenden Fassungen des Begriffs Kosten basieren auf einer unterschiedlichen Interpretation der Merkmale, die den allgemeinen **Kostenbegriff** bestimmen (Schweitzer, Hettich, Küpper [Systeme] 28 ff.), nämlich

1. Verbrauch von Produktionsfaktoren,
2. Leistungsbezogenheit des Produktionsfaktorverbrauchs,
3. Bewertung des Produktionsfaktorverbrauchs.

Man unterscheidet insbesondere zwischen den folgenden **Begriffsfassungen:**

- **Entscheidungsorientierter** Kostenbegriff. »Kosten sind die durch die Entscheidung über das betrachtete Objekt ausgelösten zusätzlichen – nicht kompensierten – Ausgaben (Auszahlungen)« (Riebel [Deckungsbeitragsrechnung] 427).
- **Wertmäßiger** Kostenbegriff. »Kosten sind die in der Kostenrechnung anzusetzenden Werte der für Leistungen verzehrten Güter« (Schmalenbach [Kostenrechnung] 6).
- **Pagatorischer** Kostenbegriff. Unter Kosten werden »die mit Herstellung und Absatz einer Erzeugniseinheit bzw. einer Periode verbundenen ›nicht kompensierten‹ Ausgaben verstanden. D. h., unter dem Kostenbegriff werden alle diejenigen betrieblichen Ausgaben zusammengefaßt, die nicht als Tilgungsausgaben oder Kreditgewährungsausgaben durch entsprechende Einnahmen aus einer Kreditinan-

spruchnahme oder Rückempfang eines gewährten Kredites kompensiert werden.« (Koch [Kostenbegriff] 361 f.).
— **Realwirtschaftlicher** Kostenbegriff. »Kosten sind der in Geld bewertete Verzehr von Gütern im Zuge der Durchführung des Produktionsprozesses.« (Schneider [Rechnungswesen] 33). Die bei der Produktion einer Periode verwandten Mengen eigener und gekaufter Produktionsmittel werden von *Schneider* als die **Realkosten** einer Periode bezeichnet.

Ohne, daß auf die unterschiedlichen Begriffsfassungen näher eingegangen wird, sei in Anlehnung an die herrschende Auffassung definiert:

> Unter **Kosten** versteht man den bewerteten Verbrauch von Produktionsfaktoren zur Erstellung und zum Absatz der betrieblichen Leistungen und zur Aufrechterhaltung der Betriebsbereitschaft.

Kosten sind dabei gegenüber anderen Rechnungsgrößen abzugrenzen, so insbesondere gegenüber

— Ausgaben, die vielfach mit Auszahlungen gleichgesetzt werden, und
— Aufwand (Aufwendungen).

(2) Kosten und Ausgaben

> Definiert man **Ausgaben** als einen negativen Zahlungsstrom i. S. eines Abflusses von Geld, so können Kosten und Ausgaben übereinstimmen, aber auch differieren.

Die auftretenden Unterschiede können
— zeitlicher Art und
— sachlicher Art
sein.

Zeitliche Unterschiede liegen in der Zuordnung von Ausgaben und Kosten zu unterschiedlichen Rechnungsperioden. Die Zuordnung der Ausgaben richtet sich nach dem Zahlungszeitpunkt, die Zuordnung der Kosten nach dem Zeitpunkt des Produktionsfaktorverbrauchs.

Sachliche Unterschiede können in unterschiedlichen Wertansätzen für Ausgaben und Kosten und in fehlender Leistungsbezogenheit von Ausgaben bzw. im fehlenden Ausgabencharakter von Kosten begründet sein. Wertunterschiede können sowohl darin bestehen, daß die Ausgaben die anzusetzenden Kosten übersteigen, als auch darin, daß die Kosten höher sind als die Ausgaben, so z. B. bei der Bewertung des Produktionsfaktorverbrauchs zu Wiederbeschaffungskosten bei Inflation.

Die folgende Darstellung zeigt die in Betracht kommenden Beziehungen zwischen Ausgaben und Kosten auf.

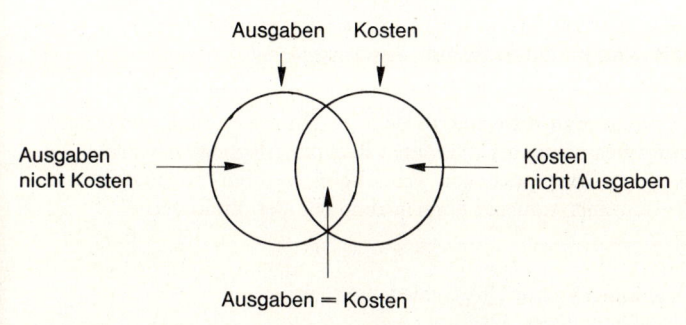

Abb. 3.2.18: Abgrenzung zwischen Ausgaben und Kosten

Beispiele:

Ausgaben nicht Kosten:

- Rückzahlung von Darlehen, Privatentnahmen;
- Zahlung von Rohstoffen, die in der Periode nicht verarbeitet werden;
- Zahlung von Löhnen für vorangegangene oder nachfolgende Perioden.

Kosten nicht Ausgaben:

- Kalkulatorische Kosten, soweit für sie kein Geldabfluß entsteht, wie kalkulatorischer Unternehmerlohn bei der Nichtkapitalgesellschaft, kalkulatorische Miete für die Benutzung von Räumen, die zum Privatvermögen des Unternehmers gehören, kalkulatorische Zinsen auf das Eigenkapital;
- Verarbeitung früher bezahlter Rohstoffe;
- Einsatz von Personal bei Zahlung der entsprechenden Löhne in früheren oder späteren Perioden.

Ausgaben gleich Kosten:

- Zahlung von Roh-, Hilfs- und Betriebsstoffen, die in der Periode verarbeitet werden;

- Zahlung von Löhnen und Gehältern für den Personaleinsatz in der Periode;
- Zahlung von Werkzeug, das in der Periode eingesetzt wird;
- Zahlung von Verpackungsmaterial, Fracht und Vertreterprovision, die für die Periode angefallen sind;
- Zahlung von Wartungs- und Reparaturkosten, die die Periode betreffen;
- Zahlung von Fremdkapitalzinsen, die die Periode betreffen.

(3) Kosten und Aufwand

> Definiert man **Aufwand** als den periodisierten, erfolgswirksamen, unter Beachtung der relevanten Rechnungslegungsvorschriften bewerteten Verbrauch von Produktionsfaktoren, so können auch Kosten und Aufwand übereinstimmen oder differieren.

Die auftretenden **Unterschiede** können
- mengenmäßiger Art,
- wertmäßiger Art,
- in fehlender Leistungsbezogenheit des Aufwands bzw. fehlendem Aufwandcharakter der Kosten begründet sein.

Mengenmäßige Unterschiede können darin begründet sein, daß in dem Aufwand größere Produktionsfaktormengen erfaßt werden als in den Kosten, indem etwa ein Produktionsfaktoreinsatz für die Erstellung nicht betrieblicher Leistungen erfolgt.

Wertmäßige Unterschiede sind in der Beachtung der für die Bestimmung des Aufwands relevanten Rechnungslegungsvorschriften begründet. Dies ist in der Regel der Fall, wenn die zu kalkulatorischen Werten angesetzten Kosten von dem auf pagatorischen Werten basierenden Aufwand abweichen.

Unterschiede zwischen Kosten und Aufwand treten schließlich immer dann auf, wenn der Aufwand der Periode zwar durch den Verbrauch von Produktionsfaktoren entstanden ist, diesem Verbrauch jedoch der **Bezug zur Leistungserstellung bzw. zur Aufrechterhaltung der Betriebsbereitschaft** fehlt. In entsprechender Weise ergeben sich Unterschiede zwischen Kosten und Aufwand dann, wenn dem bewerteten Verbrauch von Produktionsfaktoren zur Erstellung der betrieblichen Leistungen und zur Aufrechterhaltung der Betriebsbereitschaft ein **entsprechender Aufwand** nicht gegenübersteht.

Soweit Aufwendungen entstehen, die nicht zugleich Kosten sind, spricht man von **neutralem Aufwand**. Kosten, die nicht zugleich Aufwand sind, nennt man **Zusatzkosten**. Soweit sich Kosten und Aufwand entsprechen, spricht man von **Grundkosten** und **Zweckaufwand**.

Die folgende Darstellung soll den Sachverhalt verdeutlichen.

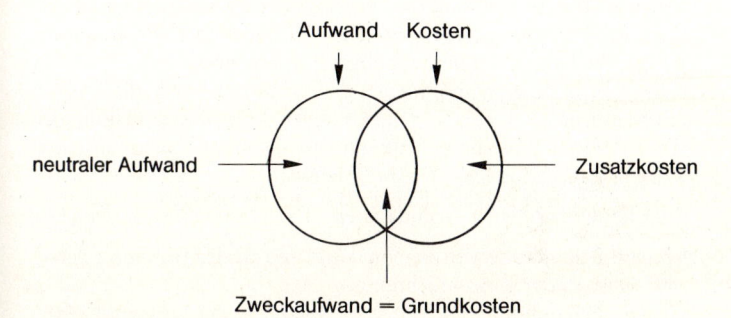

Abb. 3.2.19: Abgrenzung zwischen Aufwand und Kosten

Beispiele:

Neutraler Aufwand:

Neutraler Aufwand kann auftreten als betriebsfremder Aufwand (Aufwand, der nicht die betriebliche Leistungserstellung bzw. die Aufrechterhaltung der Betriebsbereitschaft betrifft), als periodenfremder Aufwand (Aufwand, der nicht die Betrachtungsperiode betrifft) sowie außerordentlicher Aufwand (Aufwand, der zwar die betriebliche Leistungserstellung bzw. die Aufrechterhaltung der Betriebsbereitschaft betrifft und auch in der Periode anfällt, der jedoch in seiner Höhe ungewöhnlich ist):

- Betriebsfremder Aufwand, wie Reparatur an nicht betriebsnotwendigen Vermögensgegenständen
- Periodenfremder Aufwand, wie Nachzahlung von Kostensteuern (z. B. Vermögensteuer, Grundsteuer, Gewerbesteuer, Kraftfahrzeugsteuer);
- Außerordentlicher Aufwand, wie Reparatur von Katastrophenschäden.

Zusatzkosten:

Kalkulatorische Kosten, soweit ihnen der Art, der Menge oder dem Wert nach keine entsprechenden Aufwendungen gegenüberstehen:

- Kalkulatorische Kosten, denen der Art nach keine Aufwendungen gegenüberstehen, sind der kalkulatorische Unternehmerlohn bei der Nichtkapitalgesellschaft, die kalkulatorische Miete für die Benutzung von Räumen, die zu dem Privatvermögen des Unternehmers gehören, kalkulatorische Zinsen auf das Eigenkapital;
- Kalkulatorische Kosten, denen der Menge nach keine Aufwendungen gegenüberstehen, sind z. B. kalkulatorische Abschreibungen auf Gegenstände des Anlagevermögens, die nach den Rechnungslegungsvorschriften bereits voll abgeschrieben sind;
- Kalkulatorische Abschreibungen, denen in der Höhe keine entsprechenden Aufwendungen gegenüberstehen, können sein kalkulatorischer Unternehmerlohn, kalkulatorische Miete, kalkulatorische Zinsen, kalkulatorische Abschreibungen.

Zweckaufwand gleich Grundkosten:

- Gleiche Behandlung von Personalaufwand in der GuV und Personalkosten in der Kostenrechnung;
- Gleiche Behandlung von Materialaufwand in der GuV und Materialkosten in der Kostenrechnung;
- Gleiche Behandlung von Abschreibungen in der GuV und in der Kostenrechnung;
- Gleiche Behandlung von sonstigen Aufwendungen in der GuV und sonstigen Kosten in der Kostenrechnung.

(4) Leistung, Einnahmen und Ertrag

Den Begriffen Kosten, Ausgaben und Aufwand werden die Begriffe **Leistung (Betriebsertrag), Einnahmen** und **Ertrag** gegenübergestellt.

Wie der Kostenbegriff ist auch der **Leistungsbegriff** durch drei Merkmale gekennzeichnet:
1. Herstellung von Produkten,
2. Sachzielbezogenheit i. S. der Herstellung von Produkten,
3. Bewertung der hergestellten Produkte.

---

(5) Gliederung der Kosten

Die Durchführung der Kostenrechnung erfordert weitere Abgrenzungen des Kostenbegriffs und die Gliederung der Kosten nach mehreren Merkmalen. Hierauf ist bei der Darstellung der entsprechenden Sachverhalte einzugehen.

Als wichtige **Kostengliederungen** seien schon hier unterschieden:

1. nach der **Zurechenbarkeit** zu einem Bezugsobjekt: Einzelkosten und Gemeinkosten.

> **Einzelkosten** sind einem Bezugsobjekt, z. B. einem Produkt, direkt zurechenbar.

Werden mehrere Bezugsobjekte (z. B. Produkt, Produktgruppe, Kostenstelle, Betriebsbereich) verwendet, um die Möglichkeit einer Zurechnung aller Kosten als Einzelkosten zu schaffen (Bezugsobjekthierarchie), so spricht man von **relativen Einzelkosten** (Riebel [Deckungsbeitragsrechnung] 36 ff.). Überwiegend werden jedoch als Bezugsobjekt für die Abgrenzung von Einzelkosten und Gemeinkosten allein die Kostenträger, d. h. die Produkte, angesehen. Einzelkosten sind dabei die den Kostenträgern direkt zurechenbaren Kosten.

> **Gemeinkosten** sind die einem Bezugsobjekt, z. B. einem Kostenträger, nicht direkt, sondern indirekt über andere Bezugsobjekte, z. B. Kostenstellen, zurechenbaren Kosten.

2. nach der **Abhängigkeit** von der Variation des Kostenbestimmungsfaktors Beschäftigung bei kurzfristiger Betrachtung: variable Kosten und fixe Kosten.

> **Variable Kosten** ändern sich mit der Beschäftigung, **fixe Kosten** bleiben bei kurzfristiger Betrachtung konstant.

2.3.2 Systeme der Kostenrechnung

Es wurde bereits darauf verwiesen, daß die Aufgaben der Kostenrechnung nicht von allen Kostenrechnungssystemen in gleicher Weise erfüllt werden können. Dies wird am deutlichsten bei einer Gegenüberstellung unterschiedlicher Systeme (Chmielewicz [Entwicklungslinien]). Die bekannten Kostenrechnungssysteme lassen sich nach mehreren Merkmalen gliedern. Als übergeordnetes Gliederungsmerkmal wird hier die **zeitliche Ausrichtung** eines Systems angesehen und unterschieden zwischen

- vergangenheitsorientierten und
- zukunftsorientierten

Kostenrechnungssystemen.

Wählt man als weiteres Merkmal zur Gliederung der Kostenrechnungssysteme den **Umfang** der im System verrechneten Kosten, so kann man differenzieren zwischen

- Vollkostenrechnungssystemen und
- Teilkostenrechnungssystemen.

2.3.2.1 Vergangenheitsorientierte Kostenrechnungssysteme

Die vergangenheitsorientierten Systeme lassen sich noch danach unterscheiden, ob bei der Kostenverrechnung in der Kostenstellen- und Kostenträgerrechnung Zuschlagssätze verwendet werden, die auf der Basis der tatsächlichen Kosten

- **einer** Periode der Vergangenheit,
- **mehrerer** Perioden der Vergangenheit

ermittelt wurden. Im ersten Fall spricht man von der **Istkostenrechnung,** im zweiten von der **Normalkostenrechnung.**

2.3.2.1.1 Vergangenheitsorientierte Vollkostenrechnungssysteme

2.3.2.1.1.1 Istkostenrechnung auf Vollkostenbasis

Die Istkostenrechnung auf Vollkostenbasis ist dadurch charakterisiert, daß sie die gesamten tatsächlich angefallenen Kosten erfaßt und auf die Produkte verrechnet.

Bezeichnet man die Istverbrauchsmenge des Produktionsfaktors i (i=1,2,...,m) mit r_i^i, den Istproduktionsfaktorpreis des Faktors i mit q_i^i, so lassen sich die gesamten Istkosten K^i als Summe der mit den Istpreisen bewerteten Istverbrauchsmengen der Produktionsfaktoren darstellen mit

$$K^i = \sum_{i=1}^{m} r_i^i q_i^i$$

Für den Fall, daß die Einsatzmenge eines jeden Produktionsfaktors eindeutig die Mengen der übrigen Produktionsfaktoren und die Produktmenge bestimmt, ist die Produktmenge eine eindeutige Funktion jeder Faktoreinsatzmenge (**Limitationalität von Produktionsfaktoren**).

Bezeichnet man die Istmenge des Produktes j (j=1,2,...,n) mit x_j^i, die Istkosten pro Einheit des Produktes j mit k_j^i, so ergeben sich die gesamten Istkosten auch mit

$$K^i = \sum_{j=1}^{n} k_j^i x_j^i$$

Als **Hauptaufgabe** der Istkostenrechnung wird die Überwälzung der Istkosten auf die Kostenträger angesehen. Mit dem Istkostenrechnungssystem auf Vollkostenbasis sollen die tatsächlich angefallenen Kosten möglichst lückenlos auf die Produkte verrechnet werden. Den Schwerpunkt der Rechnung bildet daher die Nachkalkulation.

Die Istkostenrechnung als Vollkostenrechnung gilt als **veraltet**. Gegen sie wird eine Reihe von **Einwendungen** erhoben:

1. Die Zielsetzung richtet sich auf die **Nachkalkulation**. Die Istkostenrechnung will ermitteln, was in der Abrechnungsperiode die einzelnen Produkte effektiv gekostet haben. Damit ist die Istkostenrechnung als **Lenkungsinstrument** ungeeignet.
2. Mit der Erfassung der Istkosten wird die **Dokumentationsfunktion** der Kostenrechnung erfüllt. Allerdings wird das Verfahren als rechentechnisch **schwerfällig** eingestuft. Dies ist im wesentlichen darin begründet, daß jede einzelne verbrauchte Produktionsfaktormenge mit dem zugehörigen Produktionsfaktorpreis zu bewerten ist.
3. Der Haupteinwand gegen die Istkostenrechnung besteht in der fehlenden Möglichkeit der **laufenden Kostenkontrolle**. Letztere setzt voraus, daß die entstandenen Istkosten an vorgegebenen Sollkosten gemessen werden. Hinzu kommt, daß die Istkosten das Ergebnis des Zusammenwirkens aller Kostenbestimmungsfaktoren darstellen. Es wirken Einflüsse von Beschäftigungsschwankungen, Kapazitätsveränderungen, Lohn- und Preisbewegungen, unterschiedlichen Auftragszusammensetzungen und Wirkungen von Unwirtschaftlichkeiten im Betrieb. Das Hauptziel der Kostenrechnung, nämlich die Kontrolle der Wirtschaftlichkeit, ist damit mit der Istkostenrechnung nicht erreichbar.

2.3.2.1.1.2 Normalkostenrechnung auf Vollkostenbasis

Die Normalkostenrechnung auf Vollkostenbasis will einen Teil der genannten Mängel der Istkostenrechnung beseitigen. Hierzu werden die Verrechnungssätze für innerbetriebliche Leistungen und die Kalkulationszuschlagssätze normalisiert. Dies erfolgt in der Weise, daß die Sätze nicht auf der Basis von Istwerten, sondern aus den statistischen oder den aktualisierten Mittelwerten der Istkosten früherer Perioden gebildet werden. Während die Einzelkosten in der Ist- und Normalkostenrechnung gleich sein können, bestehen **Unterschiede** insbesondere **bei den Gemeinkosten**.

Wie die Istkostenrechnung gliedert sich auch die Normalkostenrechnung in die Teilbereiche Kostenarten-, Kostenstellen- und Kostenträgerrechnung. Die Verwendung von normalisierten Verrechnungssätzen führt nur in der Kostenstellenrechnung zu Abweichungen zwischen den Istgemeinkosten (hier vereinfacht mit K^i bezeichnet), mit denen eine Kostenstelle belastet wird, und den weiterverrechneten Normalgemeinkosten (hier vereinfacht mit K^n bezeichnet). Diese Abweichungen werden als **Unter-** bzw. **Überdeckungen** bezeichnet. Die Ermittlung der Normalgemeinkosten erfolgt, ebenso wie die der Istgemeinkosten, auf der Basis der Istbeschäftigung der Kostenstelle. Die Unter- bzw. Überdeckungen resultieren damit aus der Unterschiedlichkeit der Gemeinkostenzuschlagssätze, d.h. der Unterschiedlichkeit von Istgemeinkostensatz k^i und Normalgemeinkostensatz k^n pro Istbeschäftigungseinheit.

Die Normalgemeinkosten ergeben sich mit

$$K^n = k^n b^i,$$

wobei b^i die Istbeschäftigung einer Kostenstelle bezeichnet. Die Istbeschäftigung kann durch die hergestellte Produktmenge x^i, die Fertigungsstunden t^i oder durch andere Maßgrößen bestimmt werden. Die **Gemeinkostendifferenz D** (vgl. Abb. 3.2.20) errechnet man mit

$$D = K^i - K^n = (k^i - k^n) b^i$$

Es lassen sich drei Situationen unterscheiden:

1. Für $k^i > k^n$ ergeben sich Unterdeckungen, d.h., es werden nicht die gesamten tatsächlich entstandenen Kosten weiterverrechnet.
2. Für $k^i < k^n$ ergeben sich Überdeckungen, d.h., es werden mehr als die tatsächlich entstandenen Kosten weiterverrechnet.
3. Für $k^i = k^n$ ist die Gemeinkostendifferenz Null, d.h., es werden genau die Istkosten weiterverrechnet.

Beispiel:

In einer Kostenstelle ergeben sich für einen bestimmten Abrechnungszeitraum (Monat) folgende Daten:

- Istfertigungsstunden (b^i)   1.560
- Istgemeinkosten (K^i)   49.750   DM

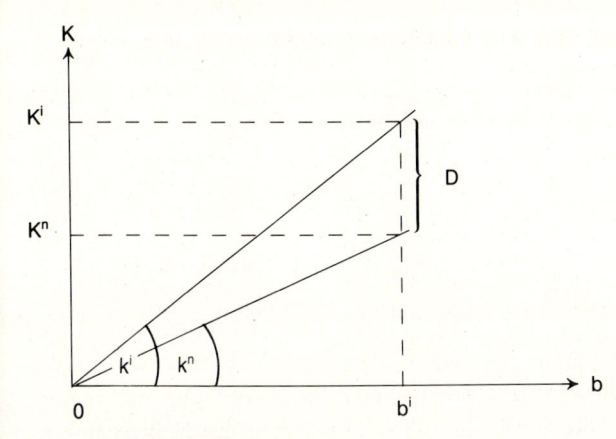

Abb. 3.3.20: Gemeinkostendifferenz

- Istgemeinkostensatz pro Fertigungsstunde (k^i) 31,891 DM
- Normalgemeinkostensatz pro Fertigungsstunde (k^n) 25 DM
- Verrechnete Normalgemeinkosten (K^n) 39.000 DM

Die Gemeinkostendifferenz erhält man als Unterdeckung mit D = 49.750 − 39.000 DM = (31,891 − 25) DM/FStd · 1.560 FStd = 10.750 DM.

Die Normalkostenrechnung führt durch die Verwendung normalisierter, über mehrere Abrechnungsperioden konstanter Verrechnungssätze zu einer verfahrenstechnischen **Vereinfachung** gegenüber der Istkostenrechnung.

In bezug auf die Aufgaben der Kostenrechnung ist die Normalkostenrechnung wie folgt zu **beurteilen:**

1. Ebenso wie die Istkostenrechnung liefert die Normalkostenrechnung aufgrund ihres **Vergangenheitsbezugs** keine entscheidungsrelevanten Daten und erfüllt insoweit nicht die **Lenkungsfunktion;**
2. Die Normalkostenrechnung erfüllt aufgrund der Erfassung von Istkosten der vergangenen Abrechnungsperioden die **Dokumentationsfunktion** der Kostenrechnung. Gegenüber der Istkostenrechnung führt sie zu einer Vereinfachung bei der innerbetrieblichen Leistungsverrechnung. Sie verzichtet darauf, jeden einzelnen Produktionsfaktorverbrauch mit dem zugehörigen Istpreis zu bewerten. Statt dessen verwendet die Normalkostenrechnung feste Verrechnungspreise für innerbetriebliche Leistungen.

3. Eine wirksame **Kostenkontrolle** wird mit der Normalkostenrechnung nicht erreicht. Es werden zwar Unter- bzw. Überdeckungen zwischen Ist- und Normalkosten ermittelt. Diese Differenzen sind jedoch zur Beurteilung der Wirtschaftlichkeit des Betriebs nicht geeignet, da beide Vergleichsgrößen auf Vergangenheitswerten beruhen. Die Normalkosten stellen keinen geeigneten Meßwert für die entstandenen Istkosten dar, so daß sich die Wirkungen der unterschiedlichen Kostenbestimmungsfaktoren, insbesondere die Wirkungen von Unwirtschaftlichkeiten im Betrieb, nicht feststellen lassen.

Einen Ansatz zur Kostenkontrolle bietet die Normalkostenrechnung in einer speziellen Ausgestaltung, die dadurch charakterisiert ist, daß die Gemeinkostendifferenzen aufgespalten werden in

– Gemeinkostendifferenzen, die auf Veränderungen der Beschäftigung zurückzuführen sind (**Beschäftigungsabweichungen**) und
– restliche Gemeinkostendifferenzen (**Sonstige Abweichungen**).

Die Aufspaltung der Gemeinkostendifferenzen wird dadurch erreicht, daß bei der Bildung des Gemeinkostenzuschlagssatzes die von der Beschäftigung unabhängigen fixen Kostenbestandteile abgetrennt werden. Auf der Basis der fixen Istgemeinkosten der Vorperioden werden die fixen Normalgemeinkosten ermittelt. Die verbleibenden variablen Istgemeinkosten der Vorperioden bilden die Grundlage für die Ermittlung der proportionalen Normalgemeinkostensätze. Bei Multiplikation mit der relevanten Istbezugsgröße erhält man die proportionalen Normalgemeinkosten. Die sich durch Addition von fixen und proportionalen Normalgemeinkosten ergebenden Normalgemeinkosten werden als **Normkosten** bezeichnet.

2.3.2.1.2 Vergangenheitsorientierte Teilkostenrechnungssysteme

> **Teilkostenrechnungen** sind dadurch charakterisiert, daß sie den Produkten nur einen Teil der Kosten, überwiegend nur die variablen Kosten, zurechnen.

Da für den in der Kostenrechnung i. d. R. unterstellten **linearen Verlauf** der Gesamtkostenkurve die variablen Kosten gleich den Grenzkosten sind, spricht man auch von **Grenzkostenrechnung**. Vielfach werden auch die Bezeichnungen Deckungsbeitragsrechnung, Bruttogewinnrechnung, Direct Costing, Variable Costing und Marginal Costing verwendet.

Unterschiede zwischen den angeführten Verfahren bestehen darin, daß sich das Schwergewicht der Betrachtung

- einerseits auf die verrechneten Kostenteile (Direct Costing, Variable Costing, Marginal Costing),
- andererseits auf die Differenz zwischen den Erlösen und den verrechneten Kostenteilen (Deckungsbeitragsrechnung, Bruttogewinnrechnung)

richtet.

Teilkostenrechnungen können sich bezüglich der Kostenauflösung (Kostenaufspaltung, Kostenzerlegung) in der Kostenartenrechnung, der Kostenverrechnung in der Kostenstellenrechnung, der Kalkulation und der kurzfristigen Erfolgsrechnung unterscheiden. Wesentliches **Merkmal der Teilkostenrechnung** ist die **Zurechnung nur bestimmter Teile der Kosten auf die Produkte** und die globale Übernahme der nicht zugerechneten Kosten in die kurzfristige Erfolgsrechnung.

2.3.2.1.2.1 Istkostenrechnung auf Grenzkostenbasis

Bei der Istkostenrechnung auf Grenzkostenbasis werden sämtliche tatsächlich angefallenen Kosten in von der Istbeschäftigung abhängige variable Kosten $K^{(v)}$ und unabhängige Fixkosten $K^{(f)}$ aufgelöst (**Kostenauflösung**). Nur die variablen Kosten werden auf die hergestellten Produkte verrechnet.

Es bezeichne i (i=1,2,...,m) die beschäftigungsabhängigen Produktionsfaktoren eines Unternehmens. Sind die variablen Istkosten $K^{i(v)}$ einer Kostenstelle für alle beschäftigungsabhängigen Produktionsfaktoren als lineare Funktion der Istbeschäftigung b^i darstellbar, sind damit die durchschnittlichen variablen Kosten $k_i^{i(v)}$ konstant, so gilt für die gesamten Istkosten der Kostenstelle bei Kostenauflösung

$$K^i(b^i) = \sum_{i=1}^{m} k_i^{i(v)} b^i + K^{i(f)}$$

Die Festlegung der Verrechnungssätze für innerbetriebliche Leistungen in der Kostenstellenrechnung und der Kalkulationssätze in der Kostenträgerrechnung basiert in der Grenzkostenrechnung **ausschließlich auf variablen Kosten**. Für eine Kostenstelle ergibt sich der Istkostenverrechnungssatz $k^{i(v)}$ durch Division der variablen Kosten der Kostenstelle durch die Istbeschäftigung b^i. Die **Fixkosten** $K^{i(f)}$ der Kostenstelle **gehen** danach **nicht in die Istkostenverrechnungssätze ein**, d. h., es erfolgt keine Weiterverrechnung der Fixkosten einer Kostenstelle auf andere Kostenstellen oder Kostenträger (Produkte). Zum Ausgleich der Kostenstellenkonten erfolgt, wie angeführt, eine **globale Übernahme der Fixkosten in die kurzfristige Erfolgsrechnung.**

Wird als Maßstab für die Istbeschäftigung b^i die erstellte Produktmenge x^i verwendet und bezeichnet $k_j^{i(v)}$ die variablen Istkosten pro Einheit des Produktes j (j=1,2,...,n), so lassen sich die Istkosten bei der Erstellung der Istproduktmenge x_j^i darstellen mit

$$K^i = \sum_{j=1}^{n} x_j^i k_j^{i(v)} + K^{i(f)}$$

Der **Betriebserfolg** (Betriebsergebnis) auf der Basis der Istkosten wird durch Gegenüberstellung von Kosten und Leistung ermittelt. Sind die Istproduktmengen x_j^i zu einem konstanten Preis p_j^i innerhalb der Abrechnungsperiode veräußert worden und kann der Preis als Kriterium für die Wertzuordnung verwendet werden, so läßt sich die **Istleistung** L^i bestimmen mit

$$L^i = \sum_{j=1}^{n} x_j^i p_j^i$$

Der **Betriebserfolg** G^i ergibt sich dann als Differenz zwischen der Istleistung und den gesamten Istkosten mit

$$G^i = \sum_{j=1}^{n} x_j^i (p_j^i - k_j^{i(v)}) - K^{i(f)}$$

Die in Klammer ausgewiesenen Differenzen bezeichnet man als **Stückdeckungsbeiträge** (Bruttogewinne, Marginal Income, Contribution Marginal) pro Einheit des Produktes j.

> Der **Stückdeckungsbeitrag** ist die Differenz zwischen dem Preis für ein Produkt und den variablen Stückkosten dieses Produktes.

Bei Multiplikation mit den entsprechenden Produktmengen ergeben sich die **Gesamtdeckungsbeiträge** für die einzelnen Produkte als Beiträge zur Fixkostendeckung und zur Gewinnerzielung (vgl. Abb. 3.2.21).

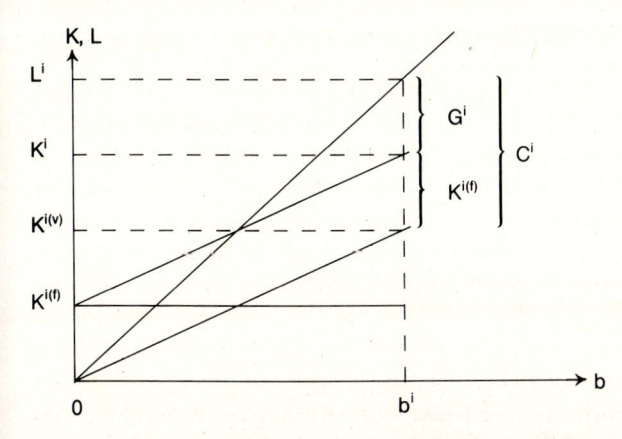

Abb. 3.2.21: Gesamtdeckungsbeitrag C^i und Gewinnbetrag G^i eines Produktes

Beispiel:

Für die Produkte j=1,2,3,4 gelten als Istdaten:

Produkt	Produktmenge	Produktpreis DM	Variable Stückkosten DM	Stückdeckungsbeitrag DM	Gesamtdeckungsbeitrag DM
j	x_j^i	p_j^i	$k_j^{i(v)}$	c_j^i	C_j^i
1	3.000	180	125,60	54,40	163.200
2	12.800	75	71,50	3,50	44.800
3	5.700	250	129,80	120,20	685.140
4	8.300	142	120,70	21,30	176.790
					1.069.930

Bei angenommenen Fixkosten von $K^{i(f)}$ = 680.000 DM ergibt sich der Betriebserfolg mit

G^i = 1.069.930 DM − 680.000 DM = 389.930 DM

Kontrolle:

Den Betriebserfolg errechnet man aus der Differenz von Leistung und Kosten (variable plus fixe Kosten) mit

$$G^i = L^i - (K^{i(v)} + K^{i(f)}) =$$
$$= 3.000 \cdot 180 \text{ DM} + 12.800 \cdot 75 \text{ DM} + 5.700 \cdot 250 \text{ DM} + 8.300 \cdot 142 \text{ DM} - (3.000 \cdot 125{,}60 \text{ DM} + 12.800 \cdot 71{,}50 \text{ DM} + 5.700 \cdot 129{,}80 \text{ DM} + 8.300 \cdot 120{,}70 \text{ DM} + 680.000 \text{ DM}) =$$
$$= 4.103.600 \text{ DM} - (3.033.670 \text{ DM} + 680.000 \text{ DM}) =$$
$$= 389.930 \text{ DM}$$

Die Grenzkostenrechnung auf Istkostenbasis läßt sich durch Ersatz der Istkosten und Istleistungswerte durch vergangenheitsbezogene Durchschnittswerte leicht in eine Grenzkostenrechnung auf Normalkostenbasis überführen.

2.3.2.1.2.2 Stufenweise Fixkostendeckungsrechnung

Eine Erweiterung der Grenzkostenrechnung in bezug auf die Verrechnung der Fixkosten stellt die stufenweise Fixkostendeckungsrechnung als Istkostenrechnung dar (Agthe [Fixkostendeckung] 404 ff.).

Der **stufenweisen Fixkostendeckungsrechnung** liegt der Gedanke zugrunde, die Fixkosten unter dem Aspekt der Zurechenbarkeit auf bestimmte Bezugsobjekte (Produktarten, Produktgruppen, Betriebsbereiche, Unternehmen) aufzuspalten.

Wie das oben dargestellte Verfahren der Istkostenrechnung auf Grenzkostenbasis zeigt, werden dabei die fixen Kosten (im Beispiel 680.000 DM) dem Gesamtdeckungsbeitrag (im Beispiel 1.069.930 DM) global, d. h. in einem Betrag, gegenübergestellt. Bei dem Verfahren der stufenweisen Fixkostendeckungsrechnung erfolgt demgegenüber eine möglichst weitgehende **Aufspaltung des gesamten Fixkostenblocks** in verschiedene Schichten von Fixkosten, die sich durch ihre unterschiedliche Produktnähe unterscheiden (vgl. S. 356):

– **Erzeugnisfixkosten** (z. B. Spezialanlagen für die Fertigung eines bestimmten Produktes) lassen sich dem Produkt direkt zurechnen.
– **Erzeugnisgruppenfixkosten** (z. B. Kosten für Gebäude, in denen mehrere Produktarten hergestellt werden) lassen sich den entsprechenden Produktgruppen direkt zurechnen.
– **Bereichsfixkosten** (z. B. Kosten für spezielle Produktionsbereiche oder selbständige Werke) lassen sich den entsprechenden Fertigungsbereichen direkt zurechnen.
– **Unternehmungsfixkosten** stellen bei der stufenweisen Fixkostenzurechnung diejenigen Fixkostenanteile dar, die nicht den einzelnen

Produkten, Produktgruppen oder Betriebsbereichen zugerechnet werden können.

Die **Durchführung der stufenweisen Fixkostendeckungsrechnung** erfolgt in der Weise, daß man von den Erzeugnisdeckungsbeiträgen der einzelnen Produkte zunächst die Erzeugnisfixkosten der entsprechenden Produkte subtrahiert. Die verbleibenden Restdeckungsbeiträge werden zu Produktgruppenbeiträgen zusammengefaßt. Von diesen werden die Erzeugnisgruppenfixkosten subtrahiert, so daß man die Restdeckungsbeiträge für die einzelnen Produktgruppen erhält. Die Restdeckungsbeiträge der Produktgruppen werden zu Bereichsdeckungsbeiträgen zusammengefaßt, von denen die Bereichsfixkosten subtrahiert werden. Schließlich werden sie sich ergebenden Restdeckungsbeiträge für die einzelnen Betriebsbereiche addiert und von ihnen die Unternehmensfixkosten subtrahiert. Als Ergebnis erhält man den Nettoerfolg (Betriebserfolg) für den Abrechnungszeitraum.

Die stufenweise Fixkostendeckungsrechnung will zeigen, daß die Beurteilung der Deckungsbeiträge für die einzelnen Produkte bei nichtdifferenzierter Fixkostenverrechnung zu einer falschen Einschätzung führt. In der Tat zeigt sich, daß für das Beispiel auf der nächsten Seite, in dem die Produkte 1 und 2 sowie die Produkte 3 und 4 jeweils eine Produktgruppe bilden, für die gleichzeitig ein Betriebsbereich besteht, die erstgenannte Gruppe einen negativen Deckungsbeitrag erzielt.

Die stufenweise Fixkostendeckungsrechnung läßt sich auch zu einem **zukunftsorientierten** System ausbauen (Scherrer [Kostenrechnung] 59 ff.). Hierzu ist es erforderlich, die gesamte Rechnung

- auf der Grundlage von Planwerten sowie
- auf der Grundlage von Istwerten

vorzunehmen. Bei Durchführung der Rechnung auf Planwertbasis erhält man nach Verrechnung der Planerzeugnisfixkosten, Planerzeugnisgruppenfixkosten, Planbereichsfixkosten, Planunternehmensfixkosten die entsprechenden Planrestdeckungsbeiträge als

- Planproduktdeckungsbeiträge,
- Planproduktgruppendeckungsbeiträge,
- Planbereichsdeckungsbeiträge,
- Planergebnis für die Betrachtungsperiode.

Den Planwerten sind in einer zweiten Rechnung die Istwerte gegenüberzustellen. Aus einem Vergleich von Plan- und Istwerten gelangt man zu den sich aus der stufenweisen Fixkostendeckungsrechnung ergebenden Abweichungen, d. h. zu

- den Produktdeckungsbeitragsabweichungen,
- den Produktgruppendeckungsbeitragsabweichungen,
- den Bereichsdeckungsbeitragsabweichungen,
- der Betriebserfolgsabweichung.

Beispiel:

		Produkte 1	Produkte 2	Produkte 3	Produkte 4
Produktmenge		3.000	12.800	5.700	8.300
Produktpreis pro Einheit	DM	180	75	250	142
Bruttoerlös	DM	540.000	960.000	1.425.000	1.178.600
Direkte Vertriebskosten	DM	6.000	12.800	17.100	16.600
Nettoerlös	DM	534.000	947.200	1.407.900	1.162.000
Direkte Fertigungskosten	DM	376.800	915.200	739.860	1.001.810
Erzeugnisdeckungsbeitrag	DM	157.200	32.000	668.040	160.190
Erzeugnisfixkosten (z. B. Spezialanlagen)	DM	30.000	–	100.000	50.000
Restdeckungsbeitrag	DM	127.200	32.000	568.040	110.190
		159.200		678.230	
Erzeugnisgruppenfixkosten (z. B. Gebäude)	DM	80.000		60.000	
Restdeckungsbeitrag	DM	79.200		618.230	
Bereichsfixkosten (z. B. Werksleitung)	DM	80.000		90.000	
Restdeckungsbeitrag	DM	– 800		528.230	
		527.430			
Unternehmensfixkosten (z. B. Unternehmensleitung)	DM	137.500			
Nettoerfolg		389.930			

2.3.2.2 Zukunftsorientierte Kostenrechnungssysteme

Zukunftsorientierte Kostenrechnungssysteme sind dadurch charakterisiert, daß unabhängig von den Istkosten vergangener Perioden für die Planungsperiode geplante Kosten (Plankosten, Standardkosten, Richtkosten, Budgetkosten) festgelegt werden. Den **Plankosten** kommt die Funktion der Sollgröße als Beurteilungsmaßstab für die in der Planungsperiode tatsächlich entstandenen Istkosten zu.

Es lassen sich die folgenden **Ausgestaltungen** zukunftsorientierter Kostenrechnung unterscheiden:
- Plankostenrechnung auf Vollkostenbasis,
- Plankostenrechnung auf Teilkostenbasis,
- Einzelkosten- und Deckungsbeitragsrechnung.

2.3.2.2.1 Plankostenrechnung auf Vollkostenbasis

> Bei der **Plankostenrechnung auf Vollkostenbasis** werden die gesamten Kosten geplant und den der Planung zugrunde liegenden Produktarten und Produktmengen zugerechnet.

Bei den Verfahren der Plankostenrechnung auf Vollkostenbasis unterscheidet man zwischen starrer Plankostenrechnung und flexibler Plankostenrechnung.

2.3.2.2.1.1 Starre Plankostenrechnung

Die Planung der Kosten erstreckt sich auf alle Kosteneinflußgrößen. Zur Planung der Einzelkosten vergleiche unten Abschnitt 2.3.3.1.3, zur Planung der Gemeinkosten Abschnitt 2.3.3.2.4.

Bei geplanten Preisen q_i^p und Mengen r_i^p des Produktionsfaktors i und der Planbezugsgröße b^p (z. B. Planproduktmenge x^p oder Planfertigungszeit t^p) ergeben sich die **Plankosten** einer Kostenstelle mit

$$K^p = \sum_{i=1}^{m} q_i^p r_i^p = k^p b^p$$

Der **Plankostensatz** pro Planbezugsgrößeneinheit ist

$$k^p = \frac{K^p}{b^p}$$

Da der Plankostensatz k^p der Verrechnung der Kosten zugrundegelegt wird, führt dies dazu, daß bei Planbeschäftigung die gesamten Plankosten der Kostenstelle verrechnet werden.

Nach Abschluß der Periode werden die tatsächlich entstandenen Kosten mit den Plankosten verglichen. Auftretende Differenzen (**Kostenabweichungen**) werden in zwei Teile aufgespalten:

Den ersten Teil bilden die Abweichungen, die sich als Differenz zwischen Istkosten und Plankosten bei Zugrundelegung der geplanten

Beschäftigung b^p ergeben. Für die entsprechenden Kostenabweichungen gilt

$$\Delta K^{i-p} = K^i - K^p = k^i b^i - k^p b^p$$

Den zweiten Teil bilden die Abweichungen zwischen den Istkosten und den bei der tatsächlichen Beschäftigung verrechneten Plankosten. Für die Kostenabweichung gilt

$$\Delta K^{i-vp} = K^i - K^{vp} = k^i b^i - k^p b^i$$

Die folgende Abb. 3.2.22 enthält den Graphen der Funktion der verrechneten Plankosten K^{vp}, die Istkosten K^i sowie die Planbeschäftigung b^p und die Istbeschäftigung b^i für die Kostenstelle.

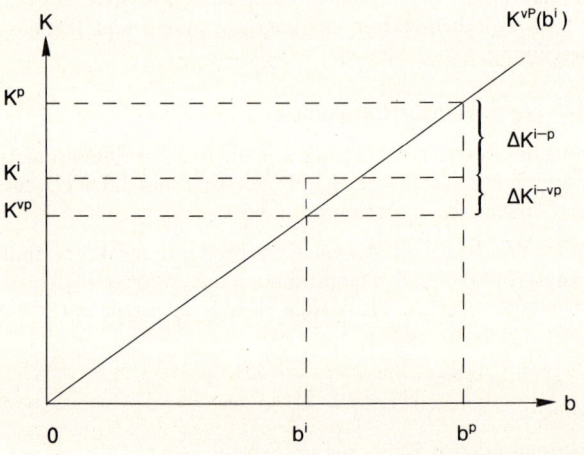

Abb. 3.2.22: Kostenabweichungen in der starren Plankostenrechnung

Der geplante Verrechnungssatz (Plankostensatz) pro Bezugsgrößeneinheit Fertigungsminute betrage als Vollkostensatz 4,15 DM. Damit betragen die Plankosten für die Kostenstelle

$$K^p = 4{,}15 \text{ DM/Fmin} \cdot 240.000 \text{ Fmin} = 996.000 \text{ DM}$$

Die auf der Basis der Istbeschäftigung verrechneten Plankosten der Kostenstelle ergeben sich mit

$$K^{vp} = 4{,}15 \text{ DM/Fmin} \cdot 197.700 \text{ Fmin} = 820.455 \text{ DM}$$

Beispiel:

Produkt	Produktmenge		Bezugsgröße (Fertigungsmin pro Produkteinheit)		Bezugsgröße (Fertigungsmin.)	
	Plan	Ist	Plan	Ist	Plan	Ist
j	x_j^p	x_j^i	β_j^p	β_j^i	b_j^p	b_j^i
1	5.000	3.000	10	10	50.000	30.000
2	12.000	12.800	5	5	60.000	64.000
3	10.000	5.700	7	8	70.000	45.600
4	10.000	8.300	6	7	60.000	58.100
					240.000	197.700

Die tatsächlich in der Kostenstelle entstandenen Istkosten seien 915.351 DM. Es ergibt sich somit ein **Istkostenverrechnungssatz** von

$$k^i = \frac{915.351 \text{ DM}}{197.700 \text{ FMin}} = 4{,}63 \text{ DM/Fmin}$$

Das bedeutet, die Istkosten wurden nicht in vollem Umfang auf die Produkte verrechnet.

Die **Kostenabweichungen** sind

$\Delta K^{i-p} = 915.351 \text{ DM} - 996.000 \text{ DM} = -80.649 \text{ DM}$

$\Delta K^{i-vp} = 915.351 \text{ DM} - 820.455 \text{ DM} = 94.896 \text{ DM}$

Die ermittelten Abweichungen sind für Zwecke der Kostenkontrolle ungeeignet, da die Istbezugsgröße (197.700 Fmin) von der Planbezugsgröße (240.000 Fmin) abweicht. Zur **Kostenkontrolle** müssen diejenigen Plankosten bekannt sein, die bei der tatsächlichen Beschäftigung angefallen wären, nämlich die **Sollkosten** (Kilger [Plankostenrechnung] 50f.). Das setzt die Anwendung der flexiblen Plankostenrechnung voraus.

2.3.2.2.1.2 Flexible Plankostenrechnung

Zur Ermittlung der Sollkosten im Rahmen der flexiblen Plankostenrechnung ist es erforderlich, die Kosten durch **Kostenauflösung** in fixe und variable Kostenbestandteile zu zerlegen. Damit wird es möglich, die Kostenvorgabe an der Istbezugsgröße auszurichten. Statt fester Kostenbeträge werden den Kostenstellen Kostenfunktionen vorgegeben, die die Beziehungen zwischen Veränderungen der Beschäftigung und der planmäßigen Veränderung der Kostenarten angeben und die die abgespaltenen fixen Plankosten als Konstante einschließen. Für die Planbeschäftigung errechnen sich die Plankosten einer Kostenstelle mit

$$K^p = k^{p(v)} b^p + K^{p(f)}$$

Der **Plankostenverrechnungssatz** der Kostenstelle pro Bezugsgrößeneinheit ist

$$k^p = k^{p(v)} + K^{p(f)}/b^p$$

Die Sollkosten der Kostenstelle ergeben sich als Funktion der Istbezugsgröße. Gilt speziell Linearität, so ist die **Sollkostenfunktion** der Kostenstelle

$$K^s(b^i) = k^{p(v)} b^i + K^{p(f)}$$

Nach Abschluß der Periode werden die tatsächlich entstandenen Istkosten mit den Sollkosten verglichen. Auftretende Differenzen (**Kostenabweichungen**) werden wiederum in zwei Teile aufgespalten, nämlich in

– die Verbrauchsabweichung,
– die Beschäftigungsabweichung.

Den ersten Teil bilden die Abweichungen, die sich als Differenzen zwischen Istkosten und Sollkosten ergeben (**Verbrauchsabweichung**). Für sie gilt

$$\Delta K^{i-s} = K^i - K^s = k^i b^i - (k^{p(v)} b^i + K^{p(f)})$$

Den zweiten Teil bilden die Abweichungen zwischen Sollkosten und verrechneten Plankosten. Die Ermittlung der Abweichungen erfolgt also jeweils auf der Basis der Istbezugsgröße b^i der Kostenstelle (**Beschäftigungsabweichung**). Für sie gilt

$$\Delta K^{s-vp} = K^s - K^{vp} = (k^{p(v)} b^i + K^{p(f)}) - k^p b^i$$

Die Abb. 3.2.23 enthält die Graphen der Funktion der Sollkosten und der verrechneten Plankosten, die Istkosten sowie die Plan- und Istbeschäftigung der Kostenstelle.

Beispiel:

Es seien die oben bei der starren Plankostenrechnung angeführten Daten gegeben. Im Rahmen der Kostenauflösung werden die fixen Kostenbestandteile für die Kostenstelle mit 228.000 DM ermittelt. Dann errechnet sich der variable Plankostenverrechnungssatz pro Be-

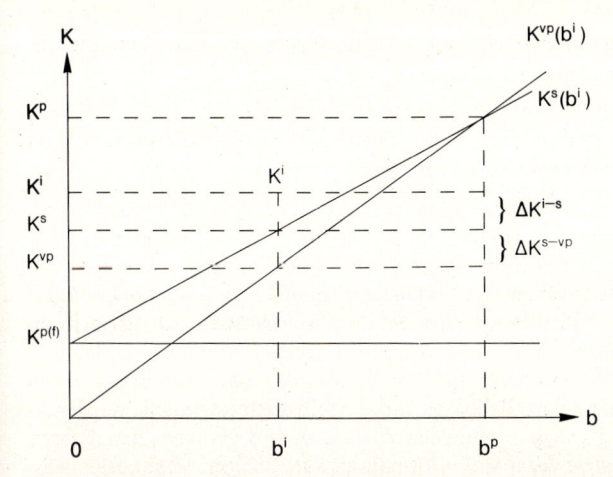

Abb. 3.2.23: Kostenabweichungen in der flexiblen Plankostenrechnung auf Vollkostenbasis

zugsgrößeneinheit mit

$$k^{p(v)} = 4{,}15 \text{ DM/Fmin} - 228.000 \text{ DM}/240.000 \text{ Fmin} =$$
$$= 4{,}15 \text{ DM/Fmin} - 0{,}95 \text{ DM/Fmin} = 3{,}20 \text{ DM/Fmin}$$

Die Sollkosten der Kostenstelle ergeben sich mit

$$K^s = 3{,}20 \text{ DM/Fmin} \cdot 197.700 \text{ Fmin} + 228.000 \text{ DM}$$
$$= 860.640 \text{ DM}$$

Die **Verbrauchsabweichung** ist dann

$$\Delta K^{i-s} = 915.351 \text{ DM} - 860.640 \text{ DM} = 54.711 \text{ DM}$$

und die **Beschäftigungsabweichung** ist

$$\Delta K^{s-vp} = 860.640 \text{ DM} - 820.455 \text{ DM} = 40.185 \text{ DM}$$

Die aufgezeigten Abweichungen sind für Zwecke der **Kostenkontrolle** geeignet:

– Die **Beschäftigungsabweichung** ist darauf zurückzuführen, daß im Plankostenverrechnungssatz die Fixkostenteile auf der Basis der Planbeschäftigung verrechnet werden. Der Plankostenverrechnungssatz ist damit ein Vollkostensatz. Er führt jedoch nur dann zu einer vollen Verrechnung der Fixkosten, wenn die Istbeschäftigung der Planbeschäftigung entspricht. Ist die Istbeschäftigung geringer als die Planbeschäftigung, so wird ein Teil der Fixkosten nicht auf die Kostenträger verrechnet.

– Die **Verbrauchsabweichung** ist darauf zurückzuführen, daß auf der Grundlage der Istbeschäftigung, gemessen an der Kostenplanung, zu viele Produktionsfaktoren verbraucht wurden.

Im Gegensatz zur **Kostenkontrolle** erfüllen die Verfahren der Plankostenrechnung auf Vollkostenbasis nicht die Aufgabe, **Informationen** für kurzfristige unternehmerische Entscheidungen zu liefern. Dies ist in der **falschen Behandlung der Fixkosten** begründet. Wie die Funktion der verrechneten Plankosten zeigt, werden die Fixkosten nach den gleichen Bezugsgrößen auf die Kostenträger verrechnet wie die variablen Kosten, obwohl sie unabhängig von der Bezugsgröße entstehen. Die den Kostenträgern zurechenbaren variablen Kostenbestandteile werden so von fixen Kostenbestandteilen überlagert und verlieren damit ihren entscheidungsrelevanten Informationswert (Kilger [Plankostenrechnung] 59 ff.). **Diesen Fehler vermeidet die Grenzplankostenrechnung.**

2.3.2.2.2 Plankostenrechnung auf Teilkostenbasis

> In **zukunftsorientierten Teilkostenrechnungssystemen** werden den Erzeugnissen nur diejenigen Teile der geplanten Kosten zugerechnet, die sie verursacht haben. Dies sind in der **Grenzplankostenrechnung** die geplanten Kosten, die mit der Beschäftigung variieren.

Der **Aufbau der Grenzplankostenrechnung** entspricht weitgehend dem zuletzt dargestellten System der Plankostenrechnung auf Vollkostenbasis. Der wesentliche Unterschied besteht im angewandten Plankostenverrechnungssatz für die innerbetriebliche Leistungsabrechnung zwischen den Kostenstellen und für die Plankalkulation. Während in den oben verwendeten Plankostenverrechnungssatz die Fixkosten eingehen, enthält der hier verwendete Plankostenverrechnungssatz nur die variablen Kosten, ebenso der verwendete Istkostenverrechnungssatz. Damit stimmen die verrechneten Plankosten immer mit den Sollkosten überein. Die Beschäftigungsabweichungen ΔK^{s-vp} sind damit in der Grenzplankostenrechnung immer Null; es entstehen nur noch die Verbrauchsabweichungen. Für sie gilt

$$\Delta K^{i-s} = k^{i(v)} b^i - k^{p(v)} b^i = (k^{i(v)} - k^{p(v)}) b^i$$

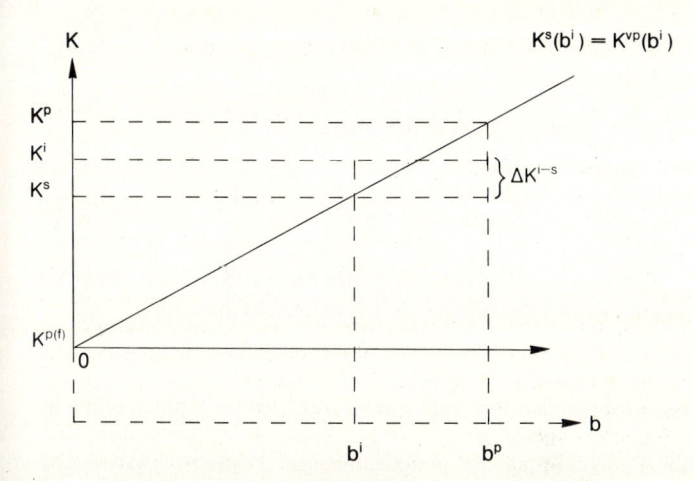

Abb. 3.2.24: Kostenabweichungen in der Grenzplankostenrechnung

Die Abb. 3.2.24, die die Graphen der Funktion der Sollkosten und der verrechneten Plankosten, die Istkosten sowie die Plan- und Istbeschäftigung enthält, verdeutlicht den Zusammenhang.

Beispiel:
Es seien wiederum die oben bei der starren Plankostenrechnung angeführten Daten gegeben, ebenso die fixen Kostenbestandteile für eine Kostenstelle mit 228.000 DM. Der variable Plankostenverrechnungssatz, der hier sowohl der Ermittlung der proportionalen Sollkosten wie der verrechneten Grenzplankosten dient, sei 3,20 DM/Fmin.

Die proportionalen Sollkosten und die verrechneten Grenzplankosten der Kostenstelle ergeben sich mit

$$K^{s(v)} = K^{vp(v)} = 3{,}20 \text{ DM/Fmin} \cdot 197.700 \text{ Fmin} = 632.640 \text{ DM}$$

Bei Unterstellung gleicher Fixkostenbestandteile im Plan und Ist sind die variablen Istkosten

$$K^{i(v)} = 915.351 \text{ DM} - 228.000 \text{ DM} = 687.351 \text{ DM}$$

Die **Verbrauchsabweichung** als einzige hier entstehende Kostenabweichung ist dann

$$\Delta K^{i(v)-s(v)} = 687.351 \text{ DM} - 632.640 \text{ DM} = 54.711 \text{ DM}.$$

Das Verfahren ist sowohl für Zwecke der **Kostenkontrolle** wie auch zur Gewinnung von **Informationen** für kurzfristige unternehmerische Entscheidungen geeignet (Plaut [Grenz-Plankostenrechnung] 347 ff. u. 402 ff.; ders. [Grenzplankostenrechnung] 25 ff.).

Die **Kontrollfunktion** wird von der Grenzplankostenrechnung insoweit erfüllt, als das Verfahren in der Lage ist, die Verbrauchsabweichung in den einzelnen Kostenstellen zu ermitteln und es damit die Grundlage bildet für die Feststellung von Unwirtschaftlichkeiten in den einzelnen Kostenstellen. Gegenüber der Plankostenrechnung auf Vollkostenbasis führt das Verfahren insoweit zu Verbesserungen, als

— die Probleme bei der sonst erforderlichen Bestimmung der Planbeschäftigung nicht auftreten,
— die Kostenstellen ihre Sollkosten vergleichweise einfach selbst bestimmen können,
— die Durchführung des periodenmäßigen kostenartenweisen Soll-Istkostenvergleichs erleichtert wird.

Die **Lenkungsfunktion** wird von der Grenzplankostenrechnung insoweit erfüllt, als das Verfahren relevante Informationen für absatzpolitische und sonstige kurzfristige Entscheidungen liefert. In Betracht kommen Entscheidungen

— über die Eigenfertigung bzw. den Fremdbezug von Produktionsfaktoren,
— über die Festlegung kurzfristiger Preisuntergrenzen.

2.3.2.3 Einzelkosten- und Deckungsbeitragsrechnung

Die Zuordnung von Kostenrechnungssystemen nach dem Kriterium der Vergangenheits- oder Zukunftsorientierung ist dann nicht möglich, wenn die Systeme in bezug auf die zeitliche Ausrichtung grundsätzlich offen sind. Diese Orientierungsoffenheit besteht namentlich bei einer Reihe von Teilkostenrechnungssystemen, wie dem **Direct Costing** und der **Einzelkosten- und Deckungsbeitragsrechnung**. Da das Direct Costing weitgehend aus Elementen der oben dargestellten vergangenheits- und zukunftsorientierten Teilkostenrechnungssysteme besteht, beschränken sich die folgenden Ausführungen auf die Einzelkosten- und Deckungsbeitragsrechnung (Riebel [Deckungsbeitragsrechnung]).

> Die **Einzelkosten- und Deckungsbeitragsrechnung** ist an der Hauptaufgabe des Rechnungswesens ausgerichtet, der Vorbereitung von unternehmerischen Entscheidungen zu dienen.

Die aus der Kostenrechnung ableitbaren Informationen über Wirkungen von Entscheidungsalternativen und getroffenen Maßnahmen müssen danach von einer unverzerrten Abbildung der Vergangenheit und der für die Zukunft erwarteten Wirklichkeit ausgehen, d. h., es wird eine weitgehende **Objektivierung** in bezug auf die dargestellten Sachverhalte verlangt. Zur objektiven Abbildung sind nur Realgütermengen, Zahlungsmittelmengen und Entgelte geeignet. Wertmäßige Kosten und Leistungen werden als Fiktionen abgelehnt. Die Zurechnung einer Größe zu einem Objekt ist nur dann eindeutig möglich, wenn sie auf denselben dispositiven Ursprung zurückgeht wie das Objekt selbst. Daraus wird der **entscheidungsorientierte Kosten- und Leistungsbegriff** abgeleitet.

Die Einzelkosten- und Deckungsbeitragsrechnung ist kein vorgefertigtes System, sondern eine bestimmte Denkweise, für deren Realisierung nur **allgemeine Grundsätze** aufgestellt wurden. Bei Anwendung des Systems in einem Unternehmen müssen die betrieblichen und marktlichen Eigenschaften des Unternehmens berücksichtigt werden.

Zur Realisierung der Einzelkosten- und Deckungsbeitragsrechnung wird ein System **zweckneutraler, objektiver Grundrechnungen** eingerichtet, das vergangenheits- oder zukunftsbezogen sein kann und außer entscheidungsorientierten Kosten und Leistungen, Einnahmen und Ausgaben, Ein- und Auszahlungen, Einsatz- und Ausbringungsmengen sowie die Nutzungspotentiale enthält. Die Grundrechnungen lassen sich vieldimensional gliedern, je nachdem, welcher Zweck mit der Rechnung verfolgt werden soll. Ebenso können alle denkbaren Bezugsobjekte, Handlungsparameter, Einflußgrößen und Abhängigkeitsbeziehungen berücksichtigt werden (Riebel [Einzelkostenrechnung] 430 ff., 444 ff.).

Die Grundrechnungen werden ergänzt durch **standardisierte Zweckrechnungen** und **individuelle Sonderrechnungen**. Über diese Ergänzungsrechnungen ist es möglich, die für die individuelle Entscheidung erforderlichen Informationen über das System abzuleiten. Zentrale ableitbare Informationen sind **Deckungsbeiträge**. Dabei wird der Begriff des Deckungsbeitrages weit gefaßt. Er bezeichnet jede Differenz zwischen dem Erlös und bestimmten Kosten, die nicht auf die Produkteinheit und die Stückkosten beschränkt ist, sondern sich auf Zeitabschnitte, Leistungseinheiten, Einheiten eingesetzter Produktionsfaktoren, Grenzkosten, mit Ausgaben verbundene Kosten und auf andere Bezugsgrößen richten kann.

Die Deckungsbeiträge sollen die **Erfolgsänderungen** aufzeigen, die durch getroffene Entscheidungen entstanden oder durch zu treffende

Entscheidungen zu erwarten sind. Durch Zusammenfassen der Deckungsbeiträge entsprechend dem anstehenden Entscheidungsproblem können die Erfolgsquellen aufgezeigt und ihre Beeinflussung durch die Entscheidung offengelegt werden.

Die Einzelkosten- und Deckungsbeitragsrechnung beschränkt sich indessen nicht nur auf die Planung und Kontrolle von Einzeldeckungsbeiträgen. Es werden für die einzelnen betrieblichen Teilbereiche und für das Gesamtunternehmen **Deckungsbudgets** aufgestellt. Diese umfassen neben dem direkten Deckungsbedarf der Periode einen Teil der Periodengemeinausgaben als Deckungslast, deren Erwirtschaftung in der Budgetperiode angesteuert wird. Die Gegenüberstellung der erwirtschafteten Auftragsbeiträge und der Deckungsbudgets soll eine kontinuierliche Erfolgsrechnung innerhalb der Budgetperiode ermöglichen.

2.3.3 Teilgebiete der Kostenrechnung

Die Kostenrechnung gliedert sich nach klassischer Auffassung in die Teilgebiete

- **Kostenartenrechnung,**
- **Kostenstellenrechnung,**
- **Kostenträgerrechnung** (Kostenträgerstückrechnung, Kalkulation).

Sie ist zur Erfüllung der oben genannten Aufgaben um die Teilgebiete kurzfristige Erfolgsrechnung (Kostenträgerzeitrechnung, Betriebsergebnisrechnung) und Entscheidungsrechnung zu erweitern. Die im Anschluß an die Vorgabe von Sollgrößen mögliche Kontrollrechnung kann im Rahmen der Kostenarten- und Kostenstellenrechnung erfolgen oder ein gesondertes Teilgebiet der Kostenrechnung darstellen. Das letztgenannte Teilgebiet wird an anderer Stelle ausführlich behandelt (Scherrer [Kostenrechnung] 217 ff.).

2.3.3.1 Kostenartenrechnung

> In der **Kostenartenrechnung** werden die in der Abrechnungsperiode geplanten und entstandenen Kosten erfaßt und nach Kostenarten gegliedert.

Vgl. dazu den Betriebsabrechnungsbogen in Abb. 3.2.25. Als Abrechnungsperiode wird vielfach der Kalendermonat verwendet. Was als Kosten erfaßt wird, hängt von dem verwendeten Kostenbegriff ab.

2.3.3.1.1 Prinzipien der Erfassung und Verrechnung von Kosten in der Kostenartenrechnung

Die Erfassung der in der Abrechnungsperiode entstandenen Kosten erfolgt anhand von Belegen, auf denen die Kosten gleichzeitig nach Kostenarten gegliedert werden. Die **Gliederung** der Kosten erfolgt zweckmäßigerweise nach der Art der verbrauchten **Produktionsfaktoren** (z. B. Material, Löhne, Gehälter, Energie, Reparaturen, Mieten, Bürokosten, Kraftfahrzeugkosten, Kalkulatorische Kosten, Kostensteuern).

Zum Zwecke der weiteren Verrechnung der Kosten auf die Kostenstellen oder Kostenträger ist es erforderlich, neben der Gliederung nach Produktionsfaktoren, eine **Aufteilung** der Kosten in **Einzelkosten** und **Gemeinkosten,** gegebenenfalls aufgespalten in variable und fixe Gemeinkosten, vorzunehmen. Dabei werden auf den Belegen die als Einzelkosten erfaßten Kostenarten mit den Kostenträgern, die als Gemeinkosten erfaßten Kostenarten mit den Kostenstellen gekennzeichnet, denen sie zuzurechnen sind. Sofern die Einzelkosten getrennt nach Kostenarten über die Kostenstellen abgerechnet werden, erfolgt der Vergleich der tatsächlich entstandenen Istkosten mit vorgegebenen Kosten kostenartenweise und differenziert nach Kostenstellen. Die als Gemeinkosten gekennzeichneten Kostenarten werden als **primäre Stellenkosten** den verbrauchenden Kostenstellen zugeordnet.

2.3.3.1.2 Verfahren der Erfassung und Verrechnung einzelner Kostenarten

Der Umfang der Gliederung der Kostenarten nach Produktionsfaktorarten ist von der Art und der Situation des Betriebes abhängig. Eine generell zweckmäßige Kostenartengliederung kann daher nicht angegeben werden. Als wesentliche **Kostenartengruppen** lassen sich jedoch im allgemeinen die

– Materialkosten,
– Personalkosten und
– Betriebsmittelkosten

unterscheiden, während die weiteren Kostenarten als sonstige Kosten zusammengefaßt werden können.

(1) Die **Materialabrechnung** setzt voraus, daß die eingesetzten Materialarten ausreichend gegliedert, exakt bezeichnet und für die Verrechnung numeriert sind. Eine Gliederung erfolgt zunächst in die Materialgruppen Rohstoffe, Hilfsstoffe, Betriebsstoffe, fremdbezogene Einzel-

teile und Handelswaren. Diese Gruppen können nach betriebsindividuellen Besonderheiten weiter untergliedert werden.

Die **Materialverbrauchsmengen** der einzelnen Materialarten können mit unterschiedlichen **Verfahren** ermittelt werden. Man unterscheidet insbesondere drei Verfahren:

(a) **Inventurverfahren** (Befundrechnung). Die Materialverbrauchsmenge wird aus den Bestandsveränderungen und dem Zugang ermittelt. Damit entspricht die Materialverbrauchsmenge dem Anfangsbestand plus Zugang minus Endbestand.

Anfangsbestand
+ Zugang
− Endbestand
―――――――――――
= Verbrauch

Das Verfahren hat insbesondere die Nachteile, daß es für jede Abrechnungsperiode (Monat) eine Inventur erforderlich macht und daß sich die ermittelten Verbrauchsmengen wegen Schwund und anderer Fehlmengenursachen nicht unmittelbar dem tatsächlichen Verbrauch und wegen fehlender Verbrauchsbeziehung auch nicht den Kostenstellen zuordnen lassen.

(b) **Retrogrades Verfahren** (Rückrechnung). Die Materialverbrauchsmenge wird in der Weise ermittelt, daß ausgehend von den erstellten Produktmengen die hierzu erforderlichen Materialmengen ermittelt werden und rückschreitend Mengenzuschläge für Abfall und Ausschuß erfolgen. Die Materialverbrauchsmenge ist gleich den Istproduktmengen mal Planmaterialverbrauchsmengen pro Produkteinheit.

Istproduktmenge · Verbrauch pro Produkteinheit
+ Zuschlag für Abfall
+ Zuschlag für Ausschuß
―――――――――――
= Verbrauch

Das Verfahren hat den Nachteil, daß nicht die Ist-, sondern die Sollverbrauchsmengen ermittelt werden. Da man die Istverbrauchsmengen nicht kennt, ist das Verfahren für Soll-Ist-Kostenvergleiche ungeeignet.

(c) **Skontrationsverfahren** (Fortschreibung). Der Materialverbrauch wird durch Addition der Istmengen laut Materialentnahmescheinen ermittelt. Er ergibt sich mit den Entnahmemengen laut Materialentnahmescheinen.

Istverbrauch laut Materialentnahmescheinen

= Verbrauch

Das Verfahren erlaubt es, den tatsächlichen Materialverbrauch zu ermitteln und den Kostenstellen vorzugeben.

Die **Bewertung der Materialverbrauchsmengen** für die einzelnen Materialarten erfolgt in der zukunftsorientierten Kostenrechnung mit geplanten Preisen pro Materialmengeneinheit. Zur Ermittlung von Materialpreisabweichungen, die außerhalb der Plankostenrechnung vorgenommen werden kann, ist die Bewertung der verbrauchten Materialmengen mit Istpreisen erforderlich. Hierbei werden in der typischen Situation des Auftretens von Materialpreisänderungen während der Abrechnungsperiode als Preisbewertungsverfahren neben verschiedenen Verfahren der Durchschnittsbildung die Verbrauchsfolgeverfahren, insbesondere das Lifo-, Fifo- und Hifo-Verfahren verwendet. Vgl. dazu den Abschnitt über die Bewertung des Umlaufvermögens, S. 260 ff.

(2) Die Abrechnung der **Personalkosten** wird im wesentlichen durch die im Betrieb bestehenden Formen der Entlohnung der Beschäftigten bestimmt. Sie erfordert zunächst eine Gliederung in Löhne, Gehälter und betrieblichen Sozialaufwand (Sozialkosten).

Die **Mengenkomponente** der Personalkosten kann die Arbeitszeit (Zeitlohn, Gehalt) oder die bearbeitete Produktmenge (Stücklohn) der Beschäftigten sein, die jeweils belegmäßig erfaßt wird. Beim **Zeitlohn** wird die tatsächlich geleistete Arbeitszeit mit Hilfe von Zeitlohnscheinen, in denen die Arbeitszeit den betroffenen Kostenstellen und Kostenträgern zugeordnet wird, erfaßt. Beim **Akkordlohn** wird nicht die tatsächlich geleistete Arbeitszeit, sondern die den bearbeiteten Produkten entsprechende Vorgabezeit als Mengengerüst der Personalkosten mit Hilfe von Akkordlohnscheinen festgehalten. Eine Mischform von Zeit- und Akkordlohn stellen die vielfältigen Arten des **Prämienlohns** dar. Seine Erfassung erfolgt gleichfalls mit Hilfe von Lohnscheinen, die eine Zuordnung auf Kostenstellen und Kostenträger ermöglichen.

Die **Bewertung** der Arbeitszeiten oder Akkordleistungen erfolgt in der zukunftsorientierten Kostenrechnung mit geplanten Sätzen pro geleisteter oder vorgegebener Zeit. Zur Ermittlung von Lohnsatzabweichungen ist die Bewertung der tatsächlichen Lohnzeiten oder der den bearbeiteten Produkten entsprechenden Vorgabezeiten mit Istlohnsätzen erforderlich. Maßgeblich ist der Bruttolohn, der sich errechnet aus dem Tariflohn zuzüglich aller gesetzlichen und freiwilligen Zulagen, Zuschläge und Prämien.

Die Gehaltskosten sind kalenderzeitbedingt. Sie werden in Gehaltsverteilungslisten erfaßt und den Kostenstellen, in denen der Gehaltsempfänger während der Abrechnungsperiode eingesetzt war, zugeordnet. Sozialkosten werden, soweit möglich, den sie verursachenden Beschäftigten zugeordnet und entsprechend der Verrechnung der Lohn- und Gehaltskosten durch Anwendung von Verrechnungssätzen auf die Kostenstellen verteilt.

(3) Die Abrechnung der **Betriebsmittelkosten** weist insoweit eine Besonderheit auf, als die Betriebsmittel in der Abrechnungsperiode i. d. R. nicht verbraucht werden, sondern mit der Inanspruchnahme Nutzungen abgeben, die zu einem Wertverzehr der Betriebsmittel (Verschleiß) führen. Zu den Betriebsmitteln zählen Gebäude, Maschinen, maschinelle Anlagen, Transportmittel und -anlagen sowie Einrichtungsgegenstände.

Grundlage der Erfassung des Wertverzehrs der Betriebsmittel ist die **Anlagenkartei**, in der für jedes Betriebsmittel die wesentlichen Daten aufgezeichnet werden. Die Anlagenkartei kann als Mengenkomponente der Betriebsmittel insbesondere deren Leistungspotential enthalten, aber auch Angaben über zeitliche Nutzungsmöglichkeiten. Als Wertkomponente der Betriebsmittel kann die Anlagenkartei deren Anschaffungs- und Herstellungskosten, Restwerte, Wiederbeschaffungskosten sowie die auf sie angewandten **Abschreibungsverfahren** und **Abschreibungssätze** enthalten. Vgl. dazu die Darstellung der Abschreibungsverfahren auf S. 253 ff.

Eine der wesentlichsten **Ursachen** für den Wertverzehr von Betriebsmitteln ist der Gebrauch (Gebrauchsverschleiß). Daneben kann ein Wertverzehr verursacht werden durch Umwelteinflüsse (Zeitverschleiß durch Korrosion), Bedarfsverschiebungen (Zeitverschleiß durch Produktionseinstellung), technischen Fortschritt (Zeitverschleiß durch technische und wirtschaftliche Veralterung) sowie durch Gesetze oder Verträge (Zeitverschleiß durch Rechtsablauf).

Die Erfassung der **Mengenkomponente** der Betriebsmittelkosten erfolgt beim **Gebrauchsverschleiß** durch Messung und Aufzeichnen der in der Abrechnungsperiode bei den einzelnen Betriebsmitteln in Anspruch genommenen Leistungseinheiten. Beim **Zeitverschleiß** wird die Mengenkomponente als Verhältnis der zeitlichen Länge des Abrechnungszeitraumes zur Länge des Gesamtzeitraumes der Betriebsmittelnutzung bestimmt.

Bei der Erfassung der **Wertkomponente** der Betriebsmittelkosten besteht, anders als bei der bilanziellen Erfassung des Wertverzehrs, keine Bindung an das Anschaffungs- oder Herstellungskostenprinzip. Das bedeutet, als Basis für die Erfassung der Wertkomponente kann eine Größe angesetzt werden, die dazu führt, daß die Wertbemessung der in Anspruch genommenen Leistungseinheiten dem Niveau der in Erträge transformierten Leistungen entspricht. Eine solche Größe stellen i. d. R. die **Wiederbeschaffungskosten** der Betriebsmittel für den Zeitraum der Abrechnungsperiode dar. Der Quotient aus Wiederbeschaffungskosten und Leistungsvorrat der Betriebsmittel multipliziert mit den in der Abrechnungsperiode in Anspruch genommenen Leistungseinheiten ergibt die Abschreibungen für den Wertverzehr der Betriebsmittel in der Periode, die man in Unterscheidung zu den bilanziellen als **kalkulatorische Abschreibungen** bezeichnet.

Nicht in den kalkulatorischen Abschreibungen enthalten sind die Kosten für die Kapitalbindung der Betriebsmittel. Wenngleich diese Kosten, die man als **kalkulatorische Zinsen** bezeichnet, auch bei anderen Kostenarten, wie etwa den Materialkosten, entstehen, sind sie bei Betriebsmitteln aufgrund der zeitlichen Dauer der Bindung von besonderer Bedeutung. Sie werden, ebenso wie die Abschreibungen, in der Kostenrechnung als **kalkulatorische Größen** behandelt und sind von der Art der Finanzierung der Betriebsmittel unabhängig. Für ihre Ermittlung unterscheidet man zwei **Verfahren**, nämlich

(a) das **Restwertverfahren**. Danach werden die kalkulatorischen Zinsen nach dem jeweiligen Restwert der Betriebsmittel am Ende der Abrechnungsperiode errechnet. Die kalkulatorischen Zinsen nehmen also im Laufe der Betriebsmittelnutzung ständig ab. D. h., die Kosten für die Produktion des gleichen Produktes hängen c. p. von dem Alter der Betriebsmittel ab, die bei der Fertigung eingesetzt wurden.

(b) das **Durchschnittsverfahren**. Danach werden die kalkulatorischen Zinsen nach dem durchschnittlichen Wert der Betriebsmittel während ihrer Nutzungsdauer errechnet. Die kalkulatorischen Zinsen bleiben während der Nutzungszeit der Betriebsmittel konstant und die Fertigungskosten sind von dem Alter der Betriebsmittel unabhängig.

Nicht in den kalkulatorischen Abschreibungen enthalten sind schließlich die **Reparatur- und Instandhaltungskosten** für die Betriebsmittel. Da die Reparatur- und Instandhaltungskosten stoßweise und in unregelmäßigen Abständen anfallen, führt die Umlage der tatsächlich in einer Abrechnungsperiode entstandenen Reparatur- und Instandhaltungskosten auf die in der Periode erstellten Produkte zu Verzerrungen. Eine Möglichkeit der Kostenglättung besteht in der gleichmäßigen Umlage der geschätzten gesamten, während der Betriebsmittelnutzung anfallenden Reparatur- und Instandhaltungskosten.

(4) Die **sonstigen Kosten** betreffen namentlich Energiekosten, Raumkosten, Kostensteuern, Beitrags- und Versicherungskosten sowie Gewährleistungskosten.

2.3.3.1.3 Planung und Kontrolle der Einzelkosten

Die Einzelkosten pro Kostenträgereinheit sind von der Beschäftigung unabhängig. Für einen Kostenvergleich im Rahmen der zukunftsorientierten Kostenrechnung sind die Sollkosten für die einzelnen Kostenarten festzulegen (Kilger [Plankostenrechnung] 241 ff.).

Die **Kostenplanung** erfolgt produktorientiert. Sie geht von den geplanten Einzelkosten der Kostenart i pro Einheit des herzustellenden Produktes j aus. Die Planeinzelkosten der Kostenart i pro Einheit des Produktes j ergeben sich durch Multiplikation der in das Produkt eingehenden geplanten Produktionsfaktorverbrauchsmenge r_{ij}^p der Kostenart i mit dem Planpreis q_i^p. Es bezeichnet hier k_j^p die gesamten geplanten Einzelkosten für eine Einheit des Produktes j. Sie setzen sich zusammen aus den Einzelkostenarten der Produktionsfaktoren i (i = 1,2,...,m), die für die Fertigung des Produktes eingesetzt wurden. Damit gilt für die Einzelkosten der Kostenart i pro Einheit des Produktes j

$$k_{ij}^p = r_{ij}^p \, q_i^p$$

Die Planung der Einzelkosten der Kostenart i erstreckt sich mithin auf die Produktionsfaktormengen der Kostenart i und auf die Produktionsfaktorpreise pro Einheit der Kostenart i.

Die **Mengenplanung** ist von der Art des Produktionsfaktors abhängig. Sie umfaßt neben den Nettomengen, die in das Produkt eingehen, planmäßig auftretende Mengenverluste, etwa für Abfall bei dem Produktionsfaktor Material.

Für die **Preisplanung** wurde eine Vielzahl von Verfahren entwickelt, die auf der Basis vergangenheitsorientierter Produktionsfaktorpreise die Planverrechnungspreise der Produktionsfaktoren für die Planungsperiode bestimmen. Zu nennen sind die

– reine und gleitende Durchschnittsbildung,
– Methode der kleinsten Quadrate,
– Trendermittlung.

Wie in der Kostenplanung erfolgt auch die **Ermittlung der tatsächlich entstandenen Einzelkosten** für die einzelnen Kostenarten differenziert nach Kostenstellen. Die zum Soll-Ist-Kostenvergleich notwendigen Isteinzelkosten der Kostenart i in einer Kostenstelle ergeben sich aus den mit dem Istpreis q_i^i bewerteten tatsächlichen Gesamtverbrauchsmengen des Produktionsfaktors i in der Kostenstelle. Es gilt

$$K_i^i = r_i^i q_i^i$$

Der Verbrauch des Produktionsfaktors i ergibt sich für die Kostenstelle anhand der Aufzeichnungen über den tatsächlichen Produktionsfaktorzugang zu der Kostenstelle, der um eventuelle Anfangsbestände erhöht und um Endbestände vermindert wird. Die Ermittlung der Differenz zwischen geplanten und tatsächlichen Preisen der Produktionsfaktoren erfolgt vielfach außerhalb des nach Kostenstellen vorgenommenen Vergleichs von Isteinzelkosten und Solleinzelkosten der einzelnen Kostenarten. Beim kostenstellenweise durchgeführten Kostenvergleich der Einzelkosten der Kostenart i wird dann einheitlich der Planpreis q_i^p verwendet. Die **Istkosten in der Plankostenrechnung** K^{ip} wären in diesem Falle als der mit den Plankosten bewertete tatsächliche Verbrauch des Produktionsfaktors i zu definieren. Verwendet man für K^{ip} vereinfachend K^i, so ergeben sich die Istkosten der Kostenart i in der Plankostenrechnung mit

$$K_i^{ip} = r_i^i q_i^p$$

Zur **Einzelkostenkontrolle** sind die so definierten Istkosten mit den Sollkosten K_i^s des Produktionsfaktors i in der Kostenstelle zu vergleichen. Letztere ergeben sich durch Multiplikation der in der Kostenstelle tatsächlich hergestellten Produktmengen x_j^i mit den Planeinzelkosten für die Kostenart i pro Produkteinheit. Es gilt

$$K_i^s = \sum_{j=1}^{n} x_j^i r_{ij}^p q_i^p$$

Die Einzelkostenabweichung ist wegen der Eliminierung der Unterschiede zwischen geplanten und tatsächlichen Preisen allein darauf zurückzuführen, daß der tatsächliche Verbrauch r_i des Produktionsfaktors i von dem Verbrauch abweicht, der sich ergibt bei Multiplikation der hergestellten Produktmengen x_j mit ihren konstanten Produktionskoeffizienten r_{ij}. Bei Multiplikation der Mengenabweichung mit dem konstanten Planpreis des Produktionsfaktors ergibt sich die Einzelkostenabweichung des Produktionsfaktors i in der Kostenstelle mit

$$\Delta K_i^{ip-s} = (r_i^i - \sum_{j=1}^{n} x_j^i r_{ij}^p) q_i^p.$$

Beispiel:
Kontrolle der Einzelmaterialart »Schrauben bestimmter Art, Größe und Qualität« in einer Fertigungshauptkostenstelle bei Fertigung von 4 Produkten.

Produkt j	Istproduktmenge x_j^i	Planverbrauchsmenge pro Produkteinheit j r_j^p	Sollverbrauchsmenge $x_j^i r_j^p$	Istverbrauchsmenge r^i
1	3.000	6	18.000	
2	12.800	4	51.200	
3	5.700	8	45.600	
4	8.300	16	132.800	
			247.600	265.500

Bei einem Planpreis von 0,30 DM pro Schraube ergeben sich Ist- und Solleinzelmaterialkosten sowie Einzelmaterialabweichung der Kostenstelle mit

$$K^{i-s} = 79.650 \text{ DM} - 74.280 \text{ DM} = 5.370 \text{ DM}.$$

Die **Einzelkostenabweichung** stellt eine globale Verbrauchsabweichung dar, die im Rahmen einer Abweichungsanalyse auf ihre Haupteinflußfaktoren hin zu untersuchen ist. Dabei sind zunächst diejenigen Anteile an der gesamten Einzelkostenabweichung zu isolieren, die auf Einflußfaktoren zurückzuführen sind, deren Wirksamwerden die Kostenstelle nicht zu verantworten hat. Die dann noch verbleibenden Anteile an der Einzelkostenabweichung fallen in den Verantwortungsbereich der Kostenstelle.

2.3.3.2 Kostenstellenrechnung

> **Kostenstellen** entstehen dadurch, daß der Betrieb nach bestimmten Kriterien in Teilbereiche gegliedert wird. Die **Kostenstellenrechnung** dient dazu, die Kosten auf diejenigen betrieblichen Teilbereiche (Kostenstellen) zu verteilen, in denen sie entstanden sind.

Die Verteilung erfolgt i. d. R. mit Hilfe des **Betriebsabrechnungsbogens** (BAB). Auf der Basis der verteilten Kosten können Kalkulationssätze für die Kostenstellen gebildet werden.

2.3.3.2.1 Prinzipien der Kostenstellenbildung und Kostenverteilung

Für die **Bildung von Kostenstellen** gelten im wesentlichen drei Prinzipien (Kilger [Einführung] 154f.), nämlich:

1. **Abgrenzung selbständiger Verantwortungsbereiche.** Das Bestehen selbständiger Verantwortungsbereiche ist für eine wirksame Kostenkontrolle und die persönliche Zuordnung von Kostenabweichungen erforderlich.

2. **Vorliegen eindeutiger Bezugsgrößen.** Eindeutige Maßgrößen der Kostenverursachung sind Voraussetzung für die Ermittlung genauer Kostensätze für die innerbetriebliche Leistungsverrechnung und Kalkulation sowie für eine wirksame Kostenkontrolle.

3. **Möglichkeit der Kostenzuordnung.** Die entstandenen Kosten müssen sich über Kostenbelege den Kostenstellen eindeutig zuordnen lassen.

Die **Gliederung der Kostenstellenrechnung** erfolgt nach funktionalen und abrechnungstechnischen Merkmalen.

Nach **funktionalen Merkmalen** unterscheidet man zwischen Beschaffungs-, Fertigungs-, Verwaltungs-, Vertriebs- sowie Forschungs- und Entwicklungskostenstellen.

Nach **abrechnungstechnischen Merkmalen** unterscheidet man zwischen Haupt- und Hilfskostenstellen.

Die den **Hauptkostenstellen** (z. B. Fertigungsstellen) belasteten Kosten werden direkt auf die Kostenträger verrechnet. Die Verrechnung erfolgt kostenstellenweise unter Anwendung von **Zuschlagssätzen** (Kalkulationssätzen). Der Zuschlagssatz für eine Hauptkostenstelle ergibt sich aus dem Quotienten der Kostenstellenkosten und der für die

Umlage der Kosten relevanten Bezugsgröße der Kostenstelle. Werden als Bezugsgröße die Produkteinzelkosten verwendet, so werden die Kostenstellenkosten proportional zu den Produkteinzelkosten auf die Kostenträger verrechnet. Als Zuschlagsbasis für die Verrechnung der Kostenstellenkosten werden insbesondere die Materialeinzelkosten, die Fertigungslöhne und die Herstellkosten herangezogen.

Die den **Hilfskostenstellen** (z. B. **Allgemeine Kostenstellen,** die Leistungen für den ganzen Betrieb erbringen, wie Wasserversorgung und Kraftzentrale) belasteten Kosten werden auf andere Kostenstellen und damit indirekt auf die Kostenträger verrechnet. Die Verrechnung erfolgt in der Weise, daß die Kosten der Hilfskostenstellen über die **innerbetriebliche Leistungsverrechnung** auf die Hauptkostenstellen verteilt und dort unter Verwendung von Zuschlagssätzen auf die Kostenträger verrechnet werden. Maßgebend für die Verrechnung der Kostenstellenkosten der Hilfskostenstellen sind die innerbetrieblichen Leistungen, die von einer Hilfskostenstelle an eine Hauptkostenstelle erbracht werden.

Aus der Unterscheidung folgt, daß Hilfskostenstellen mit Kostensätzen für innerbetriebliche Leistungen, Hauptkostenstellen mit Kalkulationssätzen abrechnen (vgl. Abb. 3.2.26).

Die Anwendung des erstgenannten Prinzips der Kostenstellenbildung setzt die Beachtung eines **Kostenverrechnungsprinzips** voraus, das es ermöglicht, eine personale Zuordnung der Kostenabweichungen vorzunehmen. Als Kostenverrechnungsprinzipien unterscheidet man das

– Verursachungsprinzip
– Proportionalitätsprinzip
– Leistungsentsprechungsprinzip
– Durchschnittsprinzip
– Belastungsäquivalenzprinzip
– Tragfähigkeitsprinzip
– Identitätsprinzip.

Die Kostenverrechnungsprinzipien dienen der Kostenverteilung. Dabei versteht man unter Kostenverteilung die nach bestimmten Regeln vorgenommene Verteilung von Kostenbeträgen, die nach Kostenarten erfaßt werden, auf bestimmte Bezugsobjekte. Bezugsobjekte können dabei sein die Kostenstellen, insbesondere aber die Kostenträger.

Vielfach wird als Fundamentalprinzip der Kostenverrechnung das **Kostenverursachungsprinzip** angesehen. Es besagt, daß die einzelnen Kostenarten nur denjenigen Kostenstellen (Kostenträgern) zugerechnet werden dürfen, die sie kausal verursacht haben. Zur Messung der Kostenverursachung ist die Festlegung der Maßgrößen der Kostenverursachung (Bezugsgrößen) erforderlich.

Wegen der häufig der Kostenrechnung zugrundeliegenden Annahmen der Limitationalität und der Linearität bestehen zwischen den Kosten und den Maßgrößen proportionale Beziehungen. Diesen Beziehungen entspricht eine auf Proportionalität eingeengte Form des Kostenverursachungsprinzips, das man entsprechend als **Proportionalitätsprinzip** bezeichnet. Es besagt, daß die einzelnen Kostenarten proportional zu bestimmten Bezugsgrößen auf die Kostenstellen (Kostenträger) zu verteilen sind.

Nach dem **Leistungsentsprechungsprinzip** werden die gesamten Kosten nach Maßgabe der wertmäßigen Größenrelationen der Produkte verteilt. Die Kostenverteilung erfolgt in der Weise, daß die Gesamtheit der während der Abrechnungsperiode erstellten Produkte in einem einheitlichen Maß gemessen wird (Gesamtleistung). Jedem Produkt wird sodann derjenige Teil der Gesamtkosten zugeordnet, der seinem relativen Anteil an der Gesamtleistung entspricht. Das Prinzip dient weniger der Umlage der einzelnen Kostenarten auf die Kostenstellen als vielmehr der Verteilung der Kostenstellenkosten auf die Kostenträger.

Bei Anwendung des **Durchschnittsprinzips** werden die Kosten durch zuvor bestimmte Bezugsgrößen dividiert, so daß sich ein Durchschnittssatz pro Bezugsgrößeneinheit ergibt. Als Bezugsgrößen kommen sowohl Wertgrößen (Einzelmaterialkosten, Einzellohn, Herstellkosten) als auch Mengengrößen (Fertigungszeit, Maschinenzeit) in Betracht. Die Kostenverteilung erfolgt entsprechend der in einem Abrechnungszeitraum in Anspruch genommenen Bezugsgrößeneinheiten. In dieser Weise werden etwa die Stromkosten entsprechend der verbrauchten Stromeinheiten auf die Kostenstellen verrechnet.

Das **Belastungsäquivalenzprinzip** bewirkt eine Kostenschlüsselung nach der Inanspruchnahme der Potentialfaktoren (Maschinen, maschinelle Anlagen, Gebäude). Maßgebend für die Kostenverteilung sind dabei in der Regel Mengengrößen, z. B. die zeitliche Inanspruchnahme (Maschinenstunden) oder die flächenmäßige Inanspruchnahme (die von einer Kostenstelle belegten Quadratmeter der Gesamtfläche eines Gebäudes).

Nach dem **Tragfähigkeitsprinzip** werden die Kosten proportional zu dem Bruttogewinn der Produkte verteilt. Das Tragfähigkeitsprinzip dient in erster Linie der Verteilung der Kostenstellenkosten auf die Kostenträger.

Das **Identitätsprinzip** schließlich geht davon aus, daß die Zuordenbarkeit als eine Gegenüberstellung eindeutig zusammengehöriger Größen aufzufassen ist. Eindeutig zusammengehörende Größen sind dabei verzehrte Kostengüter (Produktionsfaktoren) und entstehende Leistungsgüter (Produkte). Kosten sind nach dem Identitätsprinzip einem Bezugsobjekt nur dann eindeutig und zwingend zuordenbar, wenn die Existenz dieses Bezugsobjektes durch die selbe Disposition ausgelöst worden ist, die auch zu dem Werteverzehr (d. h. zur Kostenentstehung) geführt hat.

Als **Bezugsgrößen** der Kostenverursachung lassen sich u. a. Maschinenzeiten, Fertigungszeiten, Durchsatzgewichte, Arbeitsverrichtungen und bearbeitete Produktmengen verwenden. Verhalten sich die gesamten Kosten einer Kostenstelle **proportional** zu einer einzigen Bezugsgröße, so spricht man von **homogener Kostenverursachung**. Die Kostenzurechnung auf die Kostenstelle erfolgt über die entsprechende Bezugsgröße. Sind in der Kostenstelle mehrere Bezugsgrößen vorhanden, zu denen sich die gesamten Kosten der Kostenstelle proportional verhalten, so können die Bezugsgrößen gegeneinander ausgetauscht werden. Es gilt das **Gesetz der Austauschbarkeit der Maßgrößen** (Rummel [Kostenrechnung] 5). Verhalten sich demgegenüber einzelne Teile der Kosten einer Kostenstelle proportional zu verschiedenen Bezugsgrößen, so spricht man von **heterogener Kostenverursachung**. Sie erfordert mithin die Verwendung mehrerer Bezugsgrößen in einer Kostenstelle (Kilger [Plankostenrechnung] 142 f. und 327 ff.).

2.3.3.2.2 Aufbau des Betriebsabrechnungsbogens (BAB)

Die Kostenstellenrechnung kann auf verschiedene Art durchgeführt werden. Man unterscheidet insbesondere zwischen der kontenmäßigen und der statistisch-tabellarischen Betriebsabrechnung. Beide Formen der Betriebsabrechnung können manuell oder mit Hilfe von EDV-Anlagen erfolgen.

Bei der **kontenmäßigen Betriebsabrechnung** wird für jede Kostenstelle ein Konto geführt, auf dem die der Kostenstelle zuzurechnenden Kostenarten (Kostenstellenkosten) erfaßt werden. Diese Erfassung erfolgt sowohl für die primären als auch für die sekundären Kostenstellenkosten.

Primäre Kostenstellenkosten werden direkt aus der Kostenartenrechnung übernommen.

Sekundäre Kostenstellenkosten werden im Rahmen der innerbetrieblichen Leistungsverrechnung einer Kostenstelle zugerechnet.

Die Entlastung der Konten erfolgt durch Verrechnung auf andere Kostenstellen oder auf die Kostenträgerkonten.

Beispiel:
Be- und Entlastung des Kontos der Fertigungshauptkostenstelle I (Beträge in DM).

Fertigungshauptkostenstelle I

aus Kostenartenrechnung:		in Kostenträgerrechnung:	
Hilfslöhne	2.576	Produkt 1 (3.000 Stück)	6.267
Gehälter	5.289	Produkt 2 (12.800 Stück)	26.740
Gesetzliche Sozialleistungen	784	Produkt 3 (5.700 Stück)	11.907
Hilfs- und Betriebsstoffe	843	Produkt 4 (8.300 Stück)	17.339
Werkzeuge und Geräte	2.473		
Instandhaltung	879		
Steuern, Gebühren, Versicherungen	1.205		
Verschiedene Gemeinkosten	1.416		
Kalkulatorische Abschreibungen	10.500		
Kalkulatorische Zinsen	8.455		
Umlage Allgemeine Hilfskostenstelle 1	3.764		
Umlage Allgemeine Hilfskostenstelle 2	12.613		
Umlage Fertigungshilfskostenstelle	11.456		
	62.253		62.253

Aufgrund des großen Buchungsaufwandes, der geringen Flexibilität und der geringen Übersichtlichkeit der kontenmäßigen Betriebsabrechnung, wird in der Praxis die Betriebsabrechnung ganz überwiegend in **statistisch-tabellarischer Form** vorgenommen. Dabei werden die in der Periode anfallenden Kosten, d. h. im wesentlichen die Kostenträgergemeinkosten, außerhalb der Finanzbuchhaltung statistisch im **BAB** für die einzelnen Kostenstellen erfaßt und verrechnet. Die Erfassung und Verrechnung der Kostenstellenkosten entsprechend der Kostenverursachung setzen voraus, daß der BAB sowohl in bezug auf die Kostenarten als auch in bezug auf die Kostenstellen eine zweckgerechte, d. h. i. d. R. eine weitgehende Differenzierung aufweist. In Abb. 3.2.25 ist ein einfaches Beispiel eines BAB dargestellt (vgl. S. 382 und 383).

Der BAB ist zeilenweise nach **Kostenarten** und spaltenweise nach **Kostenstellen** gegliedert. Die Gliederung der Kostenstellen erfolgt, wie erwähnt, nach funktionalen und abrechnungstechnischen Merkmalen. Jede Kostenstelle erhält eine Kostenstellennummer und eine Kostenstellenbezeichnung. Die Kostenstelleneinteilung wird nach den speziellen Gegebenheiten eines Unternehmens vorgenommen und kann entsprechend von Unternehmen zu Unternehmen sehr unterschiedlich sein. Als Kostenstellenbereiche, die vielfach eine weitere Untergliederung erfahren, kann man unabhängig von unternehmensspezifischen Gegebenheiten unterscheiden:

Hilfskostenstellen
- Raumkostenstellen
- Energiekostenstellen
- Transportkostenstellen
- Sozialkostenstellen
- Instandhaltungs- und Betriebshandwerkskostenstellen

Hauptkostenstellen
- Materialkostenstellen
- Fertigungskostenstellen
- Verwaltungskostenstellen
- Vertriebskostenstellen

Unabhängig von der speziellen Kostenarten- und Kostenstellengliederung wird der BAB i. a. in folgende vier **Aufgabenbereiche** gegliedert:

1. Erfassung und Verteilung der den Kostenträgern nicht direkt zurechenbaren Kostenarten (Kostenträgergemeinkosten) als primäre Kostenstellenkosten,
2. Verteilung der Kostenstellenkosten der Hilfskostenstellen auf die Hauptkostenstellen als sekundäre Kostenstellenkosten im Rahmen der innerbetrieblichen Leistungsverrechnung,
3. Bildung von Kalkulationszuschlagssätzen zum Zwecke der Verrechnung der Kostenstellenkosten der Hauptkostenstellen auf die Kostenträger,
4. Kostenkontrolle in der Normalkostenrechnung in Form der Ermittlung von Kostenüber- und Kostenunterdeckungen.

Die folgende Graphik (Abb. 3.2.26) veranschaulicht die Kostenverrechnung im BAB, wobei PStK die primären Kostenstellenkosten, SStK die sekundären Kostenstellenkosten und KTGK die auf der Basis der Kalkulationssätze auf die Kostenträger (Produkte) verrechneten Kostenträgergemeinkosten bezeichnen.

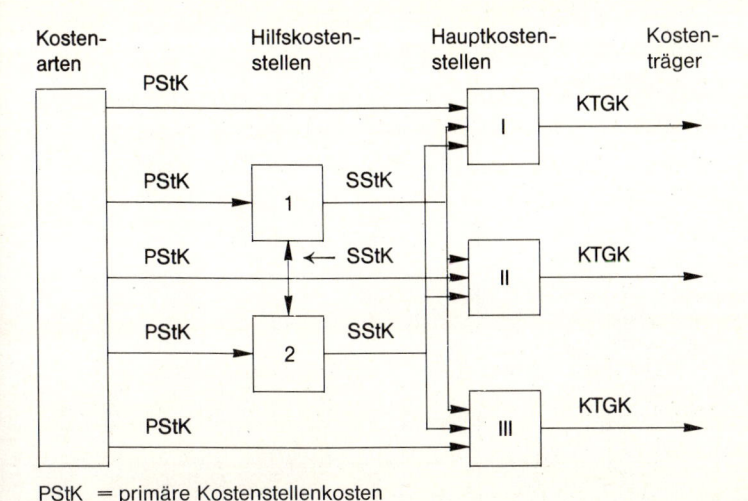

| Kosten- | Hilfskosten- | Hauptkosten- | Kosten- |
| arten | stellen | stellen | träger |

```
        PStK                                    KTGK
────────────────────────────────────────►  ┌─────┐
                                           │  I  │ ────►
        PStK         ┌─────┐    SStK       └─────┘
─────────────────►   │  1  │ ──────────►
                     └─────┘
        PStK            ▲    ◄── SStK                KTGK
─────────────────────── │ ─────────────────►  ┌─────┐
                        ▼                     │ II  │ ────►
        PStK         ┌─────┐    SStK          └─────┘
─────────────────►   │  2  │ ──────────►
                     └─────┘
                                                     KTGK
        PStK                                  ┌─────┐
────────────────────────────────────────────► │ III │ ────►
                                              └─────┘
```

PStK = primäre Kostenstellenkosten
SStK = sekundäre Kostenstellenkosten
KTGK = Kostenträgergemeinkosten

Abb. 3.2.26: Kostenverrechnung im BAB

2.3.3.2.3 Verfahren der Verrechnung primärer und sekundärer Kostenstellenkosten

Wie angeführt, werden die als Kostenträgergemeinkosten gekennzeichneten Kostenarten als primäre Kostenstellenkosten den verbrauchenden Kostenstellen zugeordnet. Soweit es sich bei den verbrauchenden Kostenstellen um Hilfskostenstellen handelt, werden die Gemeinkosten als sekundäre Kostenstellenkosten im Rahmen der innerbetrieblichen Leistungsverrechnung auf die Hauptkostenstellen verrechnet. In den Hauptkostenstellen erfolgt die Bildung von Kalkulationssätzen für die Kostenträger.

Die **primären Kostenstellenkosten** werden nach dem Kostenverursachungsprinzip den verursachenden Kostenstellen belastet. Abrechnungstechnisch geschieht dies in der Weise, daß die Kostenbelege mit Kostenstellennummern kontiert werden, so daß die Kostenträgergemeinkosten der einzelnen Kostenarten unmittelbar auf die Kostenstellen verteilt werden können.

Die **sekundären Kostenstellenkosten** werden zunächst denjenigen kostenverursachenden Kostenstellen belastet, die innerbetriebliche Lei-

Kostenstellen →		Zahlen der Kostenarten-rechnung	Hilfskostenstellen				Hauptkostenstellen				
			Allgemeine Kostenstellen		Fertigungs-hilfs-kostenstelle	Material-kostenstelle	Fertigungshauptkostenstellen			Verwaltungs-kostenstelle	Vertriebs-kostenstelle
			1 Wasserversorgung	2 Kraftzentrale	Lohnbüro	Lager	I	II	III		
Konto Nr.	Kostenarten Bezeichnung										
	1. Erfassung der primären Kostenstellenkosten										
1 432	Hilfslöhne	49.876	4.763	5.839	9.377	5.844	2.576	3.123	2.987	8.976	6.391
2 435	Gehälter	113.245	5.310	2.985	4.213	14.390	5.289	4.890	6.055	45.825	24.288
3 438	Gesetzliche Sozialleistungen	16.397	1.017	891	1.379	2.070	784	809	935	5.434	3.078
4 412	Hilfs- und Betriebsstoffe	7.318	783	956	1.038	819	843	918	966	195	800
5 413	Werkzeuge und Geräte	14.645	1.485	1.691	843	748	2.473	3.504	1.976	412	1.513
6 450	Instandhaltung	5.380	512	648	876	173	879	213	1.348	310	421
7 420	Heiz-, Brennstoffe, Energie	29.456	–	20.718	–	505	–	–	–	2.885	5.348
8 460	Steuern, Gebühren, Versicherungen	23.609	783	211	–	924	1.205	735	1.878	10.925	6.948
9 490	Verschiedene Gemeinkosten	19.972	1.815	2.079	3.128	1.695	1.416	2.347	1.208	3.465	2.819
10 481	Kalkulatorische Abschreibungen	65.800	5.800	8.500	6.000	4.900	10.500	13.800	6.200	5.500	4.600

11	482	Kalkulatorische Zinsen	46.370	3.980	6.105	4.280	2.990	8.455	5.395	4.435	6.750	3.980
12		Summe der primären Kostenstellenkosten	392.068	26.248	50.623	31.134	35.058	34.420	35.734	27.988	90.677	60.186
		2. Verteilung der sekundären Kostenstellenkosten										
13		Umlage Allgemeine Hilfskostenstelle 1		./.26.248	3.056	2.819	1.758	3.764	6.317	3.672	1.548	3.314
14		Umlage Allgemeine Hilfskostenstelle 2			./.53.679	4.957	3.148	12.613	19.224	7.568	4.052	2.117
15		Umlage Fertigungshilfskostenstelle				./.38.910	–	11.456	18.961	8.493	–	–
16		Gesamtkosten der Hauptkostenstellen	392.068				39.964	62.253	80.236	47.721	96.277	65.617
		3. Bildung von Kalkulationszuschlagsätzen[1)]										
17		Zuschlagsbasis Materialeinzelkosten	320.480				320.480					
18		Zuschlagsbasis Fertigungslöhne	228.019					95.568	86.433	46.018		
19		Zuschlagsbasis Herstellkosten									778.673	778.673
20		Kalkulationszuschlagsätze					12,47%	65,14%	92,83%	103,7%	12,3642%	8,4268%

[1)] Zur Ermittlung der Kalkulationszuschlagsätze vgl. den Abschnitt über Zuschlagskalkulation S. 394 ff.

Abb. 3.2.25: Beispiel eines Betriebsabrechnungsbogens (BAB)

stungen an andere Kostenstellen erbringen (Hilfskostenstellen, sekundäre Kostenstellen). Für die Hilfskostenstellen werden Bezugsgrößen festgelegt, die als Maßgrößen für die Weiterverrechnung der sekundären Kostenstellenkosten auf alle Kostenstellen dienen, die innerbetriebliche Leistungen empfangen.

Für die **Verrechnung der innerbetrieblichen Leistungen** ist eine Reihe von Verfahren entwickelt worden. Man unterscheidet insbesondere das Anbauverfahren, das Stufenverfahren und das Simultanverfahren (Scherrer [Kostenrechnung] 187 ff.).

(1) Das **Anbauverfahren** berücksichtigt bei der Verrechnung der sekundären Kostenstellenkosten lediglich die Leistungsbeziehungen zwischen den sekundären Kostenstellen und den primären Kostenstellen. Innerbetriebliche Leistungen zwischen den sekundären Kostenstellen werden ebenso vernachlässigt wie der Eigenverbrauch der leistenden sekundären Kostenstelle.

Graphisch läßt sich das wie folgt darstellen (Abb. 3.2.27):

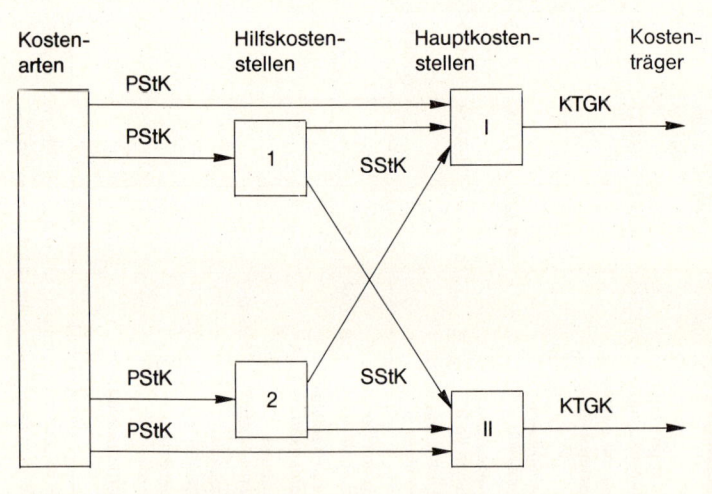

Abb. 3.2.27: Anbauverfahren

Beispiel:
Es bestehen folgende Leistungsbeziehungen zwischen den zwei Hilfskostenstellen H 1 und H 2 sowie den zwei Hauptkostenstellen H I und H II in Leistungseinheiten

Leistende	Empfangende Kostenstelle				
Kostenstelle	H 1	H 2	H I	H II	$\sum$
H 1	25	75	180	245	525
H 2	20.000	52.500	100.000	165.000	337.500
H I	–	–	10	20	
H II	–	–	30	25	
Primäre Kostenstellenkosten DM	26.248	50.623			

Beim Anbauverfahren werden nur die Leistungsbeziehungen zwischen den Hilfskostenstellen und den Hauptkostenstellen berücksichtigt. Die Verrechnungspreise der Hilfskostenstellen pro Leistungseinheit ergeben sich mit

$$q_1 = \frac{26.248 \text{ DM}}{425} = 61{,}76 \text{ DM}$$

$$q_2 = \frac{50.623 \text{ DM}}{265.000} = 0{,}191 \text{ DM}$$

(2) Das **Stufenverfahren** berücksichtigt bei der Verrechnung der sekundären Kostenstellenkosten sowohl die Leistungsbeziehungen zwischen den Hilfskostenstellen und den Hauptkostenstellen als auch einseitige innerbetriebliche Leistungsbeziehungen bei den Hilfskostenstellen entsprechend ihrer Anordnung bei der Kostenverrechnung.

Graphisch läßt sich das wie folgt darstellen (Abb. 3.2.28):

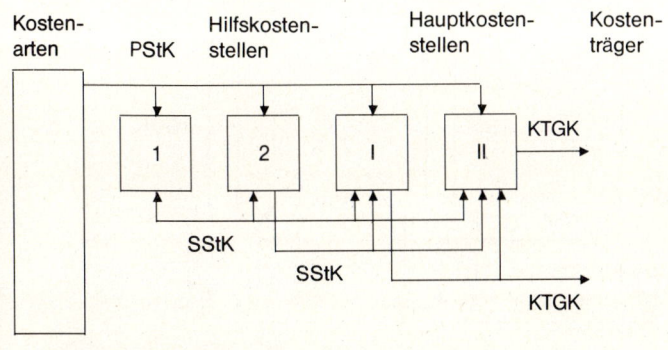

Abb. 3.2.28: Stufenverfahren

Beispiel:
Es bestehen die bei der Darstellung des Anbauverfahrens angeführten Leistungsbeziehungen. Beim Stufenverfahren werden die Leistungsbeziehungen zwischen den Hilfskostenstellen und den Hauptkostenstellen sowie zwischen den Hilfskostenstellen entsprechend der Anordnungsbeziehung berücksichtigt. Die Verrechnungspreise der Hilfskostenstellen pro Leistungseinheit ergeben sich für die oben angeführten Daten mit

$$q_1 = \frac{26.248 \text{ DM}}{525 - 25} = 52{,}496 \text{ DM}$$

$$q_2 = \frac{50.623 \text{ DM} + 75 \cdot 52{,}496 \text{ DM}}{337.500 - (20.000 + 52.500)} = 0{,}20589 \text{ DM}$$

(3) Bestehen gegenseitige Leistungsbeziehungen zwischen den Hilfskostenstellen, so entsprechen die genannten Verfahren der Verrechnung sekundärer Gemeinkosten nicht dem Kostenverursachungsprinzip. Eine verursachungsgerechte Kostenverrechnung erfordert die Anwendung des **Simultanverfahrens**. Bei dem Verfahren werden sowohl die gegenseitigen Leistungsbeziehungen zwischen den Hilfskostenstellen als auch deren Eigenverbrauch berücksichtigt.

Graphisch läßt sich das wie folgt darstellen (Abb. 3.2.29):

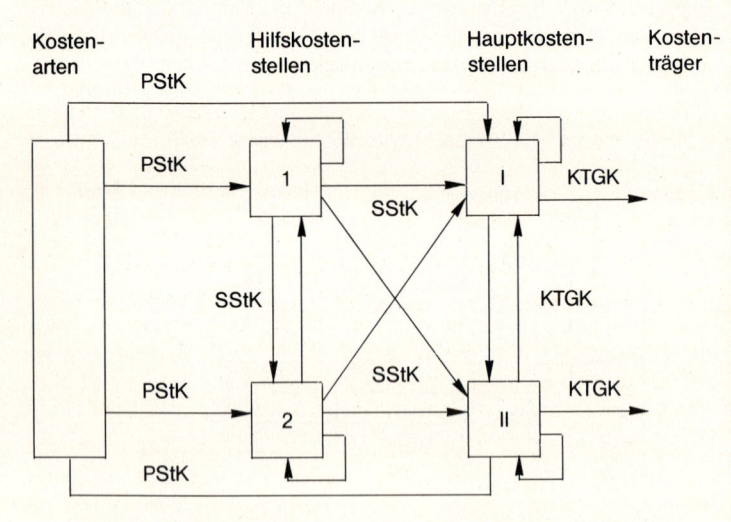

Abb. 3.2.29: Simultanverfahren

Beispiel:
Es bestehen wiederum die oben angeführten Leistungsbeziehungen. Sie werden beim Simultanverfahren vollständig berücksichtigt. Die Verrechnungspreise der Hilfskostenstellen pro Leistungseinheit ergeben sich für die angeführten Daten mit

$$q_1 = \frac{26.248 \text{ DM} + 25 \, q_1 + 20\,000 \, q_2}{525}$$

$$q_2 = \frac{50.623 \text{ DM} + 75 \, q_1 + 52\,500 \, q_2}{337.500}$$

$\Rightarrow q_1 = 60{,}235 \text{ DM}; \, q_2 = 0{,}1934759 \text{ DM}$

Nach Durchführung der innerbetrieblichen Leistungsverrechnung sind die primären und sekundären Kostenstellenkosten den Hauptkostenstellen belastet. Die **Bildung der Kalkulationssätze** zur Weiterverrechnung der Kostenträgergemeinkosten auf die Kostenträger erfolgt in der Weise, daß zunächst durch die Bildung des Quotienten aus gesamten Gemeinkosten und Bezugsgröße der Kostenstelle der Gemeinkostensatz pro Bezugsgrößeneinheit ermittelt wird. Durch Multiplikation der von den Kostenträgern in Anspruch genommenen Bezugsgrößeneinheiten ergeben sich die den Kostenträgern zu belastenden Gemeinkosten. Vgl. dazu die Darstellung der Zuschlagskalkulation S. 394 ff.

2.3.3.2.4 Planung und Kontrolle der Gemeinkosten

Die zukunftsorientierte Kostenrechnung erfordert die Planung der Gemeinkosten der einzelnen Kostenstellen sowie die Ermittlung und Analyse der Soll-Ist-Kostenabweichungen im Rahmen der Kostenkontrolle.

Nach der Vornahme der Kostenstellengliederung und der Auswahl der für die Kostenstellen maßgeblichen Bezugsgrößen der Kostenverursachung ist im Rahmen der **Gemeinkostenplanung** die Höhe der ausgewählten Bezugsgrößen festzulegen. Diese hängt von der der Planungsperiode zugrunde liegenden Beschäftigung ab. Die Festlegung der Planbezugsgröße erfordert somit die Festlegung der **Planbeschäftigung**. Dies kann unter Verwendung verschiedener Verfahren geschehen. Man unterscheidet insbesondere zwischen:

1. **Kapazitätsplanung.** Sie geht bei der Bestimmung der Planbezugsgröße für die einzelnen Kostenstellen von den vorhandenen Kapazitäten des Fertigungsbereichs aus.

2. Engpaßplanung. Sie betrachtet die Planung im Fertigungsbereich als Teil der betrieblichen Gesamtplanung, die nach dem Minimumsektor auszurichten ist. Das bedeutet, die Planung im Fertigungsbereich erfolgt nicht generell nach der Kapazität des Fertigungsbereichs, sondern nach der Kapazität des betrieblichen Engpasses, wobei Planungsengpaß vielfach der Absatzbereich ist.

Nach Festlegung der Planbezugsgröße für eine Kostenstelle sind die ihr entsprechenden Plankosten zu bestimmen, wobei zwischen bezugsgrößenabhängigen (variablen) und bezugsgrößenunabhängigen (fixen) Kosten zu differenzieren ist. Die Plankostenbestimmung erfordert somit die Planung der Produktionsfaktorverbrauchsmengen, der Produktionsfaktorpreise und der Kostenauflösung.

Die Planung der **Produktionsfaktormengen** erfolgt kostenstellenweise. Es werden für alle in einer Kostenstelle auftretenden Produktionsfaktoren diejenigen Verbrauchsmengen festgelegt, die bei Verwirklichung der Planbezugsgröße mindestens eingesetzt werden müssen. Eine konsequente zukunftsorientierte Ausrichtung der Mengenplanung verbietet die Einbeziehung von Istverbrauchsmengen vergangener Abrechnungsperioden und verlangt die Festlegung der Produktionsfaktorverbrauchsmengen auf der Basis von Verbrauchsstudien, Verbrauchsmengenberechnungen und Verbrauchsmengenschätzungen.

Die Planung der **Produktionsfaktorpreise** basiert auf festen Verrechnungssätzen, die auf Schätzungen der für die jeweilige Planungsperiode erwarteten Produktionsfaktorpreise oder auf für längere Zeiträume festgelegten Schätzgrößen beruhen.

Der Unterschied zwischen den beiden Verfahren der Produktionsfaktorpreisplanung besteht darin, daß

— bei Zugrundelegung **erwarteter** Produktionsfaktorpreise die später ermittelten Soll-Istkostenabweichungen als realistische Kostenabweichungen interpretiert werden können; dem steht allerdings der Aufwand der periodenweisen Schätzung der Preise für die einzelnen Produktionsfaktoren entgegen.
— bei Zugrundelegung **fester** Produktionsfaktorpreise für längere Zeiträume die Kostenabweichungen für die einzelnen Perioden keine realistischen Größen darstellen, aufgrund der konstanten Produktionsfaktorpreise aber ein Vergleich der Kostenabweichungen zwischen den einzelnen Perioden möglich ist; hinzu kommt eine erhebliche Vereinfachung durch die Reduzierung des Schätzaufwandes für die Preise der einzelnen Produktionsfaktoren.

Die der Kostenplanung zugrundeliegende **Kostenauflösung** in variable und fixe Kosten ist zur Ermittlung der Sollkosten für alle von der Planbezugsgröße abweichenden Beschäftigungsgrade erforderlich.

Auf der Basis der so bestimmten Plankosten einer Kostenstelle lassen sich bei planmäßigen Leistungsbeziehungen zwischen den Kostenstellen Planverrechnungssätze für innerbetriebliche Leistungen und Plankalkulationssätze ermitteln.

Die **Gegenüberstellung der Istkosten und der Sollkosten** einer Kostenstelle führt zu den Kostenabweichungen der Kostenstelle. Soll die Ermittlung und Analyse der Kostenabweichungen auf die variablen Gemeinkosten beschränkt werden, so genügt ein **Vergleich** der Kostenverrechnungssätze $k^{p(v)}$ und $k^{i(v)}$. Da in der zukunftsorientierten Kostenrechnung Istkosten und Sollkosten auf der Basis von Planpreisen ermittelt werden, stellen die Abweichungen Faktorverbrauchsmengenabweichungen bewertet zu Planpreisen dar. Sie können als **Verbrauchsmengenabweichungen, Kostenstellenabweichungen** oder **Gemeinkostenabweichungen** bezeichnet werden. Es gilt für gleiche Fixkosten einer Kostenstelle im Plan und Ist

$$\Delta K^{i(v)-s(v)} = (k^{i(v)} - k^{p(v)}) \, b^i$$

Die Gemeinkostenverrechnungssätze $k^{i(v)}$ und $k^{p(v)}$ stellen die Gemeinkosten pro Bezugsgrößeneinheit dar. Sie ergeben sich durch Division der gesamten variablen Gemeinkosten $K^{i(v)}$ bzw. $K^{s(v)}$ durch die Istbezugsgröße b^i. Zur Ermittlung der gesamten variablen Gemeinkosten werden dabei jeweils feste Produktionsfaktorpreise q_i^p zugrundegelegt. Ein Unterschied zwischen Istkosten und Sollkosten kann folglich nur auf unterschiedliche Produktionsfaktoreinsatzmengen im Ist und Soll zurückgeführt werden.

Die angeführte Kostendifferenz stellt eine globale Größe dar, die einer Aufspaltung und weiteren Analyse bedarf. Die **Aufspaltung** kann in mehrfacher Weise geschehen:

1. Es kann eine Differenzierung der Gemeinkostenabweichung in der Kostenstelle nach Kostenarten vorgenommen werden. Dann ergibt sich unter den obigen Bedingungen die Gemeinkostenabweichung bezüglich der Kostenart i in der Kostenstelle.

2. Die der Kostenstelle nicht zurechenbaren Gemeinkostendifferenzen können dadurch ausgeschaltet werden, daß die gegenüber der Planung eingetretenen Veränderungen der Produktionsbedingungen erfaßt und die sich daraus ergebenden Kostenwirkungen ermittelt werden. Dabei handelt es sich im wesentlichen um die Ermittlung der

Kostenwirkungen von Veränderungen der Intensität des Betriebsmitteleinsatzes, der Ausbeute des Produktionsfaktors Material, der Seriengröße, der Auftragszusammensetzung und der Bedienungsverhältnisse der Betriebsmittel (Kilger [Plankostenrechnung] 555 ff.; Scherrer [Kostenrechnung] 261 ff.).

2.3.3.3 Kostenträgerrechnung

> In der **Kostenträgerrechnung** werden die Kosten für die Leistungseinheit ermittelt. Als Leistungseinheit versteht man überwiegend die Einheit der hergestellten oder verkauften Produkte. Als Kosten für die Leistungseinheit können daneben auch die pro Auftrag oder pro Serie angefallenen Kosten verstanden werden.

2.3.3.3.1 Zielsetzungen der Kostenermittlung für die Leistungseinheit

Die Ermittlung der den Kostenträgern zuzurechnenden Kosten kann unterschiedlichen **Zielsetzungen** dienen. Zu nennen sind insbesondere:

1. Preisfestsetzung der Produkte,
2. Bewertung der Bestände an Halb- und Fertigprodukten.

(1) Die Ermittlung der Kostenträgerkosten zum Zwecke der **Preisfestsetzung der Produkte** wird vielfach als wichtigste Zielsetzung der Kalkulation angesehen. Den Überlegungen liegt dabei die Vorstellung zugrunde, daß die Angebotspreise der Produkte in der Weise ermittelt werden, daß die mit der Kalkulation errechneten Selbstkosten pro Produkteinheit um einen Gewinnzuschlag erhöht werden (Kostenpreis).

Diese Auffassung steht im Widerspruch zu preistheoretischen Erkenntnissen, nach denen die Angebotsfunktion aus der Grenzkostenfunktion abzuleiten ist und der Marktgleichgewichtspreis durch den Verlauf der Marktangebots- und Nachfragefunktion bestimmt wird. Allerdings entbehrt dieser generelle Einwand gegen die Bestimmung eines Kostenpreises der Grundlage, wenn die der Preistheorie zugrunde liegenden Prämissen nicht gegeben sind. Dafür lassen sich namentlich drei Situationen anführen:

– Die Nachfrager akzeptieren aufgrund persönlicher, sachlicher oder räumlicher Präferenzen bzw. wegen fehlender Markttransparenz

den auf der Basis von Selbstkosten und Gewinnzuschlag festgelegten Angebotspreis,
- es bestehen vertragliche Vereinbarungen über die Festsetzung des Angebotspreises auf Kosten- und Gewinnzuschlagsbasis,
- der Angebots-Nachfragemechanismus auf einem Markt wird durch gesetzliche Regelungen zugunsten einer Kostenpreisfestsetzung außer Kraft gesetzt.

Für die beiden letztgenannten Situationen ist anzugeben, nach welchen Verfahren die Selbstkosten zu ermitteln sind und welche Gewinnzuschläge maximal verrechnet werden dürfen. Solche Verfahrensvorschriften enthalten die Leitsätze für die Preisermittlung aufgrund von Selbstkosten (LSP), die aufgrund der Verordnung PR 30/53 des Bundesministers für Wirtschaft über Preise bei öffentlichen Aufträgen (VPöA) seit 1. 1. 1954 gültig sind.

(2) Die Notwendigkeit zur Ermittlung der Kostenträgerkosten zum Zwecke der **Bestandsbewertung für Halb- und Fertigprodukte** ergibt sich aus handels- und steuerrechtlichen Bilanzierungs- und Bewertungsvorschriften (§§ 252–256 HGB, insbesondere §§ 253, 255 HGB; § 6 EStG). Danach sind die selbsterstellten Betriebsmittel sowie Halb- und Fertigprodukte mit den Herstellungskosten zu bewerten. Die **Herstellungskosten** unterscheiden sich wesentlich von den in der Kostenträgerrechnung ermittelten **Herstellkosten** (vgl. S. 396), insbesondere durch

- ihren Charakter als Aufwendungen,
- ihre Ausrichtung an Istgrößen,
- die Ermessensfreiheit bezüglich der Einrechnung angemessener Teile der notwendigen Materialgemeinkosten, der notwendigen Fertigungsgemeinkosten und des Werteverzehrs des Anlagevermögens, soweit er durch die Fertigung veranlaßt ist, sowie die Ermessensfreiheit in bezug auf die Einrechnung der Kosten der allgemeinen Verwaltung sowie der Aufwendungen für soziale Einrichtungen des Betriebs, für freiwillige soziale Leistungen und für betriebliche Altersversorgung.

Die in der Kostenträgerrechnung ermittelten Herstellkosten für die Halb- und Fertigprodukte sind für den Ansatz in der Handels- und Steuerbilanz in entsprechender Weise zu korrigieren (vgl. S. 244ff.).

2.3.3.3.2 Kalkulationsverfahren

Im allgemeinen unterscheidet man zwischen zwei Gruppen von Kalkulationsverfahren, den Divisions- und den Zuschlagskalkulationen. Erstere sind dadurch charakterisiert, daß die Kosten pro Einheit des Kostenträgers ohne Differenzierung in Einzelkosten und Gemeinkosten ermittelt werden. Demgegenüber erfolgt bei den Zuschlagskalkulationen diese Differenzierung. Die Einzelkosten werden dem Kostenträger direkt zugerechnet, die Verrechnung der Gemeinkosten wird mit Hilfe von Verrechnungssätzen vorgenommen. Voraussetzung für die Ermittlung der Verrechnungssätze ist das Bestehen einer Kostenstellenrechnung.

2.3.3.3.2.1 Divisionskalkulationen

Alternative Formen der Divisionskalkulation sind die summarische, die differenzierte und die Äquivalenzziffern-Divisionskalkulation. Die Kosten pro Einheit des Kostenträgers ergeben sich dabei wie folgt:

(1) Summarische (kumulative, einstufige) Divisionskalkulation

Wird nur ein Produkt mit der Fertigungsmenge x erstellt, so ergeben sich die **Stückkosten** aus der Division der Gesamtkosten durch die Fertigungsmenge mit

$$k = \frac{K}{x}$$

Beispiel:
Vereinfachend werden die oben im BAB angeführten Kostenarten zu drei Kostenarten zusammengefaßt. Die Fertigungsmenge betrage 29 800 Stück.

Kostenarten	Gesamtkosten DM	Stückkosten DM
Materialeinzelkosten	320.480	10,7544
Fertigungslöhne	228.019	7,6516
Kostenträgergemeinkosten	392.068	13,1566
	940.567	31,5626

Die Stückkosten ergeben sich mit

$$k = \frac{940.567 \, \text{DM}}{29.800} = 31,5626 \, \text{DM}$$

(2) Differenzierte (elektive, mehrstufige) Divisionskalkulation

Sollen die Kosten des einzigen Produktes auf verschiedenen Produktions- und Absatzstufen des Betriebes ermittelt werden (z. B. zur Feststellung der Kosten des Halbfertigproduktes), so bedarf es eines differenzierten Kalkulationsverfahrens. Wird eine Untergliederung des Betriebes in l Kostenstellen vorgenommen, und werden die Kosten K einer Kostenstelle auf diejenigen Produktmengen verteilt, die die Kostenstelle in Anspruch genommen haben, so gilt für die Stückkosten der Kostenstelle gleichfalls k = K/x.

Je nach Fertigungszustand des Produktes werden die Kosten für die Kostenstellen h (h=1,2,...,l), die das Produkt durchlaufen hat, summiert. Bei Inanspruchnahme aller Kostenstellen ergeben sich die Stückkosten mit

$$k = \sum_{h=1}^{l} K_h/x_h$$

Beispiel:
Vereinfachend werden die oben im BAB angeführten Kostenarten wiederum zu 3 Kostenarten zusammengefaßt, allerdings differenziert nach Kostenstellen.

Kostenarten		Material	Fertigung I	Fertigung II	Fertigung III	Verwaltung	Vertrieb
Material- einzelkosten	DM	320.480	–	–	–	–	–
Fertigungs- löhne	DM	–	95.568	86.433	46.018	–	–
Gemein- kosten	DM	39.964	62.253	80.236	47.721	96.277	65.617
		360.444	157.821	166.669	93.739	96.277	65.617
Produkt- menge		29.800	29.800	25.400	20.600	29.800	18.500
Stückkosten je Kostenstelle	DM	12,0954	5,296	6,5618	4,5504	3,2308	3,5469

Die Stückkosten (für das verkaufte Fertigprodukt) ergeben sich aus der Addition der Stückkosten je Kostenstelle mit k = 35,2813 DM.

(3) Äquivalenzziffern-Divisionskalkulation

Werden mehrere Produkte der Menge x_j hergestellt, die in bezug auf das ihrer Fertigung zugrundeliegende Verfahren, die Fertigungszeit und die angesetzten Produktionsfaktoren verwandt und vergleichbar sind, und kann die unterschiedliche Kostenverursachung der einzelnen Produkte in Äquivalenzziffern quantitativ erfaßt werden, so lassen sich die Mengen der unterschiedlichen Produkte mit Hilfe der Äquivalenzziffern α_j in Mengen eines fiktiven Einheitsproduktes x_e umrechnen mit

$$x_e = \sum_{j=1}^{n} x_j \, \alpha_j$$

Unter Verwendung der Äquivalenzziffern und der Stückkosten $k_e = K/x_e$ des fiktiven Einheitsproduktes lassen sich die Stückkosten der effektiven Produkte j ermitteln mit

$$k_j = k_e \, \alpha_j$$

Beispiel:
In einem Mehrproduktbetrieb bestehe Sortenfertigung, wobei die Sorten 1 bis 4 eines ähnlichen Produktes (z. B. Bier) hergestellt werden. Sorte 1 erfordere 100%, Sorte 3 dagegen 70% und Sorte 4 schließlich 120% höhere Kosten als Sorte 2.

Sorte j	Äquivalenzziffer α_j	Produktmenge x_j	Einheitsproduktmenge x_e
1	2,0	3.000	6.000
2	1,0	12.800	12.800
3	1,7	5.700	9.690
4	2,2	8.300	18.260
			46.750

Bei Gesamtkosten von 940.567 DM ergeben sich die Stückkosten des Einheitsproduktes, die gleich den Stückkosten der Sorte 2 sind, mit

$$k_e = \frac{940.567 \text{ DM}}{46.750} = 20{,}11908 \text{ DM}$$

Die Stückkosten der Sorten 1, 3 und 4 sind dann

$$k_1 = 40{,}23816 \text{ DM}; \quad k_3 = 34{,}202436 \text{ DM}; \quad k_4 = 44{,}261976 \text{ DM}$$

2.3.3.3.2.2 Zuschlagskalkulationen

Werden unterschiedliche Produkte hergestellt, und liegen die Voraussetzungen für die Anwendung der Äquivalenzziffern-Divisionskalkulation nicht vor, so bedarf es zur Ermittlung der Stückkosten der Anwendung der Zuschlagskalkulation. Die Verfahren setzen voraus, daß Maßgrößen der Kostenverursachung bestimmt werden. Das sind solche Größen, zu denen sich die Kosten proportional verhalten. Sie erlauben eine Zurechnung derjenigen Kosten auf die hergestellten Produkte, die den Produkten nicht unmittelbar zugerechnet werden können.

Für die Zuschlagskalkulation ist die oben vorgenommene Abgrenzung zwischen Einzelkosten und Gemeinkosten erforderlich. Sie dient der Zurechnung der Gemeinkosten auf die unterschiedlichen Produkte. Es lassen sich die im folgenden angeführten **Verfahren** der Zuschlagskalkulation unterscheiden:

- Summarische Zuschlagskalkulation,
- Differenzierte Zuschlagskalkulation.

(1) **Summarische Zuschlagskalkulation**

Bei der summarischen Zuschlagskalkulation werden die Kosten pro Produkteinheit j ermittelt nach dem Schema

---

Materialeinzelkosten
+ Lohneinzelkosten (Fertigungslöhne)
+ Sondereinzelkosten der Fertigung

= Einzelkosten
+ summarische Gemeinkosten

= Selbstkosten

Formal ergeben sich die Einzelkosten k_{Ej} pro Produkteinheit j als Summe der Einzelkostenarten i mit

$$k_{Ej} = \sum_{i=1}^{m} k_{Eij}$$

Sämtliche nicht als Einzelkosten zurechenbaren Kosten werden addiert. Sie ergeben die insgesamt entstandenen Gemeinkosten K_G.

Wird nur eine Bezugsgröße b verwendet, so ergeben sich bei dem summarischen Zuschlagssatz $z_G = K_G/b$ die Stückkosten für das Produkt j mit

$$k_j = k_{Ej} + \beta_j z_G$$

mit β_j als Bezugsgröße pro Einheit des Produktes j.

Sind speziell die Einzelkosten Bezugsgröße, so gilt für die Stückkosten des Produktes j

$$k_j = k_{Ej} + k_{Ej}\, z_G = k_{Ej}\, (1 + z_G)$$

Beispiel:
Die Einzelkosten pro Einheit eines Produktes seien 25,55 DM. Die gesamten Gemeinkosten des Unternehmens betragen 448.319 DM. Die gesamten Einzelkosten, die als Bezugsgröße für die Verrechnung der Gemeinkosten verwendet werden, seien für alle Produkte zusammen 876.650 DM.

Es ergibt sich ein summarischer Gemeinkostenzuschlagssatz von

$$z_G = \frac{448.319\ \text{DM}}{876.650\ \text{DM}} = 0{,}5114$$

Die Stückkosten pro Einheit des Produktes betragen

$$k = 25{,}55\,(1 + 0{,}5114) = 38{,}61627\ \text{DM}$$

(2) **Differenzierte Zuschlagskalkulation**

Bei der differenzierten Zuschlagskalkulation werden die Kosten pro Produkteinheit ermittelt nach dem Schema

Materialeinzelkosten	
+ Materialgemeinkosten	
=	Materialkosten
+ Lohneinzelkosten (Fertigungslöhne)	
+ Fertigungsgemeinkosten	
+ Sondereinzelkosten der Fertigung	
=	Fertigungskosten
=	Herstellkosten
+	Verwaltungsgemeinkosten
+	Vertriebsgemeinkosten
+	Sondereinzelkosten des Vertriebs
=	Selbstkosten

Die Einzelkosten k_{Ej} pro Produkteinheit j ermittelt man in gleicher Weise wie bei der summarischen Zuschlagskalkulation.

Der wesentliche Unterschied zu den Verfahren der summarischen Zuschlagskalkulation besteht bei der Verrechnung der Gemeinkosten. Sie werden bei der differenzierten Zuschlagskalkulation nicht über einen einheitlichen Zuschlagssatz, sondern differenziert nach Kostenstellenzuschlagssätzen $z_{Gh} = K_{Gh}/b_h$ den Produkten zugerechnet.

Als **Bezugsgröße** b_h werden dabei vielfach verwendet für die Verrechnung der Materialgemeinkosten die Materialeinzelkosten k_M, als Bezugsgröße für die Verrechnung der Fertigungsgemeinkosten die Lohneinzelkosten (Fertigungslöhne) k_L sowie als Bezugsgröße für die Verrechnung der Verwaltungs- und Vertriebsgemeinkosten die Herstellkosten k_H. Im BAB der Abb. 3.2.25 betragen die Materialeinzelkosten 320.480 DM; bei Materialgemeinkosten in Höhe von 39.964 DM wird ein Kalkulationszuschlagssatz von 12,47 % errechnet. Nach demselben Verfahren werden die Sätze für die anderen Hauptkostenstellen ermittelt.

Bezeichnet man die entsprechenden Gemeinkostenzuschlagssätze mit z_M, z_L sowie z_V, so ergeben sich die Gemeinkosten für das Produkt j im Herstellbereich mit

$$k_{GHj} = k_{Mj} z_M + k_{Lj} z_L$$

Bei Einbeziehung der Einzelkosten für das Produkt j im Herstellbereich ergeben sich die **Herstellkosten** für das Produkt j mit

$$k_{Hj} = k_{EHj} + k_{GHj}$$

Unter Berücksichtigung des Gemeinkostenzuschlags sowie der Einzelkosten k_{Vj} für das Produkt j im Verwaltungs- und Vertriebsbereich ergeben sich die **Selbstkosten** für das Produkt mit

$$k_{Sj} = k_{Hj} (1 + z_V) + k_{Vj}$$

Die Ermittlung der vollen und der variablen Selbstkosten des Produktes j kann grundsätzlich mit dem gleichen Verfahren erfolgen. Im ersten Fall beinhalten die Zuschlagssätze Vollkostensätze, im zweiten Teilkostensätze, die einer Verrechnung der variablen Gemeinkosten dienen.

Beispiel:
Die Materialeinzelkosten pro Einheit eines Produktes seien 9,70 DM, die Fertigungslöhne in den Kostenstellen I bis III pro Produkteinheit seien 7,40 DM, 4,80 DM und 3,65 DM. Bei Anwendung der im oben angeführten BAB ermittelten Zuschlagssätze errechnen sich die Selbstkosten pro Einheit des Produktes wie folgt:

Materialeinzelkosten	9,70	DM
darauf Materialgemeinkosten 12,47%	1,2096	DM
Materialkosten	10,9096	DM
Fertigungslöhne H I	7,40 DM	
darauf Fertigungsgemeinkosten 65,14%	4,8204 DM	
Fertigungslöhne H II	4,80 DM	
darauf Fertigungsgemeinkosten 92,83%	4,4558 DM	
Fertigungslöhne H III	3,65 DM	
darauf Fertigungsgemeinkosten 103,7%	3,7851 DM 28,9113	DM
Herstellkosten	39,8209	DM
darauf Verwaltungskosten 12,3642%	4,9235	DM
Vertriebskosten 8,4268%	3,3556	DM
Selbstkosten	48,10	DM

2.3.3.3.3 Planung und Kontrolle der Kostenträgerkosten

Die **Plankalkulation** baut auf den Ergebnissen der Einzelkosten- und Gemeinkostenplanung auf. Sie ist als differenzierte Zuschlagskalkulation ausgestaltet und verrechnet in ihrer Grundform die geplanten Einzelkosten und variablen Gemeinkosten auf die Kostenträger. Ermittelt werden folglich die Planwerte für die variablen Herstellkosten und Selbstkosten der Kostenträger, die wegen der Linearität der der Plankostenrechnung zugrundeliegenden Kostenfunktion als Plangrenzherstellkosten und Plangrenzselbstkosten der Kostenträger bezeichnet werden können.

Die Plankalkulation geht von einer Kostenstellenrechnung aus, die eine weitgehende Differenzierung der Gemeinkostenzuschläge erlaubt. So lassen sich Materialgemeinkostenzuschläge nach mehreren Bezugsgrößen (Einzelmaterialwert, Einzelmaterialmenge) festlegen.

Eine Differenzierung der Bezugsgrößen erfolgt namentlich im Fertigungsbereich. Bei entsprechender Ausgestaltung des Bezugsgrößensystems könnte hier auf die getrennte Verrechnung der Einzelkosten, d. h. der Planeinzellohnkosten, verzichtet werden (Kilger [Plankostenrechnung] 609 ff.).

Die **Plangrenzherstellkosten** pro Produkteinheit ergeben sich durch Addition der geplanten Materialeinzelkosten, Materialgemeinkosten auf Grenzkostenbasis, Fertigungslöhne, Fertigungsgemeinkosten auf Grenzkostenbasis und Sondereinzelkosten der Fertigung.

Die **Plangrenzselbstkosten** erhält man durch Zurechnung der geplanten Verwaltungs- und Vertriebsgemeinkosten auf der Basis der Plangrenzherstellkosten und Zurechnung der Sondereinzelkosten des Vertriebs.

Die Plankalkulation auf Grenzkostenbasis bedarf dann der Ergänzung, wenn der Kalkulationszweck die Ermittlung von **Vollkosten** erforderlich macht. Für die Zurechnung der in der Plankalkulation auf Grenzkostenbasis nicht verrechneten fixen Kostenträgergemeinkosten können verschiedene Verfahren verwendet werden. Man kann insbesondere unterscheiden zwischen der **Fixkostenverrechnung** durch

1. Verwendung von Vollkostenverrechnungssätzen in allen Bereichen,
2. globale Zuschläge auf die Plangrenzherstellkosten für den Fertigungsbereich und Verwendung von Vollkostenverrechnungssätzen im Verwaltungs- und Vertriebsbereich,
3. globale Zuschläge auf die Plangrenzselbstkosten für alle Bereiche,
4. globale Zuschläge auf die Deckungsbeiträge.

Die Verfahren verstoßen sämtlich gegen das Kostenverursachungsprinzip. Ihre Anwendung ist nicht über geltende Prinzipien der Kostenverrechnung begründbar. Sie kann allenfalls auf vertraglichen Vereinbarungen oder gesetzlichen Regelungen beruhen.

Die **Kontrolle der Kostenträgerkosten** kann im Rahmen einer Nachkalkulation durchgeführt werden. Bei der **Nachkalkulation** werden den Kostenträgern, für die in der Plankalkulation nur Planwerte ermittelt wurden, die Differenz zwischen Soll- und Istkosten zugerechnet. Die Zurechnung der Kostenabweichungen auf die Kostenträger setzt die Annahme des Kostencharakters der Kostenabweichungen voraus. Die Zurechnung selbst erfolgt unter Beachtung des Kostenverursachungsprinzips und differenziert zwischen Preis- und Verbrauchsabweichungen.

Preisabweichungen bei den Einzelkosten können auf unterschiedliche Weise verrechnet werden. Ein Verfahren besteht in der Zurechnung der Kostendifferenz zu den Planwerten. Hierzu wird für jede Einzelkostenart die Differenz zwischen Plankosten und Istkosten ermittelt und zu den Plankosten in Beziehung gesetzt. Alle Einzelkostenwerte der Plankalkulation sind sodann um den Preisabweichungssatz zu korrigieren.

Preisabweichungen bei den Kostenträgergemeinkosten können nur unter Zwischenschaltung der Kostenstellenrechnung auf die Kostenträger verrechnet werden. Dies erfolgt dadurch, daß bei unveränderten Bezugsgrößen für die Gemeinkostenzuschläge die Zuschlagssätze verändert werden. Die Zurechnung kann sich jedoch auch dadurch ergeben, daß sich eine wertmäßige Bezugsgröße in der gleichen Relation verändert wie die Gemeinkosten, so daß die Verrechnung der Preisabweichungen auf die Kostenträger bei unverändertem Zuschlagssatz erfolgt.

Verbrauchsabweichungen bei den Einzelkosten lassen sich anhand der Einzelkostenbelege vergleichsweise einfach den verursachenden Kostenträgern zurechnen. Verbrauchsabweichungen bei den Gemeinkosten ergeben sich als Differenz zwischen den der Kostenstelle belasteten variablen Istgemeinkosten und den weiterverrechneten variablen Sollgemeinkosten. Sie werden über die Kostenstellenrechnung denjenigen Kostenträgern zugerechnet, die die Kostenstelle in Anspruch genommen haben.

2.3.3.4 Kurzfristige Erfolgsrechnung

Die kurzfristige Erfolgsrechnung (Betriebsergebnisrechnung, Kostenträgerzeitrechnung) dient der Ermittlung und Analyse des **Betriebserfolgs** i. S. des Periodenerfolgs für den kurzen Abrechnungszeitraum. Dabei ergibt sich der Betriebserfolg als die Differenz zwischen den Leistungen und den gesamten Kosten des Abrechnungszeitraums.

2.3.3.4.1 Zielsetzungen der Ermittlung des Periodenerfolgs

Während in der traditionellen Kostenrechnung in erster Linie Produktgewinne als Differenz zwischen Erlösen und Kosten pro Produkteinheit ermittelt wurden, wird in neueren Verfahren der Kostenrechnung dem Periodenerfolg entscheidende Bedeutung für die Beurteilung eines Unternehmens beigemessen (Laßmann [Kostenrechnung] 39 ff.). Der Periodenerfolg gilt insbesondere als **Steuerungsinstrument** in bezug auf das Produktionsprogramm, den Produktionsfaktoreinsatz und die Festlegung von Preisgrenzen im Produktionsfaktorbereich und im Fertigproduktbereich.

Unterschiedliche Auffassungen bestehen bezüglich der Notwendigkeit und der erforderlichen Art der Erfassung von Kosten- und Leistungsteilen in der kurzfristigen Erfolgsrechnung. Nach der überwiegenden Meinung ist periodenbezogen eine Gliederung nach Kostenträgern oder Kostenträgergruppen für die Erfüllung der Aufgaben der Kostenrechnung erforderlich (Kilger [Plankostenrechnung] 662 ff.; Plaut, Müller, Medicke [Grenzplankostenrechnung] 39 ff.). Demgegenüber wird auch der Standpunkt vertreten, daß die Kosten- und Leistungsrechnung als Planungsinstrument primär periodenbezogen und nur sekundär produktbezogen auszurichten ist (Laßmann [Plankostenrechnung] 127 f.). Die folgende Darstellung muß sich auf den überwiegend vertretenen Ansatz beschränken.

2.3.3.4.2 Verfahren der kurzfristigen Erfolgsrechnung

Der Betriebserfolg kann im Rahmen der kurzfristigen Erfolgsrechnung mit unterschiedlichen Verfahren ermittelt werden. Man unterscheidet zwischen dem **Gesamtkostenverfahren** und dem **Umsatzkostenverfahren** mit unterschiedlichen Ausgestaltungen. Von Interesse ist namentlich die Gliederung der Verfahren danach, ob sie auf Voll- oder Teilkostenbasis aufgebaut sind.

2.3.3.4.2.1 Betriebserfolg auf Vollkostenbasis

> Das **Gesamtkostenverfahren** ist dadurch charakterisiert, daß die Gesamtkosten im Betriebsergebniskonto nach **Kostenarten** gegliedert sind, während eine Gliederung der Leistungen nach **Kostenträgern** erfolgt.

Das Verfahren entspricht insoweit im Aufbau der Gewinn- und Verlustrechnung. Die Leistungen setzen sich zusammen aus den mit den Verkaufspreisen p_j bewerteten Mengen der abgesetzten Produkte y_j und den Lagerbestandsveränderungen der Produkte, die mit den Herstellkosten k_{Hj} bewertet werden. Nach dem Gesamtkostenverfahren ergibt sich der Betriebserfolg mit

$$G = \sum_{j=1}^{n} (y_j p_j + (x_j - y_j) k_{Hj}) - \sum_{i=1}^{m} K_i$$

Beispiel:
Es seien die im oben angeführten BAB ausgewiesenen Kostenarten gegeben. Darüber hinaus gelten folgende Daten:

Produkt	Produktions-menge	Absatz-menge	Produkt-preis DM	Herstell-kosten DM	Erlöse DM	Bestands-erhöhungen DM
j	x_j	y_j	p_j	k_{Hj}		
1	3.000	2.850	45	33,31	128.250	4.996,50
2	12.800	10.980	24	16,66	263.520	30.321,20
3	5.700	5.485	36	28,32	197.460	6.088,80
4	8.300	7.840	48	36,64	376.320	16.854,40
					965.550	58.260,90

Im Betriebsergebniskonto werden zur Ermittlung des Betriebserfolgs beim Gesamtkostenverfahren die Kostenarten den Kostenträgererlösen gegenübergestellt.

Betriebsergebniskonto DM

Materialeinzelkosten	320.480	Erlöse Produkt 1	128.250
Fertigungslöhne	228.019	Produkt 2	263.520
Hilfslöhne	49.876	Produkt 3	197.460
Gehälter	113.245	Produkt 4	376.320
Gesetzliche Sozialleistungen	16.397	Bestandserhöhungen	
Hilfs- und Betriebsstoffe	7.318	Produkt 1	4.996,50
Werkzeuge und Geräte	14.645	Produkt 2	30.321,20
Instandhaltung	5.380	Produkt 3	6.088,80
Heiz-, Brennstoffe, Energie	29.456	Produkt 4	16.854,40
Steuern, Gebühren, Vers.	23.609		
Verschiedene Gemeinkosten	19.972		
Kalk. Abschreibungen	65.800		
Kalk. Zinsen	46.370		
Betriebserfolg	83.243,90		
	1.023.810,90		1.023.810,90

Der Betriebserfolg ergibt sich nach dem Gesamtkostenverfahren bei Zusammenfassung der Erlöse, Bestandsveränderungen und Kostenarten mit

G = (965.550 + 58.260,90) DM − 940.567 DM = 83.243,90 DM

Das Verfahren weist einen schwerwiegenden **Nachteil** insoweit auf, als es nicht erlaubt festzustellen, welchen **Beitrag** die Produkte oder Produktgruppen zum Betriebserfolg geleistet haben.

Das Gesamtkostenverfahren liefert weder entscheidungsrelevante Daten, noch ermöglicht es eine Kontrolle der Betriebserfolgsbeiträge der einzelnen Produkte. Dies ist im wesentlichen darin begründet, daß die Kosten einer Abrechnungsperiode und die ihnen entsprechenden Erlöse und Bestandserhöhungen nach unterschiedlichen Kriterien gegliedert werden. Während bei den Kosten eine Gliederung nach Kostenarten erfolgt, wird die Gliederung der Erlöse nach Produktarten vorgenommen. Bei dieser Gliederung der erfaßten Kosten einerseits und der Erlöse sowie der Bestandserhöhungen andererseits ist es nicht möglich festzustellen, wie hoch der Nettogewinn bzw. der Deckungsbeitrag der einzelnen Produkte in der Abrechnungsperiode war.

> Das **Umsatzkostenverfahren auf Vollkostenbasis** gliedert die vollen Kosten der abgesetzten Produkte im Betriebsergebniskonto ebenso wie die entsprechenden Leistungen nach **Kostenträgern**.

Die hergestellten, nicht abgesetzten Produkte werden ergebnisneutral mit den Herstellkosten bewertet, den abgesetzten Produkten werden die gesamten Verwaltungs- und Vertriebskosten zugeordnet. Bezeichnet k_{Vj} die Verwaltungs- und Vertriebskosten und k_{Sj} die Selbstkosten pro Einheit des Produktes j, so kann die Gleichung für den Betriebserfolg nach dem Umsatzkostenverfahren auf Vollkostenbasis aus der Betriebserfolgsgleichung des Gesamtkostenverfahrens abgeleitet werden

$$G = \sum_{j=1}^{n} (y_j p_j + (x_j - y_j) k_{Hj}) - \sum_{j=1}^{n} (y_j k_{Vj} + x_j k_{Hj})$$

Dies führt wegen $k_{Hj} + k_{Vj} = k_{Sj}$ zu

$$G = \sum_{j=1}^{n} y_j (p_j - k_{Sj})$$

Beispiel:
Es seien die oben angeführten Daten sowie die Verwaltungs- und Vertriebskosten wie folgt gegeben:

Produkt	Absatzmenge	Herstell-kosten	Verwaltungs- und Vertriebskosten	Selbst-kosten	Selbstkosten der abgesetzten Produkte
		DM	DM	DM	DM
j	y_j	k_{Hj}	k_{Vj}	k_{Sj}	
1	2.850	33,31	7,50	40,81	116.308,50
2	10.980	16,66	3,74	20,40	223.992
3	5.485	28,32	6,36	34,68	190.219,80
4	7.840	36,64	8,23	44,87	351.780,80
					882.301,10

Im Betriebsergebniskonto werden zur Ermittlung des Betriebserfolgs beim Umsatzkostenverfahren auf Vollkostenbasis die Kostenträgerselbstkosten den Kostenträgererlösen gegenübergestellt.

Betriebsergebniskonto DM

Selbstkosten		Erlöse	
– Produkt 1	116.308,50	– Produkt 1	128.250
– Produkt 2	223.992	– Produkt 2	263.520
– Produkt 3	190.219,80	– Produkt 3	197.460
– Produkt 4	351.780,80	– Produkt 4	376.320
Betriebserfolg	83.248,90		
	965.550		965.550

Der Betriebserfolg ergibt sich nach dem Umsatzkostenverfahren auf Vollkostenbasis bei Zusammenfassung der Erlöse und Selbstkosten mit

$$G = 965.550 \text{ DM} - 882.301{,}10 \text{ DM} = 83.248{,}90 \text{ DM}$$

Das Verfahren weist gegenüber dem Gesamtkostenverfahren den Vorteil der **Kostenträgerorientierung** auf. Die damit mögliche Aussagefähigkeit bezüglich der Betriebsergebnisbeiträge der einzelnen Produkte oder Produktgruppen wird jedoch durch die nicht dem Kostenverursachungsprinzip entsprechende Verteilung der fixen Gemeinkosten auf die Kostenträger stark beeinträchtigt.

2.3.3.4.2.2 Betriebserfolg auf Teilkostenbasis

> Das **Umsatzkostenverfahren auf Teilkostenbasis** gliedert die Teilkosten der abgesetzten Produkte im Betriebsergebniskonto nach Kostenträgern, ebenso die entsprechenden Leistungen.

Werden als Teilkosten die variablen Kosten verrechnet, so entsprechen diese bei linearer Kostenfunktion den Grenzkosten. Die nicht auf die Produkte verteilten fixen Gemeinkosten werden gesondert ausgewiesen. Bezeichnet $k_{Sj}^{(v)}$ die auf die abgesetzten Produkte verrechneten Grenzselbstkosten und $K^{(f)}$ die fixen Gemeinkosten, so ist der Betriebserfolg nach dem Umsatzkostenverfahren auf Grenzkostenbasis

$$G = \sum_{j=1}^{n} y_j (p_j - k_{Sj}^{(v)}) - K^{(f)}$$

Dabei bezeichnet der Ausdruck in der Klammer den Deckungsbeitrag pro Einheit des Produktes j und der erste Ausdruck auf der rechten Seite der Gleichung den Deckungsbeitrag aller Produkte.

Beispiel:

Produkt	Absatz-menge	Produkt-preis DM	Grenzselbst-kosten DM	Stückdeckungs-beitrag DM	Grenzselbstkosten der abgesetzten Produkte DM
j	y_j	p_j	$k_{Sj}^{(v)}$	c_j	
1	2.850	45	22,46	22,54	64.011
2	10.980	24	10,90	13,10	119.682
3	5.485	36	19,75	16,25	108.328,75
4	7.840	48	24,12	23,88	189.100,80
					481.122,55

Im Betriebsergebniskonto werden zur Ermittlung des Betriebserfolgs beim Umsatzkostenverfahren auf Grenzkostenbasis die Kostenträgergrenzselbstkosten den Kostenträgererlösen gegenübergestellt

Betriebsergebniskonto DM

Grenzselbstkosten		Erlöse	
– Produkt 1	64.011	– Produkt 1	128.250
– Produkt 2	119.682	– Produkt 2	263.520
– Produkt 3	108.328,75	– Produkt 3	197.460
– Produkt 4	189.100,80	– Produkt 4	376.320
Fixkosten	401.178,55		
Betriebserfolg	83.248,90		
	965.550		965.550

Der Betriebserfolg ergibt sich nach dem Umsatzkostenverfahren auf Teilkostenbasis bei Zusammenfassung der Erlöse und Grenzselbstkosten mit

G = 965.550 DM − (481.122,55 + 401.178,55) DM =
= 83.248,90 DM

Das Verfahren führt nur dann zu dem gleichen Betriebserfolg wie das Umsatzkostenverfahren auf Vollkostenbasis, wenn keine Bestandsveränderungen der Halb- und Fertigprodukte eingetreten sind. Haben sich dagegen die Bestände der Halb- und Fertigprodukte erhöht, so führen das Umsatzkostenverfahren auf Vollkostenbasis ebenso wie das Gesamtkostenverfahren zu einem höheren Betriebserfolg als das Umsatzkostenverfahren auf Grenzkostenbasis. Dies ist darin begründet, daß ein Teil der fixen Gemeinkosten des Herstellbereichs in die Bestände eingeht und nicht wie bei dem Grenzkostenverfahren den Betriebserfolg negativ beeinflußt. Umgekehrtes gilt bei Bestandsverminderungen.

2.3.3.4.3 Planung und Kontrolle des Betriebserfolgs

Der Ausbau der ursprünglich vergangenheitsorientierten kurzfristigen Erfolgsrechnung zu einer **Planungsrechnung** ermöglicht es, die Kontrolle zu einem Soll-Ist-Vergleich auszugestalten. Hierzu ist es erforderlich, nicht nur die Grenzselbstkosten pro Produkteinheit und die fixen Gemeinkosten, sondern auch die Leistung (Erlös) pro Produkteinheit zu planen. Werden schließlich die Absatzmengen des Produktes geplant, so ergibt sich ein **Planbetriebserfolg** G^p, der jedoch für eine Kontrolle insoweit ungeeignet ist, als er auf einer Planbeschäftigung beruht. Bei Zugrundelegung der Istbeschäftigung durch Ansatz der Istabsatzmengen des Produktes kann der für die Kontrolle relevante Sollbetriebserfolg G^s ermittelt werden. Er ergibt sich bei Verwendung des Umsatzkostenverfahrens auf Grenzkostenbasis mit

$$G^s = \sum_{j=1}^{n} y_j^i (p_j^p - k_{Sj}^{p(v)}) - K^{p(f)}$$

Dem Sollbetriebserfolg G^s kann der Istbetriebserfolg G^i gegenübergestellt werden. Letzterer ergibt sich durch Einbeziehung der Abweichungen bei Produktpreisen, Grenzselbstkosten und Fixkosten bei Verwendung des Umsatzkostenverfahrens auf Grenzkostenbasis mit

$$G^i = \sum_{j=1}^{n} y_j^i \left((p_j^p + \Delta p_j) - (k_{Sj}^{p(v)} + \Delta k_{Sj}^{(v)}) \right) - (K^{p(f)} + \Delta K^{(f)})$$

Dabei wird unterstellt, daß alle Abweichungen auf Kostenträger oder Kostenstellen verteilt werden können.

Beispiel:
Es seien die folgenden Daten geplant bzw. ermittelt worden:

Produkt	Ist-absatz-menge	Planpro-duktpreis DM	Produktpreis-abweichung DM	Plangrenz-selbstkosten DM	Grenzselbst-kostenabweichung DM
j	y_j^i	p_j^p	Δp_j	$k_{Sj}^{p(v)}$	$\Delta k_{Sj}^{(v)}$
1	2.850	45	-3	22,46	$+1,83$
2	10.980	24	$+4$	10,90	$+2,55$
3	5.485	36	-1	19,75	$-1,49$
4	7.840	48	$-2,50$	24,12	$+3,77$

Die Planfixkosten wurden mit 401.178,55 DM festgelegt; im Ist ergibt sich eine Fixkostenerhöhung um 10.347,35 DM.

Den Sollbetriebserfolg G^s errechnet man wie im obigen Beispiel mit

$G^s = 965.550$ DM $- (481.122,55 + 401.178,55)$ DM $=$
$= 83.248,90$ DM.

Der Istbetriebserfolg unter Berücksichtigung der Preis- und Kostenabweichungen ergibt sich mit

$G^i = 2.850 (42 - 24,29)$ DM $+ 10.980 (28 - 13,45)$ DM $+$
$+ 5.485 (35 - 18,26)$ DM $+ 7.840 (45,50 - 27,89)$ DM $-$
$- (401.178,55 + 10.347,35)$ DM $=$
$= 440.113,80$ DM $- 411.525,90$ DM $= 28.587,90$ DM.

Kontrolle:

$G^i = 975.835$ DM $- (535.721,20 + 411.525,90)$ DM $=$
$= 28.587,90$ DM.

Für die Durchführung der **Kontrolle des Betriebserfolgs** können verschiedene **Verfahren** verwendet werden (Medicke [Kostenträgerrechnung] 37 ff.; Plaut, Müller, Medicke [Grenzplankostenrechnung] 307 ff.). Man unterscheidet zwischen

1. der geschlossenen Kostenträgerrechnung und
2. der nicht geschlossenen Kostenträgerrechnung (Scherrer [Kostenrechnung] 282 ff.).

Die Verfahren unterscheiden sich im wesentlichen dadurch, daß die geschlossene Kostenträgerrechnung eine kalkulatorische Bestandsrechnung für die Halb- und Fertigprodukte enthält, die mit den anderen Teilrechnungen des Verfahrens abgestimmt wird.

(1) Die **geschlossene Kostenträgerrechnung** gliedert sich in die drei Teilrechnungen

- Betriebsleistungsrechnung,
- kalkulatorische Bestandsrechnung,
- Vertriebsleistungsrechnung.

(a) In der **Betriebsleistungsrechnung** werden die Sollgrenzherstellkosten für die Produkte ermittelt und den Istgrenzherstellkosten gegenübergestellt. Die dabei auftretenden Herstellkostenabweichungen sind nach Abweichungsarten zu differenzieren und nach dem Kostenverursachungsprinzip den Produkten zuzuordnen.

Betriebsleistungsrechnung (je Produktart)

Sollgrenzherstellkosten
+ Herstellkostenabweichungen

= Istgrenzherstellkosten

(b) In der **kalkulatorischen Bestandsrechnung** werden die Kosten der Halb- und Fertigproduktbestände unterteilt nach Kostenträgern oder Kostenträgergruppen getrennt nach Plangrenzherstellkosten und anteiligen Herstellkostenabweichungen erfaßt. Beide Rechnungen gliedern sich in Anfangsbestände, Zugänge aus der Betriebsleistungsrechnung, Abgänge in die Vertriebsleistungsrechnung und Endbestände. Das Hauptproblem der Bestandsführung der Grenzherstellkosten liegt in der Änderung der Plankalkulation, da sich hieraus Umwertungsdifferenzen ergeben, die erst bei der körperlichen Inventur der Halb- und Fertigproduktbestände sichtbar werden.

Bestandsrechnung (je Produktart)

	Sollgrenz- herstellkosten	Herstell- kosten- abweichungen
Anfangsbestand + Zugang aus Betriebsleistungs- rechnung		

= Zwischensumme
  daraus: Kostenabweichungs-
  satz
− Abgang in Ergebnisrechnung		

= Endbestand		

(c) In der **Vertriebsleistungsrechnung** werden zunächst die verkauften Produkte mit Plangrenzherstellkosten bewertet. Dies führt zu den Sollgrenzherstellkosten der Vertriebsleistung. Mit der Übernahme der zurechenbaren Herstellkostenabweichungen ergeben sich die Istgrenzherstellkosten der Vertriebsleistung. Da jedoch den Erlösen nicht die Herstellkosten, sondern die Selbstkosten gegenüberzustellen sind, werden den ermittelten Istgrenzherstellkosten die Plangrenzverwaltungs- und -vertriebskosten sowie die Sondereinzelkosten des Vertriebs zugerechnet. Hieraus ergeben sich die Sollgrenzselbstkosten der Vertriebsleistung. Berücksichtigt man schließlich die Kostenabweichungen im Verwaltungs- und Vertriebsbereich, so gelangt man zu den Istgrenzselbstkosten der Vertriebsleistung.

Die **Abweichungskontrolle** kann sich dann auf eine Gegenüberstellung von Sollerlösen und Sollgrenzselbstkosten, Isterlösen und Sollgrenzselbstkosten sowie Isterlösen und Istgrenzselbstkosten erstrecken.

Ergebnisrechnung (je Produktart)

Sollgrenzherstellkosten der abgesetzten Produkte
+ Sollgrenzverwaltungs- und -vertriebskosten

= Sollgrenzselbstkosten der abgesetzten Produkte
+ Kostenabweichungen im Herstellbereich
+ Kostenabweichungen im Verwaltungs- und Vertriebsbereich

= Istgrenzselbstkosten der abgesetzten Produkte

Isterlöse
− Sollerlöse

= Verkaufspreisabweichungen

Sollerlöse
− Sollgrenzselbstkosten

= Solldeckungsbeiträge

Isterlöse
− Istgrenzselbstkosten

= Istdeckungsbeiträge

---

(2) Die **nicht geschlossene Kostenträgerrechnung** (Artikelergebnisrechnung) ermittelt den Betriebserfolg retrograd aus den Erlösen. Zunächst werden die Istabsatzmengen mit Plan- und Istproduktpreisen bewertet. Als Differenz ergeben sich die Produktpreisabweichungen pro Produktart oder Produktgruppe.

Isterlöse
− Sollerlöse

= Preisabweichungen

In einer zweiten Teilrechnung werden für die abgesetzten Produktmengen die Sollgrenzselbstkosten und die Istgrenzselbstkosten ermittelt. Erstere erhält man durch Bewertung der abgesetzten Produktmengen mit den Grenzselbstkosten, wie sie sich aus der Plankalkulation ergeben, letztere durch Zurechnung der Kostenabweichungen. Als Differenz zwischen Sollerlösen und Sollgrenzselbstkosten der abgesetzten Produktmengen erhält man die Solldeckungsbeiträge je Produktart oder Produktgruppe. Durch Gegenüberstellung der Isterlöse und Istgrenzselbstkosten gelangt man zu den Istdeckungsbeiträgen.

Istgrenzselbstkosten
− Sollgrenzselbstkosten

= Kostenabweichungen

Die geschlossene Kostenträgerrechnung ermöglicht im Vergleich zur Artikelergebnisrechnung eine exaktere Kontrolle durch die Einbeziehung der Bestandsrechnung. Allerdings ist das Verfahren erheblich aufwendiger und schwerfälliger als das letztgenannte.

Literaturhinweise

Agthe, Klaus: Stufenweise [Fixkostendeckung] im System des Direct Costing. In: Zeitschrift für Betriebswirtschaft, 29. Jg. (1959), S. 404–418.

Chmielewicz, Klaus (Hrsg.): Entwicklungslinien der Kosten- und Erlösrechnung, Stuttgart 1983.

Heigl, Anton: [Controlling] – Interne Revision. Stuttgart u. New York 1978.

Kilger, Wolfgang: Flexible [Plankostenrechnung] und Deckungsbeitragsrechnung. 8. Aufl., Wiesbaden 1981.

Kilger, Wolfgang: [Einführung] in die Kostenrechnung. 2. Aufl., Wiesbaden 1980.

Koch, Helmut: Zur Diskussion über den [Kostenbegriff]. In: Zeitschrift für handelswissenschaftliche Forschung, N. F., 10. Jg. (1958), S. 355–399.

Laßmann, Gert: [Plankostenrechnung] auf der Basis von Betriebsmodellen. In: W. Kilger u. A. W. Scheer (Hrsg.): Plankosten- und Deckungsbeitragsrechnung in der Praxis. Würzburg u. Wien 1980, S. 117–135.

Laßmann, Gert: [Kostenrechnung]. Die Kosten- und Erlösrechnung als Instrument der Planung und Kontrolle im Industriebetrieb. Düsseldorf 1968.

Medicke, Werner: Geschlossene [Kostenträgerrechnung] und Artikelergebnisrechnung in der Grenzplankostenrechnung. In: J. Fuchs, Ph. Kreuzer u. K. Schwantag (Hrsg.): AGPLAN, Bd. 8, Unbewältigte Probleme der Planungsrechnung. 8. Plankostentagung in Frankfurt a. M., Wiesbaden 1964, S. 37–55.

Plaut, Hans-Georg, Heinrich Müller und Werner Medicke: [Grenzplankostenrechnung] und Datenverarbeitung. 3. Aufl., München 1973.

Plaut, Hans-Georg: Die [Grenz-Plankostenrechnung]. In: Zeitschrift für Betriebswirtschaft, 23. Jg. (1953), S. 347–363 u. S. 402–413.

Plaut, Hans-Georg: Die [Grenzplankostenrechnung]. In: Zeitschrift für Betriebswirtschaft, 25. Jg. (1955), S. 25–39.

Riebel, Paul: Einzelkosten- und [Deckungsbeitragsrechnung]. 5. Aufl., Wiesbaden 1985.

Rummel, Kurt: Einheitliche [Kostenrechnung] auf der Grundlage einer vorausgesetzten Proportionalität der Kosten zu betrieblichen Größen. 3. Aufl., Düsseldorf 1949.

Scherrer, Gerhard: [Kostenrechnung]. Stuttgart u. New York 1983.

Scherrer, Gerhard: Kostenrechnung – Arbeitsbuch, Stuttgart u. New York 1983.

Schmalenbach, Eugen: [Kostenrechnung] und Preispolitik. 8. Aufl., Köln u. Opladen 1963.

Schneider, Erich: Industrielles [Rechnungswesen]. 5. Aufl., Tübingen 1969.

Schweitzer, Marcell, Günter O. Hettich u. Hans-Ulrich Küpper: [Systeme] der Kostenrechnung. 2. Aufl., München 1979.

3 Prognosen

Klaus Brockhoff

3.1 Begriff und Typen der Prognose

3.1.1 Begriff

Im Kapitel 1 über Planung und Kontrolle wurde gezeigt, daß Prognosen eine der Alternativensuche folgende und der Alternativenbewertung sowie Entscheidung vorausgehende Phase des Planungsprozesses ausmachen. Sie dienen der Gewinnung derjenigen zukunftsorientierten Informationen, die eine Bewertung der Alternativen erst ermöglichen.

> **Prognosen** sind
> - Wahrscheinlichkeitsurteile über das Auftreten eines oder mehrerer Ereignisse
> - in einem Zeitraum der Zukunft,
> - die auf Beobachtungen der Vergangenheit und
> - einer möglicherweise nur wenig ausgearbeiteten Theorie über die Erklärung dieser Beobachtungen sowie einer
> - Annahme über die Fortgeltung der Erklärung in der Zukunft beruhen.

Einzelne Komponenten dieser Definition erfordern genauere **Erläuterungen** (vgl. im folgenden Brockhoff [Prognoseverfahren]):

(1) Prognosen können **nicht mit Sicherheit** abgegeben werden, weil der Gegenstand der Aussage erst in der Zukunft realisiert werden kann. Der Gegenstand darf natürlich nicht so bestimmt werden, daß er mit allen möglichen Zuständen der Welt identisch ist, also Fehlurteile ausgeschlossen sind (z. B.: »Der Schlußkurs der AEG Aktie in Frankfurt am 2.1.2000 ist entweder kleiner als 50 DM, gleich 50 DM oder größer als 50 DM oder die Aktie wird nicht gehandelt«). Aus demselben Grunde kann der Gegenstand weder in sachlicher noch in zeitlicher Hinsicht **streng »punktweise«** bestimmt werden. Hierfür wäre die Eintreffenswahrscheinlichkeit Null.

Wenn z. B. ein Kurs von genau 50 DM für die genannte Aktie prognostiziert wird, meint dies punktweise Bestimmung in sachlicher Hinsicht; statt dessen müßte ein Intervall für den erwarteten Kurs angegeben werden, wenn dieses auch beliebig klein sein kann. – Wenn z. B. der Kurs für den 2. 1. 2000 prognostiziert wird, so bleibt offen, wann innerhalb dieser 24 Stunden die Feststellung des Schlußkurses erfolgt. Je mehr dieses Intervall eingeengt wird, z. B. auf die Zeit zwischen 13.40 Uhr und 14.00 Uhr, um so geringer wird die Wahrscheinlichkeit, daß in dem Intervall ein Schlußkurs festgestellt wird, bis diese für einen Zeitpunkt auf Null sinkt. Beide Gesichtspunkte sind gemeinsam zu beachten.

(2) Sind **mehrere Ereignisse** Gegenstand der Prognose, so sind zu unterscheiden: gemeinsames Auftreten (konjunktive Verknüpfung) und gegenseitiger Ausschluß (disjunktive Verknüpfung). Beide stellen Extremfälle dar.

(3) Durch das Erfordernis einer **theoretischen Grundlage** werden **Randbedingungen** für die Gültigkeit prognostischer Aussagen gesetzt. Das ist das erste Erfordernis für die Herstellung hoher **Prognosequalität**. Die Prognose hat um so höhere Qualität, je weniger einschränkenden Bedingungen sie unterliegt. Die Qualitätssteigerung ist natürlich nicht dadurch zu erreichen, daß man bestehende Bedingungen vergißt, verdrängt oder aus sonstigen Gründen vernachlässigt.

Ein zweites Qualitätsmerkmal wird aus dem **Allgemeinheitsgrad des Prognosegegenstandes** abgeleitet: »Singuläre Aussagen beziehen sich auf einen einzelnen spezifischen Sachverhalt. Partikuläre Aussagen haben die Struktur eines »Es gibt«-Satzes, und generelle Aussagen stellen All-Sätze dar, deren Behauptung sich auf alle Sachverhalte eines bestimmten Bereichs bezieht« (Wild [Unternehmungsplanung] 124).

An dritter Stelle hängt die Qualität einer Prognose von der **Güte ihrer empirischen Begründung** ab. Dieses Gütemaß hat zwei zusammengesetzte Dimensionen:

– Erstens sind der **Umfang** und die **fehlerfreie Ermittlung der Vergangenheitsbeobachtungen** hierunter zu fassen. Die Beobachtungen betreffen den Prognosegegenstand und alle Größen, von denen vermutlich ein Einfluß auf diesen Gegenstand ausgeht. Dieses Einflußmuster wird durch ein **Erklärungsmodell** abgebildet. Dieses Modell kann allein Ergebnis der Bildung subjektiver Erfahrungen sein oder auf der systematischen Überprüfung quantitativ formulierter funktionaler Zusammenhänge beruhen, die selbst auf Hypothesen oder Theorien gründen und sich am Beobachtungsmaterial der Vergangenheit bewährt haben.

– Zweitens ist hierunter die Vermutung zu fassen, daß ein in der Vergangenheit beobachtetes Erklärungsmuster des Prognosegegenstandes auch in Zukunft wirksam sein wird (**zeitliche Stabilität des Erklärungsmodells**). Für diese allen Prognosen innewohnende Unterstellung kann es keinen Beweis geben. Immer wieder kann die Vermutung bestätigt, aber auch umgestoßen werden. So ist z. B. die 1973 beobachtete sprunghafte Steigerung des Erdölpreises ein Beispiel für den Bruch dieser Annahme etwa bei der Prognose der Haushaltsaufwendungen für Heizung oder der Nachfrage nach PKW unterschiedlicher Leistung.

(4) Aussagen über zukünftige Ereignisse, die obiger Definition nicht entsprechen, werden als **Projektionen** oder **Prophezeiungen** bezeichnet.

Wenn unter Prognosebedingungen zur Prüfung der Bewährung eines Erklärungs- und Prognosemodells eine Aussage über eine Entwicklung der Vergangenheit gemacht wird, spricht man von **ex post-Prognosen** (im Gegensatz zu ex ante-Prognosen). Z. B. wird im Januar 1984 ein Erklärungsmodell für den Marktanteil eines Unternehmens und seine Entwicklung von 1960 bis 1975 entwickelt. Dann werden die Marktanteile 1976 bis 1983 »prognostiziert«, obwohl hierfür schon Beobachtungen vorliegen. Diese »ex post-Prognose« dient der Modellüberprüfung. Anschließend werden die noch unbekannten Werte 1984 bis 1988 »ex ante« prognostiziert.

Prognosequalität hängt ab
- vom Umfang der Bedingungen, unter denen die Prognoseaussage gelten soll,
- von der Allgemeinheit dieser Aussage oder des Prognosegegenstandes,
- von der Güte des Erklärungsmodells,
- von der Fehlerfreiheit der darin benutzten Daten und
- von der zeitlichen Stabilität des Erklärungsmodells.

3.1.2 Typen

Es gibt eine Fülle von **Kriterien, die zur Bildung verschiedener Typen** von Prognosen herangezogen werden. Wir nennen vier besonders wichtige Kriterien:

(1) Nach dem **Zeitraum,** auf den sich Prognosen beziehen, unterscheidet man **kurz-, mittel-** und **langfristige** Prognosen. Die in der

Praxis hierfür gebräuchlichen Zeitabgrenzungen weisen große Unterschiede auf. Generell soll der Zeitraum höchstens so weit in die Zukunft reichen, wie die Prognosequalität ausreicht, um die prognostizierten Ereignisse für die Auswahl einer optimalen Handlungsalternative im Zeitpunkt der Planung von Bedeutung erscheinen zu lassen oder – schwächer formuliert – die Rangfolge der Handlungsalternativen im Planungszeitpunkt noch zu beeinflussen. So wird klar, daß Entscheidungen über Aufnahme und Einstellung von Geschäftsbereichen langfristige Prognosezeiträume erfordern, Sachanlageinvestitionen in bekannten Geschäftsbereichen mittelfristige Prognosezeiträume, preispolitische Entscheidungen kurzfristige Prognosezeiträume, weil jeweils Vorbereitung, Durchführung und Auswirkung der Aktionen unterschiedlich lange Zeiträume beanspruchen.

(2) Nach dem **Gegenstand,** auf den sich Prognosen richten, ist vor allem die Unterscheidung **wirtschaftlicher** und **technologischer** Prognosen bedeutend. Erstere machen Aussagen über wirtschaftliche Tatbestände, letztere über die Verfügbarkeit neuer Technologien. In wissenschaftstheoretischer Sicht wird der Begriff »technologische Prognose« aber anders verwendet. Darunter werden dann Prognosen verstanden, die über Veränderungen der Randbedingungen die Realisierung der Prognoseergebnisse beeinflussen (Albert [Theoriebildung] 62).

(3) Alle Prognosen haben die **direkte Wirkung,** zur Auswahl einer vorgezogenen Handlungsalternative beizutragen. Darüber hinaus können **indirekte Wirkungen** auftreten. Diese indirekten Wirkungen beruhen darauf, daß die Prognoseergebnisse Handlungen auslösen, die den Eintritt der Prognoseergebnisse herbeiführen (selbst bestätigende oder selbst erfüllende Prognosen) oder verhindern (selbst widerlegende oder selbst zerstörende Prognosen). Zur Feststellung dieser Effekte sind verschiedene Maße vorgeschlagen worden (Brockhoff [Prognoseverfahren] 44). Die Ansicht, daß bei Existenz vor allem sich selbst widerlegender Prognosen niemals ein zutreffendes Prognoseergebnis erreicht werden könne, kann allerdings nicht generell richtig sein.

Das erkennt man aus folgendem:
Nehmen wir an, es werde eine Prognose $\hat{y}$ über ein Ereignis y veröffentlicht. Eine zutreffende Prognose erfüllt $\hat{y} = y$. Nehmen wir weiter an, daß die indirekten Prognosewirkungen durch die **Reaktionsfunktion** $y = f(\hat{y})$ beschrieben werden können. Wenn es einen Schnittpunkt der Reaktionsfunktion mit der 45°-Linie im y, $\hat{y}$-Koordinatensystem gibt, d.h. $\hat{y} = f(\hat{y})$, so ist damit die Prognose mit zutreffendem Prognosewert gefunden (vgl. Abb. 3.3.1).

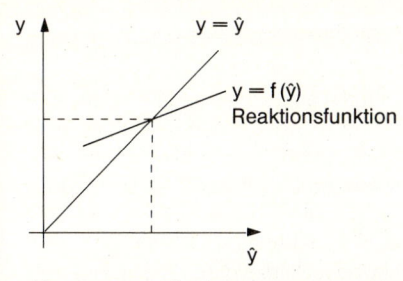

Abb. 3.3.1: Zutreffende Prognose trotz indirekter Prognosewirkungen

Schwierigkeiten bereitet natürlich die Bestimmung der Reaktionsfunktion, über die bisher nur empirische Vermutungen vorliegen. So erhebt sich z. B. vor Wahlen regelmäßig die Frage, welchen Einfluß Befragungsergebnisse über die Wahlabsichten auf das Wählerverhalten haben; die Antworten fallen unterschiedlich aus.

(4) Schließlich wollen wir das Kriterium des **Prognosemodellaufbaus** zur Unterscheidung von Prognosetypen heranziehen. Im allgemeinen Falle nehmen wir an, daß Prognosen über die Ereignisse y_i, $i = 1,2,\ldots,n$, abzugeben seien. Für diese Ereignisse könne im Prognosemodell formuliert werden:

$$y_1 = f_1(x_1,x_2,\ldots,x_m,y_2,y_3,\ldots,y_n) + \varepsilon_1$$
$$y_2 = f_2(x_1,x_2,\ldots,x_m,y_1,y_3,\ldots,y_n) + \varepsilon_2$$
$$\ldots$$
$$y_n = f_n(x_1,x_2,\ldots,x_m,y_1,y_2,\ldots,y_{n-1}) + \varepsilon_n.$$

(a) In jeder einzelnen Gleichung stehen auf der linken Seite die **erklärte Variable** (z. B. y_n), auf der rechten Seite in der Funktionenklammer die **erklärenden Variablen** (z. B. $x_1,x_2,\ldots,x_m,y_1,\ldots,y_{n-1}$), und schließlich die **Zufallsvariable** (z. B. ε_n), die nichtbeobachtete – oder Störeinflüsse aufnimmt. Im ganzen Modell werden $x_1,x_2,\ldots,x_m$ die **exogenen Variablen** genannt; $y_1,y_2,\ldots,y_n$ heißen **endogene Variablen**. In beiden Gruppen von Variablen kann sich eine Teilmenge auf diejenige Periode beziehen, für die die Prognoseaussage gelten soll; eine andere Teilmenge kann sich auf die vorausgehenden Perioden beziehen, wobei diese zeitliche Differenz als Lag (Verzögerung) aus der Sicht der Periode bezeichnet wird, für die die Prognoseaussage gelten soll. Die Berücksichtigung von Variablen mit unterschiedlichen Periodenindizes läßt ein **dynamisches Modell** entstehen, im anderen Falle liegt ein **statisches Modell** vor. Die Menge der verzögerten Variablen und der unverzögerten exogenen Variablen nennt man **vorherbestimmte** oder **prädeterminierte Variablen**.

Für Prognosen sind Modelle interessant, in denen alle prädeterminierten Variablen verzögert sind. Sind sie das nicht, so müssen die Werte der unverzögerten Variablen zunächst vorherbestimmt werden, indem man für sie eine besondere Prognose vornimmt. – In einer großen Zahl von Fällen ist es ausreichend, wenn $f_i(\cdot)$, i = 1,2,...,n, linear angenommen werden. Nichtlineare Funktionen wird man zunächst in lineare Funktionen umzuwandeln versuchen. Kommt z. B. eine potenzierte Variable z^b mit vorgegebenem Exponenten b in einer Summe vor, so kann $x_j := z_i^b$ diese Variable ersetzen. Soweit dies nicht möglich ist, können erhebliche Schwierigkeiten bei der Schätzung der unbekannten Parameter des Erklärungsmodells auftreten, die aber als Grundlage der Prognose bekannt sein müssen.

(b) Nehmen wir an, daß $f_i(\cdot)$, i = 1,2,...,n, linear sei. Für n = 1 spricht man von **Ein-Gleichungsmodellen**. Für n > 1 spricht man von **Mehr-Gleichungsmodellen**. Für die Schätzung unbekannter Parameter im linearen Ein-Gleichungsmodell steht das Standard-Verfahren der **Kleinste-Quadrate-Schätzung** zur Verfügung. Das bedeutet die Minimierung der Summe des Quadrats der Fehler: $\min \sum_{t=1}^{T} \hat{\varepsilon}_{it}^2$, wobei t = 1,2,...,T die Beobachtungsperioden und $\hat{\varepsilon}$ die nach Schätzung realisierten Werte von ε sind. Das Verfahren kann aber nicht generell auf jede einzelne Gleichung eines Mehr-Gleichungsmodells angewendet werden (hierauf ist z. B. eine mehrstufige Kleinste-Quadrate-Schätzung anzuwenden). Eine Ausnahme können sog. **rekursive Modelle** oder **Kausalketten-Modelle** bieten. In diesen Ansätzen hängen die endogenen Variablen nur in der Form $y_i = f_i(x_1, x_2, ..., x_m, (y_j | j > i))$ voneinander ab.

(c) Alle bisher besprochenen Ansätze sind **multivariable Modelle**. Einen weiteren Spezialfall stellt das **univariable Modell** dar:

$$y = f(x) + \varepsilon.$$

In Prognosen hat es insbesondere als zeitabhängiges Modell Bedeutung, bei dem dann die unabhängige Variable durch die Kalenderzeit gebildet wird. Ein Modellbeispiel ist der sog. Lebenszyklus von Produkten:

$$y(t) = b_0 t^{b_1} e^{-b_2 t} \cdot \varepsilon_t,$$

worin y den Absatz in der Zeitperiode t, t>0, bedeutet und b_0, b_1, b_2 positive, unbekannte Parameter sind, die durch Schätzung zu bestimmen sind. (Transformieren Sie das Lebenszyklus-Modell zu einem Linearen Ansatz!) Der Absatz ist allein von einer Variablen, der Kalenderzeit, abhängig. Sie wird als eine Sammelgröße für nicht näher spezifizierte, im Laufe der Zeit auftretende Einflüsse auf den Absatz angesehen.

(d) **Weitere Kriterien** zur Bildung von Prognosetypen kommen in der Praxis vor. Der Versuch zu einer vollständigen Aufzählung kann nicht erfolgreich sein, weil sich die Untergliederungen nach jeweiligen Zweckmäßigkeitsüberlegungen bilden.

3.2 Prognose und Entscheidung

3.2.1 Der formale Zusammenhang der Rechenwerke des Unternehmens

Wir nehmen an, daß Prognoseaussagen quantitativ gefaßt werden können und aufgrund explizit formulierter Erklärungsmodelle abgeleitet werden. Während letzteres eine starke Einschränkung darstellt, indem z. B. alle nur subjektiv begründeten und nur individuell bekannten Erfahrungsaussagen ausgeschlossen werden, stellt das erstere keine Einschränkung dar. Auch die »qualitative« Existenzaussage (»Im Jahre T wird es y geben«) kann genauer als Wahrscheinlichkeitsaussage gefaßt werden (»Die Wahrscheinlichkeit des Auftretens von y im Jahre T beträgt $p_T(y)$«.) Schließt man einen konsumtiven Nutzen von Prognosen aus (Selbstzweck: Es erscheint interessant zu wissen, daß die Vermutung $p_T(y)$ über y besteht.), so sollen Prognosen **Planungen** unterstützen und **Entscheidungen** ermöglichen (vgl. 1. Kap., S. 41 ff.). Damit stellen Prognosen Voraussetzungen für den Einsatz von Instrumenten der **Unternehmensführung** dar.

Da Prognosen auf Beobachtungen aus der Vergangenheit aufbauen, müssen die benötigten Daten durch **Dokumentationsrechnungen** innerhalb des Unternehmens (z. B. Kostenrechnung, vgl. dazu den vorherigen Abschnitt über die Kostenrechnung) oder außerhalb des Unternehmens (z. B. Einkommensstatistik, Geburtenentwicklung) bereitgestellt werden. Auf Entscheidungen hin können **Kontrollrechnungen** durchgeführt werden, die Planwerte und Istwerte vergleichen sowie eine Analyse von Abweichungsursachen zum Gegenstand haben (vgl. 1. Kap., S. 60 ff.). Damit beruhen sie direkt auf den Dokumentationsrechnungen für die Feststellung der Istergebnisse und indirekt (über die **Planungsrechnungen**) auf den **Prognoserechnungen** für die Verfolgung der Planungsergebnisse. Soweit bildet Abb. 3.3.2 die Zusammenhänge ab. Ausgelassen sind dabei vor allem die Rückflußwirkungen der Ergebnisse von Kontrollrechnungen auf die übrigen Rechnungsarten.

Auch innerhalb der einzelnen Rechnungsarten wird eine laufende Ergebnisverbesserung angestrebt. Das ist durch eine Rückflußschleife bei den Planungsrechnungen in Abb. 3.3.2 angedeutet. Für die Prognoserechnungen wird dieser Zusammenhang im folgenden verdeutlicht.

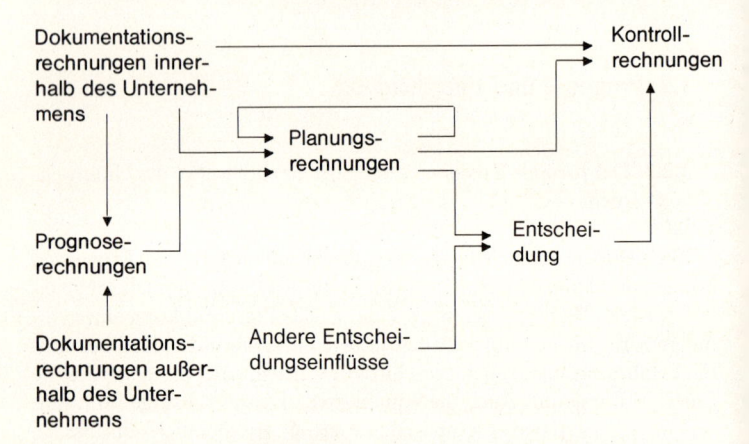

Abb. 3.3.2: Zusammenhänge zwischen Typen der Unternehmensrechnung und Entscheidung, ohne Berücksichtigung von Rückflußzyklen (feedbacks)

3.2.2 Hauptschritte zur Abwicklung einer Prognose

Die Abwicklung einer Prognoseaufgabe durchläuft im wesentlichen die in Abb. 3.3.3 dargestellten Schritte. Inwieweit die Organisations- und Kontrollfunktionen routinisiert werden sollen, ist davon abhängig, wie häufig die Prognoseaufgabe identisch zu wiederholen ist. So wird man bei der täglichen Artikelüberwachung am Lager andere organisatorische Maßnahmen und kontrollierende Regeln anwenden als bei der prognostischen Identifikation eines neuen Geschäftsfeldes im Rahmen langfristiger Planungen.

Wir haben die Zusammenhänge zwischen den Rechenwerken des Unternehmens nur dem Grundsatz nach dargestellt. Dasselbe gilt für

```
┌─────────────────────────────────────┐
│ Identifizierung des Prognoseproblems.│
│ Welche Variablen sind zu prognosti- │◄──┐
│ zieren?                             │   │
└──────────────┬──────────────────────┘   │
               ▼                          │
┌─────────────────────────────────────┐   │
│ Formulierung eines Erklärungsmodells.│  │
│ Bestimmung der exogenen und der ver-│◄──┤
│ zögert endogenen Variablen, der Art │   │
│ der Beziehungen zwischen ihnen und  │   │
│ der Stärke dieser Beziehungen. Prü- │   │
│ fung, ob ggf. Kausalketten zu       │   │
│ schätzen sind.                      │   │
└──────────────┬──────────────────────┘   │
               ▼                       Ergebnis
       ╱─────────────────────╲         unbefrie-
      ╱ Überprüfung der prog-  ╲       digend
     ╱ nostischen Qualität des  ╲
     ╲ Erklärungsmodells durch  ╱──────┘
      ╲ ex post-Prognose (bei  ╱
       ╲ sehr kurzfristigen   ╱
        ╲ Betrachtungen auch ╱
         ╲ durch ex ante-   ╱
          ╲ Prognose)      ╱
           ╲──────┬───────╱
 Ergebnis         │
 befriedigend     ▼
```

Ergebnis befriedigend → Festlegung der Meßvorschriften für die laufende Datenerhebung. Organisation der Datenbereitstellung.

↓

Festlegung der Verfahrensvorschriften für die Prognose, z. B. Software der Prognoseprogramme

↓

Organisation der Prognosedurchführung

↓

Prognose ◄── Ergebnis befriedigend

↙ ↘

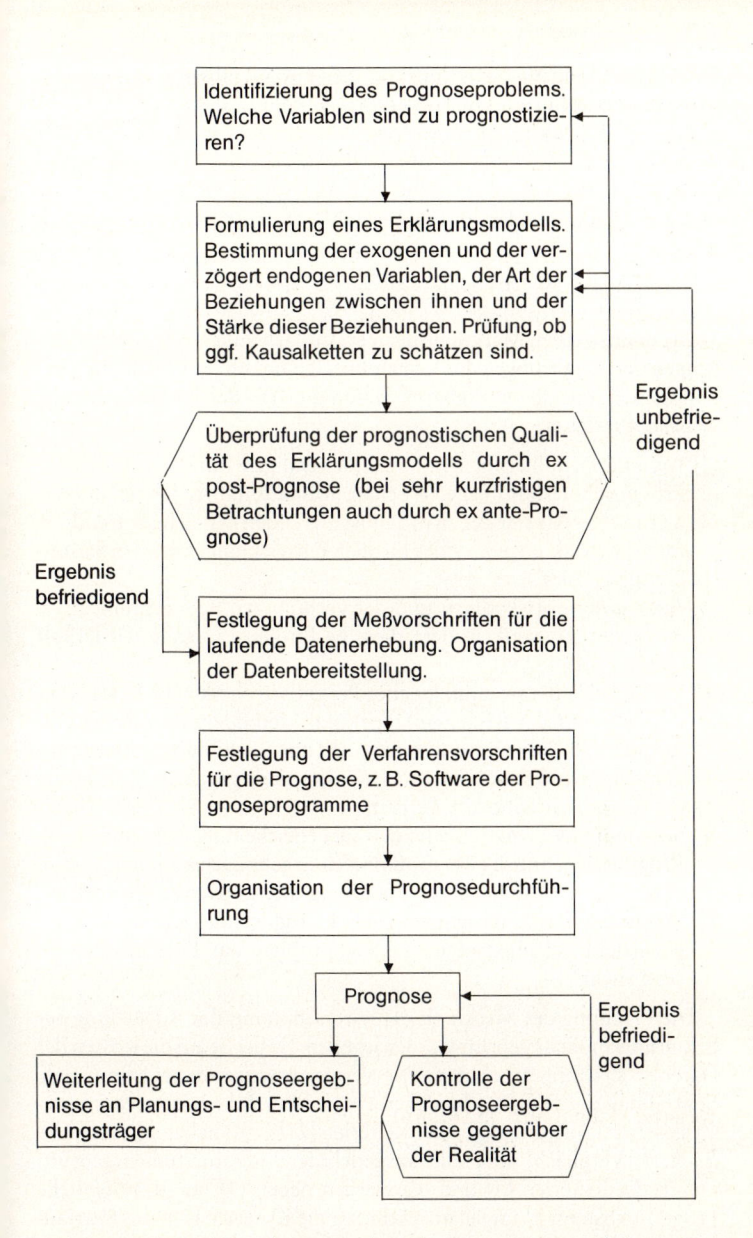

Weiterleitung der Prognoseergebnisse an Planungs- und Entscheidungsträger | Kontrolle der Prognoseergebnisse gegenüber der Realität

Abb. 3.3.3: Wesentliche Schritte bei Abwicklung von Prognoseaufgaben

die **Auswahl** und Verbesserung **von Prognoseverfahren.** Die Entscheidung über den Einsatz solcher Verfahren knüpft an konkreten Merkmalen an, die nun erläutert werden.

3.2.3 Merkmale der Verfahrenswahl

3.2.3.1 *Heuristische Merkmale*

Die heuristischen Merkmale der Verfahrenswahl knüpfen an **Vermutungen** und **Erfahrungen der Verfahrenseignung für bestimmte Prognoseaufgaben** und die verfügbaren Daten an. Aus der Prognoseaufgabe werden abgeleitet:

(1) Art und Detaillierungsgrad der notwendigen Daten;
(2) Prognosehorizont (Tage, Wochen, Monate, Jahre, Jahrzehnte);
(3) Vermutetes Muster der zu prognostizierenden Daten (z. B. trendförmige Entwicklungen, zyklenförmige Entwicklungen wie bei Saisoneinflüssen usw.);
(4) Anzahl der notwendigen und der verfügbaren Beobachtungen;
(5) Zeitlicher Abstand, in dem dieselbe Prognoseaufgabe wiederholt werden soll;
(6) Verfügbarkeit anwendungsreifer Prognosetechniken (z. B. als Standardsoftware für Rechenanlagen) und Methodenkenntnis der Anwender (bei Unkenntnis können nicht nur Ausbildungsaufwendungen nötig werden, sondern auch Widerstände gegen die Einführung der Verfahren wirksam werden);
(7) Sensitivität der vorzubereitenden Sachentscheidungen bezüglich der Prognoseergebnisse (wie groß dürfen Ergebnisschwankungen sein, ohne eine neue Auswahl von Handlungsalternativen zu erfordern?);
(8) Sensitivität des Unternehmenszieles bezüglich der Sachentscheidungen (steht ein »bedeutendes« Sachproblem zur Entscheidung an oder nicht?).

Die Erfüllung des Merkmals (1) wird schon mit der Aufstellung des Erklärungsmodells geprüft werden können. Dabei ist auf die Kosten der Datenbeschaffung zu achten. Die vergleichsweise übereinstimmende Beurteilung der von verschiedenen Prognoseverfahren notwendig vorausgesetzten Ausprägungen der Kriterien (2) bis (4) haben *Mertens* und *Backert* [Vergleich] an Hand ausgedehnter Literaturstudien geprüft. Durch die Kriterien (5) und (6) werden neben (1) bis (4) potentielle Prognosekostenwirkungen abgeschätzt; die Kriterien (7) und (8) erlauben Hinweise auf potentielle Prognoseertragswirkungen.

Da nicht alle diese Merkmale voneinander völlig unabhängig sind, ist ein generalisierender Ausweis von Anwendungskosten oder der Kostenproportionen der Verfahren untereinander problematisch, obwohl solche Kosten häufig angegeben werden (z. B.: Makridakis, Wheelwright [Interactive Forecasting] 7).

3.2.3.2 *Ex post feststellbare statistische Merkmale*

Nach statistischen Kriterien können Prognosemodelle vor ihrem Einsatz und nach ihrem Einsatz (ex post) beurteilt werden. Die **Beurteilung vor dem Einsatz** bezieht sich auf die möglichen Fehler bei der Aufstellung des Erklärungsmodells, bei der Annahme über die zeitliche Gültigkeit des Erklärungsmodells, bei der Schätzung unbekannter Modellparameter und auf die »Verschmutzung« der benutzten Daten. Über die Folgen und die Kontrolle solcher Fehler gibt die ökonometrische Literatur Auskunft (z. B. Schönfeld [Ökonometrie]).

Ex post-Beurteilungen beruhen i. d. R. auf **Vergleichen zwischen den tatsächlich eingetretenen Entwicklungen (y_t) und den prognostizierten Entwicklungen** ($\hat{y}_t$). Wir wollen annehmen, daß $t = 1, 2, \ldots, T$ Werte zu prognostizieren waren. Es läge nun nahe, die Summe einfacher Abweichungen ($\sum_{t=1}^{T} (\hat{y}_t - y_t)$) als Fehlermaß zu benutzen. Das ist aber nicht sinnvoll, weil sich positive und negative Abweichungen beliebiger Höhe dann kompensieren könnten. Deshalb kommen als **Fehlermaße** unterschiedliche Ausprägungen der sog. Metrik ($\sum_{t=1}^{T} S_t \mid \hat{y}_t - y_t \mid^m)^{1/m}$ vor, wie sie in der folgenden **Tabelle 3.3.1** zusammengestellt sind.

Die Fehlermaße (1), (2) und (3) finden besonders häufige Anwendung. Statt (3) wird auch das Quadrat des Fehlers F_3 unter der Bezeichnung **mittlere quadratische Abweichung** verwendet. Entsprechend ist das Quadrat von F_4 die relative quadratische Abweichung.

Wenig sinnvoll ist es, den Erwartungswert der Störvariablen ε_t des Prognosemodells als Fehlermaß zu verwenden. Er sollte bei richtiger Spezifikation des Modells nicht mehr als zufällig von Null abweichen.

Ungünstig ist auch die Benutzung von Korrelationskoeffizienten als Fehlermaß zur Beurteilung linearer Prognosemodelle, da sie jeden straffen linearen Zusammenhang zwischen $\hat{y}_t$ und y_t mit demselben

	$S_t = 1/T$	$S_t = 1/y_t$
$m = 1$	$F_1 = \dfrac{1}{T} \sum\limits_{t=1}^{T} |\hat{y}_t - y_t|.$ (1) Mittlere absolute Abweichung	$F_2 = \sum\limits_{t=1}^{T} \dfrac{|\hat{y}_t - y_t|}{y_t}.$ (2) Relative absolute Abweichung
$m = 2$	$F_3 = \sqrt{\dfrac{1}{T} \sum\limits_{t=1}^{T} (\hat{y}_t - y_t)^2}.$ (3) «Root Mean Square Error»	$F_4 = \sqrt{\left[\sum\limits_{t=1}^{T} (\hat{y}_t - y_t)^2 / \sum\limits_{t=1}^{T} y_t^2\right]}$ (4) U-Koeffizient
$m = \infty$	(ungebräuchlich)	$F_6 = \max\limits_{t} [|\hat{y}_t - y_t|/y_t]$ (6) Maximale relative Abweichung

Tab. 3.3.1: Gebräuchliche Maße für die Beurteilung von Prognosefehlern

Wert versehen, wie den allein interessierenden Zusammenhang auf der 45°-Linie des y_t, $\hat{y}_t$-Koordinatensystems (Linie der exakten Prognose).

Deshalb hat *Theil* ([Forecasts] 27f.) den U-Koeffizienten F_4 als Fehlermaß vorgeschlagen. Da sich gleiche absolute Veränderungen von $\hat{y}_t$ und y_t nur in seinem Nenner auswirken, er damit also beeinflußt werden kann, schlägt *Schwarze* ([Fehlermessung] 556) ein Verhältnis von mittlerem quadratischem Fehler zur prognostizierten Varianz für diesen Zweck vor.

Die Linie der exakten Prognose hat *Theil* ([Forecasts] 19 ff.) zu einer interessanten Fehlerklassifikation verwendet. Je nachdem, ob die Prognose sich auf Niveaugrößen $\hat{y}_t$ oder auf Änderungsgrößen ($\hat{y}_t$: $= \Delta\hat{y}_t$) bezieht, sind verschiedene Interpretationen in den Feldern angebracht, die sich zwischen den Koordinatenachsen eines $y_t,\hat{y}_t$-Koordinatensystems und der Linie der exakten Prognose ergeben (vgl. Abb. 3.3.4 und Tab. 3.3.2).

Die dargestellten Fehlermaße wählen als impliziten **Vergleichsstandard** die fehlerfreie Prognose. Statt dessen kann aber auch ein Vergleich zwischen den Fehlern durchgeführt werden, die mit verschiedenen Verfahren erzielt werden. Das die Bezugsgrundlage bildende Verfahren nennt man den Vergleichsstandard (base line).

Wiederum eine andere Fragestellung liegt vor, wenn die Verfahrensgüte an der Fähigkeit zur zutreffenden **Prognose von Trendumkehr-**

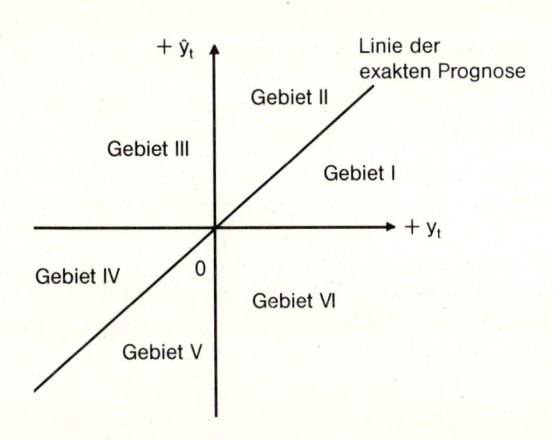

Abb. 3.3.4: Klassifikation von ex post-beurteilten Prognosefehlern

	Charakter der Variablen y_t	
	Niveauprognose $\hat{y}_t$	Prognose einer Änderung $(\hat{y}_t \triangleq \triangle \hat{y}_t)$
Fehlerhafte Prognose einer Tendenzumkehr	nicht feststellbar	III, VI
Überschätzung der Variablen	II, III, IV	II, V
Unterschätzung der Variablen	I, V, VI	I, IV

Tab. 3.3.2: Fehlerklassifikation und Zuordnung zu den Gebieten der Abb. 3.3.4

		Prognoseaussage:	
		«Wendepunkt»	«kein Wendepunkt»
Realität:	«Wendepunkt»	A	B
	«kein Wendepunkt»	C	D

Tab. 3.3.3: Klassifikation von «Wendepunkt»-Prognosen

punkten (Vorzeichenwechsel im Steigungsmaß der $\hat{y}_t$ verbindenden Kurve) gemessen wird. Zur Beurteilung eines Verfahrens legt man eine Tabelle (wie Tab. 3.3.3) an und trägt die beobachteten Häufigkeiten in die Felder A bis D ein.

Der Anteil der exakten Prognosen wird durch $(A + D)/(A + B + C + D)$ gegeben. Der Anteil verpaßter Wendepunktprognosen wird durch $B/(A + B)$, der Anteil fehlgemeldeter Wendepunktprognosen durch $C/(A + C)$ gemessen. Die Maße liefern Werte zwischen Null (exakte Wendepunktvoraussage) und Eins (unexakte Wendepunktvoraussage) (Zarnowitz [Appraisal] 52 f.).

Ein Anwendungsbeispiel wird im Abschnitt 3.3 dieses Kapitels gegeben.

3.2.3.3 Ökonomische Merkmale

Über die ungenauen Andeutungen ökonomischer Einflüsse auf die Auswahl von Prognoseverfahren bei den heuristischen Merkmalen hinaus, können auch exaktere Bewertungen versucht werden. Man kann drei Ansätze unterscheiden:

(1) **Gewichtung der Prognosefehler** ($\hat{y}_t - y_t$) mit **ökonomisch begründeten Faktoren** (Theil [Forecasts] 15 ff.). Hierbei treten aber Schwierigkeiten bei der Bestimmung der Faktorgewichte auf.

(2) **Bewertung der Prognose mit den Zielabweichungen** zwischen einer Planung bei zutreffender Prognose und der Planung mit der tatsächlich ermittelten Prognose.
Dies setzt ein möglichst überschaubares Planungsmodell voraus, das zugleich die Elimination der durch die Prognosefehler beeinflußten Zielabweichungen erlaubt.

(3) Ein besonders häufig empfohlener Ansatz beruht auf dem **Theorem von Bayes**.

> Durch eine der Logik der Wahrscheinlichkeitsgesetze entsprechende Verarbeitung zusätzlicher Information erlaubt es das **Theorem von Bayes,** den Wert der Prognose zu bestimmen.

Das Grundmodell geht auf Überlegungen von *J. Marschak* ([Problems]) zurück. Es unterstellt einen Entscheidungsträger, der eine **Maximierung erwarteter Gewinne** anstrebt. Der Entscheidungsträger verfügt über die Handlungsalternativen a_k, $k = 1,2,\ldots, K$. Er kennt außerdem Umweltzustände U_ℓ, $\ell = 1,2,\ldots,L$, für die er Eintreffenswahrscheinlichkeiten $w(u_\ell) > 0$,

$$\sum_{\ell=1}^{L} w(u_\ell) = 1, \text{ schätzt.}$$

Trifft der Umweltzustand u_ℓ nach Auswahl der Handlungsalternative a_k ein, so erwartet er einen Rohgewinn (Gewinn vor Abzug der Prognoseaufwendungen) von $G_{k\ell}$.

Die Auswahl einer optimalen Handlungsalternative k^* kann nun nach der Regel erfolgen:

$$k^* \text{ wird bestimmt durch: } \sum_{\ell=1}^{L} w(u_\ell) G_{k^*\ell} = \max_{k} \left(\sum_{\ell=1}^{L} w(u_\ell) G_{k\ell} \right).$$

Das heißt, es ist diejenige Handlungsalternative k^* auszuwählen, die den **höchsten erwarteten Rohgewinn** erbringt.

Würde nun ein **absolut zuverlässiges Prognoseverfahren** zur Verfügung stehen, so könnte für jeden vorhergesagten Umweltzustand, z. B. für $u_{\ell+}$, sofort die beste Handlungsalternative durch $\max G_{k\ell+}$ bestimmt werden. Unter der Annahme, daß die Entscheidungssituation sich häufig identisch wiederholt, würden die einzelnen Umweltzustände mit $w(u_\ell)$ auftreten. Der Erwartungswert des Rohgewinns ist dann:

$$\sum_{\ell=1}^{L} w(u_\ell) \cdot \max_{k} G_{k\ell}.$$

Der »**Wert der vollkommenen Information**«, IV, ist:

$$IV = \sum_{\ell=1}^{L} w(u_\ell) \max_{k} G_{k\ell} - \sum_{\ell=1}^{L} w(u_\ell) \cdot G_{k^*\ell}.$$

Dieser Wert dürfte durch die **Kosten des Verfahrens** nicht überschritten werden, wenn die Verfahrensanwendung den Gewinnerwartungswert gegenüber der ursprünglichen Situation nicht senken soll.

Zweifellos ist die Annahme eines vollkommenen Prognoseverfahrens unrealistisch. Sie muß deshalb aufgehoben werden. Wir nehmen an, daß ein Prognoseverfahren existiere, dessen sog. »a posteriori-Wahrscheinlichkeit« geschätzt werden könne. Es ist die Wahrscheinlichkeit dafür, eine Prognoseaussage b_h, $h = 1,2,\ldots,H$, unter der Hypothese zu erhalten, daß der Umweltzustand u_ℓ eintritt. Sie wird mit $w(b_h \mid u_\ell)$ bezeichnet. (Wir behandeln nicht den Fall, daß a posteriori-Wahrscheinlichkeiten unter der Annahme mehrerer Umweltzustände gleichzeitig definiert werden.) Nun kann nach dem **Theorem von Bayes** die Treffsicherheit $w(u_\ell \mid b_h)$ des Prognoseverfahrens berechnet werden:

$$w(u_\ell|b_h) = \frac{w(b_h|u_\ell)\cdot w(u_\ell)}{\sum_{\ell=1}^{L} w(b_h|u_\ell)\cdot w(u_\ell)} = \frac{w(b_h|u_\ell)\cdot w(u_\ell)}{w(b_h)}.$$

Der Wert des Prognoseverfahrens kann nun unter der Annahme festgestellt werden, daß ein bestimmtes Ereignis b_h vorliegen würde. In diesem Falle ist jeweils

$$\max_k \left(\sum_{\ell=1}^{L} w(u_\ell|b_h)\cdot G_{k\ell} \right)$$

zu errechnen. Da das Ergebnis b_h aber vorher unbekannt ist, muß der Ausdruck noch mit der Wahrscheinlichkeit seines Auftretens $w(b_h)$ gewichtet werden. Damit erhalten wir den **Wert der unvollkommenen Information**:

$$IU = \sum_{h=1}^{H} \left\{ \left(\sum_{\ell=1}^{L} w(b_h|u_\ell)\cdot w(u_\ell) \right) \cdot \max_k \left(\sum_{\ell=1}^{L} w(u_\ell|b_h)\cdot G_{k\ell} \right) \right\} -$$

$$- \sum_{\ell=1}^{L} w(u_\ell) G_{\ell^*k}.$$

Natürlich ist $IV \geq IU \geq O$. Insbesondere die letzte Ungleichung ist beweisbar, wenn durch die Prognose die Menge der Handlungsalternativen nicht verändert wird.

Ein **Prognoseverfahren** sollte eingesetzt werden, wenn sein **Aufwand** den **Wert** der von ihm erbrachten unvollkommenen Information **nicht übersteigt**. Andernfalls ist auf seinen Einsatz zu verzichten.

Zwischen mehreren Prognoseverfahren ist nach dem Kriterium der maximalen positiven Differenz zwischen den jeweiligen Werten IU und den jeweiligen Aufwendungen auszuwählen.

Ein **Beispiel** soll die Vorgehensweise verdeutlichen. Es stehe die Markteinführung (a_1) eines neuen Produktes oder der Verzicht darauf (a_2) zur Debatte. Für das Produkt werden alternativ drei mittlere Marktanteile u_1, u_2 und u_3 erwartet, für die Wahrscheinlichkeiten $w(u_1)$ = 0,1, $w(u_2)$ = 0,7, $w(u_3)$ = 0,2 geschätzt werden. Die Entscheidungsmatrix (Tab. 3.3.4) zeigt neben diesen Angaben auch die Werte $G_{k\ell}$, ℓ = 1,2,3; k = 1,2. Die Handlungsalternative a_1 erbringt in dieser Situation einen Erwartungswert von 3,6 und wäre auszuwählen. Der Wert IV beträgt 5,2–3,6. Er kommt dadurch zustande, daß im Falle des Eintretens von u_3 auf die Produkteinführung verzichtet werden sollte. Damit wird ein Erwartungswert von 0,2·8 = 1,6 Geldeinheiten Verlust vermieden.

	u_1	u_2	u_3	Erwartungs-wert
	$w(u_1)$ = 0,1	$w(u_2)$ = 0,7	$w(u_3)$ = 0,2	
a_1	G_{11} = 10	G_{12} = 6	G_{13} = –8	3,6
a_2	G_{21} = 0	G_{22} = 0	G_{23} = 0	0

Tab. 3.3.4: Beispiel der Entscheidungsmatrix

Wir nehmen nun an, daß ein Prognoseverfahren angeboten werde. Bei einem Aufwand von 0,2 Geldeinheiten liefere es alternativ vier Werte für die erfragte Kaufbereitschaft. In Tab. 3.3.5 sind die wichtigen Schätzungen enthalten, aus denen ein korrigierter Rückschluß über die Eintreffenswahrscheinlichkeiten der Marktanteile ermittelt werden soll.

	u_1	u_2	u_3
b_1	0,4	0,3	0,1
b_2	0,3	0,4	0,1
b_3	0,2	0,2	0,2
b_4	0,1	0,1	0,6

Tab. 3.3.5: Beispielswerte für a posteriori-Wahrscheinlichkeiten ($w(b_h | u_l)$)

Aus der Anwendung des Theorems von Bayes werden mit diesen Angaben (Tab. 3.3.4, 3.3.5) errechnet:

$w(u_1 \mid b_1) = 0,1480 \quad w(u_2 \mid b_1) = 0,7778 \quad w(u_3 \mid b_1) = 0,0740$
$w(u_1 \mid b_2) = 0,0909 \quad w(u_2 \mid b_2) = 0,8485 \quad w(u_3 \mid b_2) = 0,0606$
$w(u_1 \mid b_3) = 0,1000 \quad w(u_2 \mid b_3) = 0,7000 \quad w(u_3 \mid b_3) = 0,2000$
$w(u_1 \mid b_4) = 0,0500 \quad w(u_2 \mid b_4) = 0,3500 \quad w(u_3 \mid b_4) = 0,6000$

Mit diesen Angaben läßt sich IU = 4,039812 − 3,6 errechnen. Subtrahiert man davon die Aufwendungen der Prognose, so erhält man 3,839812 − 3,6 Geldeinheiten erwarteten Nettogewinns bei der Entscheidung für den Einsatz der Prognose; er liegt um 0,239812 Geldeinheiten über dem Erwartungswert, der ohne Prognose zu erzielen ist. Dieser Erwartungswert-Zuwachs beruht darauf, daß die Sicherheit der Vermeidung von Verlusten im Falle von s_3 sich durch die Prognose erhöht hat.

3.3 Ausgewählte Prognoseverfahren

3.3.1 Vorbemerkung

Prognoseverfahren werden häufig für spezifische Anwendungszwecke entwickelt. Es ist deshalb praktisch unmöglich, einen vollständigen Verfahrensüberblick zu geben. Häufig eingesetzte Standardverfahren sind z. T. von so kompliziertem Aufbau, daß die genaue Schilderung auch nur eines der Verfahren, seiner Voraussetzungen, der bevorzugten Anwendungsbereiche und der besonderen Anwendungsschwierigkeiten weit mehr Raum erfordert, als in dieser Einführung zur Verfügung steht. Die folgenden Ausführungen können deshalb nur Hinweise auf die Verfahrensvielfalt geben. Sie können aber nicht die systematische Einzeldarstellung der Verfahren und die Einübung ihrer Anwendung ersetzen. (Überblicksdarstellungen mit Weiterentwicklungen der Prognosetechniken bieten z. B.: Bruckmann [Prognosen]; Makridakis, Wheelwright [Interactive Forecasting]; Mertens [Prognoserechnung].)

3.3.2 Prognosen aus Befragungen

3.3.2.1 Repräsentativbefragungen

> Bei **Repräsentativbefragungen** werden die Grundgesamtheit repräsentierende Stichproben von Verbrauchern, Unternehmern, Haushalten, Telefonbesitzern usw. gezogen, um diese über geplante Verhaltensweisen zu befragen.

Geeignet erscheint dieses Verfahren dort, wo
(1) die Abweichungen zwischen geplantem und realisiertem Verhalten sich über alle Befragten gesehen ausgleichen oder doch zumindest kalkulieren lassen,
(2) die Einzelentscheidungen der Befragten relativ unabhängig von den Entscheidungen anderer Befragter sind,
(3) der zeitliche Vorlauf der Entscheidungsabsichten vor den tatsächlich interessierenden Entscheidungen größer ist als die für Befragungen, Befragungsauswertung und Reaktion auf die Auswertungen nötige Zeitspanne,
(4) Bereitschaft zu unverzerrten Antworten besteht oder Verzerrungen wenigstens korrigiert werden können,
(5) das Interesse an den geplanten Entscheidungen größer ist als das Interesse an den Bestimmungsgründen der Entscheidungen, weil zu deren Feststellung häufig andere Befragungstechniken als die auf breiter Basis anwendbaren Techniken eingesetzt werden müssen.

Die **Qualität** der Prognosen aufgrund von Befragungen hängt davon ab, in welcher Form die Fragestellung erfolgt, ob eine repräsentative Befragtenauswahl gelingt und ob der Rückschluß von der Stichprobe auf die Gesamtheit nach statistischen Gesichtspunkten kontrollierbar ist. In wirtschaftlicher Betrachtung sind Prognosekosten und Varianz der Beobachtungen zwei gegeneinander abzuwägende Komponenten bei der Bestimmung einer optimalen Befragung.

Prognosen aus Befragungen bieten zwar keine allgemeine Lösung von Prognoseproblemen. Sie scheinen aber einer Reihe einfacher linearer Fortsetzungen beobachteter Zeitreihen überlegen zu sein. In letzter Zeit wird deshalb mehrfach versucht, Befragungsdaten in andere Prognosemodelle als exogene Variablen einzusetzen, um deren Ergebnisse zu verbessern und eine größere Zahl anderer Variablen zu ersetzen.

3.3.2.2 Expertenbefragungen

> **Expertenbefragungen** zeichnen sich durch den Versuch aus, die fehlende Repräsentativität der Befragtenauswahl durch eine besonders hoch entwickelte Sachkunde über den Befragungsgegenstand zu kompensieren.

Die Unmöglichkeit von Zufallsauswahlen verhindert einerseits einen statistisch kontrollierten Rückschluß von den Befragungsergebnissen auf eine Gesamtheit. Andererseits setzt die Expertenbefragung voraus, daß die Träger von Sachwissen vor der Befragung als solche erkannt werden. Hierzu verläßt man sich entweder auf bereits bestehende Einschätzungen oder man muß den vorgesehenen Befragungsteilnehmern Testaufgaben mit bekannten Antworten zur Lösung vorlegen; von der Qualität der Lösungen hängen dann die Beurteilung der Sachkunde und die Verwendung als Experte ab. Insbesondere hinsichtlich neuer Fragen und langfristiger Entwicklungsbeurteilungen ist es aber schwer, Aufgaben zu finden, die die Experteneigenschaften ausreichend zuverlässig erkennen lassen.

Besonders wichtige Gesichtspunkte bei der Durchführung von Expertenbefragungen sind die Art der Äußerung und der Kombination von Urteilen. Wegen der Möglichkeit gegenseitiger **Urteilsbeeinflussung** bei Diskussionen und Abstimmungen im Kreis von Experten sollte man jeweils andere Ergebnisse erwarten, wenn

(1) die Äußerungen anonym, ohne Absprache mit anderen Befragten abgegeben werden, als wenn diese Bedingungen nicht gelten,
(2) die Kombination von Urteilen nach statistischen Verfahren (Mittelwertbildungen) erfolgt oder nach verschiedenen Abstimmungsverfahren (z. B. nach einer Mehrheitsregel).

Die gegenseitige Beeinflussung von Experten bei der Urteilsabgabe ist unerwünscht, soweit sich sachfremde Effekte in ihr niederschlagen. Es sind verschiedene Muster der Organisation von Expertengruppen vorgeschlagen worden, um die unerwünschten Effekte zurückzuhalten und die erwünschten Effekte zu fördern. Zu diesem Zweck ist auch die sog. **Delphi-Methode** konzipiert worden.

Die vielfach abgewandelte **Grundstruktur der Delphi-Methode** besteht aus den **folgenden Schritten:**
1. Es werden Experten gesucht.
2. Jedem Experten wird dieselbe Frage vorgelegt.
3. Die Experten erarbeiten ohne Kontakt mit anderen befragten Experten ihre Antworten.
4. Die Antworten werden gesammelt und statistisch gemittelt.
5. An Experten, deren Antworten stark vom Mittelwert abweichen, ergeht eine Aufforderung zur Begründung ihrer Antworten nach Bekanntgabe des Mittelwerts.
6. Die Experten erarbeiten Begründungen und reichen diese ein.
7. Mittelwerte und Begründungen werden allen Experten zugestellt. Das Verfahren wiederholt sich in den Schritten (2) bis (7) etwa drei- bis viermal.

Im 6. Schritt wird die erwünschte Wissensvermittlung betrieben. Durch den Verzicht auf direkten Kontakt mit anderen Experten sollen unerwünschte Einflüsse ausgeschaltet werden. Mit dieser Methode sind besonders **langfristige Vorhersagen** erarbeitet worden. In kontrollierten Experimenten mit kurzfristigen Vorhersagen zeigt sich eine gewisse Neigung zur linearen Verlängerung bestehender Zeitreihenentwicklungen bei den Experten, allerdings mit gewissen Korrekturen, die ihre Antworten **einfachen** mathematischen Zeitreihenextrapolationen gegenüber überlegen erscheinen lassen. Von einigen als prognostisches Allheilmittel genutzt, von anderen als völlig unbrauchbar zurückgewiesen (Sackman [Delphi]), deutet sich in den Ergebnissen eine Prognosequalität an, die zwischen der Qualität der einfachen und der komplizierten Verfahren der Zeitreihenanalyse liegt.

Hinsichtlich anderer Verfahren der Expertenbefragung als Prognoseinstrument wird überwiegend festgestellt, daß diese den alternativ eingesetzten mathematisch-statistischen Verfahren unterlegen sind.

Wie bei den Repräsentativbefragungen wird in letzter Zeit über Ansätze berichtet, in denen Ergebnisse aus Delphi-Prognosen mit anderen Aussagen zu neuen Prognosen im Rahmen mathematisch-statistischer Prognosemodelle kombiniert werden. *Sarin* [Approach] hat z. B. gezeigt, wie eine solche Kombination für die langfristige Vorhersage der Anwendung von Solarenergieanlagen genutzt werden kann.

Um das Delphi-Verfahren zu demonstrieren, ziehen wir ein **Beispiel** heran, das wegen seiner guten Kontrollierbarkeit durch statistische

Prognoseverfahren für die Anwendung des Verfahrens untypisch ist. Die Eigenheiten werden gleichwohl erkennbar. Es handelt sich um die Prognose von Zinssätzen für drei und sechs Monate durch Expertengruppen, die drei verschiedenen Berufen nachgehen (vgl. Brockhoff [Delphi-Prognosen]). In Abb. 3.3.5 sehen wir, daß mit zunehmender Zahl der Wiederholungen der Befragung die Spannweite der Urteile sinkt. Dies ist die **konsens-erzeugende Funktion** der Delphi-Methode. Das bedeutet aber nicht, daß gleichzeitig auch der Prognose-Fehler F_2, die relative absolute Abweichung (Tab. 3.3.1), sinkt. Man sieht in Abb. 3.3.6, daß dies nicht generell der Fall ist. Zumindest in der Gruppe W ist es zu einer Fehlererhöhung gekommen, die kräftig auf das Gesamtergebnis durchschlägt. Aus der Kenntnis der Gruppen liegt es nahe zu vermuten, daß steigende Unsicherheit der »Experten« bezüglich des Prognosegegenstandes eher ein Verhalten erkennen läßt, das dem der Gruppe W entspricht, steigende Sicherheit aber ein Verhalten auslöst,

FAZ Rentenrendite 8%, Okt. 1976
(Geschätzt am 6. Mai 1976)

Runde	1	2	3
OQW	8.50	8.25	8.21
Median	8.25	8.22	8.18
UQW	8.00	8.11	8.11

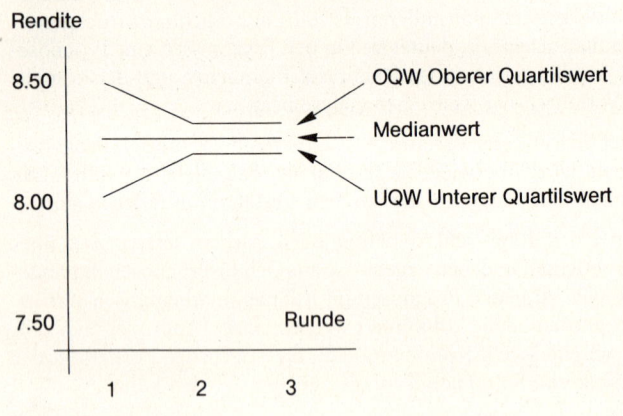

Abb. 3.3.5: Konsensbildung über drei Runden in einem Prognoseexperiment nach der Delphi-Methode

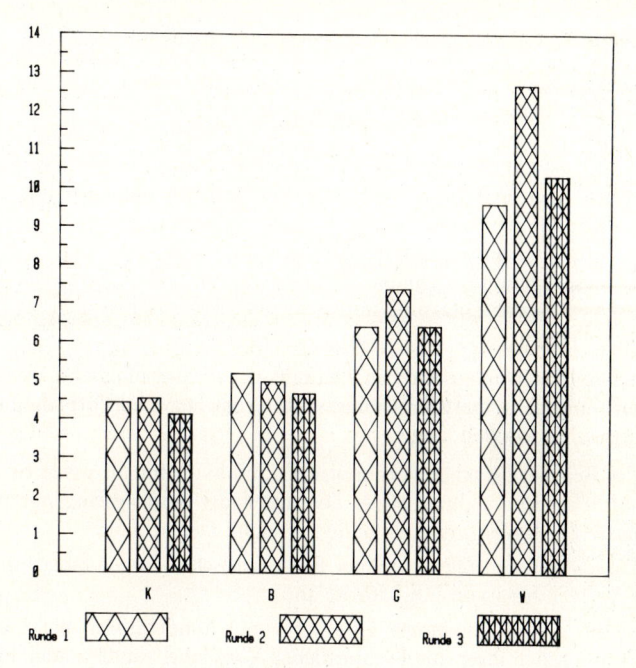

Abb. 3.3.6: Durchschnittlicher Gruppenfehler F_2 in drei Runden einer Serie von Delphi-Experimenten bei drei Teilnehmergruppen (K, B, W) und insgesamt (G)

bei dem die Prognosefehler sich eher wie bei Gruppe K verhalten. Je mehr Sicherheit aber die Experten haben, umso eher kann aber auch ein statistisches Prognosemodell konzipiert werden. Seine Anwendung würde es erlauben, fehlerhafte Bewertungen, Schlußweisen und Rechenoperationen der Experten zu vermeiden. Solche Effekte sind vielfach belegt worden.

3.3.3 Leitindikatoren

Unter einem **Leitindikator** versteht man eine oder mehrere Beobachtungen, die mit ausreichender Regelmäßigkeit Rückschlüsse auf die Wertausprägung einer anderen Variablen in einer späteren Periode zulassen.

Etwas besser formalisiert, kann man dies so ausdrücken:

Es seien $\underline{x}_t$ ein Vektor von Beobachtungen in der Periode t und $y_{t+\tau}$, $\tau > 0$, eine Realisation einer Variablen y in der Periode t + τ. Wenn eine Funktion $f(\underline{x}_t)$ existiert, so daß $\hat{y}_{t+\tau} = E(y_{t+\tau}) = f(\underline{x}_t)$, wobei $E(\cdot)$ einen Erwartungswert bezeichnet, so nennen wir $\underline{x}_t$ einen Vektor von **vorauseilenden** oder **Leitindikatoren**. Der Vektor kann natürlich nur ein Element enthalten, es können aber auch mehrere Elemente zu einem sog. **Diffusionsindex** (composite index) zusammengefaßt sein. Gegenüber dieser Definition können verschiedene Abweichungen zweckmäßig sein, z. B. die Zulassung unterschiedlicher Bezugsperioden für die Vektorelemente, wenn diese nur vor t + τ liegen.

Schnelle Verfügbarkeit von Leitindikatoren und möglichst **exakte Ermittlung**, die spätere Revisionen unnötig machen, sind Vorbedingungen für ihre Verwendung.

Ein **Beispiel** für einen vorauseilenden Indikator für die gesamtwirtschaftliche Entwicklung bildet der Anteil der **Auftragseingänge** am Umsatz der Industrie in der Bundesrepublik Deutschland.

Diese Aussagen regen zu einer Reihe **kritischer Fragen** hinsichtlich der Verwendung von Indikatoren an:

(1) Muß die prognostische Qualität von Leitindikatoren nicht nur hinsichtlich ihrer durchschnittlichen Voreilung, sondern auch hinsichtlich der Streuung dieser Voreilung beurteilt werden?
(2) Wie groß ist die zeitliche Stabilität der Voreilung, d. h. insbesondere: hat sie möglicherweise einen Trend? Zerstört die allgemeine Verbreitung der Kenntnis von einem Leitindikator dessen prognostische Eigenschaften? (Was wäre zu erwarten, wenn jemand einen Leitindikator für Börsenkursentwicklungen entdecken würde und sich diese Entdeckung allgemein verbreiten würde?)
(3) Wie können Leitindikatoren entdeckt werden? Wenn dazu und zu ihrer periodischen Kontrolle statistische Verfahren notwendig sind, könnte der Vorteil von Indikatoren nur in ihrer leichten Verwendbarkeit liegen.
(4) Nach welchen Regeln sollen Diffusionsindizes gebildet werden? Offenbar zeigen gelegentlich vorgenommene Entrümpelungsaktionen von Diffusionsindizes mit einer großen Zahl von Einzelindizes, daß nur wenige, voneinander unabhängige Einzelindizes in ihrer prognostischen Qualität umfangreicheren Listen kaum nachstehen.

Ein **Beispiel** für Leitindikatoren zeigen die Abb. 3.3.7 und 3.3.8. Der gestrichelte Linienzug stellt die relative Umsatzänderung im Verarbeitenden Gewerbe der Bundesrepublik Deutschland zwischen dem Ja-

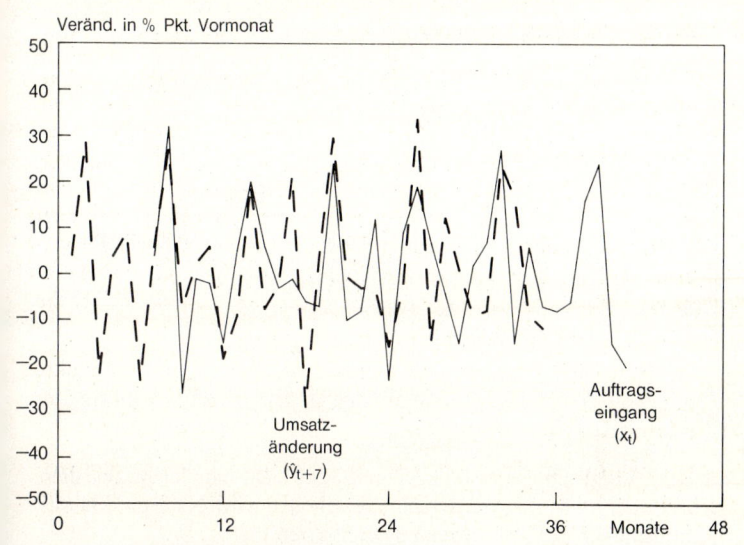

Abb. 3.3.7: Relative Veränderung des Umsatzes und des Auftragseingangs im Verarbeitenden Gewerbe. Vorlauf des Auftragseingangs: sieben Monate

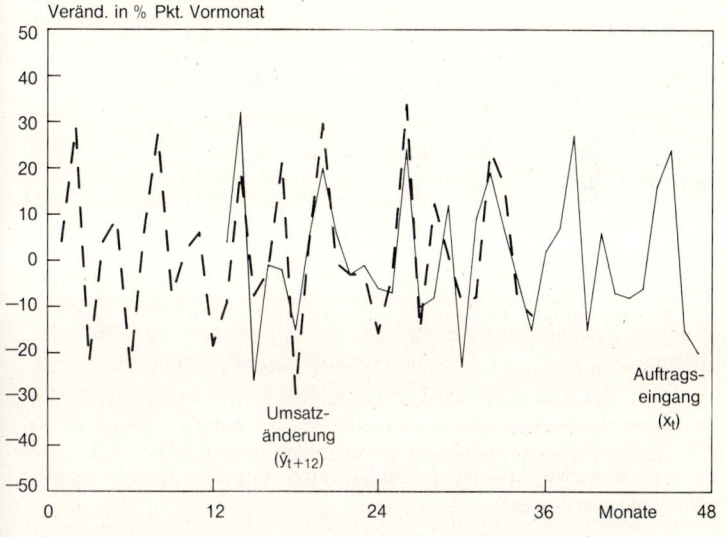

Abb. 3.3.8: Relative Veränderung des Umsatzes und des Autragseingangs im Verarbeitenden Gewerbe. Vorlauf des Auftragseingangs: zwölf Monate

437

nuar 1977 und dem Dezember 1979 dar. Mit einer zeitlichen Verschiebung von sieben (Abb. 3.3.7) und zwölf Monaten (Abb. 3.3.8) ist ihm der durchgezogene Kurvenzug überlagert. Er stellt die relative Veränderung der Auftragseingänge dar.

		Prognose	
		Wendepunkt	Kein Wendepunkt
Realität	Wendepunkt	11	3
	Kein Wendepunkt	3	6

Tab. 3.3.6: Klassifikation von Wendepunktprognosen nach dem Beispiel der Abb. 3.3.8

Beim Vergleich der Abb. 3.3.7 und 3.3.8 sieht man leicht, wie diese Kurve um fünf Monate nach rechts verschoben wird. Nach der Klassifikationstabelle (Tab. 3.3.6, 3.3.3) ergibt sich hier:

Anteil exakter Wendepunktprognosen: $\quad \frac{11+6}{23} = 0{,}739;$

Anteil verpaßter Wendepunktprognosen: $\quad \frac{3}{14} = 0{,}214;$

Anteil fehlgemeldeter Wendepunktprognosen: $\frac{3}{14} = 0{,}214.$

Die starke Ausprägung einer stabilen Saisonfigur in den beiden Zeitreihen erklärt diesen hohen Anteil exakter Wendepunktprognosen.

3.3.4 Zeitreihenanalysen

> In der **Zeitreihenanalyse** wird der Versuch gemacht, aus Beobachtungen $y_t, y_{t+1}, \ldots, y_{t+\tau-1}$ **eine Prognose** $\hat{y}_{t+\tau}$ abzuleiten:
> $\hat{y}_{t+\tau} = f(y_t, y_{t+1}, \ldots, y_{t+\tau-1}), \tau > 0.$

Im Unterschied zu den Leitindikatoren wird also jeweils **dieselbe Variable** betrachtet.

Der dargestellte Fall wird als **multivariable Zeitreihenanalyse** bezeichnet. Es ist darin grundsätzlich beliebig, wie viele Variablen mit unterschiedlichem zeitlichem Vorlauf vor $\hat{y}_{t+\tau}$ betrachtet werden. Wird nur noch eine Variable betrachtet, so spricht man von **univariabler Zeitreihenanalyse**.

Beide Typen bauen auf dem Grundgedanken auf, daß jede Zeitreihe von Beobachtungen, auf die das Instrument angewendet werden soll, Regelmäßigkeiten enthält, die entdeckt und prognostisch benutzt werden können.

Während die ältere Zeitreihenanalyse auf dem Versuch aufbaut, diese Regelmäßigkeiten als **Trendkomponente** und als **Saisonkomponente** vorweg zu bestimmen und daraus additiv oder multiplikativ die Zeitreihe zusammenzusetzen, faßt die jüngere Zeitreihenanalyse die Zeitreihe als einen besonderen Zufallsprozeß auf, der zu analysieren ist.

Es gibt eine große Vielzahl von Methoden der zeitreihenanalytischen Prognostik. Um ihre Auswahl zu erleichtern, bedient man sich der **Autokorrelationsanalyse**. Diese gibt Aufschluß darüber, ob in einer Zeitreihe von Beobachtungen ein Trend und eine Saisonfigur erkennbar sind. Je nach diesen Erkenntnissen wird die Auswahl geeigneter Prognoseverfahren (oder sogar Modelle) gesteuert.

Die Autokorrelationsanalyse baut auf **Korrelationskoeffizienten** auf. Sie werden errechnet zwischen einer möglichst großen Zahl von Beobachtungen einer Zeitreihe und den um 1,2,3,... Perioden verzögerten Beobachtungen derselben Zeitreihe. Hohe, signifikant von Null verschiedene positive Autokorrelationskoeffizienten bei kleinen Verzögerungen deuten auf einen Trend in der Zeitreihe hin. Treten solche positive oder negative Koeffizienten mit größeren Verzögerungen auf, so deuten sie auf Saisoneinflüsse hin (z. B. bei sechs- oder zwölfperiodigen Verzögerungen, wenn Monatswerte beobachtet wurden).

Um zeitabhängige Prognoseverfahren zu demonstrieren, skizzieren wir hier nur zwei Ansätze

– die exponentielle Glättung und
– das Box-Jenkins-Verfahren:

(1) Beim **Verfahren der exponentiellen Glättung** (exponential smoothing) geht man davon aus, daß regelmäßig Prognosen $\hat{y}_t^{t+\tau}$, $\tau = 1,2,...$, abgegeben werden, wobei der tiefgestellte Index den Zeitpunkt der Prognose und der hochgestellte Index den Zeitraum angibt, auf den sich die Prognoseaussage bezieht. Außerdem werden Realisationen y_t beobachtet. Grundsätzlich wird angenommen, die Zeitreihe sei stationär, habe also keinen Trend.

Man geht nun davon aus, daß

$$\hat{y}_t^{t+\tau} - \hat{y}_{t-\tau}^t = \alpha(y_t - \hat{y}_{t-\tau}^t),$$

worin $0 < \alpha < 1$ die **Glättungskonstante** ist. I. d. R. ist $\tau = 1$. Daraus erhält man

$$\hat{y}_t^{t+1} = \alpha \cdot y_t + (1-\alpha)\hat{y}_{t-1}^t.$$

In dieser exponentiellen Glättung erster Ordnung kann auf der rechten Seite $\hat{y}_{t-1}^t$ durch fortgesetztes Einsetzen substituiert werden:

$$\hat{y}_t^{t+1} = \alpha \cdot \sum_{k=0}^{t-1} (1-\alpha)^k y_{t-k} + (1-\alpha)^t \hat{y}_o^1.$$

Wegen $\lim (1-\alpha)^t = 0$, $t \to \infty$, ist darin $\hat{y}_o^1$ häufig praktisch ohne Bedeutung. Die Prognose erfolgt dann also allein aus der Zeitreihe der Beobachtungen heraus. Je weiter die Beobachtungen zurückliegen, um so geringer gewichtet gehen sie in die Prognose ein. Das Verfahren ist einfach anzuwenden und erfordert nur die Bestimmung eines einzigen Parameters.

Der Parameter α wurde **Glättungskonstante** genannt. Er hat folgende Wirkung: Je kleiner der Wert von α, um so stärker glättet er die Zeitreihe, je größer, um so weniger stark ist der Glättungseffekt. Im ersten Falle hat nämlich die tatsächliche Entwicklung y_t ein sehr kleines, im letzten Fall ein großes Gewicht bei der Bestimmung von $\hat{y}_t^{t+\tau}$.

In der folgenden Abb. 3.3.9 wird dieser Effekt gezeigt. Es handelt sich bei der durchgezogenen Linie um den Absatz eines Konsumgutes. Von der Periode 24 (Januar 1980) ab werden mit $\tau = 1$ jeweils ex post-Prognosen erstellt, wobei drei unterschiedliche Werte für die Glättungs-

	Einfache exponentielle Glättung		
	$\alpha = 0.2$	$\alpha = 0.5$	$\alpha = 0.8$
F1: Mittl. abs. Abw.	20.58	19.98	19.67
F2: Rel. abs. Abw.	4.40	4.26	4.15
Mittl. quadr. Abw.	557.46	532.20	509.66
Rel. quadr. Abw.	0.11	0.11	0.11
F3: Root mean square error	23.61	23.07	22.58
F4: U-Koeff.	0.33	0.33	0.32

Tab. 3.3.7: Statistische Kennzahlen der ex post-Prognose bei Exponentieller Glättung

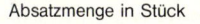

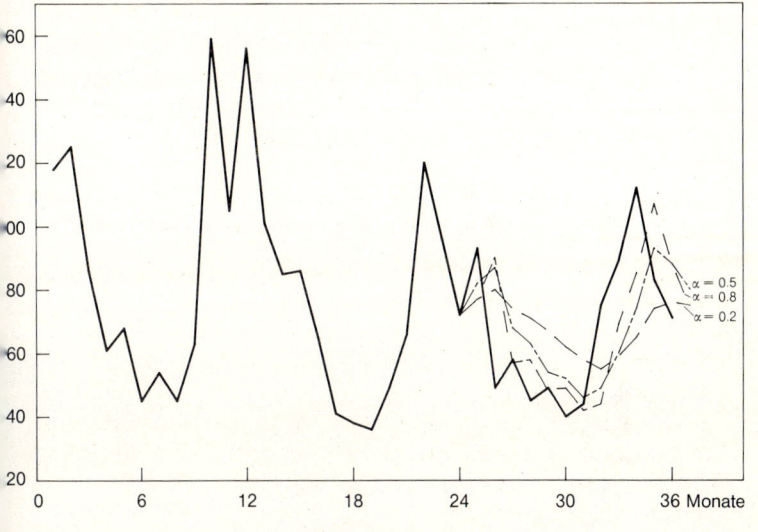

Abb. 3.3.9: Einfache exponentielle Glättung

konstante verwendet werden. Der Glättungseffekt ist deutlich zu erkennen. Die Wirkung der Parametervariation auf die Prognosequalität kann nach den oben genannten Fehlermaßen und dem *Theil*'schen U-Koeffizienten beurteilt werden (siehe Tabelle 3.3.1, oben). In den Spalten der Tab. 3.3.7 sind die Maße angegeben. Durchgängig ergeben sich hier die besten Werte für $\alpha = 0{,}8$.

Wegen der **Einfachheit des Verfahrens** sind die Prognosen häufig unbefriedigend. Es hat deshalb eine Fülle von Verfahrensverbesserungen gegeben, von denen – um die Richtung der Arbeiten anzudeuten – nur einige genannt seien:

(a) Adaptive, d. h. mit jeder Beobachtung erneute optimale Bestimmung des Parameters α, wobei an der Annahme festgehalten wird, daß die Zeitreihe grundsätzlich »stationär« sei;
(b) Berücksichtigung von Saisonkomponenten in der Glättung;
(c) Exponentielle Glättung höherer Ordnung nach dem sog. Fundamentaltheorem der exponentiellen Glättung, um Trendeffekte in der Zeitreihe erfassen zu können;
(d) Kombination der Berücksichtigung von Trend- und Saisoneffekten in der Zeitreihe.

Diese Andeutungen sollen allein der Vermutung entgegentreten, daß die exponentielle Glättung nicht einmal eine brauchbare Grundlage für Prognoseverfahren abgeben könne. Tatsächlich wird das Verfahren häufig dort eingesetzt, wo eine große Zahl von kurzfristigen Prognosen mit im einzelnen geringer Bedeutung für das Unternehmensergebnis abzugeben ist, z. B. bei Artikeldispositionen im Lager.

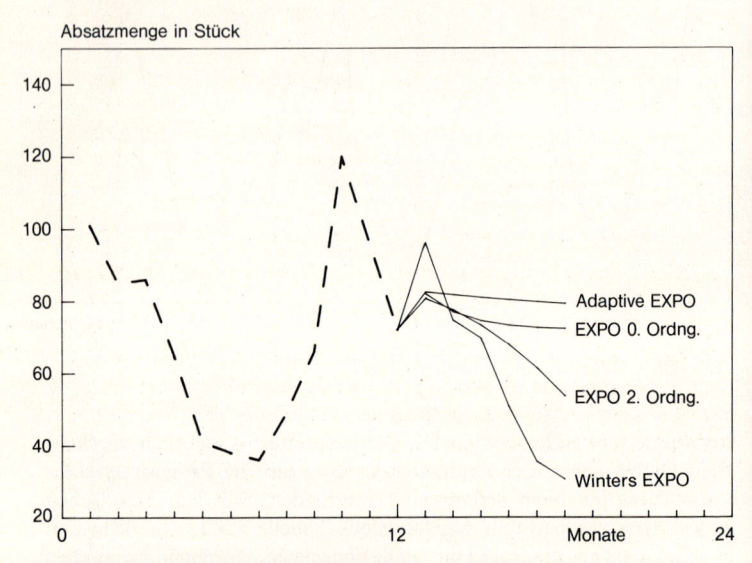

Abb. 3.3.10: Exponentielle Glättungsverfahren

In der Abb. 3.3.10 wird noch einmal der Absatz des Konsumgutes gezeigt, der schon in der vorausgehenden Abb. 3.3.9 dargestellt wurde. Außerdem sind Prognosen nach verschiedenen erweiterten Verfahren der exponentiellen Glättung eingezeichnet.

Die exponentielle Glättung »nullter Ordnung« ist das oben dargestellte Verfahren der einfachen exponentiellen Glättung. Hier werden Prognoseergebnisse für $\alpha = 0{,}5$ dargestellt. Die adaptive exponentielle Glättung entspricht einem Verfahren von *Trigg* und *Leach*. Die exponentielle Glättung »zweiter Ordnung« unterstellt der Zeitreihe einen quadratischen Trend, vermeidet also die Annahme, daß die Zeitreihe stationär ist. Die gemeinsame Berücksichtigung von Trend- und Saisonkomponenten wird durch das Verfahren von *Winters* ermöglicht.

Eine **Beurteilung der Prognosen** nach den oben eingeführten Fehlermaßen zeigt Tab. 3.3.8. Wir vergleichen sie jeweils mit den Fehlern der einfachen exponentiellen Glättung (nullter Ordnung) für $\alpha = 0{,}5$.

	EXPO 0. Ordnung	Adaptive EXPO	Winters EXPO	EXPO 2. Ordnung
	$\alpha = 0.5$		$\alpha = 0.2, \beta = 0.3$ $\gamma = 0.1$	$\alpha = 0.42$
F1	27.13	28.61	11.52	14.15
F2	3.41	3.57	1.40	1.62
MQA	871.04	907.73	184.39	250.56
RQA	0.26	0.27	0.05	0.07
F3	29.51	30.13	13.58	16.83
F4	0.51	0.52	0.23	0.27

Tab. 3.3.8: Statistische Kennzahlen der ex post-Prognose verschiedener Glättungsverfahren

Überraschend ist zunächst, daß die adaptive Glättung keine geringeren Fehler aufweist, obwohl in ihr α den Prognosefehlern entsprechend laufend angepaßt wird. Abgesehen davon, daß die beiden bisher hinsichtlich ihrer Fehler betrachteten Verfahren nur für stationäre Zeitreihen geeignet sind, ist hier ein zweiter fehlererzeugender Einfluß wirksam. Die adaptive exponentielle Glättung benutzt neben α einen weiteren Parameter, der i. d. R. vorgegeben wird (hier $\beta = 0{,}2$). Er wird nicht mit α angepaßt. Deshalb können von dieser Größe Störungen ausgehen. Versucht man nun aber in ex post-Prognosen auch β durch Variation der Werte möglichst gut zu bestimmen, wird der Verfahrensvorteil wenig aufwendiger, automatischer Bestimmung von α wieder kompensiert.

Wesentlich geringere Fehler als die beiden betrachteten Verfahren verursachen die exponentielle Glättung zweiter Ordnung und das Verfahren von *Winters*. Beide Vorgehensweisen erfassen einen Trend in der Zeitreihe. Die Berücksichtigung von Saisonschwankungen im Verfahren von *Winters* vermeidet insbesondere das Auftreten besonders starker Ausreißerwerte, wie der Vergleich der Fehlermaße F_1 mit der mittleren quadratischen Abweichung (MQA) oder F_2 mit der relativen quadratischen Abweichung (RQA) deutlich macht.

(2) Weit verbreitet ist das **Verfahren von Box und Jenkins** [Time Series]. Der Standardfall seiner Darstellung geht von Prognoseaufgaben

in einem **stationären Zufallsprozeß** aus. (Das ist ein Prozeß, bei dem sich die Verteilung der Zufallsvariablen im Zeitablauf nicht ändert.) Diese starke Einschränkung kann in anderen Verfahrensvarianten überwunden werden, z. B. dadurch, daß statt Niveauprognosen $\hat{y}_t$ Prognosen von Niveauänderungen $\Delta \hat{y}_t$ vorgenommen werden.

Ausgangspunkte der Überlegungen sind zwei **Modelldarstellungen stationärer Zeitreihen**:

(a) Der **autoregressive Prozeß** (AR) J-ter Ordnung

$$\hat{y}_t = \sum_{j=1}^{J} a_j y_{t-j} + \varepsilon_t,$$

wobei a_j, $j = 1,2,\ldots,J$, Parameter und ε_t, $t = 1,2,\ldots$, Störvariablen sind.

(b) Der **Gleitende-Durchschnitts-Prozeß** (MA) K-ter Ordnung

$$\hat{y}_t = \sum_{k=1}^{K} b_k \varepsilon_{t-k} + \varepsilon_t,$$

wobei b_k, $k = 1,2,\ldots,K$ Parameter sind.

Beide Darstellungen sind unbefriedigend, weil eine ausreichende Genauigkeit der Prognose unter Umständen für J und K sehr hohe Werte erfordert. Um eine möglichst sparsame Parameter-Verwendung zu ermöglichen, liegt eine Kombination der beiden Prozesse im **ARMA-Modell** (Box-Jenkins-Verfahren) nahe:

$$\hat{y}_t = \sum_{j=1}^{J} a_j y_{t-j} + \sum_{k=1}^{K} b_k \varepsilon_{t-k} + \varepsilon_t.$$

Bei der Prognose um eine Periode wird nach der Bestimmung der Parameter (durch maximum likelihood-Schätzung) zunächst $\hat{y}_t$ ermittelt. Ein Startwert ε_0 kann gleich Null gesetzt werden, was mit zunehmender Zahl der Beobachtungen immer weniger Verzerrungen verursacht. Mehrperiodige Prognosen werden durch sukzessives Einsetzen aus einperiodigen Prognosen entwickelt, bieten dann aber keine unverzerrten Schätzungen der unbekannten Parameter mehr.

In Abb. 3.3.11 zeigen wir die Prognose des schon früher betrachteten Absatzes eines Konsumguts nach dem **Box-Jenkins**-Verfahren (ausgezogene Linie). Dabei ist mit der Annahme einer zwölfmonatigen Saisonfigur gearbeitet worden und $J = K = 1$. Auf eine Berechnung der Fehlermaße mußte hier verzichtet werden, um alle verfügbaren Beobachtungen für die Prognose zu verwenden.

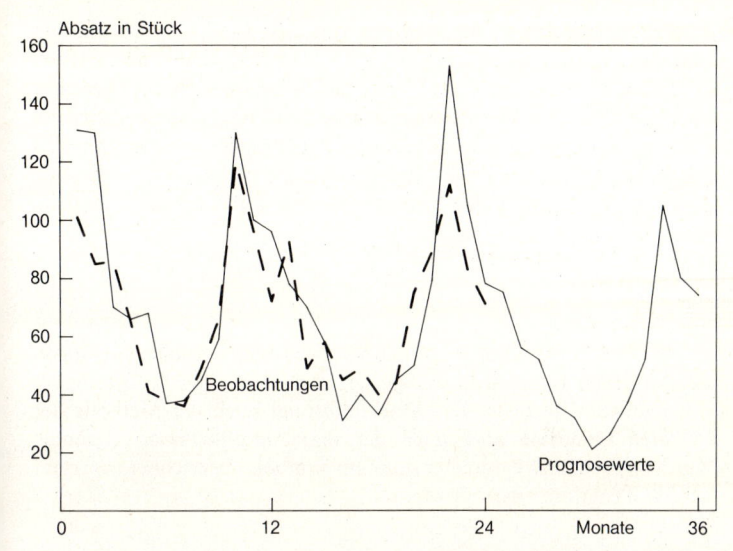

Abb. 3.3.11: Box-Jenkins Prognoseverfahren; ARMA (1,1) Modell, Saisonal in MA

Im Vergleich zur exponentiellen Glättung ist das **Box-Jenkins**-Verfahren in der Anwendung **wesentlich aufwendiger**. Auch die Angabe, daß es nur mit 40 bis 150 Beobachtungen zufriedenstellende Ergebnisse liefere, läßt es für Prognosen mit kurzen Beobachtungsreihen, z. B. Absatzprognosen, wenig geeignet erscheinen. Allerdings sind die generellen Angaben wenig aufschlußreich, da es wesentlich auf die von der Zeitreihenstruktur her bestimmte Parameterzahl ankommt, wie viele Beobachtungen zur Schätzung heranzuziehen sind. Diese Überlegungen werden durch Analysen von Korrelogrammen gestützt, das sind Abbilder von Korrelationskoeffizienten zwischen den Störvariablenwerten ε_t und $\varepsilon_{t-\tau}$ für $\tau = 1,2,\ldots$. Erste Ansätze, von dieser subjektiven Beurteilungsgrundlage abzugehen, hat *Parzen* [Forecasting] entwickelt.

3.3.5 Regressionsmodelle

3.3.5.1 Ein-Gleichungs-Modelle

Wir nehmen an, daß aufgrund einer Theorie

$$y_t = a_O + \sum_{\ell=1}^{L} a_\ell x_{t\ell} + \varepsilon_t$$

mit unabhängigen Variablen $x_{t\ell}$, $\ell = 1,2,\ldots,L$; $t = 1,2,\ldots$, abhängigen Variablen y_t, Parametern $a_o, a_1,\ldots, a_L$ und Störvariablen ε_t postuliert wird. Der Zusammenhang soll auch zur Prognose verwendet werden. Im Unterschied zur Zeitreihenanalyse werden die y_t und die $x_{t\ell}$ jeweils inhaltlich unterschiedlich interpretiert. Für Prognosen ist es natürlich erforderlich, daß $x_{t\ell}$ vor der Realisierung der y_t bekannt werden. Es könnte sich hierbei z. B. um Beobachtungen früherer Perioden handeln, was durch Einsetzen in der Form

$x_{t\ell} := x_{t-1,\ell}$

$x_{t,\ell+1} := x_{t-2,\ell} \ldots$

unmittelbar zu erreichen wäre. Man spricht in einem solchen Fall von **Lag-Modellen** mit zeitlich verzögerten Variablen. – Die Schätzung der unbekannten Parameter der Modelle erfolgt nach der **Methode der kleinsten Quadrate** oder nach der **maximum-likelihood-Methode**. Werden geschätzte Parameter mit dem Symbol ^ bezeichnet, so ergibt sich die Prognose aus:

$$\hat{y} = \hat{a}_o + \sum_{\ell=1}^{L} \hat{a}_\ell x_{t\ell}.$$

Bei Lag-Modellen treten allerdings wegen der häufig hohen Korrelationen zwischen den unabhängigen Variablen (Multikollinearität) besondere Probleme bei der Schätzung der Parameter auf. Sie können z. B. dadurch überwunden werden, daß vorweg eine Lagstruktur bestimmt wird. Sie legt die relative Bedeutung der einzelnen Parameter der verzögerten Variablen fest und muß nur noch durch einzelne Stützwerte numerisch bestimmt werden.

Will man z. B. die **Wirkung der Werbeaufwendungen** eines Unternehmens in den Perioden $(t-\ell)$, $\ell = 1,2,\ldots$, die mit dem Symbol $x_{t-\ell}$ bezeichnet werden, auf den Absatz y_t messen, so könnte man ein Modell der Form

$y_t = a_o + a_1 x_{t-1} + a_2 x_{t-2} + \ldots$

aufstellen. Nun werden die Werbeaufwendungen vermutlich hoch miteinander korrelieren. Weiß man aber, daß die Werbung von einer Periode zur folgenden Periode zu einem Anteilssatz von c behalten wird (1–c wird vergessen), so ist $a_2 = a_1 c$, $a_3 = a_2 c = a_1 c^2$ usw. Darin kommt die **Lagstruktur** zum Ausdruck. Man kann nun zeigen, daß statt des ursprünglichen Modells eine identische Formulierung, nämlich

$y_t = a_o (1-c) + a_1 x_{t-1} + c y_{t-1}$

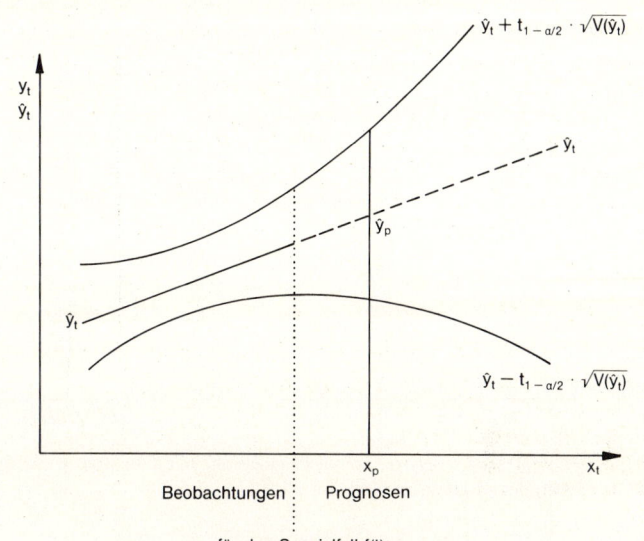

Abb. 3.3.12: Das Mutungsintervall bei zeitabhängiger Prognose

verwendet werden kann, wodurch einige Schätzprobleme vermieden werden können.

Wir betrachten nun den Spezialfall, daß die Beziehung

$$\hat{y}_t = \hat{a} + \hat{b}x_{t-1}$$

geschätzt worden wäre. Für einen beliebigen Wert x_p kann dann die Prognose $\hat{y}_p = \hat{a}_o + \hat{a}_1 x_p$ abgegeben werden. Dies ist ein Erwartungswert, um den die tatsächlichen Realisationen in einem **Mutungsintervall** streuen, das bei vorgegebenem Sicherheitsniveau mit zunehmendem Abstand $(x_p - \bar{x})$, wobei $\bar{x}$ der Mittelwert der Beobachtungen von x_t ist, zunimmt (vgl. Abb. 3.3.12).

Ein sehr einfaches **Beispiel** zeigt die Prognose des Marktanteils eines Artikels in Abb. 3.3.13. Man erkennt die um die Trendgerade verteilte tatsächliche Entwicklung. Am rechten Bildrand ist das Mutungsintervall gezeigt, in welches 95 % der tatsächlichen Ergebnisse fallen werden,

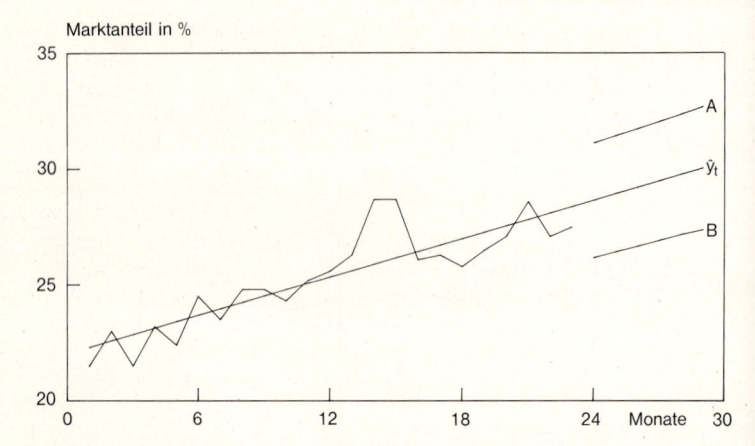

Abb. 3.3.13: Regressionsanalyse (Trendextrapolation) mit Obergrenze (A) und Untergrenze (B) des Mutungsintervalls für 95 % Sicherheit

wenn die Verhältnisse fortbestehen, die zur Entwicklung der Vergangenheit führten. Die Regressionsgleichung hat die folgenden Werte:

$\hat{a}_o = 22,03 \ (0,23)$
$\hat{a}_1 = 0,28 \ (0,03)$

In Klammern ist die Standardabweichung dieser Schätzungen angegeben. Sie kann benutzt werden, um die Wahrscheinlichkeit einer zufälligen Abweichung der Ergebnisse von einem vorgegebenen Wert (insbesondere die Abweichung von Null) zu testen, indem empirische t-Werte (22,03 : 0,23 bzw. 0,28 : 0,03) errechnet werden, die mit tabellierten Werten bei der entsprechenden Zahl von Freiheitsgraden (bei T = 23 Beobachtungen (T−2) = 21 Freiheitsgrade) zu vergleichen sind. Liegt der empirische Wert über dem tabellierten Wert, so kann angenommen werden, daß der zugehörige Parameter mit einer Wahrscheinlichkeit, die nicht kleiner ist als w, nicht zufällig von Null verschieden ist. Hier sind beide Parameter mit hoher Wahrscheinlichkeit (w > 0,99) von Null verschieden. Die Straffheit des Zusammenhangs zwischen den Beobachtungen und dem Zeitablauf ist mit dem Bestimmtheitsmaß (Quadrat des Korrelationskoeffizienten) von 0,87 bei 23 Beobachtungen ebenfalls signifikant von Null verschieden (w > 0,99).

Problematisch ist an dieser Schätzung, daß eine lineare Beziehung zwischen Marktanteil und Zeitablauf eine Ursachenanalyse nicht zuläßt und nicht beliebig in die Zukunft verlängert werden kann, weil beim Überschreiten der 100% (0%)-Grenze logische Widersprüche auftreten und weil die Konkurrenzreaktionen der Vergangenheit sich dann vermutlich nicht in der bisherigen Intensität fortsetzen. Es gibt spezielle Ansätze, die insbesondere das logische Problem lösen können. Die Sachprobleme können nur durch einen anderen, nicht allein zeitreihenbezogenen Ansatz gelöst werden.

Bei den unabhängigen oder den abhängigen Variablen können gegenüber den ursprünglichen Beobachtungen transformierte Werte benutzt werden. Beispielsweise ist nach der Seerechtskonvention der Vereinten Nationen die Regression zwischen dem Logarithmus des Nickelverbrauchs und der Zeit über die aktuellsten 15 Jahre zu bestimmen, um eine Produktionsgrenze festzulegen.

3.3.5.2 Mehr-Gleichungs-Modelle

Mehr-Gleichungs-Modelle wurden allgemein im Abschnitt 3.1.2 dargestellt. Sie bieten wegen der Interdependenz der endogenen Variablen besondere Probleme der Schätzung, dürfen also auf keinen Fall generell wie Ein-Gleichungs-Modelle behandelt werden (zur Schätzung z. B. Malinvaud [Econometrics]). Ausnahmen bilden die rekursiven Modelle. (Das sind Mehr-Gleichungs-Modelle, die durch fortgesetztes Einsetzen auf ein Ein-Gleichungs-Modell zurückzuführen sind.) Zum Beispiel wird aus

$$y_1 = a_{o,1} + a_{1,1}x_1 + a_{2,1}x_2 + y_2 + \varepsilon_1$$

$$y_2 = a_{o,2} + a_{1,2}x_1 + a_{2,2}x_2 + \varepsilon_2$$

die Gleichung

$$y_1 = a_{o,1} + a_{o,2} + (a_{1,1} + a_{1,2})x_1 + (a_{2,1} + a_{2,2})x_2 + (\varepsilon_1 + \varepsilon_2),$$

deren unbekannte Parameter auf normalem Wege geschätzt werden können.) In diese Klasse können grundsätzlich auch diejenigen Probleme eingeordnet werden, bei denen neben einer Erklärungsgleichung eine weitere Gleichung als Nebenbedingung zu berücksichtigen ist. Dieser Fall tritt z. B. bei der Schätzung von Marktanteilen auf.

Häufig trifft man auf die Meinung, daß interdependente Mehr-Gleichungs-Modelle wegen der makroökonomischen Kreislaufbeziehungen für Volkswirte von größerem Interesse seien als für Betriebswirte. Diese Ansicht trifft nicht zu. Die linearen **Input-Output-Produktionssysteme** bieten ein erstes Anwendungsbeispiel, die Feststellung von **Kostenabweichungen** im Entwicklungsbereich ein zweites. Da die Liste verlängert werden kann, lohnt sich die intensive Beschäftigung mit Mehr-Gleichungs-Prognosemodellen auch für Betriebswirte (vgl. Zschocke [Betriebsökonometrie]).

3.4 Prognosen und elektronische Datenverarbeitung

Die grundsätzlichen Einsatzmöglichkeiten der elektronischen Datenverarbeitung im Rahmen der Informationswirtschaft werden im nächsten Abschnitt beschrieben. Im Rahmen dieses Abschnitts sei bereits festgehalten, daß die EDV speziell die Erarbeitung von Prognosen in sehr vielfältiger Weise unterstützen kann. Im einzelnen kann sie folgende Funktionen übernehmen:

(1) Die elektronische Datenverarbeitung stellt große, wenig aufwendige und leicht zugängliche **Datenspeicher** bereit. Diese Funktion wird einerseits durch die Möglichkeit des gegenseitigen Zugriffs auf öffentliche und private Datenbanken dauernd quantitativ erweitert. Eine qualitative Erweiterung liegt in den Möglichkeiten, die sich aus der Erfassung von Daten an ihrem Entstehungsort und zu ihrem Entstehungszeitpunkt ergeben. Als Beispiel seien die Führung von Verkaufsstatistiken, täglichem Finanzstatus und die Automatisierung des Bestellwesens in Abhängigkeit von den durch Verkaufskassen automatisch registrierten Verkäufen (scanner) genannt.

(2) Die elektronische Datenverarbeitung dient als **Vermittlungs-, Auswahl-** und **Steuerungsinstrument für Kommunikationsprozesse**. Prognoseverfahren, die auf Expertenbefragungen beruhen oder zur Ergebnisbeurteilung Expertenbeurteilungen erfordern, können über interaktive Bildschirm-Dialog-Systeme geführt werden. Dabei können Experten mit anderen Experten ebenso in Kommunikation treten, wie – unter Ausnutzung der unter (1) und (3) genannten Funktionen – mit den in der Anlage gespeicherten Daten und Programmen (Brockhoff [Delphi-Prognosen]).

(3) Die elektronische Datenverarbeitung übernimmt **Rechenfunktionen**. Anlagenhersteller (hardware producers) und Programmentwickler (software houses) boten ursprünglich einzelne Prognoseprogramme an, die in Stapelverarbeitung eingesetzt wurden. Der Benutzer hatte die Daten vorzubereiten, die Auswahl des Verfahrens zu treffen, es gegebenenfalls zu testen und dann einzusetzen. Inzwischen werden praktisch alle bekannten Prognosetechniken im Rahmen von Pro-

grammpaketen angeboten. Dies sind erstens solche Pakete, in denen bestimmte Prognoseverfahren mit bestimmten Planungs- und Entscheidungsverfahren aufgabenspezifisch kombiniert sind: z. B. exponentielle Glättung zur Bestandsprognose von Lagerbeständen und Ermittlung optimaler Bestellungen nach einer Bestellmengenformel. Zweitens kann es sich um Pakete von Prognoseprogrammen handeln, die für beliebige Aufgaben einsetzbar sind. »Dabei wird deutlich der Weg von der bloßen Methodensammlung zu einer Daten- und Methodenbank beschritten, in der das Programm für den eigentlichen Prognosealgorithmus nur ein verhältnismäßig kleiner Teil ist, während vor allem der Analyse der Daten viel Raum gegeben wird« (Mertens/Backert [Vergleich]). Diese Analysen werden nach Kriterien teils automatisch, teils im Mensch-Maschine-Dialog gesteuert, wie sie im Abschn. 3.2.3.3.1, S. 422 ff. aufgezählt wurden.

Eine Vielzahl der ursprünglich für die Benutzung auf Großrechnern entwickelten Prognoseprogramme konnte mit zunehmender Leistungsfähigkeit der sog. »personal computer« auch auf diese übertragen werden. So steht etwa das im wissenschaftlichen Bereich weit verbreitete SPSS (Statistical Package for the Social Sciences) in einer »PC-Version« zur Verfügung. Speziell zur Bearbeitung von Aufgaben der Datenanalyse und -prognose sind z. B. die Programmpakete RATS oder SORITEC geeignet.

Vor dem Einsatz solcher Systeme und bei der Übernahme der von ihnen erstellten Ergebnisse in Bewertungen und Entscheidungen sollte man kritisch prüfen, ob das Skalenniveau der Daten und ihre Struktur den Einsatz des jeweiligen Verfahrens überhaupt gestatten. Die Programme sind im Bestreben, ein Höchstmaß an Benutzerfreundlichkeit zu bieten, oft so geschrieben, daß sie auch dann Daten verarbeiten und Ergebnisse ausweisen, wenn dies nach theoretischen Überlegungen überhaupt nicht zulässig ist.

(4) Die elektronische Datenverarbeitung übernimmt auf der **Grundlage von Analysefunktionen** schließlich **Ausbildungsfunktionen**. Im Punkt (3) wird angedeutet, wie die Entwicklung von Rechenfunktionen mit Analysearbeiten des Benutzers zu kombinierten Rechen- und Analysefunktionen bei der EDV-Anlage strebt. Zunächst kann damit eine Entlastung des Benutzers eintreten. Er kann sich z. B. vermehrt der Ergebnisinterpretation zuwenden oder nach neueren Verfahren suchen. In diesem Sinne ist z. B. die Entwicklung zu sehen des:

— »Integrierten Analyse- und Prognose-Systems« (Mertens/Backert [Vergleich]), in dem wie in seinem Vorläufer »Marktdatenbanksy-

stem« die Auswahl von Prognoseverfahren unter Zuhilfenahme der in einer Entscheidungstabelle normierten heuristischen Kriterien der Verfahrenswahl erfolgt;
- »SYBIL-RUNNER«-Systems (Makridakis, Wheelwright [Interactive Forecasting]), dessen erstes Teilsystem die Datenanalyse übernimmt, das zweite die Rechnungen nach einem der in der Analysephase als geeignet erkannten Programme;
- »FLEXICAST«-Systems (Coopersmith [Forecasting]), das eine Datenanalyse zur Auswahl zeitreihenanalytischer Verfahren für kurz- und mittelfristige Prognosen vornimmt.

Sobald in die Analysephasen der Programme auch Prüfungen eingeschaltet werden, die als ex ante feststellbare statistische Merkmale zur Beurteilung der Prognoseaufgabe bezeichnet werden können (vgl. Brockhoff [Prognoseverfahren] 52 ff.), können die interaktiven Verfahren auch eine hervorragende Ausbildungsfunktion übernehmen. Dafür bieten die Systeme

- Interactive Data Analysis (Ling, Roberts [Approach]);
- General Data Management and Analysis System der Stanford University

zwei Beispiele. Im Dialog mit dem Rechner beschreibt der Benutzer seine Daten, kann sie einlesen und analysieren. Sobald der Benutzer Methodenschritte unternehmen will, die mit den gegebenen Daten unverträglich sind oder zumindest fehlerhafte Ergebnisse hervorrufen könnten, werden ihm Warnungen erteilt.

Er hat dann die Möglichkeit, den Grund für die Warnungen festzustellen und gegebenenfalls für Abhilfe zu sorgen, sei dies durch Datentransformation (z. B. Bildung von ersten Differenzen zwischen Beobachtungen statt Benutzung der Beobachtungen selbst) oder durch Wechsel in der Methodenauswahl. Es ist möglich, auch hierfür Vorschläge durch das Programmsystem des Rechners bereitzustellen. Ihre verständige Interpretation setzt aber weiter die intensive Erarbeitung von Methodenkenntnissen und Anwendungserfahrungen beim Benutzer voraus, sei dies nun mit oder ohne Rechnerunterstützung.

Literaturhinweise

Albert, Hans: Probleme der [Theoriebildung]. In: H. Albert (Hrsg.): Theorie und Realität. Tübingen 1964.

Box, George E. und Gwilym M. Jenkins: [Time Series] Analysis for Forecasting and Control. San Francisco 1976.

Brockhoff, Klaus: [Delphi-Prognosen] im Computerdialog. Tübingen 1979.

Brockhoff, Klaus: [Prognoseverfahren] für die Unternehmensplanung. Wiesbaden 1977.

Bruckmann, Gerhart: Langfristige [Prognosen]. Würzburg u. Wien 1977.

Coopersmith, Lewis: Automatic [Forecasting] using the FLEXICAST System. In: Spyros Makridakis u. Steven C. Wheelwright (Hrsg.): Forecasting. Amsterdam, New York u. Oxford 1979, S. 265–278.

Ling, Robert F. u. Harry V. Roberts: IDA: An [Approach] to Interactive Data Analysis in Teaching and Research. In: Journal of Business, Vol. 48 (1975), S. 411–451.

Makridakis, Spyros und Steven C. Wheelwright: [Interactive Forecasting]. San Francisco 1978.

Malinvaud, Edmond: Statistical Methods of [Econometrics]. Amsterdam, London u. New York 1970.

Marschak, Jacob: [Problems] in Information Economics. In: Charles P. Bonini, Robert Jaedicke, Robert K. Wagner, M. Harvey (Hrsg.): Management Controls: New Directions in Basis Research. New York, San Francisco, Toronto u. London 1964, S. 38–74 (WMSI Reprint No. 17).

Mertens, Peter (Hrsg.): [Prognoserechnung]. 3. Aufl., Würzburg u. Wien 1978.

Mertens, Peter und Klaus Backert: [Vergleich] und Auswahl von Prognoseverfahren für betriebswirtschaftliche Zwecke. In: Zeitschrift für Operations Research, 24. Jg. (1980), S. B1–B27.

Nerb, Gernot: [Konjunkturprognose] mit Hilfe von Urteilen und Erwartungen der Konsumenten und der Unternehmer. Berlin u. München 1975.

Parzen, Emanuel: [Forecasting] and Whitening Filter Estimation. In: Spyros Makridakis u. Steven C. Wheelwright (Hrsg.): Forecasting. Amsterdam, New York u. Oxford 1979, S. 149–166.

Sackman, Harold: [Delphi] Critique. Lexington 1975.

Sarin, Rakesh K.: An [Approach] for Long Term Forecasting with an Application to Solar Electric Energy. In: Management Science, Vol. 25 (1979), S. 543–554.

Schönfeld, Peter: Methoden der [Ökonometrie] I. Berlin 1969.

Schwarze, Jochen: Probleme der [Fehlermessung] bei quantitativen ökonomischen Prognosen. In: Zeitschrift für die gesamte Staatswissenschaft, 129. Bd. (1973), S. 535–558.

Theil, Henri: Economic [Forecasts] and Policy. Amsterdam 1965.

Wild, Jürgen: Grundlagen der [Unternehmungsplanung]. 3. Aufl., Opladen 1981.

Zarnowitz, Victor: An [Appraisal] of Short-Term Economic Forecasts. New York 1967.
Zschocke, Dietrich: [Betriebsökonometrie]. Würzburg u. Wien 1974.

4 Informationstechnologie und Informationsmanagement

Erich Zahn

4.1 Überblick

Die betriebliche Informationswirtschaft hat eine zentrale Bedeutung für die Unternehmensführung, wie in den vorausgehenden Abschnitten aufgezeigt wurde. Sie liefert den Informationsinput für die auf den verschiedenen Ebenen des Unternehmens zu treffenden Entscheidungen. Gleichzeitig stellt sie das Bindemittel zur Verfügung für die Integration der Führungstätigkeiten des Planens, Organisierens und Kontrollierens sowie für die Verkettung des Führungssystems mit dem Ausführungssystem.

Das Problem der Unternehmensführung ist sozusagen ein Problem der Informationsbeschaffung und Informationsverarbeitung. Zudem zeichnet sich gute, weil erfolgreiche Unternehmensführung durch das systematische Erkennen und konsequente Ausnutzen von Informationsvorsprüngen aus. Es versteht sich somit von selbst, daß die z.T. sehr komplizierten Prozesse der Informationsbeschaffung und -verarbeitung ebenfalls einer sorgfältigen Planung, Organisation und Kontrolle bedürfen und daß zu ihrer Durchführung die besten Hilfsmittel einzusetzen sind, die zur Verfügung stehen.

Die folgenden Ausführungen konzentrieren sich deshalb auf die **technologischen** Aspekte (i. S. v. Prinzipien, Methoden und Mitteln) der Umsetzung von umwelt- und unternehmensbezogenen Daten in entscheidungsrelevantes Wissen. Nach einer Analyse des Wesens der Informationstechnologie und deren Rolle in Entscheidungsprozessen werden Komponenten, Funktionen und Anwendungen computergestützter Informationssysteme behandelt. Im Anschluß daran werden Aspekte der Gestaltung von computergestützten Informationssystemen sowie der durch die moderne Informationstechnologie ausgelöste Wandel in der Unternehmensführung diskutiert.

4.2 Wesen der Informationstechnologie

4.2.1 Begriff der Informationstechnologie

Der Terminus **Informationstechnologie** wird in der Literatur unterschiedlich weit gefaßt. Seine inhaltliche Präzisierung reicht vom engen Aspekt des Computereinsatzes bis zu den umfassenden Vorgängen und Hilfsmitteln bezüglich des Umgangs mit Informationen. Die Eignung der jeweiligen Definition hängt dabei von den spezifischen Wissenschaftsinteressen ab. Während etwa bei der Behandlung von reinen computerwissenschaftlichen Fragestellungen ein enger Begriff durchaus hinreichend sein kann, empfiehlt sich im Rahmen der betriebswirtschaftlichen Betrachtung dieses Bandes, nämlich über Aufgaben und Techniken der **Unternehmensführung,** ein umfassenderer Begriff.

> Nach einer extensiven Interpretation lassen sich als **Informationstechnologie** alle Prinzipien, Methoden und Mittel der Bereitstellung, Speicherung, Verarbeitung, Übermittlung und Verwendung von Informationen sowie der Gestaltung und Nutzung von Informationssystemen begreifen.

Dabei stellen **Informationen,** ähnlich wie die Grundkategorien Materie und Energie, zunächst Rohstoffe dar, die hinsichtlich ihrer Verfügbarkeit ebenfalls knapp sein können (vgl. Szyperski [Informationssysteme] 921). Informationen können wie alle begrenzt verfügbaren Ressourcen Gegenstand der Beschaffung und Verarbeitung sowie der Verteilung, Bewertung, Sicherung und Kontrolle sein. Durch ihre Generierung entsteht zweckorientiertes, d. h. entscheidungsrelevantes Wissen. In diesem Sinne versteht *Steiner* ([Planung] 605) unter Informationstechnologie im Unternehmen »... alle Methoden zur Erlangung, Verwendung und Übermittlung der zur wirksamen Abwicklung der Unternehmenstätigkeiten erforderlichen Kenntnisse«.

4.2.2 Bereiche der Informationstechnologie

Einen wesentlichen Bereich der Informationstechnologie machen heute die Systeme der elektronischen (und hier vor allem der digitalen) Datenverarbeitung (EDV) aus. Hierzu zählen die **Hardware** (mit der Zentraleinheit, den Ein- und Ausgabegeräten sowie den peripheren

Speichergeräten) und die **Software** (mit den maschinen- und problemorientierten Programmen). Außer diesen **EDV-Sachmitteln** existiert nach wie vor eine große Vielfalt von **allgemeinen Sachmitteln** (Geräten) u. a. zur Durchführung von Korrespondenz (z. B. Textverarbeitungsautomaten), von Kommunikation (z. B. Telefonapparate) und von Abrechnungen (z. B. Stechuhren).

Diese allgemeinen Sachmittel werden heute mit Hilfe der Informations- und Kommunikationstechnik in zunehmendem Maß computerisiert und integriert, etwa zu computerintegrierten Büroarbeitsplatzsystemen (mit Schreibautomat, Kopiergerät, Telefon und Fernschreiber).

Durch sog. CATs (Computer Aided Technologies) werden vielfältige betriebliche Teilaufgaben im Produktionsbereich unterstützt. Beispiele sind das rechnerunterstützte Entwerfen (CAD = Computer Aided Design) und Fertigen (CAM = Computer Aided Manufacturing). Auch diese Aufgaben werden mit Hilfe der Informations- und Kommunikationstechnik verstärkt aufeinander abgestimmt und aus ihrer arbeitsteiligen Isolation zu Gesamtsystemen verbunden. Diese Entwicklung manifestiert sich in den Konzepten des Computer Integrated Manufacturing (CIM), Computer Integrated Management (CIM), Computer Integrated Business (CIB), Computer Aided Industries (CAI). Bei der Realisierung solcher, sich teilweise noch im Ideenstadium befindenden Konzepte ist Information die Integrationsmasse (vgl. Zahn [Produktionstechnologien] 480 ff.).

Neben den Sachmitteln umfaßt die Informationstechnologie **Methoden** (auch i. S. v. Operations Research-Verfahren und Simulationsmodellen) zur Lösung von Entscheidungsaufgaben und **Techniken** zur

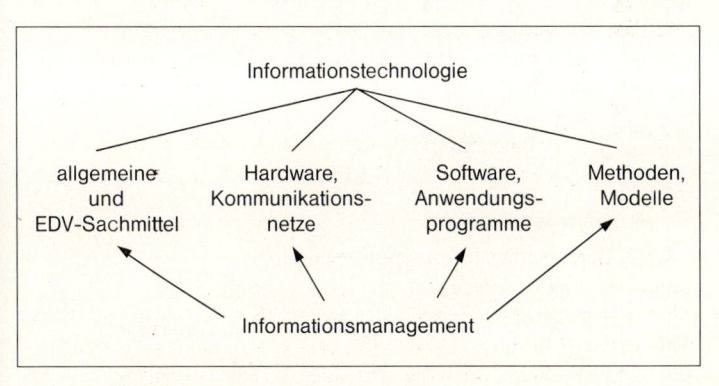

Abb. 3.4.1: Die Bereiche der Informationstechnologie

Durchführung informationsverarbeitender Teilvorgänge. Die Gestaltung und der Einsatz der Informationstechnologien erfolgt durch das Informationsmanagement. In Abb. 3.4.1 werden die einzelnen Bereiche der Informationstechnologie grob skizziert.

4.2.3 Entwicklung der Informationstechnologie

Auf dem gesamten Gebiet der Informationstechnologie haben sich im Verlauf der letzten 30 Jahre tiefgreifende Veränderungen vollzogen. Die größten Fortschritte wurden dabei zweifellos auf dem Computersektor gemacht. Entsprechend dem jeweils realisierten Funktionsumfang lassen sich in der Entwicklung der Computertechnik fünf Generationen unterscheiden: Die Funktionsstufen reichen vom (1) frei programmierbaren Rechnen, über (2) Datenbasen beherrschbar machen, (3) Kommunikationsfähigkeit organisieren sowie (4) Muster erkennen und Medien integrieren bis zum (5) logischen Schlußfolgern aufgrund wissensbasierter Fähigkeiten (vgl. Abb. 3.4.2). Im gegenwärtigen Sta-

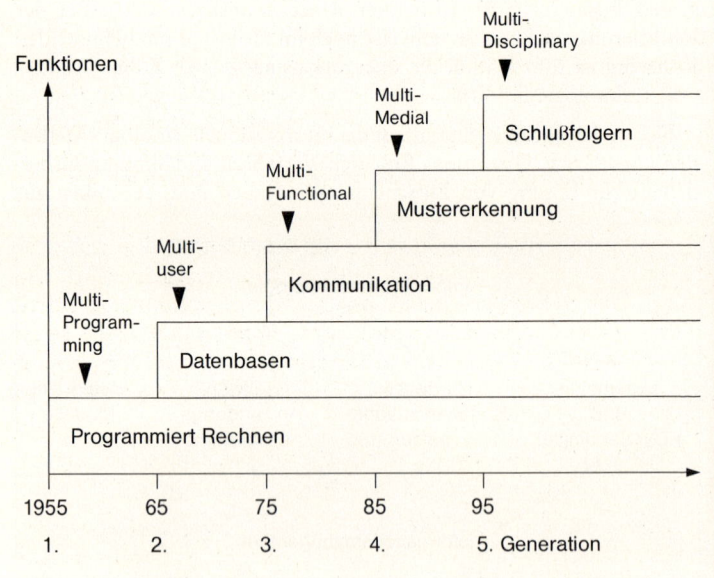

Abb. 3.4.2: Evolution der Computertechnik – Funktionsumfang (nach Szyperski [Informationsmanagement] 43)

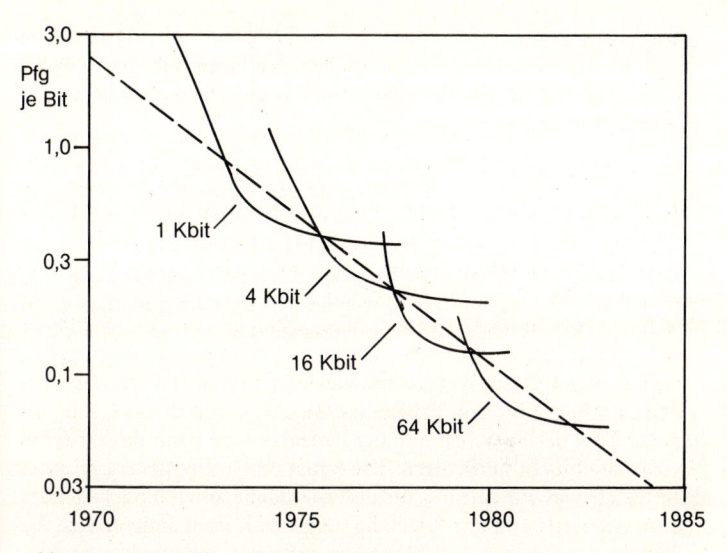

Abb. 3.4.3: Entwicklung der relativen Bit-Preise für MOS-RAMs (Metal-Oxide Semiconductor – Random Access Memory)

dium steht die Verbesserung der Kommunikationsfähigkeit der Geräte durch die Integration mit Hilfe von Netzentwicklungen im Vordergrund. Besonders beeindruckend sind die aufgrund von Fortschritten bezüglich der Speichertechnik und Rechnertechnologie (z. B. Halbleiter und integrierte Schaltungen) ständig erzielten Verbesserungen im Preis-Leistungs-Verhältnis der EDV-Systeme.

Ein hypothetischer Vergleich, der von *Stewart Madnik* zwischen der Computer- und der Automobilindustrie angestellt wurde, streicht dieses Phänomen besonders heraus. Danach dürfte ein Rolls-Royce heute nur 50 Cents kosten und lediglich eine Gallone (= 3,78 Liter) Benzin auf 15 Mill. Meilen verbrauchen, vorausgesetzt, daß die Automobilindustrie die gleiche Rate des technischen Fortschritts erlebt hätte wie die Computerindustrie.

Beispielhaft für die konkreten Verbesserungen im Preis-Leistungsverhältnis ist die Illustration in Abb. 3.4.3.

Die Entwicklungen in der Computertechnologie sind keineswegs abgeschlossen; weitere Fortschritte – i. S. einer Steigerung der Integrationsdichte (Elemente/cm^2), gekoppelt mit einer gleichlaufenden Steigerung des Integrationsgrades (Elemente/Chip) – und damit auch weitere

Preis-Leistungs-Verbesserungen zeichnen sich bereits ab. Für die überschaubare Zukunft kann mit jährlichen Verbesserungen der Preis-Leistungs-Kennzahlen in der Größenordnung von 10–20% gerechnet werden.

Dem kommerziellen Anwender steht heute eine breite Palette leistungsfähiger Rechner (vom Maxi- über den Midi- und Mini- bis hin zum Micro-Computer) mit verschiedenen Anwendungsmöglichkeiten (von der Stapelverarbeitung über den Dialogverkehr bis zur Echtzeitverarbeitung) zur Verfügung. Um dieses Potential auch richtig ausschöpfen zu können, muß der Anwender sehr sorgfältig überlegen, wo und wie er die jeweiligen Rechner einsetzen will.

Weit weniger rasant war die Entwicklung auf dem Gebiet der **Softwaretechnologie**. Trotz z. T. bemerkenswerter Innovationen (z. B. auf den Gebieten der Sprachen und der Datenbanken) kann das erreichte Niveau noch nicht befriedigen. Die Situation ist hier gekennzeichnet durch nach wie vor unzureichende Programme sowie ungenügendes Wissen einerseits und durch ständig steigende Kosten andererseits, die nicht zuletzt aus dem akuten Mangel an guten Programmierern resultieren. Zum gegenwärtigen Zeitpunkt lassen sich keine verheißungsvollen Softwaretrends voraussagen. Dieses Problembild hat das Schlagwort von der »**Software-Misere in der EDV**« entstehen lassen. Brancheninsider befürchten bereits, daß es abzusehen ist, wann die Software das Wachstum der Computerindustrie und damit die weitere Computerisierung behindert. Diese Gefahr, aber vor allem die weiterhin auseinanderlaufenden Entwicklungen zwischen Soft- und Hardwarekosten (Abb. 3.4.4) machen verstärkte Anstrengungen auf dem Gebiet der Softwaretechnologie erforderlich. Dabei werden die Fortschrittsrichtungen in der Verlagerung von Betriebsfunktionen in die Hardware, der Bereitstellung von modularen und anwendungsorientierten Entwicklungsumgebungen sowie in einer Automatisierung von Programmiertätigkeiten gesehen.

Hinsichtlich der **Modell- und Methodentechnologie** kann der erreichte Stand als weitgehend zufriedenstellend, wenn auch hinter den Erwartungen zurückgeblieben eingeschätzt und können die zukünftigen Perspektiven mit verhaltenem Optimismus betrachtet werden. Auf dem Felde der **modell- und computergestützten Planung** kann eine Reihe von bemerkenswerten Fortschritten, aber auch so manche Enttäuschung beobachtet werden (siehe hierzu Zahn [Planung] 62 ff.). Aus den bisher gemachten Erfahrungen läßt sich der Schluß ziehen, daß die Einführung modell- und computergestützter Planungssysteme ein sehr

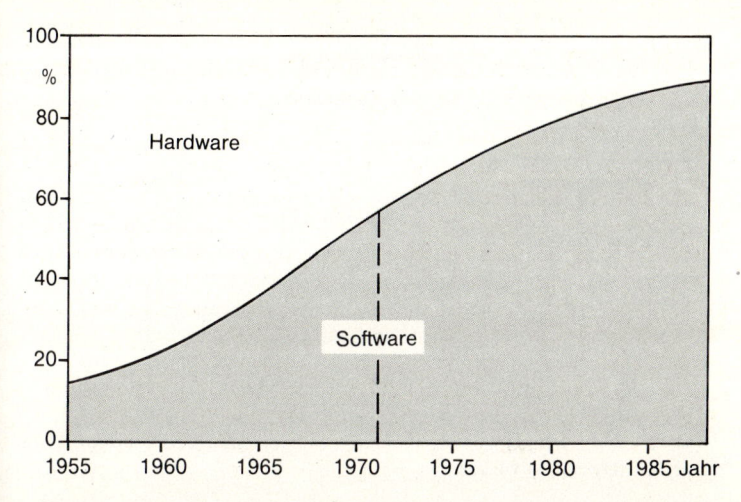

Abb. 3.4.4: Entwicklung der Hardware- und Softwarekosten bei Großcomputern

schwieriges und vielschichtiges Entscheidungsproblem darstellt und daß die Hindernisse auf dem Wege zu einer Verbesserung der erreichten Situation weniger technischer, sondern vielmehr personeller und organisatorischer Art sind. In diesem Kontext ist auch die Implementierungsproblematik anzugehen. Dabei können, weil es sich hier um einen Lernprozeß handelt, kaum schnelle Erfolge erwartet werden. Nach *Mertens/Griese* (in Plötzeneder [Wirtschaftsinformatik III] 25) »...wird man warten müssen, bis eine Generation in die höheren Führungsebenen eingerückt sein wird, die den Umgang mit den entsprechenden Entscheidungshilfen im Dialog mit einer elektronischen Rechenanlage schon in der Universität üben konnte.«

4.3 Informationstechnologie und Entscheidungsprozesse

4.3.1 Bedeutung der Information

Informationen sind das Rohmaterial für Entscheidungsprozesse. Durch **Entscheidungen** werden **Informationen** in **Aktionen** bzw. in Instruktionen zur Ausführung von Aktionen transformiert. Dieser Vorgang läuft i. d. R. zweckgerichtet ab, sollen doch durch Entschei-

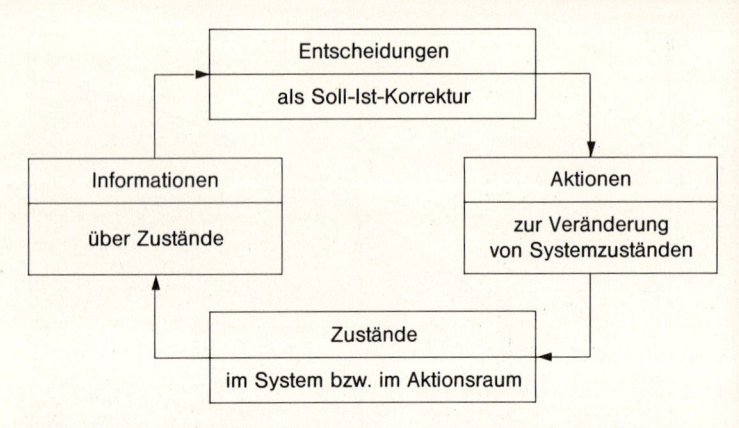

```
        ┌──────────────────────────┐
        │     Entscheidungen       │
   ┌───▶│  als Soll-Ist-Korrektur  │──┐
   │    └──────────────────────────┘  │
   │                                  ▼
┌──────────────┐              ┌──────────────────┐
│ Informationen│              │     Aktionen     │
│ über Zustände│              │  zur Veränderung │
│              │              │ von Systemzuständen│
└──────────────┘              └──────────────────┘
   ▲                                  │
   │    ┌──────────────────────────┐  │
   │    │        Zustände          │  │
   └────│ im System bzw. im Aktionsraum│◀┘
        └──────────────────────────┘
```

Abb. 3.4.5: Entscheidungen als Prozesse der Informationsrückkopplung (nach Forrester [Dynamics] 94/95)

dungen bestimmte Ergebnisse (**Ziele**) erreicht werden. Bei stark vereinfachter formaler Betrachtung sind Informationen Input für Entscheidungspunkte, an denen Aktionen eingeleitet und kontrolliert werden; die Aktionen führen zu Zustandsänderungen (und damit auch zu Veränderungen von Entscheidungsprämissen), durch deren Wahrnehmung neue Informationen gewonnen werden. Auf diese Weise entsteht ein System mit **Informationsrückkopplung**. Entscheidungen werden hier auf der Grundlage eines Vergleichs von Informationen über gewünschte und beobachtete Zustände getroffen (Abb. 3.4.5). Dabei ist zu berücksichtigen, daß Zustandsinformationen (wie sie etwa das betriebliche Rechnungswesen – z.B. Vermögens- und Kapitalpositionen – liefert) selten über die tatsächlichen Bedingungen unterrichten. Sie liegen gewöhnlich in mehr oder weniger verdichteter Form vor, sind verzerrt oder gestört und werden gefiltert und verzögert an die verschiedenen Entscheidungspunkte weitergegeben. Neben solchen Kontroll- (oder Regelungs-)Informationen werden in Entscheidungsprozessen Planungs-(oder Steuerungs-)Informationen verarbeitet. Die letzteren sind im Gegensatz zu den ersteren nicht vergangenheits-, sondern zukunftsbezogen und mehr extern als intern orientiert; sie werden durch Analysen und Prognosen gewonnen und gehen deshalb als vorgekoppelte Informationen in die Entscheidungsprozesse ein.

4.3.2 Informations-Entscheidungs-Systeme

Die Grundstruktur des Geschehens im Unternehmen läßt sich durch zwei nach Inhalt und Konzeption verschiedene, aber eng miteinander verbundene Prozeßebenen darstellen (vgl. Zahn [Planung] 177 ff. und 214 ff. sowie die dort angeführte Literatur): Die **Ebene der physischen Prozesse** kennzeichnet das Produktionssystem, in dem die Transformation von Ressourceninput in Leistungsoutput stattfindet. Dieser Ebene ist als Lenkungsmechanismus die **Ebene der Führungsprozesse** übergeordnet. Sie repräsentiert das **Informations-Entscheidungs-System**, dessen Aufgabe in der zielgerichteten Gestaltung sowie in der Regelung und Steuerung des Produktionssystems besteht. Das Führungssystem ist hierarchisch gegliedert, wobei nach Komplexität und Reichweite der Entscheidungsprozesse in eine operative, eine taktische und eine strategische Ebene unterschieden werden kann. Zwischen diesen Ebenen existieren zahlreiche Informationsströme i. S. v. Vor- und Rückkopplungen einerseits und Handlungsanweisungen (einschließlich gewünschter Standards) andererseits. Dabei impliziert der Output der Entscheidungsprozesse auf einer höheren Ebene sozusagen eine Beschränkung für die Entscheidungen auf der jeweils untergeordneten Ebene; gleichzeitig damit verbunden ist eine Arbeitsteilung in der Aufgabenformulierung, die vom Globalen zum Spezifischen reicht (Abb. 3.4.6).

Das **Führungssystem** besteht aus einer Vielzahl der oben beschriebenen Entscheidungspunkte, die z. T. wechselseitig miteinander verbunden sind. Auf diese Weise entsteht ein kybernetisches System vermaschter Regelkreise und Steuerungsketten. Es bildet quasi das Nervensystem des Unternehmens, über das Handlungen ausgelöst werden und das die Gesamtheit der Handlungen koordiniert.

Zur Gestaltung und Lenkung des betrieblichen Geschehens benötigt das Führungssystem **Planungs- und Kontrollinformationen** sowie Informationen über die Nutzung derselben. Das in das **Führungssystem** eingebettete **Informationssystem** hat solche Informationen dem jeweiligen Entscheidungsträger zu liefern. Im Rahmen dieser Servicefunktion fällt dem Informationsmanagement die Aufgabe zu, – neben der Gestaltung der Informationsflüsse auf allen Ebenen und in allen Richtungen sowie der effektiven und effizienten Informationsversorgung der Entscheidungsträger – das entsprechende Wissen über Sachverhalte und Gesetzmäßigkeiten sowie über Modelle und Methoden zu sammeln, gegebenenfalls zu beschaffen und problemadäquat zu verarbeiten. Zu einigen praktischen Aspekten des Informations-Management vgl. u. a.

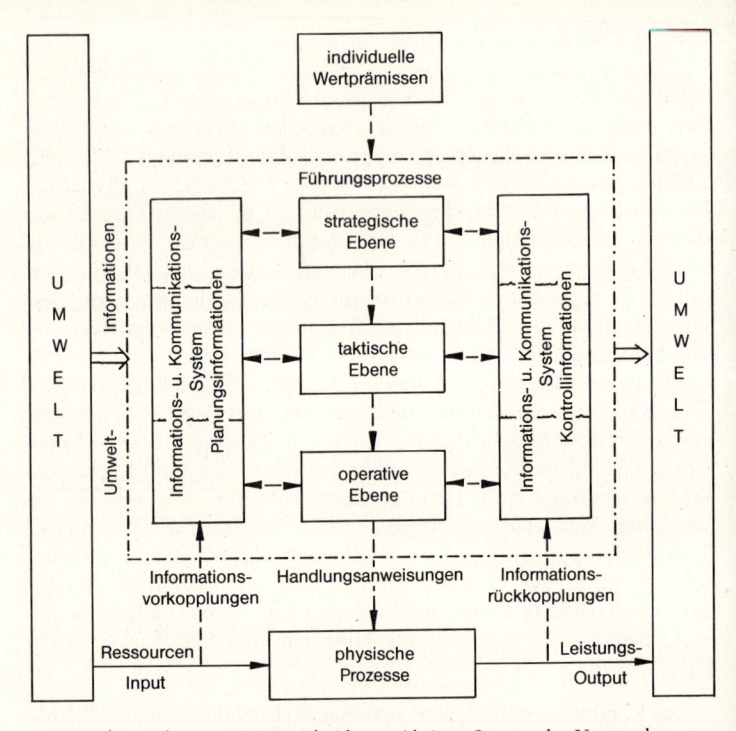

Abb. 3.4.6: Informations-Entscheidungs-Aktions-System der Unternehmung

Griese und *Rieke* [Informationsmanagement]. Letzteres betont die Notwendigkeit einer bedarfsgerechten Informationsversorgung. Diese kann in einem hierarchisch strukturierten Führungssystem nur durch ein in gleicher Weise differenziertes Informationssystem sichergestellt werden. Allerdings können und sollten dabei die Möglichkeiten der Abflachung von Hierarchiestrukturen durch die konsequente und unternehmensgerechte Einführung moderner Informations- und Kommunikationstechnik genutzt werden.

Bei der Informationsversorgung können je nach Art des Entscheidungsproblems und je nach Stellung des potentiellen Informationsbenutzers die Prinzipien der **Informations-Rationierung,** des **Informations-Überschusses** und der **Informations-Nachfrage** zur Anwendung kommen. Dementsprechend werden entweder lediglich bestimmte oder alle verfügbaren oder nur nachgefragte Informationen geliefert (vgl. Szyperski [Informationssysteme] 927/928). Die jeweils richtige Form der Informationsversorgung zu finden, ist ein schwieriges, aber auch ein wichtiges Problem, hat doch seine Lösung großen Einfluß auf die Effektivität und Effizienz von Entscheidungen. Es sollte möglichst beiden Kriterien gleichzeitig entsprochen werden, was wegen ihrer oft konfliktären Beziehung allerdings nicht einfach ist. So kann es durchaus passieren, daß ein Unternehmen sich bei der Verfolgung eines ineffektiven Zieles als sehr effizient erweist. Dies ist etwa der Fall, wenn ein Rechenzentrum bei voller Auslastung seiner Anlagen einen immensen Output produziert, der danach, weil von niemandem als nützlich empfunden, keine Beachtung findet (vgl. Keen und Scott-Morton [Decision] 7).

4.3.3 Mensch-Maschine-Systeme

Betriebliche Informationssysteme beinhalten alle informationellen und kommunikativen Prozesse, die zur Versorgung von Entscheidungsträgern mit (möglichst nur und allen relevanten) Informationen dienen. Zur Ausübung dieser Funktion ist kein **Computer** erforderlich, wohl aber kann er durch die Automatisierung bestimmter Teilfunktionen die Leistungsfähigkeit betrieblicher Informationssysteme verbessern. Diese Aussage trifft auf jeden Fall für die Quantität der Leistungen zu, hat doch die fortschreitende automatisierte Datenverarbeitung (ADV) im Verlauf der letzten 30 Jahre eine ständige Erhöhung der Produktion von Informationen – sowohl für Realisations- als auch für Entscheidungsprozesse – bewirkt. Schwieriger ist der Beweis hingegen bezüglich der Qualität der Leistungen zu führen.

Mit der Einbeziehung des Computers in das Informationswesen entsteht ein **Mensch-Maschine-System**. Dabei kann die Kommunikation zwischen beiden Subsystemen entweder im Off-Line-Betrieb oder im On-Line-Betrieb geführt werden.

Unter **Off-Line-Betrieb** wird eine Lösung verstanden, bei der zwischen den Erfassungsgeräten (z. B. Lochkartenleser) und der Zentraleinheit kein Steuerungszusammenhang besteht. Als Beispiel kann die Stapelverarbeitung angeführt werden. Bei dieser muß eine Aufgabe vor ihrer Abarbeitung vollständig definiert sein. Beim **On-Line-Betrieb** ist ein Steuerungszusammenhang zwischen den Erfassungsgeräten (z. B. Bildschirmen) und der Zentraleinheit gegeben. Beispiel hierfür ist die Dialogverarbeitung, die eine ständige Kommunikation zwischen Benutzer und EDV-System erfordert.

Der Off-Line-Betrieb eignet sich besonders für die Massenverarbeitung von Daten. Bei Aufgaben – wie sie etwa im Rahmen der Planung bei der Lösung von veränderlichen und schlecht-strukturierten Problemen auftreten – ist der On-Line-Dialogverkehr eher angemessen (vgl. Mertens/Griese [Datenverarbeitung] 27 ff., Hansen [Wirtschaftsinformatik I] 323 ff. und 446 ff.).

Bei sorgfältiger Gestaltung und Handhabung solcher interaktiven Problemlösungen und Entscheidungsfindungen lassen sich u. U. beträchtliche **Synergievorteile** erzielen. Untersuchungen von *Hedberg* [Interaction] und *Scott-Morton* [Management-Entscheidungen] haben beispielsweise gezeigt, daß sich Entscheidungsträger bei Mensch-Maschine-Kommunikationen experimentierfreudiger verhalten, indem sie in einzelnen Phasen des Entscheidungsprozesses eine intensivere Informationsverarbeitung betreiben. Hinsichtlich der Qualität der gefundenen Lösungen kommen diese Autoren allerdings zu vorsichtigeren Feststellungen. Zu ähnlich zurückhaltenden Aussagen gelangt auch *Brockhoff* [Delphi-Prognosen] bei der Beurteilung von Delphi-Prognosen im Computer-Dialog (vgl. S. 433).

Möglichkeiten zur Erzielung von Synergieeffekten eröffnen sich durch eine Arbeitsteilung, bei der die beiden Partner jeweils die Aufgaben übernehmen, für die sie am besten geeignet sind. Das würde etwa bei einer computergestützten Modellsimulation (ereignis- oder zielorientierte Simulationen zur Beantwortung von Fragen des Typs »what if« bzw. »how to achieve«) bedeuten, daß im interaktiven Verkehr der **Mensch** die Aufgaben der Problemfindung und -wahrnehmung, der Zielbildung und -modifikation, der Formulierung, qualitativen Bewertung und vorläufigen Auswahl von strategischen Optionen, der Hypothesenbildung und Informationsergänzung sowie die Erkennung und Setzung von Prioritäten oder Toleranzen und der **Computer** die Aufgaben der Speicherung, Verarbeitung und Wiedergabe von nachgefragten Informationen übernimmt. Auf diese Weise besteht die Chance einer gleichzeitigen Nutzung der Fähigkeiten des Computers (hohe Verarbeitungsgeschwindigkeit, geringe Fehlerwahrscheinlichkeit, Bewältigung großer Datenmengen) und des Menschen (Strukturierung, Assoziation, Analogiebildung, induktive/deduktive Schlußfolgerungen, Lernen und Kreativität). Bei der Behandlung von **Expertensystemen** im Abschnitt 4.4.3.2 wird auf diese Problematik noch näher eingegangen.

Hormann ([Synergism] 69 ff.), der sich mit Mensch-Maschine-Synergismen bei der Planung beschäftigt hat, kommt zu dem Schluß, daß Mensch-Maschine-Konzepte vor allem in den Anfangsstadien des Planungsprozesses und auf den höheren Ebenen der Problemlösungsaktivitäten, wo neue Einsichten und innovative Ideen gesucht sind, fruchtbar sein können. Bei den hier anstehenden komplexen und schlechtdefinierten Problemen ist der Einsatz des Computers alleine wertlos. Nach *Hormann* (ebenda, 115 f.) lassen sich aber im Zusammenhang mit mächtigen Heuristiken, wie mit seinem Konzept Gaku (»einem systematischen Eklektizismus vieler geborgter Ideen und Techniken«), auf dem Wege interaktiver Problemlösungsprozesse die kognitiven Belastungen des Menschen abbauen und eine kognitive Wirtschaftlichkeit (i. S. einer Reduktion von Anstrengungen durch Kategorisierung und Spezifikation) erzielen.

Unter gewissen Umständen können Mensch-Maschine-Systeme auch zu negativen Synergieeffekten führen. Eine solche Gefahr dürfte immer dann bestehen, wenn keine sachgerechte und problemadäquate Handhabung erfolgt oder wenn die notwendigen technologischen Konfigurationen und organisatorischen Bedingungen unvollständig sind bzw. nicht vorliegen.

4.4 Computergestützte Informationssysteme

Informationssysteme lassen sich unter verschiedenen Gesichtspunkten betrachten. Interessieren die Seins- und Wissenskategorien, so können zunächst eine **reale Sphäre** oder Phänomenenebene sowie eine **geistige Sphäre** oder Aussagenebene unterschieden werden. Die reale Sphäre besteht aus Informationsobjekten, -generatoren und -benutzern; die geistige Sphäre enthält Daten und Hypothesen sowie Modelle, Methoden und Sprachen. Die informationelle Verknüpfung beider Sphären erfolgt auf einer Zeichenebene durch **Programme**. Diese stellen codierte, in verschiedenen Signalfolgen ausgedrückte Befehlsfolgen dar (vgl. Szyperski [Informationssysteme] 927).

Aus einer mehr pragmatischen Sicht mögen **technische** Aspekte (Konfigurationen und Leistungspotentiale von ADV-Anlagen), **methodische** Aspekte (programmtechnische Voraussetzungen und methodische Anforderungen) sowie **organisatorische** Aspekte (Anwendungsvoraussetzungen und Gestaltungsfragen) Betrachtungsgegenstand sein.

4.4.1 Komponenten

Vor dem Hintergrund solcher Perspektiven und unter expliziter Berücksichtigung der EDV lassen sich in der Struktur eines auf Anwendung konzipierten Informationssystems im wesentlichen vier Komponenten oder Subsysteme erkennen. Es handelt sich hier um

– Daten und Datenbanken,
– Modell- und Methodenbanken,
– Maschinen und Programme sowie
– Menschen bzw. Benutzer.

Von diesen Bereichen, die bezüglich ihrer Funktionen im Rahmen der betrieblichen Datenverarbeitung nachstehend diskutiert werden, gehören die ersten drei dem Gebiet der **Informationstechnologie** an. Der Mensch, der zugleich als Generator und Benutzer von Informationen auftritt und der selbst ein informationsverarbeitendes System darstellt, ist integraler Bestandteil des **Informationssystems**. Sein Hinzutreten ist nach *Steiner* ([Planung] 605) der wichtigste Unterschied zwischen der Informationstechnologie und einem Informationssystem.

In Abb. 3.4.7 ist die Struktur eines computergestützten Informationssystems dargestellt. Sie zeigt einen Umwelteinflüssen ausgesetzten und Entscheidungen treffenden Benutzer, der mit einem informationstechnologischen System interagiert, indem er an dieses gezielte Anfragen richtet und dann vorbestimmte Antworten erhält. Solche Interaktionen können z. B. in der Eingabe von Annahmen und der Ausgabe von (Wirkungs-)Projektionen bestehen.

Die dazu erforderlichen Informationsverarbeitungen erfolgen durch die Informationstechnologie mittels des Maschinensystems, das durch das Betriebssystem gesteuert und über das Anwendungsprogrammsystem gespeist wird.

Die Informationsverarbeitung selbst beinhaltet die entscheidungsrelevante Analyse der in der Datenbank abgelegten Daten mit Hilfe entweder von Methoden aus der Methodenbank oder von Modellen aus der Modellbank. Zwischen Methoden- und Modellbanken können ebenfalls Wechselbeziehungen bestehen, etwa i. d. S., daß beim Anfertigen von Modellbausteinen auf Methoden zurückgegriffen wird oder daß Modelle mit Hilfe statistischer Methoden getestet werden.

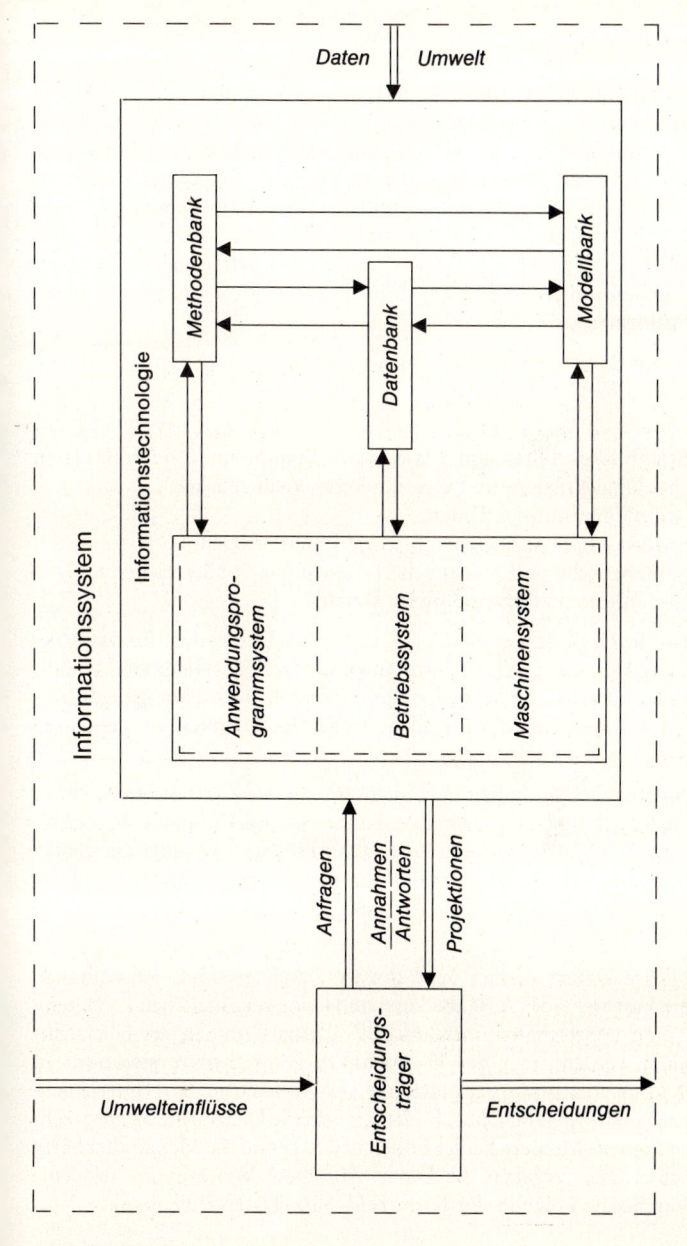

Abb. 3.4.7: Struktur eines computergestützten Informationssystems

4.4.1.1 Daten und Datenbanken

Daten und Informationen sind verwandte Begriffe. Beide stellen Inhalte von Nachrichten dar, und beide enthalten Angaben über Zustände und Vorgänge. Ein Unterschied besteht jedoch hinsichtlich ihrer Form, und zwar i. d. S., daß von Daten die Möglichkeit einer maschinellen Verarbeitung (Umwandlung und Übertragung) verlangt wird. Dies bedeutet vor allem, daß alle **Datenträger** (Medien, die Daten enthalten) vom Computer direkt lesbar sein müssen. Insofern handelt es sich bei den Daten um Abstrakta von Informationen bzw. spezielle Erscheinungsformen derselben.

Daten lassen sich nach unterschiedlichen Kriterien einteilen in (vgl. Hansen [Wirtschaftsinformatik I] 93 ff.):

– Nutz- und Steuerdaten,
– Bestands- und Bewegungsdaten sowie Stamm- und Änderungsdaten (bei längerfristiger und unveränderter Verfügbarkeit),
– externe und interne Daten,
– Eingabe- und Ausgabedaten sowie Referenzdaten,
– alphabetische und numerische Daten sowie Sonderzeichen und
– formatierte und unformatierte Daten.

Für die Organisation und Verwaltung von Daten, d. h. für das Ablegen von Daten auf einem Speichermedium (z. B. Magnetplatte) und ihr Wiederauffinden zur Befriedigung bestimmter Informationsbedürfnisse, finden heute in zunehmendem Maße **Datenbanken** Verwendung.

> **Datenbanken** enthalten nach dem Prinzip der Zentralisation, aber i. d. R. getrennt für bestimmte Funktions- und Aufgabenbereiche (z. B. für die Fertigung oder für einzelne Projekte), wichtige entscheidungsrelevante Daten, soweit diese maschinell speicherbar sind.

»Diese Daten werden operationale Daten genannt. Sie enthalten keine Eingabe- oder Ausgabedaten und keine vergänglichen ... Daten« (Hansen [Wirtschaftsinformatik] 377). Aus Gründen der Übersichtlichkeit werden die in den Datenbanken gespeicherten operationalen Daten einer organisatorischen Einheit gewöhnlich noch zu Untereinheiten zusammengefaßt. Dabei bildet das **Feld** die kleinste direkt ansprechbare Einheit. Mehrere Felder bilden den **Satz** und die Menge aller Sätze gleichen Typs ergeben die **Datei**. Auf diese Weise ergibt sich eine **hierarchische Folge** in der Form Feld–Satz–Datei–Datenbank.

Im Gegensatz zur konventionellen Datenorganisation legt der Benutzer (Anwendungsprogrammierer) einer Datenbank den Aufbau einer **Datei** nicht mehr selbst fest; er greift auch nicht mehr direkt auf die gespeicherten Daten zu. Zwischen Benutzer und Datenbank (DB) befindet sich mit dem Datenbankverwaltungssystem (DBVS) ein eigenes Software- und Betriebssystem (BS), das die gespeicherten Daten verwaltet und nach Anfrage zur Verfügung stellt. Um den Benutzer nicht mit Problemen der internen Speicherarchitektur zu belasten, sind in der Struktur solcher Datenbank- oder Datenbasissysteme eine Ebene der physischen und eine Ebene der logischen Datenorganisation vorgesehen. Letztere enthält die konzeptionellen Schemata oder Subschemata, welche die in der Datenbank als Daten erfaßten Objekte (z. B. Lieferanten, Kunden, Kostenstellen usw.) bzw. Objekttypen definieren.

Abb. 3.4.8 zeigt die Basiselemente eines Datenbanksystems, nämlich die logische Struktur der Daten als Schema und Subschemata, die physische Struktur der Daten auf den Speichermedien und das diese beiden Elemente verbindende Datenbankverwaltungssystem. Die Benutzer repräsentieren hier die relevante Umwelt des Datenbanksystems.

Für die Strukturierung der Beziehungen zwischen den als Daten definierten Objekten stehen drei grundsätzlich verschiedene Gruppen von **Datenmodellen** zur Verfügung:

– hierarchische Datenmodelle (Baumstruktur),
– netzförmige Datenmodelle (Netzwerkstruktur) und
– relationale Datenmodelle (Tabellenstruktur).

In Abb. 3.4.9 sind diese Datenmodelle skizziert. Das **hierarchische Modell** hat die Struktur eines hierarchischen Graphen, bei dem Verbindungen (Pfeile) von einem Wurzelobjekttyp nur in Richtung untergeordneter Objekttypen ausgehen können. Beim **Netzwerkmodell** gibt es keine Wurzelobjekte. Zwischen den einzelnen Objekttypen können wechselseitige Beziehungen entstehen; diese müssen dann durch entsprechende Ein- und Ausgangspfeile gekennzeichnet sein. Das **Relationenmodell** hat eine Tabellenstruktur und basiert auf einer mengentheoretischen Betrachtung. Die miteinander in Beziehung stehenden Objekte werden durch eine Attributenkombination beschrieben.

Die derzeit noch angewandten Datenbanksysteme der sog. dritten Generation basieren entweder auf einem hierarchischen Modell (z. B. das IMS) oder auf einem Netzwerkmodell (z. B. das IDMS).

Datenbanksysteme der vierten Generation bauen auf dem von *Codd* im IBM Research Center (San José) 1970 entwickelten Relationenmo-

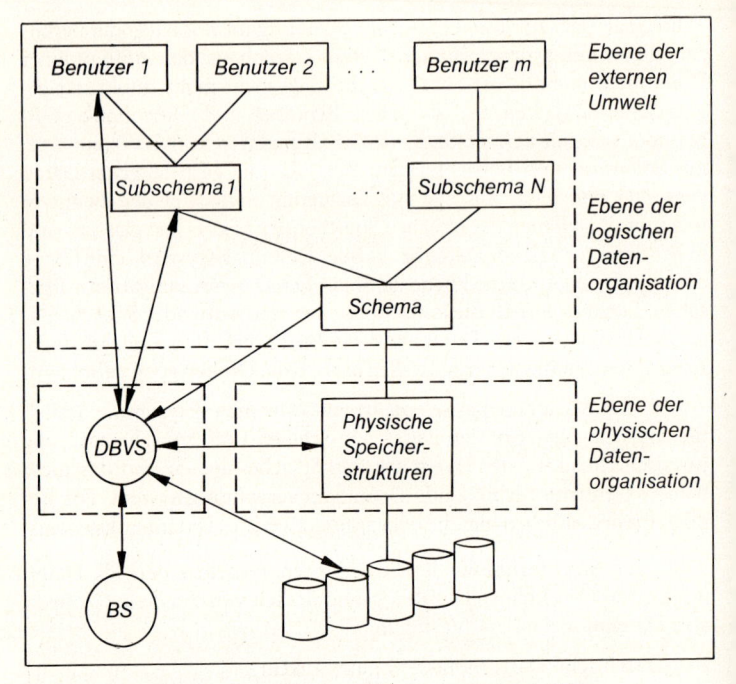

Abb. 3.4.8: Grundstruktur eines Datenbanksystems (nach Scheer [Betriebsinformatik] 139)
DBVS = Datenbankverwaltungsplan: BS = Betriebssystem

dell auf. Mit Hilfe der zugrundeliegenden Tabellenstruktur erlaubt dieses Konzept eine flexible und anwendungsfreundliche Darstellung der Objektstrukturen, so daß sich die bei der Einführung von Datenbanksystemen verfolgten Ziele eher und besser realisieren lassen.

Diese Ziele betreffen die Aspekte der **Redundanzfreiheit,** der **Datenunabhängigkeit** bezüglich physischer Speicherung und logischer Verwendung, der **Flexibilität** hinsichtlich Strukturveränderungen und Auswertungsmöglichkeiten, der jederzeitigen **Datenverfügbarkeit** und Verwendbarkeit durch möglichst viele Benutzer sowie der **Datensicherheit.**

Zusammen mit anderen Entwicklungen (z. B. auf den Gebieten der Dialogverarbeitung, der verteilten Datenverarbeitung, der direkten Datenerfassung und der benutzerfreundlichen Abfragesprachen) bilden Datenbanksysteme einen sehr wesentlichen Baustein für den Aufbau

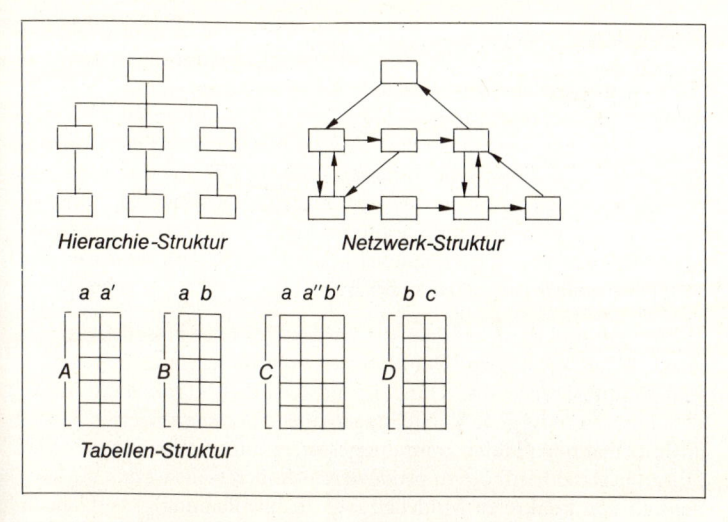

Abb. 3.4.9: Grundtypen von Datenmodellen (nach Walsh [Data Bases] 13)

von zukunftsorientierten computergestützten Informationssystemen. Diese Aufgabe stellt – wegen den damit verbundenen hohen Kosten und den daraus resultierenden langfristigen Bindungen für eine betriebliche Datenverarbeitung – ein strategisches Problem dar, das eine entsprechende systematische Planung auf der Basis sorgfältiger Kosten-Nutzen-Analysen erfordert.

4.4.1.2 Modell- und Methodenbanken

Daten an sich besitzen kaum eine Aussagekraft, es sei denn, sie werden aus der Sicht einer bestimmten Problemsituation (ihrer Aspekte und deren Beziehungen) und aus einer entsprechenden Zielperspektive heraus interpretiert. Eine solche Interpretation setzt gewisse Einsichten in eine gegebene Problemlage voraus. Der Betrachter oder Entscheidungsträger muß sich ein Bild von der Realität machen können. Dies ist um so schwieriger, je komplexer der jeweilige Realitätsausschnitt ist. Er braucht dann ein Mittel zur Reduktion der Komplexität. Er benötigt mit anderen Worten ein **Modell**, das ihm die relevanten Aspekte und Zusammenhänge der interessierenden Wirklichkeit besser verstehen hilft. Modelle sind dabei zu interpretieren als materielle oder immaterielle (geistige, formale) Systeme mit der Funktion der vereinfachenden und zielgerichteten Abbildung von Originalen (i. d. R. von Realitätsausschnitten). Die Aussagen, die mit ihrer Hilfe gewonnen werden, sind raum-zeitlich relativ eng begrenzt. Solche Modelle können u. a. als mentale Vorstellungen, als physikalische Replikate oder als mathematische Kalküle existieren. Lediglich die letztgenannte Art, deren formale Struktur durch empirische Informationen in ein konkretes Abbild transformiert wird, soll hier weiter interessieren. Derartige Modelle haben sich (sowohl als Optimierungsmodelle als auch als Simulationsmodelle) beim Studium komplexer betriebswirtschaftlicher Probleme vielfach bewährt (vgl. dazu 1. Bd.).

Modelle sind darüber hinaus ein geeignetes oder besser gesagt ein notwendiges Vehikel zur Definition von relevanten Informationen in Entscheidungsprozessen. Ohne irgendwelche (Erklärungs-)Modelle, d. h. ohne irgendwelche Vorstellungen über einen spezifizierten Bedarf an Informationen laufen computergestützte Informationssysteme Gefahr, nur Datenfriedhöfe zu produzieren. Andererseits ist das Vorhandensein von konkreten Modellen (vgl. Zahn [Planung] 138 ff.) noch keine Garantie dafür, daß Probleme richtig gesehen, daß die für Lösungen erforderlichen Informationen hinreichend genau definiert und daß letztlich bessere Entscheidungen getroffen werden. Eher das Gegenteil ist anscheinend der Fall, wie die nicht geringe Anzahl von Entscheidungsträgern, die durch gescheiterte Modellanwendungen enttäuscht wurde, vermuten läßt. Dies liegt nun wiederum nicht an der »Modellphilosophie« schlechthin, sondern vielmehr an ihrer praktischen Verwirklichung, d. h. u. a. an der schlechten Qualität der Modelle, an ihrer falschen Handhabung und den fehlenden Voraussetzungen für eine erfolgreiche Implementierung. Die Modellkonstrukteure haben inzwischen aus den in der Vergangenheit gemachten Fehlern und Erfahrungen gelernt, wie die Evolution von Unternehmensmodellen vom »bottom-up« über den »top-down« hin zum »inside-out«-Ansatz einerseits oder vom erfahrungsbasierten über das optimierungsbezogene und das interaktive hin zum erfahrungsgeneralisierten Modellkonzept andererseits zeigt. In vielen Unternehmen ist nach erlebten Phasen der Euphorie und Ernüchterung heute ein Stadium der Konsolidierung erreicht, in dem Modelle nicht länger ohne Berücksichtigung der jeweiligen Kontextfaktoren entwickelt und angewendet werden. Es dominieren weniger modelltechnische Überlegungen; vielmehr stehen die Bedürfnisse des Entscheidungsträgers nach wirkungsvollen Entscheidungsunterstützungen stärker im Vordergrund.

Mit der zunehmenden Verbreitung der **modell- und computergestützten Unternehmensplanung** (vgl. u. a. Mertens/Griese in Plötzeneder [Wirtschaftsinformatik III] 7 ff.) vollzieht sich ein gewisser Wandel in den Entscheidungstechniken, der durch die wachsende Komplexität der Planungsprobleme einerseits und die Fortschritte in der Informationstechnologie andererseits bewirkt und getragen wird. Er ist verbunden mit einem gestiegenen Bedürfnis nach einer adäquaten Organisation der verfügbaren bzw. problemspezifisch weiter zu entwickelnden Modelle und Methoden. Es liegt nahe, bei der Lösung dieser Aufgabe auf eine den Datenbanken ähnliche Organisation zurückzugreifen und **Modellbanken** zu entwerfen.

> **Modellbanken** sind die Orte, an denen die für den Planungsprozeß benötigten Modelle und Hypothesen zur Verfügung gehalten und gewartet werden.

Dabei darf die Menge der in ihr enthaltenen Modelle bzw. Modellteile trotz ihrer gewöhnlich großen Vielfalt keine amorphe Masse bilden; vielmehr muß sie eine gewisse Ordnung aufweisen, die es beispielsweise aufgrund vorhandener Kopplungseinrichtungen erlaubt, aus mehreren Modulen ein problemadäquates Modell zu schneidern.

Modellbanken erfüllen nicht nur einen Dokumentationszweck; sie sollen insbesondere der Integration, Handhabung und Auswertung sowie der Entwicklung und Anpassung von Modellen dienen. Dementsprechend ist ihr Aufbau zu gestalten. Er hat vor allem geeignete Speicherformen für die verschiedenen Modellelemente (Variablen, Beziehungen, Parameter) festzulegen, Programmroutinen und Heuristiken für die Kopplung und Anpassung von Modellen sowie für die Beschaffung von Daten und Methoden aus Daten- bzw. Methodenbanken vorzusehen und Hinweise für Effizienzfunktionen, Toleranzen und Gütemaße zur Beurteilung von Lösungen zu geben (Noltemeier [Verknüpfungsprobleme]).

> **Methodenbanken** bestehen aus einer Menge von Methoden (etwa i. S. v. statistischen Verfahren), die zur Lösung betriebswirtschaftlicher Planungsprobleme eingesetzt werden können.

Bei großen Modellbanken mit heterogenen Inhalten werden zur Handhabung (Verwendung, Anpassung und Integration) der Modelle sowie zur Aufbereitung der in ihnen verwendeten Daten gewöhnlich auch verschiedenartige **Methoden** (z. B. Algorithmen und statistische

Verfahren) benötigt. In solchen Fällen empfiehlt sich eine Trennung von Modell- und Methodenbank (vgl. Noltemeier [Verknüpfungsprobleme] 248/249). In der Praxis werden neben reinen mathematischen und statistischen Sammlungen (z. B. die Produkte SPSS und MPSX von IBM) z. T. recht leistungsfähige Methodenbanken (z. B. die Systeme METHAPLAN von Siemens und IUGS von IBM) bereits angewandt. Einen Überblick über Entwurfskriterien und Stand der Verwirklichung von interaktiv nutzbaren Methodenbanken geben *Mertens* und *Bodendorf* [Methodenbanken].

Eine anspruchsvolle Methodenbank sollte dem Benutzer vor allem helfen, für sein Problem die beste und den vorhandenen Daten angemessene Methode zu finden, die Integration einzelner Modellbausteine in Modelle vorzunehmen, die für die Modellrechnungen erforderlichen Datenselektionen und Parameterdimensionierungen durchzuführen und die erhaltenen Ergebnisse zu interpretieren (vgl. Mertens/Neuwirth/Schmidt [Verknüpfung] 292 f.). Um diesen Anforderungen entsprechen zu können, müssen **Modell-, Methoden- und Datenbanken miteinander verknüpft** werden. Dabei erweisen sich in der Praxis vor allem die Kopplungen zur Datenbank, die häufig zu ändern ist, als ein recht schwieriges Problem. Seine Lösung setzt eine sorgfältige und flexible Schnittstellenarchitektur voraus, wobei etwa Datentransformationsmodulun mit Temporärdateien unter Verwendung von Datenbeschreibungstafeln und Datenmanipulationssprachen einen modell- und methodengerechten Datentransfer sicherstellen können (vgl. Noltemeier [Verknüpfungsprobleme] 251 ff.). Überhaupt werden an den Aufbau und an die Steuerungseinrichtungen von solchen Modell-Methoden-Verbundsystemen hohe Anforderungen gestellt, und nicht alle existierenden Systeme werden ihren selbstgestellten Ansprüchen gerecht.

Das Vorhandensein einer entsprechenden technischen Konfiguration ist Voraussetzung dafür, daß das System überhaupt funktioniert. Damit es aber in Planungsprozessen auch angewandt wird, muß es **benutzerfreundlich** gestaltet sein. Einer solchen Anforderung entspricht z. B. ein Dialogverkehr mit graphischen Unterstützungen. Darüber hinaus sollte durch begleitende Maßnahmen (z. B. Benutzerschulung) die Motivation zur Anwendung stimuliert werden.

All diese Anstrengungen sind jedoch nur dann gerechtfertigt, wenn die Systeme wirklich zu einer Verbesserung der Qualität der Planungsarbeit beitragen können. Ihre potentiellen **Vorteile** sind u. a. darin zu sehen,

- daß sie den Benutzer zur Selbstkonstruktion und damit zur systematischen Verfeinerung seiner (mentalen) Modelle animieren,
- daß sie ihn in den Stand versetzen, seine Entscheidungsprobleme quasi maßgeschneidert zu modellieren und intensiver zu durchdringen,
- daß die so entwickelten Modelle den am Planungsprozeß Beteiligten als ein qualifiziertes Kommunikationsinstrument dienen und damit u. U. zu Standardisierungs- und Stabilisierungseffekten im individuellen und kollektiven Entscheidungsverhalten führen und
- daß diese Modelle schließlich zu einer wirksameren und zugleich wirtschaftlicheren Problemlösung beitragen (vgl. Winand [Gestaltung] 505).

4.4.1.3 Software und Hardware

Daten-, Modell- und Methodenbanken beinhalten bereits Bestandteile jener Komponente von computergestützten Informationssystemen, die mit **Software** umschrieben sind (vgl. Abb. 3.4.10).

> Die **Software** umfaßt die Gesamtheit aller Programme, das Programmsystem, welches zum Betrieb des EDV-Systems bei der Erfüllung von Aufgaben der betrieblichen Datenverarbeitung erforderlich ist. Sie gliedert sich in **Systemsoftware** und **Anwendungssoftware**.

> Die **Anwendungssoftware** oder das **Anwendungsprogrammsystem** ist benutzerorientiert. Es enthält Programme, die jeweils für bestimmte Probleme konzipiert sind.

Dabei lassen sich **Standardprogramme** und **individuelle Programme** unterscheiden. Die **Standardprogramme** beziehen sich auf Probleme, die mehr oder weniger gleichartig oder regelmäßig in vielen Betrieben (etwa im Rahmen der Lohnbuchhaltung, des Beschaffungs- und Lagerwesens oder der Produktionsplanung) anfallen; sie werden als Softwarepakete von den ADV-Herstellern oder von Softwarehäusern angeboten. Die **individuellen Programme** werden vom Benutzer und/oder von Softwarehäusern unternehmens- und problemspezifisch (z. B. für bestimmte Projekte oder Planungsaufgaben) entwickelt. Sie lassen sich mit der Standardsoftware zu einem umfassenden Anwendungspro-

Software				
Anwendungssoftware		Systemsoftware		
individuelle Programme entwickelt von –Softwarehäusern –Benutzern	standardisierte Programme entwickelt von –Herstellern –Softwarehäusern	Betriebssystem: –Job- –Task- –Steuerprogramme	Übersetzungsprogramme: –Assembler –Compiler	Dienstprogramme: –Hilfsprogramme –Datamanagement

Abb. 3.4.10: Bestandteile der Software

grammsystem integrieren. Dieses ist i. d. R. modular aufgebaut, damit die einzelnen Programme jeweils separat angewendet und den jeweiligen Betriebsbedingungen besser angepaßt werden können.

Da ADV-Anlagen die natürlichen Sprachen nicht (oder noch nicht) verstehen können, müssen sie in eine von der Maschine lesbare Form übersetzt werden. Für diesen Zweck wurden eigens **Programmiersprachen** entwickelt, die sich in **maschinenorientierte Sprachen** (z. B. Assemblersprachen) und in **problemorientierte Sprachen** einteilen lassen. Bei den problemorientierten Sprachen können

– generelle höhere Sprachen (wie COBOL, FORTRAN, PASCAL, C, und PL 1),
– spezielle problemorientierte Sprachen für den Dialogverkehr (wie BASIC und APL) sowie
– spezielle Sprachen für bestimmte Anwendungen, etwa für Simulationen (z. B. DYNAMO für kontinuierliche und GPSS für diskrete Simulationen),

unterschieden werden.

> Die **Systemsoftware** beinhaltet eine Menge von Programmen (z. B. zur Datenbankverwaltung, Datenfernverarbeitung und Programmentwicklung) und vor allem das sog. Betriebssystem. Das **Betriebssystem,** das im allgemeinen vom Computer-Hersteller mitgeliefert wird, umfaßt die gesamten, aufeinander abgestimmten Systemprogramme. Es hat für einen möglichst reibungslosen Betriebsablauf zu sorgen.

Dabei muß es eine Reihe wichtiger **Funktionen** (wie das Initiieren von Jobs, das Zuteilen von Arbeitsspeichern, das Laden von Programmen usw.) erfüllen. Die Systemsoftware besteht aus drei Funktionskomplexen:

- dem Betriebssystem zur Steuerung des Ablaufs aller übrigen Programme und des Maschinensystems,
- den Übersetzungsprogrammen, die die Übersetzung der einzelnen Programme in eine Maschinensprache übernehmen und
- den Dienstprogrammen, die für Hilfsdienste (wie Sortier-, Misch- und Kopieraufgaben), für das Testen von Programmen und für die Verwaltung von Daten- und Programmbibliotheken bestimmt sind.

Die Systemsoftware ist damit eine unerläßliche Voraussetzung für den wirksamen Betrieb eines Computers; ohne die Anweisungen durch die Programme der Software kann die Hardware nicht funktionieren. Die Qualität der Software ist entscheidend für die Aktualisierung der Leistungspotentiale der Hardware (vgl. Abb. 3.4.11).

> Die **Hardware** umfaßt die Zentraleinheit und die peripheren Einheiten.

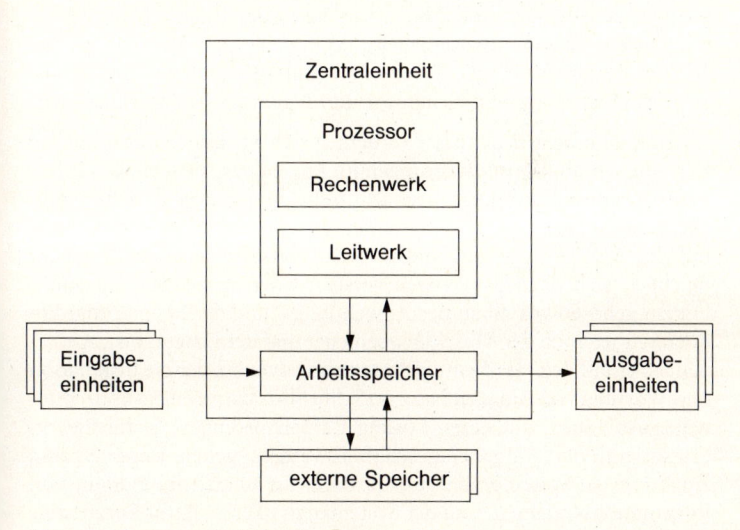

Abb. 3.4.11: Bestandteile der Hardware

Die **Zentraleinheit** besteht aus Prozessor und Arbeitsspeicher. Der Prozessor (CPU) führt mit Hilfe der Steuerprogramme die von den Anwendungsprogrammen vorgeschriebenen Elementarfunktionen aus. Das Leitwerk, auch Steuerwerk genannt, veranlaßt das Ausführen von Operationen durch das Rechenwerk. Der Arbeitsspeicher ist der Ort, an dem die aktuellen Daten und Programme gehalten werden.

Die **peripheren Einheiten** bestehen aus Ein- und Ausgabegeräten (z. B. Terminal, Drucker) sowie den externen Speichern. Dazu kommen noch Einheiten zur Datenübertragung (vor allem Kanäle und Steuereinheiten) und ggf. auch Einrichtungen zur Datenfernübertragung.

Werden mehrere örtlich voneinander getrennte Rechner benutzt, und sind diese durch ein Datenübertragungs-(Kommunikations-)System miteinander verbunden, so liegt ein **Rechnerverbundsystem** oder **Rechnernetz** vor.

4.4.1.4 Benutzer

EDV-Systeme erfüllen keinen Selbstzweck, sondern eine Unterstützungsfunktion im Rahmen der betrieblichen Datenverarbeitung, die sie verbessern sollen. Der Mensch füttert die Maschine mit Informationen; die Maschine verarbeitet diese nach vorgegebenen Ordnungen und stellt sie dem Menschen bei Bedarf in der nachgefragten Form wieder für dessen Informationsverarbeitungsprozesse zur Verfügung. Der Mensch oder Benutzer als Teil eines computergestützten Informationssystems ist also zugleich Generator und Benutzer von Informationen.

Unter dem Begriff **Benutzer** verbergen sich Menschen mit speziellen Kenntnissen und Verantwortungen im Prozeß der betrieblichen Informationsverarbeitung. Der einzelne Entscheidungsträger als der eigentliche Benutzer der von EDV-Systemen generierten Informationen tritt mit der ADV-Anlage gewöhnlich nicht direkt in Kontakt. Vielmehr macht er sich dazu das Wissen verschiedener Spezialisten zu nutze. Hierzu gehören vor allem der Anwendungs- und der Systemprogrammierer, aber auch der Maschinenbediener und der Datentypist. Außerdem ist er auf den Hardwarefachmann angewiesen, der die Installation und Wartung von Anlagen besorgt. Schließlich kommen bei konzeptionellen Aufgaben, mit deren Lösung Rahmenbedingungen für die aktionsorientierten Aufgaben geschaffen werden, weitere Experten zum Zuge, wie der Systemorganisator (z. B. für die langfristige Planung von Informationssystemen) und der Systemanalytiker (z. B. für kurzfristige Systemanpassungen).

Für die Leistungsfähigkeit eines computergestützten Informationssystems ist die enge Zusammenarbeit all dieser das **Benutzersystem** bildenden Aktionsträger von entscheidender Bedeutung. Diese Forderung bezieht sich nicht nur auf den laufenden Betrieb, sondern auch oder besser erst recht auf die Gestaltung und Einführung solcher Systeme. Ihr zu entsprechen, ist eine Grundbedingung für das Erreichen einer möglichst hohen Benutzerakzeptanz.

4.4.2 Funktionen

Informationssysteme haben die Aufgabe, den Informationsbedarf ihrer Benutzer zu decken. Dazu sind verschiedene Aktivitäten auszuführen. Diese betreffen die Erfassung, Speicherung, Transformation und Übertragung von Daten; sie lassen sich vereinfachend als **Phasen** des Datenverarbeitungsprozesses darstellen (Abb. 3.4.12). Zu näheren Ausführungen hierzu siehe *Hansen* [Wirtschaftsinformatik I] 431 ff.

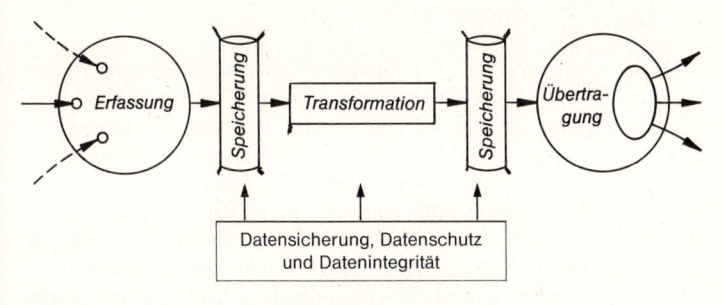

Abb. 3.4.12: Phasen des Datenverarbeitungsprozesses

4.4.2.1 Datenerfassung

Daten erfassen heißt Quelleninformationen über Vorgänge und Zustände sammeln und für die weitere Verarbeitung bereitstellen. Dazu müssen sie am Ort ihrer Entstehung ermittelt und auf einen Datenträger gebracht werden. Bei EDV-Systemen muß dies in einer maschinenlesbaren Form geschehen. Die erste Aktivität ist unabhängig vom verwendeten Datenverarbeitungsverfahren; sie liegt in der Verantwortung des jeweiligen Fachpersonals und richtet sich nach dem vorhandenen Informationsbedarf. Das Umsetzen der Daten zum Zwecke der Eingabe in ein EDV-System umfaßt eine Reihe von technisch bedingten Arbeitsschritten, für deren Durchführung z. T. die EDV-Abteilung verantwortlich ist. Als Datenerfassungsmedien stehen z. B. **Lochkarten, Lochstreifen, Magnetbänder, Magnetbandkassetten** und **Floppy-Disks** zur Verfügung. Neben diesen Medien zur **indirekten** Datenerfassung gibt es noch solche zur **halbdirekten**, wie Plastikkarten und Magnetschriftbelege, und **direkten** Datenerfassung, wie Lichtstift und Maus.

Die **Datenerfassung** ist nach wie vor ein **zeitaufwendiger** und mit **hohen Kosten** verbundener Vorgang. Oft bildet sie deshalb einen Engpaß in der Datenverarbeitung. Zur Beseitigung desselben sind Rationalisierungen erforderlich. Die Industrie bietet in verstärktem Maße Geräte dazu an, die z. T. schon einen hohen Leistungsstandard erreicht haben. Es handelt sich dabei um sog. intelligente Geräte, die neben der Datenumsetzung auch noch mathematische Operationen ausführen können.

4.4.2.2 Datenspeicherung

Da der Anfall und die Verwendung von Daten im allgemeinen zeitlich auseinanderfallen und Daten häufig wiederholt benutzt werden, ist ihre Speicherung zum Zwecke der jederzeitigen Verfügbarkeit unumgänglich. Die Organisation der Speicherung erfolgt mit Hilfe der oben beschriebenen **Dateien** und **Datenbanken**. Als Speicherplätze kommen in erster Linie **periphere Einheiten** (**externe Speicher**) in Betracht, auf welche die Zentraleinheit zurückgreifen kann. Dabei eignen sich für den direkten und schnellen Zugriff **Magnetplatten, Magnetstreifen** und **Magnettrommeln**. Als weitere Speichermedien dienen **Magnetbänder** sowie weiterhin **Lochstreifen** und **Lochkarten**. Die beiden letztgenannten Medien erlauben allerdings nur eine sequentielle Verarbeitung der gespeicherten Daten.

4.4.2.3 Datentransformation

Die Datentransformation ist der Vorgang der Überführung von Inputdaten in Outputdaten. Sie erfolgt in der ADV-Anlage, und zwar nach vorgegebenen Arbeitsanweisungen, die in codierter Form (als Anwendungsprogramme bzw. als programmierte Verarbeitungsverfahren) in der Anwendungsprogrammbibliothek gespeichert werden können. Die an den Daten vorgenommenen **Verarbeitungsakte** umfassen Rechenoperationen, Verdichtungen, Umformungen, Klassifizierungen, Sortierungen usw.

4.4.2.4 Datenübertragung

Die verarbeiteten Daten müssen zum Zwecke ihrer Verwendung den Benutzern übermittelt werden. Diese Aufgabe wird als Datenübertragung bezeichnet. Sie umfaßt auch den Transport von Daten zwischen den Orten der Erfassung, Speicherung und Transformation, wenn diese räumlich voneinander getrennt sind. So werden Datenübertragungen z. B. schon zwischen der Zentraleinheit und den peripheren Einheiten erforderlich.

Bei großen Entfernungen zwischen den Orten der Verarbeitung und Verwendung von Daten empfehlen sich die Systeme der Datenfernübertragung über Fernmeldewege. Die Post stellt dafür verschiedene Übertragungswege zur Verfügung. Die wichtigsten sind das Telefon (mittels Akkustikkoppler), Datex-p (mittels Modem), BTX (Bildschirmtext), TELETEX (Bürofernschreiben), TELEFAX (Fernkopien) sowie ELECTRONIC MAIL (Elektronischer Briefkasten). Das Ziel ist es, alle verschiedenen Übertragungsarten unter einem Kommunikationsprotokoll, dem ISDN-Netz (Integrated Services Digital Network), anzubieten.

4.4.2.5 Datensicherung, Datenschutz und Datenintegrität

Mit der zunehmenden Informationsflut in den Unternehmen und der zumeist zentralen (von den einzelnen Entscheidungspunkten mehr oder weniger unbeeinflußbaren) Ablage der Informationen hat das Bedürfnis nach Sicherung von Daten zugenommen. Die **Datensicherung** ist heute mehr denn je eine notwendige und auch ernstgenommene Funktion von computergestützten Informationssystemen. Sie hat die Aufgabe, die verfügbaren Daten in ihrer Existenz zu erhalten, d. h. sie vor Zerstörung, Verlust und Fälschung zu schützen. Dies kann sie allerdings nur, wenn sich ihre Maßnahmen auf das gesamte Datenverarbeitungssystem erstrecken, d. h. auf die Hardware, die Software und die Orgware (organisatorische Gestaltung).

Der Aufgabenbereich der Datensicherung geht damit über den Gedanken des Datenschutzes im **Bundesdatenschutzgesetz** (BDSG) vom 27. 1. 1977 hinaus. Der **Datenschutz** versteht sich als Schutz personenbezogener Daten vor Mißbrauch bei ihrer Speicherung, Übermittlung,

Veränderung und Löschung. Mit dem BDSG will der Gesetzgeber primär die Privatsphäre des Einzelnen vor dem Datenmißbrauch durch Dritte schützen.

Eine dritte Gruppe von Vorkehrmaßnahmen betrifft die **Datenintegrität**, die sich auf die Richtigkeit der Daten bezieht (vgl. Scheer [Betriebsinformatik] 485).

Die Gesamtheit der Vorkehrmaßnahmen muß umfassend sein, soll damit allen möglichen unerwünschten (menschlichen, technischen und natürlichen) Einwirkungen auf das Datenverarbeitungssystem begegnet werden. Ihre absolute Notwendigkeit ergibt sich nicht aus irgendwelchen gesetzlichen Vorschriften, sondern sie resultiert einfach aus der Tatsache, daß Datenverluste, -verfälschungen usw. sehr ernsthafte Folgewirkungen auf Betriebsabläufe und Entscheidungsprozesse haben und somit die Realisierung der Unternehmensziele gefährden können.

4.4.3 Anwendungen

Die moderne Informationstechnologie mit ihren immer leistungsfähigeren EDV-Anlagen hat der betrieblichen **Informationswirtschaft** – zumindest einigen ihrer Bereiche – zweifellos ein neues Gepräge gegeben. Viele Unternehmen aus den verschiedensten Branchen kommen heute bei der Bewältigung bestimmter Aufgaben der Datenverarbeitung ohne Computer nicht mehr aus. Das trifft beispielsweise zu für die Passagierbuchungen der Fluggesellschaften, für den Kassenverkehr und die Filialen-Kommunikation der Banken, für die Auftragsabwicklung der pharmazeutischen Großhandlungen, für das Zusammenstellen von Ladungen und das Festlegen von Lieferterminen in Transportunternehmen sowie für die Personalverwaltung, Lagerbewirtschaftung, Kostenrechnung und Produktionssteuerung in Industriebetrieben.

Die Informationswirtschaft hat hier durch die Informationstechnologie nicht nur wertvolle Unterstützung erfahren; sie ist durch diese auch verändert worden. Weitere tiefgreifende Veränderungen, die weit über die Grenzen der traditionellen Informationswirtschaft hinauswirken, stehen bevor. Dieser Wandel resultiert aus der Integration von Computertechnik und Kommunikationstechnik (zur compunication); er manifestiert sich im Zusammenwachsen von Datenverarbeitung, Textverarbeitung und Nachrichtenübermittlung, und er öffnet den Weg zu neuen Leistungspotentialen in der Produktion (durch CIM = Computer Integrated Manufacturing), in der Administration (durch Büroautomatisierung) und in der Führung (durch Entscheidungsunterstützungs- und Expertensysteme).

Der Schwerpunkt des Einsatzes von Informations- und Kommunikationstechnik im Unternehmen verlagert sich, und zwar sowohl nach dem Objekt als auch in der Zwecksetzung der Unterstützung. Lag er gestern bei der Unterstützung isolierter Funktionen mit dem Ziel einer Erhöhung der Rationalisierung und Effizienz, so wird er morgen bei der Verknüpfung isolierter Systeme mit dem Ziel einer Verbesserung der Flexibilität und Effektivität liegen. Damit stößt die Anwendung von Informations- und Kommunikationstechnik aus operativen in strategische Bereiche vor, was naturgemäß nicht nur mit neuen Erfolgspotentialen, sondern auch mit neuen Herausforderungen verbunden ist.

Der Einsatz moderner Informations- und Kommunikationstechnik wird Organisations- und Kommunikationsstrukturen verändern, aber auch Einfluß haben auf das Führungsverhalten, auf die Gestaltung von Kunden- und Lieferantenbeziehungen sowie nicht zuletzt auf die Wettbewerbsposition der Unternehmen und die Märkte, in denen sie operieren.

4.4.3.1 Evolution

Information und Kommunikation haben schon immer die Strukturen von Organisationen geprägt, auch zu Zeiten als es noch keine elektronischen Hilfsmittel gab. Das Informationswesen war hier ebenfalls durch das Bemühen und Rationalisierung und Effizienzsteigerung gekennzeichnet, und zwar durch Verbesserung der materiellen Steuerung der Papierarbeit.

Mit dem Einsatz und der ständigen Weiterentwicklung der auf Elektronik basierenden Informations- und Kommunikationstechniken hat sich die Aufgabenwelt des betrieblichen Informationswesens nach Inhalt und Bedeutung laufend verändert. Dabei lassen sich drei wesentlichen Entwicklungsschübe erkennen: die **Datenverarbeitung**, die **Informationsverarbeitung** und die **Wissensverarbeitung**. Abb. 3.4.13 illustriert diese Entwicklungsschübe idealtypisch; in Wirklichkeit überlappen sie sich. Gegenwärtig bewegen wir uns in der zweiten Entwicklungsphase; die dritte hat allerdings bereits begonnen und die erste kann keineswegs als vollständig abgeschlossen gelten.

Alle Entwicklungsstufen hatten und haben ihre eigenen Managementaufgaben. In den 60er Jahren stand das **Management der automatisierten Datenverarbeitung** im Vordergrund. Große Teile des Informa-

|Daten-verarbeitung | Informations-verarbeitung | Wissens-verarbeitung |

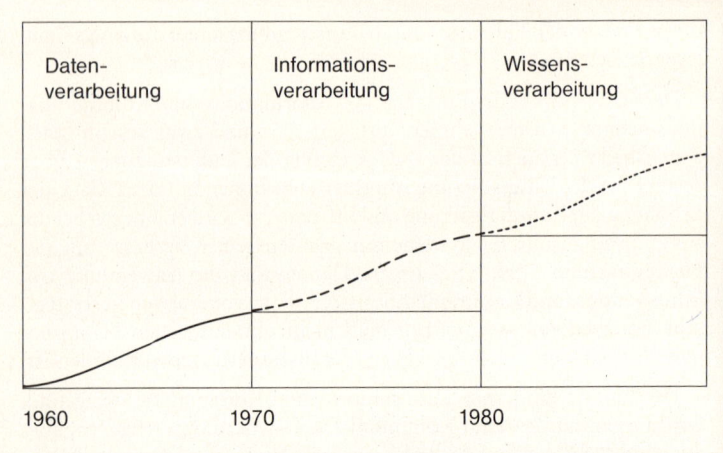

Abb. 3.4.13: Entwicklungsschübe und Aufgaben des computergestützten Informationswesens

tionswesens wurden standardisiert und einer automatisierten Behandlung zugänglich gemacht. Automatisiertes und manuelles Informationswesen wurden als fundamental unterschiedlich betrachtet.

Seit Anfang der 70er Jahre begann sich ein **Informations-Ressourcen-Management** (IRM) zu entwickeln (vgl. Szyperski und Eschenröder [Information-Ressourcen-Management] 50 ff.). Nach John *Diebold* ([Information-Ressource-Management]) ist darunter ein unternehmenspolitischer Bezugsrahmen für die Gestaltung betrieblicher Informationsprozesse zu verstehen. Dieser soll die Bedingungen für den Aufbau benutzerfreundlicher und bedarfsgerechter Systeme der Informationsverarbeitung sicherstellen. Ein Wesensmerkmal des IRM-Ansatzes ist das Bemühen um Integration automatisierter und manueller Methoden von Datenverarbeitung und Management. Information als Ressource rückt in den Vordergrund; Informationstechnologien werden geplant investiert; die Gestaltung von Informationssystemen wird als strategische Aufgabe begriffen, und dementsprechend werden Ansatzpunkte für (strategische) Informationssysteme aus strategischen Erfordernissen abgeleitet (vgl. Wisemann [Strategy and Computers]).

Die 80er Jahre sind durch eine intensive Durchdringung der Unternehmen mit Informationstechnologien, das zunehmende Bemühen um Integration isolierter Lösungen und den Beginn von Wissensverarbeitungen gekennzeichnet. Das Schwergewicht des Informationswesens liegt auf dem Management von Informationen. Zuweilen wird in diesem Zusammenhang auch von **Knowledge Management** (wissensbasiertes Management) gesprochen (vgl. hierzu Marchand [Information-Ressource Management]).

4.4.3.2 Leistungsniveau

Die Frage nach dem Leistungsniveau computergestützter Informationssysteme läßt sich nur differenziert beantworten. In grober Vereinfachung, aber für die Zwecke unserer Analyse hinreichend, lassen sich die angebotenen Leistungen in konventionelle (administrative) **Datenverarbeitungen** sowie in **Entscheidungsunterstützungen** und damit in entsprechende Teilsysteme (Abb. 3.4.14) einteilen. Dabei wird nicht übersehen, daß die Daten der ersten Leistungsgruppe hinsichtlich ihrer Verwendbarkeit nicht so ohne weiteres von denen der zweiten Leistungsgruppe zu trennen sind; beide Teilsysteme liefern schließlich Informationen für Entscheidungen.

Die Domäne der EDV war immer und ist nach wie vor die **Verarbeitung von Datenmassen,** so wie sie auf den unteren Ebenen der Unternehmensverwaltungen anfallen. Ihre diesbezüglichen Ziele sind hier vor allem auf die Beschleunigung und/oder auf die Automatisierung des Datenverarbeitungsprozesses gerichtet, um auf diese Weise die Kosten

Abb. 3.4.14: Konventionelles Datenverarbeitungs-System und Entscheidungs-Unterstützungs-System (nach Alter [Decision] 2)

zu senken, die Genauigkeit zu verbessern und den Datenzugriff zu beschleunigen. In Verfolgung dieser Ziele hat die EDV große Fortschritte erzielt; sie hat die Datenverwaltung erheblich verbessert, die Möglichkeiten der Nutzung interner wie externer Informationen erweitert und damit auch die Planungsarbeit erleichtert. Die Planung ist auf Daten angewiesen; auf der taktisch-operativen Ebene gehen gewöhnlich sehr viele Daten in die Planung ein. Die EDV hat hier die sehr wichtige und keineswegs triviale Aufgabe, den am Planungsprozeß Beteiligten schnellen Zugriff zu den richtigen Datenbeständen zu verschaffen, die benötigten Daten aufzubereiten und zu verdichten.

Nicht so gut wie die administrativen können die **entscheidungsunterstützenden** Leistungen der EDV beurteilt werden. Auch hier ist wieder zu differenzieren, und zwar nach dem Charakter der zu lösenden Aufgaben bzw. der zu treffenden Entscheidungen (Abb. 3.4.15). Bei den **wohl-strukturierten** Aufgaben ist das Leistungsniveau der EDV-Unterstützungen laufend verbessert worden. Es handelt sich hier um Aufgabenstellungen, wie sie sich überwiegend im Rahmen der operativen, z. T. auch der taktischen, aber weniger der strategischen Planung ergeben. Beispiele für computergestützte Problemlösungen finden sich bei allen funktionalen Planungen, so etwa im Produktionsbereich (zur Lösung von Aufgaben der Bedarfs-, Kapazitäts- und Ablaufplanung), im Beschaffungsbereich (zur Bestelldisposition und Lagermengenplanung) sowie im Absatzbereich (zur Auftragsabwicklung und zur Gestaltung von Teilproblemen des Marketing-Mix). Ein Überblick über wichtige Anwendungen der EDV in den verschiedenen Funktionsbereichen findet sich in *Plötzeneder* [Wirtschaftsinformatik III]. Hardwarehersteller und Softwarehäuser bieten für die Lösung derartiger Aufgaben inzwischen z. T. sehr leistungsfähige Programmpakete an.

Bei den **teilstrukturierten** Aufgaben sind in den letzten Jahren große Fortschritte erzielt worden. Diese sind vor allem im Zusammenhang zu sehen mit der Entwicklung und Verbreitung von Personalcomputern sowie ihrer benutzerfreundlichen Software, die entscheidungsspezifische »ad hoc«-Anwendungen erlaubt.

> Der **Personalcomputer** ist ein auf der Mikroprozessortechnik aufbauender, arbeitsorientierter Kleinrechner.

Seine Einsatzgebiete bei der Bewältigung teilstrukturierter, vorwiegend dispositiver Aufgaben sind u. a. die operative Planung und Kontrolle, die Budgetierung, die Fertigungssteuerung und die Wirtschaftlichkeitsanalyse. Natürlich werden Personalcomputer auch in den »klassischen« Anwendungsbereichen der EDV (wie dem Rechnungswesen sowie der Auftragsabwicklung und Fakturierung) eingesetzt. Besonders augenfällig ist aber sein vermehrtes Vordringen in bisher nicht abgedeckte, oft branchenspezifische Anwendungsbereiche. Der Personalcomputer kann als eigenständiger Rechner, aber auch als ein intelligentes Terminal, also im Rechnerverbund eingesetzt werden. Durch die Integration verschiedener Anwendungen und durch die Installation von Datenübertragungsmöglichkeiten läßt sich der Personalcomputer zu einem vielseitigen Instrument der Entscheidungsunterstützung ausbauen. Personalcomputer begünstigen die Dezentralisierung von Entscheidungsprozessen; bei entsprechenden Netzwerkvoraussetzungen erlauben sie aber auch der Geschäftsführung den direkten Zugriff auf dezentrale Datenbanken, die Entwicklung eigener Leistungsmaße und damit die Überprüfung von formalen Berichten der dezentralen Entscheidungseinheiten.

Bei den **schlecht-strukturierten** Aufgaben besteht nach wie vor eine große Lücke zwischen theoretischen Vorstellungen und praktischen Realisierungen. Viele der einst hohen Erwartungen und optimistischen Vorhersagen sind hier unerfüllt geblieben. Dafür lassen sich – soweit es realistische Erwartungen betrifft – mehrere Gründe anführen. Hierzu zählen u. a. die Tatsache, daß Entscheidungsunterstützungen mehr oder weniger als Nebenprodukte der auf Automatisierung der laufenden Datenverarbeitung gerichteten Management-Informations-Systeme angesehen werden, das Fehlen klar artikulierter Konzepte seitens der Unternehmensführung, was die Systementwickler häufig zu einer opportunistischen Haltung anleitet, die Vernachlässigung einer aufgabengerechten Integration in das Führungssystem, also dort wo solche entscheidungsunterstützenden Einheiten bereits existieren, sowie nicht zuletzt der Mangel an qualifiziertem Personal.

Der letztlich entscheidende Grund für den unbefriedigenden Leistungsstand dürfte wohl in der Anwendung einer relativ einfachen Technologie (d. h. einer zwar leistungsfähigen, aber mit einer z. T. schlechten Software bestückten Hardware einerseits und eines inadäquaten, weil nur für gut-strukturierte Aufgaben geeigneten Methodeninstrumentariums andererseits) auf ein noch wenig verstandenes Problemfeld (wie den schlecht-strukturierten Aufgaben der strategischen Planung) zu sehen sein. Damit ist angedeutet, daß das Leistungspotential computergestützter Informationssysteme noch nicht ausgeschöpft ist. Andererseits ist Skepsis angebracht, ob computergestützte Informationssysteme die Arbeit von Vorständen und Geschäftsführungen wirklich grundlegend verändern werden (vgl. *Dearden* [Top Management] 57 ff.). Trotz aller Fortschritte auf dem Gebiet der **künstlichen Intelligenz** werden zur Lösung schlecht-strukturierter Führungsprobleme menschliche Erfahrung und Intuition die nach wie vor wichtigsten Unterstützungen bleiben.

4.4.3.3 *Leistungspotentiale*

Ungenutzte Leistungspotentiale bzw. Möglichkeiten zu weiteren Leistungsverbesserungen lassen sich in allen Bereichen computergestützter Informationssysteme erkennen. Bei der **Primärdatenverarbeitung** und -verwaltung ist etwa das zunehmende Vordringen des Terminals und des Personalcomputers am Arbeitsplatz zu erwähnen, der es den einzelnen Mitarbeitern erlaubt, im Dialog mit dem Rechner auf wichtige Informationen zurückzugreifen. Weitere erfolgversprechende, weil z. T. schon realisierte Anwendungen ergeben sich sowohl im Bereich der **Leistungserstellung** (auf der Grundlage der bereits erwähnten CATs) als auch im Bereich der **Administration** (z. B. bei der Kostenkontrolle und Kalkulation oder bei der Kommissionierung und Lagerdisposition).

Bezüglich der entscheidungsorientierten Systeme für wohl-strukturierte Aufgaben darf zuvorderst – gestützt auf eine inzwischen leistungsfähigere, aber vor allem besser verstandene und gestaltete Daten-, Methoden- und Modellbanktechnologie – mit einer Intensivierung der **modell- und computergestützten Planung** gerechnet werden. Dabei wird sich der eingeschlagene Trend in Richtung auf maßgeschneiderte (hinsichtlich ihrer Akzeptanzproblematik weniger kritische) Modellkonzepte, die einen modularen (somit auch flexibleren und anpassungsfähigeren) Aufbau besitzen und die integrationsfähig (i. S. d. problemorientierten Kopplung von Teilmodellen) sind, sicher weiter fortsetzen.

Als besonders entwicklungsfähig dürfen die Systeme zur Unterstützung **teil-strukturierter Entscheidungsaufgaben** (Abb. 3.4.15) eingeschätzt werden. Diese sog. **Entscheidungs-Unterstützungs-Systeme** (EUS) stellen (als integrierte Konzepte, bestehend aus Entscheidungsmodellen, Datenbasen und Entscheidungsträgern) die vorläufig letzte Stufe in der Evolution computergestützter Informationssysteme von den einfachen über die integrierten Datenverarbeitungssysteme und die Management-Informations-Systeme dar. Sie unterscheiden sich grundsätzlich von den **konventionellen Datenverarbeitungssystemen** (KDS). EUS werden speziell zur Unterstützung und Implementierung von

Art der Entscheidung	Führungs-(Planungs-)Aktivitäten			
	operativ	taktisch	strategisch	benötigte Unterstützung
wohl-strukturiert	Lagerbestands-Planung	Produktions-programm-planung	Standort-planung	KDS analytische Methoden (OR-Modelle)
teil-strukturiert	Cash-Flow-Dispositionen	Budgetierung	Analyse des Finanzbedarfs	EUS heuristische Methoden (Simulations-Modelle)
schlecht-strukturiert	Auswahl des Titelblatts für ein Magazin	Personal-planung	Portfolio-Planung	menschliche Erfahrung und Intuition

Abb. 3.4.15: Bezugsrahmen für ein Informationssystem (nach Keen und Scott-Morton [Decision] 87)

Entscheidungen entworfen. Sie sollen Linien- und Stabsarbeit erleichtern und dabei die Effektivität der einzelnen Entscheidungsträger sowie die ihrer Organisationen steigern. Der Entscheidungsträger begnügt sich hier nicht mit regelmäßigen und standardisierten Berichten. Er initiiert vielmehr selbst jede Systemnutzung, entweder direkt oder über sein Stabpersonal (vgl. Alter [Decision] 2/3).

Die **Grundidee** von EUS ist der Versuch, in konsequenter Weise die Leistungsfähigkeit der Maschine bei der Lösung von wohl-strukturierten Problemen mit der Urteilsfähigkeit des Menschen bei der Behandlung schlecht-strukturierter Probleme in eine Art Symbiose zu bringen, um somit bessere Voraussetzungen für die Bearbeitung teil-strukturierter Entscheidungsaufgaben zu schaffen. Das EUS-Konzept stellt hinsichtlich seines Leistungsanspruchs und damit bezüglich der Programmierbarkeit von Entscheidungen einen **gangbaren Mittelweg** dar. Es impliziert keine revolutionäre Neuerung und keinen Griff nach den Sternen, sondern es geht vom Machbaren aus; d.h. daß schlecht-strukturierte Aufgaben auch in Zukunft – trotz aller Fortschritte auf dem Gebiet der künstlichen Intelligenz – einer computer-basierten Lösung nicht zugänglich sein werden (vgl. dazu auch Weizenbaum [Computer]). In dieser realistischen Einschätzung sowie in seiner Einfachheit und Wirklichkeitstreue (bezüglich der Betrachtung des individuellen und organisationalen Informationsverarbeitungsverhaltens) liegen die Attraktivität und die Erfolgschancen dieses Ansatzes. Beweise für diese Vermutung liegen bereits vor (vgl. die Anwendungsbeispiele bei Alter [Decision] sowie Keen und Scott-Morton [Decision]).

Mittlerweile wird auf dem Software-Markt eine Vielzahl von EUS-Generatoren angeboten. Beispiele sind IFPS (EXECUCOM), AS (IBM), FCS (EPS), SYSTEM W (Comshare).

Voraussetzung für den Erfolg von EUS-Anwendungen sind vor allem eine den jeweiligen Bedürfnissen angepaßte Konfiguration der EUS-Einheit, eine adäquate personelle Besetzung und organisatorische Integration sowie bei dessen Einführung die Anwendung von entsprechenden Implementierungsstrategien. Was den **technischen Aufbau** der EUS-Einheiten betrifft, so wird sich in den meisten Fällen der Entwurf von eigenständigen Daten- und Modellbanken anbieten, die jedoch über entsprechende Zugriffsmöglichkeiten zu den allgemeinen Daten- und Modellbanken verfügen. Hinsichtlich der organisatorischen Gestaltung wird die Konzipierung der EUS-Einheit als Stabsstelle vorgeschlagen, deren Größe, Struktur und Wirkungsfeld von der Größe, der Komplexität und den spezifischen Anforderungen der Organisation sowie dem Grad ihrer führungsbezogenen und technologischen Reife abhängig gemacht werden sollte. Wie jede organisationale Neuerung, so erfordert auch die Einführung eines EUS eine **Implementierungsstrategie**. Die Notwendigkeit dazu besteht insofern, als es sich hier um einen tiefgreifenden **organisationalen Wandel** handelt, der die Effektivität von Entscheidungsprozessen nachhaltig beeinflußt (vgl. Keen und Scott-Morton [Decision]).

Nach einer über zehnjährigen Entwicklungsgeschichte haben Entscheidungsunterstützungssysteme einen festen Platz im computergestützten Informationswesen gefunden. Es ist aber auch so mancher problematische Weg eingeschlagen worden, der Anlaß zu Reorientierungen gibt. Als Beispiel ist die Tendenz zu »Produkten von der Stange« anstatt »maßgeschneiderter Konzepte« zu nennen. Daraus ist die Forderung nach einer spezifischen Betonung der Entscheidungskomponente abzuleiten.

Eine neuere informationstechnische Entwicklung im Bereich der **künstlichen Intelligenz**, für die sich auch interessante betriebswirtschaftliche Perspektiven abzeichnen, sind Expertensysteme.

> Ein **Expertensystem** ist ein wissenbasiertes Informationssystem, das bereichsspezifisches Wissen eines Experten beinhaltet und einem Anwender in einer benutzernahen und erklärenden Form zur Verfügung stellt.

Expertensysteme zeichnen sich dadurch aus, daß Problemstellungen und Lösungsalgorithmen nicht explizit in Form eines Programms (prozedural) eingegeben werden, sondern daß es ausreicht, eine Problemstellung deklarativ zu beschreiben, wobei die systeminterne **Problemlösungskomponente** selbständig Lösungen sucht und dem Benutzer anbietet. Dies wird dadurch ermöglicht, daß bereichsspezifisches Wissen von Experten explizit in einer sogenannten **Wissensbasis** abgespeichert wird und so dem einzelnen Benutzer zur Verfügung steht. Die Akquisition von Wissen erfolgt mit Hilfe der **Wissenerwerbskomponente** des Systems, wobei die Hauptproblematik in der adäquaten Formalisierung des Expertenwissens in die systemeigene Darstellung liegt. »Wissen« wird dabei im allgemeinen aufgespalten in Fakten- und Regelwissen. Regeln haben meist die Form von »Wenn-Dann-Aussagen« und bilden die Grundlage für mögliche Ableitungen und Schlußfolgerungen. Eine andere Form der Wissensrepräsentation bilden »Frames«, die den Aufbau komplexer Objekte ermöglichen, und »semantische Netze«, die assoziative Zusammenhänge zwischen Objekten abzubilden erlauben (vgl. Harmon/King, [Expertensysteme] S. 44 ff.).

Auf der Basis der jeweiligen Wissensrepräsentationen ist das System nun in der Lage, dem Befrager die Problemzusammenhänge hinreichend genau darzustellen und insbesondere mit Hilfe der **Erklärungskomponente** seine gefundenen Lösungswege aufzuzeigen und zu erläutern. Für alle Komponenten wichtiger Bestandteil ist eine benutzerfreundliche und problemadäquate Kommunikationsschnittstelle, die in einer zumeist grafikorientierten und nahezu natürlichsprachlichen **Dialogkomponente** realisiert ist. Abb. 3.4.16 zeigt zusammenfassend die wichtigsten Elemente eines Expertensystems.

Angaben über bereits existierende Expertensysteme und Überlegungen über mögliche betriebswirtschaftliche Anwendungen werden u. a. von *Mertens* ([Künstliche Intelligenz] 686 ff.) sowie *Luconi, Malone* und *Scott Mortom* [Expertsystems] gemacht.

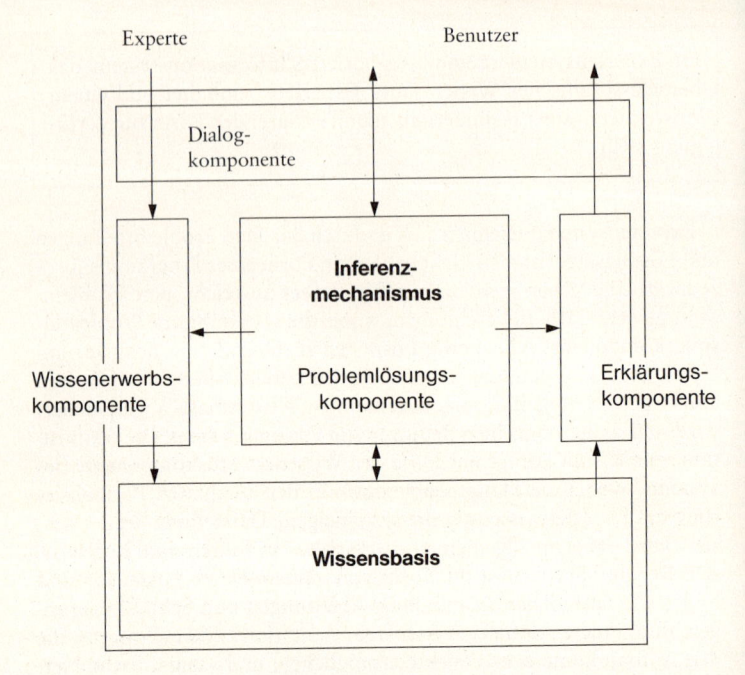

Abb. 3.4.16: Elemente eines Expertensystems

4.5 Informationstechnologie und Systemgestaltung

4.5.1 Organisationsproblematik

Die moderne Informationstechnologie ist inzwischen nicht nur zu einem festen Bestandteil der betrieblichen Informationswirtschaft geworden. Sie hat darüber hinaus auch Spuren in der Evolution des Führungsverhaltens und der Organisationsstrukturen von Unternehmen hinterlassen.

Mit dem Einsatz elektronischer Rechenanlagen wurden für die Unternehmensführung z. T. schon lange vorhandene mathematische Problemlösungshilfen erst anwendbar; die Entwicklung von neuen formalen Planungs- und Entscheidungshilfen erfuhr durch sie wesentliche Anregungen und Förderungen.

Im Zuge der Automatisierung betrieblicher Datenverarbeitung war zunächst das Entstehen separater, **zentraler EDV-Abteilungen** zu beobachten; danach bestand das organisatorische Problem der Computer-Unterstützung im Aufbau verteilter, **dezentraler Systeme**; die Herausforderungen heute sind die Gestaltung eines Informations-Management, die Realisierungen einer Strategischen Informationssystem-Planung sowie die weitere Integration von Informations- und Kommunikationstechnik. Die Erfahrung hat gezeigt, daß von der Informationstechnologie zwar keine unmittelbaren Zwänge in Richtung auf bestimmte Strukturformen (Zentralisation oder Dezentralisation von Entscheidungen), aber doch gewisse Impulse bezüglich der Entwicklung neuer Strukturalternativen ausgehen (vgl. Grochla [Planung] 72 f.).

Die Realisierung des Leistungspotentials computergestützter Informationssysteme hängt nicht zuletzt von geeigneten **organisatorischen Maßnahmen** ab, die die Organisation dieser Systeme selbst (bezüglich Entwicklung, Betrieb und Nutzung), ihrer Teilbereiche sowie ihrer Projekte (i. S. v. speziellen Anwendungen) und die deren Integration in die Unternehmensstruktur betreffen (vgl. Szyperski [Informationssysteme] 933). Bei allen solchen Gestaltungsmaßnahmen sollte deshalb nicht die Informationstechnologie an sich im Vordergrund stehen, sondern vielmehr das gesamte **Aufgabenerfüllungssystem,** dem die Technologie zu dienen hat. Dies impliziert, daß die Informationstechnologie i. S. v. *Kubicek* [Informationstechnologie] 21 ff.) als »quasi-organisatorischer Aktionsparameter« aufgefaßt wird. Ein derartiges Problemverständnis dürfte die wirksame Integration moderner Informationstechnologie in Führungssysteme erleichtern, zwingt es doch dazu, die für die Akzeptanz solcher Innovationen so wichtigen psychologischen und sozialen Dimensionen von vornherein zu berücksichtigen.

4.5.2 Gestaltungsaspekte

Die Gestaltung computergestützter Informationssysteme ist mit zahlreichen Problemen verbunden, deren Lösung vielfältige Kenntnisse und Erfahrungen sowie eine alle wichtigen Aspekte umfassende Systembetrachtung voraussetzt. Sie umfaßt die analytischen Tätigkeiten der **Zustandsbeschreibung** und der **Bedarfserfassung** sowie die darauf aufbauenden synthetischen Aktivitäten der **Zielformulierung** und **Strukturbildung.** Als Entwicklungsstrategie kommen – ähnlich wie beim Aufbau und bei der Einführung von Planungssystemen – drei Alternativen in Betracht; der »bottom-up«- oder der »top-down«-Ansatz oder eine Kombination beider Ansätze, die möglichst auf eine gleichzeitige Realisierung bzw. Vermeidung der jeweiligen Vor- und Nachteile abstellt (vgl. Hoffmann [Informationswirtschaft] 64 ff. sowie Hoffmann [Computergestützte Informationssysteme] 150 ff.). Im speziellen Anwendungsfall gibt es für die Wahl und die Ausgestaltung einer Entwicklungsstrategie kein Patentrezept; beides muß vielmehr situationsspezifisch und damit maßgeschneidert erfolgen.

Aufgrund der großen Variabilität der zu berücksichtigenden Elemente und deren Beziehungsreichtum ist die **Gestaltung** von computergestützten Informationssystemen ein mehrstufiger Prozeß, dessen einzelne Phasen – bedingt durch neue Einsichten – u. U. mehrfach zu durchlaufen sind. Die Phasen der **Systemgestaltung** (Abb. 3.4.17) umfassen

– die **Systemplanung,** bestehend aus der Systemanalyse (Vorstudie mit Bedarfserfassung, Istaufnahme und Wirtschaftlichkeitsberechnung) und dem Systementwurf (vom Grob- zum Detailkonzept)

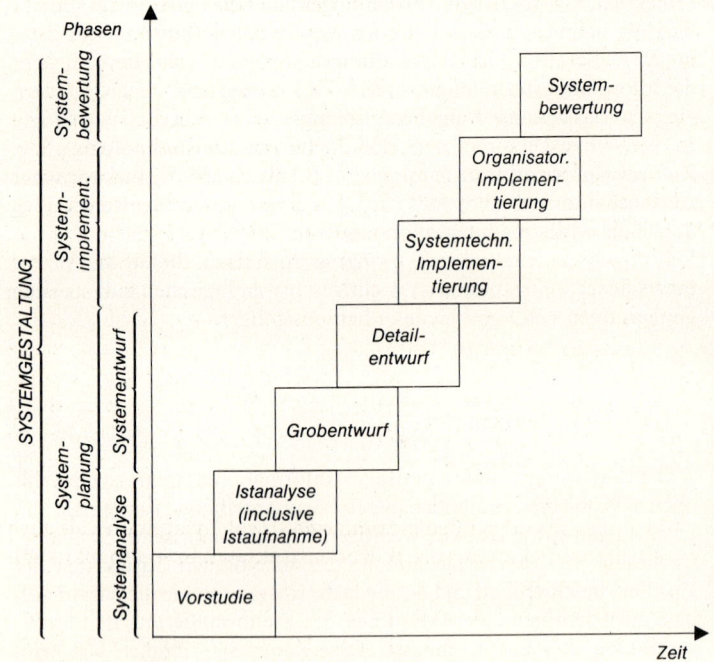

Abb. 3.4.17: Elemente eines Expertensystems

- der **Systemimplementierung** (mit technischen und organisatorischen Regelungen) und
- der **Systembewertung** (einschließlich der Systempflege und ggf. notwendig werdender Modifikationen).

Zur Entwicklung und **Einführung** ganzer EDV-Systeme, wie auch zur Realisierung einzelner EDV-Anwendungen, empfiehlt sich eine projektbegleitende Planung und Kontrolle (vgl. Hoffmann [Informationswirtschaft] 67 ff.). Ein solches Projektmanagement hat u. a. sicherzustellen, daß die Projektdurchführung innerhalb bestimmter Zeit- und Kostenvorgaben erfolgt, daß Entwicklungseffizienz und Systemqualität ein hohes Niveau erreichen, daß die Systemkompatibilität gewahrt ist, daß Risiken rechtzeitig erkannt werden und daß nur Anwendungen mit hohem Nutzen zur Realisation kommen. Dabei sind die aus EDV-Spezialisten und Anwendern gebildeten Projektteams sowie eine möglichst hoch angesiedelte organisatorische Unterstellung derselben wichtige Erfolgsbedingungen.

Nicht immer halten die angebotenen Systeme der computergestützten Datenverarbeitung, was sie versprechen. Oft liefern sie nur große Mengen von Daten, aber nicht die von der Unternehmensführung benötigten Informationen. Kosten- und Nutzen-Relationen, die in diesem Zusammenhang ohnehin schwer zu konkretisieren sind, erscheinen dann in einem sehr ungünstigen Licht. Um die Wirksamkeit solcher Systeme zu erhöhen und ihre Kosten zu senken, hat *Rockert* [Topmanager] die **Methode der kritischen Erfolgsfaktoren (KEF)** vorgeschlagen. Diese Methode geht davon aus, daß **computergestützte Management-Informationssysteme (CMIS)** letztlich nur dann entscheidungswirksam und kostengünstig sein können, wenn die Entscheidungsträger ihren Bedarf an »harten« und »weichen« Informationen (z. B. Finanzzahlen und Angaben über die Produktqualität) selbst festlegen können und wenn sich die Informationsversorgung auf eben diesen Informationsbedarf konzentriert. Deshalb muß zunächst herausgefunden werden, welche Faktoren für den Unternehmenserfolg wirklich von kritischer Bedeutung sind. Dies geschieht mit Hilfe von Interviews. Der **Prozeß der Gestaltung von CMIS** mit Hilfe der KEF-Methode umfaßt die folgenden **Schritte:**

- Identifizieren der KEF; diese umfassen sowohl quantitative als auch qualitative Faktoren, so z. B. Kostenstrukturen bzw. Produktqualität und -neuheit.
- Festlegen der KEF, über die ein breiter Konsens besteht, und Aufzeigen jener KEF, über die ein ausgeprägter Dissens vorliegt, sowie Abstimmen der KEF mit den strategischen Unternehmenszielen.

- Aufdecken von Informationslücken durch Vergleich angebotener und nachgefragter Informationen.
- Abklären der Rolle einzelner Entscheidungsträger bezüglich der Beherrschung der KEF und der dabei zu treffenden Entscheidungen, wodurch der individuelle Informationsbedarf definiert wird.
- Transparentmachen der KEF, damit die empfangenen Informationen adäquat beurteilt werden können; eliminieren von irrelevanten Daten und Füllen von Datenlücken.
- Aufbauen eines Prototyp-Systems und systematisches Weiterentwickeln unter Beteiligung der Unternehmensleitung.

Durch eine derartige Konzentration auf entscheidungsrelevante Informationen kann es gelingen, das oft beklagte Dilemma zwischen »Datenreichtum« und »Informationsarmut« aufzulösen.

4.5.3 Implementierungsstrategien

Die **Implementierung** von computergestützten Informationssystemen – d. h. ihre Installation und Nutzung – ist ein besonders kritisches Problem, impliziert diese doch gewöhnlich einen **tiefgreifenden organisationalen Wandel**. Sie vollzieht sich nicht von selbst, sondern erfordert eine explizite Strategie, die das gesamte Problemfeld erfaßt.

Nicht selten treten bei derartigen Innovationen (teils emotionale) **Widerstände** und **Konflikte** seitens der Benutzer auf, und häufig scheitert dann die Einführung von technisch durchaus einwandfreien Systemen an ihrer mangelnden organisationalen Akzeptanz.

Gegründet auf der durch Erfahrung gewonnenen Erkenntnis, daß die Implementierung von EDV-Systemen und -Projekten nicht nur eine technische Aufgabe, sondern auch ein soziales Phänomen darstellt, beginnt sich allmählich ein **Implementierungsparadigma** zu entwickeln. Danach hängt der Erfolg einer Systemeinführung ab von der gegenseitigen Verpflichtung und den realistischen Erwartungen seitens der Systementwickler, -benutzer und -unterstützer, vom Erkennen und Lösen der Implementationswiderstände sowie von der Institutionalisierung des vollständigen Systems. Effektive Implementierungen setzen voraus, daß der EDV-Spezialist mit seiner Lösung ein für den Benutzer wirklich bestehendes und für ihn bedeutsames Problem aufgreift, daß beide im gesamten Gestaltungsprozeß eng zusammenarbeiten und daß sie von der **Unternehmensführung hinreichend unterstützt werden** (vgl. Grochla [Gestaltung] 125 ff.). Die Implementierung neuer Systeme ist immer mit Risiken verbunden, die in den verschiedensten Faktoren begründet sein können. Diese Risikofaktoren, die vom unwilligen Benutzer über unzureichende Zweckspezifikationen bis hin zu Wirtschaftlichkeitsproblemen reichen, gilt es zu erkennen und mittels geeigneter Strategien zu behandeln (vgl. Alter [Decision] 155 ff.).

Die Einführung komplexer Informationssysteme erfolgt – was ihre Aufgabenrealisierung betrifft – gewöhnlich evolutionär und modular, d. h. allmählich von Aufgabenbereich zu Aufgabenbereich fortschreitend. Dementsprechend müssen auch die Implementierungsaktivitäten z. T. noch weit in die Anwendungspraxis hineinreichen. Viele Fehlschläge von Systemimplementierungen sind sicher nicht zuletzt darauf zurückzuführen, daß die Benutzer zu früh mit den Problemen des Systems alleingelassen wurden. Es ist deshalb notwendig, daß die für die Gestaltung und Einführung von computergestützten Informationssystemen gebildeten **Projektteams** und die mit ihnen kooperierenden Entscheidungs- und Informationsgruppen entsprechend lange tätig sind.

Die »richtige« Zusammensetzung dieser verschiedenen **Einheiten der Projektorganisation** und der enge »sachbezogene« Dialog zwischen ihnen sind die kardinale Voraussetzung dafür, daß das eigentliche Ziel der Systemgestaltung, die **Entscheidungsunterstützung,** nicht aus dem Auge verloren wird. Dabei ist die Informationstechnologie, wie herausfordernd und anspruchsvoll sie auch immer sein mag, nur das Mittel zur Realisierung dieses Ziels.

4.6 Ausblick

Der **Computer,** das Herzstück der modernen Informationstechnologie, ist in vielen Branchen bereits zu einem unverzichtbaren Hilfsmittel bei der Geschäftsabwicklung geworden. So sind z. B. Reservierungs- und Buchungssysteme bei den großen Fluggesellschaften ohne Computer kaum mehr vorstellbar. Einen ähnlich hohen Stellenwert hat der Computer inzwischen im Banken- und Versicherungsgewerbe erlangt. Mit der Einführung solcher computergestützten Systeme wie Bildschirmtext, elektronische Post, elektronische Gelbe Seiten, elektronisches Einkaufen und elektronisches Konferieren sowie dem Aufbau der dazu benötigten Infrastruktur in Form von Kommunikationsnetzen, Satelliten usw. wird die Computerisierung des Wirtschaftslebens fortschreiten (vgl. Zahn [Mikroelektronik] 7ff.). Im Geschäftsleben von morgen wird dann der Computer die Bedeutung haben, die das Telefon gestern hatte. Die meisten Büroarbeitsplätze werden dann mit einem Computer (z. B. einem Personal Computer) bzw. einem computergestützten System (mit integriertem Schreibautomaten, Kopiergerät, Telefon und Fernschreiber) ausgestattet sein.

Die Informationstechnik, d. h. neben Computertechnik vor allem Mikroelektronik, digitale Signaltechnik und optische Nachrichtentechnik, wird auf diese Weise weitere Unterstützungen und Rationalisierungen betrieblicher Abläufe ermöglichen, was Schlagworte wie »**Büro der Zukunft**« und »**Fabrik der Zukunft**« andeuten. Neben dieser Eigenschaft als Mittel zur Produktionssteigerung entwickelt sie sich zunehmend zu einer strategischen Waffe (vgl. u. a. Mertens und Plattfaut [Informationstechnik], 7ff.).

Die Informationstechnik gewinnt als Wirtschaftsfaktor stark an Bedeutung (vgl. Beckurts [Wirtschaftsfaktor], 26ff.); sie ist die Basis für Produkt- und Prozeßinnovationen zur Revitalisierung alter und zur Entwicklung neuer Branchen und Märkte. Sie verschiebt bestehende Branchen- und Marktgrenzen, und sie hat Einfluß auf die Kräfte des Wettbewerbs (Rivalität unter den Wettbewerbern, Markteintritte, Substitutionen sowie Lieferanten- und Kundenmacht).

Die Einführung moderner Informationstechnik kann für bestimmte Unternehmen eine Notwendigkeit zur Erhaltung ihrer Wettbewerbsfähigkeit sein, und zwar dann, wenn ihre Wettbewerber sie bereits einsetzen oder wenn ihre Kunden sie verlangen. Für andere Unternehmen kann sie die Realisierung von Wettbewerbsvorteilen bedeuten, wenn es ihnen damit gelingt, das etablierte Spiel der Wettbewerbskräfte zu verändern. Dies ist möglich, wenn Informationstechnik eine Geschäftsstrategie unterstützt, verstärkt oder wenn sie wesentlicher Bestandteil derselben wird (vgl. Lucas und Turner [Strategy] und Porter und Millar [Wettbewerbsvorteile].

Um die Informationstechnik zu einer wirksamen Waffe im Wettbewerb zu machen, ist der mögliche Einfluß von Informationstechnik auf die Branchenstruktur, den Wettbewerb, die Geschäftsstrategien und die Wettbewerbsaktivitäten mit Hilfe systematischer Wirkungsanalysen zunächst abzuschätzen. Formale Hilfsmittel dazu sind u. a. die »Information Intensity Matrix« (mit den Dimensionen Informationsgehalt des Produktes und Informationsintensität der Wertkette) von *McFarlan* [Information Technology], oder das »Consumer Resource Life Circle Model« von *Ives* und *Learmonth* [Information System].

Die Analysen müssen die Fragen beantworten, ob durch den Einsatz von Informationstechnik signifikante Veränderungen der marktbezogenen Leistungen des Unternehmens herbeigeführt und ob damit lohnenswerte Wettbewerbsvorteile realisiert werden können. Wenn diese Fragen zu bejahen sind, dann kann ein strategischer Aktionsplan entwickelt werden. Dabei sind Fragen zu beantworten nach der adäquaten Geschäftsstrategie und ihren konkreten Umsetzungen in einzelnen Wertschöpfungsaktivitäten, nach der Art und Höhe der erforderlichen Investitionen sowie nach den Anforderungen auf Organisationsstrukturen und Personalressourcen. Erfolgskritisch ist dabei, daß das Management adäquate Verbindungen zwischen Strategie, Technologie, Struktur und Ressourcen schafft und erhält, daß es Information als strategische Ressource betrachtet und Strategien zur Nutzung informationstechnischer Innovationen entwickelt.

Fundamentale Voraussetzung dafür ist ein umfassendes Informationsmanagement mit den Aktionsfeldern Management von Informationsbeschaffung und -verarbeitung, Gestaltung und Management der informations- und kommunikationstechnischen Infrastruktur, Management der Informationsbestände und vor allem Integration von Informationstechnologie und Unternehmensstrategie (vgl. Bullinger [Informationsmanagement], S. 80f.).

> **Informationsmanagement** heißt, die Bedingungen dafür schaffen, daß die für strategische Entscheidungen erforderlichen internen und externen Informationen schnell und kostengünstig bereit gestellt werden können.

Kern eines solchen Informationsmanagements ist die strategische Planung computergestützter Informationssysteme (Zur Methodik vgl. u. a. Kühn und Kruse [Strategische Planung] sowie Camillus und Lederer [Computerized Information Systems]). Dabei ist wichtig, daß Informationssystem- und Geschäftsfeldplanung in Übereinstimmung erfolgen und daß Möglichkeiten für strategisch erforderliche Weiterentwicklungen des Informationssystems sichergestellt werden.

Empirische Untersuchungen bei den »Großen 500«-Unternehmen der Bundesrepublik Deutschland und 440 mittelständischen Unternehmen in Baden-Württemberg verdeutlichen, daß erfolgreiche Unternehmen Informationstechnologie offenbar als strategische Waffe in Wettbewerb einsetzen (vgl. Mayer-Pliening [Information Management und -Technologie]): Sie haben eine wesentlich stärkere informationstechnische Durchdringung; Informationstechnik leistet einen wichtigen Beitrag zur Realisierung ihrer strategischen Ziele; sie haben relativ genaue Kenntnis von der informationstechnischen Unterstützung ihrer Wettbewerber, sie schätzen sich hinsichtlich informationstechnischer Anwendungen gegenüber ihren nationalen Wettbewerbern als ebenbürtig ein; bei der Planung informationstechnischer Systeme konzentrieren sie sich auf die Verbesserung ihrer strategischen Wettbewerbsposition.

Literaturhinweise

Alter, Steven L.: [Decision] Support Systems, Current Practice and Continuing Challenges. London et al. 1980.
Beckurts, Karl-Heinz: [Wirtschaftsfaktor] Informationstechnik. In: Harvard-Manager, 1986/II, S. 26–33.
Brockhoff, Klaus: [Delphi-Prognosen] im Computer-Dialog, Tübingen 1979.
Bullinger, Hans-Jörg: Wettbewerbsvorteile durch [Informationsmanagement]. In: Warnecke, Hans-Jürgen und Bullinger, H.-Jörg, Büroforum '86: Informationsmanagement für die Praxis, Berlin, Heidelberg, New York, Tokyo 1986, S. 55–119.
Camillus, John C./ Lederer, Albert L.: Corporate Strategy and the Design of [Computerized Information Systems]. In: Sloan Management Review, Spring 1985, S. 35–42.
Dearden, John: Will the Computer Change the Job of [Top Management]. In: Sloan Management Review, Fall 1983, 25, S. 57–60.
Diebold, John: [Information Resource Management]. The New Challenge. In: Infosystems 6/79, S. 50–53.
Forrester, Jay W.: Industrial [Dynamics]. Cambridge (Mass.), Sixth Printing 1969.
Griese, Joachim und Friedhelm Rieke: Praktische Aspekte des [Informationsmanagement]. In: Information Management I/86, S. 22–25.
Grochla, Erwin: Betriebliche [Planung] und Informationssysteme. Reinbek b. Hamburg 1975.
Grochla, Erwin: Die Beteiligung der Unternehmensführung an der [Gestaltung] computergestützter Informationssysteme. In: Dietger Hahn (Hrsg.): Frühwarnsysteme industrieller Unternehmungen. Berlin 1980, S. 125–136.
Hansen, Hans R.: [Wirtschaftsinformatik I]. 5. Aufl., Stuttgart 1986.
Hansen, Hans R.: [Wirtschaftsinformatik II], Stuttgart 1979.
Harmon, Paul/ King, David: [Expertensysteme] in der Praxis, München 1986.
Hedberg, Bo: On-Man-Computer [Interaction] in Organizational Decision Making: A Behavioral Approach. Göteborg 1970.
Hoffmann, Friedrich: [Computergestützte Informationssysteme], München 1984.

Hoffmann, Michael J.: Betriebliche [Informationswirtschaft] und Datenverarbeitungsorganisation. Berlin u. New York 1976.

Hormann, A. H.: Planning by Man-Machine [Synergism]. In: Harold Sackmann und R. L. Citrenbaum (Eds.): Online-Planning – Toward Creative Problem-Solving, Englewood Cliffs, N. J. 1972, S. 69–134.

Keen, Peter G. und Michael S. Scott-Morton: [Decision] Support-Systems – An Organizational Perspective, London et al. 1978.

Kubicek, Herbert: [Informationstechnologie] und organisatorische Regelungen. Berlin 1975.

Kühn, Richard/ Kruse, Hans Fabian: [Strategische Planung] im EDV-Bereich. In: Wettbewerbsstrategien. In: Dichtl, Ronald/ Gerke, Wolfgang/ Kaiser, Alfred (Hrsg.): Zeitschrift für Organisation, 8/1985, S. 455–462.

Lucas, Henry C., Jr. and John A. Turner: A Corporate [Strategy] for the Control of Information Processing. In: Sloan Management Review, Spring 1982, S. 25–36.

Luconi, Fred L./ Malone, Thomas W./ Morton, Michael S. Scott: [Expert Systems]: The Next Challenge for Managers. In: Sloan Management Review, Summer 1986, 26, S. 3–14.

Marchand, David, A.: A Manager's Guide for Implementing Information Resource Management (IRM) in a State Agency, University of Columbia in South Carolina, Juni 1984.

McFarlan, Warren, F.: [Information Technology], Changes the Way you Compete. In: Harvard Business Review, 62/3, 1984, S. 98–103.

Mertens, Peter und Joachim Griese: Industrielle [Datenverarbeitung], Bd. II: Informations- und Planungssysteme. Wiesbaden 1972.

Mertens, Peter und Wolfgang Neuwirth und W. Schmitt: [Verknüpfung] von Daten- und Methodenbanken, dargestellt am Beispiel der Analyse von Marktforschungsdaten. In: Hans-Dieter Plötzeneder (Hrsg.): Computergestützte Unternehmensplanung. Stuttgart u. a. 1977, S. 291–331.

Mertens, Peter und F. Bodendorf: Interaktiv nutzbare [Methodenbanken] – Entwurfskriterien und Stand der Verwirklichung. In: Angewandte Informatik, H. 12 (1979), S. 533–542.

Mertens, Peter und Karlheinz Allgeyer: [Künstliche Intelligenz] in der Betriebswirtschaftslehre. In: Zeitschrift für Betriebswirtschaft, 53. Jg. 1983, S. 686–709.

Mertens, Peter und Plattfaut, Eberhard: [Informationstechnik] als strategische Waffe. In: Information Management, 2/1986, S. 6–17.

Meyer-Piening, Arnulf: [Informations -Management und -Technologie]. In: Office Management, 10/1986, S. 926–934.

Noltemeier, Hartmut: [Verknüpfungsprobleme]: Modelle – Methoden – Daten. In: Hartmut Noltemeier (Hrsg.): Computergestützte Planungssysteme. Würzburg u. Wien 1976, S. 247–253.

Parsons, Gregory L.: [Information Technology]: A New Competitive Weapon. In: Sloan Management Review, Fall 1983, S. 3–14.

Porter, Michael E. and Millar, Victor E.: Wettbewerbsvorteile durch Information. In: Harvard Manager, 1, 1986, S. 26–35.

Plötzeneder, Hans-Dieter (Hrsg.): [Wirtschaftsinformatik III]. Stuttgart 1980.

Rogart, John F.: [Topmanager] sollten ihren Datenbedarf selbst definieren. In: Harvard Manager, 1980/II, S. 45–58.

Scheer, August W. u. a.: Wirtschafts- und [Betriebsinformatik]. München 1978.

Scott-Morton, Michael S.: [Management-Entscheidungen] im Bildschirm-Dialog. Essen 1972.

Steiner, George A.: Top Management [Planung]. München 1971.

Szyperski, Norbert: Computergestützte [Informationssysteme]. In: Handwörterbuch der Organisation, 2. Aufl., Stuttgart 1980, Sp. 920–933.

Szyperski, Norbert und Gerhard Eschenröder: [Information-Resource-Management]. Eine Notwendigkeit für die Unternehmensführung. In: Kay, Ronald (Hrsg.): Management betrieblicher Informationsverarbeitung. München–Wien 1983, S. 11–37.

Walsh, Marilyn E.: Relational [Data Bases]. In: Journal of Systems Management, June 1980, S. 11–15.

Wiseman, Charles: [Strategy and Computers]: Information Systems as Competitive Weapons, Homewood 1985.

Weizenbaum, Josef: [Computer] Power and Human Reason. San Francisco 1976.

Winand, Udo: Zur [Gestaltung] von Modell-Methoden-Verbund-Programmen im Rahmen von quantitativen modellgestützten Problemlösungen. In: Angewandte Informatik, H. 12 (1975), S. 503–514.

Yves, B. and Learmonth, G.: The [Information System] as a Competitive Weapon. In: Communications of the ACM, 27, 12/1984, S. 1193–1201.

Zahn, Erich: Strategische [Planung] zur Steuerung der langfristigen Unternehmensentwicklung. Berlin 1979.

Zahn, Erich: [Mikroelektronik] in der Informationsgesellschaft. In: Harvard Manager, 1983/II, S. 7–13.

Zahn, Erich: [Produktionstechnologien] als Element internationaler Wettbewerbsstrategien. In: Innovation und Wettbewerbsfähigkeit, hrsg. v. Erwin Dichtl, Wolfgang Gerke und Alfred Kieser, Wiesbaden 1987, S. 475–496.

Stichwortverzeichnis für Band 2 der ABWL

Hinweis: Band 1 enthält ein vollständiges Stichwortverzeichnis für alle 3 Bände der Allgemeinen Betriebswirtschaftslehre. Das Stichwortverzeichnis des vorliegenden Bandes enthält neben den Stichworten für Band 2 Hinweise auf wichtige Stichworte in Band 1 und Band 3
I verweist auf Band 1, III auf Band 3.

ABC-Analyse III
Ablauforganisation 76, 92
Absatzwirtschaft III
Abschreibungen, allgemein 253 ff.
–, außerplanmäßige 254 ff.
–, degressive 258
–, digitale 258
–, lineare 255
–, nach Leistung 259
–, planmäßige 253, 255
–, progressive 259
Abschreibungsplan 253 f.
Abschreibungsverfahren 255 ff.
Abteilung 104
Abweichung
–, mittlere absolute 424
–, mittlere quadratische 423
–, relative absolute 424
–, relative quadratische 423
Abweichungsanalyse 16, 64
AfA-Tabellen 253
Agio 268
Aktiengesellschaft I, III
Aktiva 200 f.
Alternative, allgemein 39 ff., I
Alternativenbewertung 44
Alternativensuche 39 ff.
Analytische Lösungsverfahren I
Anbauverfahren 384
Anhang 289
Anlagevermögen, allgemein 250
–, Bewertung des 251
Annuität III
Anpassungsrhythmus 31 f.
Ansätze 73 ff.

Anschaffungskosten 243 f.
Antibilanzkonzeptionen 220
Anwendungssoftware 477
Äquivalenzziffern-Divisionskalkulation 393 f.
Arbeit III
Arbeitnehmer I, III
Arbeitsbewertung III
Arbeitsbeziehungen 91
Arbeitsgemeinschaft I
Arbeitsgruppen 105
Assembler 478
Aufbauorganisation 76, 92
Aufgabe 75
Aufwand 342
–, neutraler 343
Aufwandsrückstellungen 277
Ausgaben 340 ff.
Ausschüsse 107 f.
Ausschüttungssperre 212, 236
Außenfinanzierung III
Ausstehende Einlagen 268
Autokorrelationsanalyse 439

Barwert III
Basissysteme 92 ff.
Bayes-Analyse 169 f., 426 ff.
Befragung, allgemein 178 ff.
–, persönliche 178
–, mündliche 179
–, nichtpersönliche 178
–, schriftliche 179
Beibehaltungswahlrecht 254, 261
Beobachtung, allgemein 179
–, nicht-teilnehmende 180

–, offene 180
–, teilnehmende 180
–, verdeckte 180
Bereich, zulässiger 40
Beschäftigungsabweichung 360 f.
Beschaffung III
Beschaffungsmarketing III
Beständebilanzen 224
Bestandsbewertung 391
Bestätigungsvermerk 332
Bestellmenge III
Besteuerung I
Beteiligungsfinanzierung III
Betrieb I
Betriebe, öffentliche I
Betriebsabrechnungsbogen 378 ff.
Betriebsarten I
Betriebsbuchführung 195
Betriebserfolg, allgemein 400 ff.
–, Planung und Kontrolle des 406 ff.
Betriebsergebnis 286
Betriebsmittelkosten 370
Betriebsrat I
Betriebssystem 478
Betriebsverfassungsgesetz I
Betriebswirtschaftslehre I
Bewegungsbilanzen 225 ff.
Bewegungsrechnungen 202
Bewertung 243 ff., 249 ff.
–, verlustfreie 261
Bewertungskriterien 45
Bewertungsvorschriften 243 ff.
Bezugsrecht III
Bilanz, allgemein 199 ff., 248 ff.
–, außerordentliche 212
–, Bewertung in der 243
–, externe 233
–, finanzwirtschaftliche 218
–, Grundstruktur der 201
–, Informationszweck der 205 ff.
–, interne 234
–, konsolidierte 232
–, ordentliche 212
–, prospektive 223
–, retrospektive 223
–, Zahlungsbemessungszweck der 210 ff.

Bilanzadressaten 206 ff.
Bilanzarten 214 ff.
Bilanzbegriff 199 ff.
Bilanzempfänger 233 ff.
Bilanzgewinn 289
Bilanzgleichung 200
Bilanzgliederung 250
Bilanzierung
–, allgemeine Vorschriften 234 ff.
–, handelsrechtliche Vorschriften der 234 ff., 249 ff.
–, Praxis der 234 ff.
–, steuerrechtliche Vorschriften der 238 ff., 247 f.
Bilanzidentität 241
Bilanzierungsanlässe 212 ff.
Bilanzierungsgrundsätze 240
Bilanzierungszeiträume 222 ff.
Bilanzinhalte 223 ff.
Bilanzklarheit, Grundsatz der 240
Bilanzkontinuität, Grundsatz der 241
Bilanzkonzeption, allgemein 214 ff.
–, dynamische 217 f.
–, kapitaltheoretische 220
–, organische 219 f.
–, pagatorische 218
–, statische 216 f.
Bilanzrichtlinien-Gesetz 292, 311 f., 335
Bilanztheorie s. Bilanzkonzeption
Bilanzwahrheit, Grundsatz der 241
Bilanzzwecke 203 ff.
Börsenpreis 246
Box-Jenkins Prognoseverfahren 443 ff.
Budget 53 f.

CAD 457
CIM 457
Cluster-Analyse 182
Compiler 478
Computer 457, 479
Controlling 61

Datei 470
Daten 173, 180 ff., 470 f.

Datenanalyse 183 ff.
Datenbank 470 f.
Datenerfassung 481 f.
Datenreduktion 181 f.
Datenschutz 483
Datensicherung 483
Datenspeicherung 482
Datenträger 470
Datentransformation 482
Datenübertragung 483
Datenverarbeitung 455 ff.
Datenverarbeitungsprozeß, Phasen des 481
Dauerkollegien 107 f.
Deckungsbeitrag 352 ff.
Deckungsbeitragsrechnung 351, 364 ff.
Delphi-Methode 433 ff.
Dependenzanalyse 183 ff.
Dienstprogramme 478
Direct Costing 351, 364
Disagio 279
Diskontierung III
Diskriminanzanalyse 185
Distributionspolitik III
Divisionskalkulation, allgemein 392 ff.
–, einstufige 392
–, mehrstufige 392 f.
Durchschnittsmethode 263 ff.

EG-Rechnungslegungs-Richtlinien 292, 335
Eigenfinanzierung III
Eigenkapital 267
Ein-Gleichungs-Modell 445 ff.
Einkreissystem 197
Einliniensystem 90 f.
Einnahmen 344
Einzelbewertung, Prinzip der 261
Einzelbilanzen 231
Einzelkosten 345, 372 ff.
Einzelkostenabweichung 374
Einzelkostenkontrolle 373
Einzelkostenrechnung 364 ff.
Einzelunternehmen I

Elektronische Datenverarbeitung 455 ff.
Entgeltpolitik III
Entlohnung III
Entscheidung, allgemein 44 ff., 153 ff., I
–, konstitutive I
Entscheidungsalternativen s. Alternative
Entscheidungsbaum 40
Entscheidungsmodell I
Entscheidungsproblem I
Entscheidungsregel I
Entscheidungstheorie 157 ff., I
Equity-Methode 322 ff.
Ergebnismatrix I
Erfolgsausgaben 190
Erfolgsausweisbilanzen 217
Erfolgseinnahmen 191
Erfolgsrechnung, s. auch GuV
–, kurzfristige 400 ff.
–, Verfahren der kurzfristigen 401 ff.
Erhebungen 174 ff.
Erkenntnisgegenstand I
Erläuterungsbericht 311
Ermessensrücklagen 272
Ertrag 191
Experiment 174 f.
Expertenbefragungen 432 ff.
Expertensysteme 493, 496
Exponentielle Glättung 439 ff.

Faktorenanalyse 182
Feed back 16
Fehler, systematische 177
Fehlermaße 424
Feinplanung 33
Fertigungskosten 396
Fertigungsverfahren III
Fertigungswirtschaft III
Festbewertung 262
Fifo-Methode 264
Finanzanlagen 250
Finanzausgaben 192
Finanzbuchführung 195
Finanzeinnahmen 190

Finanzergebnis 286
Finanzierung III
Finanzierungsformen III
Finanzplan III
Firmenwert 252
–, derivativer 252
–, originärer 252
Fixkostendeckungsrechnung, stufenweise 354 f.
Fließprinzip 104
Floppy Disk 482
Fremdfinanzierung III
Frühwarnung 13
Führung, allgemein 1 ff.
–, Organisation der 73 ff.
Führungsinstrumente 4 ff.
Führungskonzeptionen 1 ff.
Führungsstil 2 ff.
–, autoritärer 2
–, demokratischer 2
Führungstheorie 2

Gemeinkosten, allgemein 345
–, Planung und Kontrolle der 387 f.
Gemeinschaftskontenrahmen der Industrie (GKR) 197
Genossenschaft I
Gesamtdeckungsbeitrag 352 ff.
Gesamtkostenverfahren 282 ff., 401 ff.
Geschäftsbereichsorganisation 123 ff.
Gewerkschaften I
Gewinn 289
Gewinnrücklagen 269
Gewinn- und Verlustrechnung 282 ff.
–, Gliederung der 282 ff.
Gewinnvortrag 286
Gezeichnetes Kapital 267 f.
Glättungskonstante 440
Gläubigerschutz 207
Gleitender-Durchschnitts-Prozeß 444
GmbH I
Going-concern-Grundsatz 192, 243
Gremien 107 f.
Grenzkostenrechnung 350
Grenzplankostenrechnung 362 ff.

Grobplanung 33
Grundkapital 267, I
Grundkosten 343
Grundmodell der Entscheidungstheorie 157 ff., I
Grundrechnungen 365
Grundsätze ordnungsmäßiger Buchführung und Bilanzierung (GoB) 239 ff.
Gruppenbewertung 262

Handel III
Handelsbilanz s. Bilanz
Hardware 479 ff.
Harmonisation 101 ff.
Harmonisationsdauer 102
Harmonisationsfunktion 102
Harmonisationsprinzip 102
Harzburger Modell 3
Hauptkostenstellen 375, 382
Haushaltung I
Herstellkosten 391, 396
Herstellungskosten 244 ff.
Heuristiken I
Hifo-Methode 265
Hilfskostenstellen 376, 382
Human-Relations-Bewegung 77
Humanisierung der Arbeit III

Identitätsprinzip 378
Imparitätsprinzip 242
Implementierungsstrategien 498
Industriekontenrahmen 198 f.
Information, allgemein 17 ff., 153 ff.
–, externe 165
–, interne 165
–, Kosten der 169
Informationsbedarf 168
Informationsbeschaffung 172 ff.
–, Organisation der 164 ff.
Informationsbudget 171 f.
Informationsentscheidungen 168 ff., 463 ff.
Informationsinteressen 205 ff.
Informationsmanagement 455 ff., 501

Informationsrückkopplung 16, 462
Informationssynthese 187 f.
Informationssystem, allgemein 463 ff., 467
–, computergestütztes 467 ff., 490 ff.
Informationstechnologie, allgemein 455 ff.
–, Begriff der 456 f.
Informationsverarbeitung 180 ff., 455 ff.
Informationswirtschaft 153 ff., 455 ff.
Innenfinanzierung III
Innerbetriebliche Leistungen, Verrechnung der 384
Instanz 104
Integration 86
Intensitätsrechnungen 230 ff.
Interamerican Accounting Association (IAA) 335
Interdependenzanalyse 183
International Accounting Standard Committee (IASC) 334
International Federation of Accounting (IFAC) 334
Interview 178
Inventar 235
Inventurverfahren 368
Investition III
Investitionsmodelle III
Investitionstheorie III
Istkostenrechnung auf Grenzkostenbasis 351 ff.
Istkostenrechnung auf Vollkostenbasis 346 ff.

Jahresabschluß 195, 234 ff.
–, Prüfung des 329 ff.
Jahresbilanz, Gliederung der 250
Jahresüberschuß 284, 288 ff.

Kalkulationsverfahren 391 ff.
Kapital 200 f.
Kapitalerhaltung
–, nominale 216
–, reale 218
Kapitalflußrechnung 225

Kapitalrücklage 268 f.
Kapitalwert III
Kapitalgesellschaften I
–, Größenklassen von 237
Kapitalkonsolidierung 297 ff.
Kartell I
Kausalhypothese 174
Kollegien 107 f.
Kommissionen 107 f.
Komitee 107 f.
Kommunikationssystem 165
Kommunikationspolitik III
Kompetenzabgrenzung 136 f.
Konsolidierung 232, 293 ff.
Konsolidierungsgrundsätze 293 ff.
Konsolidierungskreis 295
Konsolidierungspflicht 295 ff.
Kontenplan 197
Kontenrahmen 197 ff.
Kontingenzanalyse 186
Kontingenztheoretischer Ansatz 79 f.
Kontrolle, allgemein 60 ff.
–, Phasen der 63 ff., 66 ff.
Kontrollbericht 64
Kontrollrechnung 68
Kontrollsysteme 68 ff.
Konzern, allgemein 293, I
–, Rechnungslegung des 291 ff.
Konzernabschlußrichtlinie (7. EG-Richtlinie) 292, 311 ff.
Konzernbilanz 291, 297
Konzerngewinn- und Verlustrechnung 307 ff.
Konzerngeschäftsbericht 311
Koordination, allgemein 26 ff.
–, hierarchische 30 f.
–, sachliche 28 f.
–, zeitliche 27 f.
Korrelationskoeffizient 439
Kosten, allgemein 338 ff.
–, fixe 345
–, kalkulatorische 341
–, variable 345
Kostenabweichungen 357 ff., 363
Kostenarten 367
Kostenartenrechnung 366 ff.

Kostenauflösung 351, 359
Kostenbegriff, allgemein 339
–, entscheidungsorientierter 339
–, pagatorischer 339
–, realwirtschaftlicher 340
–, wertmäßiger 339
Kostenfunktionen III
Kostenkontrolle 372 ff.
Kostenplanung 372 ff., 387 ff.
Kostenrechnung, allgemein 338 ff., 366 ff.
–, Aufgaben der 338
–, Grundbegriffe der 339 ff.
Kostenrechnungssysteme 345 ff.
Kostenstelle, Allgemeine 376
Kostenstellen 375 ff.
Kostenstellenkosten
–, sekundäre 381 f.
–, primäre 381
Kostenstellenrechnung 375 ff.
Kostentheorie III
Kostenträger 390
Kostenträgerrechnung 390 ff.
Kostenverläufe III
Kostenverrechnungsprinzip 376
Kostenverursachungsprinzip 376 f.
Kostenzuordnung 375
Kriteriengewichte 45 f.
Künstliche Intelligenz 492
Kurzfristplanung, revolvierende 54
Kybernetik I

Lagebericht 290
Lagerhaltung III
Langfristplanung 53
Latente Steuern 280 f.
Leistung 191, 344
Leistungsabschreibung 259 f.
Leistungsbewertung III
Leitindikatoren 435 ff.
Leitungsspanne 95
Lifo-Methode 264
Lineare Programmierung I, III
Liquidität III
Lochkarten 482
Lochstreifen 482

Lösungsverfahren I
Lofo-Methode 265
Logistik III
Lohn III
Lohnformen III

Management by Delegation 3
Management by Exception 4
Management by Objectives 3
Management-Informations-Systeme 497 f.
Magnetbänder 482
Marginal Costing 351
Marketing III
Marktformen III
Marktpreis 246
Marktwirtschaft I
Maßgeblichkeitsprinzip 238 f.
Materialbeschaffung III
Materialkosten 367 ff., 396
Matrixmodelle 133 f.
Matrixorganisation 133 ff.
Maximum-Likelihood-Methode 446
Mehr-Gleichungs-Modelle 449 ff.
Mehrliniensystem 91
Mensch-Maschine-Systeme 465 ff.
Methode der kleinsten Quadrate 446
Methodenbank 473 ff.
Mindestausschüttung 213, 236
Minimalkostenkombination III
Mitbestimmung I
Mittelfristplanung 53
Modell 157 ff., I
Modellbank 473 ff.
multivariate Methoden 182 f.
Mutungsintervall 447

Nachkalkulation 399
Niederstwertprinzip, allgemein 242
–, gemildertes 254
–, strenges 254, 260, 267
Nominalvermögen 201
Nominalwertprinzip 219 f.
Normalkostenrechnung auf Vollkostenbasis 347 ff.
Nutzwertanalyse I

Objektmodell 123 ff.
Objektorganisation 123 ff.
On-Line-Betrieb 465
Off-Line-Betrieb 465
Optimierungsmodelle I
Organisation 73 ff.
Organisationsanalyse 87 f.
Organisationsansätze 73 ff.
–, entscheidungsorientierte 78 f.
–, informationsorientierte 77
–, kontingenztheoretische 79 ff.
–, situationstheoretische 79 ff.
–, systemtheoretische 81
Organisationsformen 101 ff.
Organisationskultur 144 ff.
Organisationsmodell, allgemein 116 ff.
–, eindimensionales 116 ff.
–, divisionales 123 ff.
–, funktionales 117 ff.
–, mehrdimensionales 133 ff.
Organisationsplanung 141
Organisationsprinzipien 74
Organisationsstrukturen
–, Konfiguration von 97 ff., 139 ff.
Organisationssynthese 87 f.
Organisationssystem, allgemein 86 ff.
–, Beziehungen des -s 90 f.
–, Elemente des -s (Aufgaben, Personen, Sachmittel) 88 f.
Organisationstheorien 73 ff.
Organizational fit 141
Organizational slack 83

Passiva 200 f.
Pensionsrückstellungen 277
Periodenbilanzen 222
Personal III
Personalbedarf III
Personalbeschaffung III
Personalcomputer 488
Personalführung III
Personalkosten 369
Personalplanung III
Personalwirtschaft III

Personengesellschaften I
Plan, allgemein 11 f.
–, Bestandteile des -es 48 ff.
Planbilanzen 196
Plangrenzherstellkosten 398
Plangrenzselbstkosten 399
Plankalkulation 398
Plankosten 357 ff.
Plankostenrechnung
–, auf Teilkostenbasis 362 ff.
–, auf Vollkostenbasis 357 ff., 372 ff.
–, flexible 359 ff.
–, starre 357 ff.
Planung, allgemein 9 ff.
–, Arten der 24 ff.
–, Ausgleichsgesetz der 28
–, Begriff der 9 ff.
–, Bottom-Up 30
–, computergestützte 460, 490
–, flexible 32
–, nicht-rollende 32
–, operative 25
–, progressive 30
–, retrograde 30
–, rollende 32
–, simultane 27 ff.
–, starre 33 f.
–, strategische 25
–, sukzessive 27 ff.
–, taktische 25
–, Top-Down 30
–, zirkuläre 30
–, Zwecke der 12 ff.
Planungsmodelle 22, 29
Planungsphasen 35 ff.
Planungsprobleme
–, defekte 22
–, wohlstrukturierte 22
Planungsprozeß, allgemein 14 ff.
–, Ablauf eines -es 15
–, Phasen des -es 14 ff.
Planungsrechnung, allgemein 196, 406 ff.
–, dynamische 34
–, lineare I
–, parametrische 29

Planungssystem, allgemein 51 ff., 54 ff.
–, Eigenschaften von -en 54 ff.
–, Ergiebigkeit von -en 57 f.
Pooling-of-Interests-Methode 321
Preisabsatzfunktion III
Preisabweichung 410
Preisdifferenzierung III
Preisplanung 388
Preispolitik III
Primärerhebung 165
Primärforschung 174
Prinzip der Einzelbewertung 243
Prinzip der periodengerechten Abgrenzung 243
Prinzip der Vorsicht 243
Prinzipien der Stetigkeit und Kontinuität 243
Problem 38 f.
Problemfeststellung 38 ff.
Problemlücke 38 f.
Produktion III
Produktionsfaktoren I, III
Produktionsfunktionen III
Produktionsplan 50 f.
Produktionstheorie III
Produktlebenskurve III
Produktpolitik III
Profit-Center 125
Prognose, allgemein 41 ff., 413 ff.
–, Begriff der 413
–, ex post 415
–, kurzfristige 415 f.
–, langfristige 415 f.
–, mittelfristige 415 f.
–, selbst bestätigende 416
–, technologische 416
–, Typen von -n 415 ff.
–, wirtschaftliche 416
Prognosefehler 423 f.
Prognosemodell 417 f.
Prognosequalität 415
Prognoseverfahren 422 ff., 430 ff.
Programme
–, individuelle 478
–, standardisierte 478

Programmiersprachen 478 ff.
Projektgruppen, allgemein 109 ff.
Projektkollegien 109 f.
Projektorganisation 109
Proportionalitätsprinzip 377
Prüfung 329 ff.
Prüfungsbericht 331 f.
Publizität 234 ff., I

Quotenkonsolidierung 321 f.

Rahmenplanung 53
Randbedingungen 414
Rationalprinzip I
Realisationsprinzip 242
Realvermögen 201
Rechenschaft 203
Rechenschaftslegung 204
Rechenschaftspflicht 203
Rechnerverbund 480
Rechnungsabgrenzungsposten 278 ff.
Rechnungslegung, allgemein 203 ff.
–, externe 193
–, internationale Harmonisierung der 333 ff.
–, interne 193
Rechnungslegungsadressaten 205 ff.
Rechnungslegungsvorschriften 234 ff.
Rechnungswesen, allgemein 189 ff.
–, Systematik des betrieblichen -s 194 ff.
Rechtsformen I
Rechtsformentscheidung I
Redepflicht 331
Regionalmodell 130 ff.
Regionalorganisation
–, Grundmodell der 130 ff.
Regressionsanalyse 185
Regressionsmodelle 445 ff.
Reparaturkosten 372
Repräsentativbefragungen 431 f.
Retrogrades Verfahren 368
Revision 61
Risiko, allgemein 19
–, Entscheidung unter 156 f.
–, Entscheidungsregeln bei I

Root Mean Square Error 424
Rückkopplung 16
Rücklagen, allgemein 268 ff.
–, für eigene Anteile 269
–, gesetzliche 251, 269
–, satzungsmäßige 251, 270
–, steuerfreie 272 ff., 274
–, stille 271 ff.
Rückstellungen 276 ff.

Sammelbewertung 263
Sammelbilanzen 232
Schätzungsrücklagen 272
Scheinerfolg 219
Schuldenkonsolidierung 301 ff.
Sekundärerhebung 165
Sekundärforschung 173
Selbstkosten 396 f.
Selbstfinanzierung III
Sensibilitätsanalyse 155
Sensitivitätsanalyse 160
Sicherheit, allgemein I
–, Entscheidungen unter 156
–, Entscheidungsregeln bei I
Simulationsmodelle I
Simultanverfahren 386
Situativer Ansatz 79
Skontrationsverfahren 369
Software 477 ff.
Softwarekosten 461
Softwaretechnologie 460
Soll-Ist-Vergleich 16, 64
Sollkosten 360
Sollwert 63
Sonderbilanzen 212
Sonderposten mit Rücklagenanteil 272 ff.
Sonderrechnungen 365
Sozialbilanz 233, I
Span of Control 95
Spartenegoismus 125
Spartenorganisation 123 ff.
Speicher 479
Stabliniensystem 90 f.
Stabsabteilung 104
Stammkapital 267, I

Standardprogramme 477
Standortwahl I
Stelle 92
Steuerbilanz s. Bilanz
Steuern I
Steuerprogramme 478
Steuersystem I
Strategische Unternehmungsführung 140
Struktur 86 f.
Stückdeckungsbeiträge 352
Stückkosten 391 ff.
Stufenverfahren 385
Substanzerhaltung 219
Subsysteme 118
Systeme der Kostenrechnung 345 ff.
Systemgestaltung 494 ff.
Systemsoftware 477 ff.
Systemtheorie I
Systemtheoretischer Ansatz 81

Tageswertbilanzen 219
Tageswerte 246 ff.
Teilerhebung 176 ff.
Teilkostenrechnungssysteme
–, vergangenheitsorientierte 350 f.
–, zukunftsorientierte 356 f.
Teilpläne
–, Koordination von 13
Teilwert 247 f.
Tensormodelle 133, 136
Tensororganisation
–, Grundmodell der 36 f.
Totalbilanzen 222
Tragfähigkeitsprinzip 377
Transport III
Trendextrapolation 448

Übersetzungsprogramme 478
Umlaufvermögen, allgemein 250, 260 ff.
Umsatzkostenverfahren 282 ff., 403 ff.
Umwelt, allgemein 82 ff., I
Umweltschutz I

513

Ungewißheit, allgemein 156 ff., 162, I
–, Entscheidung unter 156 f.
Unsicherheit, allgemein 19, 157, I
–, Entscheidung unter 157
–, Entscheidungsregeln bei I
Unternehmen I
Unternehmensführung s. Führung
Unternehmenskultur 144 ff.
Unternehmensordnung I
Unternehmensverband I
Unternehmenswachstum I
Unternehmenswert 201
Unternehmensziele s. Zielbildung
Unternehmenszusammenschlüsse I

Validität 175
Variable Costing 350
Varianzanalyse 185 f.
Veränderungsbilanz 226
Verbindlichkeiten 273
Verbraucher I
Verbraucherverband I
Verbrauchsabweichung 360, 363, 400
Verbrauchsfolgeunterstellung 264
Verhältniszahlen 181
Vermögen 200 f.
Vermögensausweisbilanzen 216
Vermögensendwert III
Verrichtungsmodell 117 ff.
Verrichtungsorganisation
–, Grundmodell der 117 ff.
Verteilungsbeziehungen 90
Verteilungsmaße 181
Verursachungsprinzip 376
Vollerhebung 176 ff.
Vollkostenrechnungssysteme
–, vergangenheitsorientierte 346 ff.
–, zukunftsorientierte 357 ff.
Vorkopplung 16
Vorräte 250

Vorratsvermögen, allgemein 260
–, Bewertung im 260 ff.
Vorsicht, Grundsatz der 242

Wachstum I
Weltabschluß 313
Werbung III
Werkstattprinzip 103
Wert s. Bewertung
Wertanalyse III
Wertansätze, steuerliche 247 f.
Wertaufholung 254, 261
Wertschöpfung 191
Wertzusammenhang 254 f., 261
Wiederbeschaffungswert 219, s. a. Zukunftswerte
Willkürrücklagen 272
Wirtschaften I
Wirtschaftsgüter, geringwertige 252
Wirtschaftsordnung I
Wissenschaftsprogramme I
Wissenschaftsziele I

Zeitreihenanalyse 438 ff.
Zentralabteilung 106 f.
Zentraleinheit 479
Zielbildung 35 ff.
Ziele I
Zinssatz, interner III
Zufallsfehler 177
Zukunftswerte 247
Zuschlagskalkulation 394 ff.
–, differenzierte 396 ff.
–, summarische 395 f.
Zusatzkosten 343 f.
Zwangsrücklagen 272
Zweckaufwand 343 f.
Zweikreissystem 198
Zwischengewinn 306
Zwischengewinnkonsolidierung 305
Zwischensysteme 94 ff.

UTB für Wissenschaft

Grundwissen der Ökonomik BWL

Herausgegeben von
Prof. Dr. F. X. Bea, Tübingen, Prof. Dr. E. Dichtl, Mannheim
und Prof. Dr. M. Schweitzer, Tübingen

Ahlert
Distributionspolitik
DM 26,80 (UTB 1364)

Bea/Dichtl/Schweitzer
Allgemeine Betriebswirtschaftslehre
Band 1 · Grundfragen
3. A. DM 26,80 (UTB 1081)
Band 2 · Führung
3. A. DM 29,80 (UTB 1082)
Band 3 · Leistungsprozeß
2. A. DM 27,80 (UTB 1083)

Berg
Materialwirtschaft
DM 14,80 (UTB 859)

Bleicher
Unternehmungsentwicklung und organisatorische Gestaltung
DM 22,80 (UTB 749)

in Verbindung mit
Bleicher
Unternehmungsentwicklung und organisatorische Gestaltung – Arbeitsbuch
DM 18,–

Bloech/Lücke
Produktionswirtschaft
DM 26,80 (UTB 860)

Böcker
Marketing
2. A. DM 34,80 (UTB 919)

in Verbindung mit
Böcker/Thomas
Arbeitsbuch zu Marketing
DM 25,80

Brockhoff
Produktpolitik
DM 19,80 (UTB 1079)

Büschgen
Bankbetriebslehre
DM 16,80 (UTB 917)

Drukarczyk
Finanzierung
3. A. DM 29,80 (UTB 1229)

Hammann/Erichson
Marktforschung
DM 16,80 (UTB 805)

Hansen
Wirtschaftsinformatik I
5. A. DM 26,80 (UTB 802)

in Verbindung mit
Hansen
Arbeitsbuch Wirtschaftsinformatik I
3. A. DM 19,80 (UTB 1281)

GUSTAV FISCHER
SEMPER BONIS ARTIBUS
STUTTGART   NEW YORK

UTB für Wissenschaft

Grundwissen der Ökonomik BWL

Herausgegeben von
Prof. Dr. F. X. Bea, Tübingen, Prof. Dr. E. Dichtl, Mannheim
und Prof. Dr. M. Schweitzer, Tübingen

Hansen/Göpfrich
Wirtschaftsinformatik II
2. A. DM 19,80 (UTB 803)

in Verbindung mit
Göpfrich
Arbeitsbuch Wirtschaftsinformatik II - COBOL
2. A. DM 14,80 (UTB 1283)

Heigl
Controlling – Interne Revision
DM 14,80 (UTB 750)

in Verbindung mit
Heigl/Haas
Controlling – Interne Revision Arbeitsbuch
DM 29,-

Ihde
Distributions-Logistik
DM 9,80 (UTB 751)

in Verbindung mit
Ihde u.a.
Distributions-Logistik Arbeitsbuch
DM 26,-

Küpper
Ablauforganisation
DM 22,80 (UTB 1117)

Kupsch
Unternehmungsziele
DM 16,80 (UTB 861)

Meyer
Operations Research Systemforschung
2. A. DM 22,80 (UTB 1231)

Opitz
Numerische Taxonomie
DM 16,80 (UTB 918)

Plötzeneder
Wirtschaftsinformatik III
DM 19,80 (UTB 862)

Scherrer
Kostenrechnung
DM 29,80 (UTB 1160)

in Verbindung mit
Scherrer
Kostenrechnung – Arbeitsbuch
DM 25,80

Schweiger/Schrattenecker
Werbung
DM 26,80 (UTB 1370)

Tschammer-Osten
Haushaltswissenschaft
DM 16,80 (UTB 869)

Wagner/Dirrigl
Die Steuerplanung der Unternehmung
2. A. Etwa DM 24,80 (UTB 863)

Wysocki
Sozialbilanzen
DM 22,80 (UTB 1080)

GUSTAV FISCHER
STUTTGART · NEW YORK
SEMPER BONIS ARTIBUS